AutoCAD 2008

CAD 실습. 30시간에 끝내기

황병복, 안영환, 박용균, 장동환, 민경호, 노정훈 共著

복두출판사

머리말

컴퓨터의 등장과 더불어 수작업으로 행하던 모든 도면 작성에 AutoCAD와 같은 컴퓨터 응용 소프트웨어를 사용하게 되면서 도면작성 및 관리가 보다 수월해지고 체계화되었다. 본 교재에서는 AutoCAD 2008을 기반으로 CAD 학습을 위한 기초지식과 기본적인 명령어들을 순차적으로 설명함으로서 AutoCAD를 처음 접하는 학생들이 따라 하기를 통하여 기능을 쉽게 이해할 수 있도록 구성하였다.

본 교재는 1장에서 AutoCAD 2008의 개선된 내용을 기존 버전과 비교 설명함으로서 이전 버전의 모든 AutoCAD에서 활용이 가능하도록 하였다. 2장부터는 2D-Drawing에 관한 기초적인 명령어부터 시작하여 명령어의 실행과정을 간단한 형상을 이용하여 따라하고 이후에 실제 기계부품의 예제를 따라 하기 하면서 점차적으로 명령어의 활용 범위를 확장시켜, 12장에서는 모든 2D-drawing 명령어에 대한 기본적인 내용을 숙지할 수 있도록 구성하였다. 13장부터 15장까지는 AutoCAD에서 수행할 수 있는 3D-Modeling에 관한 내용을 2D 명령과 연계하여 다루었다. 본 교재를 집필하는데 있어 주안점은 학생 스스로가 교재의 예제를 따라함으로서 혼자서도 배울 수 있도록 구성하는데 역점을 두었다.

본 교재는 대학과 전문대학의 CAD 실습 입문서로서의 활용을 목적으로 집필되었으며 각 장의 내용을 모든 학생들이 약 2시간이면 숙지할 수 있도록 구성하였다. 따라서 주당 2시간의 수업을 기준으로 한 학기에 약 30시간의 실습 시간으로 본 교재의 내용을 모두 소화할 수가 있다. 단순한 명령어의 설명 또는 나열 보다는 학생들 스스로 명령어의 실행과정을 따라함으로서 한 학기 즉, 30여 시간의 실습시간을 통해 CAD의 기초적인 지식을 습득할 수 있도록 교재의 내용을 구성하였다. 본 교재를 집필하는데 있어 역점을 둔 사항은 실습을 담당하는 강사가 보다 쉽게 수업에 교재를 활용할 수 있도록 교재의 제반 구성 및 내용을 정리하였다는 점이다.

본 교재를 집필하는데 원고작업을 맡은 실험실 노정훈, 김민태 군의 노고와 원고가 훌륭한 교재로 나오도록 애써주신 복두출판사의 한승희 부장과 송광헌 사장님께 감사를 드린다. 끝으로 본 교재는 인하대학교의 연구비 지원에 의하여 집필되었음을 밝힌다.

2009. 11.

인하대 기계과 **황병복**

CONTENTS

Chapter 3 단일 객체 그리기 1 / 97

Chapter 4 단일 객체 그리기 2 / 133

CHAPTER 01

AutoCAD 2008 시작

◆실습목적 :	① AutoCAD의 기본개념, 시작법, 인터페이스, 기본 조작법을 배운다. ② AutoCAD2008의 새로워진 기능, 화면제어, 객체 선택방법, 환경설정을 배운다.
◆실습시간 :	1.5hr ~ 2.5hr
◆실습내용 :	① AutoCAD의 기본개념 ② AutoCAD 2008의 새로운 기능 ③ AutoCAD 2008의 시작과 종료 ④ AutoCAD 2008의 인터페이스 및 기본 조작법 ⑤ 파일 관리, 화면 제어 ⑥ 객체 선택, 객체 스냅 ⑦ 도면 작업을 위한 환경 설정
◆참고사항 :	• AutoCAD의 개요 및 기본 조작법 등과 같은 공통사항 • AutoCAD2008에서 개선된 사항 • 도면작성에 앞서 쉽고 편리한 도면작업을 위한 환경설정

실습할 내용 :

AutoCAD 2008 시작하기

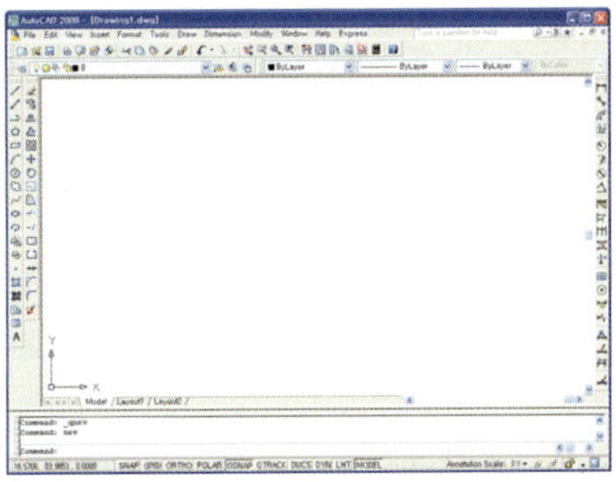

AutoCAD 2008 화면구성

Section 01 AutoCAD의 기본개념

1 AutoCAD의 기본

1982년 미국에서 AutoDESK사가 발표한 버전 1.0의 AutoCAD는 하드웨어의 발달과 더불어 계속적인 업그레이드를 하여 현재의 최신 버전인 AutoCAD 2008을 발표하였고, 이 AutoCAD 2008 버전은 2D 설계 · 제도 및 3D 설계 도구로써 설계 도면을 신속하고 정확하게 제작 및 수정할 수 있는 강력한 프로그램이며, 세계적으로 캐드 소프트웨어 중 가장 많이 쓰는 소프트웨어임이 이미 알려져 있다.

AutoCAD는 기계, 건축, 토목, 제품 디자인 등의 여러 분야에서 활용될 수 있도록 만들어진 범용성 프로그램으로 실무현장, 학교, 학원 뿐만 아니라 국가 기술 검정에 까지도 활용되고 있다.

2 AutoCAD의 실행을 위한 하드웨어 구성

AutoCAD 2008은 윈도우즈 2000, NT4.0, XP 이상의 운영체제(OS)에서 운용되는 것이 권장되는 프로그램으로 아래의 하드웨어 이상으로 시스템을 구성함으로써 조금 더 안정적으로 캐드 작업을 수행할 수 있는 환경을 만들 수 있다.

하드웨어	내 용
CPU	펜티엄Ⅳ2.4 이상 또는 IBM 완벽한 호환 기종
메모리(RAM)	최소 256MB 이상(권장 : 512/1024MB 이상)
설치 하드 디스크 공간	약 800MB(설치영역), (권장 : 40GB 이상 권장)
USB	USB2.0
CD-ROM드라이브	52배속 이상
비디오 디스플레이 카드	VGA 또는 그 이상(1024×768 이상 해상도 지원 권장)
입력 장치	광 마우스(권장), 태블렛 등
출력 장치	CRT 및 LCD 모니터(19inch 권장), 프린터, 플로터
인터넷	Internet Explorer 6.0(SP1 이상)

3 AutoCAD의 제도 작업을 위한 도면의 구성

1. 도면 종류

도면은 도면의 성질, 용도, 내용에 따라 여러 종류로 나뉘게 된다. 그 중에서도 용도에 따라 계획도, 제작도, 주문도, 견적도, 승인도, 설명도 등으로 나눌 수 있으며 가장 많이 사용되는 제작도는 내용에 따라 부품도, 부품 조립도, 공정도로 구분할 수 있다. 이와 같이 AutoCAD에서는 여러 분류에 따른 도면을 신속하고 편리하게 작성할 수 있다.

2. 도면 크기

KS규격에서 도면의 크기로 A열 size의 규격인 A0, A1, A2, A3, A4를 사용한다. 각각의 A열 size 도면의 크기는 아래와 같으며 규격화된 도면 크기를 기억하여 도면 작성 초기에 그 크기를 설정해야 한다.

	길이(X 방향 크기)[mm]	폭(Y 방향 크기)[mm]	윤곽선 표시[mm]
A0	1189	841	20
A1	841	594	
A2	594	420	10
A3	420	297	
A4	297	210	

3. 도면 양식

도면 양식은 도면의 관리 및 취급, 뿐만 아니라 도면을 이해하는데 반드시 필요한 사항으로 KS 규격에 의하여 다음과 같은 항목들을 표시하도록 되어 있다.

▸ 반드시 도시할 항목

윤곽선, 중심마크, 표제란

▸ 도시하면 편리한 항목

비교눈금, 도면의 구역표시, 재단마크

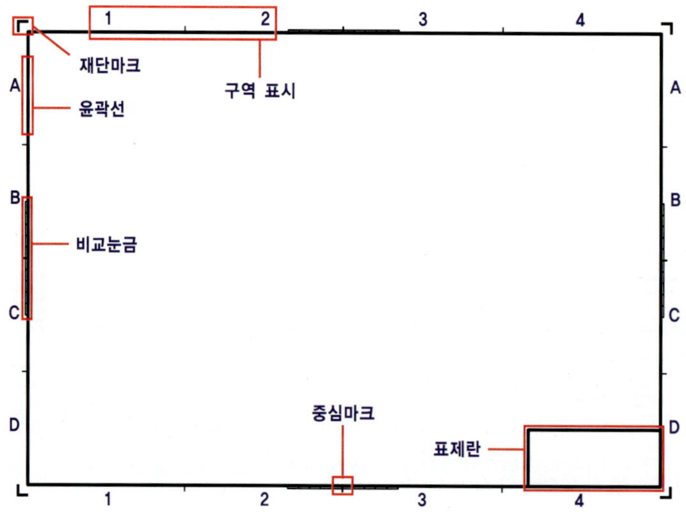

Section 02

AutoCAD 2008의 새로운 기능

1 주석 축척(Scale Annotations)

1. 자동 주석 축척

AutoCAD2008에서는 다양한 배치 뷰포트 및 모형 공간의 주석 축척 프로세스가 자동화되었다. 도면 주석 화에 일반적으로 사용되는 객체는 주석이라는 특성을 갖는다. 이 특성을 사용하여 주석 축척 과정을 자동화하여 도면에 정확한 크기로 플롯할 수 있다.

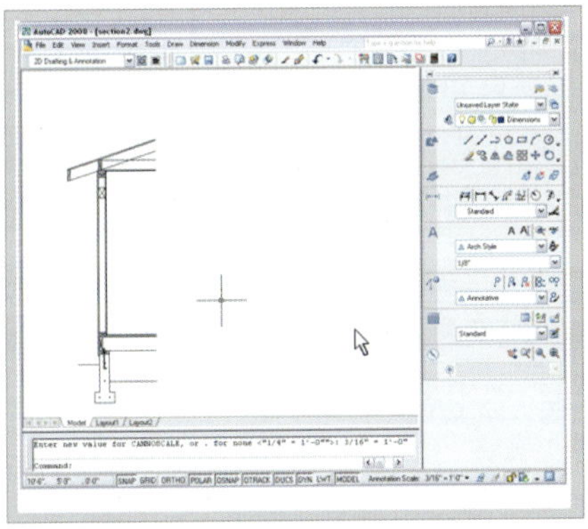

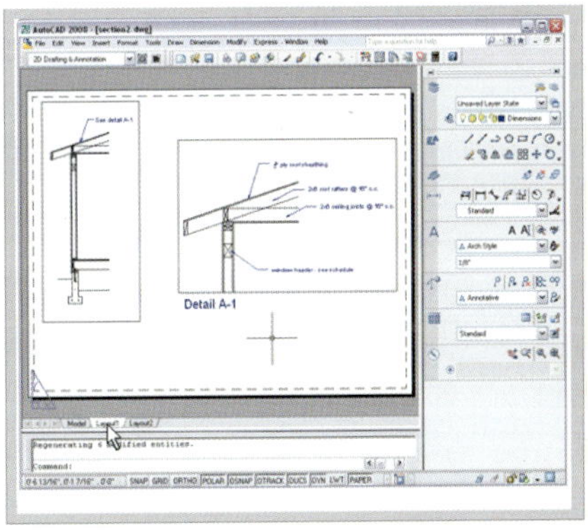

일반적으로 도면 크기로 주석 객체를 정의한다. 배치 뷰포트 및 모형 공간에 대해 설정한 주석 축척은 이러한 공간에서 주석 객체의 크기를 결정한다.

2. 주석 축척 설정

주석 축척은 모형 공간, 배치 뷰포트 및 모형 뷰와 함께 저장되는 설정이다. 작성된 주석 객체는 현재 주석 축척 설정에 따라 축척되며 자동으로 올바른 크기로 표시된다. 주석 객체를 모형에 추가하기 전에 주석 객체를 표시할 뷰포트와 동일한 축척으로 주석 축척을 설정하며 자동으로 모형의 객체를 올바른 크기로 표시한다.

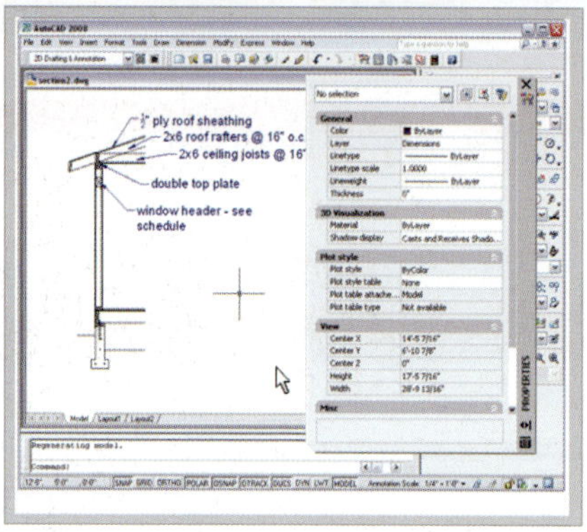

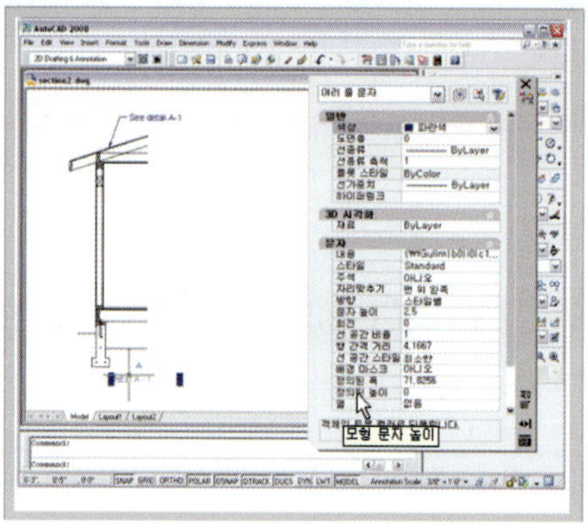

2 치수 및 지시선(Dimensions and leaders)

1. 일반 치수 개선사항

공차 정렬 옵션, 각도 치수에 대한 사분점 지원 및 반지름 치수에 대한 호 연장을 포함하여 치수에 대한 여러 가지 일반적인 치수 기능이 개선되었다.

- 치수 공차 정렬- 연산 기호 또는 소수 구분 기호를 사용하여 스택된 공차를 정렬할 수 있다. 공차 정렬은 치수에 대해 개별적으로 설정될 수 있다.
- 각도 치수 문자 - 측정 중인 각도 외부에서 각도 치수 문자의 위치를 제어할 수 있다. 문자가 각도 외부에서 지정되면 연장된 치수 호는 치수 문자에 작성된다.
- 반지름 치수에 대한 호 연장 옵션 - 호 치수보조선으로 반지름, 지름 및 꺾어진 반지름 치수의 문자 위치를 지정할 수 있다.

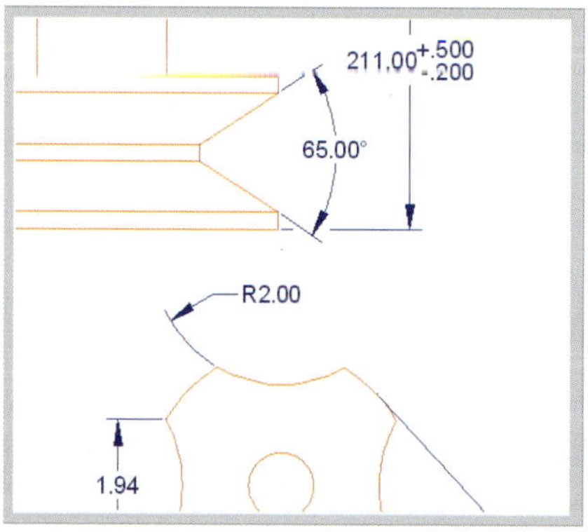

2. 치수 사이의 거리 조정

자동으로 또는 지정된 간격두기 값을 기초로 하여 평행한 선형 치수와 각도 치수 사이의 간격을 조정할 수 있다. 치수선의 간격 조정과 함께 간격두기 값을 0으로 입력하여 각 치수선을 정렬할 수도 있다. 치수선 간격두기 또는 치수선 정렬을 조정할 수 있는 기능은 치수를 재작성해야 하거나 또는 그립을 사용하여 치수선을 하나씩 정렬하고 재배치해야 하는 과정을 없애준다.

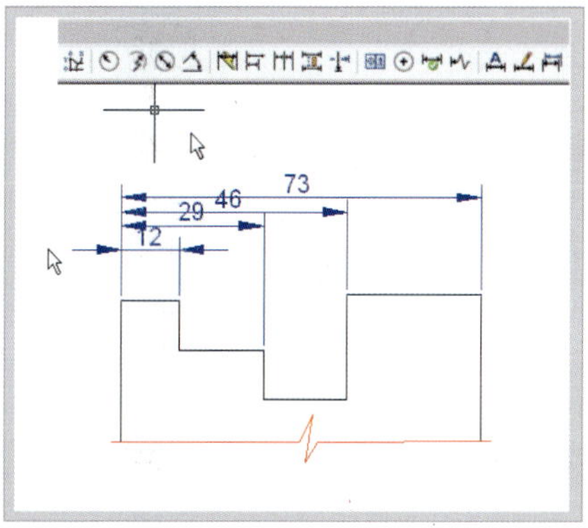

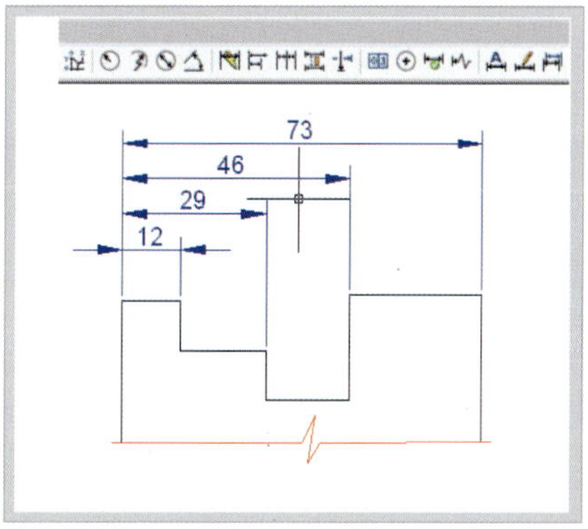

3. 다중 지시선 작성

다중 지시선은 추가 옵션이 있는 지시선 객체이다. 다중 지시선으로 지시선 객체의 머리, 꼬리 또는 컨텐츠를 우선 배치할 수 있다.

4. 다중 지시선 정렬

MLEADERALIGN 명령을 사용하면 지정된 선을 따라 여러 다중 지시선 객체를 정렬할 수 있다. 수평 랜딩은 사용자가 지정한 은선을 따라 놓인다. 화살촉은 원래 위치에 그대로 남아 있다.

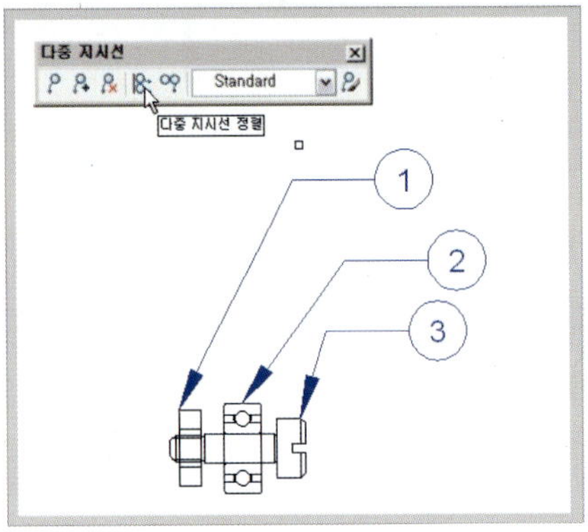

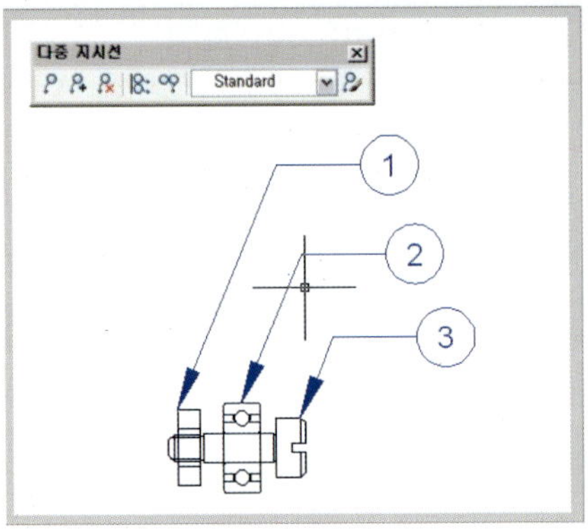

3 테이블(Tables)

1. 테이블 스타일 작성

테이블 스타일은 테이블 및 테이블 셀 내의 경계 및 여백에 대한 추가 형식과 표시 옵션을 포함하도록 기능이 향상되었다. 도면의 기존 테이블에서 테이블 스타일을 신속하게 작성할 수 있다.

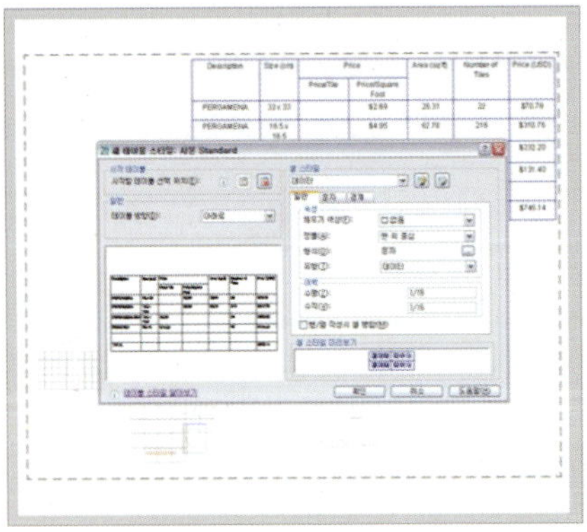

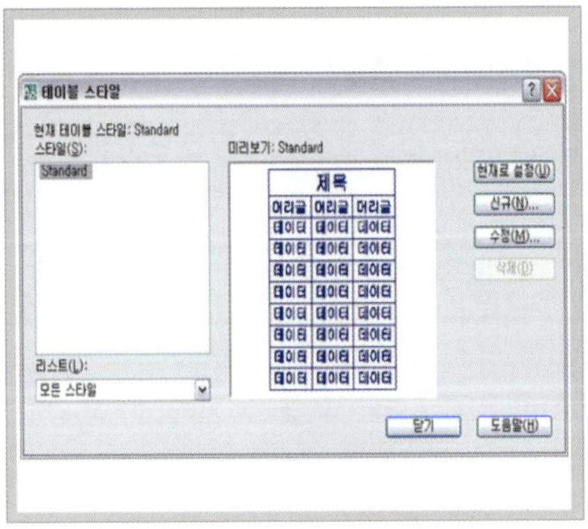

테이블 스타일은 삽입 시 테이블의 모양을 정의하는 셀 스타일을 포함한다. 테이블 스타일로부터 작성된 테이블 삽입 시 첫 번째, 두 번째 및 기타 모든 데이터 행에 대한 셀 스타일을 지정할 수 있다.

2. 향상된 테이블 작성

AutoFill 그립을 사용하여 데이터를 끌어서 테이블에 자동으로 추가할 수 있다. 또한 AutoFill 그립을 사용하면 데이터 셀을 자동으로 채울 수 있다.

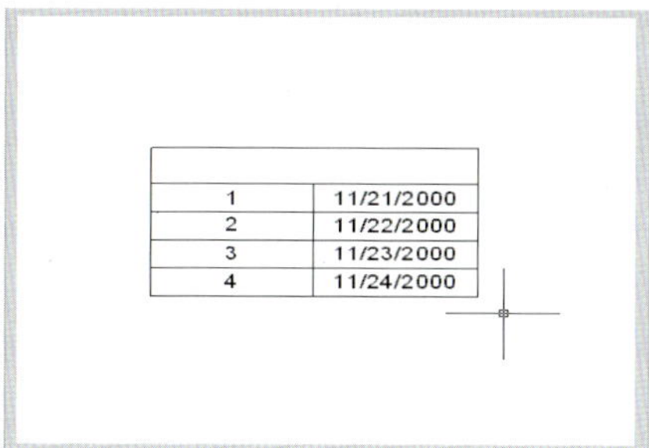

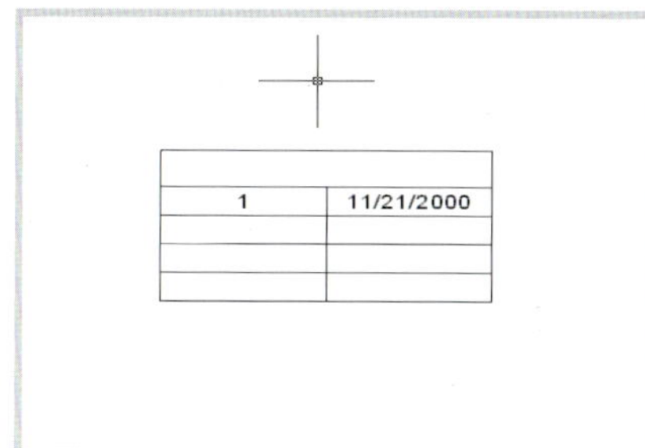

테이블 끊기 그립을 활성화하면 테이블은 여러 단편으로 끊어진다. 활성화된 그립을 끌어올 경우 1차 및 2차 테이블 단편의 높이를 결정한다. 특성 팔레트에서 끊어진 테이블이 수동 위치로 설정되면 테이블 단편이 도면의 어느 곳에나 배치될 수 있다. 특성 팔레트에서 수동 높이로 설정된 테이블 단편은 각각 서로 다른 높이를 가질 수 있다.

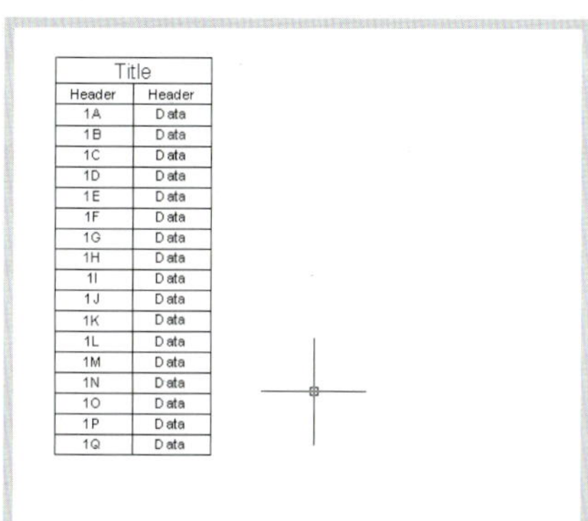

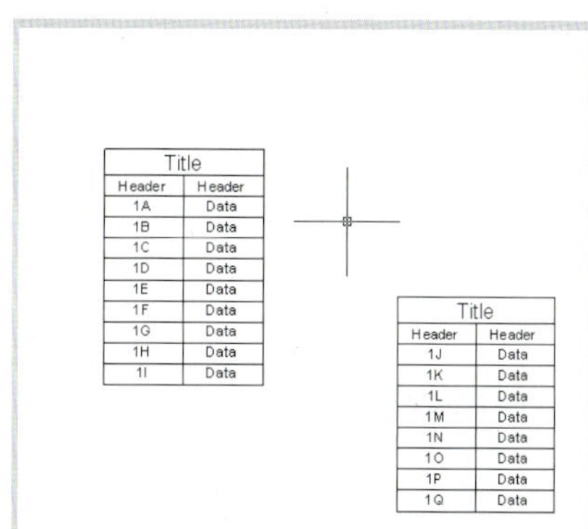

4 도면층(Layers)

1. 뷰포트별 도면층 특성 재지정

이제 모형 공간에서는 객체의 원래 도면층 특성을 그대로 유지하면서 도면 공간의 개별 뷰포트에는 다르게 표시할 수 있다. 배치 뷰포트가 최신 상태일 때 새 설정이 해당 뷰포트에만 적용되지만 도면층에 특성을 재지정할 수 있다. 오른쪽 뷰포트는 배선을 왼쪽 뷰포트와 다른 색상으로 표시한다. 이는 색상 재지정이 해당 뷰포트에 대한 배선 도면층에 설정되었기 때문이다.

배치 탭에서 도면층 특성 관리자를 열면 네 개의 새 열이 표시된다. 이 열은 현재 뷰포트에 대한 도면층 특성 재지정 설정에 사용된다.

① VP 색상
② VP 선 종류
③ VP 선가중치
④ VP 플롯 스타일

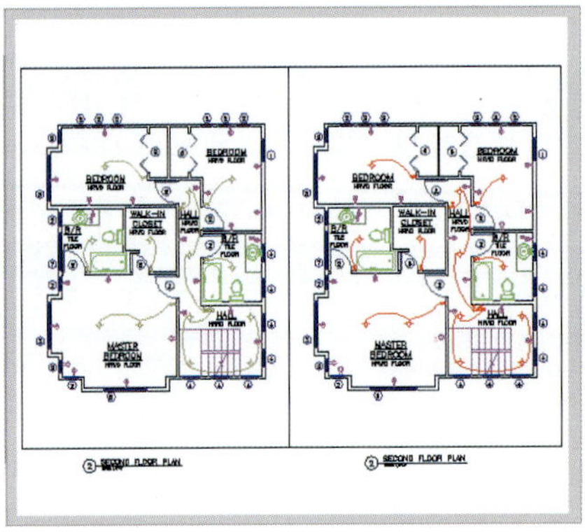

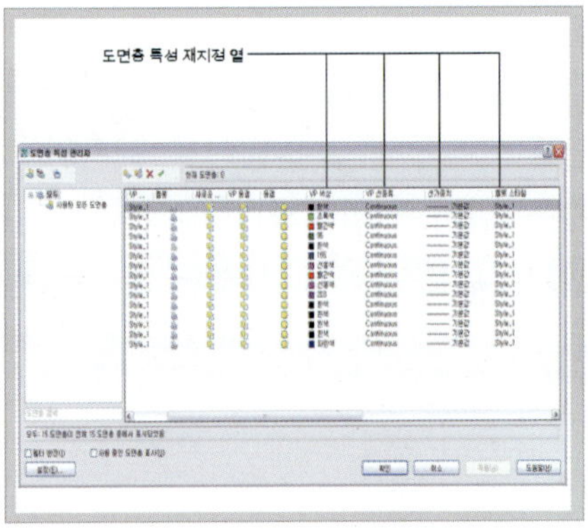

5 시각화(Visualization)

1. 광도 조명의 도입

조명 기능은 광도 광원을 선택할 수 있도록 향상되었다. 광도 조명을 사용하면 보다 사실적인 렌더 이미지를 위해 장면을 조사할 수 있다. 광도 조명은 국제 측정 단위(SI) 또는 미국식 측정 단위로 지정될 수 있다. 기본값은 국제(SI) 단위이다. 광도 조명은 조명 조정을 위해 "실제" 값을 사용한다. 예를 들어, 장면에 75W 전구를 포함한 설비(조명)를 사용해야 할 경우 도구 팔레트에서 75W 전구를 선택할 수 있다. 칸델라, 루멘 또는 럭스 단위로 전구의 램프 조도를 조정할 수 있다. 광도 조명 데이터는 IES 파일에서 제공된다. IES 파일은 해당 설비에서 조명이 공간과 벽을 어떻게 조사하는지 보여주는 광도 웹을 지정한다.

2. 조명으로 조사

도면에 사실적인 조명을 작성하려면 블록에 형상도 포함하는 광도 조명을 추가할 수 있다. 광도 조명의 도구 팔레트를 통해 광도 조명 전구, 램프 및 웹을 쉽게 사용할 수 있다. 형광, 저압 나트륨, 백열광 및 높은 조도 조명 중에서 선택할 수 있다. 조명은 조명 객체 세트를 조립하여 조명 설비로 만든다. 예를 들어 식당에 조명을 만들기 위해 조명 세트를 작성할 수 있다. 도구 팔레트에서 광도 조명을 선택하여 조명의 3D 표현에 배치하고 조명 객체 블록 및 조명의 3D 표현을 작성하여 광도 특성을 갖는 조명 설비를 작성할 수 있다.

3. 일영 및 천공 배경

새 일영 및 천공 배경을 도면 뷰에 적용하여 도면에 태양광 효과를 시뮬레이션할 수 있다. 대기는 실외 장면에 상당한 양의 조명을 제공한다. 이러한 조명의 조도 및 색상은 천공 조건에 큰 영향을 받는다. 이제 특성 설정을 통해 이러한 조건을 복제할 수 있다.

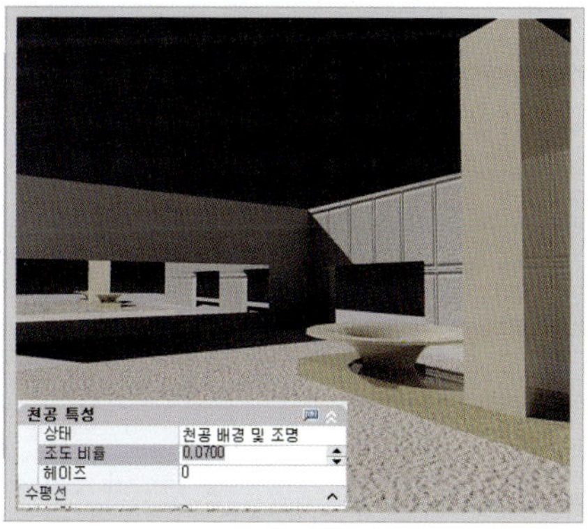

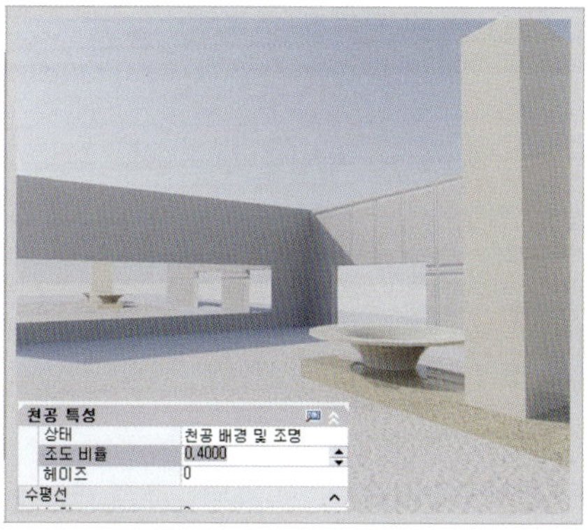

4. 재료 개선사항 탐색

새 절차 맵의 추가로 재료가 향상되었다. 모자이크와 같은 색상 픽셀의 고정 행렬에 의해 생성되는 이미지인 비트맵과는 달리 절차 맵은 수학적 알고리즘에 의해 생성된다.

절차 맵은 2차원 또는 3차원으로 생성될 수 있다. 새 절차 맵은 검사기, 노이즈, 얼룩, 타일 및 웨이브를 포함한다. 텍스츄어 맵에 비해 유기적이고 사실적인 재료를 도면에 작성할 수 있다. 한 절차 맵을 다른 절차 맵에 중첩할 수 있다. 그러면 재료에 다양한 깊이 및 색상 변화를 줄 수 있다. 시작할 수 있는 재료를 제공하기 위해 새 절차 맵이 재료 도구 팔레트에 추가되었다. 이러한 재료를 선택하고 특성 설정을 변경할 수 있다.

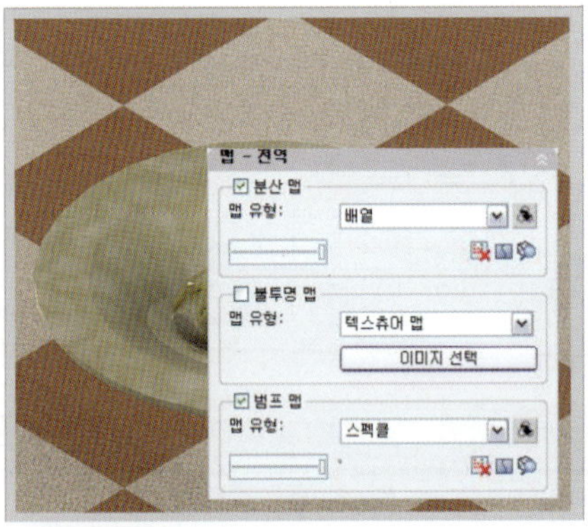

6 사용자 인터페이스(User interface)

1. 2D 제도 및 주석 작업 공간

2D 제도 및 주석 작업공간은 2D 제도 및 주석과 관련된 도구막대, 메뉴 및 팔레트만 포함한다. 대시보드는 2D 제도 및 주석과 관련된 버튼 및 컨트롤을 표시한다.

2. 도구 상태 막대 사용

도면 상태 막대에는 주석의 축척 도구가 포함된다. 모형 공간 및 도면 공간을 위한 여러 도구가 표시된다. 도면 상태 막대가 꺼지면 해당 도구는 응용프로그램 상태 막대로 이동한다.

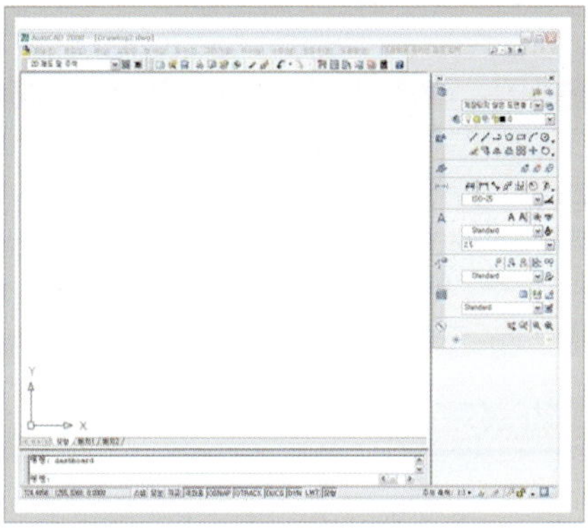

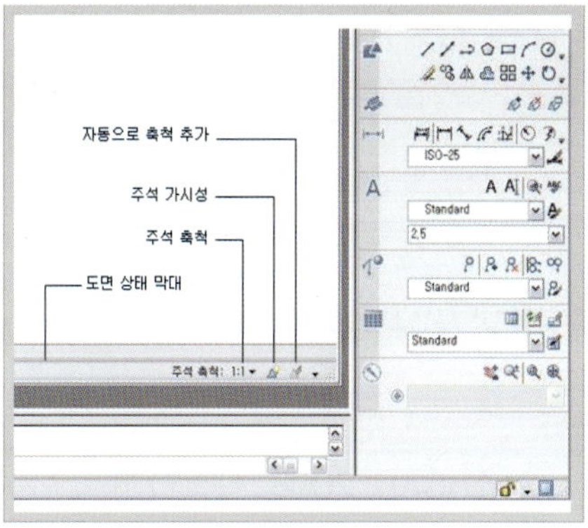

7 제도 생산성(Drafting productivity)

1. 시각적 복잡성 감소

도면 작성 시 도면이 복잡해져서 작업 진행이 어려워질 수 있다. 이러한 문제를 해결하기 위하여 일반적으로 객체의 밀도를 관리하기 위해 도면층을 끄지만 이렇게 할 경우 컨텍스트 및 숨겨진 도면층의 객체에 대한 스냅 기능을 잃을 수 있다. 대신, 도면층을 잠그면 이러한 도면층의 객체를 끄지 않고 흐리게 표시할 수 있다. 이 경우 시각적 참조사항 및 흐리게 표시된 객체에 대한 스냅 수단은 그대로 제공되며 도면의 시각적 복잡성은 줄어든다.

AutoCAD 2008 시작과 종료

Section 03

1 AutoCAD 2008 시작과 종료

1. AutoCAD 2008 시작하기

다른 Windosw 응용 프로그램과 마찬가지로 바탕화면의 아이콘을 더블클릭하여 실행하거나 시작메뉴에서 AutoCAD 2008 아이콘을 선택하여 실행할 수 있다.

▸ AutoCAD 2008을 사용자의 컴퓨터에 설치한 경우 바탕화면에 바로가기 아이콘이 생성된다. 아이콘을 더블클릭하여 AutoCAD 2008을 실행할 수 있다.

▸ Windows의 시작메뉴에서 [모든 프로그램] – [Autodesk] – [AutoCAD2008] – [AutoCAD 2008]을 선택하여 AutoCAD 2008을 실행할 수 있다.

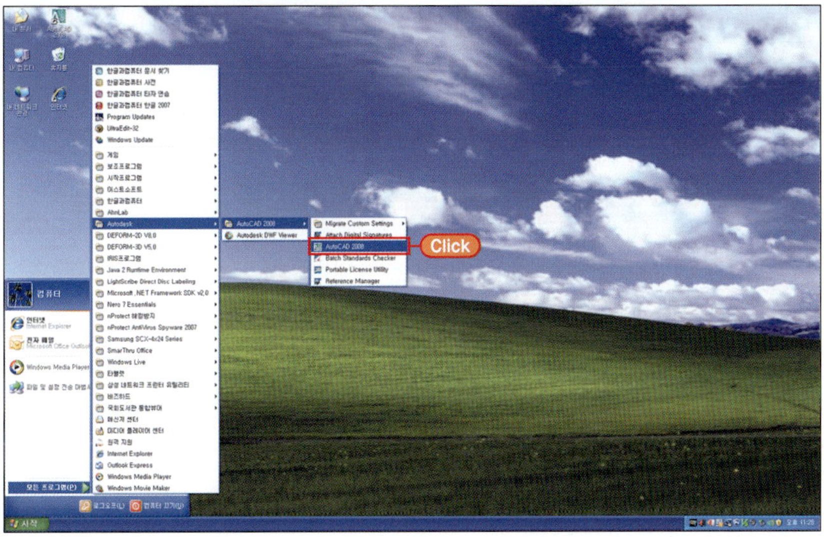

2. AutoCAD 2008 종료하기

① (마우스)를 이용한 실행

▸ 메뉴 표시줄 [File] – [Exit] 선택

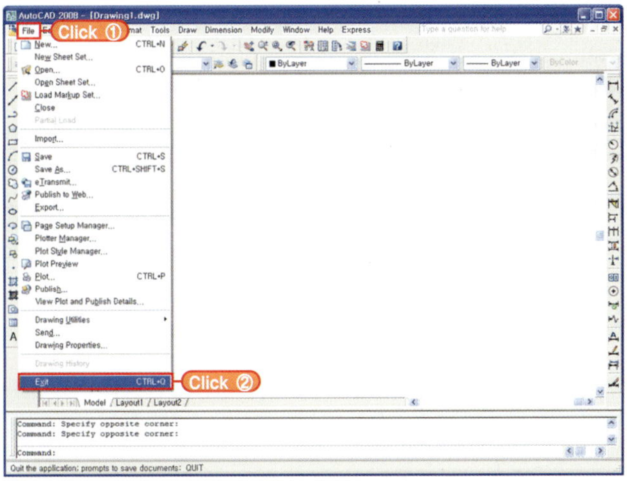

▸ 우측 상단의 [닫기] 선택

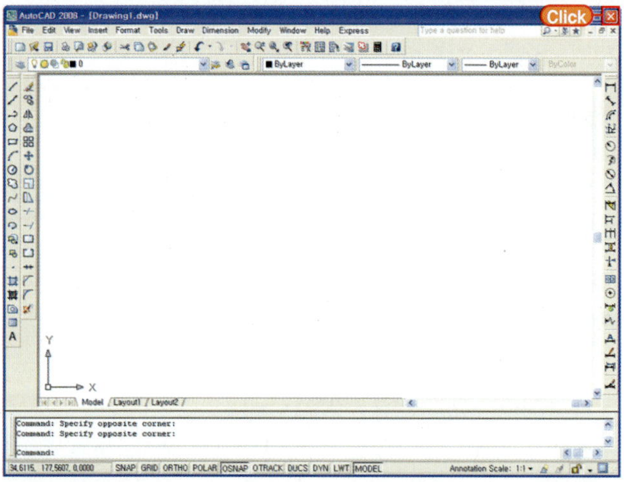

② (키보드)를 이용한 실행

Command : QUIT Enter↵

또는 Ctrl + Q

3. 새 도면으로 바로 시작하기

① (마우스)를 이용한 실행

▸ 메뉴 표시줄 [File] – [New...] 선택

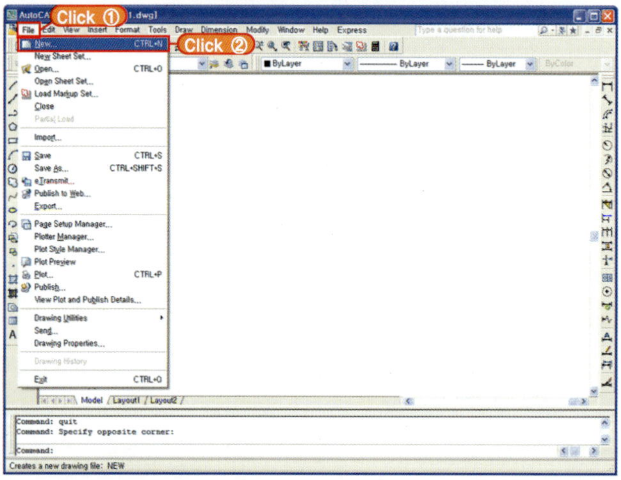

② (키보드)를 이용한 실행

Command : NEW Enter↵

빠르게 도면 작성을 시작하기 위해, 간단한 선택만으로 새로운 도면을 바로 시작하는 것으로 제도의 효율성을 높이기 위해 필요하다. 새 파일(NEW...) 명령을 실행하면 아래와 같은 새로운 도면 작성을 위한 [START UP] 대화창이 나타나고 간단하게 단위만 설정한 뒤 새 도면을 시작할 수 있다. 여기서 템플릿 도면을 선택하여 도면을 작성할 수도 있다.

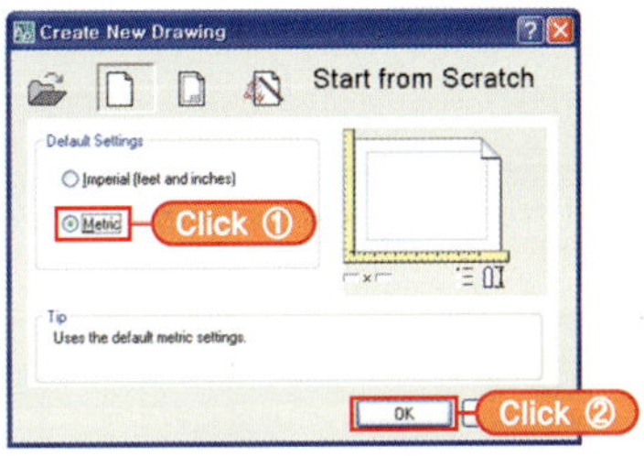

TIP

STARTUP 대화창이 나타나지 않는 경우

커멘드 라인에 STARTUP이라는 명령을 실행하여 설정값에 ⟨1⟩을 입력한다.

Section 04 AutoCAD 2008의 인터페이스 및 기본 조작법

1 AutoCAD 2008의 화면 구성

AutoCAD 2008은 아래와 같은 화면 구성을 가지고 있다.

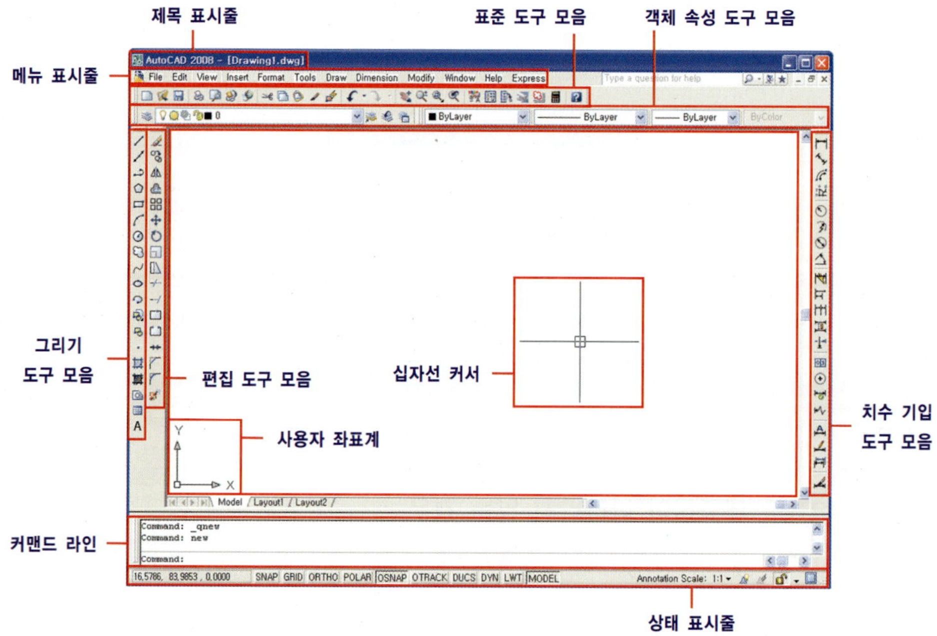

1. AutoCAD 2008의 화면 구성 요소

- 제목 표시줄 – 현재 작업하고 있는 도면의 이름과 파일의 경로를 표시한다.
- 표준 도구 모음 – 새 도면, 파일 열기 등 일반적으로 많이 사용되는 명령 등을 정리하여 표시한다.
- 객체 생성 도구 모음 – 선 종류, 색상, 두께 등과 같은 객체의 속성 및 레이어에 대한 사항을 표시한다.
- 치수 기입 도구 모음 – 선형 치수 기입, 지시선 등과 같은 치수 기입 관련 사항들을 정리하여 표시한다.
- 상태 표시줄 – 현재 커서의 좌표값과 각종 설정 사항 등에 대해 표시한다.

- 커맨드 라인 – 사용자가 명령을 입력하기 위한 명령어 실행창을 표시한다.
- 사용자 좌표계 – 도면의 X, Y 방향을 표시한다.
- 그리기 도구 모음 – 직선, 원, 원호 등과 같은 그리기와 관련된 명령들을 정리하여 표시한다.
- 편집 도구 모음 – 복사, 삭제, 파생 복사 등과 같은 편집과 관련된 명령들을 정리하여 표시한다.
- 메뉴 표시줄 – AutoCAD 2008의 모든 명령을 선택할 수 있는 메뉴를 나타낸다.

2. 상태 표시줄 설명 및 토글키 정리

상태 표시줄에서는 각종 도면 설정 사항들의 활성화 여부를 표시하는데 각 항목들을 아래에 정리하였다. 각 항목들은 키보드의 기능(Function)키를 이용하여 On/Off를 전환할 수 있다.

구분	내용	기능(function)키
Model	모형 공간(도면 작업 공간)	
Layout 1,2	도면 공간(도면 출력 공간)	
SNAP	커서의 이동 간격 활성 / 비활성화	F9
GRID	격자점 모드 활성 / 비활성화	F7
ORTHO	직교 모드 활성 / 비활성화	F8
POLAR	극좌표 추적 기능 활성 / 비활성화	F10
OSNAP	객체 스냅 기능 활성 / 비활성화	F3
OTRACK	객체 스냅 추적 기능 활성 / 비활성화	F11
DUS	동적 사용자 좌표계(UCS) 활성 / 비활성화	F6
DYN	동적 입력 활성 / 비활성화	F12
LWT	선 가중치 숨김 / 보임	
MODEL	모형 / 도면 공간 전환	
Toolbar/Windows Position	현재 화면 상태 및 윈도우 위치 고정 / 해제	
Clean Screen	전체화면 / 현재 화면 전환	

	도움말	F1
	명령어 입력 창 전환	F2
	타블렛 메뉴 설정 활성화 / 비활성화	F4
	등각 모드 전환	F5

3. 도구 모음의 추가와 제거 및 명령 아이콘의 추가 제거

AutoCAD에서는 모든 도구 모음 및 명령 아이콘이 화면에 표시되어 나타나지 않는다. 도면 작업을 하다 보면 작업의 편의 및 신속함을 위해서 사용자가 필요로 하는 도구 모음 또는 명령 아이콘이 있는 경우가 있는데 사용자에게 알맞은 인터페이스를 위해 도구 모음 및 명령 아이콘을 추가하거나 제거할 수 있다.

① 도구 모음 추가하기

도구 모음의 빈 곳에서 마우스 오른쪽 버튼을 클릭하고 [ACAD]를 선택하면 사용 가능한 모든 도구 모음이 나타난다. 현재 화면에 활성화된 도구 모음은 체크 되어 있고 비활성화된 도구 모음은 체크 해제되어 있는데 사용할 도구 모음을 선택하여 화면에 나타나게 할 수 있다.

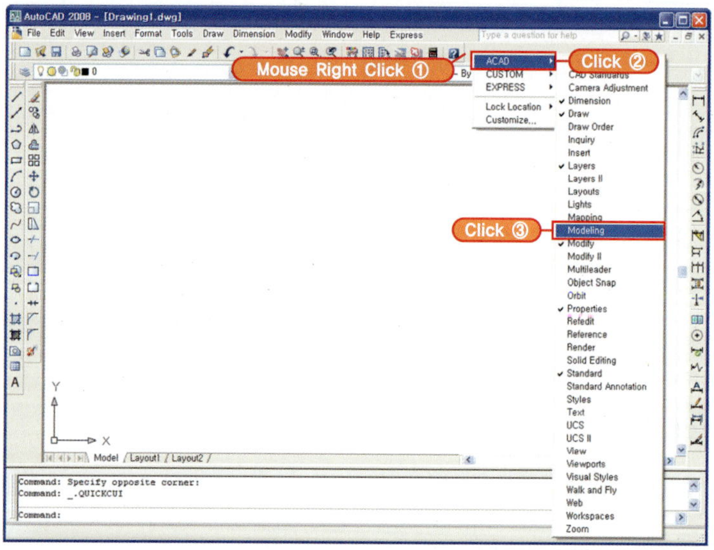

② 명령 아이콘 추가하기

도구 모음의 빈 곳에서 마우스 오른쪽 버튼을 클릭하고 [Customize...]를 선택하면 사용 가능한 모든 명령 아이콘이 나타난다. 추가할 아이콘을 검색한 다음 드래그 하여 해당 도구 모음에 놓으면 그 도구 모음에 명령 아이콘이 생성되고 이후 그 아이콘을 선택하여 명령을 실행한다.

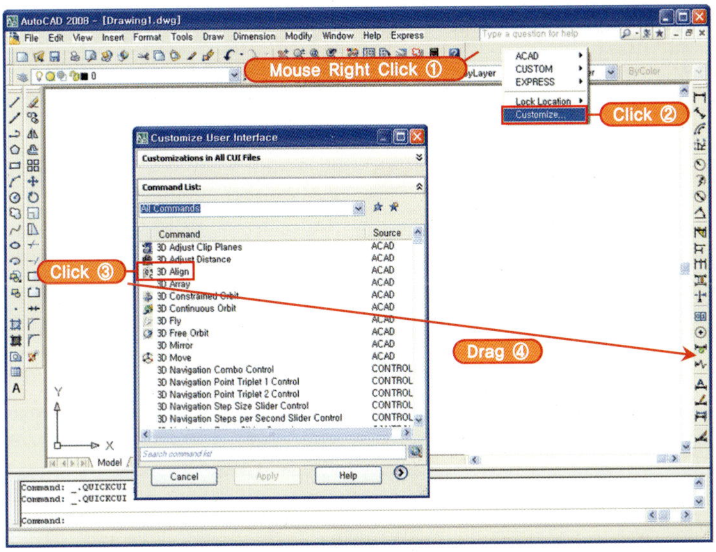

2 AutoCAD의 명령어 실행하기

AutoCAD에서는 명령을 실행하기 위해서 일반적으로 3가지 방법을 제공한다. 이 3가지 방법 중에서 사용자가 가장 편하고, 도면 작업을 신속하게 하는 방법을 사용해야 한다. 이 책에서는 이 3가지 방법에 대하여 모두 설명되어 있으며, 따라하기 부분에서는 이 방법들 중에서 빠르고 편한 방법을 우선적으로 선택하여 도면작업을 할 수 있도록 내용을 구성하여 설명하였다.

1. 마우스와 키보드를 이용한 3가지의 명령 실행법

① (마우스)를 이용한 실행 1 – 메뉴표시줄에서 명령을 실행

▸ 메뉴 표시줄 [Draw] – [Rectangle] 선택

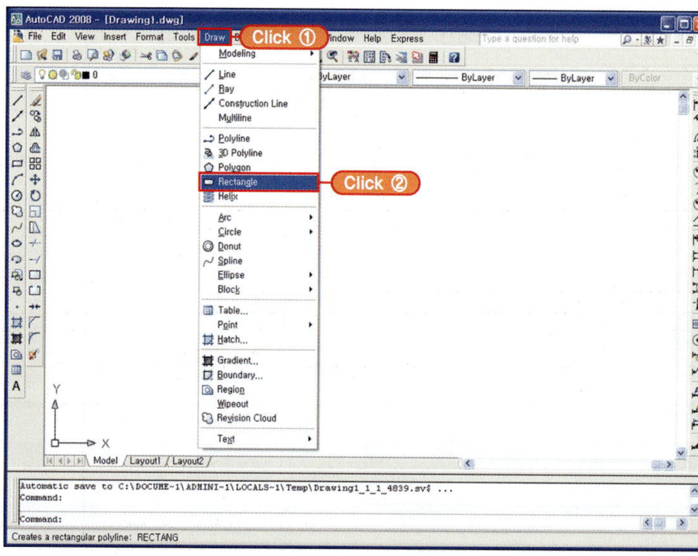

② (마우스)를 이용한 실행 2 – 도구 모음에서 명령을 실행

▸ Draw 도구모음 [Rectangle] 선택

③ (키보드)를 이용한 실행 – 커맨드 라인에 명령을 입력하여 실행

Command : RECTANGLE 또는 REC Enter↵

3 AutoCAD에서 마우스와 키보드 사용방법

1. 마우스와 키보드의 기본 사용법

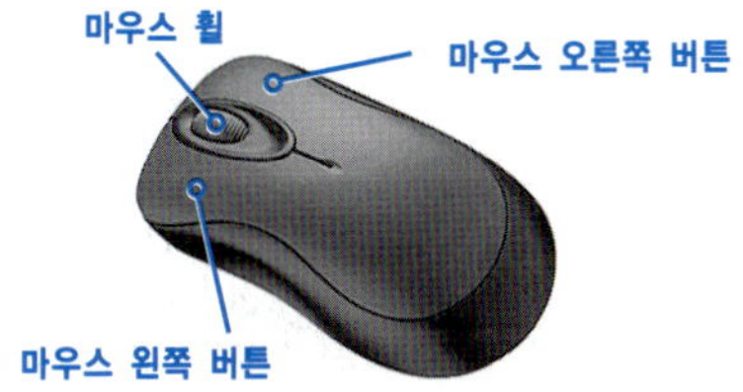

①  (마우스) 사용법

- 마우스 왼쪽 버튼 클릭 – 선택
- 마우스 오른쪽 버튼 클릭 – 명령 진행(Enter와 동일 기능)
- 마우스 휠 버튼 클릭 – 화면 이동(PAN 기능)
- 마우스 휠 버튼 회전 – 화면 확대/축소(ZOOM 기능)

②  (키보드) 사용법

- ESC 키– 명령 진행 취소
- Space–bar 키 – 명령 진행(Enter와 동일 기능)
- Enter 키 – 명령 진행
- 숫자 키 – 수치입력
- 기능키 – 각종 기능을 활성화 또는 비활성화

Enter 키 / Space-bar 키 / 마우스 오른쪽 버튼은 모두 명령을 진행시키는 역할을 한다. 키보드를 사용 중에는 Space-bar 키를 마우스를 사용 중에는 마우스 오른쪽 버튼으로 명령을 진행시키는 것이 도면 작업을 신속하게 하는 한 가지 방법이다. (단, 문자 쓰기 명령을 진행 중에는 Enter 키는 입력 기능의 키로, Space-bar 키는 공백 띄우기 기능키로 사용된다.)

Section 05

파일 관리, 화면 제어

도면을 작성하기 위해서는 새로운 도면을 작성하거나 기존에 작업된 도면을 불러와야 한다. 또한 도면 작업을 마친 후에는 작업한 내용을 저장해야 된다. 여기서는 파일관리에 필요한 명령들에 대하여 설명한다.

1 새 파일로 시작하기

1. 명령어의 실행

① (마우스)를 이용한 실행

▸ 메뉴 표시줄 [File] – [New...] 선택

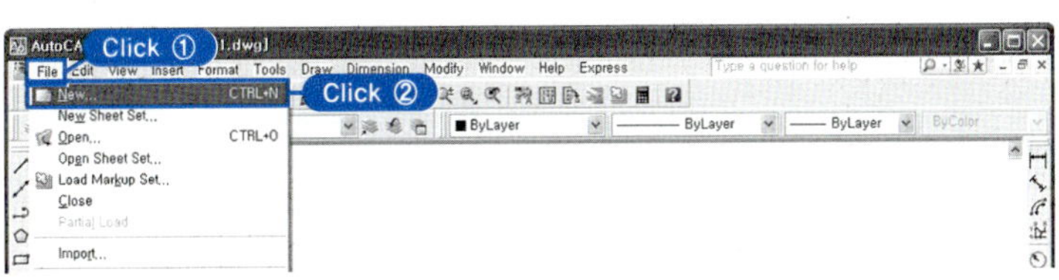

▸ Standard 도구모음 [QNEW] 선택

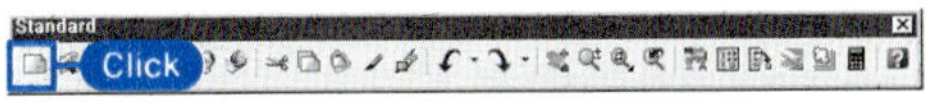

② (키보드)를 이용한 실행

Command : NEW Enter↵

명령 실행 후 새로운 도면을 시작하기 위한 [START UP] 대화창이 나타나고 단위 설정 후 새로운 도면을 시작한다.

2 파일 불러오기

1. 명령어의 실행

① (마우스)를 이용한 실행

▸ 메뉴 표시줄 [File] – [Open...] 선택

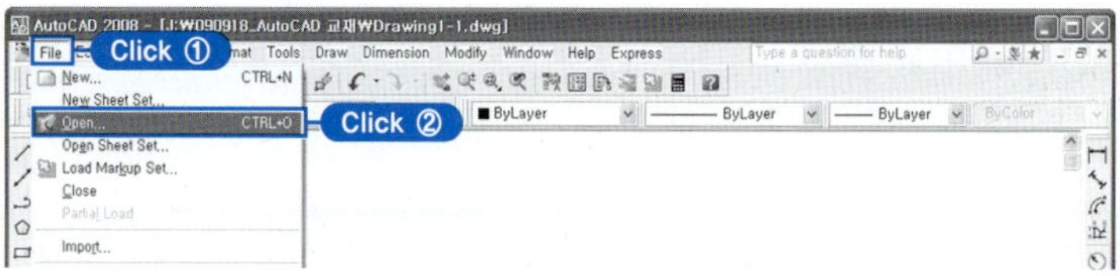

▸ Standard 도구모음 [Open...] 선택

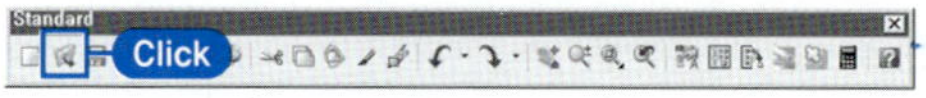

② (키보드)를 이용한 실행

Command : OPEN Enter↵

명령 실행 후 [Select file] 대화창에서 파일의 경로를 지정하고 불러올 파일을 선택한 다음 [Open]을 선택하여 파일을 불러온다.

3 파일 저장하기

1. 명령어의 실행

① (마우스)를 이용한 실행

▸ 메뉴 표시줄 [File] – [Save] 선택

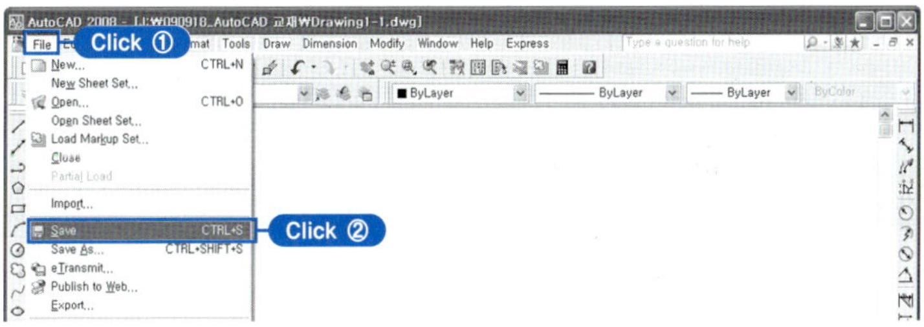

▸ Standard 도구모음 [Save] 선택

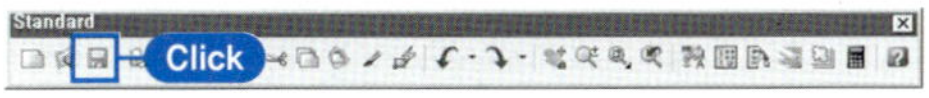

② (키보드)를 이용한 실행

Command : QSAVE Enter↵

현재 활성화 되어 있는 도면 창에서 작업 중인 내용에 대해서 파일 이름이 지정되어 있는 경우 대화창을 열어 물어보지 않고 지정된 파일 이름으로 도면을 저장한다. 새로운 도면을 시작한 후 파일 이름을 지정하지 않은 경우에는 파일 저장을 위한 저장 경로와 파일 이름을 입력하는 대화창이 나타나게 되고 경로와 이름을 지정하여 현재 작업 중인 내용을 저장한다.

4 다른 파일 이름으로 저장하기

1. 명령어의 실행

① (마우스)를 이용한 실행

▸ 메뉴 표시줄 [File] – [Save As...] 선택

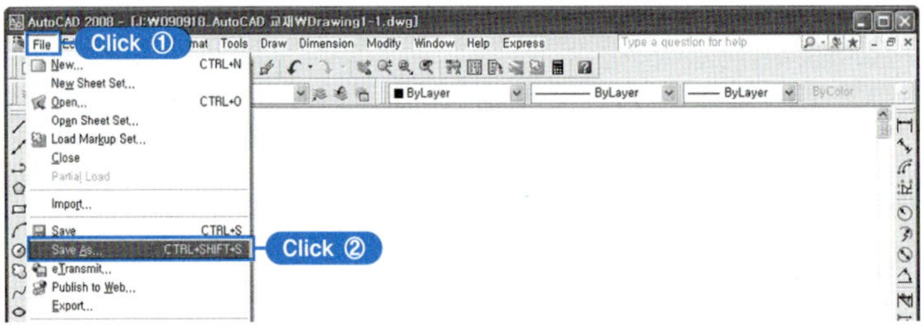

② (키보드)를 이용한 실행

```
Command : SAVE Enter↵
```

현재 활성화 되어 있는 도면 창에서 작업 중인 내용에 대해 파일 이름이 이미 지정되어 있는 경우라도 다른 이름으로 내용을 저장해야 되는 경우 대화창을 열어 현재 도면의 저장할 경로와 파일명을 다시 물어보고 도면을 저장한다.

5 다른 파일 형식으로 저장하기

1. 명령어의 실행

① (마우스)를 이용한 실행

▸ 메뉴 표시줄 [File] – [Export...] 선택

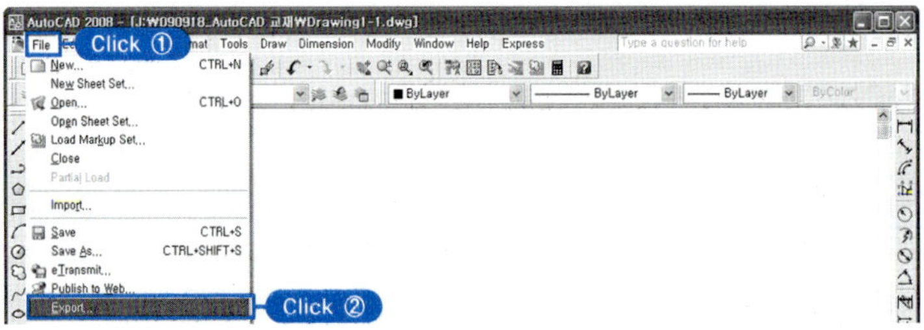

② (키보드)를 이용한 실행

Command : EXPORT Enter↵

AutoCAD2008에서는 기본적으로 작업한 내용을 *.dwg 확장자를 가진 파일로 저장한다. 하지만 도면 파일을 다른 응용프로그램에서 사용할 파일이나 그림파일로 저장해야 되는 경우 EXPORT 명령을 이용하여 파일 형식을 바꾸어서 저장할 수 있다.

6 화면의 확대 / 축소 - 도면의 전체를 표시(All)

도면의 전체 모습을 화면에 표시하는 옵션으로 설정된 도면의 한계영역을 기준으로 하여 도면의 전체 모습을 화면에 표시한다.

1. 명령어의 실행

① (마우스)를 이용한 실행

▸메뉴 표시줄 [View] – [Zoom] – [All] 선택

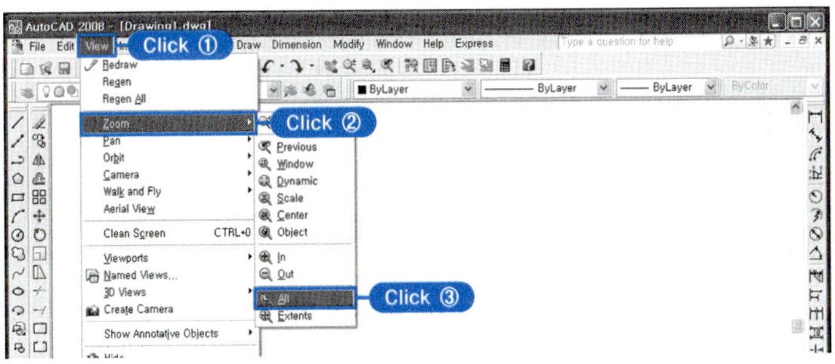

▸Zoom 도구모음 [Zoom All] 선택

② (키보드)를 이용한 실행

Command : ZOOM 또는 Z Enter↵ A Enter↵

7 화면의 확대 / 축소 - View Box를 이용(Dynamic)

View Box라고 하는 작은 윈도우를 나타내어, 윈도우를 이동시키거나 크기를 조절하여 View Box의 내부에 해당되는 부분을 화면에 채워서 나타낸다.

1. 명령어의 실행

① (마우스)를 이용한 실행

▸ 메뉴 표시줄 [View] – [Zoom] – [Dynamic] 선택

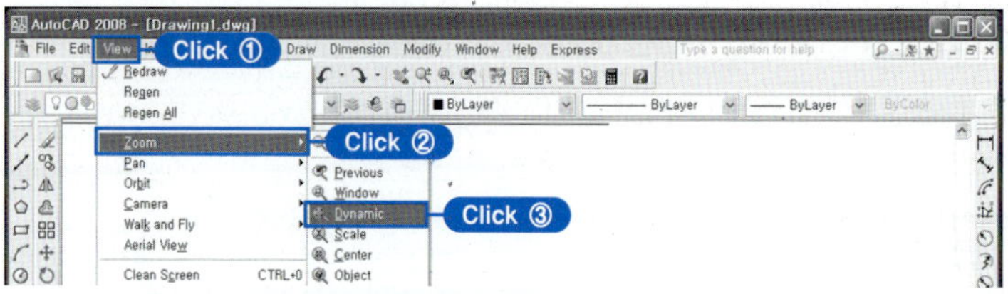

▸ Zoom 도구모음 [Zoom Dynamic] 선택

② (키보드)를 이용한 실행

Command : ZOOM 또는 Z Enter↵ D Enter↵

2. 명령어 사용법(View Box 조작법) 따라하기

①
- 명령을 실행, (Z Enter↵ D Enter↵)
- View Box가 나타남
- 마우스 왼쪽버튼 – View Box의 크기를 조절
- 마우스 왼쪽버튼 클릭 – View Box의 크기를 고정

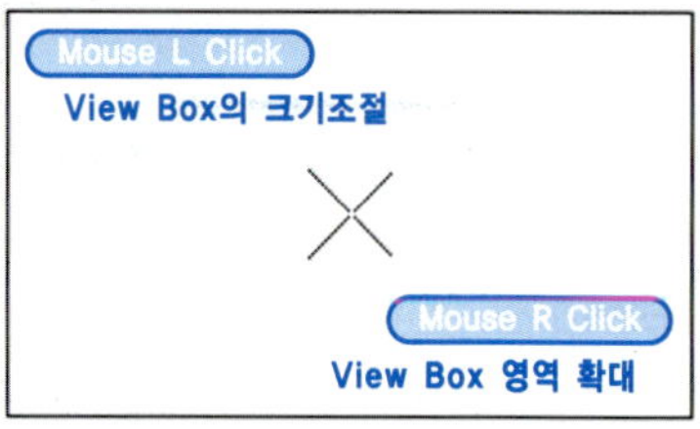

②
- View Box의 크기가 결정되면,
- 확대하고자 하는 영역으로 View Box를 이동,
- 마우스 오른쪽버튼 선택하여 확대

8 화면의 확대 / 축소 – 모든 객체를 표시(Extents)

도면상의 모든 객체를 화면에 전부 채워지도록 표시한다. 도면 한계영역과는 관계없이 작성된 모든 객체를 화면에 표시한다.

1. 명령어의 실행

① (마우스)를 이용한 실행

▸ 메뉴 표시줄 [View] – [Zoom] – [Extents] 선택

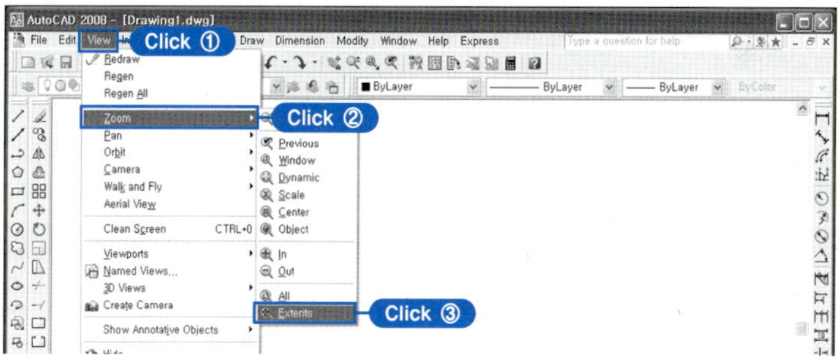

▸ Zoom 도구모음 [Zoom Extents] 선택

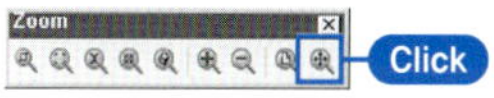

② (키보드)를 이용한 실행

Command : ZOOM 또는 Z [Enter↵] E [Enter↵]

TIP

➡ **ZOOM 명령의 옵션**

중심(Center) : 중심점과 배율 또는 높이를 입력하여 확대/축소한다.
이전(Previous) : 바로 이전의 화면을 표시한다.
축척(Scale) : 축척 인자(scale factor)값을 이용하여 확대/축소한다.
윈도우(Window) : 윈도우 영역을 이용하여 확대/축소한다.
실시간(Real) : 실시간으로 마우스를 드래그(drag)하여 화면을 확대/축소한다.

9 객체 좌표 및 해상도 재표현하기

AutoCAD에서는 곡선 또는 경사진 선이 작성된 후 원활한 화면 이동, 확대, 축소 등을 위하여 객체를 직선화하여 표현한다. 이러한 객체 표현을 원상태로 되돌리기 위하여 화면의 전체 객체들에 대한 원래 Data를 이용하여 재생성하며 화면 좌표 및 뷰의 해상도(resolution)를 다시 계산하여 나타내는 명령이다.

1. 명령어의 실행

① (마우스)를 이용한 실행

▸ 메뉴 표시줄 [View] – [Regen] 또는 [Regen All] 선택

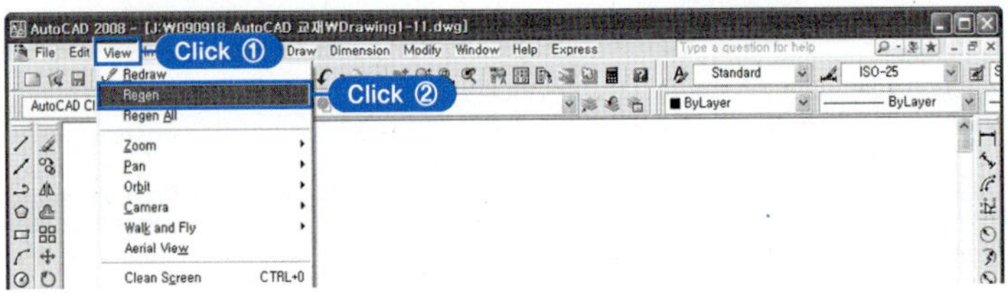

② (키보드)를 이용한 실행

Command : REGEN 또는 RE [Enter↵]

10 객체 해상도 설정하기

도면에서 그려질 객체들에 대한 해상도(resolution)를 설정한다.

1. 명령어의 실행

① (키보드)를 이용한 실행

Command : VIEWRES [Enter↵]

2. 명령어 사용법 따라하기

①
- 명령을 실행, (VIEWRES Enter↵)
- 고속 줌을 사용할 것인지를 선택 (Y 또는 N) Enter↵
- 해상도 입력 Enter↵

11 공중 뷰(Aerial view) 사용하기

현재 화면에 표시된 내용을 표시하는 공중 뷰(Aerial view) 대화창을 나타내고 실시간으로 화면을 이동 또는 확대, 축소한다.

1. 명령어의 실행

① (마우스)를 이용한 실행

- 메뉴 표시줄 [View] – [Aerial View] 선택

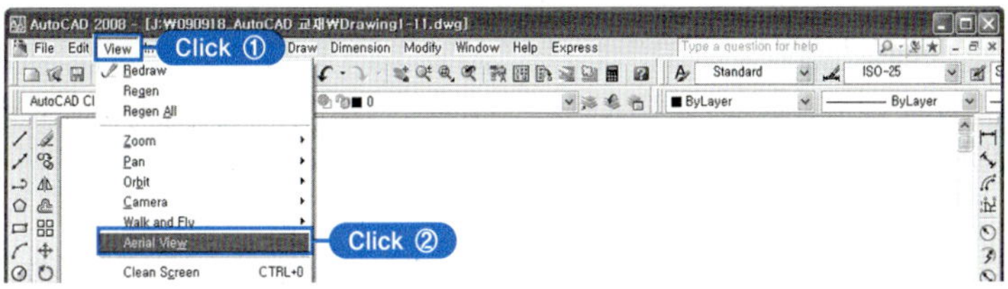

② (키보드)를 이용한 실행

Command : DSVIEWER 또는 AV Enter↵

2. 명령어 사용법 따라하기

①
- 명령을 실행, (AV Enter↵)
- 공중 뷰 대화창이 나타나고 내부에 View Box가 표시됨
- 마우스 왼쪽버튼 – View Box의 크기를 조절
- 마우스 왼쪽버튼 클릭 – View Box의 크기를 고정
- 마우스 이동 – View Box 이동

② ※ View Box의 위치와 크기가 결정되면,

▸보고자 하는 영역에서 마우스 오른쪽 버튼 선택하여 위치 고정

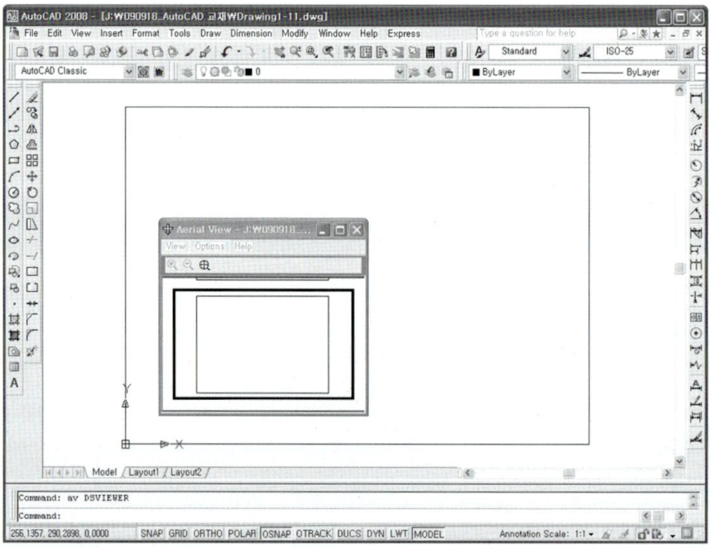

12 화면에 모눈(Grid) 나타내기

도면 작업중 화면에 모눈이 표시되어 있으면 객체간의 근사적 위치를 쉽게 파악할 수 있다. GRID 명령을 이용하여 AutoCAD 작업화면에 모눈을 표시한다.

1. 명령어의 실행

① (마우스)를 이용한 실행

▸메뉴 표시줄 [Tools] – [Drafting Settings] – [Snap and Grid] 선택

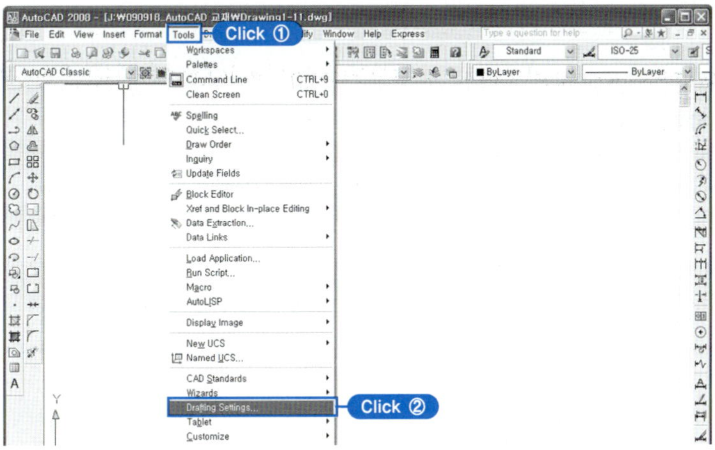

▸상태표시줄 [GRID 탭에서 마우스 오른쪽 버튼] – [Settings...] 선택

② (키보드)를 이용한 실행

Command : GRID Enter↵

2. 모눈(Grid) 설정 대화창

① ▸명령을 실행, (GRID Enter↵)
▸ON / OFF

② ▸명령을 실행, (GRID Enter↵)
▸x 방향 모눈 간격 설정 〈10〉 Enter↵
▸y 방향 모눈 간격 설정 〈10〉 Enter↵
▸또는 대화창에서 설정

※ 대화창에서 GRID 기능을 체크하거나 기능키(F7)를 단축키로 이용하여 모눈을 화면에 표시하거나 표시되지 않게 할 수 있다.

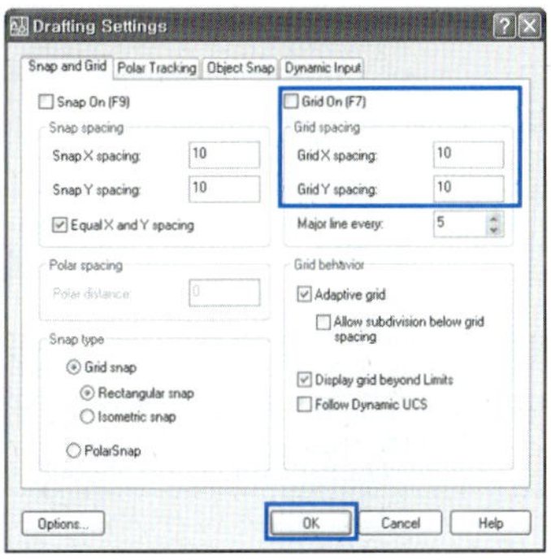

TIP

➡ **GRID 명령의 옵션**

스냅(Snap) : 스냅(snap) 명령으로 지정한 스냅 간격으로 모눈 간격을 지정한다.
주 모눈선(Major) : 보조 모눈선과 비교하여 주 모눈선의 빈도를 지정한다.
적합성(Adaptive) : 화면 확대 또는 축소시 모눈선의 밀도를 조정한다.
한계(Limits) : 도면 한계 영역을 초과하여 모눈을 표시할지 설정한다.
추종(Follow) : 동적 UCS의 xy 평면을 따르도록 모눈 평면을 변경한다.
방향(Aspect) : 모눈 간격의 x와 y 방향을 변경한다.

13 커서 이동 간격(Snap) 사용하기

도면 작업중 커서를 지정된 간격으로 이동하게 하는 명령이다. 작업 내용중 커서가 일정하게 움직여야 하는 경우에 사용하면 편리하다.

1. 명령어의 실행

① (마우스)를 이용한 실행

▸ 메뉴 표시줄 [Tools] – [Drafting Settings] – [Snap and Grid] 선택

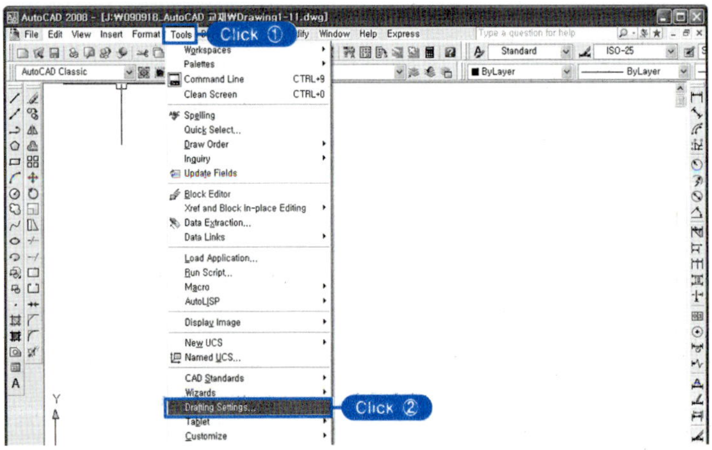

▸ 상태표시줄 [SNAP 탭에서 마우스 오른쪽 버튼] – [Settings...] 선택

② (키보드)를 이용한 실행

Command : SNAP 또는 SN Enter↵

2. 커서 이동 간격(Snap) 설정 대화창

① ▸명령을 실행, (SN Enter↵)

▸ON / OFF

② ▸명령을 실행, (SN Enter↵)

▸스냅 간격 설정 〈10〉 Enter↵

▸또는 대화창에서 설정

※대화창에서 SNAP 기능을 체크하거나 기능키(F9)를 단축키로 이용하여 커서 이동 간격 기능을 사용할 수 있다.

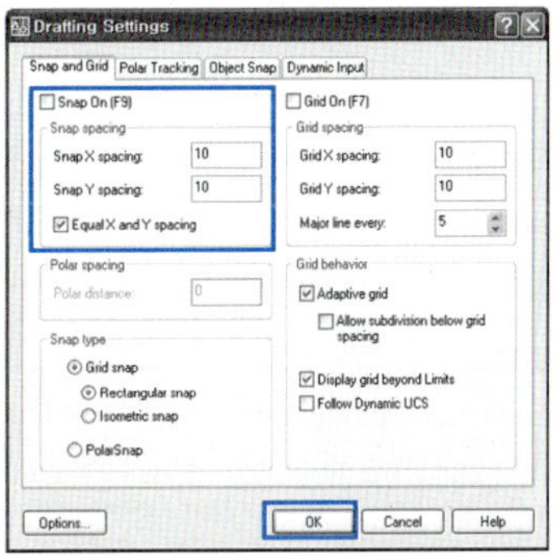

TIP

➡ SNAP 명령의 옵션

방향(Aspect) : 모눈 간격의 x 와 y 방향을 변경한다.

스타일(Style) : 스냅의 형식을 표준 또는 등각으로 선택한다.

유형(Type) : 스냅의 유형을 원형(Polar) 또는 직사각형(Rectangular)으로 선택한다.

Section 06

객체 선택, 객체 스냅(Object snap)

1 객체 선택 방법

객체를 편집하기 위해서는 편집할 객체를 선택하는 것이 중요하다. 하지만 한 번에 많은 객체를 선택해야 되는 경우 또는 복잡한 도면에서 객체를 선택해야 되는 경우 세심한 주의가 필요하다. 따라서 객체 편집 명령을 실행 시킨 경우 제일 먼저 편집할 객체를 선택하라는 'Select Objects'라는 문구가 커맨드 라인에 나타나게 된다. 이 상태에서 주로 사용하는 객체 선택 방법에 대해서 설명한다.

1. 창 선택(Select Window)

창 선택(Select window)는 직사각형의 창(window)를 이용하여 객체를 선택하는 것이다. 창 선택으로 객체를 선택하는 경우 창은 실선으로 이루어진 파란색 직사각형이 나타나고 객체의 모든 부분이 그 직사각형 내부에 포함된 경우에만 객체를 선택하게 된다. 창 선택으로 객체를 선택하기 위해서 'Select Objects' 문구가 나타났을 때 〈Select〉 입력 후 〈W〉를 입력하고 명령을 진행한 다음, 두 점을 선택하여 사각형을 정의한다.

또는 'Select objects' 문구 후에 객체 선택을 위한 대기상태가 아니라도 창 선택을 위해 직사각형을 정의할 때 좌측에서 우측으로 사각형을 정의하는 경우도 창 선택으로 객체를 선택할 수 있다.

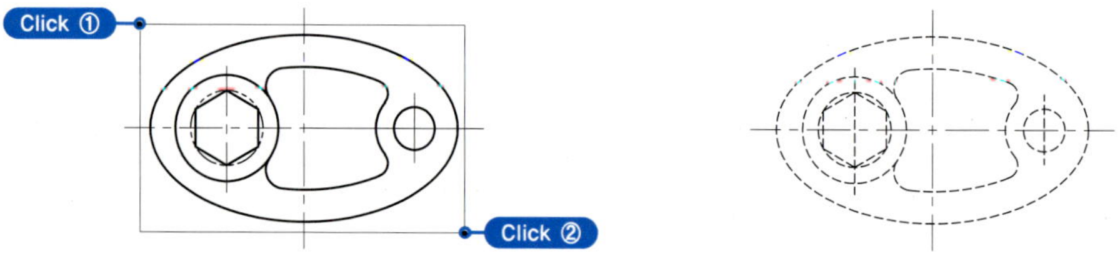

창 선택으로 객체들을 선택하는 경우 직사각형 내부에 완전히 포함되는 객체들만 선택되어 점선으로 보인다.

2. 교차 선택(Select Crossing)

교차 선택(Select crossing)은 창 선택(Select window)과 마찬가지로 직사각형을 정의하여 객체를 선택하지만 교차 상자(Crossing box)라 부르는 다른 성질을 갖는 직사각형을 이용한다. 교차 선택으로 객체를 선택하는 경우 교차 상자는 점선으로 이루어진 녹색 직사각형이 나타나고 그 직사각형의 내부 또는 경계선에 걸쳐지게 되는 모든 객체를 선택하게 된다. 교차 선택으로 객체를 선택하기 위해서 'Select Objects' 문구가 나타났을 때 〈Select〉 입력 후 〈C〉를 입력하고 명령을 진행한 다음, 두 점을 선택하여 사각형을 정의한다.

창 선택과 비슷하게 'Select objects' 문구 후에 객체 선택을 위한 대기상태가 아니라도 교차 선택을 위해 직사각형을 정의할 때 우측에서 좌측으로 사각형을 정의하는 경우에도 교차 선택으로 객체를 선택할 수 있다.

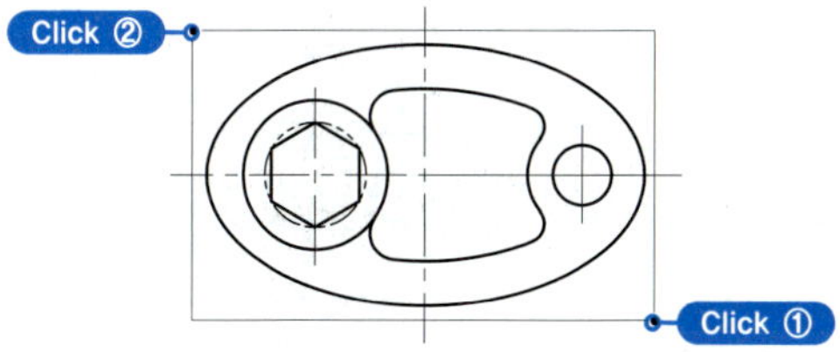

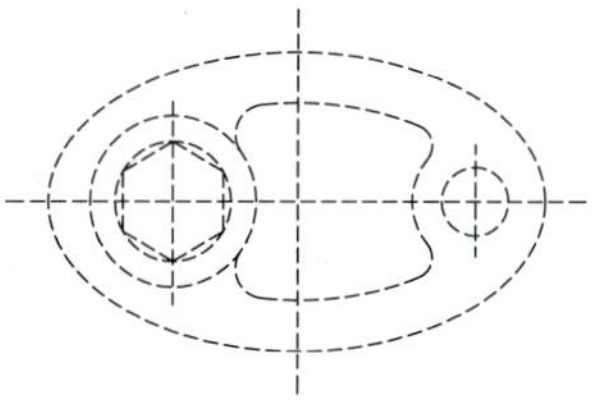

교차 선택으로 객체들을 선택하는 경우 직사각형 내부에 포함되거나 직사각형의 경계선과 교차하는 객체들도 선택되어 점선으로 보인다.

3. 울타리 선택(Select Fence)

울타리 선택(Select fence)은 교차 선택(Select Crossing)과 비슷한 개념을 가지고 있는 선택방법으로 가상의 울타리(fence)를 만들어 그 울타리와 교차하는 모든 객체를 선택하는 방법이다. 울타리 선택으로 객체를 선택하기 위해서 'Select Objects' 문구가 나타났을 때 〈Select〉 입력 후 〈F〉를 입력하고 명령을 진행한 다음, 두 점 이상을 선택하여 선택하고자 하는 객체를 모두 포함하는 가상의 울타리를 정의한다.

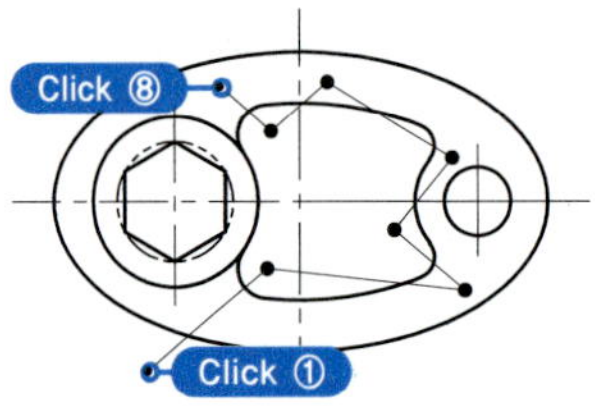

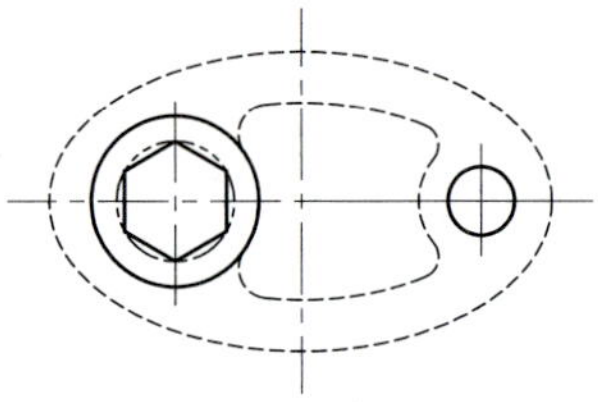

울타리 선택으로 객체들을 선택하는 경우 울타리와 교차하는 객체들만 선택되어 점선으로 보인다.

4. 그 밖의 선택 방법

- 폴리곤 창(Wpolygon) : 사각형이 아닌 다각형을 이용하여 창 선택을 한다.
- 폴리곤 교차(Cpolygon) : 사각형이 아닌 다각형을 이용하여 교차 선택을 한다.
- 상자(Box) : 창 선택과 교차 선택을 결합한 기능으로 직사각형을 정의하는 방향에 따라 좌에서 우로 하는 경우 창 선택과 우에서 좌로 하는 경우 교차 선택을 하게 된다.
- 지난 선택(Last Select) : 명령어 실행 전 마지막으로 선택된 객체를 선택한다.
- 모두(All) : 모든 객체를 선택한다.
- 이전(Previous) : 바로 전의 객체를 선택한다.
- 추가(Add) : 객체를 추가로 선택한다.
- 제거(Remove) : 특정한 객체의 선택을 취소한다.
- 그룹(Group) : 그룹화 되어 저장된 객체를 그룹 이름으로 선택한다.
- 단일(Single) : 한 객체를 선택한다.

2 HIGHLIGHT 명령

객체를 선택하는 경우 선택된 객체가 점선으로 표시되게 할 것인지 아니면 원상태대로 보이게 할 것인지를 설정한다.

① (키보드)를 이용한 실행

```
Command : HIGHLIGHT Enter↵
```

TIP

➡ **HIGHLIGHT 명령의 옵션**

활성(1) : 선택된 객체를 점선으로 표시한다.
비활성(0) : 선택된 객체를 원상태로 표시한다.

3 DRAGMODE 명령

객체를 그리거나 편집하는 명령 중에 명령 후의 위치나 형상을 끌기(Drag) 하였을 때 미리 보여지게 할 것인지 보이지 않게 할 것인지를 설정한다.

① (키보드)를 이용한 실행

Command : DRAGMODE Enter↵

TIP

➡ **DRAGMODE 명령의 옵션**

켜기(On) : 드래그 하였을 때 형상을 보이게 한다.
끄기(Off) : 드래그 하였을 때 형상을 보이지 않게 한다.
자동(Auto) : 드래그 하여 형상이 나타나는 모든 명령에서 DRAGMODE를 자동으로 실행하게 한다.

4 객체 스냅(OBJECT SNAP) 사용하기

객체를 그리거나 편집할 때 객체들이 갖는 끝점, 중간점과 같은 속성점을 이용하는 기능으로 객체 스냅을 이용하는 방법으로는 세 가지 방법이 있다.

① 객체의 속성점을 선택하기 위하여 선택할 속성점을 바로가기 메뉴에서 선택

사용법 : 객체 속성점 선택 전에 SHIFT 키와 마우스 오른쪽 버튼을 동시에 누르면

속성점 선택을 위한 바로가기 메뉴가 나타나고 원하는 객체 속성점을 선택

② 객체의 속성점을 선택하기 위하여 선택할 속성점을 약자로 입력

사용법 : 객체 속성점 선택 전에 선택 대기 상태에서 각 속성점의 세 글자를 입력

끝점 : END, **중심점** : CEN, **교차점** : INT

③ 객체의 속성점을 선택하기 위하여 선택할 속성점을 객체 스냅(OSNAP) 대화창에서 미리 선택

사용법 : OSNAP 명령을 이용하여 객체 스냅 대화창을 나타나게 한 후 원하는 객체 속성점을 미리 선택

1. 객체 속성점 선택을 위한 바로가기 메뉴

Endpint : 객체의 끝점을 선택

Midpoint : 객체의 중간점을 선택

Intersection : 두 객체의 교차점을 선택

Apparent Intersection : 실제 교차하지 않는 두 객체의 교차점을 선택

Extension : 실제 교차하지 않는 두 객체의 교차점과 연장선을 표시

Center : 원, 원호 객체의 중심점을 선택

Quadrant : 원, 타원 객체의 사분점을 선택

Tangent : 객체의 접점을 선택

Perpendicular : 객체의 수직점을 선택

Parallel : 객체의 평행점을 선택

Node : 점을 선택

Insert : 문자나 블록의 시작점을 선택

Nearest : 객체의 가장 근접점 선택

None : 선택점 취소

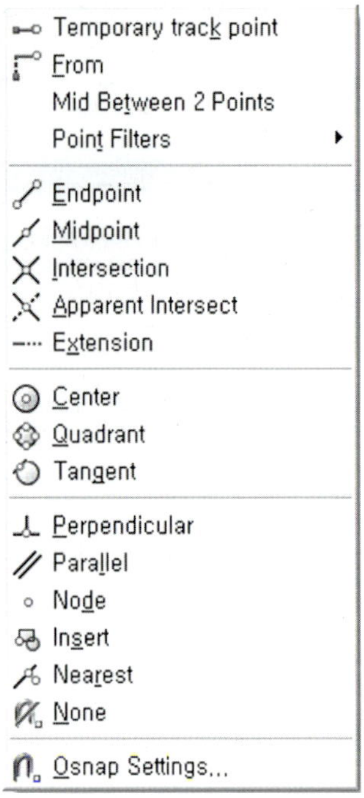

2. 객체 속성점 선택을 위한 OSNAP 명령

① (마우스)를 이용한 실행

▸ 메뉴 표시줄 [Tools] – [Drafting Settings] – [Object Snap] 선택

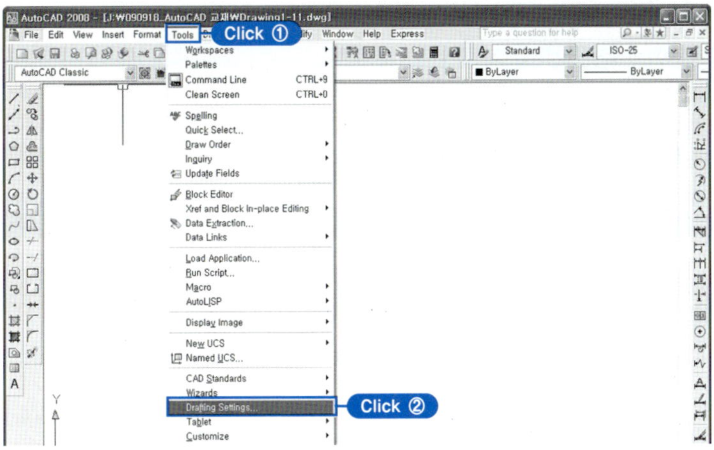

▸ Object Snap 도구모음 [Osnap Settings...] 선택

② (키보드)를 이용한 실행

Command : OSNAP 또는 OS Enter↵

3. 객체 속성점 선택을 위한 OSNAP 대화창

①
- 명령을 실행, (OS Enter↵)
- 필요한 객체 속성점 선택
- OK

※ 대화창에서 OSNAP 기능을 체크하거나 기능키(F3)를 단축키로 이용하여 객체 스냅(Object Snap) 기능을 사용하거나 사용하지 않을 수 있다.

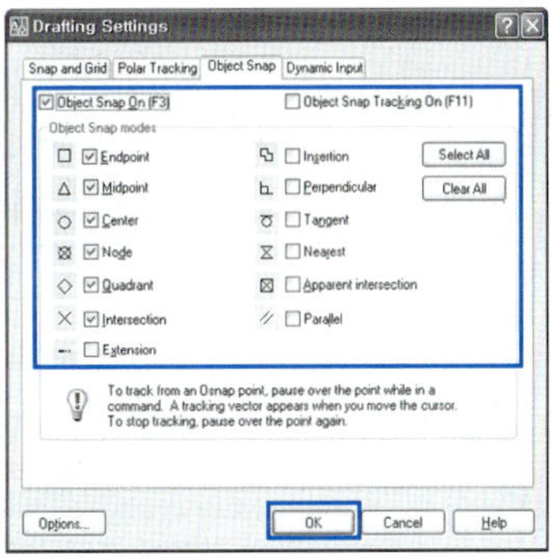

Section 07

도면 작업을 위한 환경 설정

1 2차원 도면 작업을 위한 AutoCAD2008의 환경설정

2차원의 도면 작업을 보다 빠르고 편리하게 하기 위해서 AutoCAD 2008의 환경 설정이 필요하다. 환경 설정 대화창을 실행시켜 다음과 같은 사항들을 확인한다.

1. 명령어의 실행

① (마우스)를 이용한 실행

▸ 메뉴 표시줄 [Tools] – [Options...] 선택

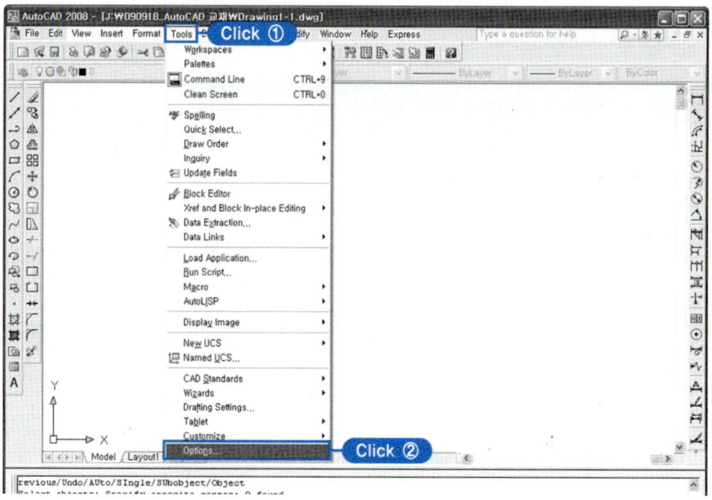

② (키보드)를 이용한 실행

Command : OPTIONS 또는 OP Enter↵

2. 빠르고 편리한 작업을 위한 환경설정 사항

① [Files] 탭

Files는 AutoCAD에서 불러오기 또는 저장하기 파일 뿐만 아니라 AutoCAD 프로그램에서 사용되는 파일들을 관리하는 탭이다.

Automatic Save File Location 메뉴에서 자동 저장 파일이 저장될 폴더를 지정할 수 있다. 사용자가 따로 도면을 저장하지 않더라도 자동 저장 시간마다 지정된 폴더에 *.sv$를 확장자로 백업파일이 생성되며 확장자를 *.dwg로 변환하여 AutoCAD 2008에서 열 수 있다.

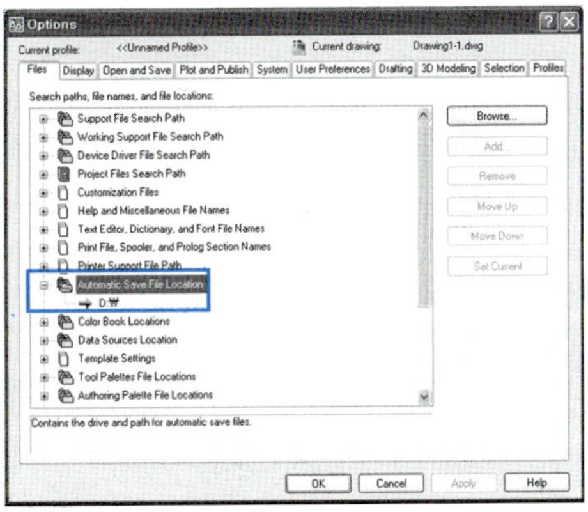

② [Display] 탭

Display는 AutoCAD 2008의 작업 화면에 관련하는 모든 사항을 설정하는 탭이다.

Colors 메뉴를 이용하여 기본적으로 검정색으로 설정되어 있는 작업화면의 배경색을 변경할 수 있다. Crosshair size 는 십자선 커서를 가로지르는 참조선의 크기를 설정하는 것으로 기본 값이 5이고 제도시 객체 간의 비교 및 대조를 위하여 사용자에게 맞게 조절이 필요하다.

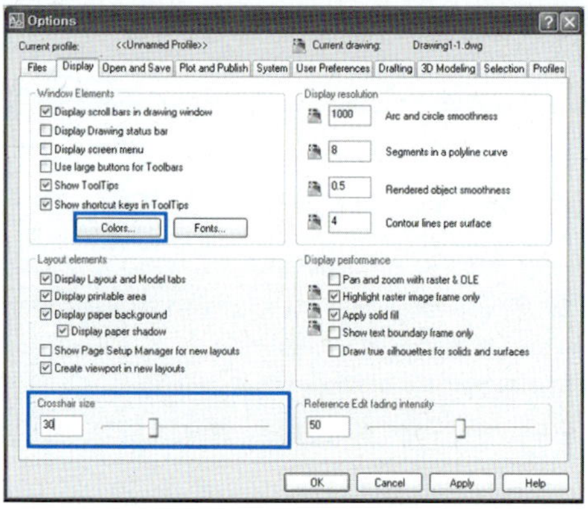

③ [Open and Save] 탭

Open and Save는 AutoCAD 2008에서 도면의 열기와 저장에 관련된 사항을 관리하는 탭이다.

Automatic save 메뉴에서 자동 저장되는 시간을 분 단위로 지정할 수 있고 자동 저장시간마다 *.sv$ 확장자로 도면 내용을 지정된 경로에 백업한다.

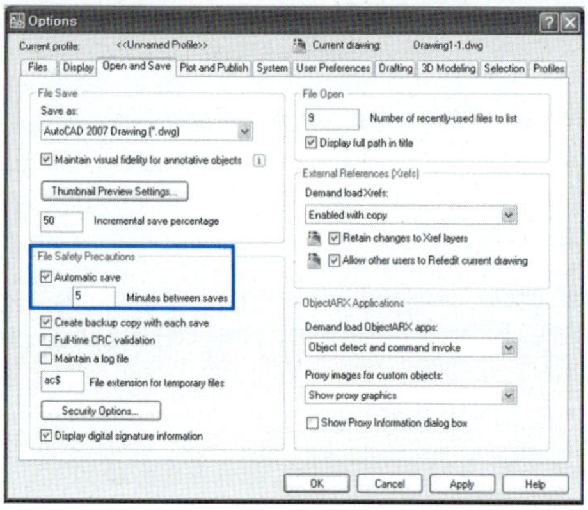

④ [User Preference] 탭

User Preference는 AutoCAD 2008의 사용자의 선호사항에 관해 설정하는 탭이다.

Shortcut menus in drawing area 메뉴를 체크해제 하여 마우스 오른쪽 버튼을 명령의 입력/진행/종료키로 사용할 수 있다. 이 기능을 이용하면 도면 작성 작업을 빠르게 할 수 있다.

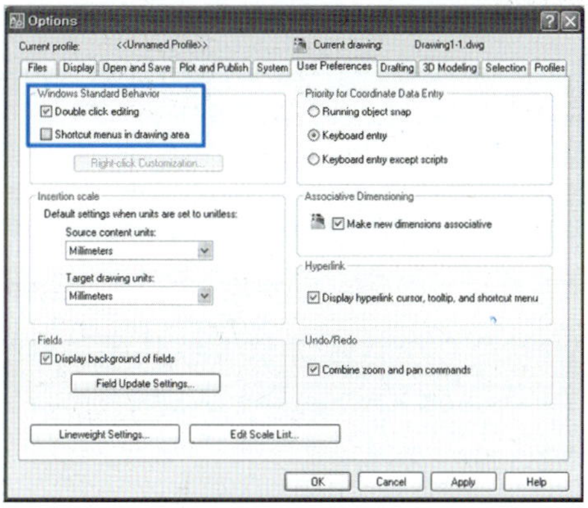

⑤ [Drafting] 탭

Drafting은 AutoCAD 2008에서 제도(Drafting)에 필요한 설정에 관한 탭이다.
AutoSnap Maker size와 Aperture size를 사용자에 맞게 조절하여 도면작업을 편하게 할 수 있다.

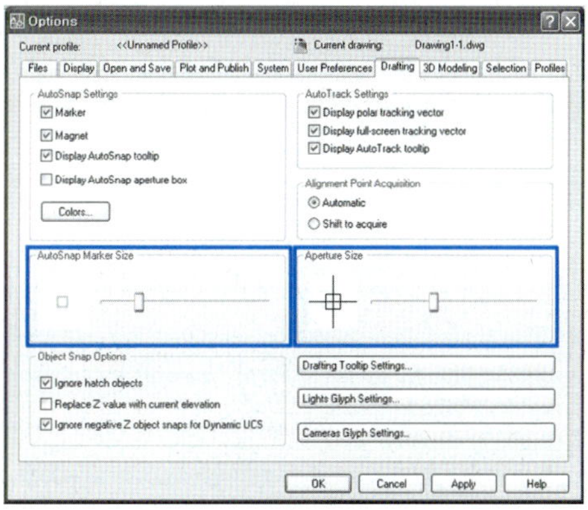

⑥ [Selection] 탭

Selection은 AutoCAD 2008에서 명령이나 객체를 선택하는 것에 관하여 설정하는 탭이다.

Pickbox size와 Grip size를 조절하여 도면 작성 작업을 편하게 할 수 있으며 Selection mode는 객체 선택 방법이나 실행 방법에 대하여 설정할 수 있다.

▸ None/verb selection

일반적으로 AutoCAD 2008의 명령어 입력 체계와 대조하여 객체를 먼저 선택한 후 명령어를 입력하여 명령을 진행시킬 수 있다.

▸ Implied windowing

마우스 끌기로 객체를 선택시 자동 Crossing(점선박스 선택)이나 자동 Windowing(실선박스 선택) 기능을 사용할 수 있다.

▸ Object grouping

치수(Dimension), 블록(Block), 사각형(Rectangular)과 같은 그룹으로 묶인 요소를 한 번의 클릭으로 선택할 수 있다.

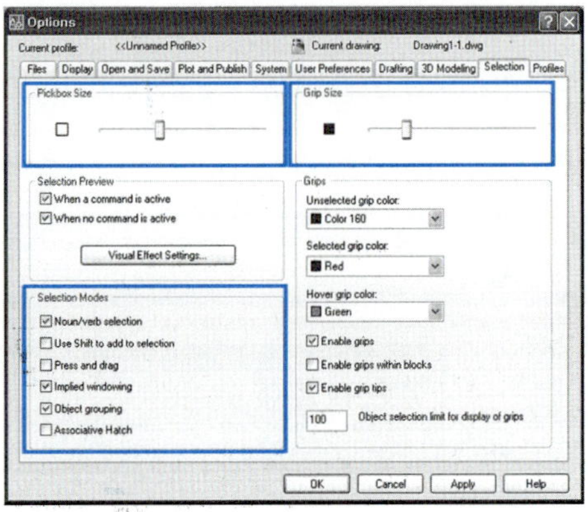

CHAPTER 02

도면 영역 및 단위 설정

◆실습목적 :	① 도면 영역을 설정하고 윤곽선과 중심마크를 표시한다. ② 도면 작성을 위한 기본 단위를 설정한다.
◆실습시간 :	1.5hr ~ 2.5hr
◆실습내용 :	① LIMITS _ 도면의 한계 영역 설정하기 ② RECTANGLE _ 외곽선 표시를 위한 사각형 그리기 ③ MVSETUP _ 도면 영역 및 지정 사항 설정 및 표시하기 ④ OFFSET _ 원본과 평행한 직선 그리기 ⑤ LINE _ 직선 그리기 ⑥ TRIM _ 교차점을 기준으로 선 객체 자르기 ⑦ ERASE _ 객체 지우기 ⑧ UNITS _ 도면에서 사용할 단위 설정하기 ⑨ 선 속성 설정하기 ⑩ 선 속성 변경하기 ⑪ 도면층 설정 및 변경하기
◆참고사항 :	• 기본 도면 영역은 A3 size (420 mm × 297 mm) 이다. • 기본 단위는 길이 Millimeter, 각도 Degree 이다. • 도면영역과 단위는 사용자가 원할 경우 수시로 변경 가능하다. • 도면영역은 출력영역과 관련되어 있다.

실습할 내용 :

A3 Size (420mm×297mm)

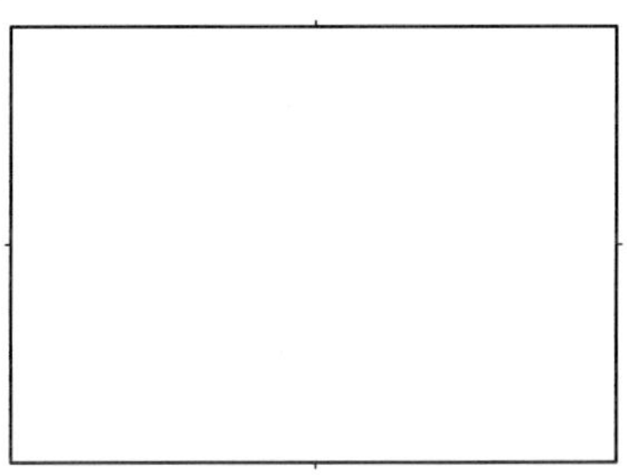

A2 Size (594mm×420mm)

Section 01

LIMITS 도면의 한계 영역 설정하기

1 용지에 맞춰 도면 영역 설정하기

도면의 한계영역을 설정하는 것은 도면을 작성하기 전에 해당 용지에 도면 영역의 전체적인 윤곽을 잡아 사용자가 작업할 공간을 할당하는 것으로 제한된 도면 영역은 사용자가 도면을 작성할 작업 공간이 된다. 이 도면 영역은 출력 영역과도 관련되어 있으며, 좌측 하단의 좌표와 우측 상단의 좌표를 이용하여 지정한다.

1. 명령어의 실행

① (마우스)를 이용한 실행

▸ 메뉴 표시줄 [Format] – [Drawing Limits] 선택

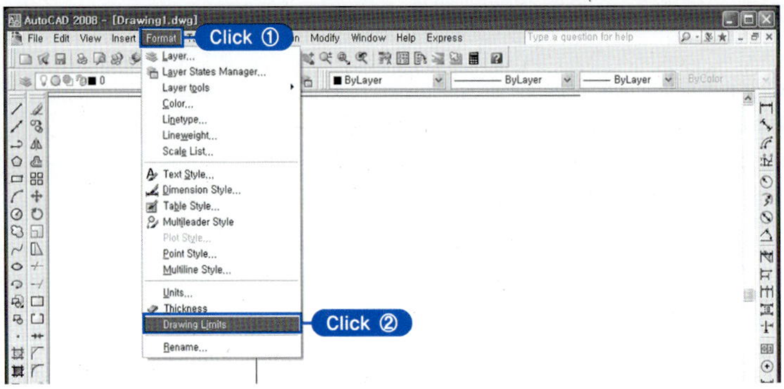

② (키보드)를 이용한 실행

Command : LIMITS Enter↵

2. 명령어 사용법 따라하기

LIMITS 명령을 이용하여 특정한 용지 크기에 맞춰 도면영역을 설정하기 위하여 아래와 같이 실행한다. LIMITS 명령은 도면의 한계영역만을 설정하는 것으로 도면 작업을

위한 단위 설정이 필요하며 사용자가 필요할 경우 수시로 영역의 크기를 변경할 수 있다.

① ▸ **기본값으로 도면 영역의 크기 설정 – A3 Size (420mm×297mm)**

▸ 명령 실행, (LIMITS Enter↵)

▸ 좌측 하단의 좌표를 AutoCAD 2008의 기본값으로 설정하기 위하여 명령 진행 (Enter↵)

▸ 우측 상단의 좌표를 AutoCAD 2008의 기본값으로 설정하기 위하여 명령 진행 (Enter↵)

② ▸ **도면 영역의 크기 변경 – A2 Size (594mm×420mm)**

▸ 명령 실행, (LIMITS Enter↵)

▸ 도면 영역의 좌측 하단의 좌표 (0,0)을 입력하고 진행(Enter↵)

▸ 도면 영역의 우측 상단의 좌표 (594,420)을 입력하고 진행(Enter↵)

③ ▸ **도면 영역의 크기 변경 – A4 Size (297mm×210mm)**

▸ 명령 실행, (LIMITS Enter↵)

▸ 도면 영역의 좌측 하단의 좌표 (0,0)을 입력하고 진행(Enter↵)

▸ 도면 영역의 우측 상단의 좌표 (297,210)을 입력하고 진행(Enter↵)

④ ▸ **도면 설정영역의 제한**

▸ 명령 실행, (LIMITS Enter↵)

▸ 설정된 영역을 제한하여 객체를 그리기 위해 영역 외부에서는 객체 작성이 불가능하게 하기 위하여 (ON) 입력하고 진행(Enter↵)

TIP

➡ **LIMITS 명령 켜기/끄기**

켜기(ON) : LIMITS 명령을 이용하여 설정된 영역 내부에서만 객체를 작성하게 한다. 설정된 영역 외부에서 객체를 작성하기 위해 외부 영역을 선택하는 경우 외부 한계(Outside limits)라는 경고와 함께 선택되지 않는다.

끄기(OFF) : 설정된 영역 외부에서도 객체를 작성할 수 있게 하지만 일반적으로 사용하지 않는다.

RECTANGLE 외곽선 표시를 위한 사각형 그리기

1 도면 영역을 나타내는 외곽선 그리기

RECTANGLE 명령을 사용하면 대각선 방향 두 점의 좌표만을 입력하여 간단하게 직사각형을 그릴 수 있다. 여기서는 도면 영역 작성을 위한 내용만을 다룬다.

1. 명령어의 실행

① (마우스)를 이용한 실행

▸ 메뉴 표시줄 [Draw] – [Rectangle] 선택

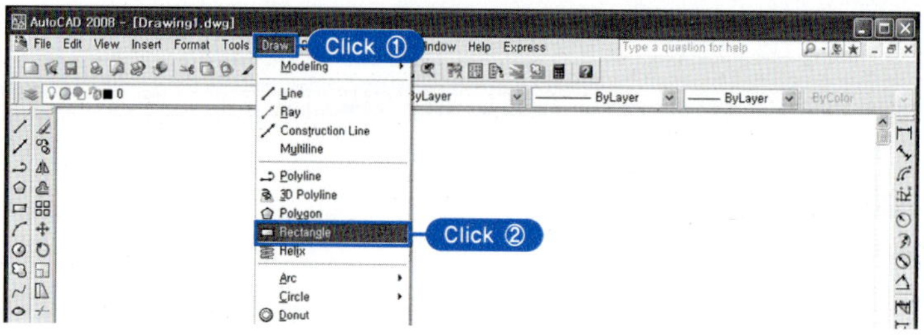

▸ Draw 도구모음 [Rectangle] 선택

② (키보드)를 이용한 실행

Command : RECTANGLE 또는 REC Enter↵

2. 명령어 사용법 따라하기

앞서 설정한 도면 영역은 시각적으로는 표현되지 않아 작업의 곤란함이 있다. 따라서 직사각형을 그려서 도면 영역을 나타내는 외곽선을 시각적으로 표현한다.

①
- 명령 실행, (REC Enter↵)
- 도면 영역의 좌측 하단 구석점의 좌표 (0,0)을 입력하고 진행(Enter↵)
- 도면 영역의 우측 상단 구석점의 좌표 (594,420)을 입력하고 진행(Enter↵)

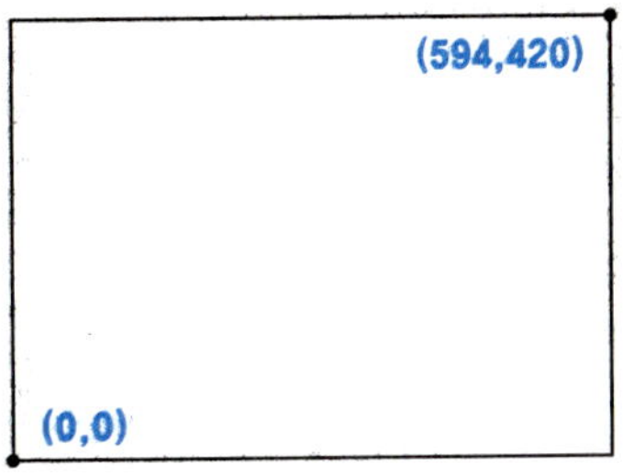

Section 03

MVSETUP (LIMITS+ZOOM+RECTANGLE) 도면영역 및 지정사항 설정과 표시하기

1 도면 영역 및 지정사항을 설정하고 도면 영역 표시하기

뷰포트(Viewport)를 설정하는 명령으로 도면 영역을 설정 및 표시하고 기본 단위를 설정한다. LIMITS 명령과 마찬가지로 도면영역을 설정하지만 도면의 윤곽선을 생성하면서 기본 단위까지 설정할 수 있다. LIMITS 명령보다 편리하게 도면 영역을 설정하고 배치할 수 있다.

1. 명령어의 실행

① (키보드)를 이용한 실행

Command : MVSETUP Enter↵

2. 명령어 사용법 따라하기

A2 size [594mm×420mm]의 용지에 도면 영역을 설정하고 그 외곽선을 나타내기 위하여 MVSETUP 명령을 사용한다. 도면 작성시 사용할 단위로 미터법을 사용하기 위해 기본 단위를 미터법으로 설정하고 축척비는 1:1로 설정한다.

①
- 명령 실행, (MVSETUP Enter↵)
- 도면 공간(paper space)으로 넘어갈 것 인지를 물어보는 옵션으로 사용하지 않기 위하여 〈NO〉를 입력하고 진행(Enter↵)

②
- 도면 작업시 기본 단위로 미터법(metric) 단위를 사용하기 위하여 〈M〉을 입력하고 진행(Enter↵)

③
- 도면의 축척 비율을 1 : 1로 설정하기 위하여 축척 비율 〈1〉을 입력하고 진행 (Enter↵)

④ ▸도면 영역의 너비를 용지의 가로 길이 〈594〉로 입력하고 진행(Enter↵)

⑤ ▸도면 영역의 높이를 용지의 세로 길이 〈420〉으로 입력하고 진행(Enter↵)

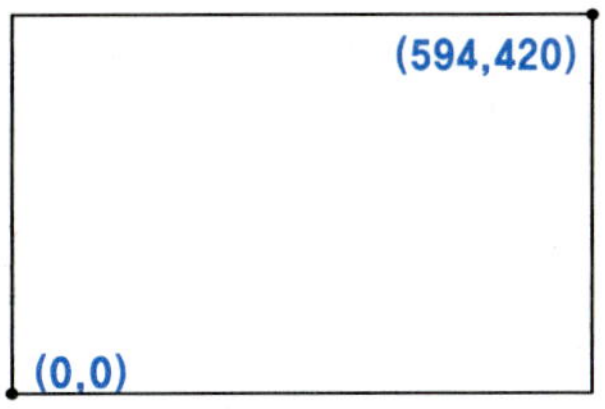

TIP

➡ 모형 공간(model space)과 도면 공간(paper space)

일반적으로 모형 공간에서 도면을 그리고(drawing) 도면 공간에서 도면을 인쇄(plotting)한다. 도면공간에서는 인쇄를 위해 배치(layout)하고 준비하는 과정이며 여기서 보여 지는 화면은 최종 인쇄물과 시각적으로 유사하게 표현된다.

➡ 설정 가능한 기본 단위 유형

과학 단위 (Scientific) : 표기 예) 1.500E+00,2.003E+00,0.000E+00
3.000E+00〈45,0.000E+00

십진 단위 (Decimal) : 표기 예) 1.5,2.003,0
3〈45,0

공학 단위 (Engineering) : 표기 예) 1.5″,2.003″,0″
3″〈45,0″

건축 단위 (Architectural) : 표기 예) 1 1/2″,2″,0″
3″〈45,0″

분수 단위 (Fractional) : 표기 예) 1 1/2,2,0
3〈45,0

➡ 설정 가능한 축척 비율 (미터법 단위)

Metric	Scales
(5000)	1:5000
(2000)	1:2000
(1000)	1:1000
(500)	1:500
(200)	1:200
(100)	1:100
(75)	1:75
(50)	1:50
(20)	1:20
(10)	1:10
(5)	1:5
(1)	FULL

Section 04

OFFSET 원본과 평행한 직선 그리기

1 원본에서 평행하게 띄워진 사각형 그리기

원본 객체에서 평행하게 간격이 벌어진 객체를 그리고자 할 때, OFFSET 명령을 사용할 경우 그 과정을 매우 간략히 할 수 있다. OFFSET 명령은 다양한 방법이 있지만 여기서는 도면의 중심마크 및 윤곽선을 그리기 위한 내용만을 설명한다.

1. 명령어의 실행

① (마우스)를 이용한 실행

▸ 메뉴 표시줄 [Modify] – [Offset] 선택

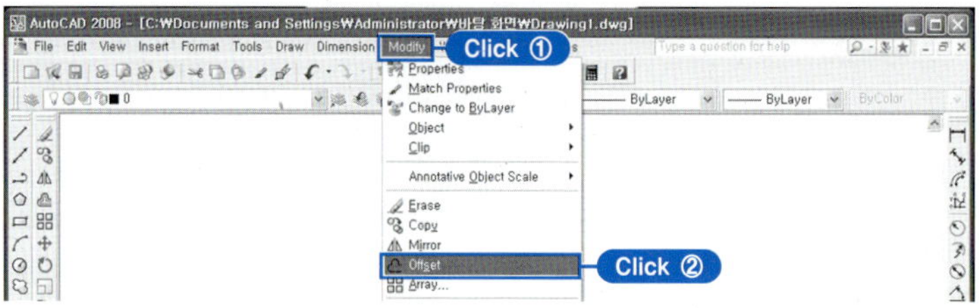

▸ Modify 도구모음 [Offset] 선택

② (키보드)를 이용한 실행

Command : OFFSET 또는 O Enter↵

2. 명령어 사용법 따라하기

원본 사각형의 객체 내부에 5mm 간격이 띄워진 사각형 객체를 그리기 위하여 직접 수치를 입력하여 OFFSET 명령을 실행하였다.

① ▸ 명령 실행, (O Enter↵)
▸ 원본 객체로부터 간격 5mm가 떨어진 객체를 파생 복사하기 위해 〈5〉를 입력하고 진행(Enter↵)
▸ 파생 복사될 원본 객체를 선택하고 진행(Enter↵)
▸ 파생 복사 방향으로 원본 사각형의 내부를 선택
▸ OFFSET 명령을 종료(Enter↵)

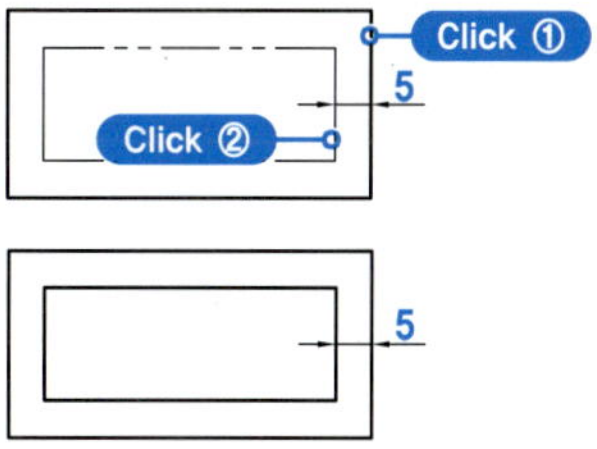

LINE
직선 그리기

Section 05

1 점 속성 중 중간점을 선택하여 직선 그리기

직선 그리기는 AutoCAD에서 가장 기본이 되는 명령으로 AutoCAD 에서는 두 점의 위치를 입력 받아 직선을 그린다. 여기서는 직선을 그리기 위해 속성점 위치를 선택하는 방법에 대해서만 다룬다.

1. 명령어의 실행

① (마우스)를 이용한 실행

▸ 메뉴 표시줄 [Draw] – [Line] 선택

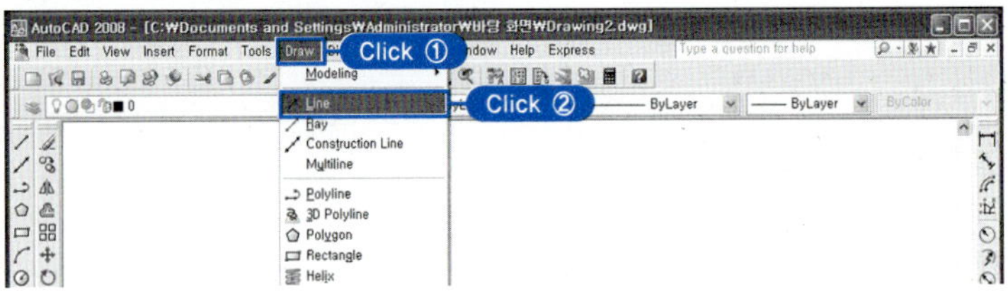

▸ Draw 도구모음 [Line] 선택

② (키보드)를 이용한 실행

Command : LINE 또는 L Enter↵

2. 명령어 사용법 따라하기

LINE 명령은 직선의 시작점과 끝점을 입력 받아 직선을 그리게 되는데 여기서는 시작점과 끝점의 위치를 마우스(Mouse)를 이용하여 객체 스냅(Object snap)점을 선택하여 입력한다. 아래와 같이 세 직선들의 중간점을 연결하여 직선을 그린다.

1

- 명령 실행, (L Enter↵)
- 왼쪽 수직선의 객체 스냅(중간점)을 시작점으로 선택
- 오른쪽 수직선의 객체 스냅(중간점)을 첫 번째 직선의 끝점 및 두 번째 직선의 시작점으로 선택
- 위쪽 수평선의 객체 스냅(중간점)을 두 번째 직선의 끝점으로 선택
- LINE 명령을 종료(Enter↵)

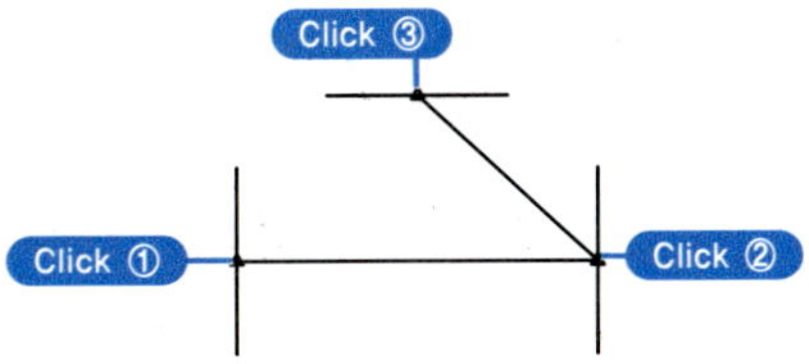

Section 06 TRIM
교차점을 기준으로 선 객체 자르기

1 교차점을 기준으로 선택하여 선 객체 자르기

도면 작성시 두 객체들이 교차하고 있을 때, 교차하는 객체를 기준으로 다른 객체의 일부분을 잘라내어 제거하는 명령이다. 여기서는 도면의 중심마크를 그리기 위한 내용에 대해서만 다룬다.

1. 명령어의 실행

① (마우스)를 이용한 실행

▸ 메뉴 표시줄 [Modify] – [Trim] 선택

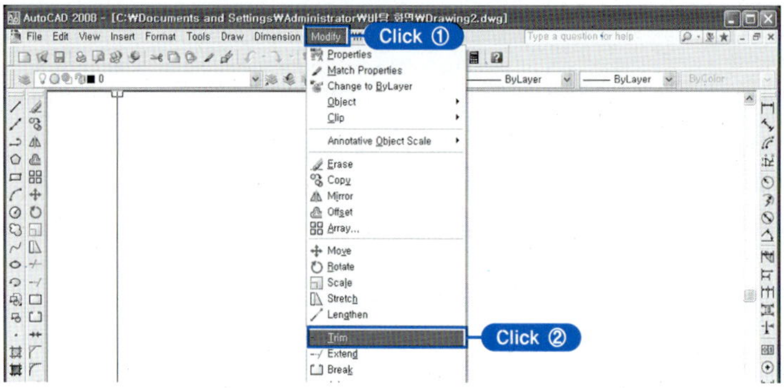

▸ Modify 도구모음 [Trim] 선택

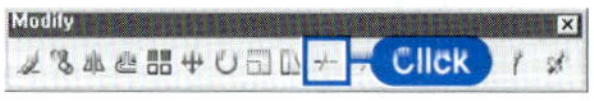

② (키보드)를 이용한 실행

Command : TRIM 또는 TR Enter↵

2. 명령어 사용법 따라하기

TRIM 명령은 기준이 되는 객체를 먼저 선택하고 자르기 위한 객체의 잘릴 부분을 선택하여 명령을 실행한다.

①

- 명령 실행, (TR Enter↵)
- 수직선을 기준으로 수평선 오른쪽 부분을 자르기 위해 기준 객체로 수직선을 선택하고 진행(Enter↵)
- 수평선의 오른쪽 부분을 선택
- TRIM 명령을 종료(Enter↵)

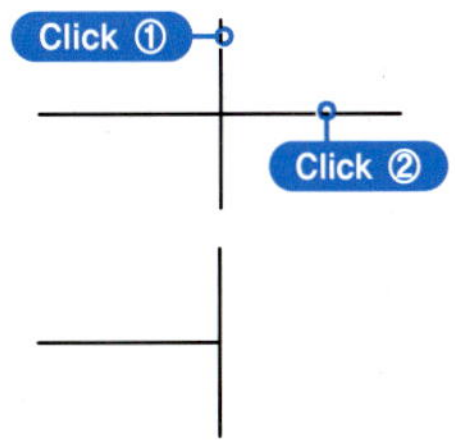

Section 07

ERASE
객체 지우기

1 필요없는 객체 지우기

객체를 삭제하는 명령으로 여기서는 도면 영역 작성시 중심마크와 윤곽선을 그리는 내용에 대해서만 다룬다.

1. 명령어의 실행

① (마우스)를 이용한 실행

▸ 메뉴 표시줄 [Modify] – [Erase] 선택

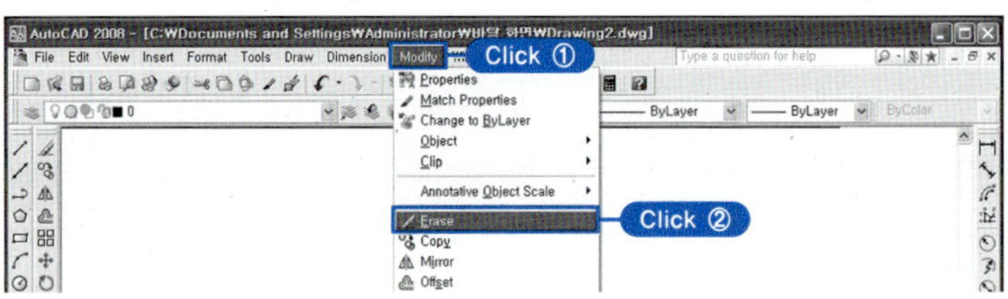

▸ Modify 도구모음 [Erase] 선택

② (키보드)를 이용한 실행

Command : ERASE 또는 E Enter↵

2. 명령어 사용법 따라하기

객체를 삭제하기 위하여 객체를 먼저 선택하고 ERASE 명령을 실행하거나 명령을 먼저 입력하고 객체를 선택할 수 있다.

① ▸ 명령 실행 후, (E Enter↵)
▸ 삭제하기 위한 객체들을 선택하고 진행(Enter↵)
※ 객체를 선택하는 방법은 Chapter 1에서 다루었던 내용으로 선택이 가능하다.

Section 08

UNITS
도면에서 사용할 단위 설정하기

1 기본 단위 설정

AutoCAD에서 사용되는 데이터의 측정단위를 결정하는 명령으로 Millimeter, Inch, Degree, Radian과 같이 도면에 좌표로 나타나는 수치들의 단위를 설정한다. 도면 작업 시 사용자가 필요한 경우 수시로 단위표시를 변경할 수 있다.

1. 명령어의 실행

① (마우스)를 이용한 실행

▸ 메뉴 표시줄 [Format] – [Units...] 선택

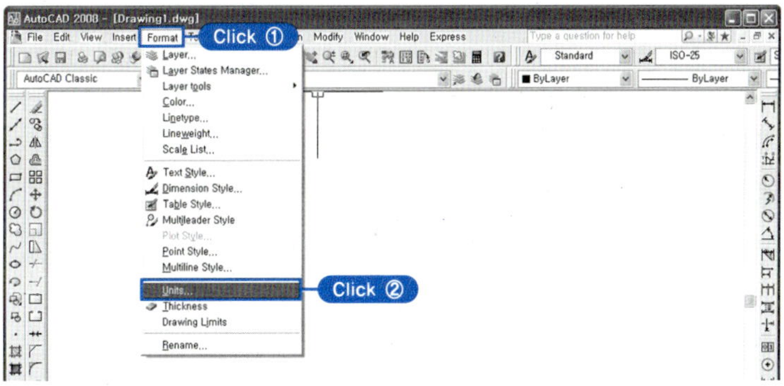

② (키보드)를 이용한 실행

Command : UNITS Enter↵

2. 명령어 사용법 따라하기

①

- 명령 실행, (UNITS Enter↵)
- 길이의 유형(Length type)과 정밀도(Length precision)를 선택
- 각도의 유형(Angle type)과 정밀도(Angle precisoin)를 선택
- 설정을 적용하기 위해 〈OK〉 선택

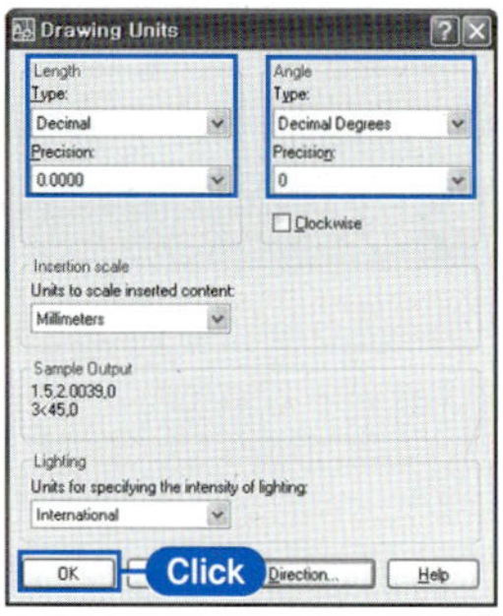

Section 09

선 속성 설정하기

COLOR, LINETYPE, LTSCALE, LWEIGHT

1 선 색상 설정하기

생성할 객체의 색상을 설정한다.

1. 명령어의 실행

① (마우스)를 이용한 실행

▸메뉴 표시줄 [Format] – [Color...] 선택

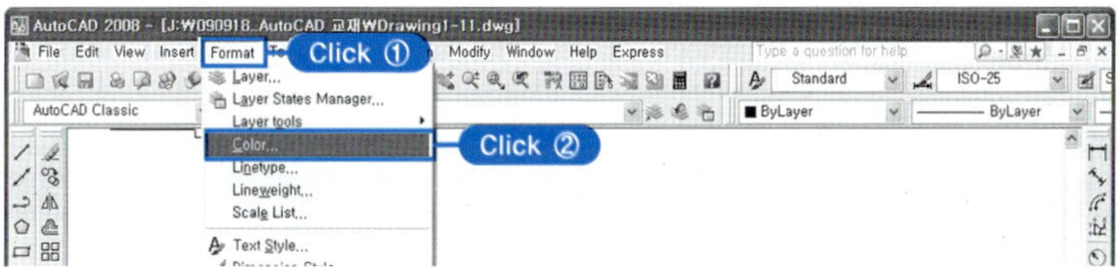

② (키보드)를 이용한 실행

Command : COLOR 또는 COL Enter↵

2. 명령어 사용법 따라하기

① ▸명령 실행, (COL Enter↵)

▸객체에 사용할 색상을 선택

▸OK 선택

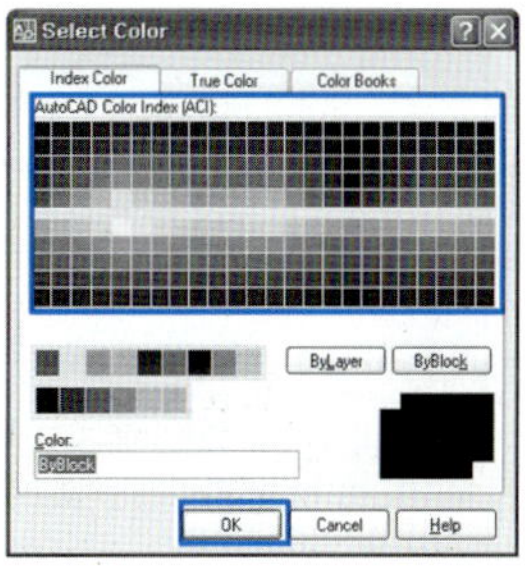

TIP

➡ **색상에 관한 일반사항**

① 1부터 255까지의 고유 색상번호나 표준 색상 이름을 입력한다.

② 표준 색상 이름은 Red(1), Yellow(2), Green(3), Cyan(4), Blue(5), Magenta(6), White(7) 이다.

③ 기본적으로 BYLAYER는 White로 설정되어 있고 변경이 가능하다.

④ 기존 객체의 색상을 변경하기 위해 AutoCAD 2000 이후에는 객체 속성 도구모음(Object Properties)이나 Properties 대화창을 이용한다.

⑤ 색상 변경은 객체를 선택하고 객체 속성 도구모음의 색상 툴에서 색상을 선택한 다음 ESC 키를 누르면 객체의 색상이 변경된다.

⑥ AutoCAD에서 색상의 의미는 도면 출력시 선의 굵기를 나타낸다.

2 선 모양 설정하기

선 모양들을 현재 작업중인 도면으로 불러와(loading) 생성할 선 객체의 모양을 설정한다.

1. 명령어의 실행

① (마우스)를 이용한 실행

▸ 메뉴 표시줄 [Format] – [Linetype...] 선택

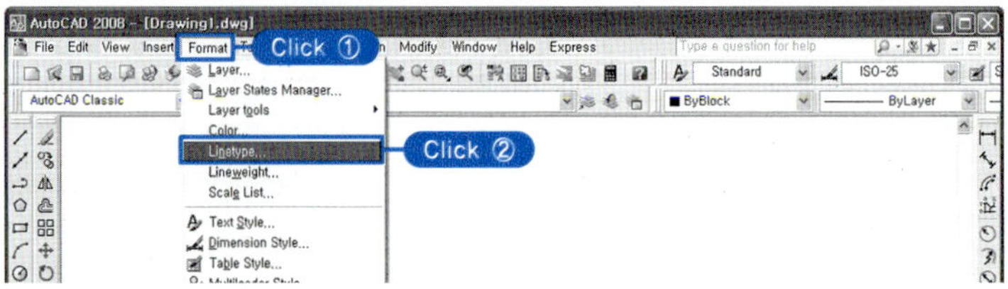

② (키보드)를 이용한 실행

Command : LINETYPE 또는 LT Enter↵

2. 명령어 사용법 따라하기

①
- 명령 실행, (LT Enter↵)
- 선 모양을 불러오기 위하여 〈Load...〉 선택
- 불러오기 위한 선 모양 선택
- 설정 적용을 위하여 OK 선택

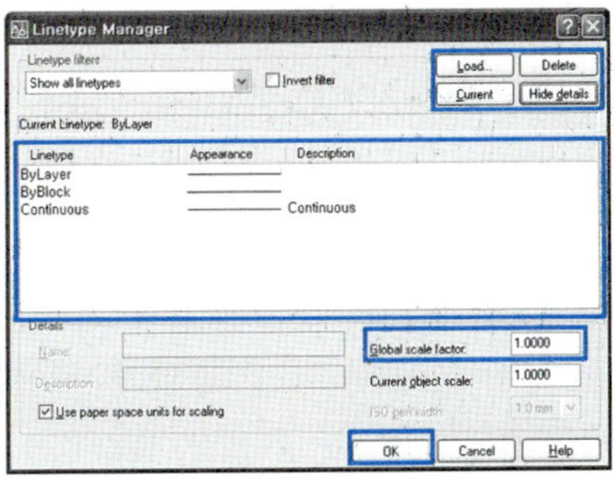

〈선 모양을 관리하는 대화창〉

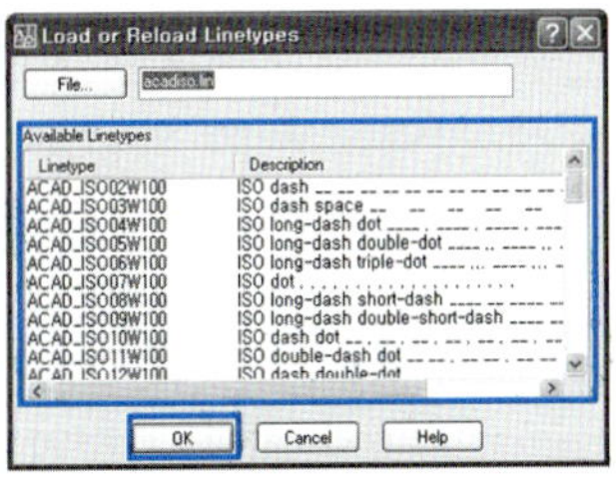

〈선 모양을 불러오기 위한 대화창〉

TIP

➡ LINETYPE 명령의 옵션

- 삭제(Delete) : 도면으로 불러온 선 모양을 제거한다.
- 현재(Current) : BYLAYER의 선 모양을 선택한 선 모양으로 변경한다.
- 상세메뉴(Show/Hide details) : 상세 메뉴를 보이게 하거나 숨긴다.

TIP

➡ **LINETYPE 명령의 옵션 계속**

- 전체 축척인자(Global scale factor) : 전체 도면의 선 모양의 크기를 축척인자 값으로 설정한다. 기본 도면 단위가 Metric 단위일 때, 0.2~0.5를 사용한다.
- 현재 축척인자(Current sacle factor) : 앞으로 그려질 선 모양의 크기를 축척인자 값으로 설정한다.

➡ **선 모양에 관한 일반사항**

① KS 제도통칙에는 선 모양을 4가지(실선, 파선, 일점쇄선, 이점쇄선)로 구분하여 규정한다.

② 선 모양을 불러오기 위한 대화창에서 'acadiso.lin' 파일에는 여러 선 모양들이 프로그램되어 있는데 그 중에서 Center(일점 쇄선), hidden(파선), Phantom2(이점 쇄선)를 도면으로 불러와 사용한다.

③ BYLAYER는 기본적으로 Continuous(실선)으로 설정되어 있으며 도면으로 불러온 Center(일점 쇄선), hidden(파선), Phantom2(이점 쇄선) 등으로 선 모양을 변경할 수 있다.

④ 기존 객체의 선 모양을 변경하기 위해서 AutoCAD 2000 이후에는 객체 속성 도구모음(Object Properties)이나 Properties 대화창을 이용한다.

⑤ 선 모양의 변경은 객체를 선택하고 객체 속성 도구모음의 선 모양 툴에서 변경할 선 모양을 선택한 다음 ESC 키를 누르면 객체의 선 모양이 변경된다.

3 선 모양의 크기 설정하기

선 모양의 크기를 축척인자를 입력하여 설정한다.

1. 명령어의 실행

① (키보드)를 이용한 실행

Command : LTSCALE 또는 LTS Enter↵

2. 명령어 사용법 따라하기

① ▸명령 실행, (LTS Enter↵)
▸선 모양 크기를 축척인자 값으로 입력한다. 일반적으로 0.3을 사용한다.

4 선의 두께 설정하기

생성할 객체의 선의 두께(가중치)를 설정한다.

1. 명령어의 실행

① (마우스)를 이용한 실행

▸메뉴 표시줄 [Format] – [Lineweight...] 선택

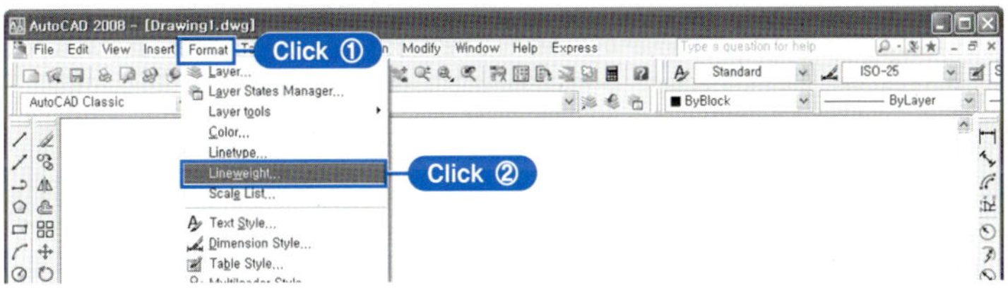

② (키보드)를 이용한 실행

Command : LWEIGHT 또는 LW Enter↵

2. 명령어 사용법 따라하기

① ▸명령 실행, (LW Enter↵)
▸적용할 선 두께 가중치를 선택
▸선 두께 가중치를 화면에 표현할 것인지를 선택
▸설정을 적용하기 위해서 OK 선택

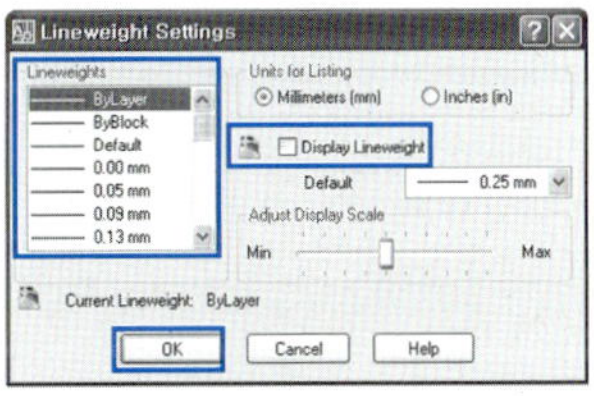

TIP

➡ LINEWEIGHT 명령의 옵션

- 단위(Units for Listing) : 가중치 목록에 표시되는 단위를 지정한다.
- 표시(Display Lineweight) : 가중치를 화면에 표시할 것인지 설정한다.
- 미세조정(Adjust Display Scale) : 선 가중치를 화면에 표시할 때 축척인자로 그 두께를 조절한다.

※ 선 색상이나 선의 모양, 두께는 각 객체를 개별적으로 선택하여 부여하는 것보다 이후에 나오는 도면층을 활용하는 것이 편리하다.

Section 10

선 속성 편집하기

CHPROP, CHANGE, PROPERTIES

1 CHPROP 명령

선택된 객체의 색상(color), 레이어(layer), 선 모양(line type), 선 모양의 크기(line type scale), 선 굵기(line weight), 두께 면(thickness), 재료(materials) 등의 특성을 변경한다.

1. 명령어의 실행

① (키보드)를 이용한 실행

```
Command : CHPROP Enter↵
```

2. 명령어 사용법 따라하기

①
- 명령 실행, (CHPROP Enter↵)
- 속성을 변경할 객체 선택 Enter↵
- 속성 변경 옵션 선택 Enter↵
- 변경할 속성을 입력 Enter↵

TIP

CHPROP 명령의 옵션

- 색상(Color) : 색상 이름이나 색상 번호를 입력하여 선택된 객체의 색상을 변경한다.
- 도면층(Layer) : 도면층의 이름으로 선택된 객체의 도면층을 변경한다.
- 선 모양(Ltype) : 선 모양의 이름으로 선택된 객체의 선 모양을 변경한다.
- 선 모양크기(Ltscale) : 축척인자 값으로 선택된 객체의 선 모양크기를 변경한다.
- 선 굵기(Lweight) : 절대 값으로 선택된 객체의 선 가중치(굵기)를 변경한다.
- 두께(Thickness) : 입력된 두께 값으로 선택된 객체의 z 방향의 두께를 변경한다.(면 생성)
- 재료(materials) : 재료가 선택된 경우 선택된 객체의 재료를 변경한다.

2 CHANGE 명령

선택된 객체의 특성을 변경하는 명령으로 CHPROP 명령의 기능이 모두 있고 점 위치와 같은 속성 변경 기능과 PROPERTIES 명령의 Elevation 옵션이 추가된 명령이다.

1. 명령어의 실행

① (키보드)를 이용한 실행

Command : CHANGE 또는 -CH Enter↵

2. 명령어 사용법 따라하기

①
- 명령 실행, (-CH Enter↵)
- 속성을 변경할 객체 선택 Enter↵
- 속성을 변경할 점을 선택하거나 객체의 속성을 변경하기 위한 옵션 〈P〉 선택 Enter↵
- 속성 변경 옵션 선택 Enter↵
- 변경할 속성을 입력 Enter↵

TIP

CHANGE 명령의 옵션

- 점 위치 변경 기능
  - 선 객체의 경우 : 선의 시작점 또는 끝점의 위치를 다시 지정하여 선의 길이를 변경한다.
  - 원 객체의 경우 : 원의 반지름 크기를 변경한다.
  - 문자 객체의 경우 : 문자의 위치, 크기, 회전각 등을 변경한다.
- 고도(Elev) : 입력된 값으로 선택된 객체의 z 방향 고도를 변경한다.

3 PROPERTIES 명령

PROPERTIES 명령은 AutoCAD 2000 이후에 새롭게 추가된 명령으로 선택된 객체의 위치 및 크기, 속성을 PROPERTIES 대화창을 이용하여 변경하는 명령이다.

1. 명령어의 실행

①  (마우스)를 이용한 실행

- 속성을 변경하고자 하는 객체를 더블클릭하여 선택
- 메뉴 표시줄 [Modify] – [Properties] 선택

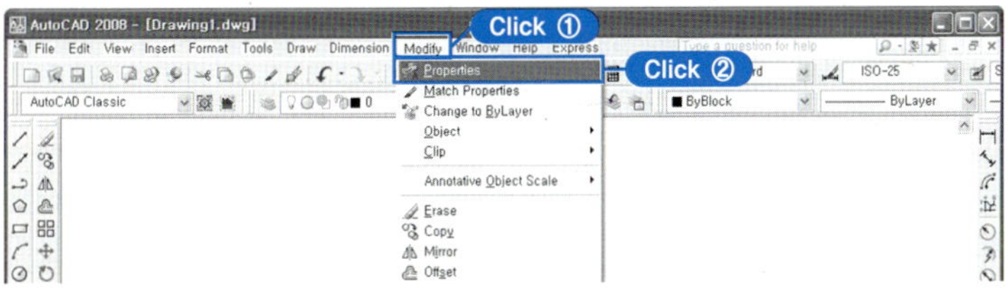

②  (키보드)를 이용한 실행

Command : PROPERTIES 또는 CH Enter↵

2. 명령어 사용법 따라하기

①

- 속성을 변경할 객체를 선택
- 명령 실행, (CH Enter↵)
- PROPERTIES 대화창이 나타나면 객체의 변경할 속성을 선택하고 변경
- PROPERTIES 대화창 닫기

※ 선택한 객체마다 PROPERTIES 창에는 서로 다른 항목이 나타나고 변경할 속성을 선택하여 변경이 가능하다.

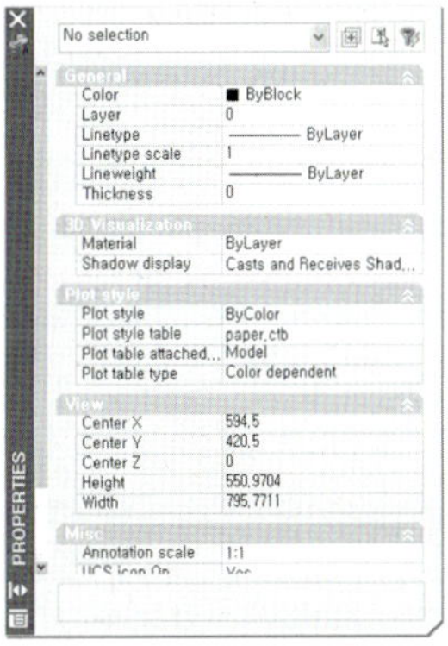

4 PROPERTIES 도구 모음을 이용하여 속성 변경하기

1. 명령어 사용법 따라하기

①
- 속성을 변경할 객체들을 선택
- Properties 도구모음의 색상, 선 모양, 선두께 목록에서 해당하는 속성을 선택
- ESC 키를 이용하여 명령 종료

Section 11

도면층(Layer) 설정 및 변경하기

LAYER, MATCHPROP

1 도면층(Layer) 설정하기

도면층(Layer)는 도면의 객체들을 도면층으로 구분하여 여러 속성을 동시에 적용시킬 수 있는 기능이다.

1. 명령어의 실행

① (마우스)를 이용한 실행

▸ 메뉴 표시줄 [Format] – [Layer...] 선택

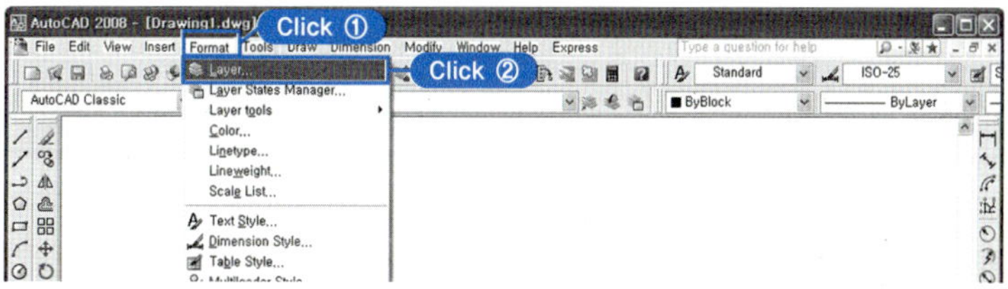

▸ Layers 도구모음 [Layer Properties Manager] 선택

② (키보드)를 이용한 실행

Command : LAYER 또는 LA Enter↵

2. 명령어 사용법 따라하기

① ▸ 명령 실행, (LA Enter↵)
▸ ⟨NEW⟩를 선택하여 새로운 도면층 생성
▸ 각 도면층 마다 색상, 선 모양, 선 가중치 등을 선택
▸ 도면층 설정을 적용하기 위해서 Apply 나 OK 선택

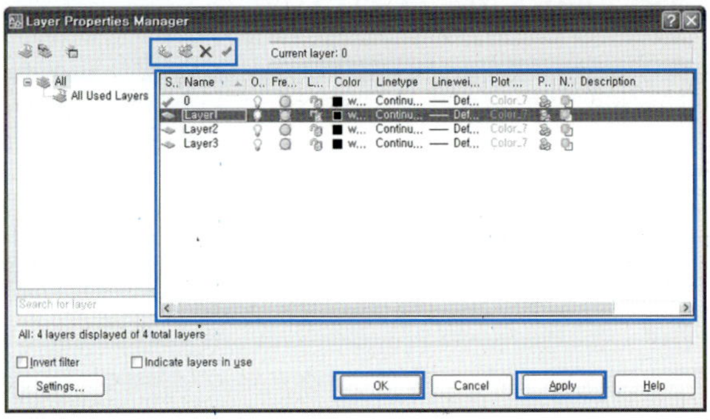

TIP

LAYER 명령의 옵션

- 새 도면층(New) : 새로운 도면층을 생성한다.
- 삭제(Delete) : 도면층을 삭제한다.
- 현재(Current) : 선택한 레이어를 현재 레이어로 선택한다.
- 켜기/끄기(On/Off) : 도면층의 객체를 화면에서 보이게 하거나 보이지 않게 한다.
- 해동/동결(Thaw/Freeze) : 도면층을 화면에서 보이게 하거나 보이지 않게 할 뿐만 아니라 인쇄(Plot)에 포함되게 하거나 포함되지 않게 한다.
- 잠금/풀림(Lock/Unlock) : 도면층을 잠궈 해당 객체를 편집할 수 없게 한다.
- 색상(Color) : 도면층에 속한 객체의 색상을 설정한다.
- 선 모양(Linetype) : 도면층에 속한 객체의 선 모양을 설정한다.
- 선 두께(Lineweight) : 도면층에 속한 객체의 선 가중치(두께)를 설정한다.
- 출력 스타일(Plot style) : 도면층의 Plot 펜 색상을 설정한다.
- 출력(Plot) : 도면층의 출력을 제어한다.

기본적인 도면층 설정

0번 도면층 – 기본색 – Continuous (도면 양식에 사용)
1번 도면층 – 빨간색 – Center (중심선에 사용)
2번 도면층 – 노란색 – Hidden (숨은선에 사용)
3번 레이어 – 초록색 – Continuous (외형선에 사용)
4번 레이어 – 흰색 – Continuous (가는 실선에 사용)
5번 레이어 – 흰색 – Phantom2 (가상선에 사용)

2 객체의 도면층(Layer) 변경하기

1. 명령어 사용법 따라하기

①
- 도면층을 변경할 객체들을 선택
- Layers 도구모음의 도면층 목록에서 해당하는 도면층을 선택
- ESC 키를 이용하여 명령 종료

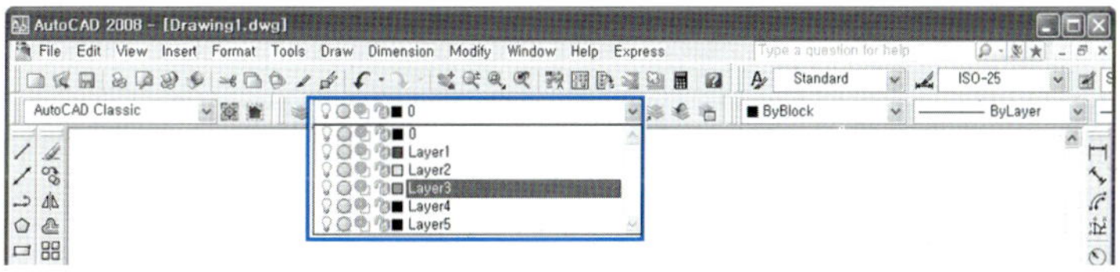

3 객체의 속성 복사하기

MATCHPROP 명령은 객체의 속성을 복사하는 명령이다.

1. 명령어의 실행

① (마우스)를 이용한 실행

- 메뉴 표시줄 [Modify] – [Match Properties] 선택

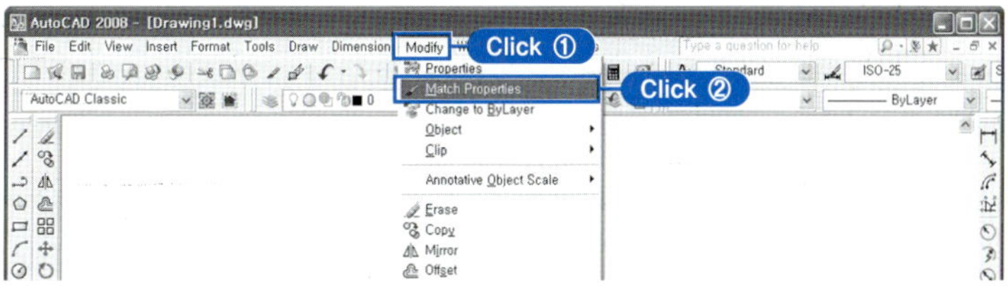

- Standard 도구모음 [Match Properties] 선택

② (키보드)를 이용한 실행

Command : MATCHPROP 또는 MA [Enter↵]

2. 명령어 사용법 따라하기

①
- 명령 실행, (MA [Enter↵])
- 속성을 복사할 원본 객체를 선택
- 속성을 복사할 대상 객체를 선택
- MATCHPROP 명령을 종료 [Enter↵]

TIP

➡ 복사하는 속성을 선택하는 대화창

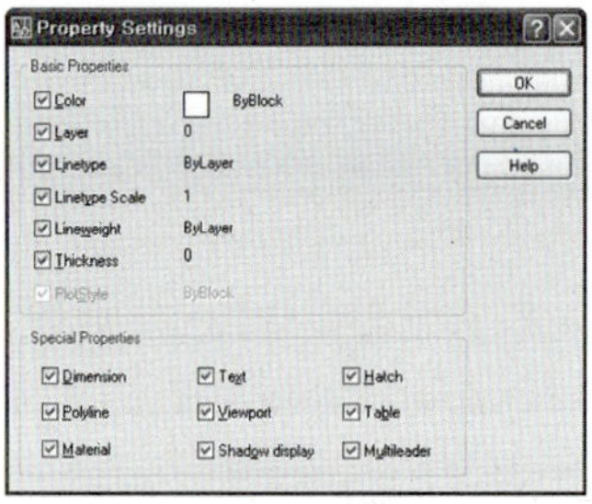

- 색상, 도면층, 선 모양 등 복사할 속성을 선택하여 속성 복사를 할 수 있다.

Section 12 예제 따라하기

1 예제 따라하기 미리보기

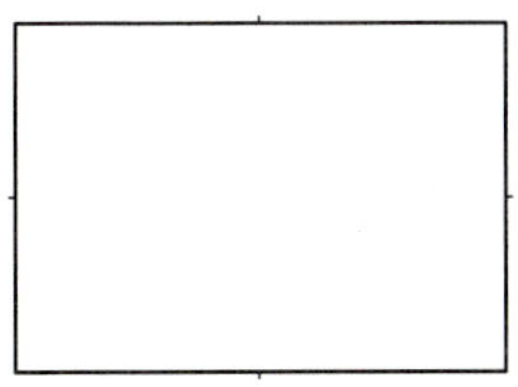

A3 Size (420mm×297mm)

A2 Size (594mm×420mm)

2 예제 따라하기 1

A3 size (420mm×297mm)의 용지에 맞춰 1:1의 축척비율로 도면양식(중심마크, 윤곽선)을 그리고 길이, 각도 단위와 정밀도를 설정한다.

1. 도면 한계 설정 및 도면 외곽선

① LIMIT 명령을 이용하여 A3 Size의 도면 영역을 설정한다.

- ▸ LIMITS Enter↵
- ▸ 0,0 Enter↵
- ▸ 420,297 Enter↵

② ZOOM 명령을 이용하여 설정한 도면 영역 전체를 표시한다.

- ▸ Z Enter↵
- ▸ A Enter↵

③ RECTANGLE 명령을 이용하여 설정한 도면 영역의 외곽선을 시각적으로 표시한다.

- REC Enter↵
- 0,0 Enter↵
- 420,297 Enter↵

2. 윤곽선과 중심마크 작성 및 선 속성(두께) 변경

① OFFSET 명령을 이용하여 중심마크를 그리기 위해 사각형 객체들을 원본 사각형의 안쪽을 5mm 파생 복사한다.

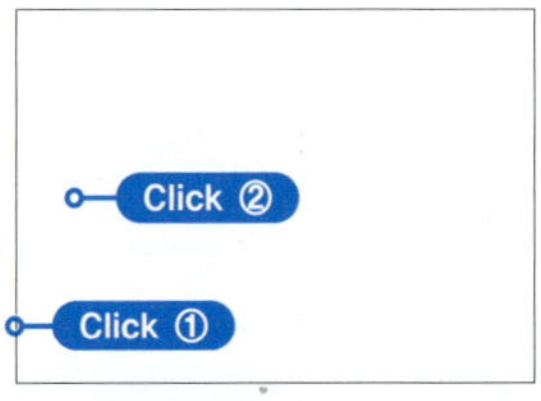

- O Enter↵
- 5 Enter↵
- Click ①
- Click ②
- Click ③
- Click ④
- Enter↵

② LINE 명령을 이용하여 세 개의 사각형 중에서 가운데 사각형의 객체 스냅(중간점)점들을 연결하여 거꾸로 된 4자 모양을 그린다.

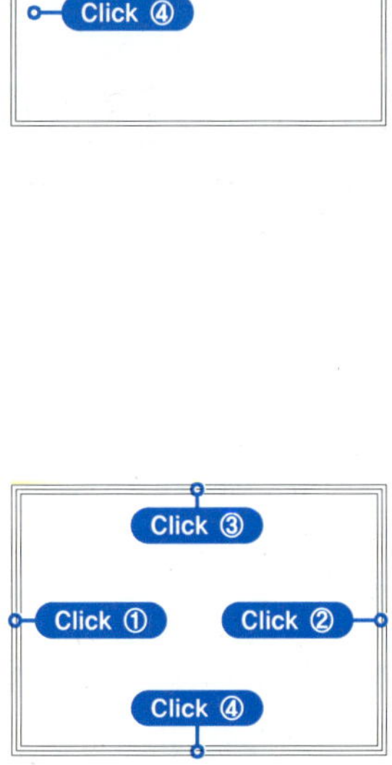

- L Enter↵
- Click ①
- Click ②
- Click ③
- Click ④
- Enter↵

③ TRIM 명령을 이용하여 거꾸로 된 4자 모양에서 십자(+) 모양을 이루는 객체들의 중심마크 부분을 제외하고 자른다.

- TR Enter↵
- Enter↵ (전체 객체를 기준 객체로 선택)
- C Enter↵
- Click ①
- Click ②
- Enter↵

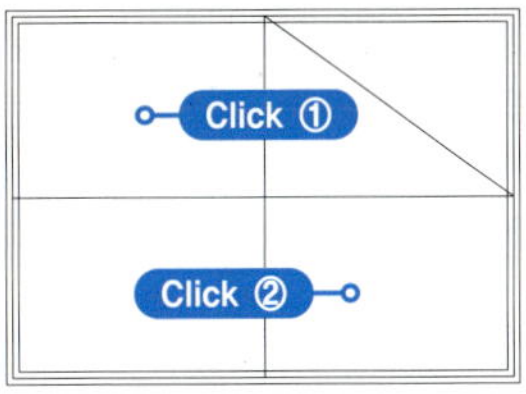

④ ERASE 명령으로 세 사각형 중에서 최외곽에 있는 두 개의 사각형과 TRIM 명령 후 남은 경사선을 삭제한다.

- E Enter↵
- Click ①
- Click ②
- Click ③
- Enter↵

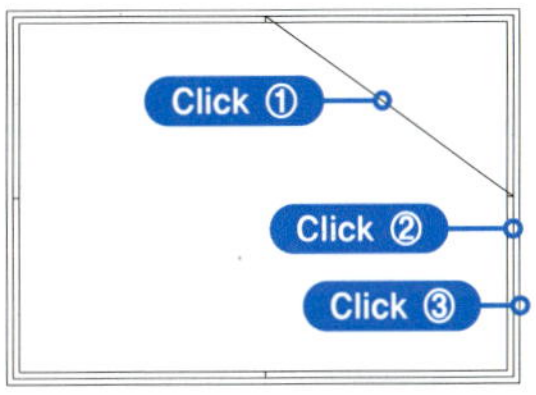

⑤ PROPERTIES 명령을 이용하여 도면 윤곽선과 중심마크에 선 두께 가중치를 지정하기 위해 선들의 색을 변경한다.

- 중심마크 선택
- Properties Enter↵
- 녹색으로 변경
- 도면 윤곽선 선택
- Properties Enter↵
- 하늘색으로 변경

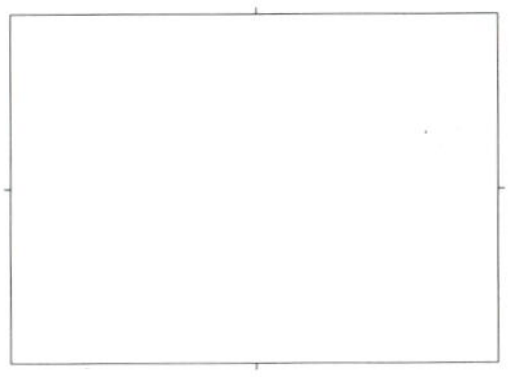

⑥
- 완성

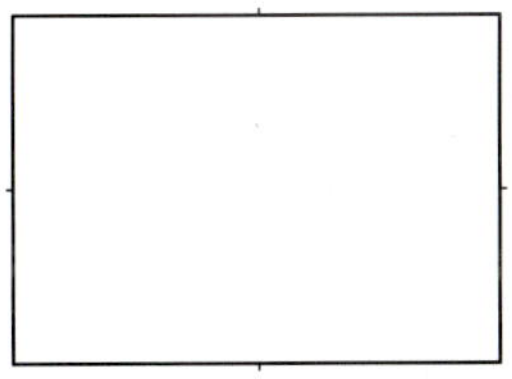

3. 기본 단위 변경

① Drawing Units 대화상자에서 길이와 각도의 단위 유형을 십진으로 바꾸고 정밀도를 변경한다.

- Units [Enter↵]
- 길이 단위 유형(type)을 십진(decimal) 단위로 변경
- 길이 단위 정밀도(precision)를 (0.00)로 변경
- 각도 단위 유형을 십진 도수(decimal degrees) 단위로 변경
- 각도 단위 정밀도를 (0.0)로 변경
- 〈OK〉 버튼을 선택하여 설정한 내용을 적용

3 예제 따라하기 2

A2 size(594mm×420mm)의 용지에 맞춰 1:1의 축척비율로 도면양식(윤곽선, 중심마크)을 그리고 길이, 각도 단위와 정밀도를 설정한다.

1. 도면 한계 설정 및 도면 외곽선

① MVSETUP 명령을 이용하여 도면영역을 설정하고 영역의 윤곽선을 표시한다. 단위 형식은 미터법으로 지정한다. 축척비율은 1:1로 현척을 사용한다.

- MVSETUP [Enter↵]
- N [Enter↵]
- M [Enter↵]
- 1 [Enter↵]
- 594 [Enter↵]
- 420 [Enter↵]

2. 윤곽선과 중심마크 작성 및 선 속성(두께) 변경

① OFFSET 명령을 이용하여 중심마크를 그리기 위해 사각형 객체들을 원본 사각형의 안쪽을 5mm 파생 복사한다.

- O Enter↵
- 5 Enter↵
- Click ①
- Click ②
- Click ③
- Click ④
- Enter↵

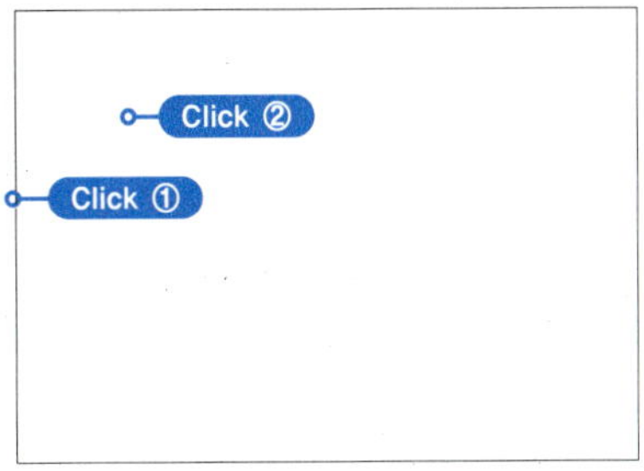

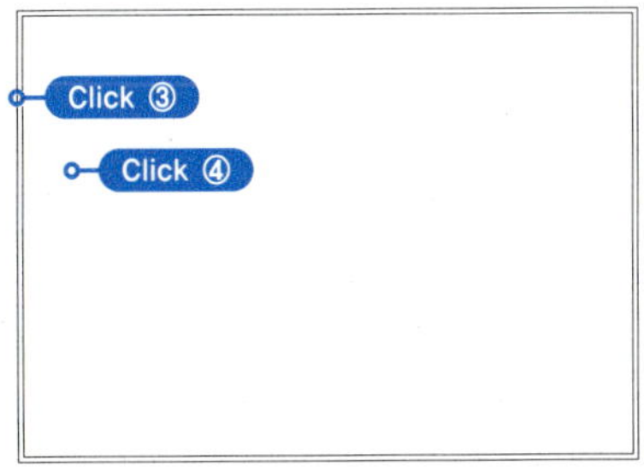

※ 중심마크는 도면의 촬영이나 복사 작업의 편의를 위하여 도면의 상하좌우 4곳에 표시를 하는 것으로 A2~A4 size의 제도에서는 5mm 정도의 굵은 실선으로 나타낸다.

② LINE 명령을 이용하여 세개의 사각형 중에서 가운데 사각형의 객체 스냅(중간점)점들을 연결하여 거꾸로 된 4자 모양을 그린다.

- L Enter↵
- Click ①
- Click ②
- Click ③
- Click ④
- Enter↵

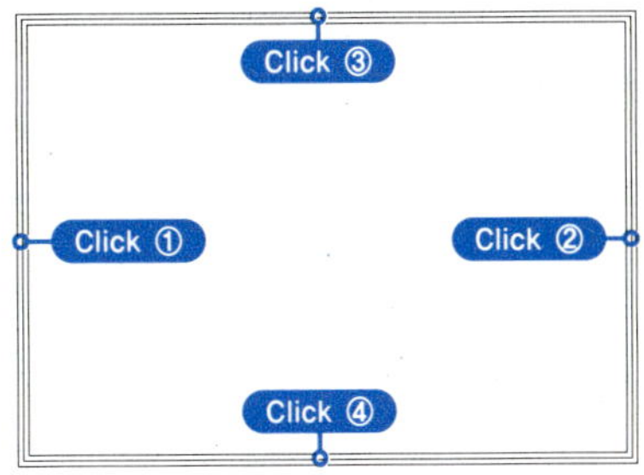

③ TRIM 명령을 이용하여 거꾸로 된 4자 모양에서 십자(+) 모양을 이루는 객체들의 중심마크 부분을 제외하고 자른다.

- TR Enter↵
- Enter↵ (전체 객체를 기준 객체로 선택)
- C Enter↵ (Cross box를 이용하여 걸쳐지거나 포함되는 객체를 모두 선택)
- Click ①
- Click ②
- Enter↵

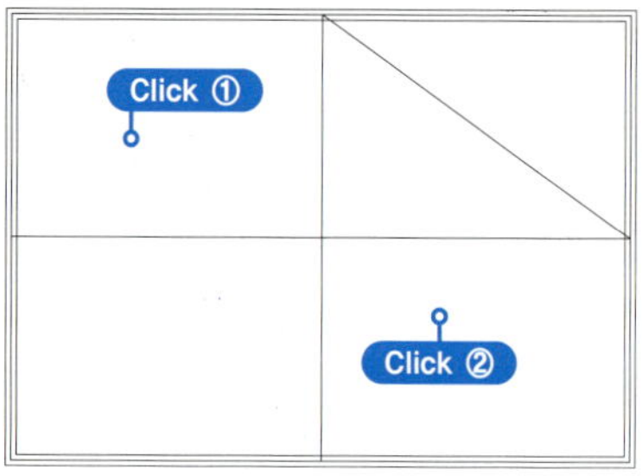

④ ERASE 명령으로 세 사각형 중에서 최외곽에 있는 두 개의 사각형과 TRIM 명령 후 남은 경사선을 삭제한다.

- E Enter↵
- Click ①
- Click ②
- Click ③
- Enter↵

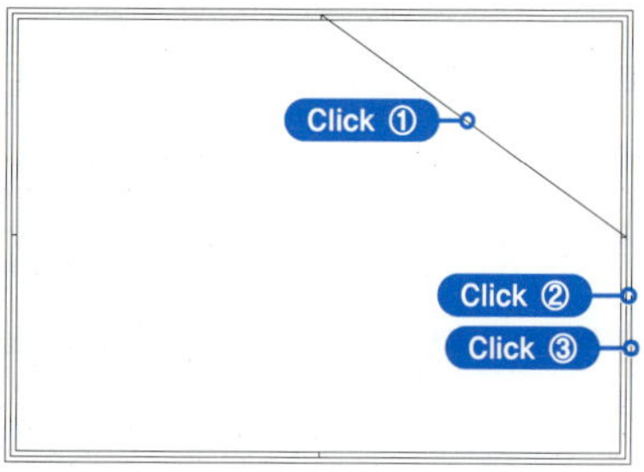

⑤ PROPERTIES 명령을 이용하여 도면 윤곽선과 중심마크에 선 두께 가중치를 지정하기 위해 선들의 색을 변경한다.

- 중심마크 선택
- Properties Enter↵
- 녹색으로 변경
- 도면 윤곽선 선택
- Properties Enter↵
- 하늘색으로 변경

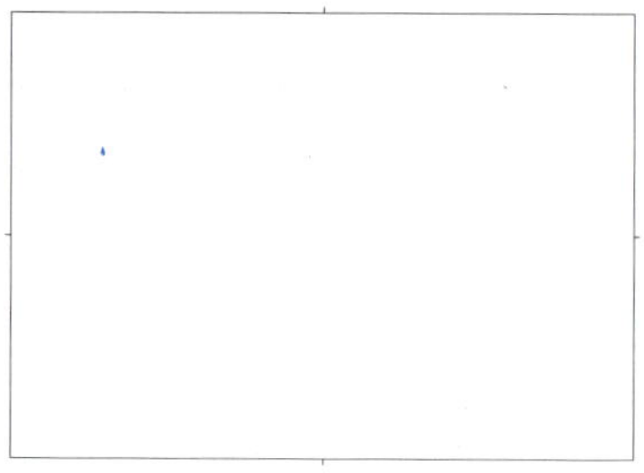

⑥ ▸ 완성

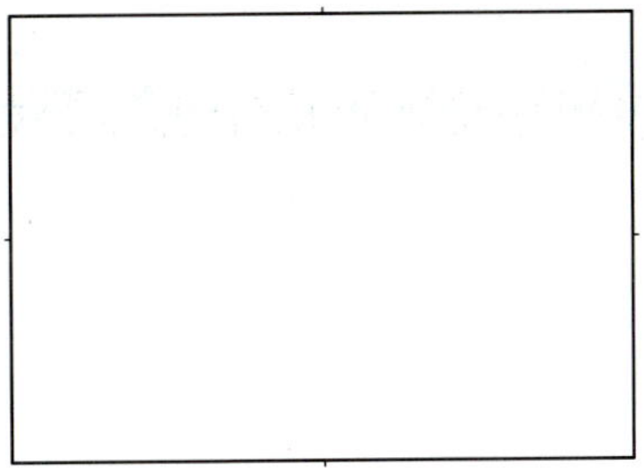

3. 기본 단위 변경

① Drawing Units 대화상자에서 길이와 각도의 단위 유형을 십진으로 바꾸고 정밀도를 변경한다.

- ▸ Units Enter↵
- ▸ 길이 단위 유형(type)을 건축(architectural) 단위로 변경
- ▸ 길이 단위 정밀도(precision)를 (0′-0 1/8″)로 변경
- ▸ 각도 단위 유형을 라디안(radians) 단위로 변경
- ▸ 각도 단위 정밀도를 (0.00r)로 변경
- ▸ 〈OK〉 버튼을 선택하여 설정한 내용을 적용

Section 13 연습과제

1 연습과제 1

A4 size (297mm×210mm)에 1:1의 축척비율을 갖는 도면영역을 설정하고 윤곽선과 중심마크를 표시한다. (단, 길이 단위는 십진단위, 각도 단위는 라디안 단위로 설정한다.)

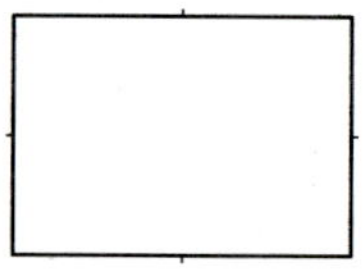

A4 Size (297mm × 210mm), 축척 1:1

2 연습과제 2

A4 size (297mm×210mm)에 1:2의 축척비율을 갖는 도면영역을 설정하고 윤곽선과 중심마크를 표시한다. (단, 길이 단위는 공학단위, 각도 단위는 십진 단위로 설정한다.)

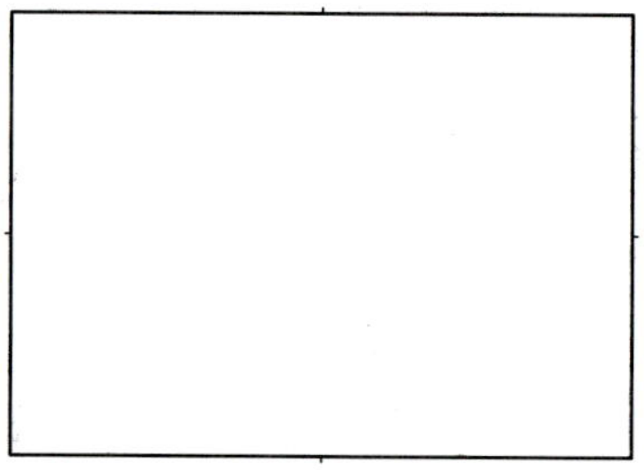

A4 Size (297mm×210mm), 축척 1:2

CHAPTER 03

단일 객체 그리기 1

◆실습목적 :	① 기초적인 단일 객체 작성 명령에 대하여 이해하고 기초적인 명령의 다양한 사용법에 대하여 배운다. ② AutoCAD에서 단일 객체의 활용 예를 배운다.
◆실습시간 :	1.5hr ~ 2.5hr
◆실습내용 :	① LINE _ 직선 그리기 ② CIRCLE _ 원 그리기 ③ ARC _ 호 그리기 ④ ELLIPSE _ 타원 그리기
◆참고사항 :	• LINE 명령과 CIRCLE 명령은 AutoCAD에서 가장 기초적인 명령으로 단일 객체 또는 다중 객체들의 작성이 가능하다. • Arc 명령과 Ellipse 명령은 많은 옵션을 가지고 있지만 가장 많이 사용하는 옵션을 상세히 설명하였다. • 기초적인 LINE 명령과 CIRCLE 명령을 이용하여 간략화한 기계 부품을 그려 보면서 명령어의 이해를 도울 수 있도록 연습과제가 제공된다. • LINE 명령과 CIRCLE 명령만을 사용하여 거의 대부분의 도면을 완성할 수 있다.

실습할 내용 :

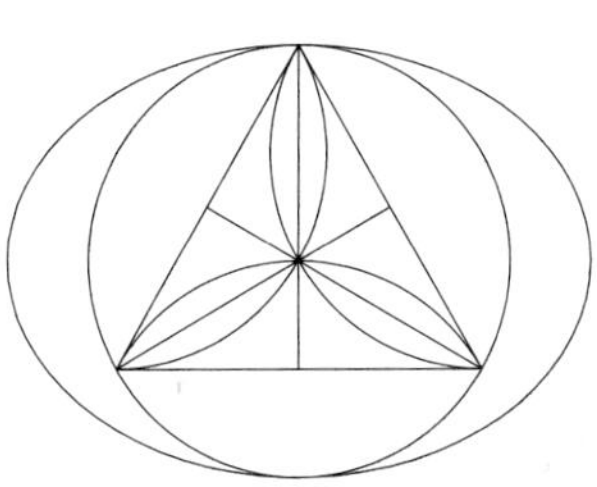

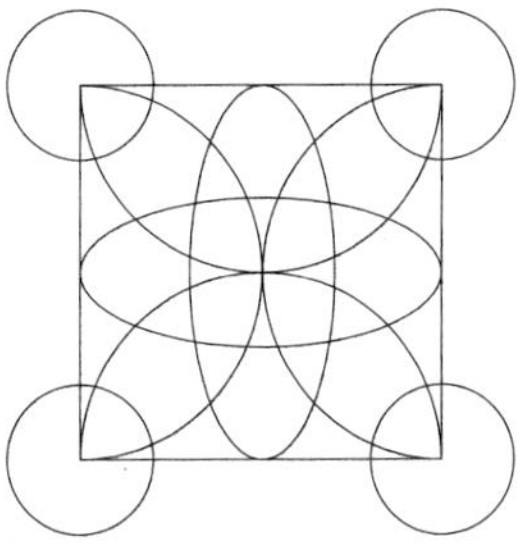

Section 01

LINE 직선 그리기

LINE 명령은 CIRCLE 명령과 함께 AutoCAD에서 가장 기본이 되는 명령으로 AutoCAD에서는 시작점과 끝점의 위치를 입력 받아 두 점을 지나는 직선을 그린다. 점의 위치는 키보드를 이용하여 절대 좌표계, 상대 좌표계, 상대 극좌표계에 대하여 각각의 좌표 형식을 이용하여 좌표를 입력하는 방법과 마우스를 이용하여 점의 위치를 임의적으로 선택하거나 각 객체가 가지고 있는 끝점, 중간점, 교차점과 같은 속성점으로 선택하는 방법이 있다.

1 직접 점을 선택하여 직선 그리기

AutoCAD에서 직선의 시작점과 끝점을 입력하기 위해서 도면의 임의 위치를 선택하거나 객체가 갖는 속성점을 선택할 수 있다. 도면 작성시 속성점을 이용하는 방법은 Chapter 1에 상세히 설명되어 있다. 속성점을 사용하는 이유는 작업의 속도 향상과 편리함에 도움을 주기 때문이다.

1. 명령어의 실행

① (마우스)를 이용한 실행

▸ 메뉴 표시줄 [Draw] – [Line] 선택

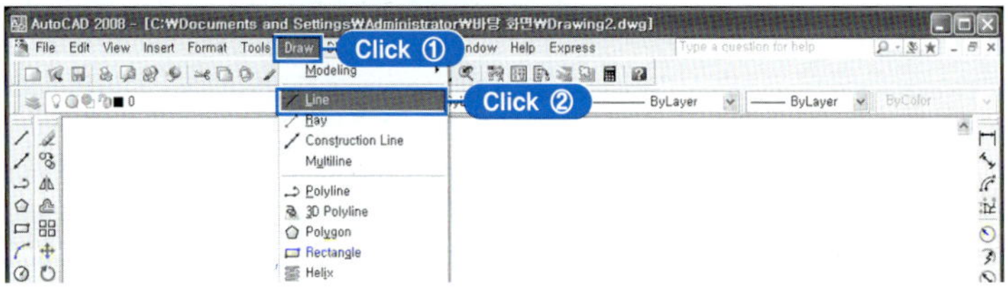

▸ Draw 도구모음 [Line] 선택

② (키보드)를 이용한 실행

Command : LINE 또는 L Enter↵

2. 명령어 사용법 따라하기

마우스를 이용하여 시작점과 끝점의 위치를 임의적으로 선택하거나 객체에 부여되는 속성점을 선택하여 직선을 그린다. LINE 명령으로 시작점을 입력받을 때 시작점을 선택하지 않고 명령을 진행(Enter↵) 시킬 경우에는 가장 최근의 선택한 점이 직선의 시작점이 된다.

①
- 명령 실행, (L Enter↵)
- 직선의 시작점으로 도면의 한 점을 선택
- 직선의 끝점으로 도면의 다른 한 점을 클릭

- 처음에 그린 직선과 연결된 직선을 그리기 위하여 다음 직선의 끝점을 선택

※연속해서 점을 선택하는 경우 최근에 그려진 직선의 끝점이 현재 그리고자 하는 직선의 시작점이 된다.

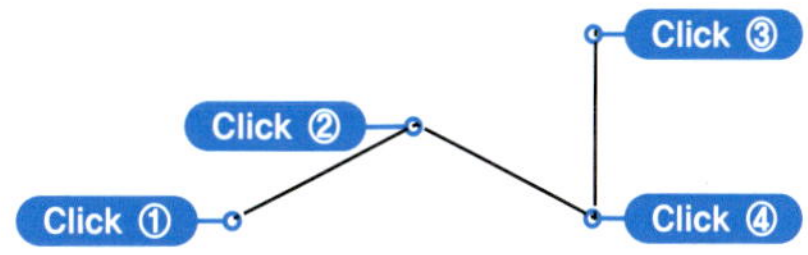

- 계속해서 연결된 직선을 그리기 위하여 다음 직선의 끝점을 선택
- LINE 명령을 종료(Enter↵)

②
- 명령 실행, (L Enter↵)
- 삼각형의 윗방향의 끝점을 직선의 시작점으로 선택
- 사각형의 아랫변의 중간점을 직선의 끝점으로 선택

※ 다음 직선의 시작점
- 원의 중심점을 직선의 끝점으로 선택

※ 다음 직선의 시작점
- 닫힌 삼각형을 그리기 위하여 〈C〉를 입력하고 진행(Enter↵)

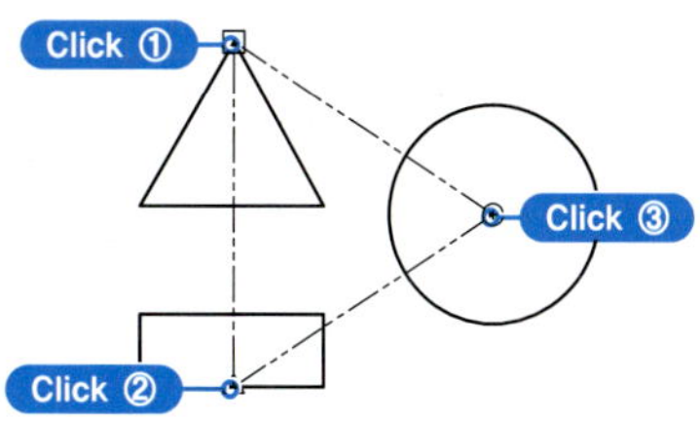

- 삼각형, 사각형, 원의 끝점, 중간점, 중심점과 같은 속성점을 연결하는 삼각형 완성

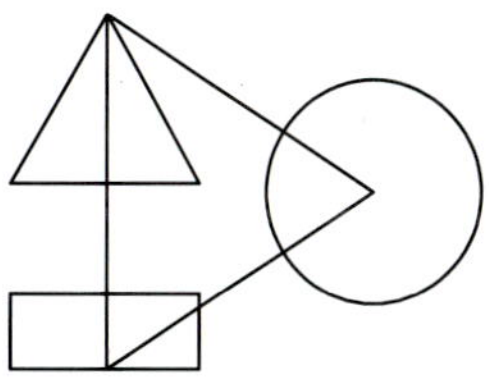

TIP

➡ 선택 가능한 객체 스냅점

- **끝점 :** 객체의 끝점을 스냅
- **중간점 :** 객체의 중간점을 스냅
- **중심점 :** 원, 호와 같은 객체의 중심점을 스냅
- **노드점 :** 점과 같은 객체의 노드를 스냅
- **사분점 :** 원, 호와 같은 객체의 사분점을 스냅
- **교차점 :** 두 객체의 교차점을 스냅
- **연장 :** 평행하지 않는 객체의 연장
- **삽입점 :** 문자와 같은 객체의 삽입점을 스냅
- **수직점 :** 객체와 객체가 수직으로 만나는 점을 스냅
- **접점 :** 원, 호와 같은 객체와 다른 객체들 간의 접점을 스냅
- **근처점 :** 가장 근처에 존재하는 점을 스냅
- **가상 교차점 :** 객체와 객체의 가상의 교차점을 스냅
- **평행 :** 객체와 다른 객체를 평행

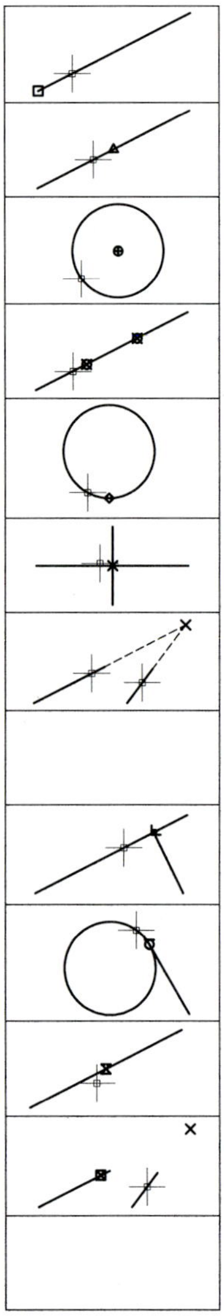

2 절대, 상대, 상대 극좌표를 이용하여 직선 그리기

직선의 시작점과 끝점을 입력하기 위해서 절대 좌표계, 상대 좌표계, 상대 극좌표계의 좌표 형식으로 점의 위치를 지정할 수 있다.

1. 명령어 사용법 따라하기

각각의 좌표계에 따라 좌표 입력 형식이 다르므로 형식에 맞춰 직선을 그린다.

①

- 명령 실행, (L Enter↵)
- 직선의 첫 번째 점의 절대좌표 (100,100)를 입력하고 진행(Enter↵)
- 직선의 두 번째 점의 절대좌표 (125,150)을 입력하고 진행(Enter↵)
- 연결된 직선을 그리는 절대좌표 (170,130)를 입력하고 진행(Enter↵)
- LINE 명령을 종료(Enter↵)

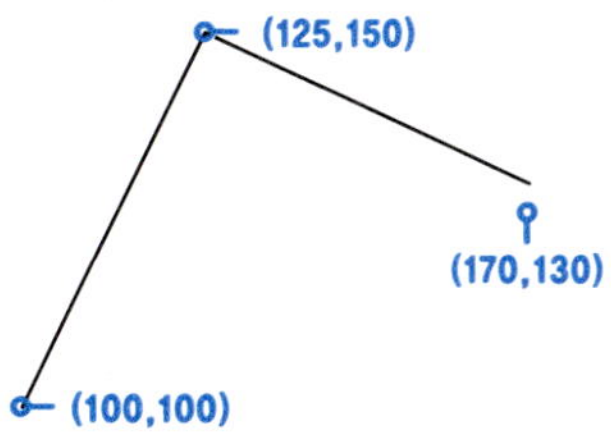

②

- 명령 실행, (L Enter↵)
- 직선의 첫 번째 점의 절대좌표 (100,100)을 입력하고 진행(Enter↵)
- 직선의 두 번째 점의 상대좌표 (@25,50)를 입력하고 진행(Enter↵)
- 연결된 직선을 그리는 상대좌표 (@45,-20)를 입력하고 진행(Enter↵)
- LINE 명령을 종료(Enter↵)

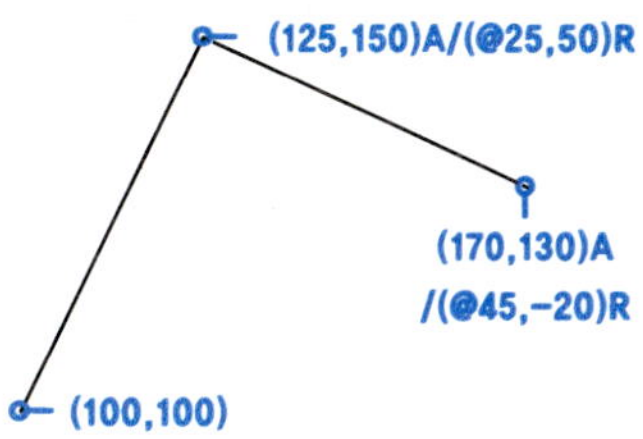

③

- 명령 실행, (L Enter↵)
- 직선의 첫 번째 점의 절대좌표 (100,100)을 입력하고 진행(Enter↵)
- 직선의 두 번째 점의 상대 극좌표 (@56<63)를 입력하고 진행(Enter↵)
- 연결된 직선을 그리는 상대 극좌표 (@49<-24)를 입력하고 진행(Enter↵)
- LINE 명령을 종료(Enter↵)

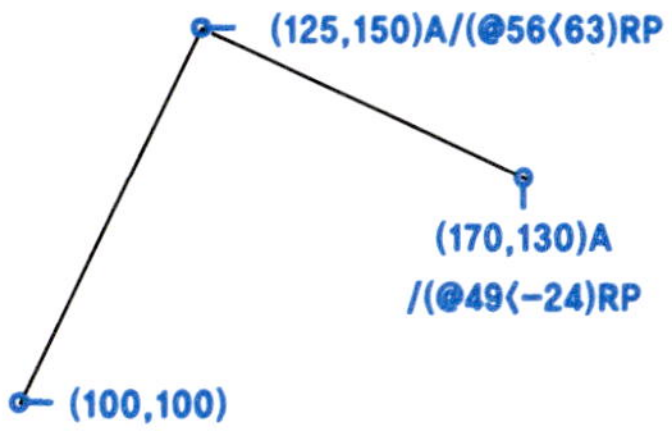

TIP

➡ LINE 명령의 옵션

닫기(Close) : 2개 이상의 직선을 그린 후 첫 번째 직선의 시작점과 연결하여 닫힌 루프를 그릴 수 있다.

실행취소(Undo) : 가장 최근에 그린 직선을 실행 취소할 수 있다.

TIP

➡ 절대 좌표계, 상대 좌표계, 상대 극좌표계

절대 좌표는 도면의 원점 (0,0)을 기준으로 좌표를 원점에서의 거리로 나타낸다. 입력 형식은 원점을 기준으로 (X방향 거리,Y방향 거리)로 입력한다.

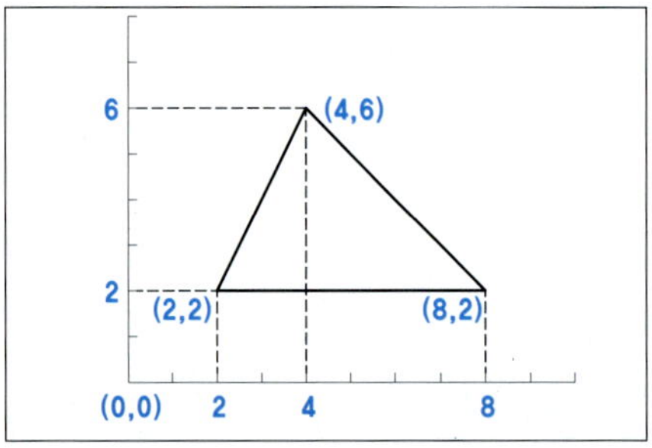

상대 좌표는 현재의 좌표가 기준이 되어 나타내고자 하는 좌표를 현재값에서의 거리로 나타낸다. 이러한 상대좌표는 현재 좌표에서의 (@X방향 증분량, Y방향 증분량)으로 나타낸다.

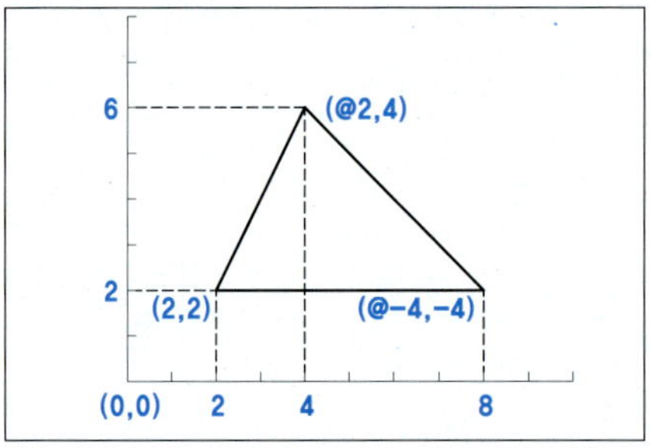

상대 극좌표는 현재의 좌표가 기준이 되고 나타내고자 하는 좌표가 길이와 각도로 정의된다. 입력 형식은 현재 좌표에서의 (@거리<각도)로 나타낸다.

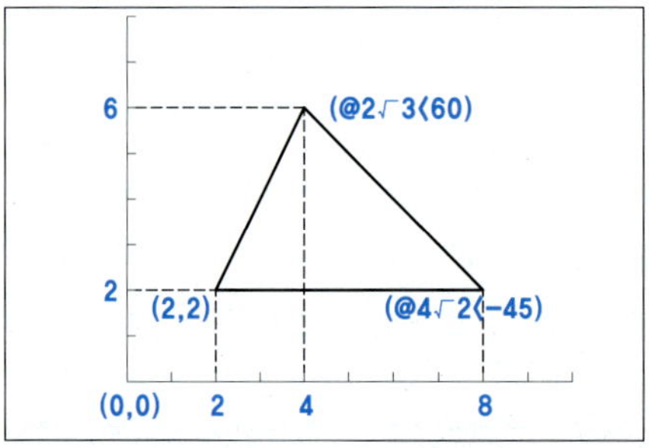

Section 02

CIRCLE
원 그리기

원은 중심점으로부터 일정한 거리(반지름)를 갖는 점들의 집합으로 이루어져 있다. 이와 마찬가지로 원을 정의하는 다양한 방법을 이용하여 AutoCAD 에서는 원을 그린다. 이러한 원의 정의는 원의 반지름, 지름, 원 주위의 점, 접점 등에 의해 이루어진다.

1 중심점과 반지름을 이용한 원 그리기

원의 중심점과 일정한 거리(반지름)를 갖는 점들의 집합이라는 정의를 이용하여 원의 중심점과 반지름을 입력 받아 원을 그린다.

1. 명령어의 실행

① (마우스)를 이용한 실행

▸ 메뉴 표시줄 [Draw] – [Circle] – [Center, Radius] 선택

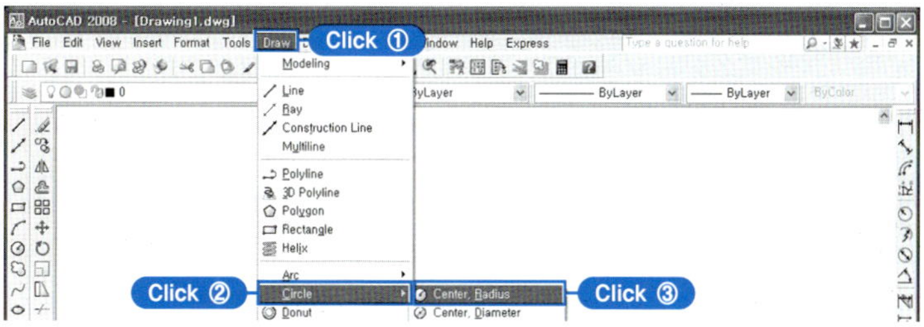

▸ Draw 도구모음 [Circle] 선택

② (키보드)를 이용한 실행

Command : CIRCLE 또는 C [Enter↵]

2. 명령어 사용법 따라하기

원의 중심점 위치와 반지름 값은 좌표를 이용하거나 객체 스냅을 이용하여 입력할 수 있고 입력받은 중심점 위치와 반지름으로 원을 그린다.

①
- 명령 실행, (C Enter↵)
- 도면의 임의 위치에 원의 중심점을 선택 또는 속성점 선택
- 원의 반지름 〈15〉를 입력하고 진행(Enter↵)

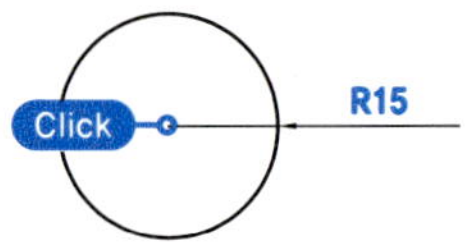

2 중심점과 지름을 이용한 원 그리기

원의 중심점을 입력하고 반지름 대신 지름을 입력하여 원을 그린다.

1. 명령어의 실행

① (마우스)를 이용한 실행

- 메뉴 표시줄 [Draw] – [Circle] – [Center, Diameter] 선택

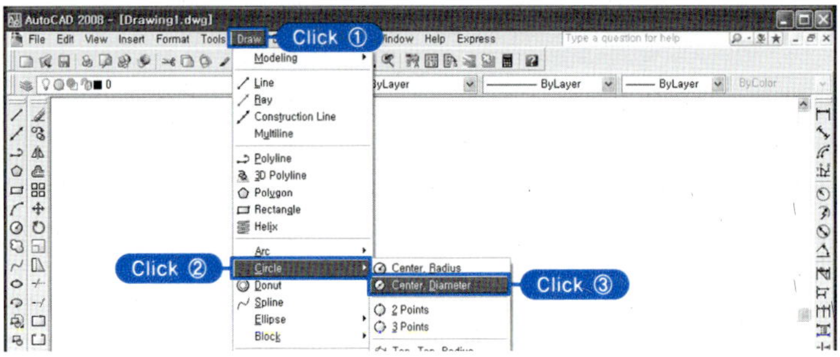

- Draw 도구모음 [Circle] 선택

② (키보드)를 이용한 실행

Command : CIRCLE 또는 C Enter↵ D Enter↵

2. 명령어 사용법 따라하기

원의 중심점 위치는 좌표를 이용하거나 객체 스냅 점을 이용하여 입력할 수 있고 지름 값을 입력하기 위해 지름 값을 입력받는 옵션 〈D〉를 이용하여 지름 값을 입력하고 원을 그린다.

①
- 명령 실행, (C Enter↵)
- 도면의 임의 위치에 원의 중심점을 선택 또는 속성점 선택
- 원의 지름을 입력하기 위한 옵션 〈D〉를 입력하고 진행(Enter↵)
- 원의 지름 〈30〉을 입력하고 진행 (Enter↵)

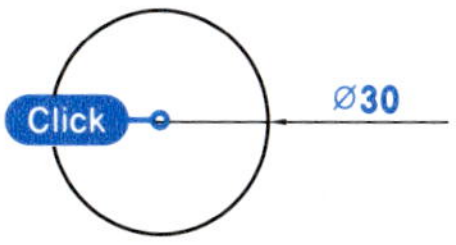

3 원주 상의 임의 3점을 이용하여 원 그리기

원을 이루는 원주 상의 3점을 입력하여 원을 그린다. 접점과 같은 속성점을 이용하여 원주위의 3개의 접점을 입력할 수도 있다.

1. 명령어의 실행

① (마우스)를 이용한 실행

- 메뉴 표시줄 [Draw] – [Circle] – [3 Points] 선택

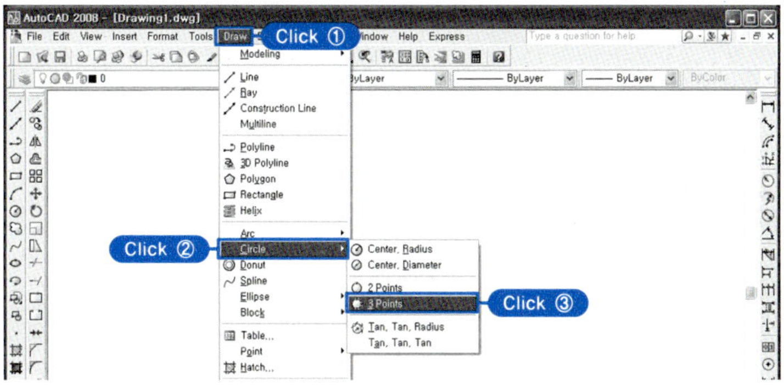

▸ Draw 도구모음 [Circle] 선택

② (키보드)를 이용한 실행

Command : CIRCLE 또는 C Enter↵ 3P Enter↵

2. 명령어 사용법 따라하기

원주 상의 3점을 이용하여 원을 그리기 위하여 옵션 〈3P〉를 입력하고 3점을 선택하여 원을 그린다.

① ▸ 명령 실행, (C Enter↵)
▸ 원주 위의 3점을 이용하여 원을 그리기 위한 옵션 〈3P〉를 입력하고 진행 (Enter↵)
▸ 원주의 첫 번째 점을 선택
▸ 원주의 두 번째 점을 선택
▸ 원주의 세 번째 점을 선택
※원주 상의 세점은 객체 스냅을 이용하여 속성점을 선택할 수도 있다.

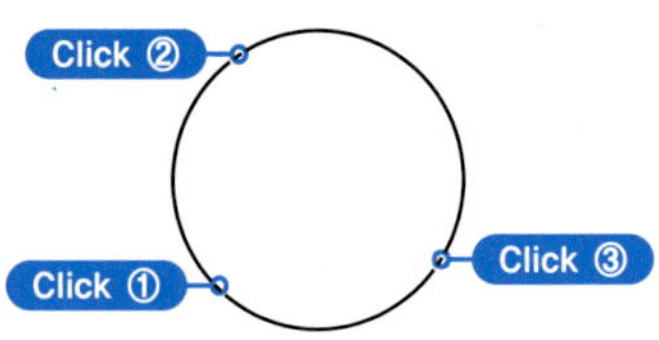

4 원의 지름을 정의하는 2점을 이용하여 원 그리기

원주위의 2점, 즉 직선으로 원의 지름을 정의하여 원을 그린다. 중심점을 입력하지 않고 원을 정의하므로 평행한 두 객체 사이에 접하는 원을 그리는데 유용하다.

1. 명령어의 실행

① (마우스)를 이용한 실행

▸ 메뉴 표시줄 [Draw] – [Circle] – [2 Points] 선택

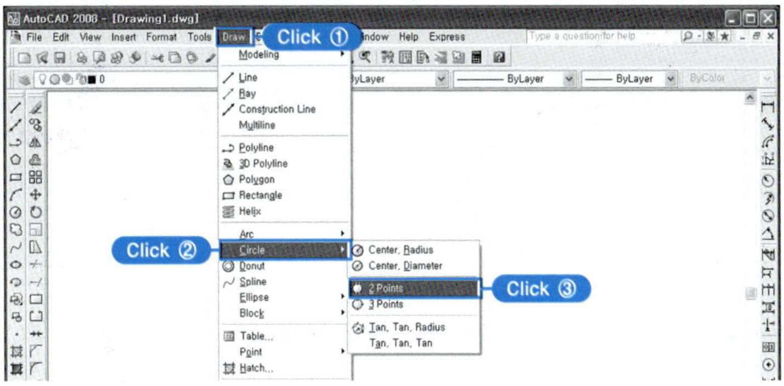

▸ Draw 도구모음 [Circle] 선택

② (키보드)를 이용한 실행

Command : CIRCLE 또는 C Enter↵ 2P Enter↵

2. 명령어 사용법 따라하기

원의 지름을 정의하는 직선의 좌표를 입력하기 위하여 옵션 〈2P〉를 입력하고 직선의 좌표를 입력하여 원을 그린다.

①
- ▸ 명령 실행, (C Enter↵)
- ▸ 원의 지름이 되는 직선의 2점을 선택하기 위하여 〈2P〉를 입력하고 진행 (Enter↵)
- ▸ 지름의 시작점을 선택
- ▸ 지름의 끝점을 선택

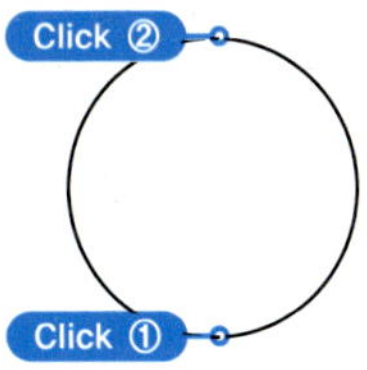

5 두 접점과 반지름을 이용하여 원 그리기

평행하지 않은 두 객체와 접하면서 일정한 반지름을 갖는 원을 그린다.

1. 명령어의 실행

① (마우스)를 이용한 실행

▸ 메뉴 표시줄 [Draw] – [Circle] – [Tan, Tan, Radius] 선택

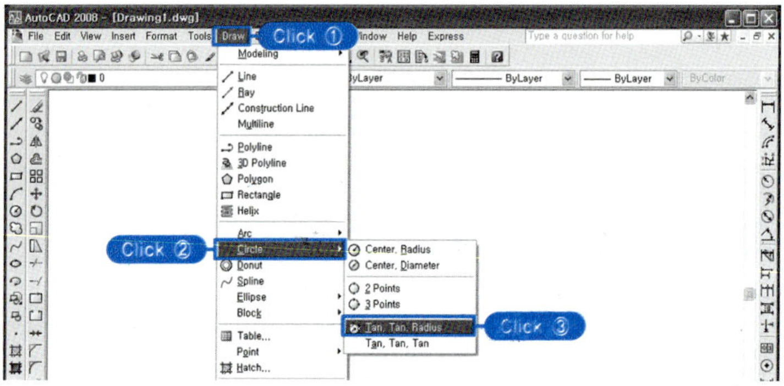

▸ Draw 도구모음 [Circle] 선택

② (키보드)를 이용한 실행

Command : CIRCLE 또는 C Enter↵ TTR Enter↵

2. 명령어 사용법 따라하기

객체 스냅 점을 이용하여 두 개의 접점을 선택하고 원의 반지름을 입력하여 원을 그린다.

①

- 명령 실행, (C Enter↵)
- 원을 그리기 위해 두 접점과 반지름 옵션 〈TTR〉을 입력하고 진행(Enter↵)
- 원의 그리기 위한 첫 번째 접점을 선택
- 원의 그리기 위한 두 번째 접점을 선택
- 원의 반지름을 입력하고 진행(Enter↵)

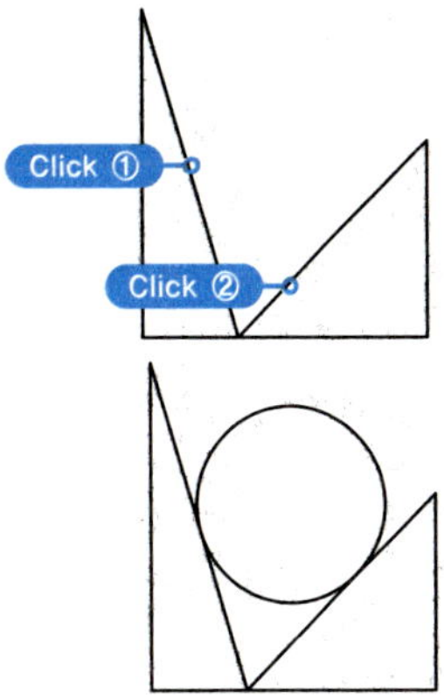

Section 03

ARC 원호 그리기

원과 마찬가지로 원호를 그리기 위하여 원호를 정의하는 방법을 이용하여 그린다. 원호를 그리는 다양한 방법 중에서도 자주 유용하게 사용될 수 있는 네 가지 방법에 대해서 설명한다. 특히 시작점과 끝점을 입력하는 과정에서 원호는 시계반대 방향으로 그려지는 것에 주의해야 한다.

1 세 점을 이용하여 호 그리기

원호를 이루는 세 점을 선택하여 원호을 그린다.

1. 명령어의 실행

① (마우스)를 이용한 실행

▸메뉴 표시줄 [Draw] – [Arc] – [3 Points] 선택

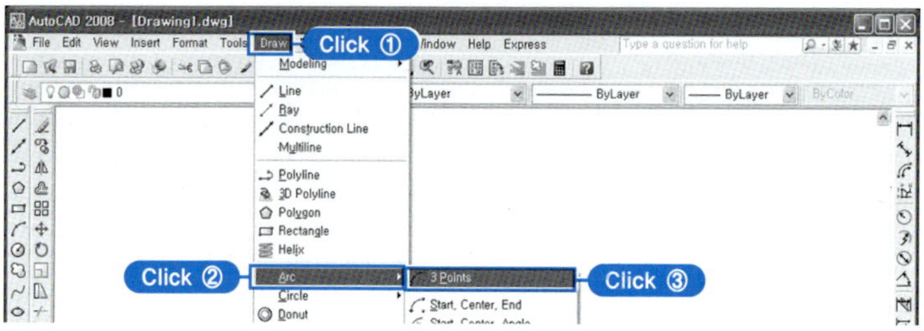

▸Draw 도구모음 [Arc] 선택

② (키보드)를 이용한 실행

Command : ARC Enter↵

2. 명령어 사용법 따라하기

세 점의 위치를 좌표를 입력하거나 객체 스냅 점을 선택하여 호를 그릴 수 있다.

① ▸명령 실행, (ARC Enter↵)
▸호를 이루는 첫 번째 점을 선택
▸호를 이루는 두 번째 점을 선택
▸호를 이루는 세 번째 점을 선택
※ 3점을 입력하여 원호를 그리는 경우 원호가 그려지는 방향은 시작점과 끝점의 순서와 무관하다.

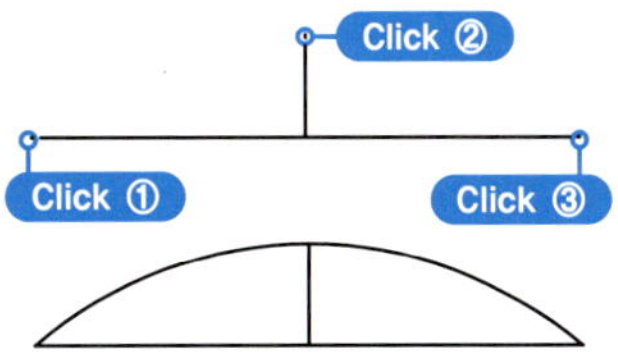

2 시작점, 끝점, 중심점을 이용하여 호 그리기

원호의 시작점과 끝점, 그리고 중심점을 입력하여 원호를 그릴 수 있다.

1. 명령어의 실행

① (마우스)를 이용한 실행

▸메뉴 표시줄 [Draw] – [Arc] – [Start, Center, End] 선택

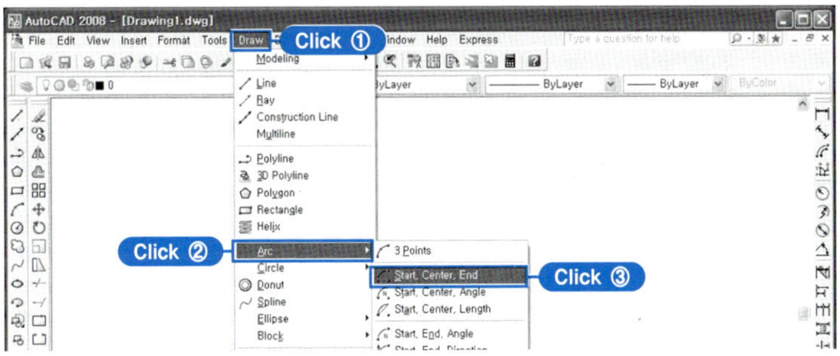

▸Draw 도구모음 [Arc] 선택

② (키보드)를 이용한 실행

Command : ARC Enter↵

2. 명령어 사용법 따라하기

시작점 선택 후 중심점 선택 옵션 〈C〉를 선택하고 중심점을 선택한 후 끝점을 선택하여 호를 그린다. 원호의 방향은 시작점과 끝점에 의해 정의되는 반시계방향이다.

①
- 명령 실행, (ARC Enter↵)
- 원호의 시작점을 선택
- 원호의 중심점을 선택하는 옵션 〈C〉를 입력하고 진행(Enter↵)
- 원호의 중심점을 선택
- 원호의 끝점을 선택

※ 이 방법으로 원호를 그리는 경우 원호가 그려지는 방향은 시작점과 끝점의 순서가 반시계방향, 즉 오른쪽과 같은 원호를 그리기 위하여 반드시 (CLICK ①)을 선택해야 한다.

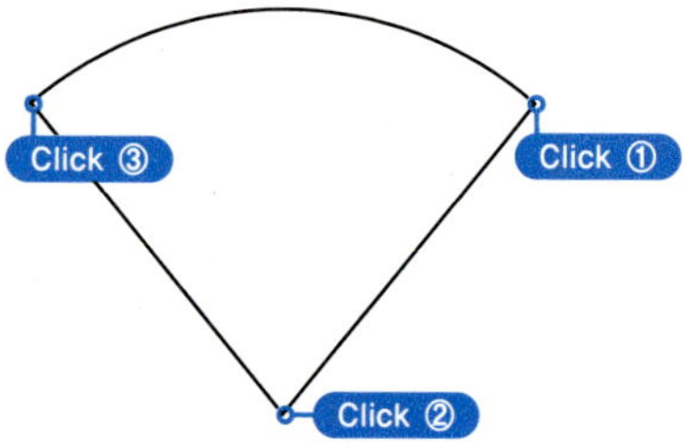

②
- 명령 실행, (ARC Enter↵)
- 원호의 시작점을 왼쪽에서 선택
- 원호의 중심점을 선택하는 옵션 〈C〉를 입력하고 진행(Enter↵)
- 원호의 중심점을 선택
- 원호의 끝점을 오른쪽에서 선택

※ 시작점과 끝점이 반시계방향으로 그려진다.

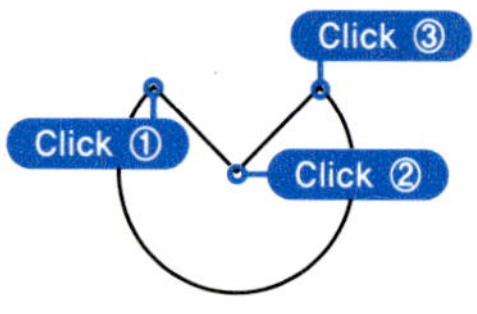

3 시작점, 중심점, 각도를 이용하여 호 그리기

원호의 시작점과 중심점을 정의하고 원호가 이루는 각도를 입력하여 호를 그린다.

1. 명령어의 실행

① (마우스)를 이용한 실행

▸ 메뉴 표시줄 [Draw] – [Arc] – [Start, Center, Angle] 선택

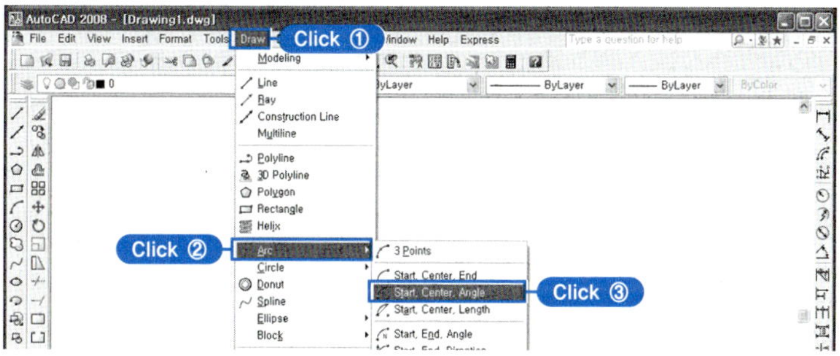

▸ Draw 도구모음 [Arc] 선택

② (키보드)를 이용한 실행

Command : ARC Enter↵

2. 명령어 사용법 따라하기

원호의 시작점을 선택 후 중심점 선택 옵션 〈C〉를 선택하고 중심점을 선택한 후 원호의 두 끝점과 중심점이 이루는 각을 이용하여 원호를 그린다. 이 옵션을 이용하는 경우 원호의 방향은 원호를 이루는 각의 방향에 따라 양의 각을 입력하는 경우 시계방향, 음의 각을 입력하는 경우 반시계방향으로 원호가 그려지게 된다.

① ▸명령 실행, (ARC Enter↵)
▸원호의 시작점을 오른쪽에서 선택
▸원호를 그리기 위한 중심점 옵션 〈C〉를 입력하고 진행(Enter↵)
▸원호의 중심점을 선택
▸원호를 이루는 각도를 입력하기 위하여 옵션 〈A〉를 입력하고 진행(Enter↵)
▸원호를 이루는 각도 〈60〉을 입력하고 진행(Enter↵)
※ 원호가 그려지는 방향은 각도의 방향과 동일

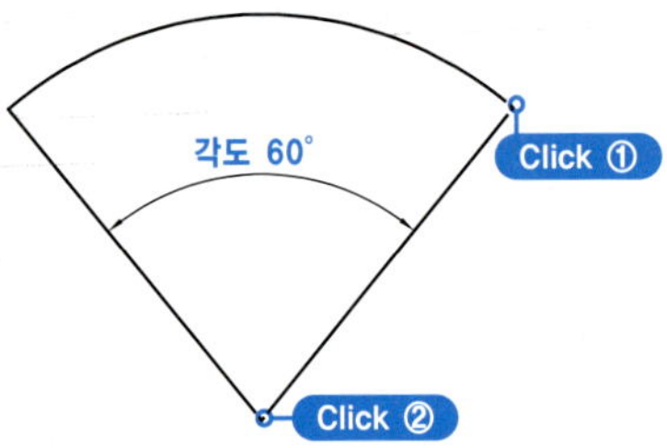

4 시작점, 끝점, 반지름을 이용하여 호 그리기

원호의 시작점과 끝점을 정의하고 반지름을 입력하여 원호를 그린다.

1. 명령어의 실행

① (마우스)를 이용한 실행

▸메뉴 표시줄 [Draw] – [Arc] – [Start, End, Radius] 선택

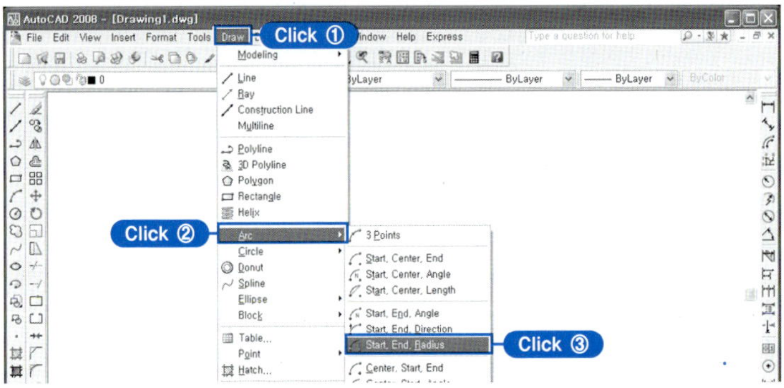

▸Draw 도구모음 [Arc] 선택

② (키보드)를 이용한 실행

Command : ARC Enter↵

2. 명령어 사용법 따라하기

시작점을 입력하고 끝점을 입력하기 위한 옵션 〈E〉를 입력한 후 끝점을 선택하고 반지름 옵션 〈R〉을 입력하고 반지름을 입력하여 호를 그린다.

①

- 명령 실행, (ARC Enter↵)
- 원호의 시작점을 오른쪽에서 선택
- 원호의 끝점을 선택하기 위한 옵션 〈E〉를 입력하고 진행(Enter↵)
- 원호의 끝점을 왼쪽에서 선택
- 반지름을 입력하기 위한 옵션 〈R〉를 입력하고 진행(Enter↵)
- 원호의 반지름 〈20〉을 입력하고 진행 (Enter↵)

※ 이 방법으로 원호를 그리는 경우 원호가 그려지는 방향은 시작점과 끝점의 순서가 반시계방향, 즉 오른쪽과 같은 원호를 그리기 위하여 반드시 (CLICK ①)을 선택해야 함.

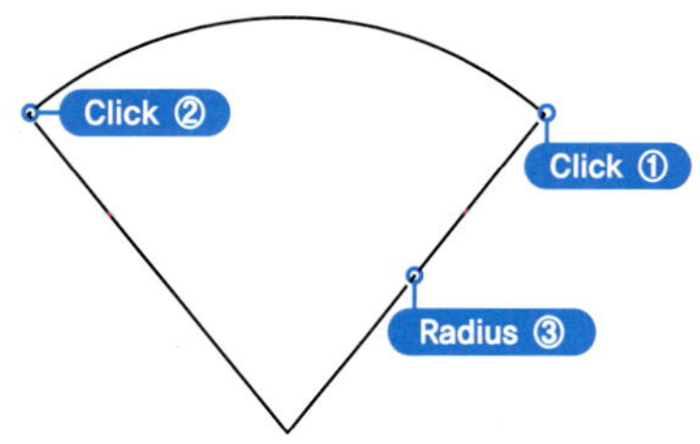

②

- 명령 실행, (ARC Enter↵)
- 원호의 시작점을 왼쪽에서 선택
- 원호의 끝점을 선택하기 위한 옵션 〈E〉를 입력하고 진행(Enter↵)
- 원호의 끝점을 오른쪽에서 선택
- 반지름을 입력하기 위한 옵션 〈R〉를 입력하고 진행(Enter↵)
- 원호의 반지름 〈20〉을 입력하고 진행 (Enter↵)

※ 이 방법으로 원호를 그리는 경우 원호가 그려지는 방향은 시작점과 끝점의 순서가 반시계방향, 즉 오른쪽과 같은 원호를 그리기 위하여 반드시 (CLICK ①)을 선택해야 함.

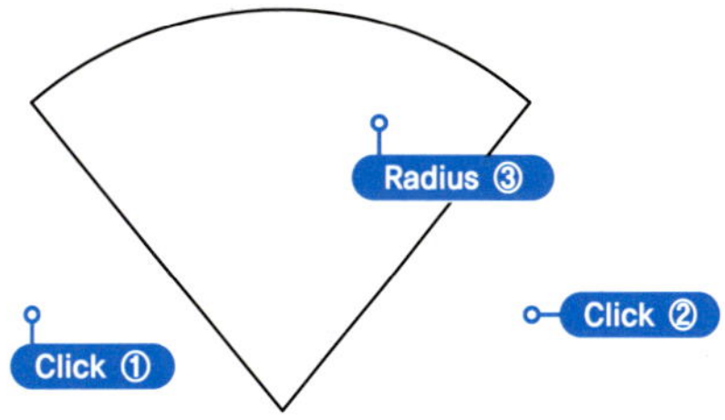

Section 04

ELLIPSE
타원 그리기

타원은 고정된 임의의 두 점까지의 거리의 합이 일정한 점들의 집합으로 이루어져 있으며 장축과 단축을 갖는다. AutoCAD에서는 타원의 가장 긴 장축과 가장 짧은 단축을 입력받아 타원을 그린다.

1 축의 두 점과 다른 축과의 거리를 이용하여 타원 그리기

타원의 한축을 이루는 직선을 정의하고 다른 한 축과의 수직 거리를 이용하여 타원을 그린다.

1. 명령어의 실행

① (마우스)를 이용한 실행

▸ 메뉴 표시줄 [Draw] – [Ellipse] – [Axis, End] 선택

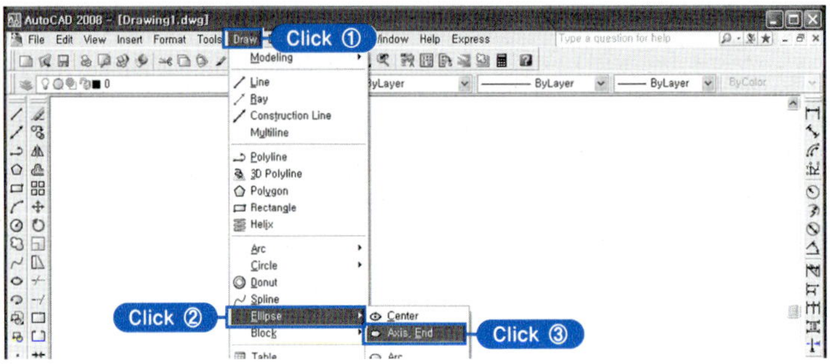

▸ Draw 도구모음 [Ellipse] 선택

② (키보드)를 이용한 실행

Command : ELLIPSE 또는 EL Enter

2. 명령어 사용법 따라하기

①
- 명령 실행, (EL Enter↵)
- 한축을 이루는 직선의 시작점을 입력하고 진행(Enter↵)
- 한축을 이루는 직선의 끝점을 입력하고 진행(Enter↵)
- 앞서 정의된 축과 다른 축의 끝점의 거리를 입력하고 진행(Enter↵)

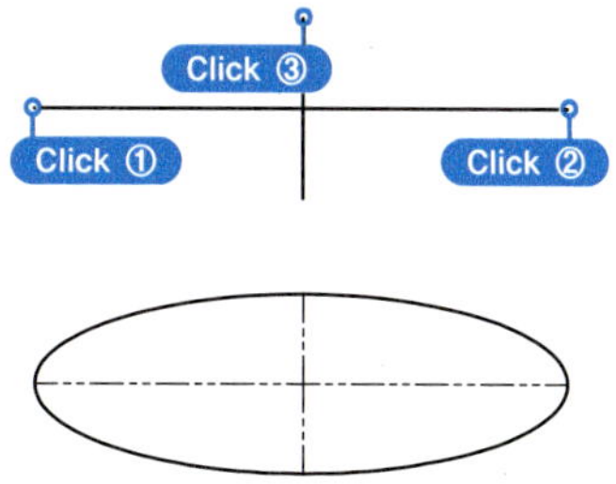

2 타원의 중심점과 장축, 단축의 끝점을 이용하여 그리기

타원의 중심점을 정의하고 중심점에서 장축과 단축 길이의 절반 값을 입력하여 타원을 그린다.

1. 명령어의 실행

① (마우스)를 이용한 실행

- 메뉴 표시줄 [Draw] – [Ellipse] – [Center] 선택

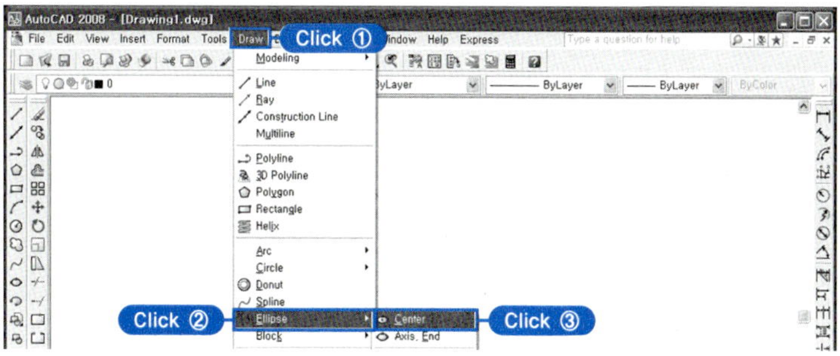

- Draw 도구모음 [Ellipse] 선택

② (키보드)를 이용한 실행

Command : ELLIPSE 또는 EL Enter↵

2. 명령어 사용법 따라하기

①

- 명령 실행, (EL Enter↵)
- 타원의 중심점을 선택하기 위한 옵션 〈C〉 를 입력하고 진행(Enter↵)
- 타원의 중심점 선택
- 중심점에서 장축 또는 단축의 끝점까지 거리(한축 길이의 절반 값)를 입력하고 진행(Enter↵)
- 중심점에서 장축 또는 단축의 끝점까지 거리(다른축 길이의 절반 값)를 입력하고 진행(Enter↵)

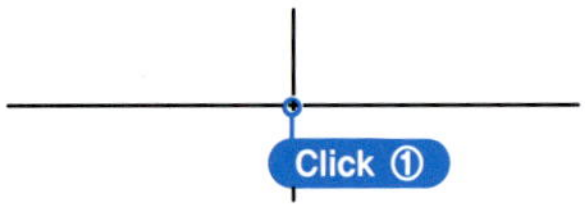

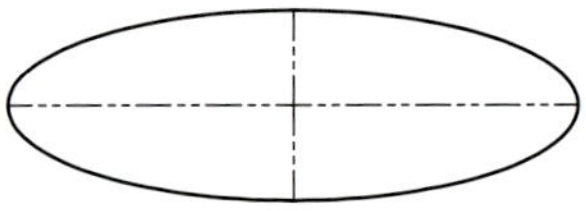

Section **05**

예제 따라하기

1 예제 따라하기 미리보기

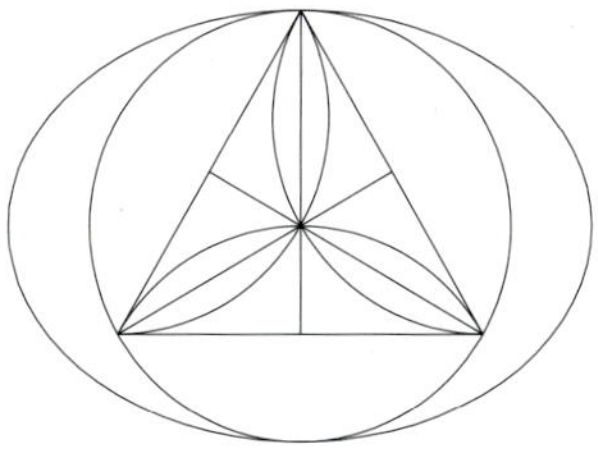

예제 따라하기 1

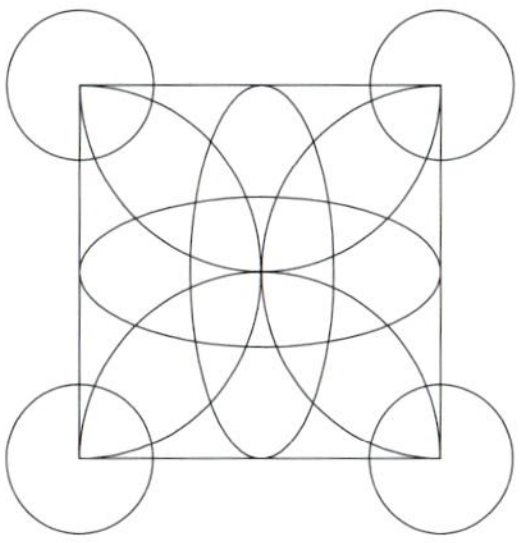

예제 따라하기 2

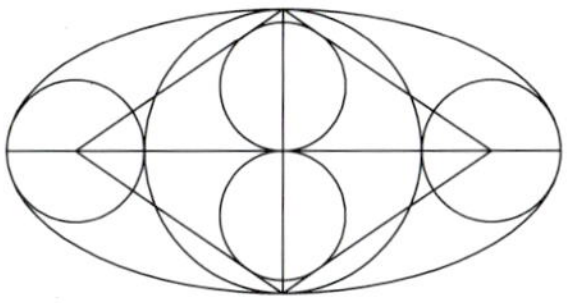

예제 따라하기 3

2 예제 따라하기 1

LINE, CIRCLE, ARC, ELLIPSE 명령을 사용하여 예제 따라하기 1과 같은 형상을 그린다. 따라하기를 통해 명령들의 사용법에 대하여 반복 학습하여 명령의 사용법을 숙지한다.

1. 상대 극좌표를 이용하여 직선그리기

① LINE 명령의 입력 방법 중 좌표계로 위치를 입력하여 정삼각형을 그린다.

▸ L Enter↵

▸ 100,100 Enter↵

▸ @50<60 Enter↵

- @50<-60 [Enter↵]

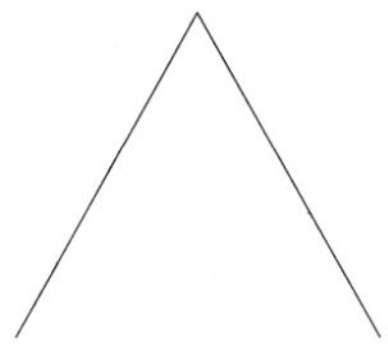

- 100,100 또는 C [Enter↵]
- [Enter↵]

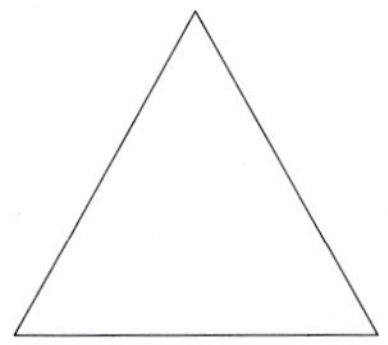

② LINE 명령의 입력 방법 중 객체의 속성점을 선택하여 정삼각형 각각의 끝점(End point)에서 마주보는 변의 중간점(Mid point)을 잇는 직선을 그린다.

- L [Enter↵]
- Click ①
- Click ②
- [Enter↵]

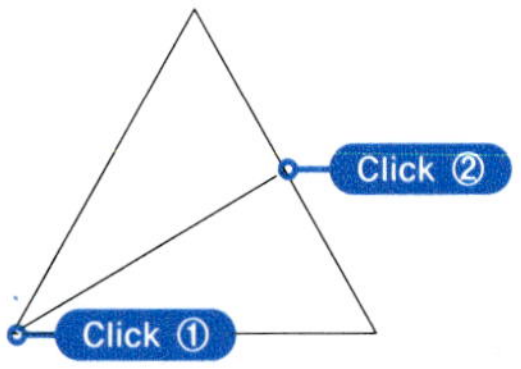

- [Enter↵]
- Click ①
- Click ②
- [Enter↵]

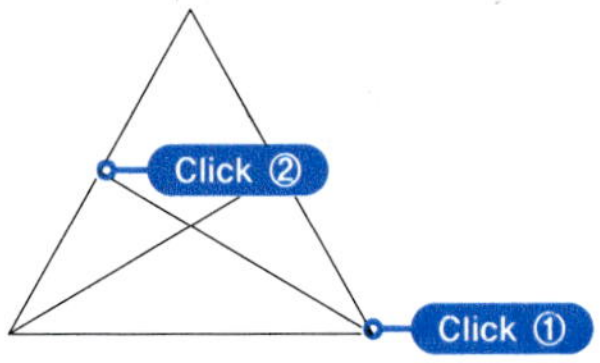

- [Enter↵]
- Click ①
- Click ②
- [Enter↵]

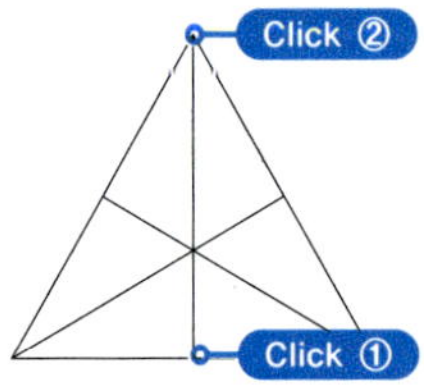

2. 원주 상의 임의 3점을 이용하여 원 그리기

① CIRCLE 명령을 이용하여 삼각형에 세 끝점에 외접하는 원을 그린다.

- ▸ C Enter↵
- ▸ 3P Enter↵
- ▸ Click ①
- ▸ Click ②
- ▸ Click ③
- ▸ Enter↵

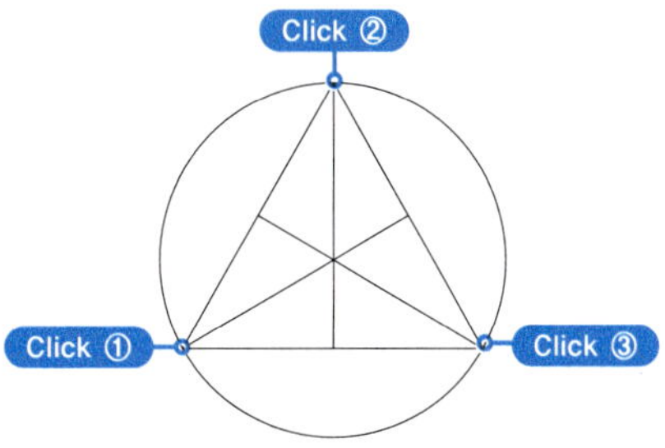

3. 3점을 이용하여 호 그리기

① ARC 명령 중 원호의 3점을 선택하는 옵션을 이용하여 삼각형의 두 끝점(End point)과 삼각형의 무게 중심점을 지나는 호를 그린다.

- ▸ ARC Enter↵
- ▸ Click ①
- ▸ Click ②
- ▸ Click ③

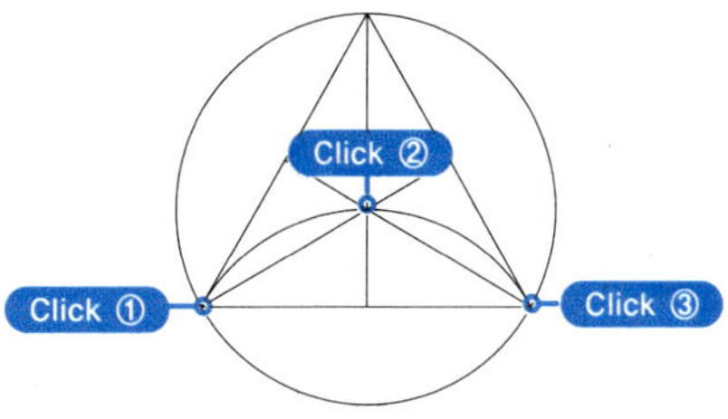

- ▸ Enter↵
- ▸ Click ①
- ▸ Click ②
- ▸ Click ③

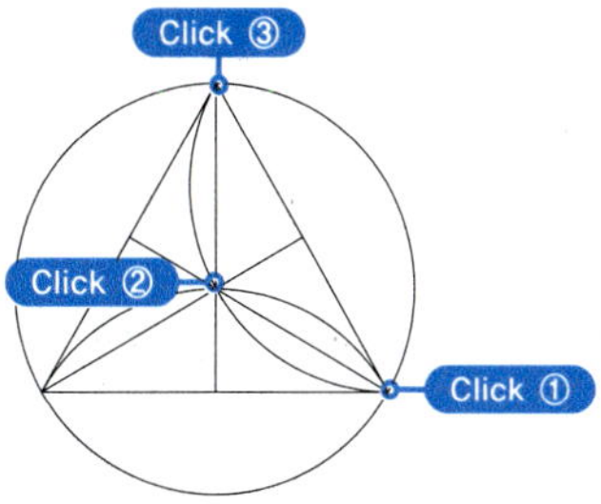

▸ Enter↵
▸ Click ①
▸ Click ②
▸ Click ③

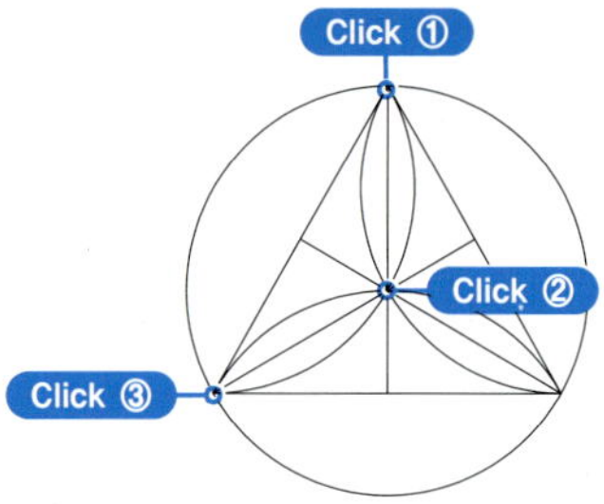

4.	타원의 중심점과 장축, 단축의 끝점을 이용하여 그리기

① ELLIPSE 명령 중 타원의 한 축의 절반 길이와 그 축의 중심점에서 다른 축과의 거리를 입력하는 옵션을 이용하여 임의의 길이를 갖는 장축과 원의 지름과 같은 길이의 단축 길이를 갖는 타원을 그린다.

▸ EL Enter↵
▸ C Enter↵

▸ Click ①
▸ 마우스를 장축 방향(좌 또는 우)으로 이동
▸ 40 Enter↵
▸ Click ②

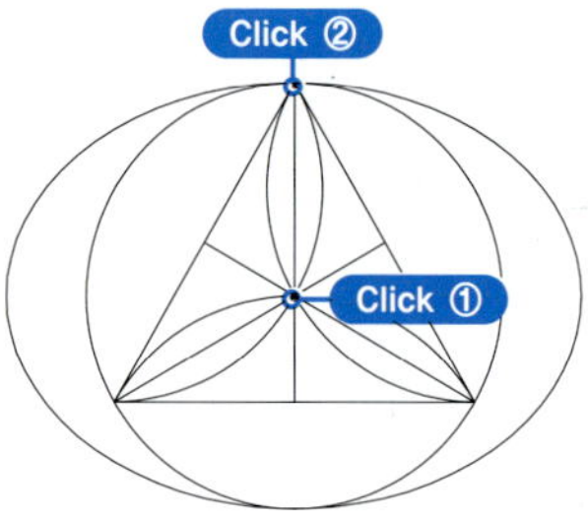

3 예제 따라하기 2

LINE, CIRCLE, ARC, ELLIPSE 명령을 사용하여 예제 따라하기 2과 같은 형상을 그린다. 따라하기를 통해 명령들의 사용법에 대하여 반복 학습하여 명령의 사용법을 숙지한다.

1. 절대 좌표를 이용하여 직선으로 사각형 그리기

① LINE 명령의 입력 방법 중 좌표를 이용하는 방법으로 위치를 입력하여 정사각형을 그린다.

- L Enter↵
- 100,100 Enter↵
- 100,150 Enter↵

- 150,150 Enter↵

- 150,100 Enter↵

- 100,100 또는 C Enter↵
- Enter↵

2. 중심점과 반지름을 이용한 4개의 원 그리기

① CIRCLE 명령을 이용하여 사각형의 각 모서리에 반지름 10의 원을 그린다.

- C Enter↵
- Click ①
- 10 Enter↵

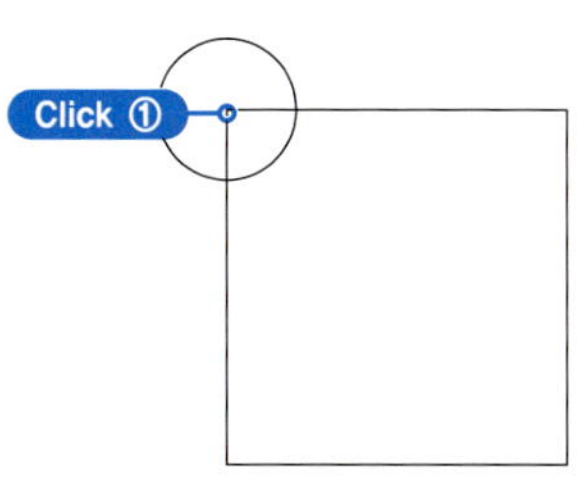

▸ Enter↵

▸ Click ②

▸ 10 Enter↵

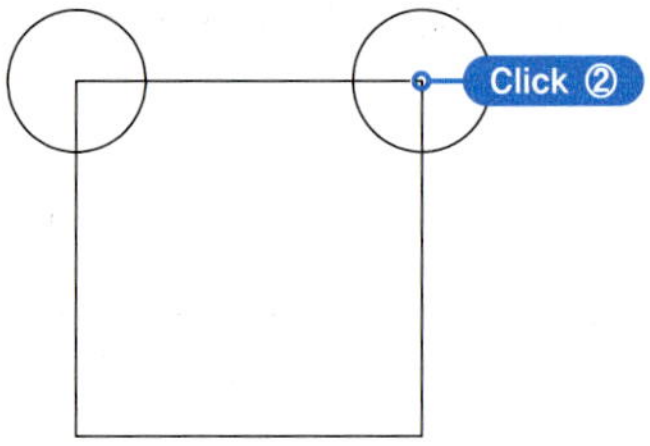

▸ Enter↵

▸ Click ③

▸ 10 Enter↵

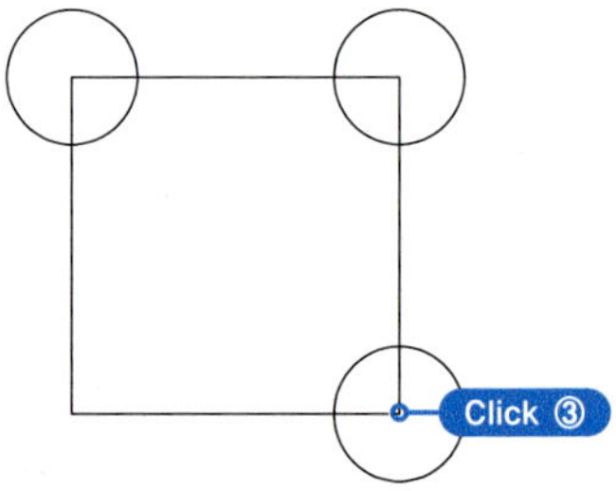

▸ Enter↵

▸ Click ④

▸ 10 Enter↵

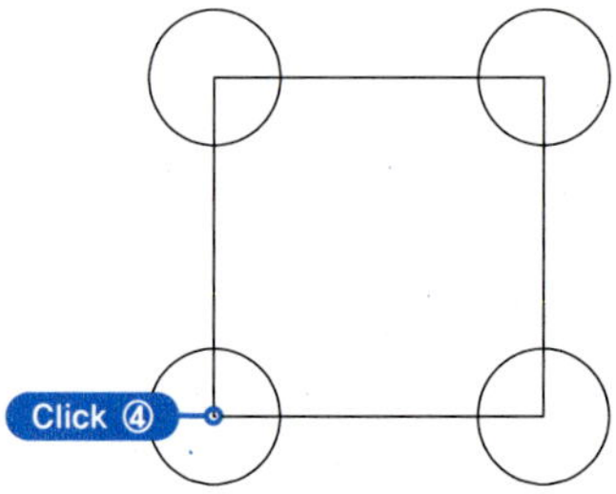

3. 시작점, 끝점, 반지름을 이용하여 호 그리기

① ARC 명령 중에서 시작점과 끝점, 반지름을 이용하여 사각형의 각각의 끝점(End point)과 25 반지름을 갖는 호를 그린다.

▸ ARC Enter↵

▸ Click ①

▸ E Enter↵

▸ Click ②

▸ R Enter↵

▸ 25 Enter↵

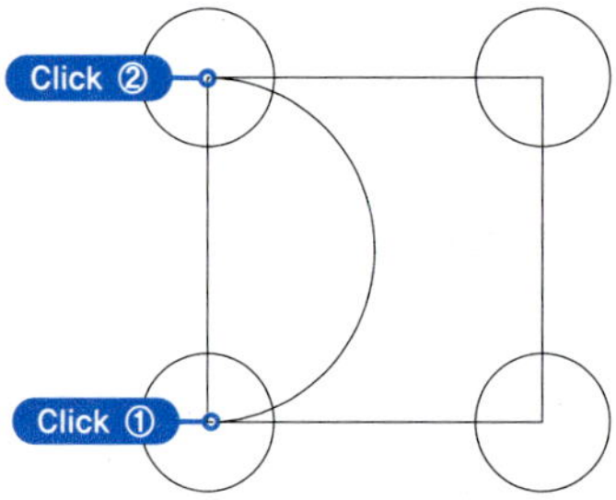

- ARC Enter↵
- Click ①
- E Enter↵
- Click ②
- R Enter↵
- 25 Enter↵

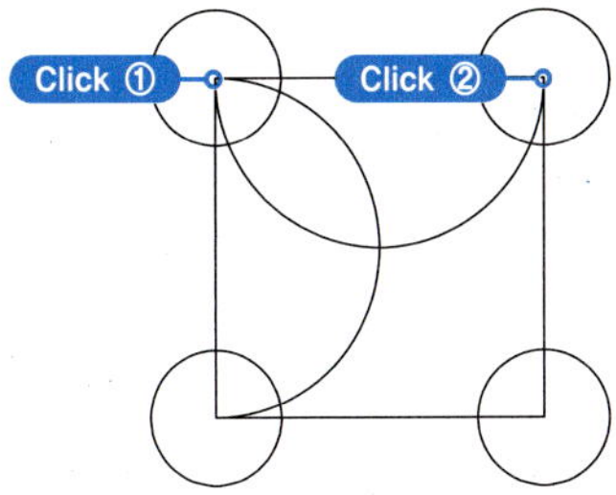

- ARC Enter↵
- Click ①
- E Enter↵
- Click ②
- R Enter↵
- 25 Enter↵

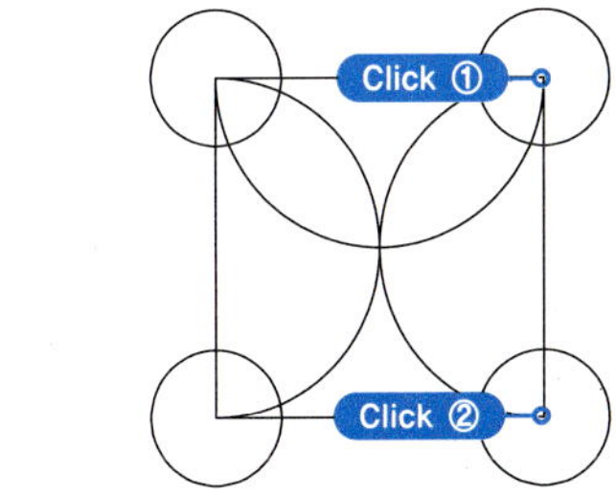

- ARC Enter↵
- Click ①
- E Enter↵
- Click ②
- R Enter↵
- 25 Enter↵

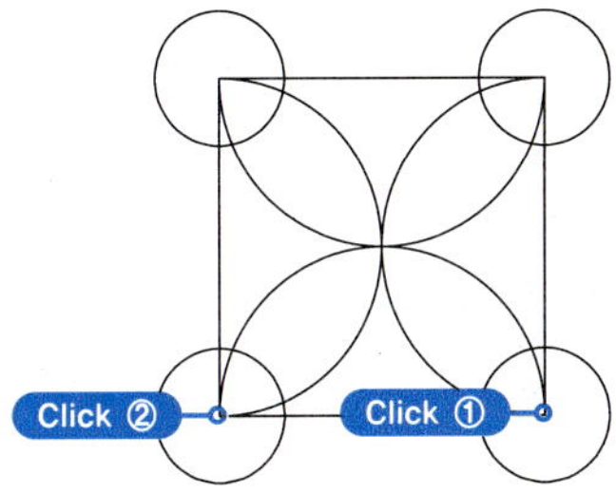

4. 축의 두 점과 단축의 거리를 이용하여 타원 그리기

① ELLIPSE 명령 중 두축의 길이를 이용하여 시작점과 끝점을 입력하고 단축까지의 거리를 10을 입력하여 타원을 그린다.

- EL Enter↵
- Click ①
- Click ②
- 마우스를 단축 방향(상 또는 하)으로 이동
- 10 Enter↵

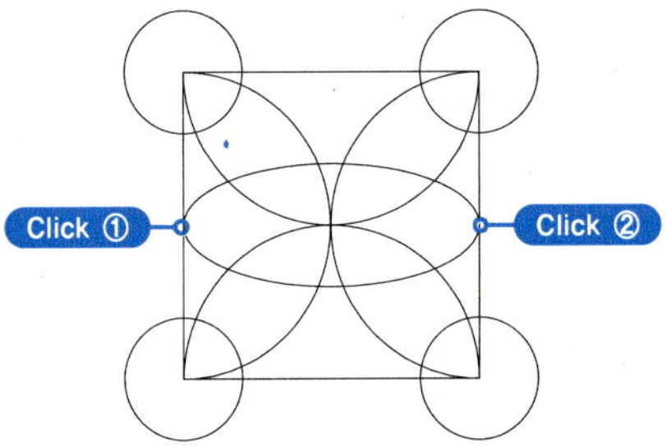

- EL Enter↵
- Click ①
- Click ②
- 마우스를 단축 방향(상 또는 하)으로 이동
- 10 Enter↵
- 완성

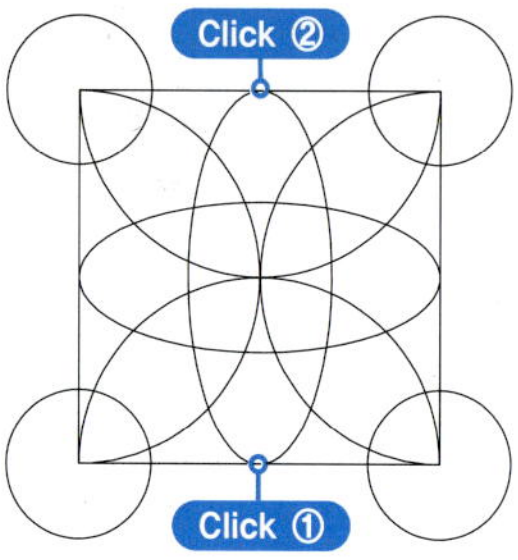

4 예제 따라하기 3

LINE, CIRCLE, ARC, ELLIPSE 명령을 사용하여 예제 따라하기 3과 같은 형상을 그린다. 따라하기를 통해 명령들의 사용법에 대하여 반복 학습하여 명령의 사용법을 숙지한다.

1. 수직, 수평선 그리기

① LINE 명령의 입력 방법 중 절대좌표를 입력하여 수직, 수평선을 그린다.

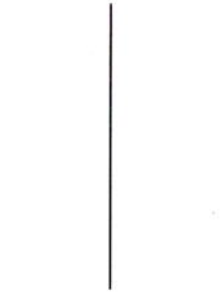

- L Enter↵
- 100,100 Enter↵
- 100,140 Enter↵
- Enter↵

- L Enter↵
- 60,120 Enter↵
- 140,120 Enter↵
- Enter↵

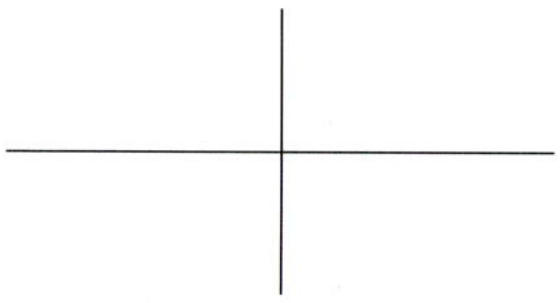

2. 장축의 길이와 단축까지 거리를 이용하여 타원 그리기

① ELLIPSE 명령 중에서 장축을 이루는 직선의 시작점과 끝점을 정의하고 장축에서 단축까지의 거리를 입력하여 타원을 그린다.

- EL Enter↵
- Click ①
- Click ②
- Click ③

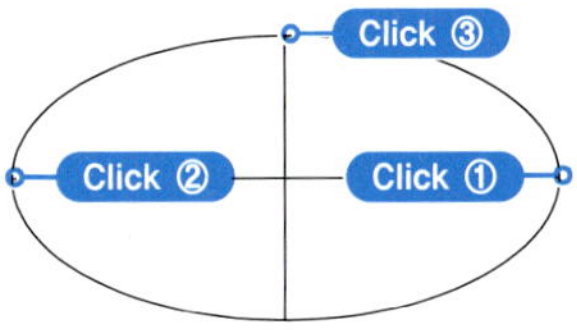

3. 2 점을 이용하여 원 그리기

① CIRCLE 명령 중에서 2점을 이용하는 옵션을 선택하고 타원과 원의 사분점을 이용하여 타원의 중심점과 동심을 이루는 원과 그 원의 좌, 우에 원을 그린다.

- C Enter↵
- 2P Enter↵
- Click ①
- Click ②

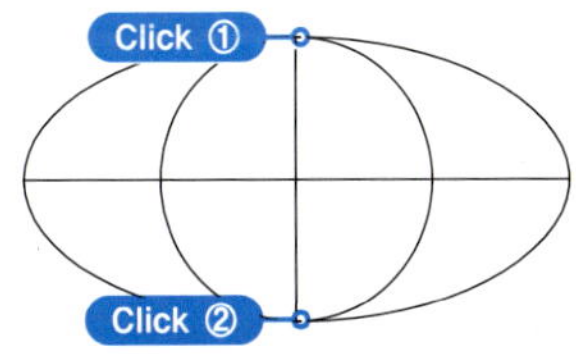

- C Enter↵
- 2P Enter↵
- Click ①
- Click ②

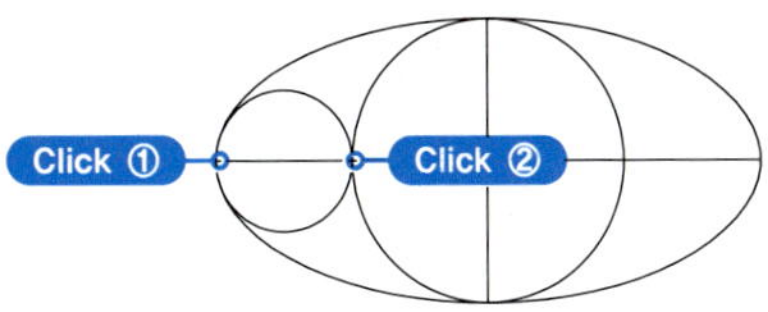

- C Enter↵
- 2P Enter↵
- Click ①
- Click ②

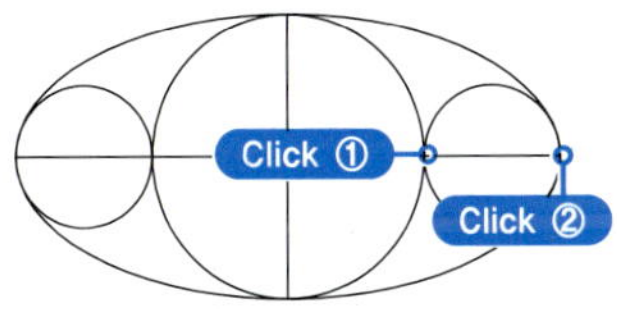

4. 속성점을 연결하여 직선 그리기

① LINE 명령을 이용하여 타원의 사분점과 원의 중심점을 연결하는 직선을 그려 마름모 형태를 그린다.

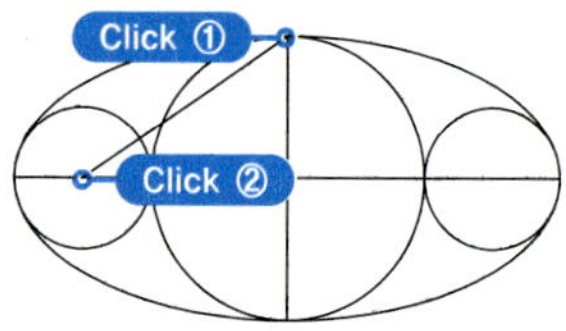

- LINE Enter↵
- Click ①
- Click ②
- Click ③

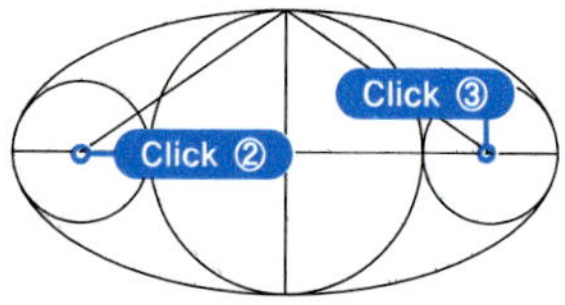

- Click ④

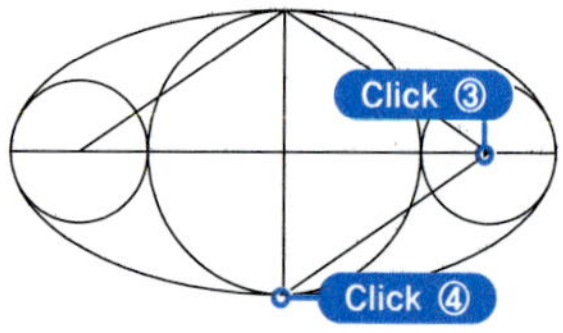

- C Enter↵

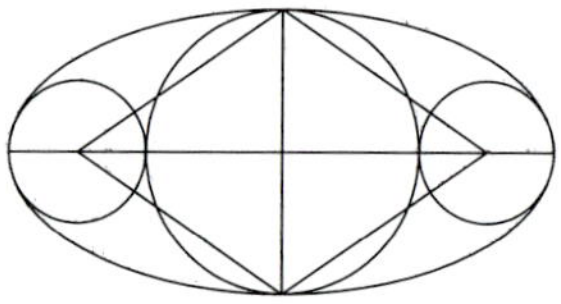

5. 3개의 접점을 이용하여 원 그리기

① CIRCLE 명령 중에서 원주 위의 3점을 이용하여 원을 그리기 위하여 3점을 접점으로 지정한다.

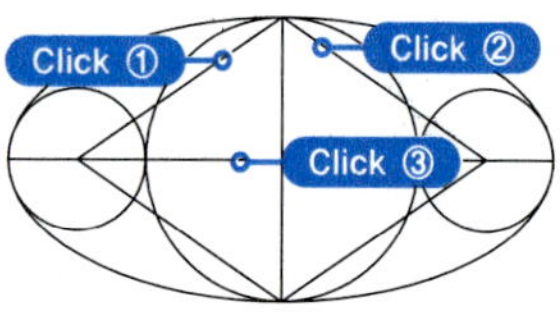

- C Enter↵
- 3P Enter↵
- TAN
- Click ①
- TAN

▸ Click ②
▸ TAN
▸ Click ③

▸ C Enter↵
▸ 3P Enter↵
▸ TAN
▸ Click ①
▸ TAN
▸ Click ②
▸ TAN
▸ Click ③

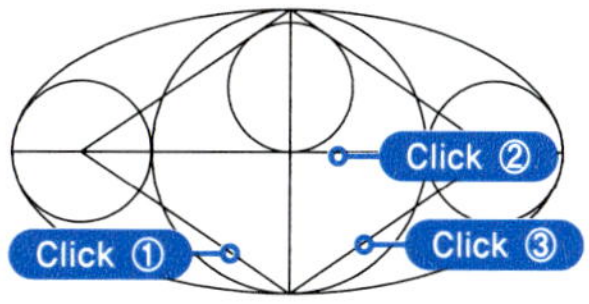

▸ 완성

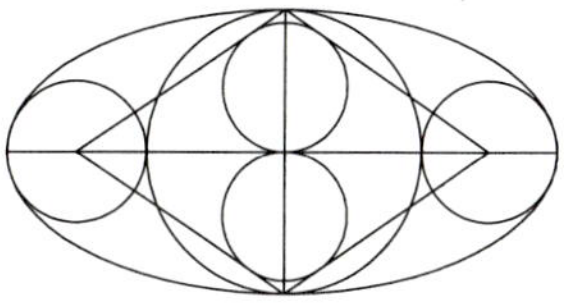

Section 06 연습과제

1 연습과제 1, 2

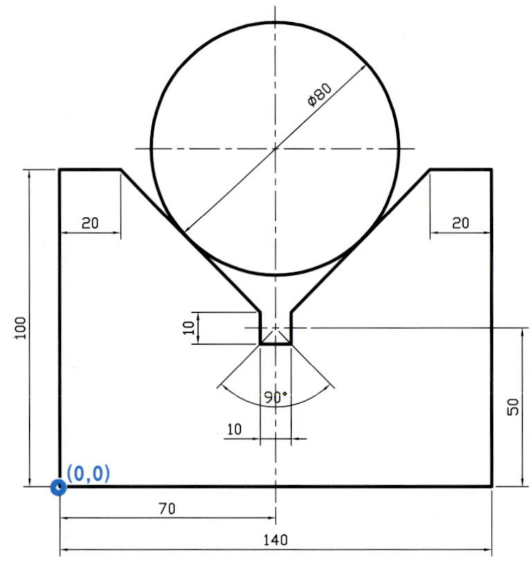

연습문제 1 - V 블록

원점을 기준으로 시작하여 LINE, CIRCLE 명령을 이용하여 V 블록을 그린다.

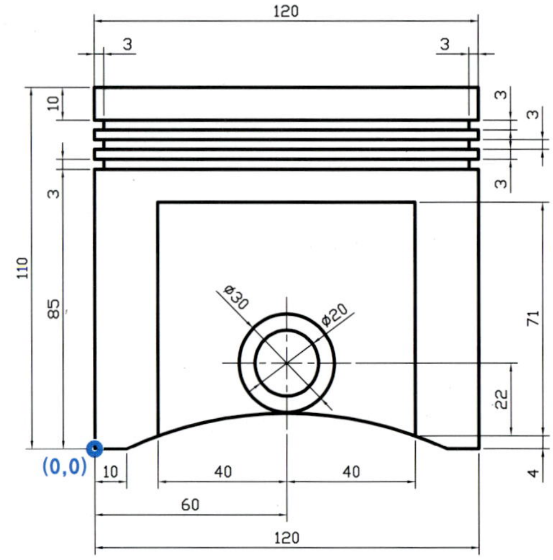

연습문제 2 - 피스톤 헤드

원점을 기준으로 시작하여 LINE, CIRCLE, ARC 명령을 이용하여 피스톤 헤드를 그린다.

2 연습과제 3, 4

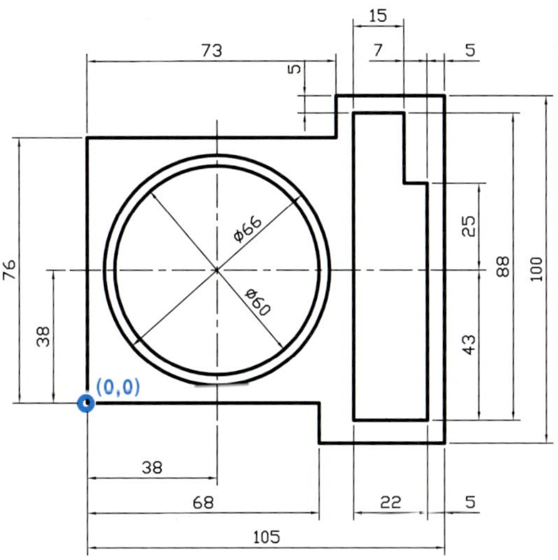

연습문제 3 - 실린더 헤드 가스켓

원점을 기준으로 시작하여 LINE, CIRCLE 명령을 이용하여 실린더 헤드 가스켓을 그린다.

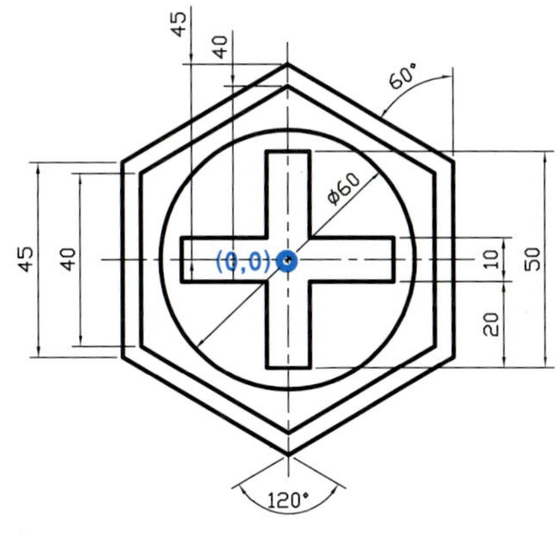

연습문제 4 - 볼트 헤드

원점을 기준으로 시작하여 LINE, CIRCLE 명령을 이용하여 볼트 헤드를 그린다.

3 연습과제 5, 6

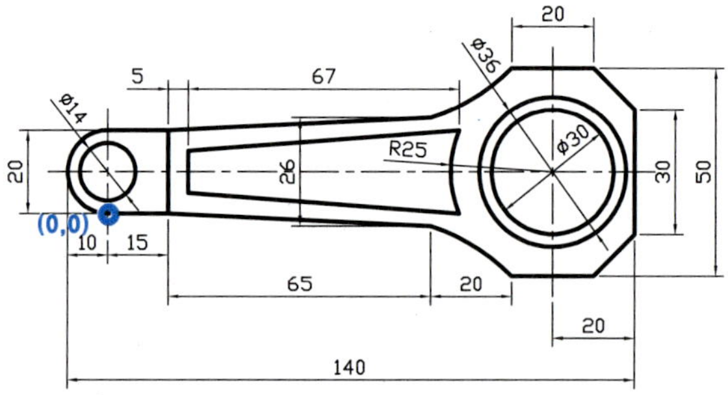

연습문제 5 - 커넥팅 로드

원점을 기준으로 시작하여 LINE, CIRCLE, ARC 명령을 이용하여 커넥팅 로드를 그린다.

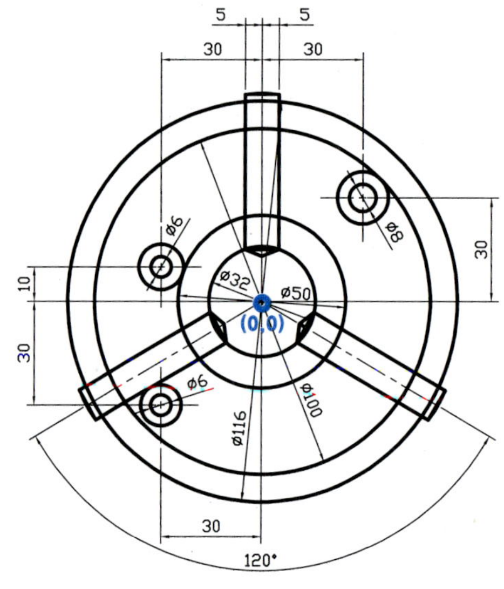

연습문제 6 - 연동척

원점을 기준으로 시작하여 LINE, CIRCLE, ARC 명령을 이용하여 연동척을 그린다.

CHAPTER 04

단일 객체 그리기 2

◆실습목적 :	① 단일 객체 작성 명령에 대하여 이해하고 기초적인 명령의 다양한 사용법에 대하여 배운다.. ② AutoCAD에서 단일 객체의 활용 예를 배운다.
◆실습시간 :	1.5hr ~ 2.5hr
◆실습내용 :	① DONUT 도넛 그리기 ② RAY 반 무한선 그리기 ③ XLINE 무한선 그리기 ④ POINT 점 그리기 ⑤ SPLINE 스플라인 그리기
◆참고사항 :	• RAY 명령과 XLINE 명령은 무한선을 그리는 명령으로 길이를 알지 못하는 경사선을 각도 크기 만으로 그리는 것과 같이 신속한 도면 작성에 유용하게 쓰인다. • 해칭의 파단선과 같은 자유 곡선을 그리기 위하여 SPLINE 명령을 사용한다. • 점(point)을 단일 객체로 도면에 표시하면 도면을 작성시 참고점으로 사용할 수 있을 뿐만 아니라 점으로 표현되어야 할 부분을 쉽게 작성할 수 있다.

실습할 내용 :

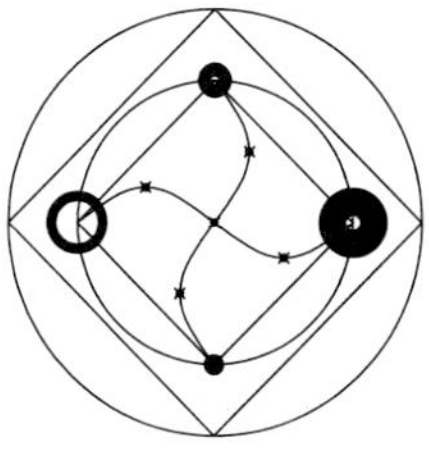

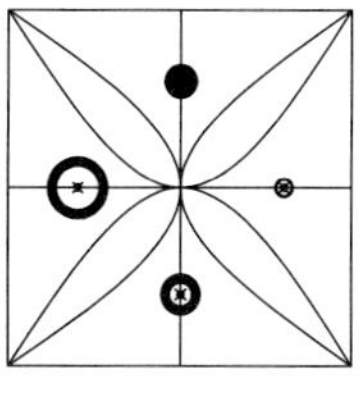

Section 01 DONUT 도넛 그리기

도넛(donut)은 동심의 두 원이 만드는 형상을 말하는 것이다. AutoCAD에서는 중심점이 같은 두 개의 원을 그리고 원사이의 공간을 채워서 도넛 형상을 표현한다.

1 내부, 외부 지름을 이용하여 도넛 그리기

1. 명령어의 실행

① (마우스)를 이용한 실행

▸ 메뉴 표시줄 [Draw] – [Donut] 선택

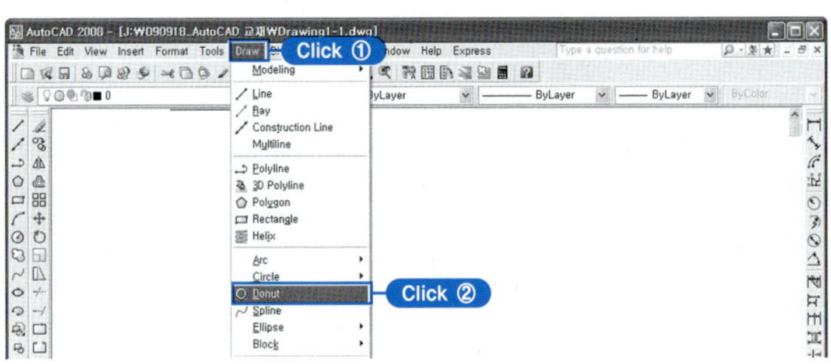

② (키보드)를 이용한 실행

Command : DONUT 또는 DO Enter↵

2. 명령어 사용법 따라하기

도넛 형상을 정의하기 위하여 중심점이 같은 두 원이 정의되어야 하는데 이를 위하여 내부 원의 지름과 외부 원의 지름, 그리고 도넛의 위치를 지정해줄 중심점이 필요하다.

1 ▸ 명령 실행, (DO Enter↵)
▸ 도넛 형상의 내부 지름으로 〈20〉을 입력하고 진행(Enter↵)
▸ 도넛 형상의 외부 지름으로 〈22〉를 입력하고 진행(Enter↵)
▸ 도넛의 중심점을 입력하고 진행(Enter↵)
▸ DONUT 명령을 종료(Enter↵)

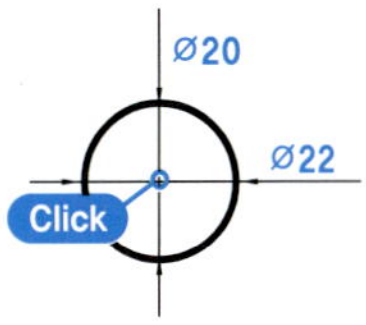

Section 02

RAY
반 무한선 그리기

반무한 직선은 시작점은 있지만 끝점은 무한대로 표현되는 특정한 중심으로부터 외부로 방사되는 선을 의미한다. RAY 명령은 시작점과 직선이 통과하는 한 점을 정의하여 반무한 직선을 그린다.

1 시작점과 통과점을 이용한 반 무한선 그리기

1. 명령어의 실행

① (마우스)를 이용한 실행

▸ 메뉴 표시줄 [Draw] – [Ray] 선택

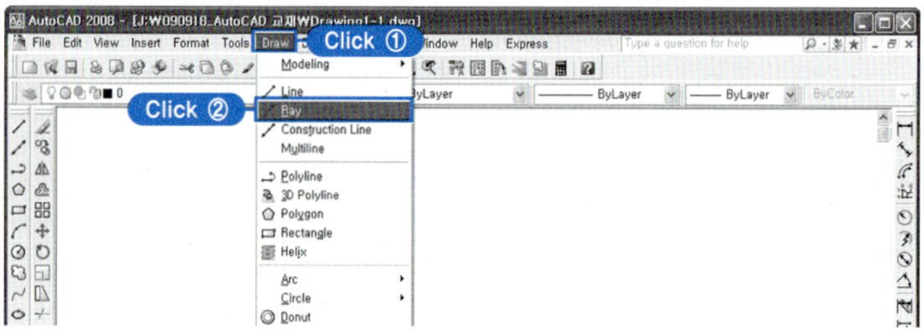

② (키보드)를 이용한 실행

Command : RAY Enter↵

2. 명령어 사용법 따라하기

① ▸ 명령 실행, (RAY Enter↵)

▸ 반 무한선의 시작점을 입력

▸ 반 무한선이 통과할 점을 입력하고 진행(Enter↵)

▸ 연속해서 반 무한선을 그릴 경우 통과점을 연속해서 선택하고 RAY 명령을 종료(Enter↵)

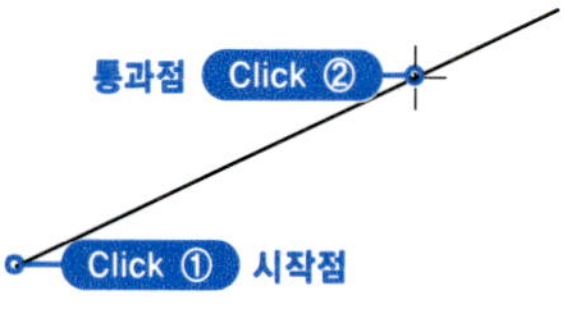

ection 03

XLINE 무한선 그리기

반무한 직선(RAY)이 끝점이 무한대로 표현되고 시작점은 존재하는 반면에 무한 직선(XLINE)은 시작점과 끝점 모두가 무한대로 표현된다. AutoCAD에서는 무한 직선을 다양한 옵션을 사용하여 그릴 수 있다.

1 입력한 각도로 기울어진 무한선 그리기

AutoCAD의 무한 직선을 정의하는 다양한 옵션 중에서 가장 많이 사용되는 것은 무한 직선의 한 통과점과 x축과의 기울기를 각을 이용하여 무한선을 그리는 것이다.

1. 명령어의 실행

① (마우스)를 이용한 실행

▸ 메뉴 표시줄 [Draw] – [Construction Line] 선택

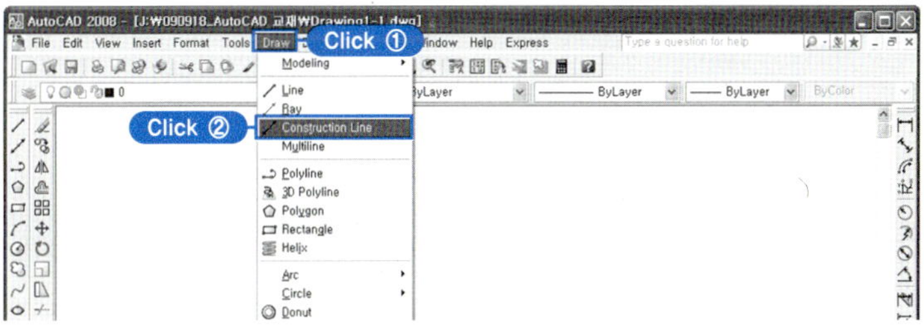

▸ Draw 도구모음 [Construction Line] 선택

② (키보드)를 이용한 실행

Command : XLINE 또는 XL Enter↵

2. 명령어 사용법 따라하기

x축에 대해 기울어진 무한 직선을 그리기 위하여 옵션 〈A〉를 사용한다. x축에 대해 기울어지는 각도의 방향은 기본적으로 양의 각도를 입력하는 경우 시계 반대방향이고 음의 각도를 입력하는 경우 시계 방향이다.

①
- 명령 실행, (XL Enter↵)
- 무한선이 X축과 기울어진 각도를 입력하기 위해 〈A〉 입력하고 진행(Enter↵)
- 무한선의 기울어진 각도 〈25〉 입력하고 진행(Enter↵)

※양의 각도이므로 x 축에서 반시계방향으로 기울어진 무한선이 그려진다.

- 무한선의 통과점을 입력하고 진행(Enter↵)
- 계속해서 통과점을 선택하거나 XLINE 명령을 종료(Enter↵)

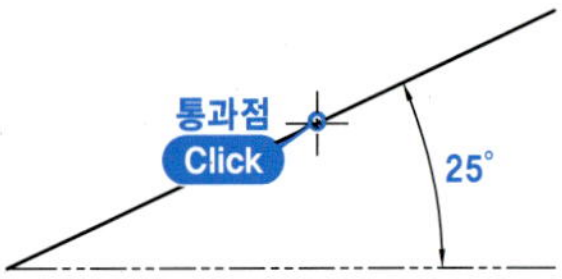

TIP

XLINE 명령의 옵션

- **수평(Horizontal)** : X축과 평행한 무한선을 그리기 위한 옵션으로 옵션 선택 후 수평 무한선이 통과하는 한 점을 선택한다.
- **수직(Vertical)** : X축과 수직인 무한선을 그리기 위한 옵션으로 옵션 선택 후 수직 무한선이 통과하는 한 점을 선택한다.
- **이등분(Bisection)** : 교차하는 두 객체가 이루는 각을 이등분하는 무한선을 그리는 옵션으로 두 객체의 교차점을 선택하고 각을 이루는 각각의 객체를 선택하여 무한선을 그린다.
- **파생(Offset)** : 원본 객체와 평행하게 일정한 거리가 띄워진 무한선을 그리는 옵션으로 원본 객체와 무한선이 통과하는 점을 선택한다.

Section **04**

POINT 점 그리기

도면의 공간에 점을 하나의 독립된 객체로 표시하기 위한 명령이다. 점의 위치는 도면의 좌표로 결정되는데 객체 스냅(object snap)을 이용하여 점의 속성점을 선택하는 경우 점(point)는 노드(node)로 표현된다. 또한 객체를 등간격 또는 등길이로 분할하는 경우도 분할 위치를 점(point)으로 나타낸다.

1 특정 위치에 점 그리기

도면의 공간에 점을 그리기 위하여 마우스를 이용하여 위치를 선택하거나 좌표를 이용한다. 상대 좌표나 상대 극좌표를 입력하는 경우 가장 최근에 그린 객체의 점을 기준으로 상대, 상대 극좌표의 위치에 점을 그린다.

1. 명령어의 실행

① (마우스)를 이용한 실행

▸ 메뉴 표시줄 [Draw] – [Point] – [Single Point] 선택

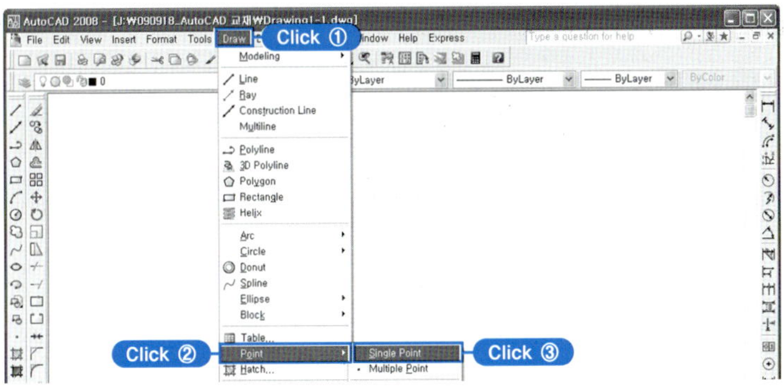

▸ Draw 도구모음 [Point] 선택

② (키보드)를 이용한 실행

Command : POINT 또는 PO Enter↵

2. 명령어 사용법 따라하기

① ▸ 명령 실행, (PO Enter↵)

▸ 점을 그리기 위한 위치를 마우스로 선택하거나 절대, 상대, 상대 극좌표로 입력하고 진행(Enter↵)

2 점의 형태 및 크기 설정하기

점을 그리는 POINT 명령으로 그려진 또는 DIVIDE, MEASURE 명령으로 생성된 도면위의 점은 그 형태와 크기를 변경할 수 있다.

1. 명령어의 실행

① (마우스)를 이용한 실행

▸ 메뉴 표시줄 [Format] – [Point Style...] 선택

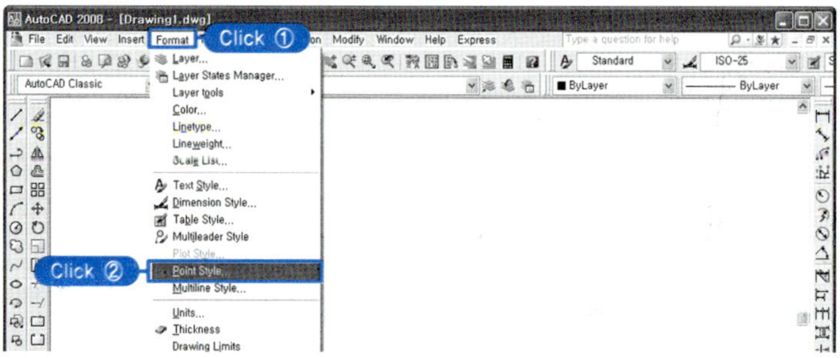

② (키보드)를 이용한 실행

Command : DDPTYPE Enter↵

2. 명령어 사용법 따라하기

①

- 명령 실행, (DDPTYPE Enter↵)
- 점의 유형을 선택
- 크리 유형을 선택
- 점의 크기 입력
- OK

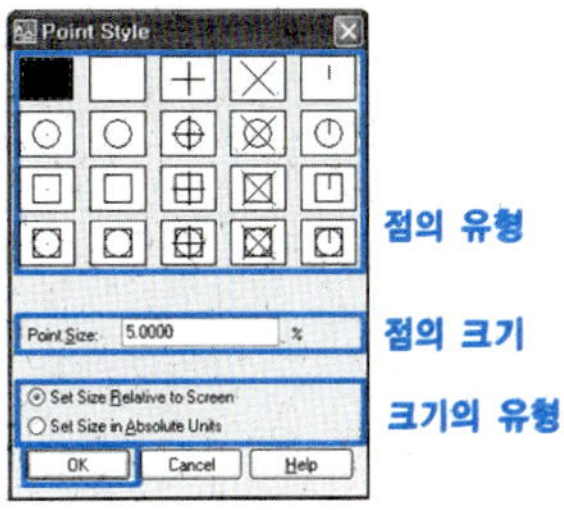

※ 점의 크기(Point size) : 크기 유형에 따라 상대 크기(백분율) 또는 절대 크기(단위)로 크기를 결정할 수 있다.

※ 점의 크기 유형 : 점의 크기를 현재 화면 크기의 상대적인 크기로 설정할 것인지 절대 단위의 크기로 설정한 것인지를 결정한다.

Section 05 SPLINE 스플라인 그리기

실제 존재하는 대상의 형상은 연속적이고 부드러운 곡선으로 이루어진 경우가 많다. 이 경우 사용자는 직선 또는 원 등의 기하학적 형상으로 대상을 그리기 보다는 SPLINE 명령을 이용하여 자유 곡선을 그려서 원형에 가까운 형상을 그릴 수 있다.

1 자유곡선 그리기

SPLINE 명령으로 공간상의 점들을 연결하여 곡선을 그릴 수 있다. 이 곡선은 점들을 연결하는 연속적이고 부드러운 곡선으로 선택하는 세 점의 위치를 고려하여 그려지게 된다.

1. 명령어의 실행

① (마우스)를 이용한 실행

▸ 메뉴 표시줄 [Draw] – [Spline] 선택

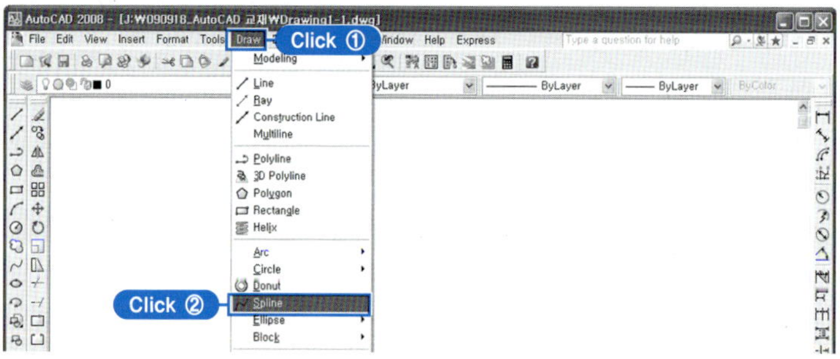

▸ Draw 도구모음 [Spline] 선택

② (키보드)를 이용한 실행

Command : SPLINE 또는 SPL Enter↵

2. 명령어 사용법 따라하기

SPLINE 명령을 이용한 자유 곡선의 그리기는 자유 곡선이 통과하는 점들을 선택하여 실행된다. 기본적으로 세 점을 이용하여 곡선을 그리게 되는데 곡선의 곡률은 현재 점과 이전 점, 나중 점에 의해서 결정된다. 이러한 이유로 자유 곡선의 시작점과 끝점은 스플라인으로 연결하는 모든 점들의 선택이 끝난 후에 시작점과 끝점의 접선 벡터를 다시 설정해 줄 필요가 있다.

①

- 명령 실행, (SPL Enter↵)
- 자유 곡선을 이룰 시작점을 입력하고 진행 (Enter↵)
- 자유 곡선을 이룰 다음 점들을 입력하고 진행(Enter↵)
- 명령을 종료하기 위해 진행(Enter↵)
- 시작부분의 접선벡터를 선택 또는 진행 (Enter↵)
- 끝부분의 접선벡터를 선택 또는 진행(Enter↵)

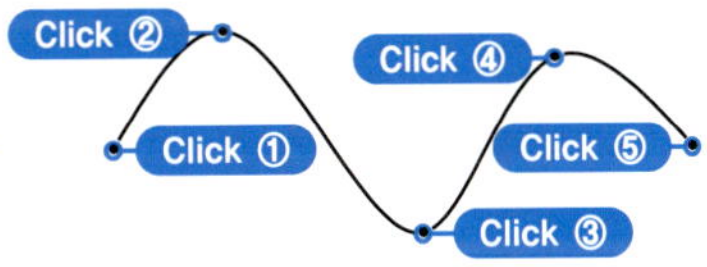

TIP

➡ SPLINE 명령의 옵션

- 닫기(Close) : 자유곡선의 끝점을 시작점과 같은 좌표로 정의하여 자유곡선을 닫힌 객체로 그린다.
- 맞춤 공차(Fit Tolerance) : 현재 그려진 자유곡선의 맞춤을 변경하는 옵션으로 입력한 공차에 맞춰 곡선이 다시 그려진다. 공차를 '0'으로 설정하면 자유곡선은 선택한 모든 점을 통과하게 되지만 '0'보다 큰 공차를 입력하면 공차 내에서 좀 더 부드러운 곡선이 그려지게 되고 자유곡선은 선택한 점을 통과하지 않을 수도 있다.

2 자유곡선 편집하기

이미 그려진 자유곡선을 편집하기 위하여 SPLINEDIT 명령을 사용한다.

1. 명령어의 실행

① (마우스)를 이용한 실행

▸ 메뉴 표시줄 [Modify] – [Object] – [Spline] 선택

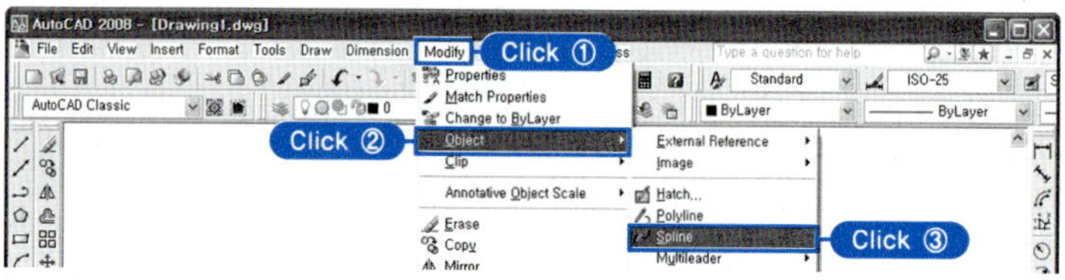

▸ Modify Ⅱ 도구모음 [Edit Spline] 선택

② (키보드)를 이용한 실행

Command : SPLINEDIT 또는 SPE Enter↵

> **TIP**
>
> **➡ SPLINEDIT 명령의 옵션**
>
> ▸ 데이터 맞춤(Fit data) : 여러 옵션을 사용하여 자유곡선의 데이터 맞춤을 편집한다.
>
> ▸ 닫기(Close) : 이미 작성된 자유곡선의 끝점을 시작점과 같은 좌표로 정의하여 자유곡선을 닫힌 객체로 그린다.
>
> ▸ 정점 이동(move vertex) : 자유곡선을 편집하기 위해서 정점의 위치를 변경한다.
>
> ▸ 미세조정(Refine) : 자유곡선을 정의하는 점들을 미세하게 조정한다.
>
> ▸ 반전(Reverse) : 자유곡선을 반전 시킨다.

Section 06 예제 따라하기

1 예제 따라하기 미리보기

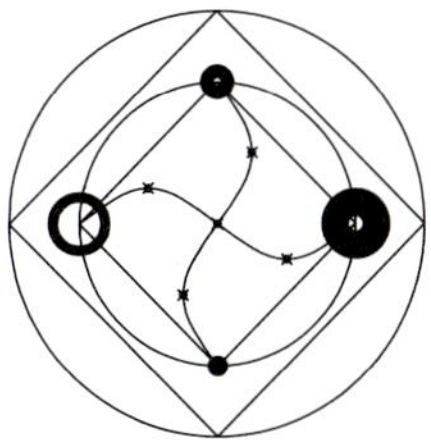

예제 따라하기 1

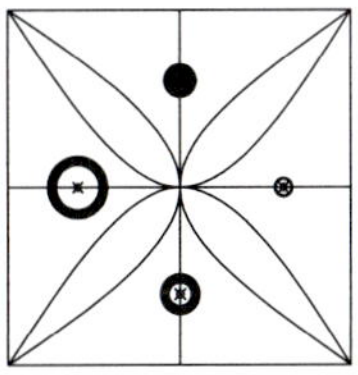

예제 따라하기 2

2 예제 따라하기 1

이 장에서 배운 DONUT, POINT, SPLINE 명령과 이전 장에서 배운 명령을 사용하여 예제 따라하기 1과 같은 형상을 그린다. 따라하기를 통해 명령들의 사용법에 대하여 반복 학습하여 명령의 사용법을 숙지한다.

1. 중심점과 지름을 이용한 원 그리기

① CIRCLE 명령을 이용하여 임의의 중심점에 지름을 입력하여 원을 그린다.

- ▸ C Enter↵
- ▸ 100, 100 Enter↵
- ▸ D Enter↵
- ▸ 40 Enter↵

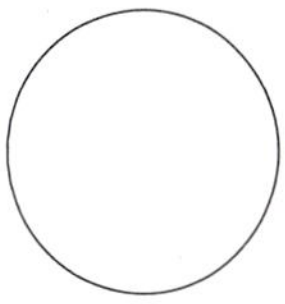

(2) 객체 스냅(Center)을 이용하여 같은 중심을 갖는 바깥 원을 그린다.

- C Enter↵
- Click
- D Enter↵
- 60 Enter↵

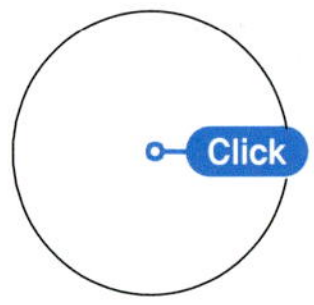

2. 직접 점을 선택하여 직선 그리기

(1) LINE 명령으로 외부 원과 내부 원의 각각 4개의 객체 스냅(Quadrant)을 선택하여 내접하는 마름모를 그린다.

- L Enter↵
- Click ①

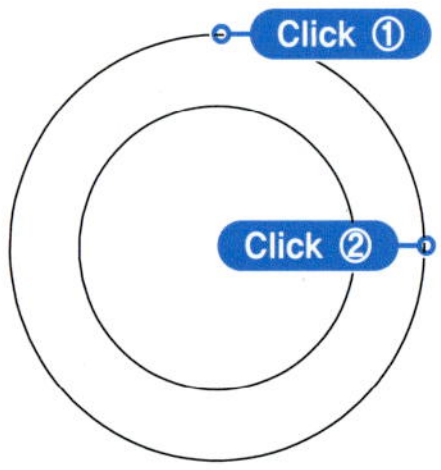

- Click ②
- Click ③

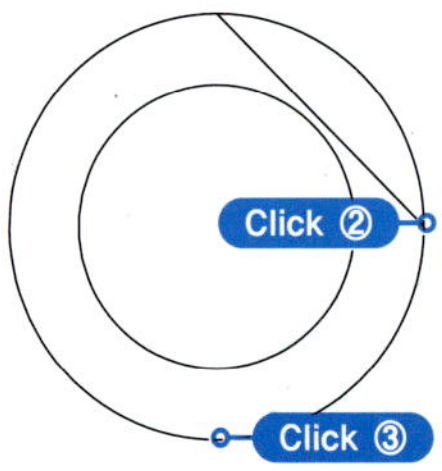

- Click ④

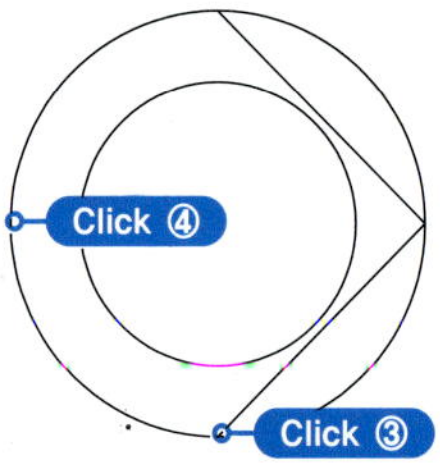

- C

※ 시작점과 같은 끝점으로 연결하여 닫힌 마름모 사각형을 완성

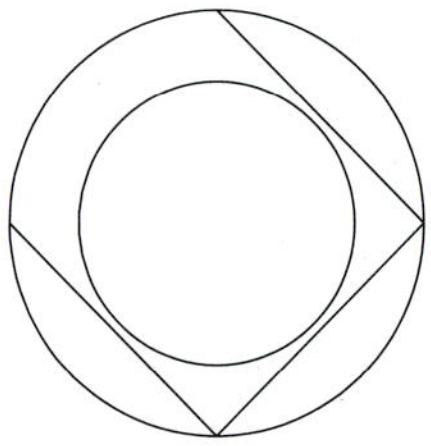

② 내부 원에 마름모 사각형을 그린다.

- L Enter↵
- Click ①
- Click ②

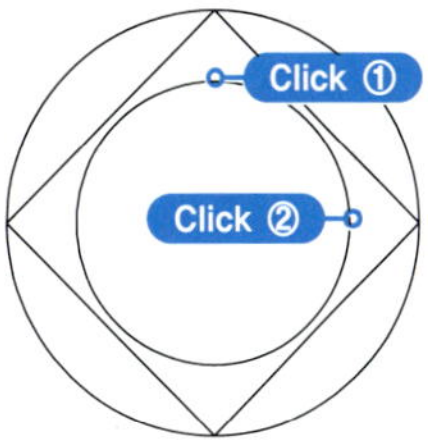

- Click ③

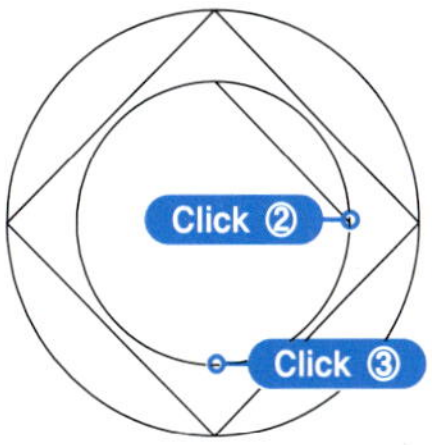

- Click ④

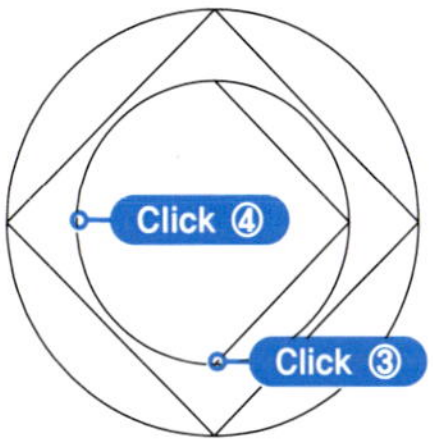

- C

※ 시작점과 같은 끝점으로 연결하여 닫힌 마름모 사각형을 완성

3. 내부, 외부 지름을 이용하여 도넛 그리기

① DONUT 명령에 내부 지름과 외부 지름을 입력하여 사분점에 각각의 도넛 형상을 그린다.

- DO Enter↵
- 1 Enter↵
- 5 Enter↵
- Click ①
- Enter↵

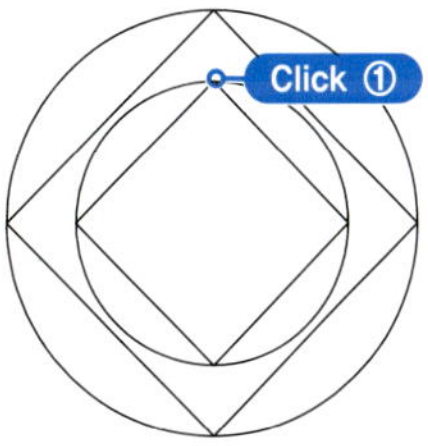

②

- ▸ DO Enter↵
- ▸ 2 Enter↵
- ▸ 10 Enter↵
- ▸ Click ②
- ▸ Enter↵

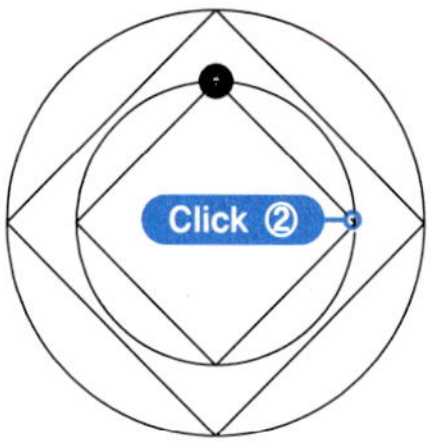

③

- ▸ DO Enter↵
- ▸ 0 Enter↵
- ▸ 3 Enter↵
- ▸ Click ③
- ▸ Enter↵

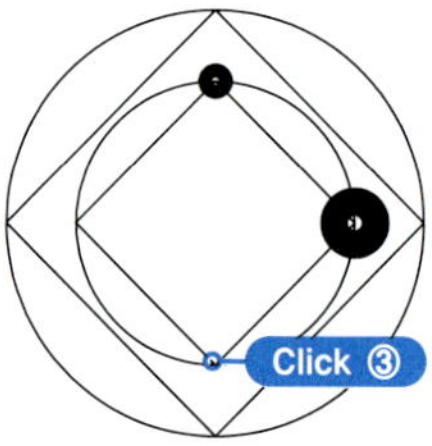

④

- ▸ DO Enter↵
- ▸ 6 Enter↵
- ▸ 9 Enter↵
- ▸ Click ④
- ▸ Enter↵

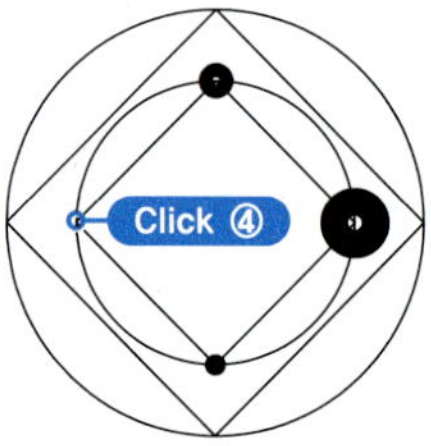

4. 해당 좌표에 점 그리기

① POINT 명령을 이용하여 자유곡선이 통과할 점(point)을 그린다.

- ▸ PO Enter↵
- ▸ 100,100 Enter↵

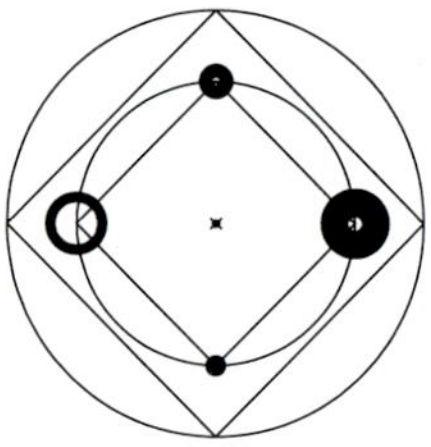

②

- ▸ PO Enter↵
- ▸ 90,105 Enter↵

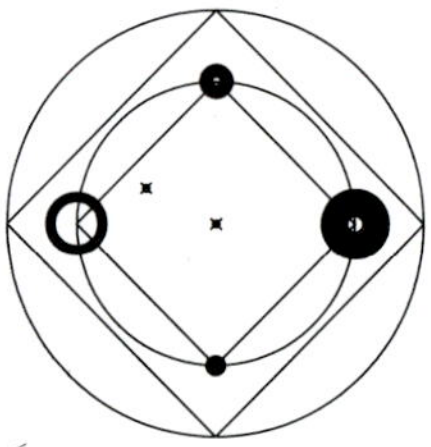

③ ▸ PO Enter↵
▸ 105,110 Enter↵

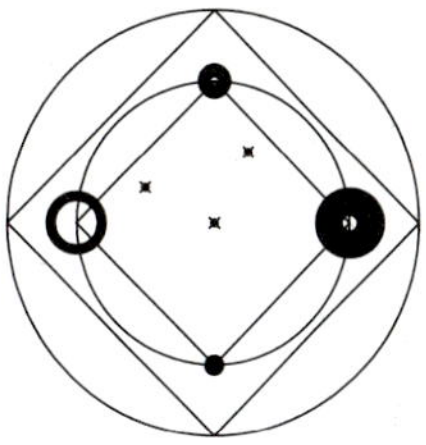

④ ▸ PO ∏
▸ 110,95 ∏

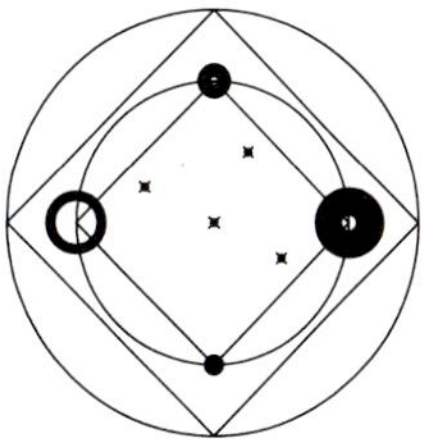

⑤ ▸ PO ∏
▸ 95,90 ∏

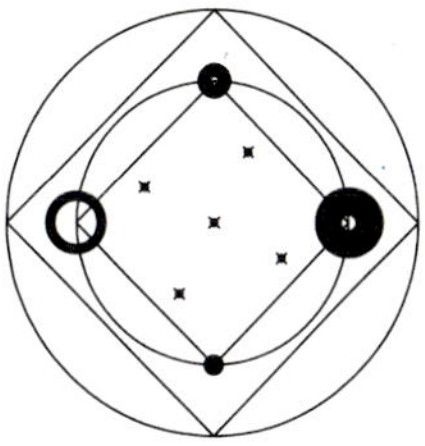

5. 자유곡선 그리기

① SPLINE 명령을 이용하여 앞서 그린 점들을 연결하는 자유곡선을 그린다.

▸ SPL Enter↵
▸ Click ①
▸ Click ②
▸ Click ③
▸ Click ④
▸ Click ⑤ Enter↵
▸ Enter↵
▸ Enter↵

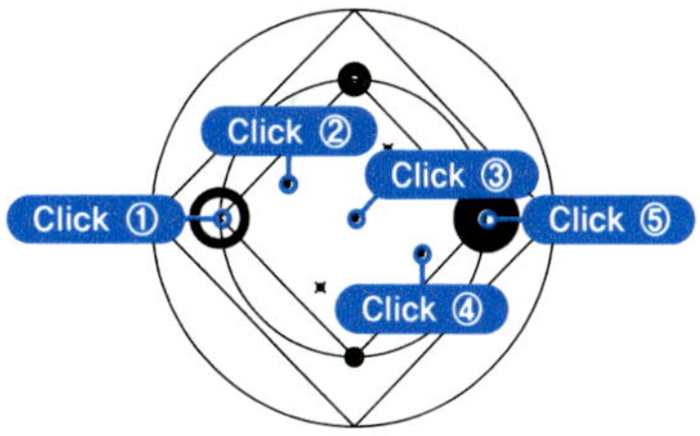

②

- SPL Enter↵
- Click ①
- Click ②
- Click ③
- Click ④
- Click ⑤ Enter↵
- Enter↵
- Enter↵
- 완성

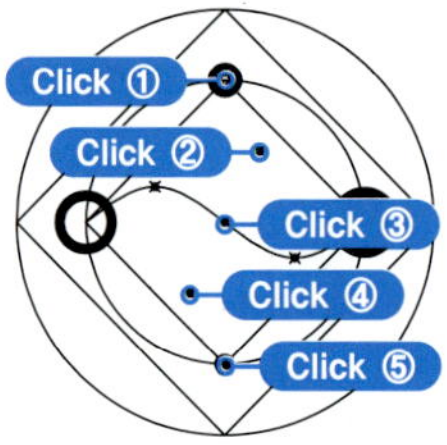

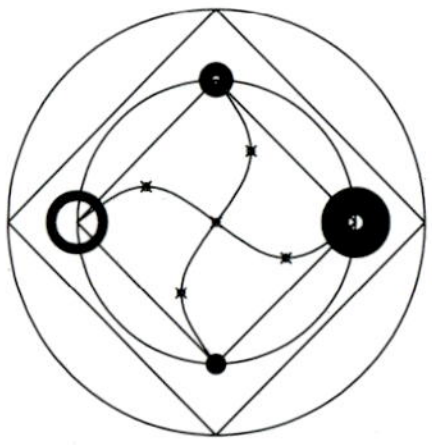

3 예제 따라하기 2

이 장에서 배운 DONUT, POINT, SPLINE 명령과 이전 장에서 배운 명령을 사용하여 예제 따라하기 2과 같은 형상을 그린다. 따라하기를 통해 명령들의 사용법에 대하여 반복 학습하여 명령의 사용법을 숙지한다.

1. 좌표와 객체 스냅을 이용하여 사각형과 직선그리기

① LINE 명령을 이용하여 사각형을 그린다.

- L Enter↵
- 100,100 Enter↵
- 100,150 Enter↵

- 150,150 Enter↵

▸ 150,100 Enter↵

▸ 100,100 또는 C Enter↵

② LINE 명령으로 객체 스냅(Mid point)을 선택하여 수직선과 수평선을 그린다.

▸ L Enter↵
▸ Click ①
▸ Click ②
▸ Enter↵

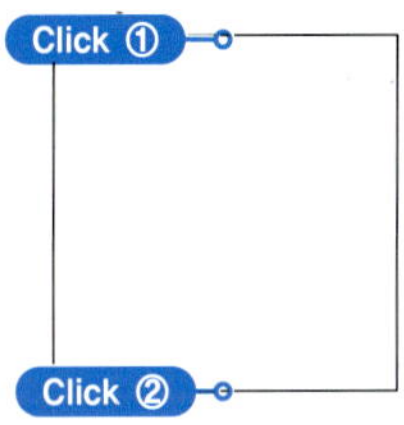

③ ▸ L Enter↵
▸ Click ①
▸ Click ②
▸ Enter↵

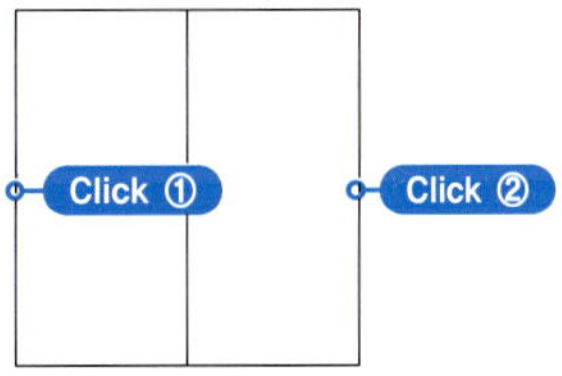

2. 자유곡선 그리기

① SPLINE 명령을 이용하여 자유곡선을 그린다.

▸ SPL Enter↵
▸ Click ①
▸ Click ②
▸ Click ③ Enter↵
▸ Enter↵
▸ Enter↵

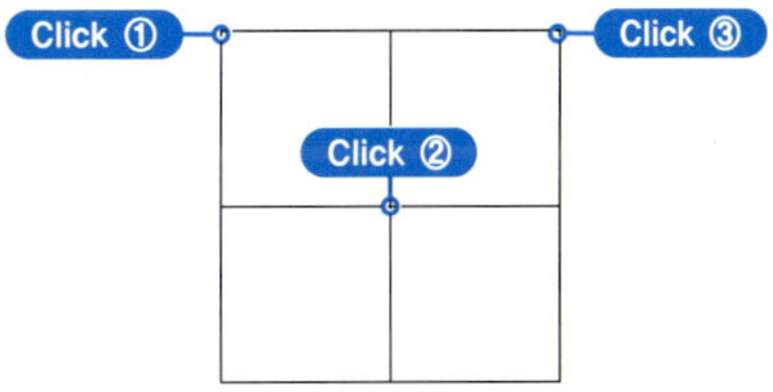

②

- Enter↵
- Click ①
- Click ②
- Click ③ Enter↵
- Enter↵
- Enter↵

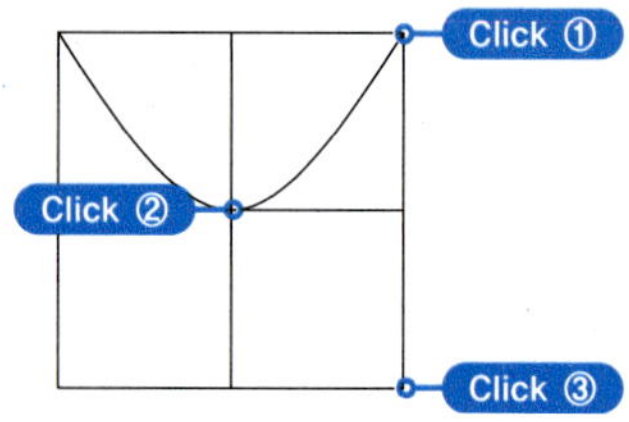

③

- Enter↵
- Click ①
- Click ②
- Click ③ Enter↵
- Enter↵
- Enter↵

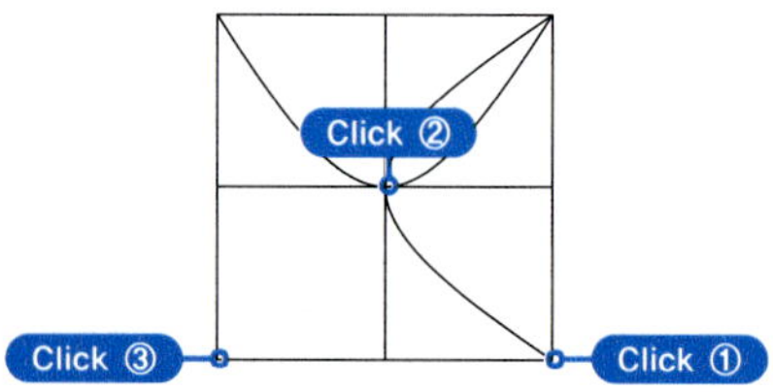

④

- Enter↵
- Click ①
- Click ②
- Click ③ Enter↵
- Enter↵
- Enter↵

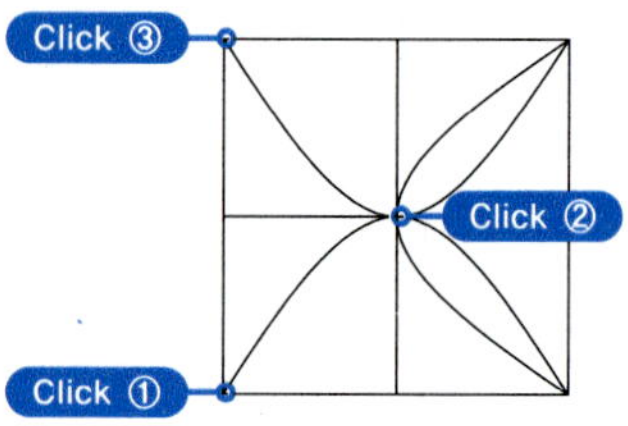

3. 해당 좌표에 점 그리기

① POINT 명령을 이용하여 도넛 형상이 위치할 점을 찍는다.

- PO Enter↵
- 110,125 Enter↵

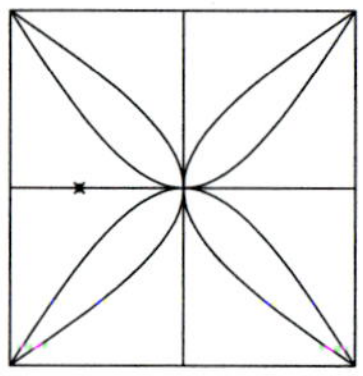

②

- PO Enter↵
- 125,140 Enter↵

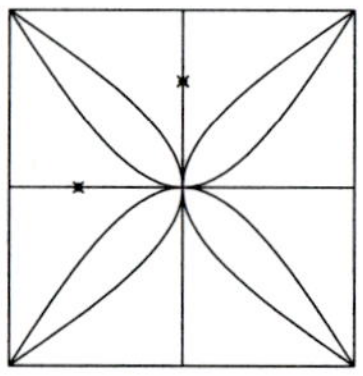

③
- PO [Enter↵]
- 140,125 [Enter↵]

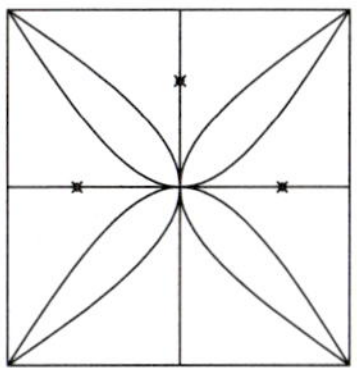

④
- PO [Enter↵]
- 125,110 [Enter↵]

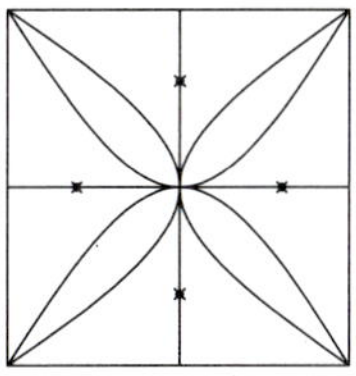

4. 내부, 외부 지름을 이용하여 도넛 그리기

① DONUT 명령에 내부 지름과 외부 지름을 입력하여 정의한 점(point)에 각각의 도넛 형상을 그린다.

- DO [Enter↵]
- 0 [Enter↵]
- 5 [Enter↵]
- Click ①
- [Enter↵]

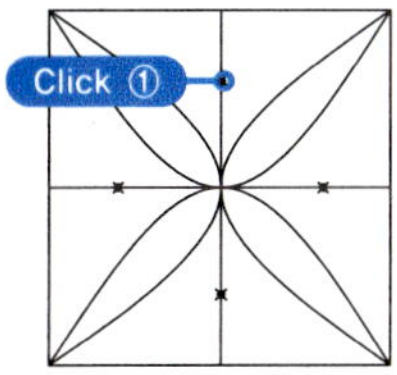

②
- DO [Enter↵]
- 2 [Enter↵]
- 3 [Enter↵]
- Click ②
- [Enter↵]

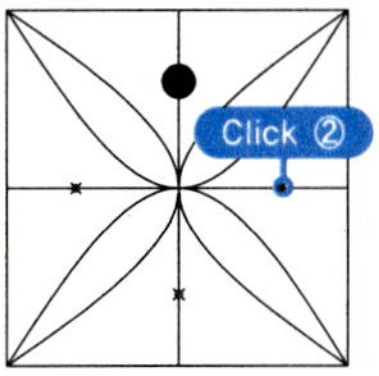

③
- DO [Enter↵]
- 3 [Enter↵]
- 6 [Enter↵]
- Click ③
- [Enter↵]

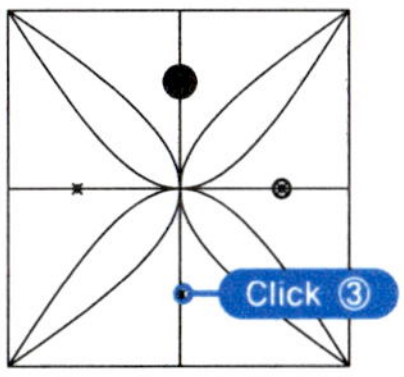

④

- DO Enter↵
- 6 Enter↵
- 9 Enter↵
- Click ④
- Enter↵

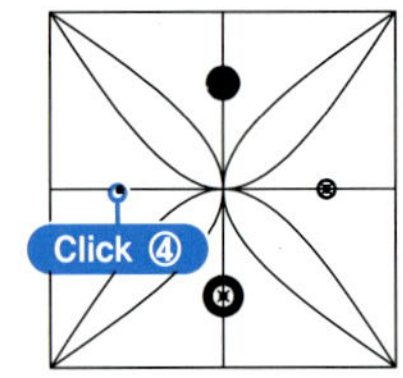

- 완성

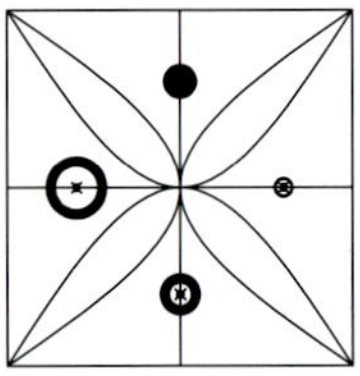

Section 07 연습과제

1 연습과제 1, 2

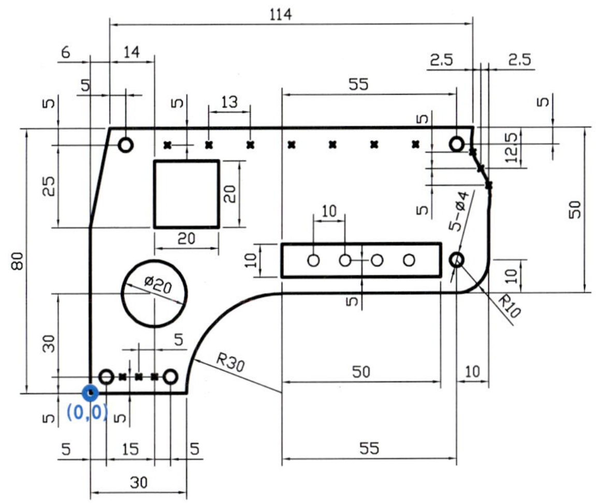

연습문제 1 – 자동차 도어 패널

원점을 기준으로 시작하여 DONUT, POINT, SPLINE 명령을 이용하여 자동차용 도어 패널을 완성한다. 상단과 하단부에 동일한 간격으로 스폿 용접점을 POINT 명령으로 표시하고 중단부에 DONUT 명령으로 내부 지름 3mm, 외부 지름 4mm로 지정하여 홀(hole)을 표시한다. 패널의 오른쪽 상단부는 POINT 명령으로 위치를 지정한 후에 자유곡선을 이용하여 완성한다.

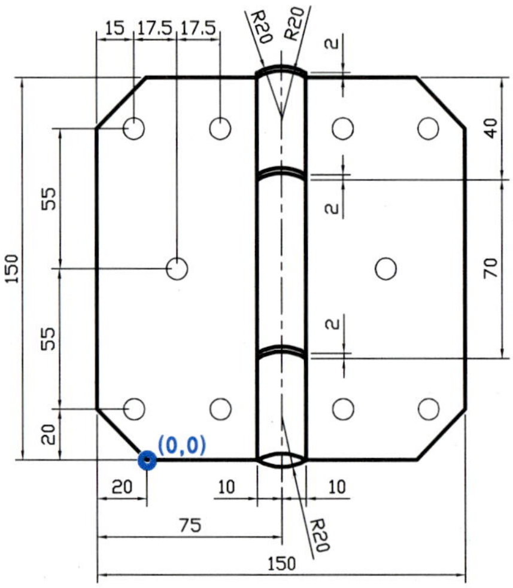

연습문제 2 - 경첩

원점을 기준으로 시작하여 DONUT 명령을 이용하여 경첩을 완성한다. 좌우 대칭으로 나사가 들어가기 위한 자리 파기를 DONUT 명령으로 내부 지름 7mm, 외부지름 8mm로 지정하여 표시한다.

CHAPTER 05

다중 객체 그리기

◆실습목적 :	① 분해할 경우 단일 객체로 나누어 지는 다중 객체(Poly object) 작성 명령에 대하여 이해한다. ② 다중 객체 그리기의 활용 예를 배운다. ② 단일 객체와 다중 객체를 활용한 예제를 통해 명령을 숙지한다.
◆실습시간 :	1.5hr ~ 2.5hr
◆실습내용 :	① RECTANGLE _ 사각형 그리기 ② POLYGON _ 다각형 그리기 ③ MLINE(MLEDIT) _ 다중선 그리기 ④ PLINE(PLEDIT) _ 폴리선 그리기 ⑤ GROUP _ 그룹 만들기 ⑥ EXPLODE _ 분해하기
◆참고사항 :	• 다중 객체는 EXPLODE 명령으로 분해되어 단일 객체로 변환된다. • 단일 객체들은 GROUP 명령 또는 PEDIT 명령을 이용하여 다중 객체로 변환된다. • 단일 객체로 작성한 형상을 다중 객체로 작성한 경우 그 크기를 한번에 수정할 수 이어 편리하다.

실습할 내용 :

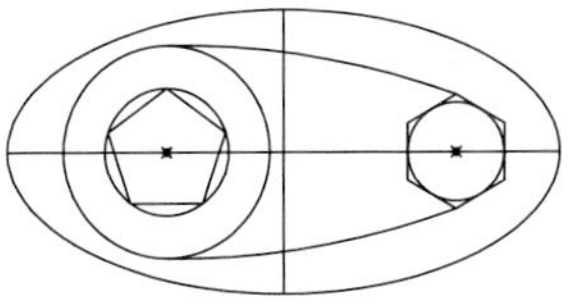

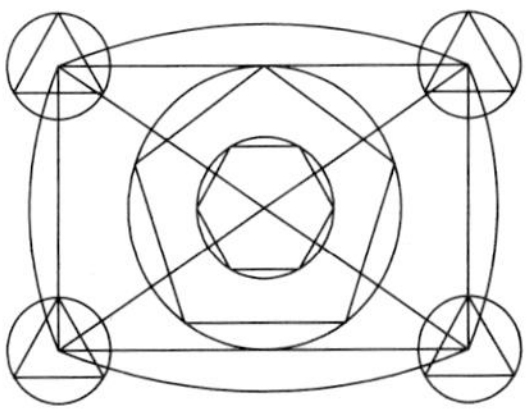

Section 01

RECTANGLE 사각형 그리기

단순한 직사각형의 객체를 그려야 할 경우 LINE 명령을 이용할 수 있지만 네 개의 직선을 그려야하므로 불편함이 있다. RECTANGLE 명령을 사용하면 한 점과 대각선 반대 방향 점을 정의하여 간단하게 사각형을 그릴 수 있다. 이렇게 만들어진 사각형 객체는 폴리선으로 연결되어 있어 그 크기를 수정하기가 편리하다.

1 두 점을 입력하여 사각형 그리기

사각형을 그리기 위하여 사각형의 한쪽 구석점 좌표와 그 점과 대각선으로 반대 방향의 구석점 좌표를 입력하여 사각형을 그린다. RECTANGLE 명령의 옵션 중에서 두 점의 위치를 이용하는 방법이 가장 자주 사용되는 방법이다.

1. 명령어의 실행

① (마우스)를 이용한 실행

- 메뉴 표시줄 [Draw] – [Rectangle] 선택

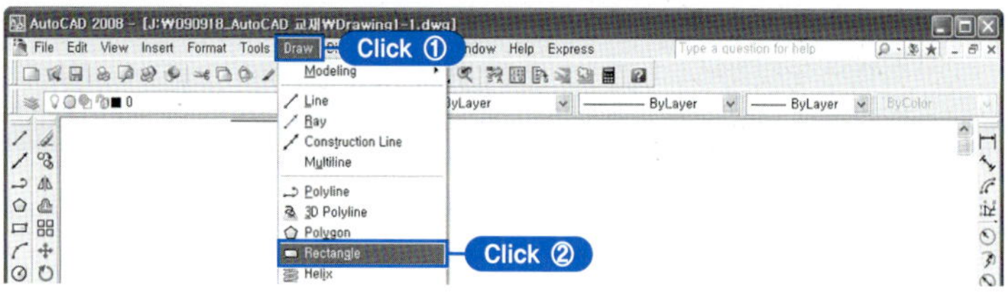

- Draw 도구모음 [Rectangle] 선택

② (키보드)를 이용한 실행

Command : RECTANGLE 또는 REC Enter↵

2. 명령어 사용법 따라하기

①
- 명령 실행, (REC Enter↵)
- 사각형의 첫 번째 구성점의 좌표 〈100,100〉을 입력하고 진행(Enter↵)
- 사각형의 대각선 방향의 구성점을 두 번째 좌표 〈170,140〉로 입력하고 진행(Enter↵)

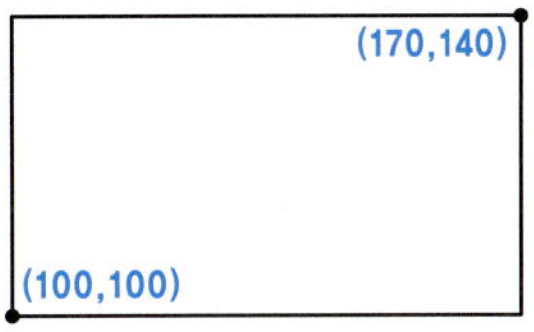

TIP

➡ 사각형을 그리는 옵션

- 면적(Area) : 사각형을 정의하기 위해서 사각형의 면적과 세로 길이, 또는 가로 길이를 이용한다.
- 치수(Dimensions) : 사각형의 첫 번째 구성점을 정의하고 대각선 반대편의 구성점을 도면의 절대 좌표가 아닌 사각형의 가로 길이와 세로 길이로 즉, 상대 길이로 정의하여 사각형을 그린다.
- 회전(Rotation) : 사각형의 첫 번째 구성점을 입력하고 회전각을 이용하여 사각형을 회전시킨 다음 사각형의 반대편 구성점을 정의한다.

➡ 사각형의 형상에 대한 옵션

- 모따기(Chamfer) : 사용자가 입력하는 모따기 거리를 이용하여 사각형의 모서리를 모따기 하여 그린다.
- 모깎기(Fillet) : 사용자가 입력하는 모깎기 반지름을 이용하여 사각형의 모서리를 모깎기 하여 그린다.
- 너비(Width) : 입력하는 선 두께 수치를 이용하여 사각형의 선 두께에 적용시켜 그린다.

Section 02

POLYGON 다각형 그리기

AutoCAD에서 다각형을 그리는 명령(POLYGON)은 최소 3개에서 최대 1024개의 같은 길이의 선 객체들을 연결하여 닫힌 객체를 그리는 것이다. 다각형을 그리기 위해서는 가상의 원이 정의되어야 하며, 변의 수가 많을수록 원에 가까운 형상이 된다.

1 가상의 원과 내접한 다각형 그리기

중심점과 반지름으로 가상의 원을 정의하고 다각형의 변의 수를 이용하여 그 원에 내접하는 다각형을 그리게 된다.

1. 명령어의 실행

① (마우스)를 이용한 실행

▸메뉴 표시줄 [Draw] – [Polygon] 선택

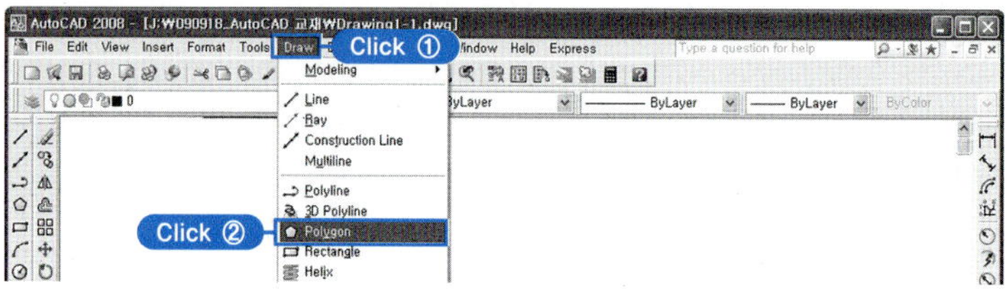

▸Draw 도구모음 [Polygon] 선택

② (키보드)를 이용한 실행

Command : POLYGON 또는 POL Enter↵

2. 명령어 사용법 따라하기

①
- 명령 실행, (POL Enter↵)
- 그리고자 하는 다각형의 변의 개수 〈5〉를 입력하고 진행(Enter↵)
- 다각형을 그리기 위한 가상 외접원의 중심점을 입력하고 진행(Enter↵)
- 가상 원에 내접한 다각형을 그리기 위해 〈I〉를 입력하고 진행(Enter↵)
- 가상 외접원의 반지름을 입력하고 진행(Enter↵)

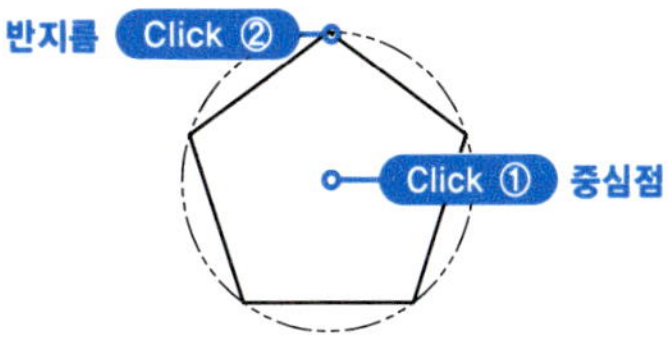

2 가상의 원과 외접한 다각형 그리기

중심점과 반지름으로 가상의 원을 정의하고 다각형의 변의 수를 이용하여 그 원에 외접하는 다각형을 그리게 된다.

1. 명령어 사용법 따라하기

①
- 명령 실행, (POL Enter↵)
- 그리려고 하는 다각형의 변의 개수 〈5〉를 입력하고 진행(Enter↵)
- 다각형의 그리기 위한 가상 내접하는 원의 중심점을 입력하고 진행(Enter↵)
- 가상 원에 외접한 다각형을 그리기 위해 〈C〉를 입력하고 진행(Enter↵)
- 가상 내접원의 반지름을 입력하고 진행(Enter↵)

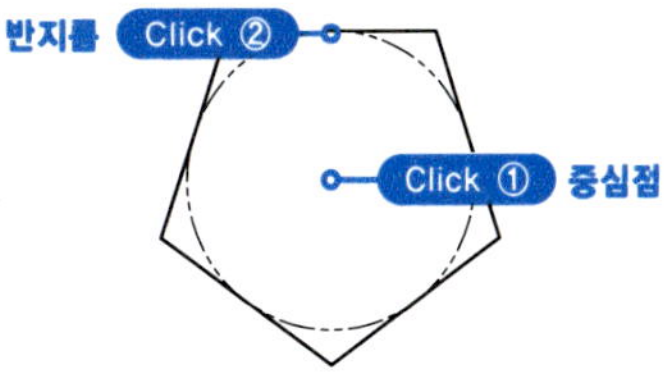

3 다각형의 한 변의 길이를 입력하여 다각형 그리기

다각형을 그리는 명령(POLYGON)은 같은 길이의 변을 이용하여 다각형을 그리기 위하여 다각형 변의 수와 한 변의 길이를 이용한다.

1. 명령어 사용법 따라하기

①

- 명령 실행, (POL Enter↵)
- 그리기 위한 다각형의 변의 개수 ‹5›를 입력하고 진행(Enter↵)
- 다각형의 한변의 길이를 정의하여 정다각형을 그리기 위해서 ‹E›를 입력하고 진행(Enter↵)
- 다각형의 한 변의 길이를 정의하는 첫 번째 점을 입력하고 진행(Enter↵)
- 다각형의 한 변의 길이를 정의하는 두 번째 점을 입력하고 진행(Enter↵)

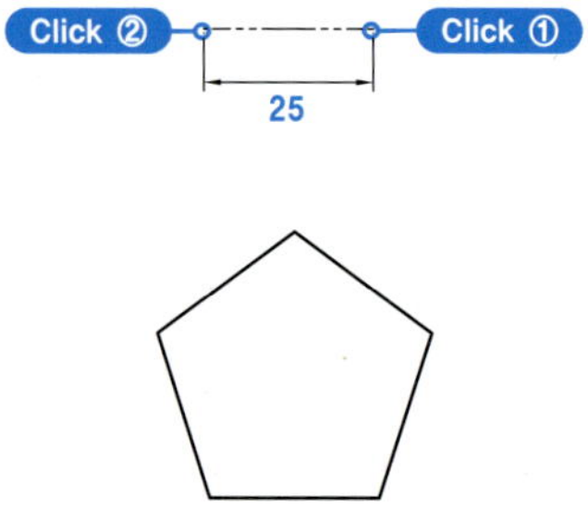

Section 03

MLINE
다중선 그리기

직선 그리기의 한 종류인 다중선을 그리는 MLINE 명령을 이용하면 일정한 간격을 가지고 평행인 두 직선을 동시에 그릴 수 있다. 최대 16개의 평행선을 동시에 그릴 수 있으며, 각각의 선들은 색상이나 스타일을 서로 다르게 변경할 수 있다. 다중선 명령을 사용하여 건축 또는 토목 분야에서 건물 벽의 단면을 많이 표현한다.

1 일정한 평행을 유지하는 다중선 그리기

다중선 그리기 명령을 이용하여 일정한 간격을 유지하는 평행선을 동시에 그릴 수 있다.

1. 명령어의 실행

① (마우스)를 이용한 실행

▸ 메뉴 표시줄 [Draw] – [Multi Line] 선택

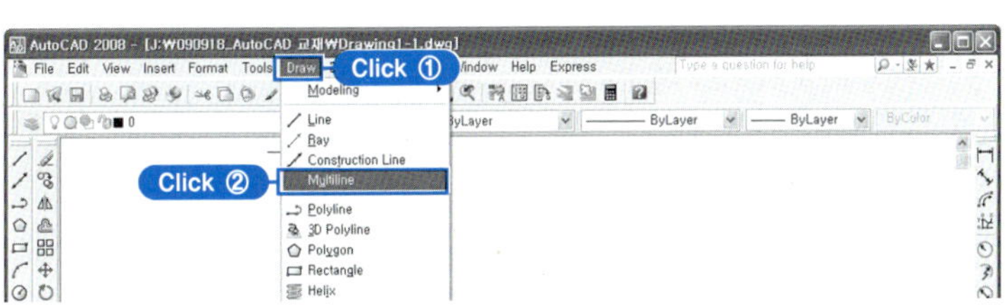

② (키보드)를 이용한 실행

Command : MLINE 또는 ML Enter↵

2. 명령어 사용법 따라하기

①

- 명령 실행, (ML Enter↵)
- 다중선의 기준선을 결정하기 위하여 조정(justification) 옵션 〈J〉를 입력하고 명령을 진행(Enter↵)
- 다중선을 그리는 기준선을 위쪽 선으로 하기 위하여 〈T〉를 입력하고 진행(Enter↵)
- 다중선 사이의 간격을 입력하기 위한 〈S〉를 입력하고 진행(Enter↵)
- 다중선 사이의 간격 〈5〉를 입력하고 진행(Enter↵)

- 다중선의 스타일(Style)을 선택하기 위해서 〈ST〉를 입력하고 진행(Enter↵)
- 다중선의 스타일을 기본으로 선택하기 위하여 명령을 진행(Enter↵)
- 다중선의 시작점 좌표 〈100,100〉을 입력하고 진행(Enter↵)
- 두 번째 점의 좌표 〈170,100〉을 입력하고 진행(Enter↵)
- 세 번째 점의 좌표 〈170,140〉을 입력하고 진행(Enter↵)
- 네 번째 점의 좌표 〈100,140〉을 입력하고 진행(Enter↵)
- 다중선을 닫기 위하여 〈C〉를 입력하고 MLINE 명령을 종료(Enter↵)

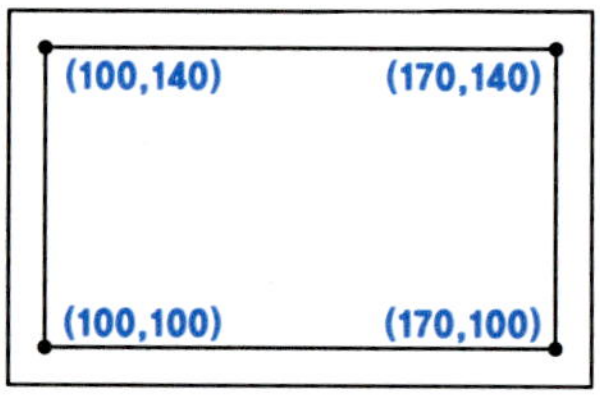

TIP

➡ 다중선 그리기에서 옵션 설정

자리맞춤(Justification) : 기본 설정은 Top이고 다중선을 그릴 때 기준이 되는 선을 지정하는 것이다. Top은 기준선이 위쪽이라는 것이고 Bottom은 아래쪽, Zero는 가운데 선을 의미한다.

척도(Scale) : 다중선 그리기 옵션에서 Scale은 다중선의 평행한 두 직선 사이의 간격을 의미한다.

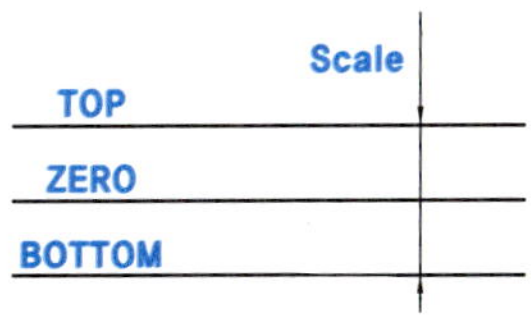

2 다중선 편집하기

MLINE 명령을 이용하여 다중선을 그리는 경우 다중선을 이루는 모든 직선 객체가 폴리선으로 연결되어 그려진다. 이 다중선을 수정하기 위해 EXPLODE(분해) 명령을 이용하여 폴리선을 분해한 다음 여러 편집 명령들을 이용할 수 있지만 AutoCAD에서는 다중선을 수정하기 위하여 다중선 편집 명령(MLEDIT)을 제공한다. 주로 다중선이 교차하는 부분, 다중선의 코너 부분, 끝 부분을 수정할 수 있다.

1. 명령어의 실행

① (마우스)를 이용한 실행

▸ 메뉴 표시줄 [Modify] – [Object] – [MultiLine...] 선택

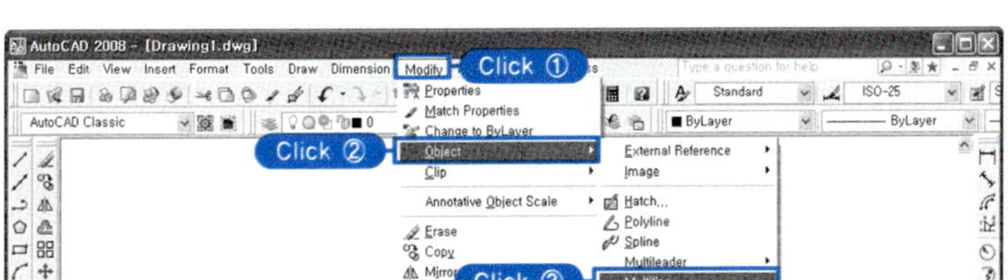

② (키보드)를 이용한 실행

Command : MLEDIT Enter↵

2. 명령어 사용법 따라하기

① ▸명령 실행, (MLEDIT Enter↵)

▸오른쪽과 같은 편집 대화창이 나타남

※ 주로 다중선이 교차하는 부분, 코너 부분, 끝 부분에 대해 편집한다.

▸다중선이 교차하는 부분에서 한쪽의 다중선이 닫힌 교차 부분을 만들기 위해서 〈Closed Cross〉를 선택

▸다중선의 교차 부분에서 제거하여 연결된 교차 부분을 만들기 위해 제거할 요소를 먼저 선택하고 닫힌 교차 부분을 만들기 위해 유지할 요소를 나중에 선택해야 하므로 수직 부분이 열린 교차를 만들기 위해서 수평 부분을 먼저 선택

▸수직 부분이 연결된 교차를 만들기 위해서 수직 부분을 나중에 선택

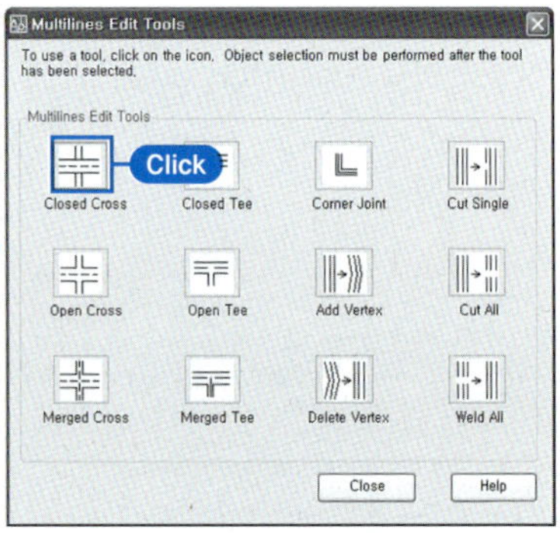

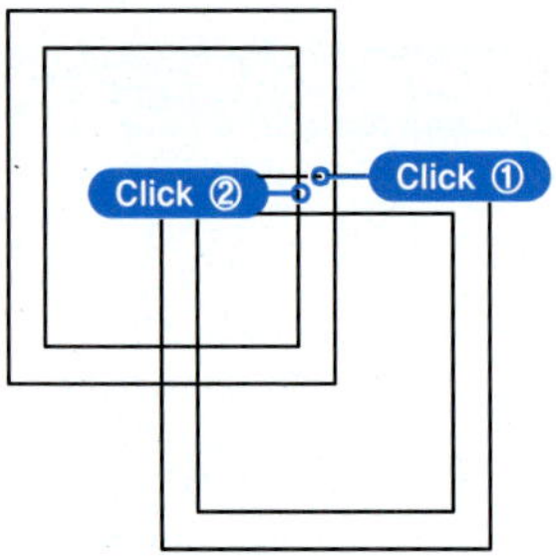

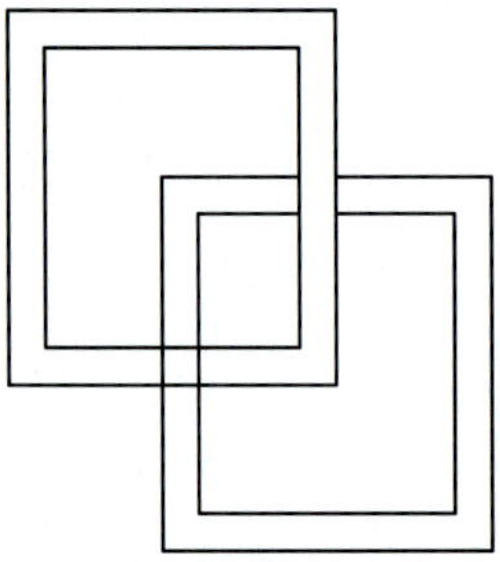

3 다중선 스타일 정의하기

다중선은 최대 16개의 평행선을 그릴 수 있으며, 각각의 선들은 색상이나 모양을 다르게 할 수 있다. 다중선 각각 선들의 속성을 변경하기 위해서 다중선 스타일을 정의할 필요가 있다.

1. 명령어의 실행

① (마우스)를 이용한 실행

▸ 메뉴 표시줄 [Format] – [Multiline Style...] 선택

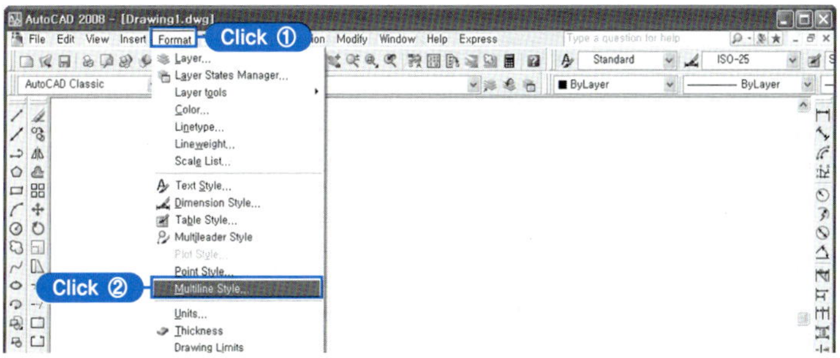

② (키보드)를 이용한 실행

Command : MLSTYLE Enter↲

2. 명령어 사용법 따라하기

① ▸ 명령 실행. (MLSTYLE Enter↲)

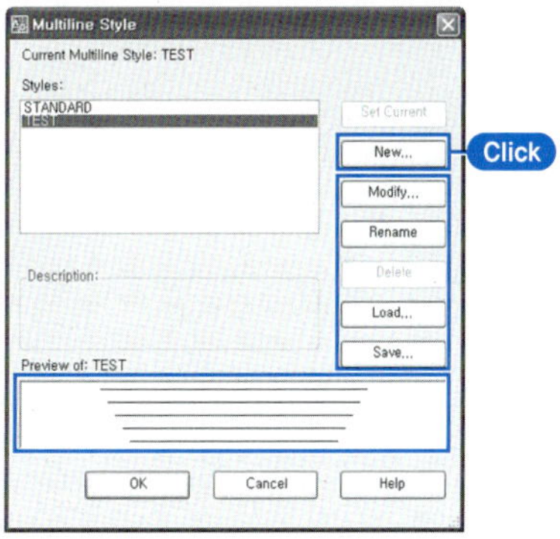

▸ NEW : 새로운 다중선 스타일을 정의한다.

▸ MODIFY : 기존의 다중선 스타일을 변경한다.

▸ RENAME : 다중선 스타일의 이름을 변경한다.

▸ LOAD : 기존에 저장된 다중선 스타일을 불러온다.

▸ SAVE : 현재 도면에 정의되어 있는 다중선 스타일을 파일로 저장한다.

▸ PREVIEW : 선택한 다중선 스타일을 미리보기로 보여준다.

②

- 새로운 다중선 스타일 정의를 위해 〈NEW〉를 선택
- 새로운 다중선 스타일의 이름을 입력하고 진행

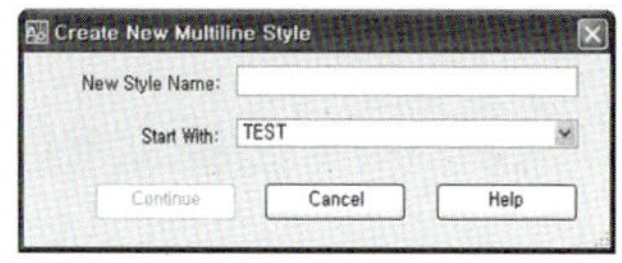

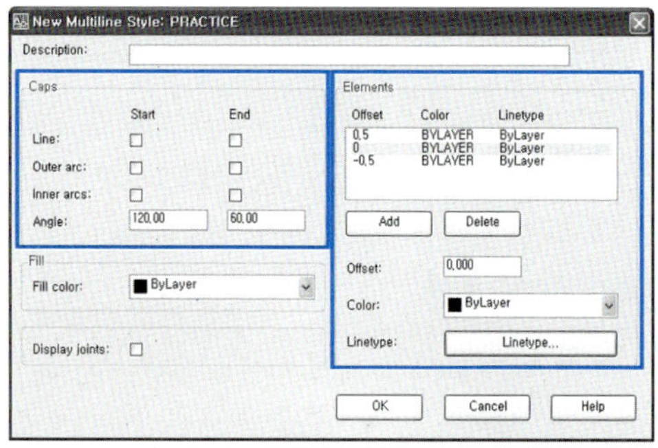

③

- Caps : 다중선의 시작과 끝 부분의 모양을 정의한다. 수직선으로 다중선을 막거나 반원을 이용하여 다중선을 막은 모양을 정의한다. 또는 각도를 입력하여 경사진 모양을 만들 수 있다.
- Element : 다중선의 개수와 파생 간격, 선의 모양이나 색상과 같은 속성을 정의한다.

Section 04

PLINE 폴리선 그리기

직선과 호의 연속적인 조합으로 이루어진 선을 폴리선(POLYLINE)이라고 하는데 AutoCAD 에서는 폴리선을 PLINE 명령으로 여러 직선과 호의 단일 객체들을 연결하여 하나의 다중 객체로 그려낸다. 연속적으로 연결된 다중 객체인 폴리선은 다른 다중 객체와 마찬가지로 한 번에 수정이 가능하며 EXPLODE(분해) 명령을 이용하여 단일 객체들로 분해한 다음 수정할 수도 있다.

1 직선과 호를 조합하여 폴리선 그리기

연속적으로 직선과 호를 조합하여 폴리선을 그린다. 명령의 종료 후 각각의 직선과 호는 연결되어 표현되지만 각 요소들의 두께를 개별적으로 지정할 수도 있다.

1. 명령어의 실행

① (마우스)를 이용한 실행

▸ 메뉴 표시줄 [Draw] – [Polyline] 선택

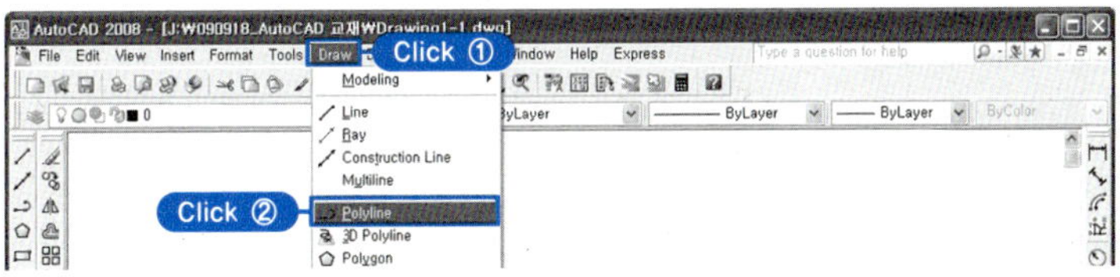

▸ Draw 도구모음 [Polyline] 선택

② (키보드)를 이용한 실행

Command : POLYLINE 또는 PL Enter↵

2. 명령어 사용법 따라하기

①

- 명령 실행, (PL (Enter↵)
- 시작점의 위치를 좌표 〈100,100〉으로 입력하고 진행(Enter↵)
- 직선 객체를 그려나가기 위해 두 번째 점의 좌표 〈150,100〉을 입력하고 진행 (Enter↵)
- 직선의 세 번째 점의 좌표 〈150, 150〉을 입력하고 진행(Enter↵)

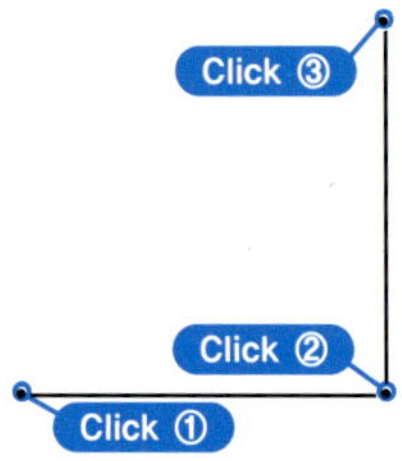

②

- 원호 객체를 그리기 위하여 〈A〉를 입력하고 진행(Enter↵)
- 원호 객체를 그리기 위한 반지름 옵션을 이용하기 위하여 〈R〉을 입력하고 진행 (Enter↵)
- 원호의 반지름 〈10〉을 입력하고 진행 (Enter↵)
- 원호의 끝점 〈@-20,0〉을 입력하고 진행

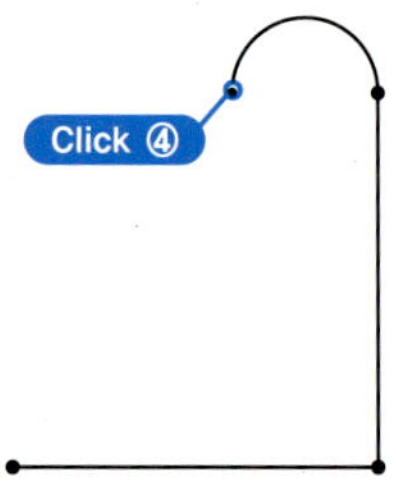

③

- 직선 객체를 그리기 위하여 〈L〉를 입력하고 진행(Enter↵)
- 직선의 첫 번째 점은 이전 원호의 끝점이 되고 다음 점의 좌표 〈@0 ,-20〉을 입력하고 진행(Enter↵)
- 직선의 다음 점의 좌표 〈@-10, -10〉을 입력하고 진행(Enter↵)
- 직선의 다음 점의 좌표 〈@-20, 0〉을 입력하고 진행(Enter↵)

④

- 원호 객체를 그리기 위하여 〈A〉를 입력하고 진행(Enter↵)
- 원호를 이루는 각도 옵션을 이용하기 위하여 〈A〉를 입력하고 진행(Enter↵)
- 원호를 이루는 각도 〈180〉을 입력하고 진행(Enter↵)

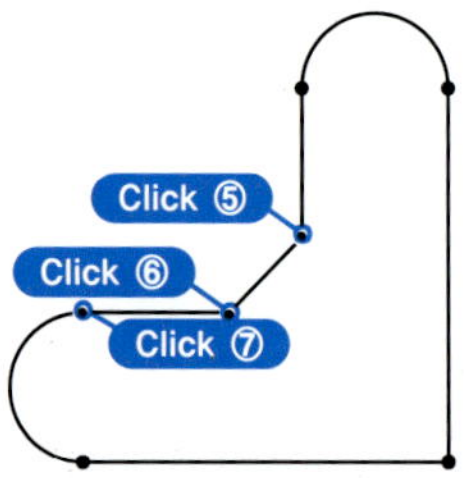

- 원호의 중심점을 선택하는 옵션을 이용하기 위하여 〈CE〉를 입력하고 진행(Enter↵)
- 중심점의 좌표 〈@0,-10〉을 입력하고 진행(Enter↵)
- POLYLINE 명령을 종료(Enter↵)

TIP

➡ 폴리라인 그리기에서 옵션 설정

- 다음점(Next Point) : 점의 위치를 마우스 또는 좌표로 입력받아 직선의 객체를 그린다.
- 호(Arc) : 반경, 각도등을 이용하여 직선과 연결되는 원호 객체의 폴리선을 그린다..
- 절반너비(Halfwidth) : 폴리선의 선 두께를 절반값으로 입력받아 폴리선을 그린다.
- 길이(Length) : 폴리선을 그리면서 직전에 그린 직선과 같은 각도로 입력된 길이만큼 폴리선을 그린다.
- 너비(Width) 폴리선의 두께를 지정한다.

➡ 폴리선 그리기 중에서 호를 그리는 옵션

- 각도(Angle) : 원호를 이루는 각도를 이용하여 폴리선으로 연결된 원호를 그린다.
- 중심점(Center) : 원호의 중심점을 이용하여 폴리선으로 원호를 그린다.
- 방향(Direction) : 이전 객체와 원호의 시작점이 이루는 접선 벡터를 이용하여 원호를 그린다.
- 절반너비(Halfwidth) : 원호를 그리는 폴리선의 선두께를 절반의 두께 값으로 지정한다.
- 선(Line) ; 직선 그리기 모드로 변환한다.
- 반지름(Radius) : 원호의 반지름을 이용하여 폴리선으로 원호를 그린다.
- 두 번째점(Second pt) : 세점을 이용하여 원호를 그리기 위하여 두 번째 점을 선택할 수 있게 한다.
- 너비(Width) 폴리선의 선두께를 지정한다.

2 폴리선 편집하기

기존에 만들어진 폴리선을 수정한거나 단일 객체로 이루어진 직선과 원호 객체들을 폴리선으로 연결할 수 있게 한다.

1. 명령어의 실행

① (키보드)를 이용한 실행

Command : PEDIT 또는 PE Enter↵

② (마우스)를 이용한 실행

▸메뉴 표시줄 [Modify] – [Object] – [Polyline] 선택

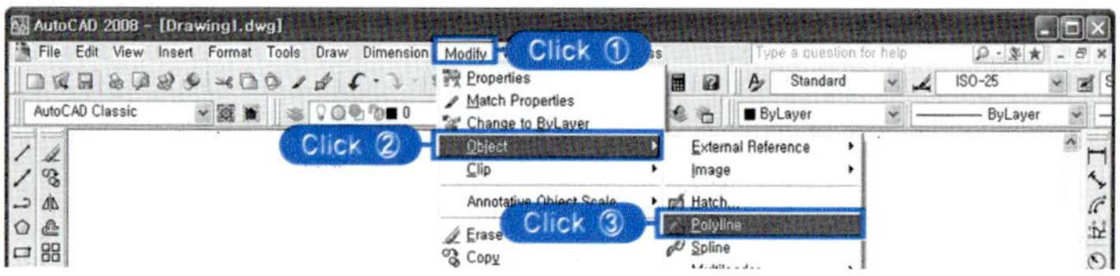

TIP

➡ 폴리라인 편집의 옵션

- 닫기(Close) : 시작점과 끝점이 연결되지 않은 열린 폴리선의 시작점과 끝점을 연결하여 닫힌 폴리선을 만든다..
- 결합(Join) : 직선, 원호등의 단일 객체들을 결합하여 폴리선으로 만든다.
- 너비(Width) : 폴리선의 두께를 변경한다.
- 정점 편집(Edit vertex) : 폴리선의 정점(vertex)을 편집한다.
- 맞춤(Fit) : 각 정점들을 직선, 원호등과 같은 단일 객체 바깥에서 새로운 정점들을 만들어 완만하게 연결하는 폴리곡선을 작성한다.
- 비곡선화(Decurve) : 곡선 처리된 폴리선을 직선화 한다.
- 선종류 생성(Ltype gen) : 폴리선의 정점을 조절하여 라인 타입이 가지는 객체들의 선 모양대로 생성한다.

2. 명령어 사용법 따라하기

폴리선 편집 명령(PEDIT)를 단일 객체들을 연결하여 폴리선을 만든다.

①
- 명령 실행, (PE Enter↵)
- 단일 객체들을 한번에 선택하기 위한 옵션 〈M〉을 입력하고 진행(Enter↵)
- 연결할 단일 객체들을 선택하고 진행(Enter↵)
- 폴리선으로 변환할 것인지 물을 때 〈Y〉 입력하고 진행(Enter↵)
- 결합 옵션 〈J〉를 입력하고 진행(Enter↵)
- 결합 길이에서 명령을 진행(Enter↵)
- PEDIT 명령을 종료(Enter↵)

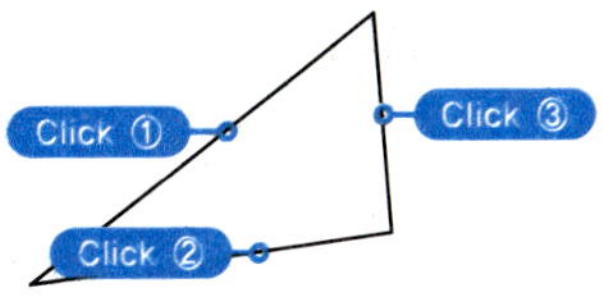

TIP

➡ 경계 영역을 찾아 폴리라인 그리기

AutoCAD에서는 점(point)를 선택하면 점이 속한 경계 영역을 찾아내어 단일 객체들로 이루어진 경계선들을 폴리라인으로 만들 수 있다.

커멘드 라인에 BO를 입력하고 진행하여 나타나는 경계 생성(Boundary creation) 대화창을 이용하는 방법은 아래와 같다.

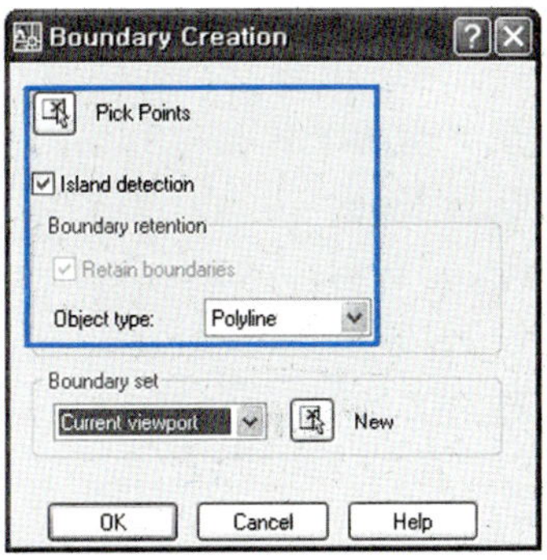

- Pick point : 경계 영역을 찾을 점을 선택한다.
- Island detection : 경계 영역 내부에 다른 객체들을 찾을 것인지를 설정한다.
- Boundary retention : 찾은 경계 영역을 풀리선(polyline)으로 만들 것인지 폐다각 요소(region)으로 만들 것인지를 선택한다.

Section 05

GROUP 그룹 만들기

AutoCAD에서는 여러 단일 객체 또는 다중 객체들을 하나의 이름으로 정의하여 그룹 지을 수 있다. GROUP 명령을 사용하여 여러 객체들을 하나의 단위로 묶어 사용자가 지정한 이름으로 저장할 수 있다.

1 여러 객체들을 선택하여 그룹으로 만들기

여러 단일 객체들을 선택하여 사용자가 지정하는 이름으로 그룹을 만들 수 있다. 저장된 그룹은 그룹을 이루는 객체들의 수정이나 삭제가 가능하다.

1. 명령어의 실행

① (키보드)를 이용한 실행

Command : GROUP 또는 G [Enter↵]

2. 명령어 사용법 따라하기

①

- 명령 실행, (G [Enter↵])
- 오른쪽과 같은 객체 그룹화 대화창이 나타나면, 객체들의 그룹 이름을 입력
- 객체들의 그룹 설명을 입력
- 새로운 그룹을 생성하기 위해 〈New〉 버튼을 선택
- 그룹화할 객체들을 모두 선택하고 진행([Enter↵])

※ 객체들이 새롭게 그룹 되어진 경우 객체 그룹화 대화창에 새로운 그룹의 이름과 설명이 표시된다.

TIP

➡ GROUP의 편집

- 추가(Add) : 이미 저장된 그룹에 새로운 객체를 추가한다.
- 제거(Remove) : 저장된 그룹에서 지정된 객체를 제거한다.
- 이름 변경(Rename) : 이미 지정된 그룹의 이름을 변경한다.
- 분해(Explode) : 저장된 그룹을 분리한다.

Section 06

EXPLODE 객체 분해하기

다중 객체로 그룹화 된 단일 객체들을 분해하여 개별적인 단일 객체로 변환하기 위해서 EXPLODE 명령을 사용한다. 다중 객체를 이루고 있는 단일 객체들을 개별적으로 수정하기 위해서 객체 분해 명령(EXPLODE)으로 분해하여 수정한다.

1 블록, 그룹화된 객체 분해하기

1. 명령어의 실행

① (마우스)를 이용한 실행

▸ 메뉴 표시줄 [Modify] – [Explode] 선택

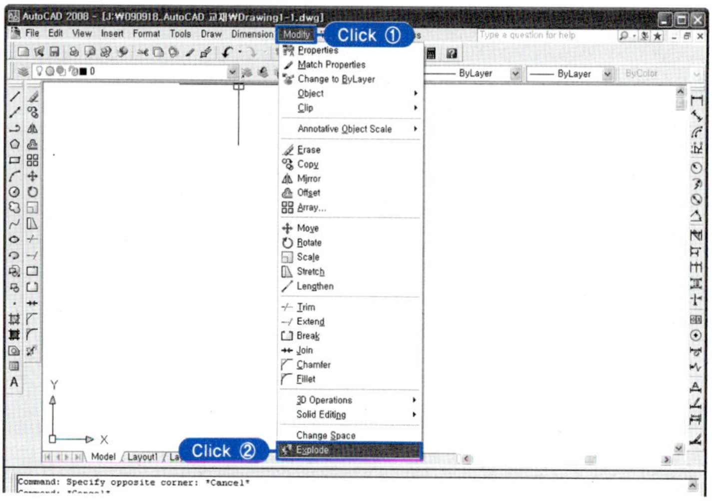

▸ Modify 도구모음 [Explode] 선택

② (키보드)를 이용한 실행

Command : EXPLODE 또는 X Enter↵

2. 명령어 사용법 따라하기

① ▸ 명령 실행, (X Enter↵)

▸ 분해 하고자 하는 블록, 그룹화된 객체, 치수 등을 선택하고 진행(Enter↵)

Section 07 예제 따라하기

1 예제 따라하기 미리보기

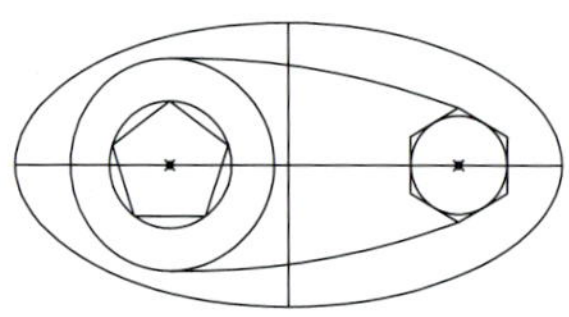

예제 따라하기 1

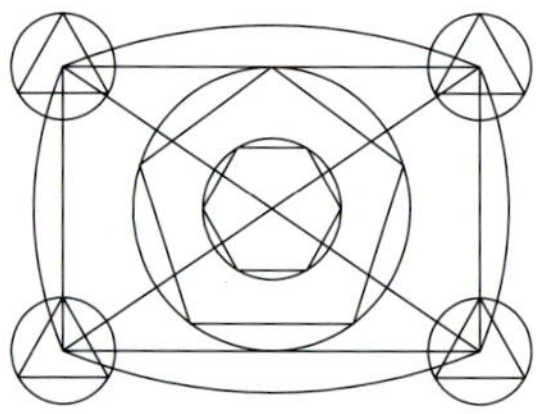

예제 따라하기 2

2 예제 따라하기 1

이 장에서 배운 POLYGON 명령과 이전 장에서 배운 명령을 사용하여 예제 따라하기 1과 같은 형상을 그린다. GROUP 명령과 EXPLODE 명령을 이용하여 객체를 그룹화하고 분해하는 법을 배우고 따라하기를 통해 명령들의 사용법에 대하여 반복 학습하여 명령의 사용법을 숙지한다.

1. 절대 좌표를 이용하여 기초선으로 수직, 수평선 그리기

① LINE 명령을 이용하여 수직, 수평선의 기초선을 그린다.

- ▸ L [Enter↵]
- ▸ 100,100 [Enter↵]
- ▸ 180,100 [Enter↵]
- ▸ [Enter↵]

- ▸ [Enter↵]
- ▸ 140,120 [Enter↵]
- ▸ 140,80 [Enter↵]
- ▸ [Enter↵]

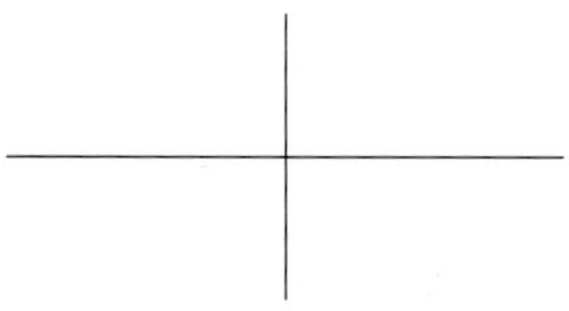

2. 축의 두 점과 다른 축과의 거리를 이용하여 타원 그리기

① ELLIPSE 명령을 이용하여 수평선을 장축, 수직선을 단축으로 하는 타원을 그린다.

- EL Enter↵
- Click ①
- Click ②
- Click ③

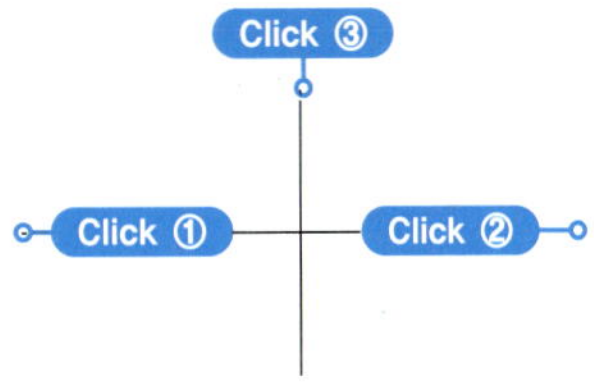

3. 해당 좌표에 점 그리기

① POINT 명령을 이용하여 원과 다각형이 위치할 점을 찍는다.

- POINT Enter↵
- 123,100 Enter↵

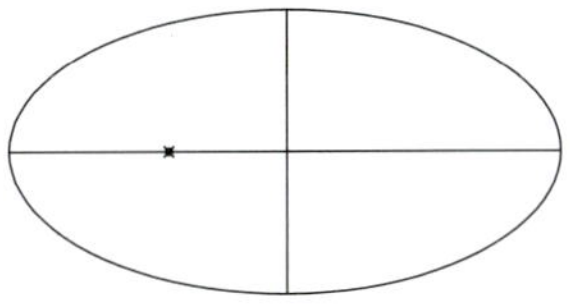

- Enter↵
- 165,100 Enter↵

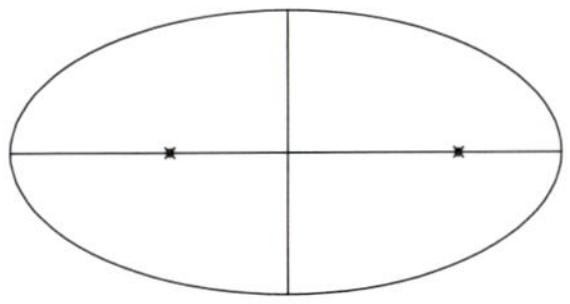

4. 중심점과 지름을 이용한 원 그리기

① CIRCLE 명령을 이용하여 앞서 그린 점들의 위치에 지름을 입력하여 원을 그린다.

- C Enter↵
- Click ① (Point)
- D Enter↵
- 18 Enter↵

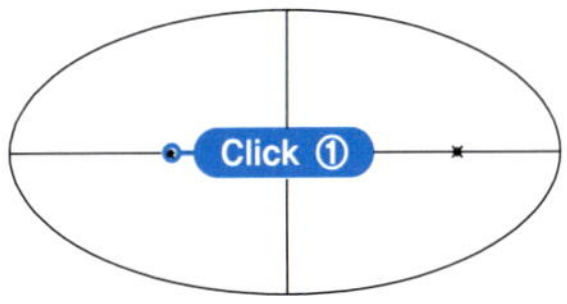

객체 스냅(Center)을 이용하여 같은 중심을 갖는 바깥 원을 그린다.

- C Enter↵
- Click ② (Center)
- D Enter↵
- 30 Enter↵

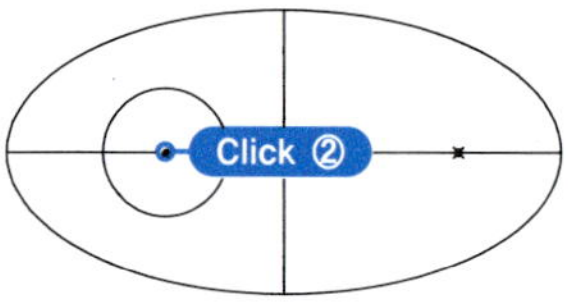

② 같은 방법으로 오른쪽의 점에도 지름을 입력하여 원을 그린다.

- C Enter↵
- Click ③ (Point)
- D Enter↵
- 14 Enter↵

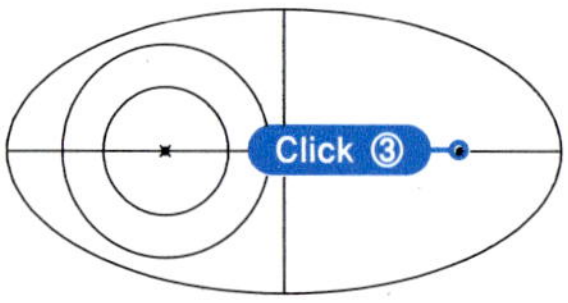

5. 원에 내접한 다각형 그리기

① POLYGON 명령을 이용하여 왼쪽의 안쪽 원에 내접한 오각형을 그린다.

- POL Enter↵
- 5 Enter↵
- Click ① (Center)
- I Enter↵
- Click ② (Quadrant)

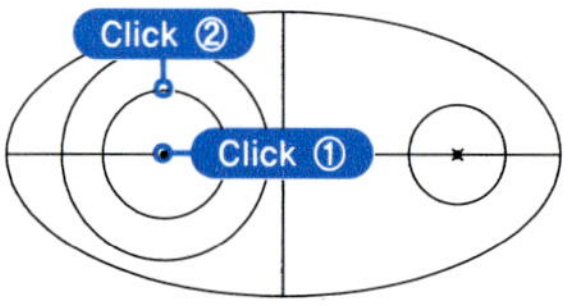

6. 원에 외접한 다각형 그리기

① POLYGON 명령을 이용하여 오른쪽 원에 외접한 육각형을 그린다.

- POLYGON Enter↵
- 6 Enter↵
- Click ① (Center)
- C Enter↵
- Click ② (Intersection)

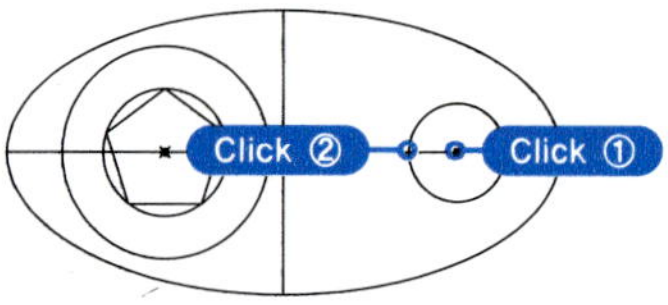

7. 원의 사분점, 육각형의 정점을 연결하여 원호 그리기

① ARC 명령을 시작점, 끝점, 반지름 이용하여 원호를 그린다.

- ARC Enter↵
- Click ① (End)
- E Enter↵
- Click ② (Quadrant)
- R Enter↵
- 120 Enter↵

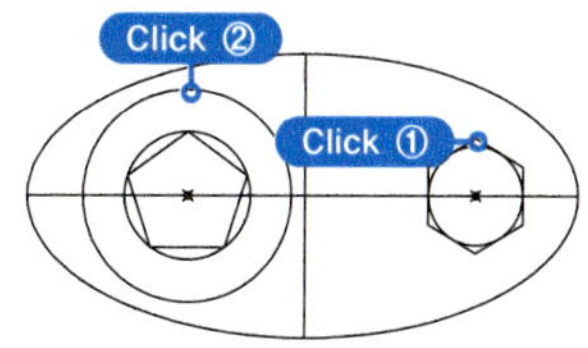

② 같은 방법으로 하단부분에도 원호를 그린다.

- ARC Enter↵
- Click ① (End)
- E Enter↵
- Click ② (Quadrant)
- R Enter↵
- 120 Enter↵

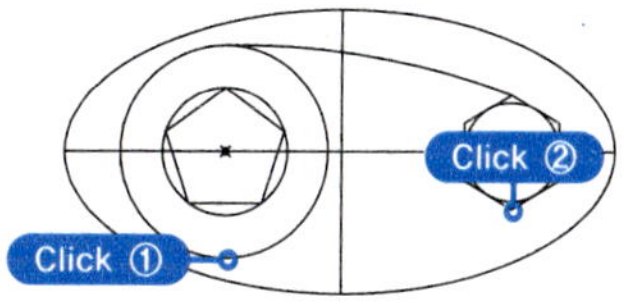

- 완성

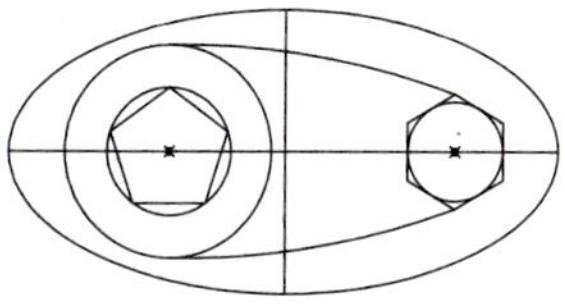

8. 객체들을 그룹화 한 다음 분해하기

① GROUP 명령을 이용하여 타원 안에 있는 원과 다각형을 하나의 그룹으로 묶는다.

▸ G Enter↵
▸ 그룹 이름으로 〈CnP1〉를 입력
▸ 그룹 설명으로 〈Circle and Polygon1〉을 입력
▸ 새로운 그룹을 만들기 위해 〈New〉를 선택
▸ 그룹화할 객체로 왼쪽의 두 원과 오각형을 선택하고 진행(Enter↵)
▸ 대화창이 나타나면 〈OK〉 선택

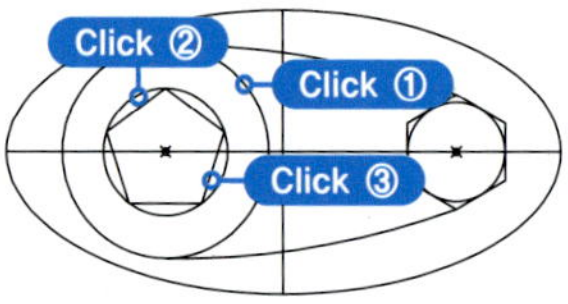

2 ▸ G Enter↵
※ 앞서 그룹화한 'CnP1'의 그룹이윗부분에 표시된다.
▸ 그룹 이름으로 〈CnP2〉를 입력
▸ 그룹 설명으로 〈Circle and Polygon2〉을 입력
▸ 새로운 그룹을 만들기 위해 〈New〉 버튼을 선택
▸ 그룹화할 객체로 오른쪽의 원과 육각형을 선택하고 진행(Enter↵)
▸ 대화창이 나타나면 〈OK〉 선택

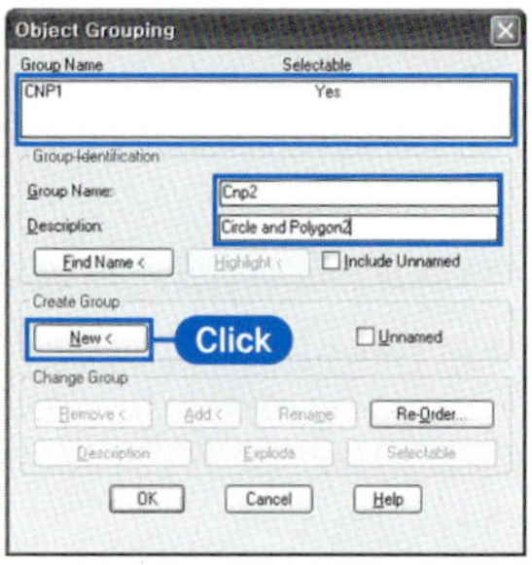

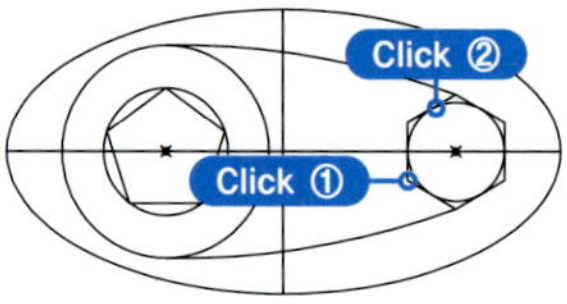

3 EXPLODE 명령을 이용하여 앞서 그룹화한 객체들을 분해한다.

▸ X Enter↵
▸ 그룹화된 객체를 분해하기 위해 그룹 객체들을 선택하고 진행(Enter↵)
※ 그룹을 선택하기 위해서 분해하기 위한 객체를 선택하는 과정에서 〈G〉를 입력하고 진행시킨 다음 '그룹 이름'을 입력하여 해당 그룹을 선택할 수 있음.

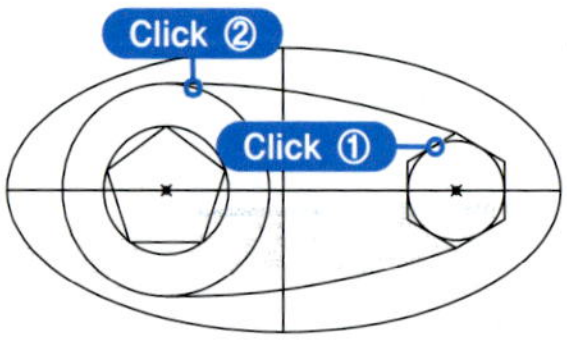

3 예제 따라하기 2

이 장에서 배운 RECTANGLE, POLYGON 명령과 이전 장에서 배운 명령을 사용하여 예제 따라하기 2과 같은 형상을 그린다. GROUP 명령과 EXPLODE 명령을 이용하여 객체를 그룹화하고 분해하는 법을 배우고 따라하기를 통해 명령들의 사용법에 대하여 반복 학습하여 명령의 사용법을 숙지한다.

1. 가로, 세로 치수를 이용하여 사각형과 대각선 그리기

① RECTANGLE 명령을 이용하여 직사각형을 그린다.

- REC Enter↵
- Click ① (임의점)
- D Enter↵
- 60 Enter↵
- 40 Enter↵
- 사각형이 그려지는 방향을 선택하고 종료 Enter↵

② LINE 명령을 이용하여 객체 스냅(End point) 선택하여 두 개의 대각선을 그린다.

- L Enter↵
- Click ① (End)
- Click ② (End)
- Enter↵

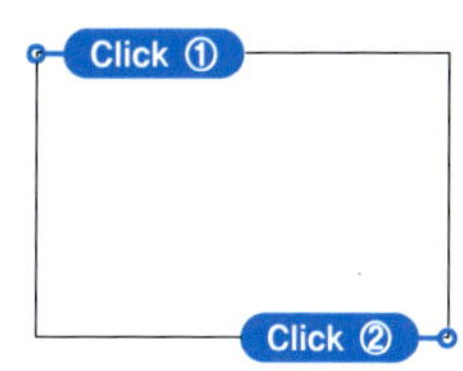

- Enter↵
- Click ③ (End)
- Click ④ (End)
- Enter↵

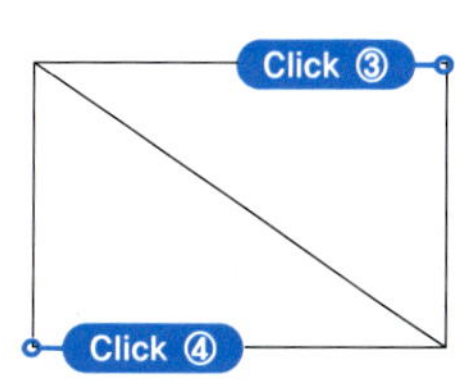

2. 시작점, 끝점, 반지름을 이용하여 원호 그리기

① ARC 명령으로 원호를 그린다.

- ARC Enter↵
- Click ① (End)
- E Enter↵
- Click ② (End)
- R Enter↵
- 50 Enter↵

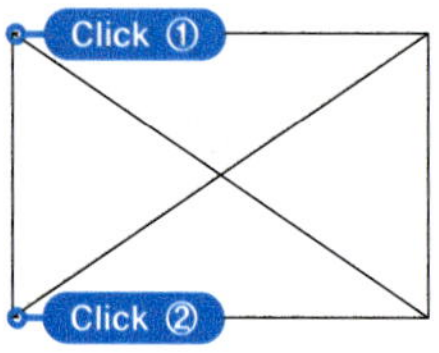

②
- ARC Enter↵
- Click ① (End)
- E Enter↵
- Click ② (End)
- R Enter↵
- 50 Enter↵

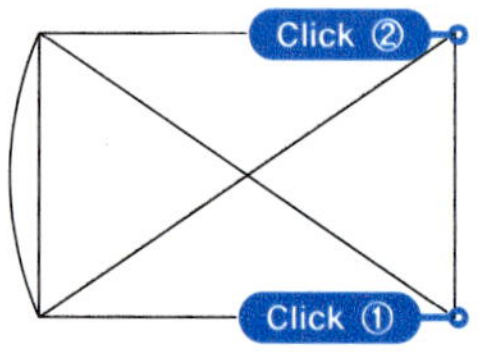

③
- ARC Enter↵
- Click ① (End)
- E Enter↵
- Click ② (End)
- R Enter↵
- 80 Enter↵

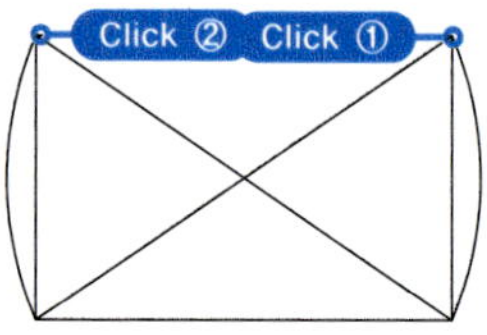

④
- ARC Enter↵
- Click ① (End)
- E Enter↵
- Click ② (End)
- R Enter↵
- 80 Enter↵

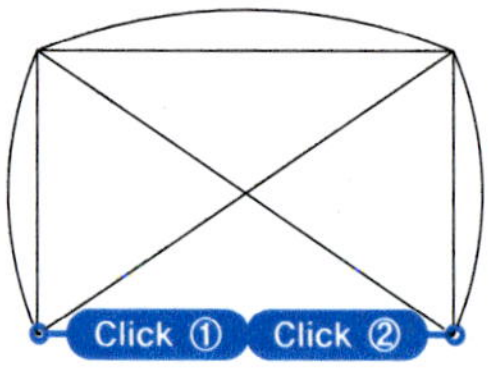

3. 사각형의 모서리에 원 그리기

① CIRCLE 명령을 이용하여 사각형의 네 모서리에 지름을 입력하여 원을 그린다.

- ▸ C Enter↵
- ▸ Click ① (End)
- ▸ D Enter↵
- ▸ 15 Enter↵

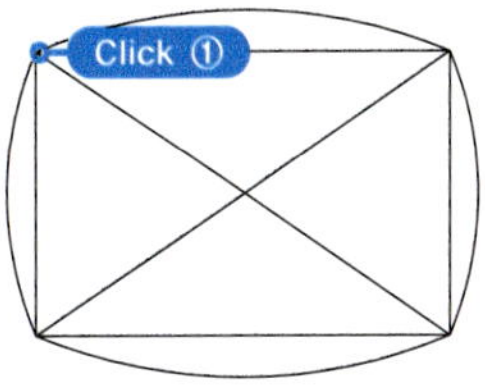

②
- ▸ C Enter↵
- ▸ Click ② (End)
- ▸ D Enter↵
- ▸ 15 Enter↵

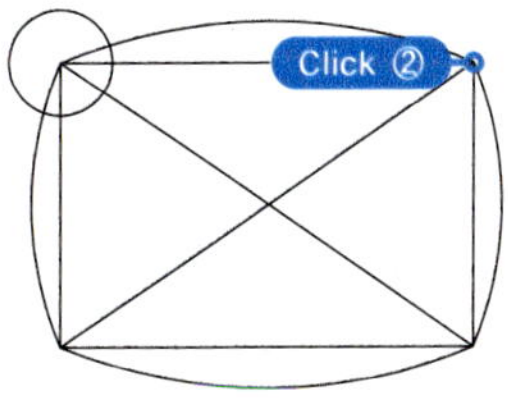

③
- ▸ C Enter↵
- ▸ Click ③ (End)
- ▸ D Enter↵
- ▸ 15 Enter↵

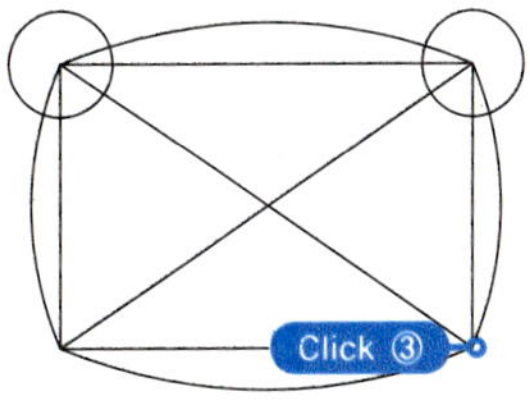

④
- ▸ C Enter↵
- ▸ Click ④ (End)
- ▸ D Enter↵
- ▸ 15 Enter↵

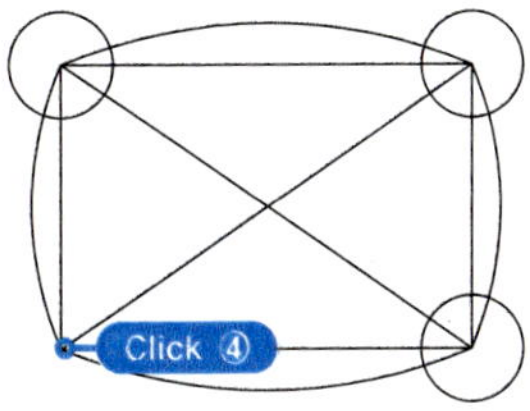

4. 원에 내접하는 삼각형 그리기

① POLYGON 명령을 이용하여 앞서 그린 네 개의 원에 내접하는 삼각형을 그린다.

- POL Enter↵
- 3 Enter↵
- Click ①
- I Enter↵
- Click ②

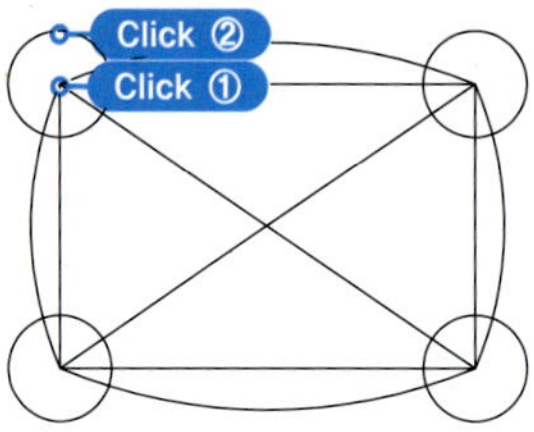

②
- POL Enter↵
- 3 Enter↵
- Click ③
- I Enter↵
- Click ④

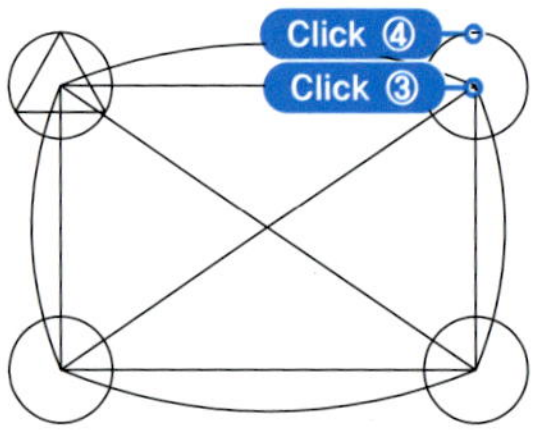

③
- POL Enter↵
- 3 Enter↵
- Click ⑤
- I Enter↵
- Click ⑥

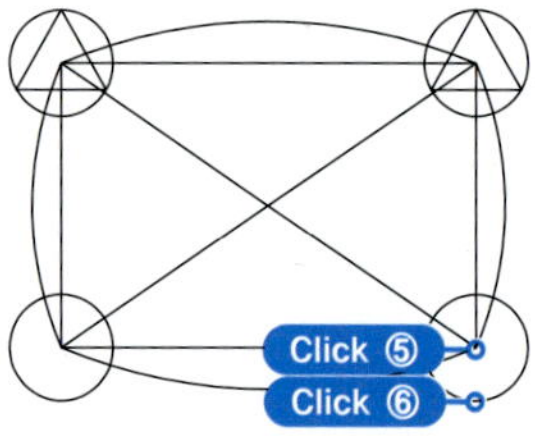

④
- POL Enter↵
- 3 Enter↵
- Click ⑦
- I Enter↵
- Click ⑧

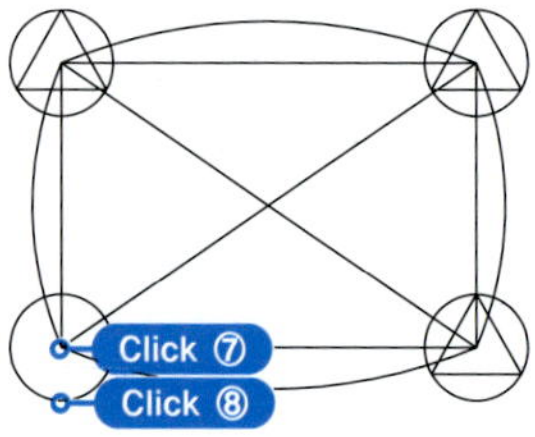

5. 객체 스냅을 이용하여 동심원 그리기

① CIRCLE 명령을 이용하여 객체 스냅에 동심원 두 개를 그린다.

- C Enter↵
- Click ①
- D Enter↵
- 20 Enter↵

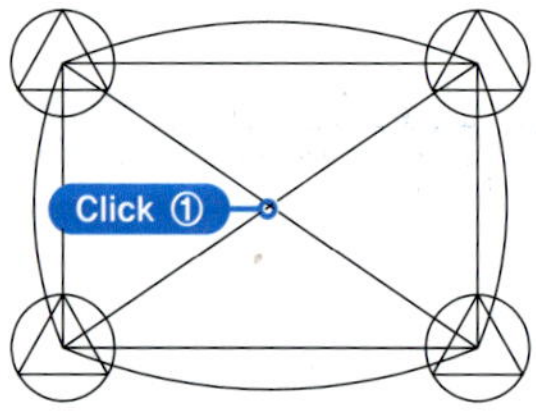

②
- Enter↵
- Click ②
- D Enter↵
- 40 Enter↵

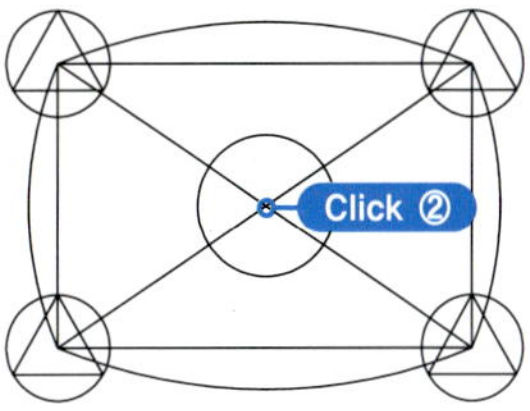

6. 원에 내접하는 오각형과 육각형 그리기

① POLYGON 명령을 이용하여 원에 내접하는 오각형과 육각형을 그린다.

- POL Enter↵
- 5 Enter↵
- Click ① (Center)
- I Enter↵
- Click ② (Quadrant)

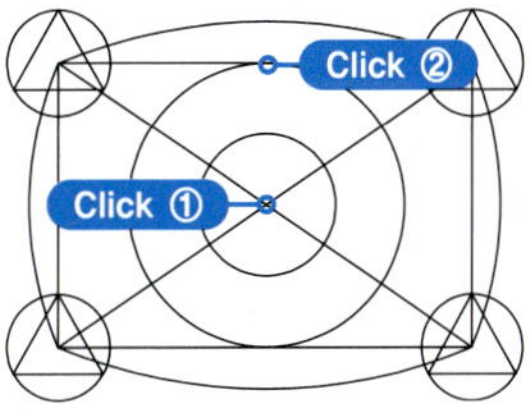

②
- POL Enter↵
- 6 Enter↵
- Click ① (Center)
- I Enter↵
- Click ② (Quadrant)

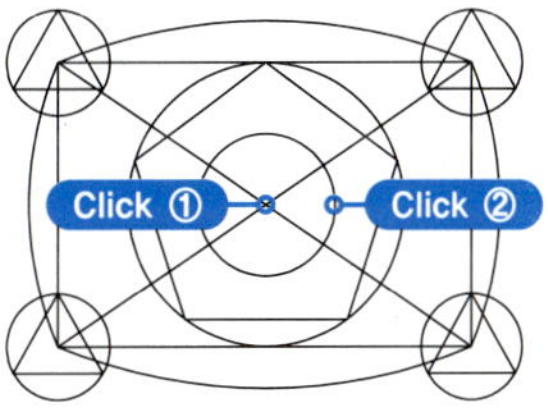

- 완성

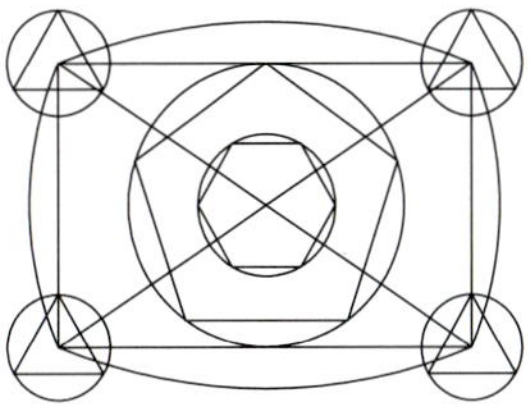

7. 객체들을 그룹화 한 다음 분해하기

① GROUP 명령을 이용하여 원들과 다각형을 하나의 그룹으로 묶는다.

- G Enter↵
- 그룹 이름으로 〈CnP1〉를 입력
- 그룹 설명으로 〈Circle and Polygon1〉을 입력
- 새로운 그룹을 만들기 위해 〈New〉를 선택
- 그룹화할 객체로 가운데의 두 원, 육각형, 오각형을 선택하고 진행(Enter↵)
- 대화창이 나타나면 〈OK〉 선택

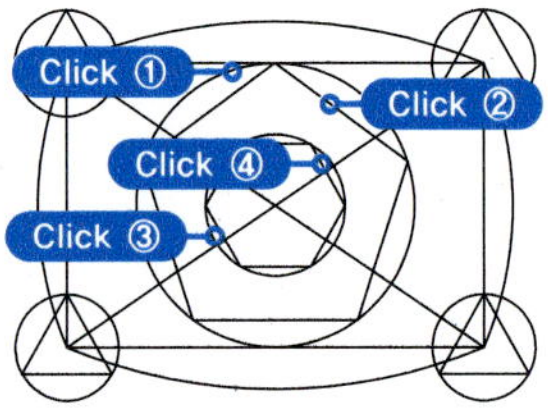

②
- G Enter↵

※ 앞서 그룹화한 'CnP1'의 그룹이 윗부분에 표시된다.

- 그룹 이름으로 〈CnP2〉를 입력
- 그룹 설명으로 〈Circle and Polygon2〉을 입력
- 새로운 그룹을 만들기 위해 〈New〉 버튼을 선택
- 그룹화할 객체로 좌측 상단의 원과 삼각형을 선택하고 진행(Enter↵)
- 대화창이 나타나면 〈OK〉 선택

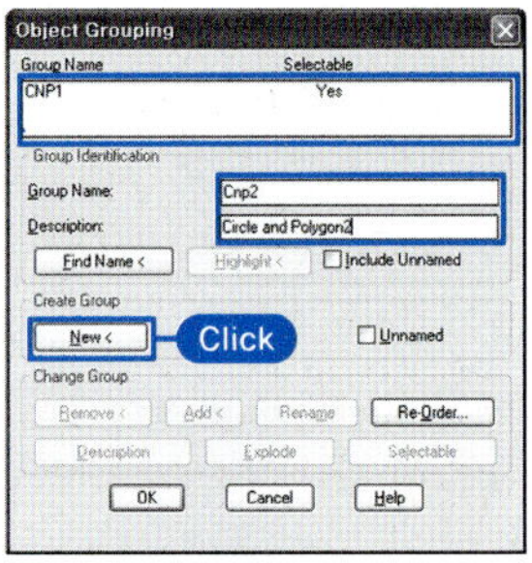

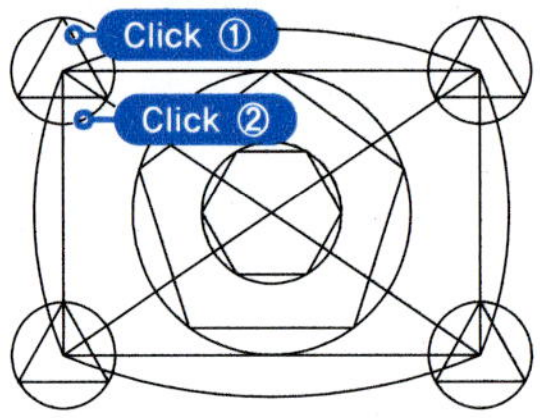

③ EXPLODE 명령을 이용하여 앞서 그룹화한 객체들을 분해한다.

- X Enter↵
- 그룹화된 객체를 분해하기 위해 그룹 객체들을 선택하고 진행(Enter↵)

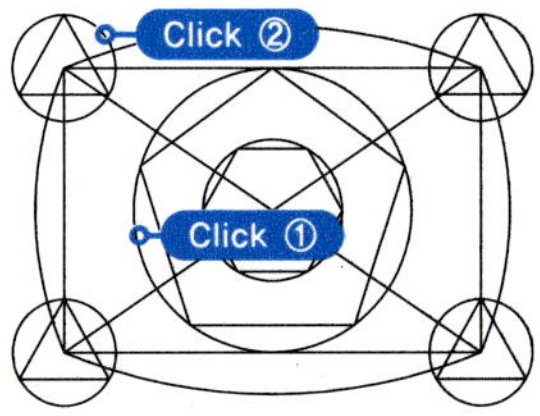

Section **08** 연습과제

1 연습과제 1, 2

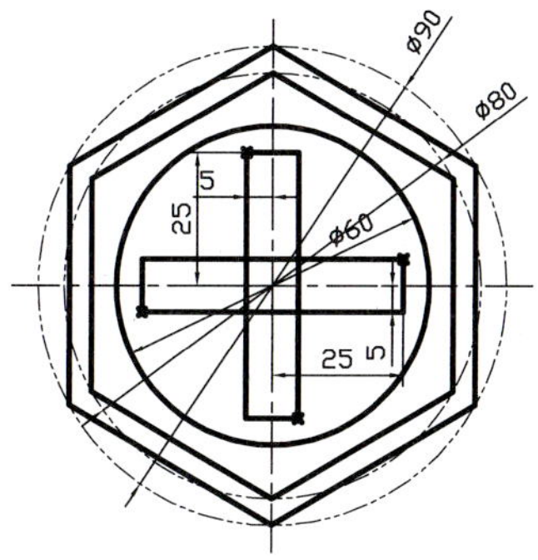

연습문제 1 – 볼트 헤드

CIRCLE, POLYGON, RECTANGLE 명령을 이용하여 볼트 헤드 부분을 완성한다.

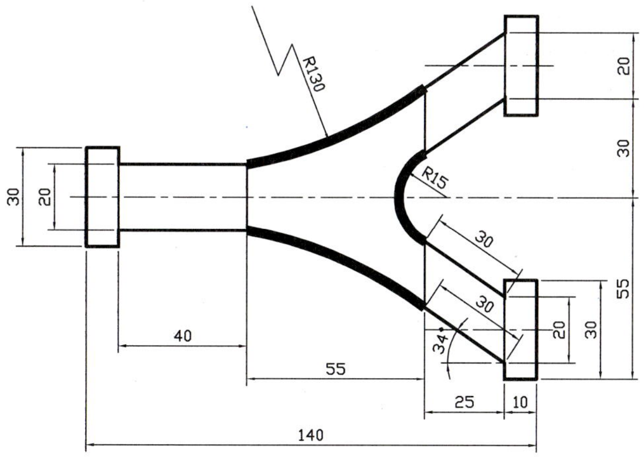

연습문제 2 – Y자 분기 배관

LINE, PLINE 명령을 이용하여 Y자 분기 배관의 단면 형상을 완성한다. 분기 부분의 선 두께를 굵게 하여 관의 내벽 두께를 표현한다.

※ 가는선 두께 : 0 , 중간선 두께 1, 굵은선 두께 3

2 연습과제 3

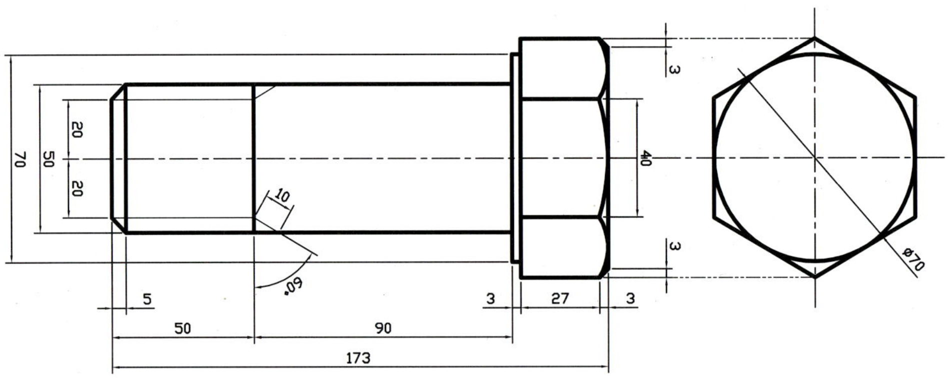

연습문제 3

POLYGON, PLINE, CIRCLE 명령을 이용하여 볼트 형상을 완성하고 GROUP 명령으로 모든 객체를 그룹이름 'BOLT'로 저장한다.

CHAPTER 06

객체 편집하기 1

◆실습목적 :	① 객체 편집 명령에 대하여 이해한다. ② 복사와 이동에 관련된 객체 편집 명령의 활용 예를 배운다.
◆실습시간 :	1.5hr ~ 2.5hr
◆실습내용 :	① COPY _ 객체 복사하기 ② MOVE _ 객체 이동하기 ③ ROTATE _ 객체 회전하기 ④ OFFSET _ 파생 객체 만들기 ⑤ ARRAY _ 배열하기 ⑥ MIRROR _ 대칭 복사하기
◆참고사항 :	• COPY, MOVE, ROTATE, MIRROR 명령은 객체 선택 후 기준을 정해 정의하면 실행되는 유사한 명령 실행구조를 갖고 있다. • AutoCAD 2007 이후로 AutoCAD 2008 에서 COPY 명령은 다중 복사가 기본값으로 설정되어 있다. • OFFSET 명령은 AutoCAD 명령중에서 가장 많이 사용되는 명령이므로 빠른 도면 작업을 위해 필요하다.

실습할 내용 :

Section **01**

COPY
객체 복사하기

도면 작성시 형상이 복잡하거나 많은 작업이 요구되는, 같은 형상과 크기를 갖는 객체들이 필요한 경우가 있는데 COPY 명령을 사용함으로써 반복 작업을 빠르고 편리하게 실행할 수 있다. AutoCAD 2008에서는 다중 복사(Multiple copy)가 기본으로 설정되어 있어 한 번의 명령 실행으로 많은 양의 같은 객체를 복사할 수 있다.

1 같은 형상을 여러 개 복사하기

COPY 명령은 한 번의 명령 실행으로 객체를 한번 복사할 수 있을 뿐만 아니라 기본적으로 설정된 한 번의 명령 실행으로 객체를 여러 곳에 복사하여 붙여넣기 할 수 있다. 일반적으로 다중복사(Multiple copy)가 편리하며 단일복사(Single copy) 기능이 따로 있기는 하지만 다중복사로도 단일복사를 할 수 있다.

1. 명령어의 실행

① (마우스)를 이용한 실행

▸ 메뉴 표시줄 [Modify] – [Copy] 선택

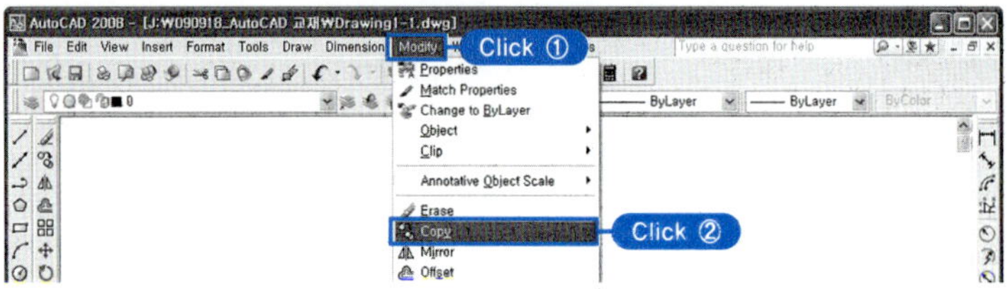

▸ Modify 도구모음 [Copy] 선택

② (키보드)를 이용한 실행

Command : COPY 또는 CO Enter↵

2. 명령어 사용법 따라하기

①
- 명령 실행, (CO Enter↵)
- 복사할 객체를 선택(Enter↵)
- 복사할 위치를 결정하기 위해서 원본 객체의 기준점을 입력하고 진행(Enter↵)

- 복사할 위치를 결정하기 위해서 복사될 위치의 기준점을 입력하고 진행(Enter↵)
- 복사할 위치를 선택하면 객체가 복사된다.

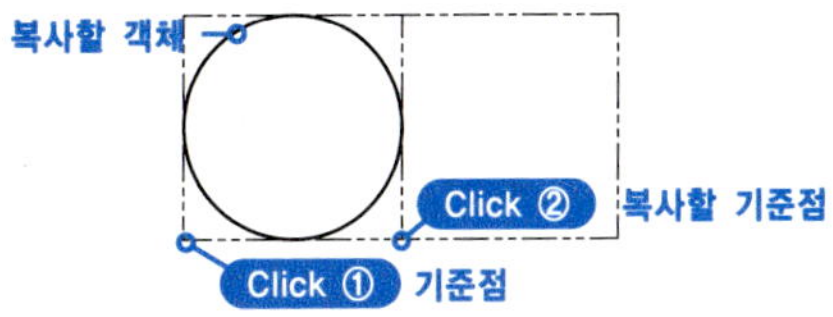

※ 서로 다른 객체들이 복잡하게 얽혀 있는 경우 기준점을 어디를 선택하느냐에 따라 객체를 같은 위치에 복사할 수 있기 때문에 기준점의 선택이 중요하다.

※ AutoCAD2008에서는 다중 복사가 기본 설정으로 되어 있기 때문에 앞서 한번의 복사할 위치를 선택하더라도 계속해서 복사할 위치를 입력받게 된다.

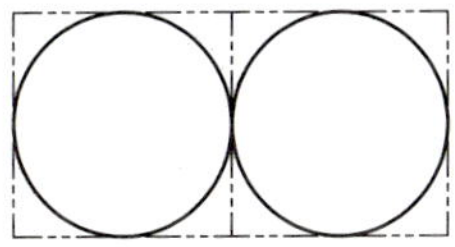

- 계속해서 복사하기 위해 복사할 위치를 입력하고 진행(Enter↵)
- COPY 명령을 종료(Enter↵)

TIP

COPY 명령의 옵션

- 변위(Displacement) : 객체가 복사될 위치를 현재의 위치를 기준으로 상대 좌표로 입력받아 객체를 복사한다. 상대 좌표를 표현하는 '@'를 붙이지 않더라도 원본 객체에 대한 상대 위치에 객체를 복사한다.
- 모드(Mode) : 객체을 자동으로 반복해서 복사할 것인지를 설정한다.

Section 02

MOVE
객체 이동하기

도면에서 작업하던 객체를 다른 위치로 옮겨야 되는 경우 MOVE 명령을 사용할 수 있다. COPY 명령과 마찬가지로 원본의 위치에 대한 기준점을 정의하고 이동하여 붙여넣기 할 위치를 정의하여 객체를 이동 시킨다.

1 객체의 위치를 이동하기

객체의 위치를 이동시킴으로써 객체의 형상을 변경시킬 수 있고 다른 위치에서 작업한 객체들을 필요한 위치로 옮길 수 있다.

1. 명령어의 실행

① (마우스)를 이용한 실행

▸ 메뉴 표시줄 [Modify] – [Move] 선택

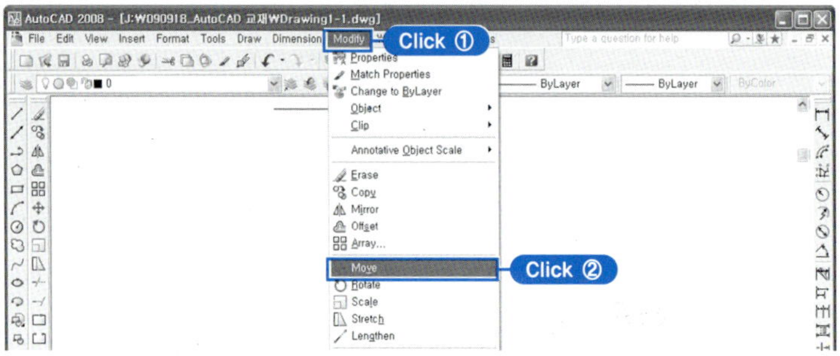

▸ Modify 도구모음 [Move] 선택

② (키보드)를 이용한 실행

Command : MOVE 또는 M Enter↵

2. 명령어 사용법 따라하기

①

- 명령 실행, (M Enter↵)
- 위치를 이동할 객체들을 선택(Enter↵)
- 이동할 위치를 결정하기 위해서 COPY 명령과 마찬가지로 원본 객체의 기준점을 입력하고 진행(Enter↵)

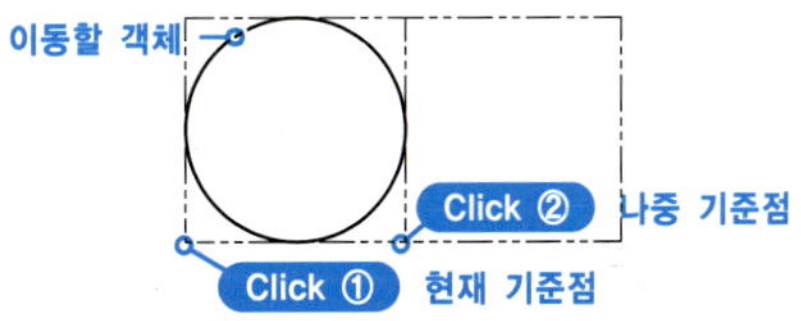

- 이동할 위치를 결정하기 위해 객체의 이동 위치에 대한 기준점을 입력하고 진행(Enter↵)
- 이동할 위치를 선택하면 객체가 이동된다.

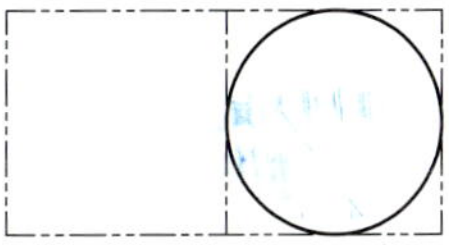

※ 기준점을 어디를 선택하느냐에 따라 객체의 정밀한 이동이 가능하기 때문에 기준점의 선택이 중요하다.

TIP

➡ MOVE 명령의 옵션

- 변위(Displacement) : 객체가 이동될 위치를 현재의 위치를 기준으로 상대 좌표로 입력받아 객체를 이동한다. 상대 좌표를 표현하는 '@'를 붙이지 않더라도 원본 객체에 대한 상대 위치에 객체를 이동한다.

Section 03

ROTATE
객체 회전시키기

객체를 회전시키기 위해서 기준을 정하고 회전 각도를 입력하여 객체를 회전 시키는 명령이 ROTATE 이다. 2차원 도면 작업에서 객체의 회전은 회전 중심이 되는 점(point)을 기준으로 이루어지며 같은 형상의 객체라도 기준점의 위치에 따라 회전 후 객체의 위치가 다르게 된다.

1 객체를 특정한 점을 기준으로 회전시키기

AutoCAD의 2차원 도면 작업에서 객체의 회전 명령(ROTATE)는 객체를 회전 시키기 위한 회전 중심점을 기준으로 회전 각도를 입력받아 객체를 회전한다. 회전 방향은 회전 각도를 양의 값(+)으로 입력하는지 음의 값(-)으로 입력하는지에 따라 결정되고 기본적으로 회전 중심을 기준으로 양의 값이면 시계반대 방향, 음의 값이면 시계 방향으로 객체를 회전한다.

1. 명령어의 실행

① (마우스)를 이용한 실행

▸ 메뉴 표시줄 [Modify] – [Rotate] 선택

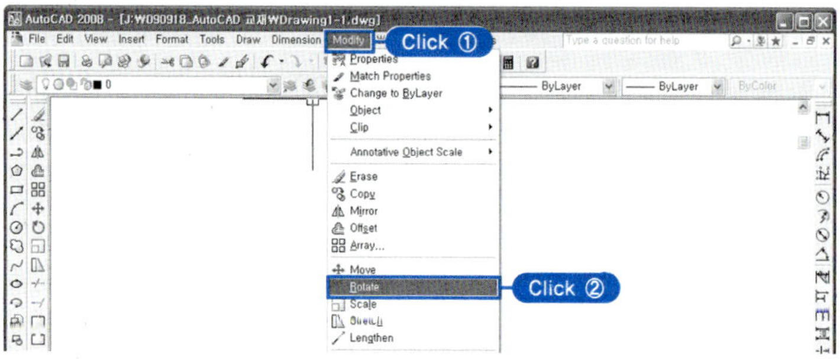

▸ Modify 도구모음 [Rotate] 선택

② (키보드)를 이용한 실행

Command : ROTATE 또는 RO Enter↵

2. 명령어 사용법 따라하기

① ▸명령 실행, (RO Enter↵)

▸입력한 각도로 회전시킬 객체들을 선택(Enter↵)

▸객체를 회전시키기 위해서 ROTATE 명령은 회전 중심으로 사용할 점을 입력하고 진행(Enter↵)

▸객체가 회전할 각도 〈60〉을 입력하고 진행(Enter↵)

※ 기본 설정으로 회전 각도가 양의 값을 갖는 경우 객체는 회전 중심을 기준으로 시계 반대 방향으로 회전한다.

▸회전 각도를 입력하면 객체가 회전한다.

※ 회전 중심의 위치에 따라 객체의 회전 후 위치가 결정되므로 회전 중심의 선택이 중요하다.

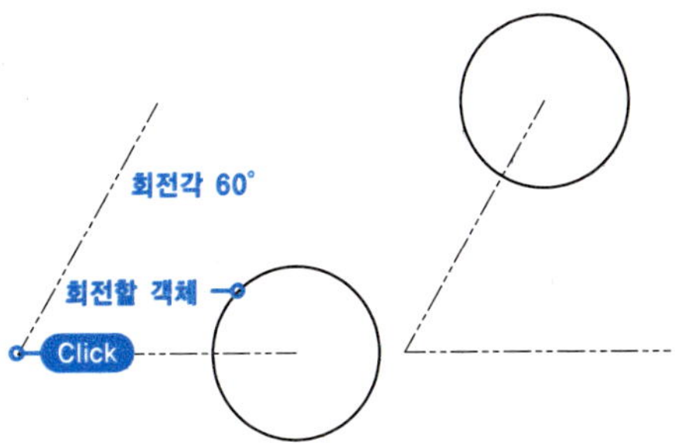

TIP

➡ ROTATE 명령의 옵션

▸복사(Copy) : 기본적으로 ROTATE 명령은 객체를 회전 이동시키는 명령으로 복사 옵션을 사용하는 경우 객체를 회전시킨 후에 원본 객체를 유지하고 회전 시킨 객체를 복사한다.

▸참조(Reference) : 객체의 현재 각도를 참조(reference)에 입력하여 참조를 기준으로 입력된 각도만큼 객체를 회전시킨다.

➡ 기본 회전 방향 결정

객체의 회전 각도는 기준점에서 오른쪽으로 향하는 축이 '0'이 되며 이 축을 기준으로 시계반대 방향으로 회전한다. 그러나 사용자가 필요한 경우 기준이 되는 절대 각도를 변경할 수 있고 회전 방향도 변경할 수 있다. 절대 각도와 회전 방향을 변경하기 위해서 CHAPTER 2의 UNITS 명령을 실행시켜 변경할 수 있다.

Section 04 OFFSET 파생 객체 만들기

원본 객체에서 평행하게 간격이 떨어진 객체를 그리고자 할 때, OFFSET 명령을 사용할 경우 그 과정을 매우 간략히 할 수 있어 도면 작성시 효율성이 증대된다. AutoCAD에서 가장 많이 사용되는 명령중 하나로 객체 간의 간격은 수치를 입력하거나 통과점(Through)를 선택하여 OFFSET 명령을 실행할 수 있다. 뿐만 아니라 간격을 입력하는 방법도 여러 옵션을 사용할 수 있다.

1 원본과 평행한 직선이나 곡선의 파생 객체 만들기

도면 작업을 하다보면 어떤 객체에 대하여 일정한 간격이 떨어진 같은 형상의 객체가 필요한 경우가 있다. 이러한 경우에 OFFSET 명령을 사용하여 파생 객체를 만들 수 있는데 COPY 명령이 항상 크기와 형상이 같은 객체를 복사하는 반면에 OFFSET 명령을 사용할 경우 PLINE 명령이나 RECTANGLE 명령으로 만들어진 사각형과 같이 폴리선으로 이루어진 객체를 파생 복사하는 경우 원본 객체와 일정하게 간격이 떨어져 축소 또는 확대 된 객체를 그릴 수 있다. 만약에 객체에 경사선이나 라운드 된 부분이 있더라도 그 부분을 자동으로 축소 또는 확대하여 파생 복사한다.

1. 명령어의 실행

① (마우스)를 이용한 실행

▸ 메뉴 표시줄 [Modify] – [Offset] 선택

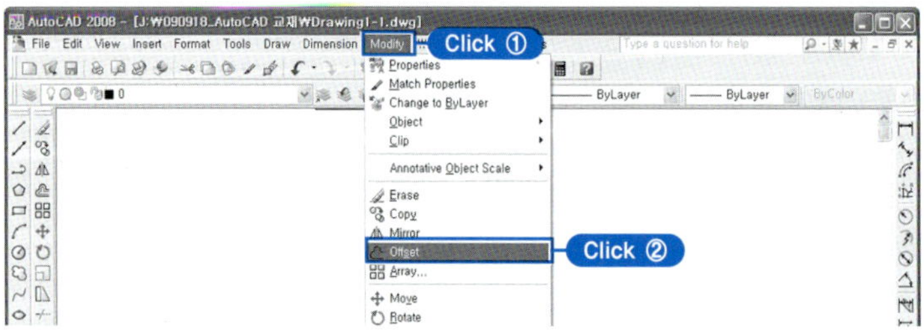

▸ Modify 도구모음 [Offset] 선택

② (키보드)를 이용한 실행

Command : OFFSET 또는 O Enter↵

2. 명령어 사용법 따라하기

①
- 명령 실행, (O Enter↵)
- 띄우기 할 간격 치수 〈5〉를 입력하고 진행(Enter↵)
- 파생되어질 기존의 객체를 선택
- 기존 사각형의 안쪽 방향으로 파생할 방향을 결정하기 위하여 사각형 안쪽을 선택
- OFFSET 명령을 종료(Enter↵)

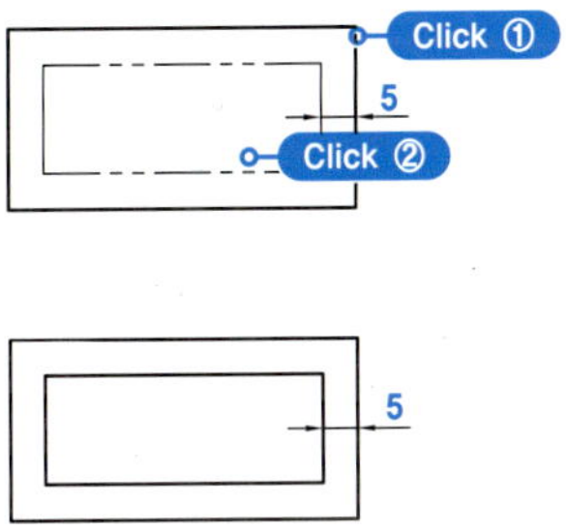

②
- 명령 실행, (O Enter↵)
- 계산기(calculator) 옵션을 사용하기 위해서 〈'CAL〉를 입력하고 진행(Enter↵)
- 내부의 사각형을 〈10〉 만큼 바깥쪽으로 파생 복사하기 위해 〈5*2〉를 입력하고 진행(Enter↵)
- 파생되어 복사할 기존의 객체인 가장 안쪽의 사각형을 선택
- 기존 사각형의 바깥쪽 방향으로 파생 방향을 결정하기 위하여 사각형 바깥쪽을 선택
- OFFSET 명령을 종료(Enter↵)

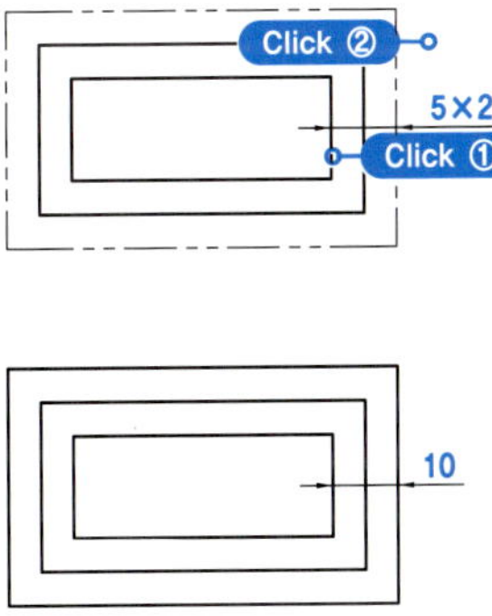

③

- 명령 실행, (O Enter↵)
- 객체 간격을 입력하기 위한 통과점 (through) 옵션을 사용하기 위해서 〈T〉를 입력하고 진행(Enter↵)
- 파생되어 복사할 기존의 객체를 선택
- 기존 객체의 바깥쪽 방향으로 파생 방향을 결정하기 위하여 복사할 방향의 위치에서 선택
- OFFSET 명령을 종료(Enter↵)

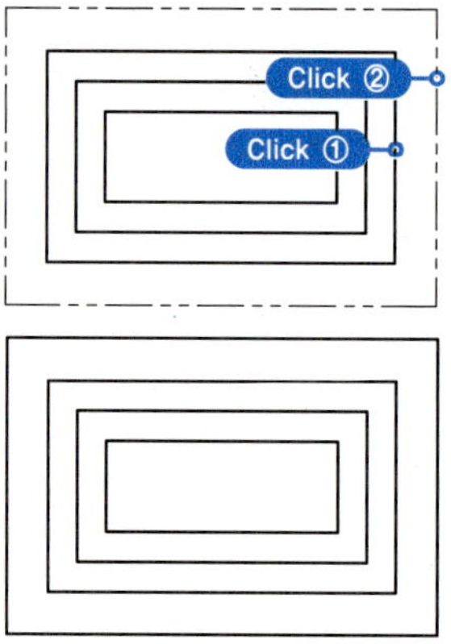

④

- 명령 실행, (O Enter↵)
- 두 점의 거리를 이용하여 파생 객체를 만들기 위하여 안쪽 사각형에서 한 변의 중간점을 첫 번째 점으로 선택
- 바깥쪽 사각형에서 한 변의 중간점을 두 번째 점으로 선택
- 파생되어 복사할 기존의 사각형 객체를 선택
- 기존 객체의 안쪽 방향으로 파생할 방향을 결정하기 위해서 사각형의 안쪽을 선택
- OFFSET 명령을 종료(Enter↵)

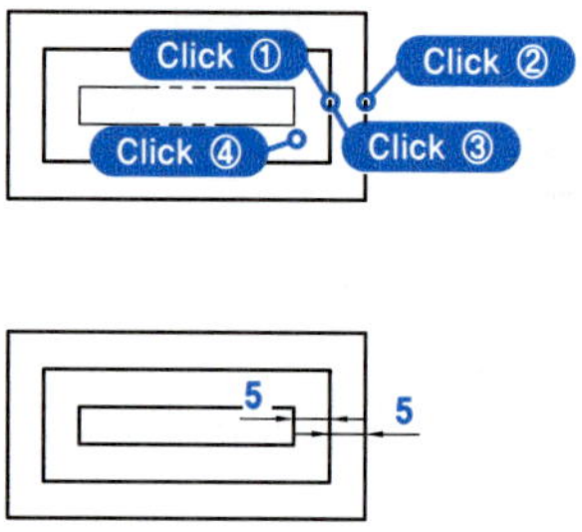

TIP

➡ OFFSET 명령의 옵션

- 지우기(erase) : 파생 복사할 때 원본 객체를 삭제할 것인지 유지할 것인지를 결정한다.
- 도면층(layer) : 객체를 현재 도면층의 속성에 맞춰 복사할 것인지 원본의 도면층의 속성에 맞춰서 복사할 것인지 결정한다.

Section 05

ARRAY
배열 복사하기

ARRAY 명령은 객체를 일정한 패턴으로 배열하여 복사하는 명령이다. 행(Row)과 열(Column)을 이용하여 배열 복사하는 직사각형(Rectangular) 배열과 중심점과 회전각도를 이용하여 배열 복사하는 원형(Polar) 배열로 구분된다. 각각의 배열 방법에 따라 명령어의 사용방법이 다르기 때문에 구분하여 정리하는 것이 필요하다.

1 원본 객체를 사각 배열하기

객체를 행(Row)과 열(Column)을 기준으로 일정한 간격을 유지한 채 배열 복사하는 사각배열은 객체의 기준점에 대하여 행 간격과 열 간격을 입력받아 패턴을 그린다. 또한 AutoCAD에서는 행과 열의 간격을 대각선 길이로 입력받아 두 방향으로 동시에 배열 복사할 수 있다.

1. 명령어의 실행

① (마우스)를 이용한 실행

▸ 메뉴 표시줄 [Modify] – [Array...] 선택

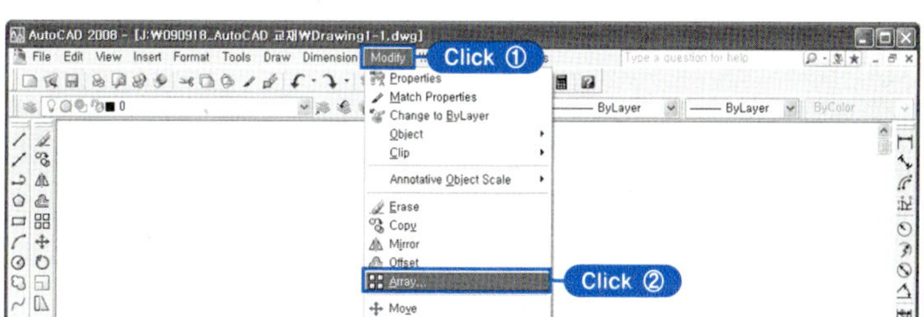

▸ Modify 도구모음 [Array...] 선택

② (키보드)를 이용한 실행

Command : ARRAY 또는 AR Enter↵

2. 명령어 사용법 따라하기

①

- 명령 실행, (AR Enter↵)
- 배열 대화창에서 직사각형 배열을 실행하기 위하여 〈Rectangular Array〉를 선택

- 〈Select objects〉를 선택하여 직사각형 배열 복사할 객체들을 선택하고 진행 (Enter↵)
- 행 방향 배열을 위한 행의 수 〈2〉와 열 방향 배열을 위한 열의 수 〈5〉를 입력

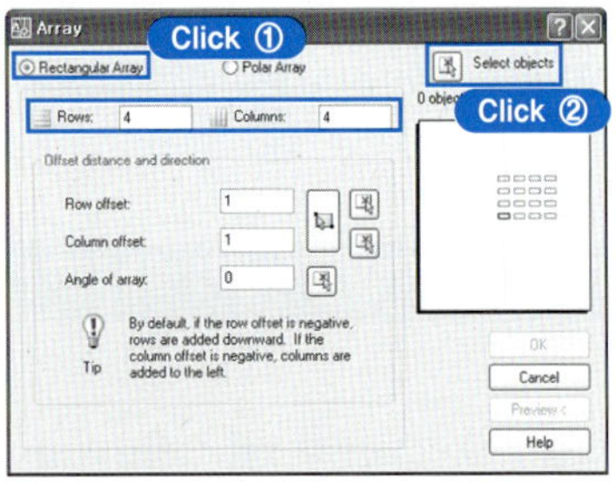

- 행 방향으로 배열 복사하기 위하여 행의 간격(Row offset)에 〈25〉을 입력
- 열 방향으로 배열 복사하기 위하여 열의 간격(Column offset)에 〈15〉을 입력

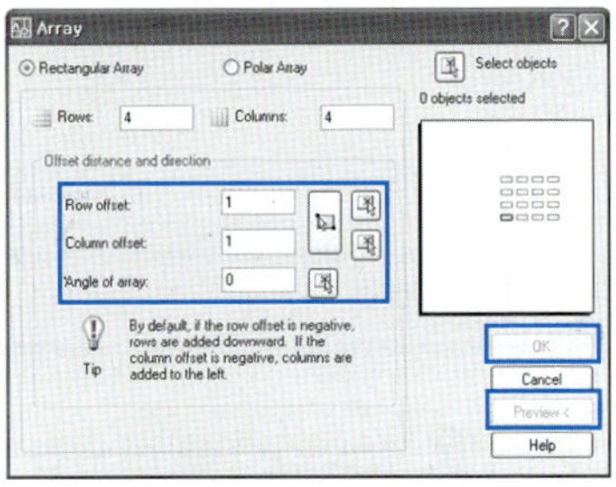

※ 기본적으로 원은 원의 중심이, 사각형은 첫 시작점이 간격을 결정하는 기준이 되기 때문에 행 또는 열 방향의 객체의 크기보다 배열 간격을 크게 하여야 겹치지 않게 배열 할 수 있다.

※ 미리보기〈Preview〉를 선택하여 배열의 설정이 올바른지 확인할 수 있다. 미리보기를 선택하여 설정이 맞다면 〈Accept〉를 선택하여 명령을 종료하고, 맞지 않다면 〈Modify〉를 선택하여 수정한다.

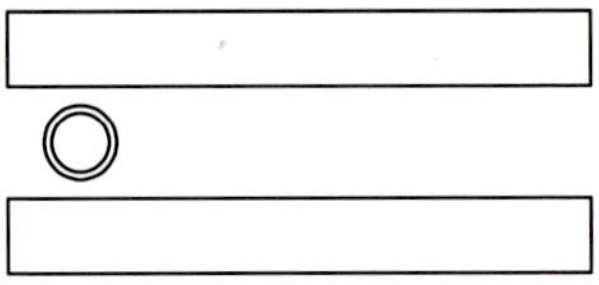

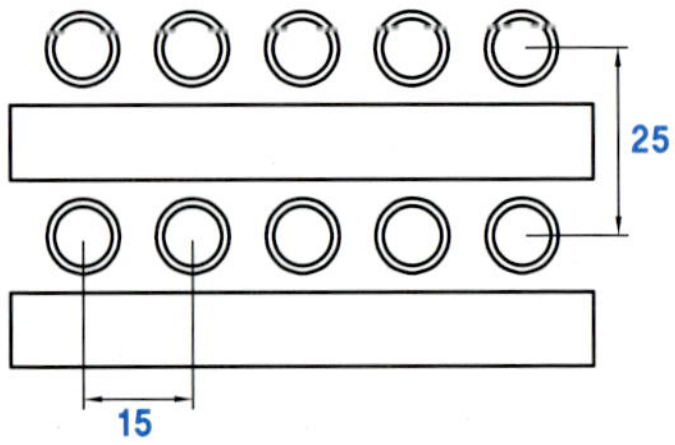

- 미리보기를 선택하지 않은 경우 명령의 완료를 위해 〈OK〉 선택

2 원본 객체를 원형 배열하기

객체를 배열 복사할 객체 수와 회전 각도를 이용하여 일정한 각도 간격으로 배열 복사하는 원형배열은 회전 중심과 객체의 수 또는 객체간의 간격을 입력 받아 패턴을 그린다.

1. 명령어 사용법 따라하기

①
- 명령 실행, (AR Enter↵)
- 배열 대화창에서 원형배열을 실행하기 위하여 〈Polar Array〉를 선택
- 〈Select objects〉를 선택하여 원형 배열 복사할 객체들을 선택하고 진행 (Enter↵)
- 원형 배열의 중심점을 선택

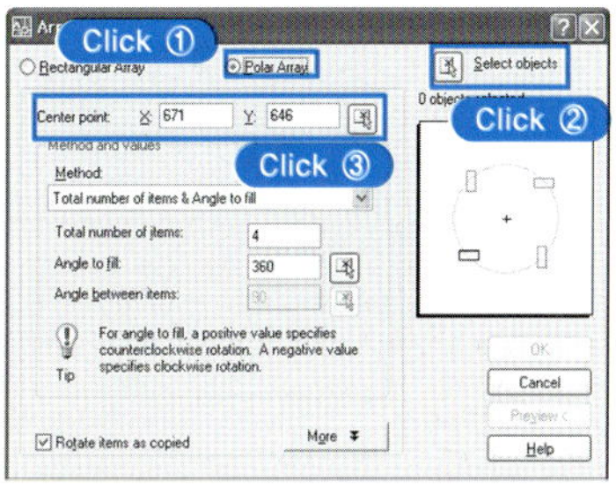

②
- 원형 배열 방법을 선택
- 원형 배열이 들어갈 전체 각도와 배열 복사될 객체의 전체 수를 이용하기 위하여 〈Total number of items & Angle to fill〉 방법을 선택
- 배열 복사될 전체 객체의 수를 〈Total number of items〉에 〈8〉를 입력
- 배열이 들어갈 전체 각도를 〈Angle to fill〉에 〈360〉을 입력
- 미리보기를 선택하지 않은 경우 명령의 완료를 위해 〈OK〉 선택

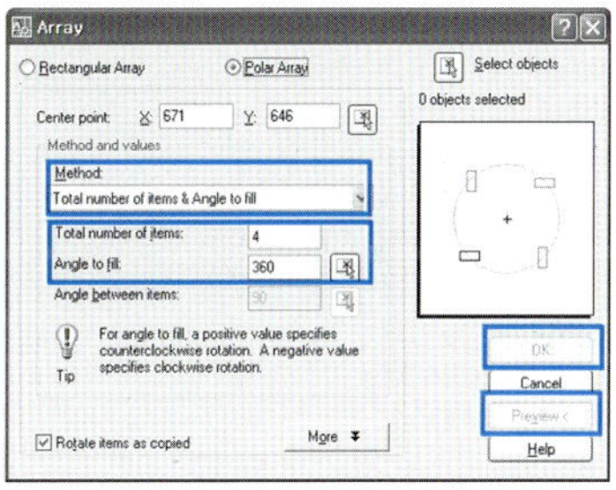

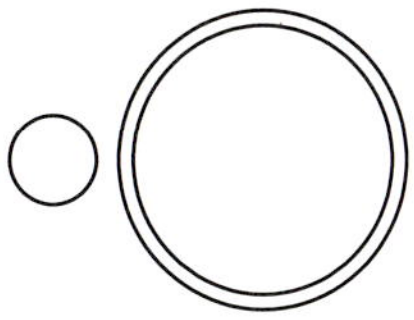

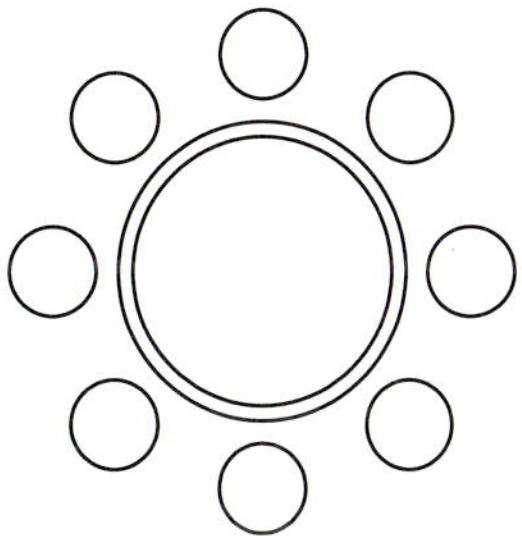

TIP

➡ 원형(Polar) 배열의 방법

〈Total number of items〉 원형 배열할 전체 객체의 수를 입력
〈Angle to fill〉 원형 배열이 이루어질 전체 각도를 입력
〈Angle between items〉 원형 배열되는 객체 사이의 각도를 입력
위 방법 중 두 가지를 조합하여 원형 배열을 실행한다.
※ 〈Rotate items as copied〉 항목은 원형 배열의 중심점을 기준으로 객체를 회전시키면서 배열 복사할 것인지 그렇지 않을 것인지를 결정한다.

Section 06

MIRROR 객체 대칭 복사하기

기어, 튜브 등과 같이 제품의 형상이 대칭 형상을 갖는 경우가 많다. 이와 같이 좌우 대칭 혹은 상하 대칭을 이루는 객체의 형상은 대칭인 양쪽을 모두 그릴 필요 없이 한쪽 형상만을 완성한 후 MIRROR 명령을 이용하여 대칭축을 기준으로 대칭 복사하여 그릴 수 있다.

1 정의된 축을 기준으로 객체를 대칭 복사하기

MIRROR 명령을 사용하여 대칭 복사를 하기 위해서는 좌우 또는 상하 대칭의 기준 축이 필요하다.

1. 명령어의 실행

① (마우스)를 이용한 실행

▸ 메뉴 표시줄 [Modify] – [Mirror] 선택

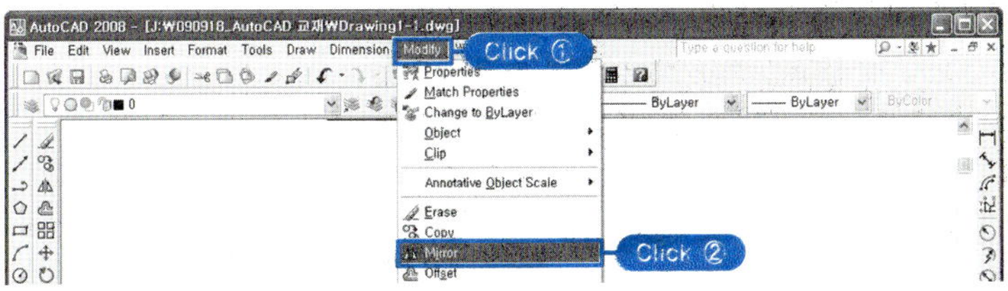

▸ Modify 도구모음 [Mirror] 선택

② (키보드)를 이용한 실행

Command : MIRROR 또는 MI Enter↵

2. 명령어 사용법 따라하기

대칭 복사할 객체를 선택하고 대칭축을 정의하여 객체를 대칭복사한다.

①

- 명령 실행, (MI Enter↵)
- 대칭 복사할 객체를 선택하고 진행 (Enter↵)
- 대칭 축을 정의하기 위해서 직선의 시작점을 선택
- 대칭 축을 정의하기 위해서 직선의 끝점을 선택

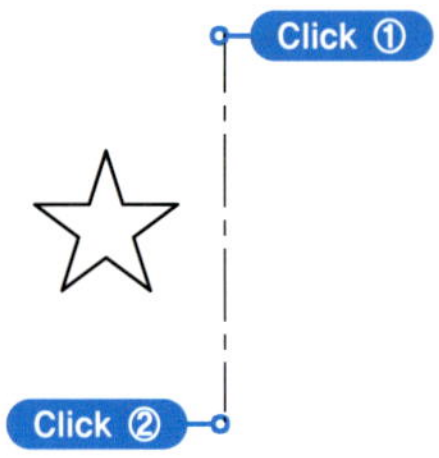

- 대칭 복사를 하면서 원본 객체를 삭제할 것인지 삭제하지 않을 것인지 선택한다. 기본 설정은 삭제하지 않는 것이고 삭제하지 않을 경우 진행(Enter↵)
- 원본 객체의 삭제를 원한다면 〈Y〉를 입력하고 명령을 종료(Enter↵)

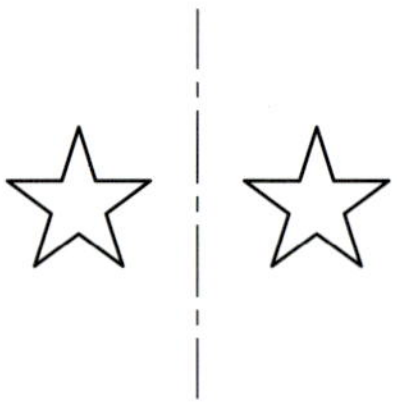

Section **07**

예제 따라하기

1 예제 따라하기 미리보기

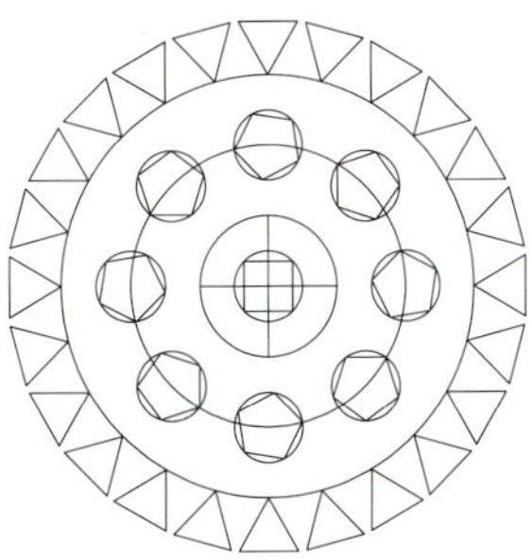

예제 따라하기 1

예제 따라하기 2

2 예제 따라하기 1

이 장에서 배운 명령을 이용하여 예제 따라하기 1을 완성한다. 따라하기를 통해 명령들의 사용법에 대하여 반복 학습하여 사용법을 숙지한다.

1. 중심점과 지름을 이용한 원 그리기

① CIRCLE 명령을 이용하여 임의의 중심점에 지름을 입력하여 원을 그린다.

- C Enter↵
- Click ①
- D Enter↵
- 10 Enter↵

Click ①

2. 원본과 같은 중심을 갖는 파생 객체 만들기

① OFFSET 명령을 이용하여 앞서 그려진 지름이 10인 원과 같은 중심점을 갖는 지름이 20인 원을 그린다.

- O Enter↵
- 5 Enter↵
- Click ①
- 원의 바깥쪽으로 커서를 이동
- Click ②

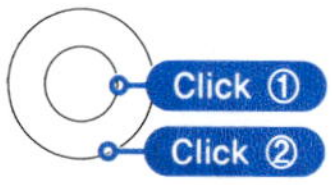

② 같은 방법으로 OFFSET 명령을 실행하여 지름이 40인 원을 완성한다.

- O Enter↵
- 10 Enter↵
- Click ①
- 원의 바깥쪽으로 커서를 이동
- Click ②

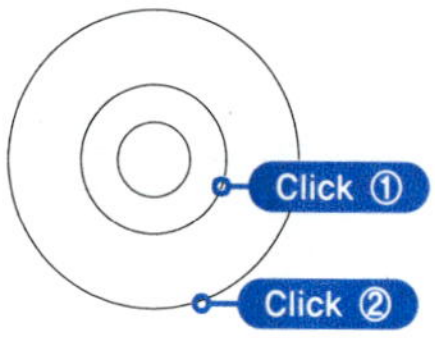

③ 같은 방법으로 OFFSET 명령을 실행하여 지름이 60인 원을 그린다.

- O Enter↵
- 10 Enter↵
- Click ①
- 원의 바깥쪽으로 커서를 이동
- Click ②

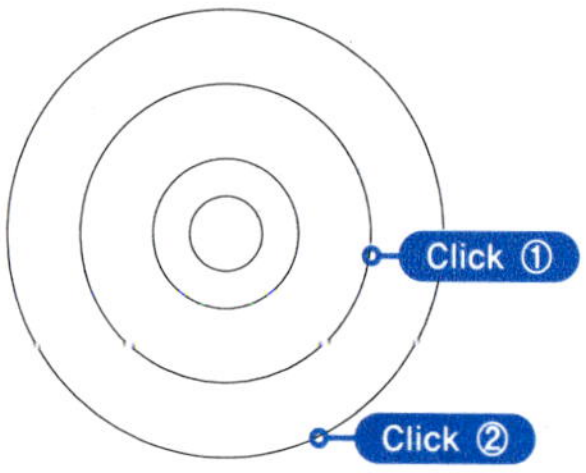

3. 직접 점을 선택하여 직선그리기

① LINE 명령으로 원의 객체 스냅(Quadrant)을 선택하여 수직선과 수평선을 그린다.

- ▸ L Enter↵
- ▸ Click ①
- ▸ Click ②
- ▸ Enter↵
- ▸ Enter↵
- ▸ Click ③
- ▸ Click ④
- ▸ Enter↵

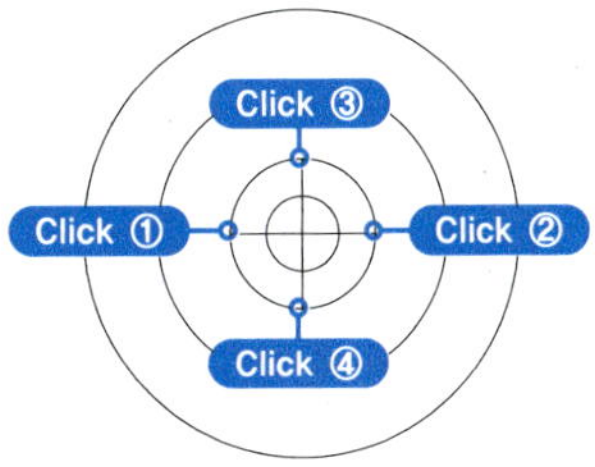

4. 원 객체 복사하기

① COPY 명령으로 객체 스냅(Center, Quadrant)을 선택하여 객체를 복사한다.

- ▸ CO Enter↵
- ▸ Click ①
- ▸ Enter↵
- ▸ Click ②
- ▸ Click ③
- ▸ Enter↵

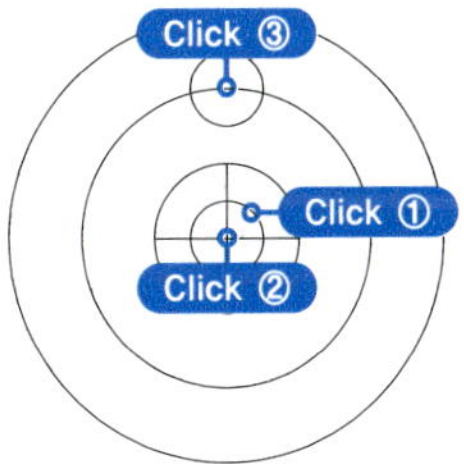

5. 원과 내접한 다각형 그리기

① POLYGON 명령을 이용하여 원에 내접한 오각형을 그린다.

- ▸ POL Enter↵
- ▸ 5 Enter↵
- ▸ Click ①
- ▸ I Enter↵
- ▸ Click ②

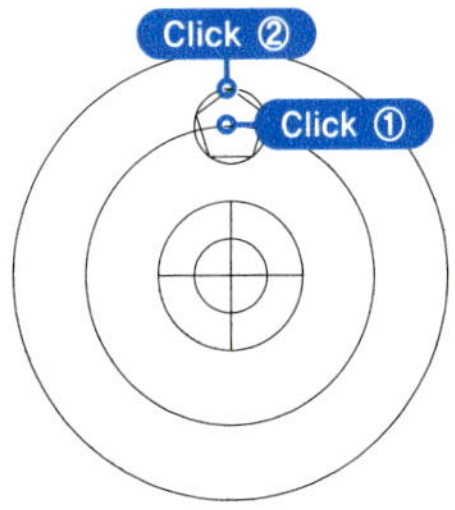

6. 객체를 특정한 점을 기준으로 회전시키기

① ROTATE 명령을 이용하여 객체를 회전시킨다.

- RO Enter↵
- Click ①
- Enter↵
- Click ②
- 45 Enter↵

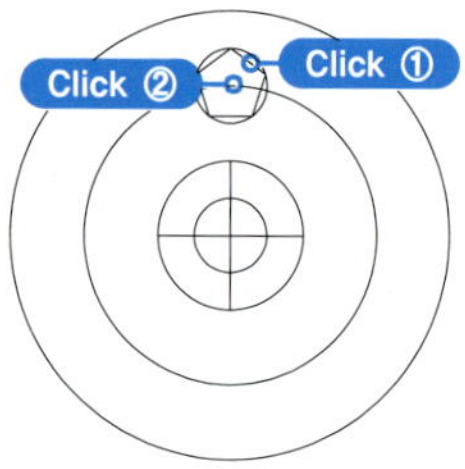

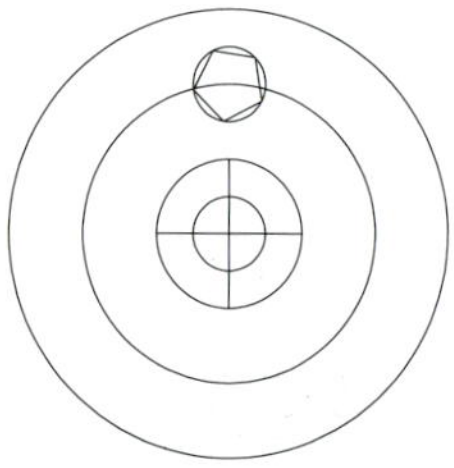

7. 원본 객체를 원형 배열하기

① ARRAY 명령을 이용하여 객체를 원형 배열 복사한다.

- AR Enter↵
- 〈Polar Array〉 선택
- 〈Select objects〉를 선택
- Click ①
- Click ②
- Enter↵

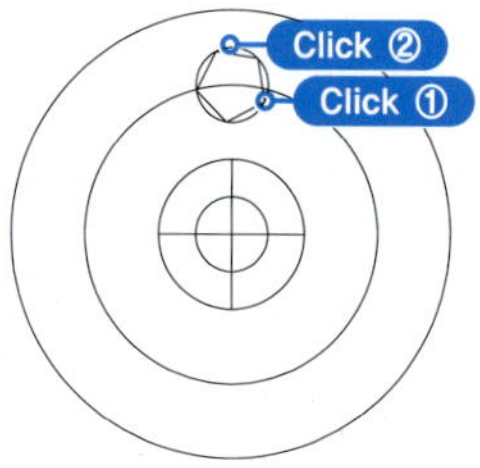

②
- 다시 대화창이 나타나면,
- 〈Pick Center Point〉를 선택
- Click ①

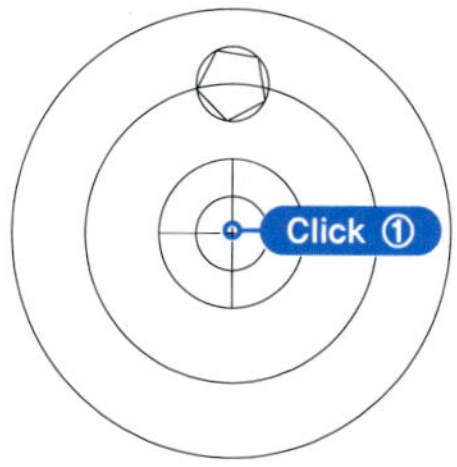

③
- 다시 대화창이 나타나면
- 〈Total number of items & Angle to fill〉를 선택
- 〈Total number of items〉에 〈8〉 입력
- 〈Angle to fill〉에 〈360〉 입력
- OK Enter↵

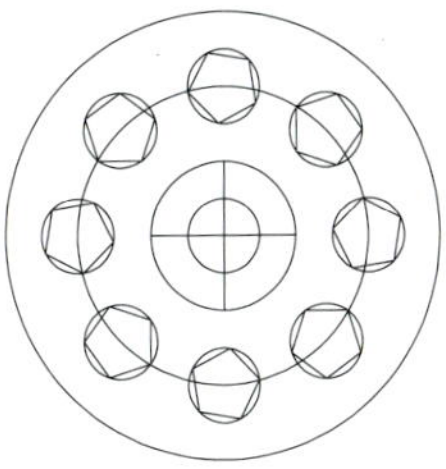

8. 원과 내접한 다각형 그리기

① POLYGON 명령을 이용하여 원에 내접하는 삼각형을 그린다.

- POL Enter↵
- 3 Enter↵
- Click ①
- I Enter↵
- Click ②

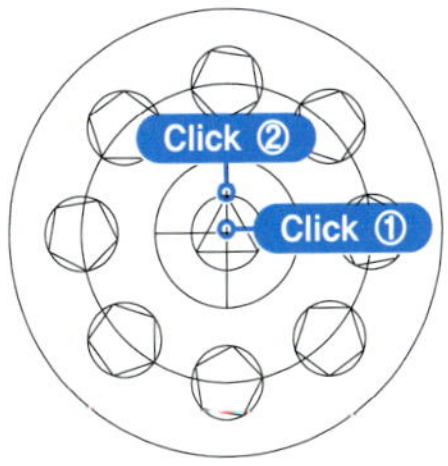

9. 객체 이동하기

① MOVE 명령을 이용하여 삼각형 객체의 위치를 이동한다.

- M Enter↵
- Click ①
- Enter↵
- Click ②
- Click ③

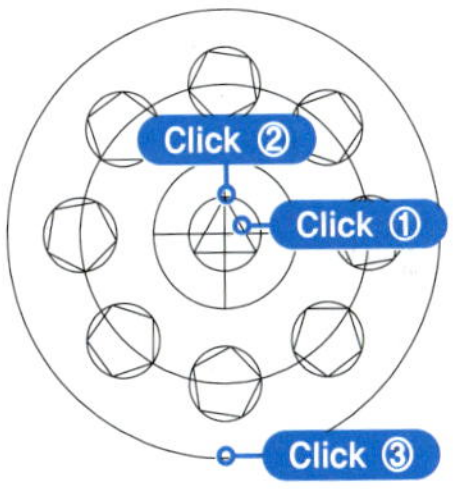

10. 원본 객체를 원형 배열하기

① ARRAY 명령을 이용하여 삼각형 객체를 원의 중심점을 중심축으로 원형 배열 복사한다.

- AR Enter↵
- 〈Polar Array〉 선택
- 〈Select objects〉를 선택
- Click ①
- Enter↵

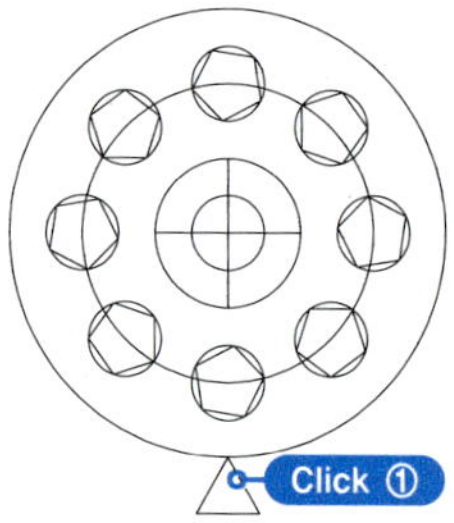

②
- 다시 대화창이 나타나면,
- 〈Pick Center Point〉를 선택
- Click ①

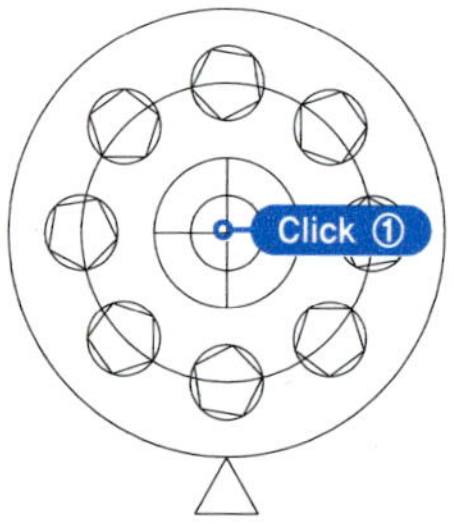

③
- 다시 대화창이 나타나면
- 〈Angle to fill & Angle between items〉을 선택
- 〈Angle to fill〉에 〈360〉 입력
- 〈Angle between items〉에 〈15〉를 입력
- OK Enter↵

11. 원과 내접한 다각형 그리기

① POLYGON 명령을 이용하여 다각형을 그린다.

- POLYGON Enter↵
- 4 Enter↵
- Click ①
- I Enter↵
- Click ②

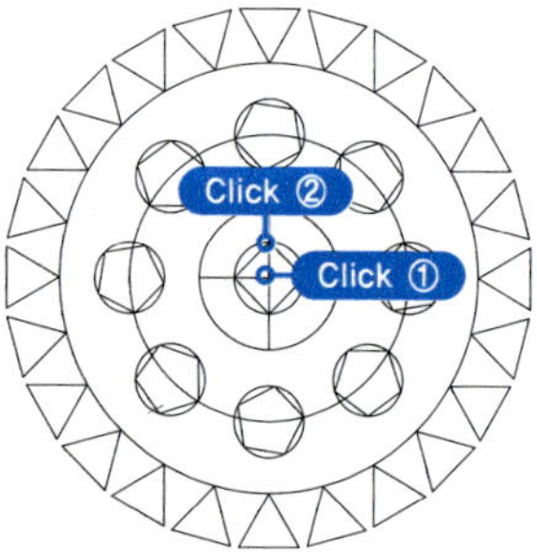

12. 객체를 특정한 점을 기준으로 회전시키기

① ROTATE 명령을 이용하여 사각형 객체를 회전시킨다.

- RO Enter↵
- Click ①
- Enter↵
- Click ②
- 45 Enter↵

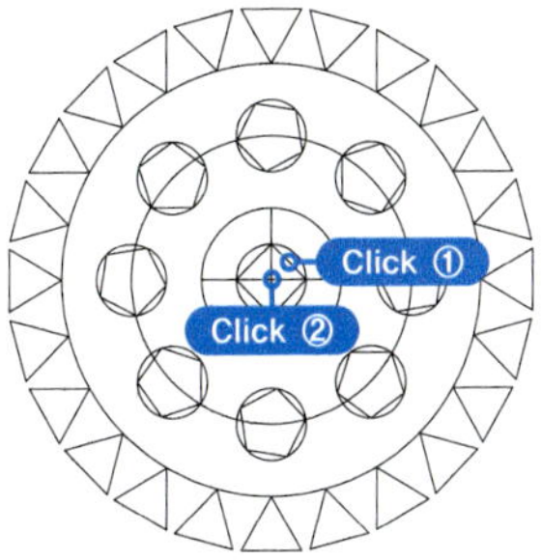

- 완성

3 예제 따라하기 2

이 장에서 배운 명령을 이용하여 예제 따라하기 2을 완성한다. 따라하기를 통해 명령들의 사용법에 대하여 반복 학습하여 사용법을 숙지한다.

1. 절대 좌표와 직접 점을 선택하여 직선그리기

① LINE 명령을 이용하여 수평선을 그린다.

- L Enter↵
- 100,100 Enter↵
- 155,100 Enter↵
- Enter↵

② ▸ L Enter↵

▸ Click ①

※ ORTHO의 기능이 활성화 되어있는지 확인한 후 커서를 위쪽방향으로 옮겨 거리를 입력

▸ 50 Enter↵

▸ Enter↵

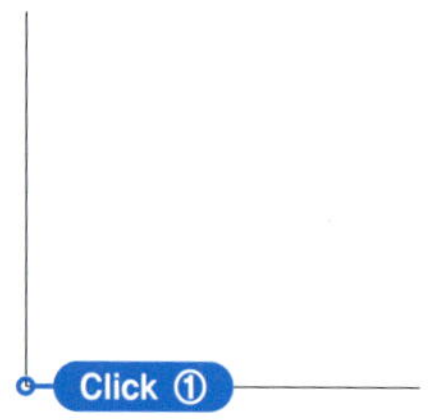

2. 원본과 평행한 직선 만들기

① OFFSET 명령을 이용하여 왼쪽의 수직선과 일정한 간격을 갖는 직선을 그린다.

▸ O Enter↵

▸ 55 Enter↵

▸ Click ①

▸ Click ②

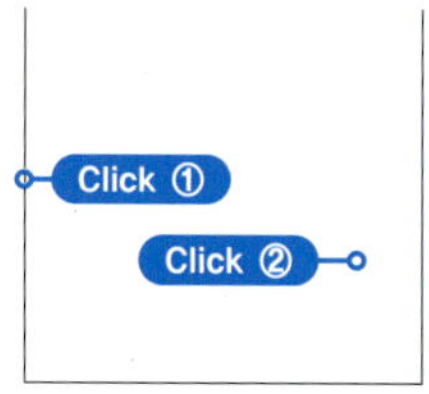

3. 시작점, 끝점, 반지름을 이용하여 호 그리기

① ARC 명령을 이용하여 직선의 각각의 끝점(Endpoint)과 임의의 반지름을 갖는 호를 그린다.

▸ ARC Enter↵

▸ Click ①

▸ E Enter↵

▸ Click ②

▸ R Enter↵

▸ 27.5 Enter↵

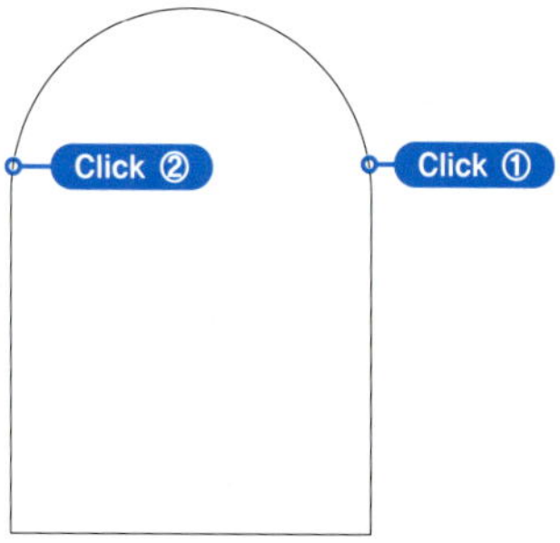

4. 원본과 평행한 직선이나 곡선의 파생 객체 만들기

① OFFSET 명령을 이용하여 일정한 간격을 갖는 곡선을 그린다.

- O Enter↵
- 5 Enter↵
- Click ①
- Click ②

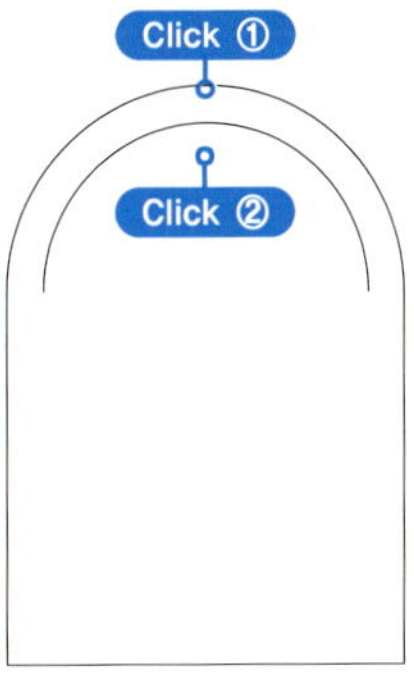

② 같은 간격을 갖는 파생 객체를 작성하므로 명령을 종료하지 않은 상태에서 계속 진행한다.

- Click ③
- Click ④

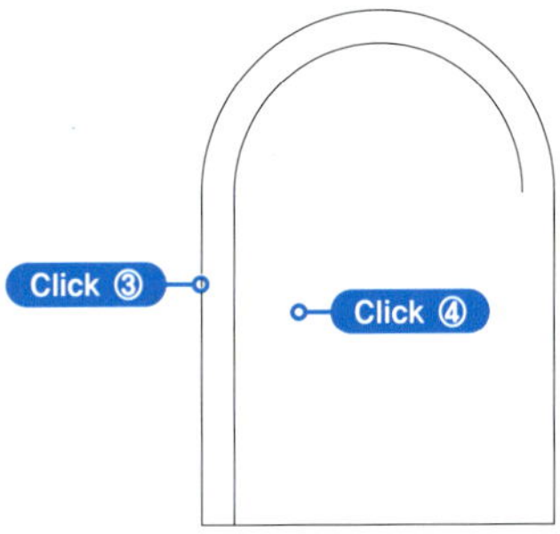

③
- Click ⑤
- Click ⑥

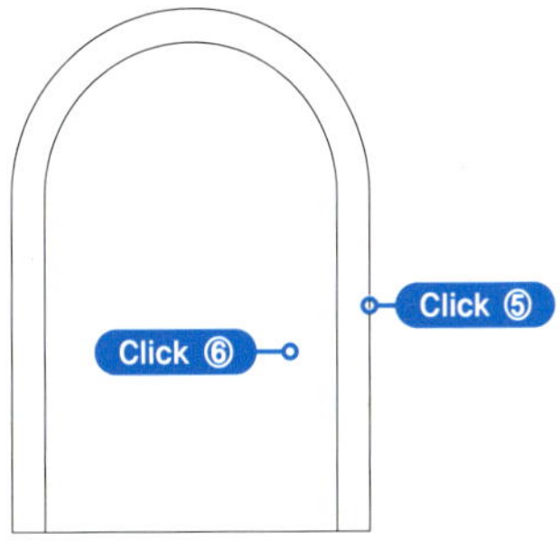

④
- Click ⑦
- Click ⑧

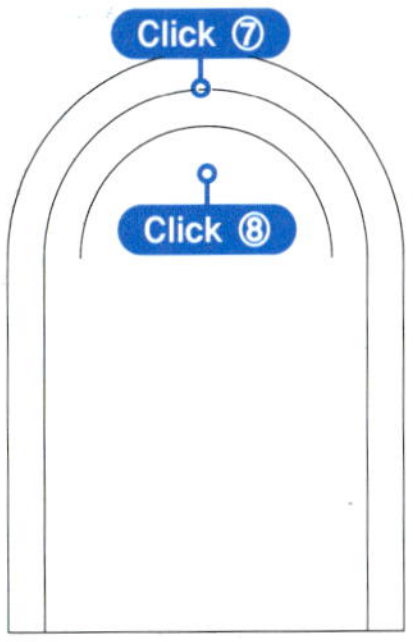

5

- Click ⑨
- Click ⑩

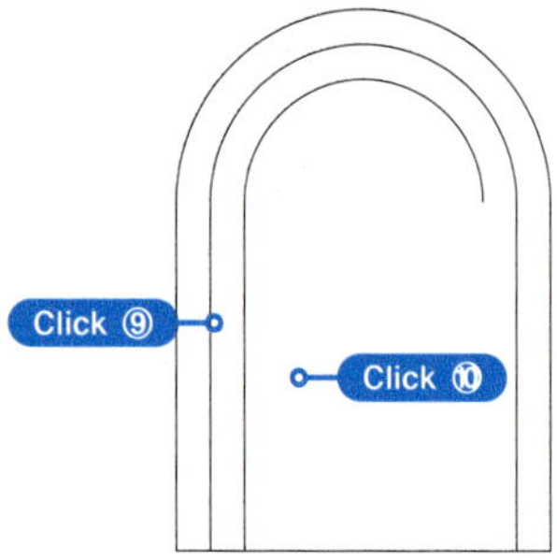

6

- Click ⑪
- Click ⑫
- Enter↵

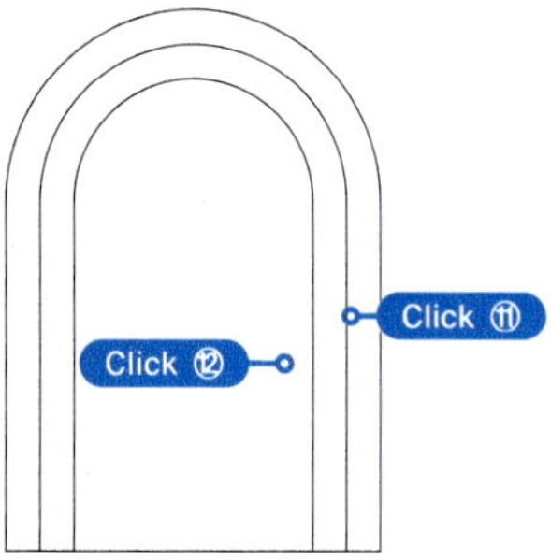

5. 절대 좌표를 이용하여 직선그리기

1 LINE 명령을 이용하여 사각형을 그린다.

- L Enter↵
- 115,102 Enter↵
- 115,111 Enter↵
- 127,111 Enter↵
- 127,102 Enter↵
- 115,102 또는 C Enter↵

6. 원본 객체를 사각 배열하기

1 ARRAY 명령을 이용하여 사각형 객체를 직사각형 배열 복사한다.

- AR Enter↵
- 〈Rectangular Array〉 선택
- 〈Select objects〉를 선택
- 사각형의 네 직선 모두를 선택.

- 다시 대화창이 나타나면,
- 〈Rows〉에 〈5〉를 입력
- 〈Columns〉에 〈2〉를 입력
- 〈Row offset〉에 〈10〉를 입력
- 〈Columns offset〉에 〈13〉을 입력
- OK Enter↵

7. 원본과 평행한 직선 만들기

① OFFSET 명령을 이용하여 사각형의 한 변과 일정한 간격을 갖는 직선을 그린다.

- O Enter↵
- 1 Enter↵
- Click ①
- Click ②
- Enter↵

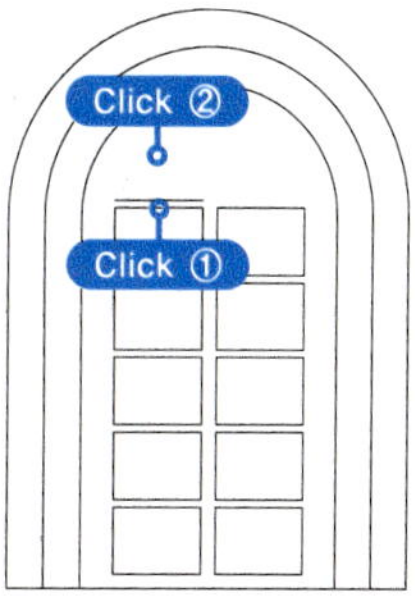

8. 직접 점을 선택하여 직선그리기

①
- L Enter↵
- Click ①
- ORTHO의 기능이 활성화 되어있는지 확인한 후 마우스를 위쪽방향으로 이동
- 12 Enter↵
- Enter↵

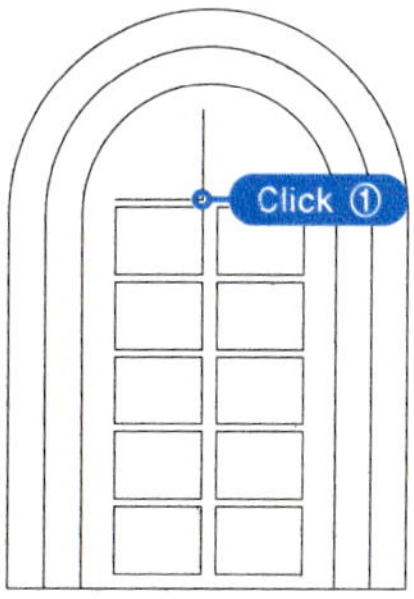

9. 시작점, 끝점, 반지름을 이용하여 호 그리기

① ARC 명령을 이용하여 직선의 끝점(Endpoint)과 임의의 반지름을 갖는 호를 그린다.

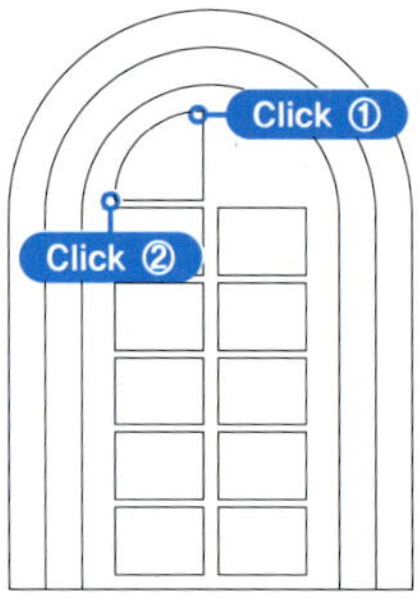

- ARC [Enter↵]
- Click ①
- E [Enter↵]
- Click ②
- R [Enter↵]
- 12 [Enter↵]

10. 정의된 축을 기준으로 객체를 대칭 복사하기

① MIRROR 명령으로 앞서 그린 객체들을 대칭 복사한다.

- MI [Enter↵]
- 대칭 복사할 객체를 선택하고 진행([Enter↵])
- Click ①
- Click ②
- [Enter↵]

11. 중심점과 지름을 이용한 원 그리기

① CIRCLE 명령을 이용하여 원을 그린다.

- C Enter↵
- Click ①
- D Enter↵
- 5 Enter↵

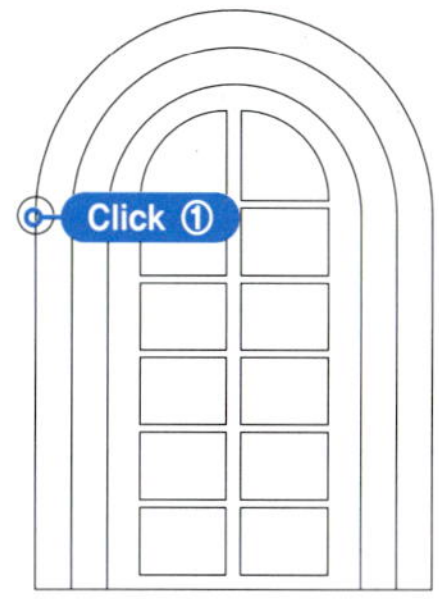

12. 원본 객체를 원형 배열하기

① ARRAY 명령을 이용하여 객체를 배열 복사한다.

- AR Enter↵
- 〈Polar Array〉 선택
- 〈Select objects〉를 선택
- 원을 선택하고 진행(Enter↵)
- Click ①
- Enter↵

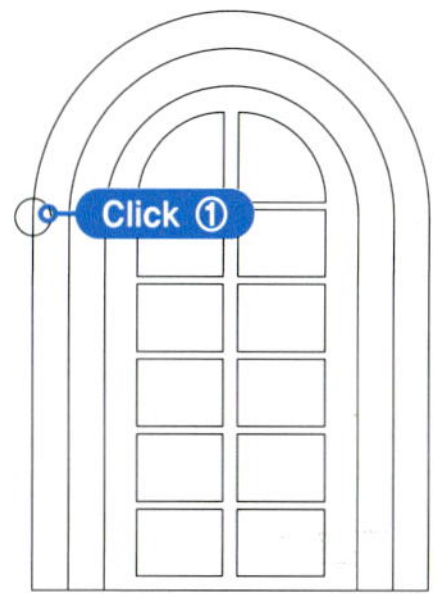

②
- 다시 대화창이 나타나면,
- 〈Pick Center Point〉를 선택
- Click ②

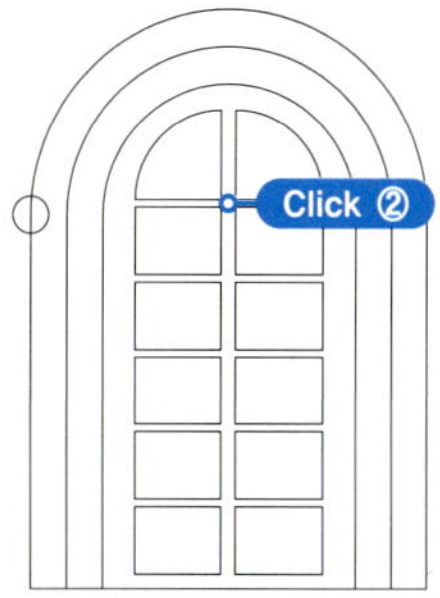

③
- 다시 대화창이 나타나면,
- 〈Total number of items & Angle to fill〉를 선택
- 〈Total number of items〉에 : 〈15〉를 입력
- 〈Angle to fill〉에 〈–180〉를 입력
- OK Enter↵

13. 원본 객체를 사각 배열하기

① ARRAY 명령을 이용하여 원 객체를 직사각형 배열 복사한다.

- AR Enter↵
- 〈Rectangular Array〉 선택
- 〈Select objects〉를 선택
- Click ①
- Enter↵

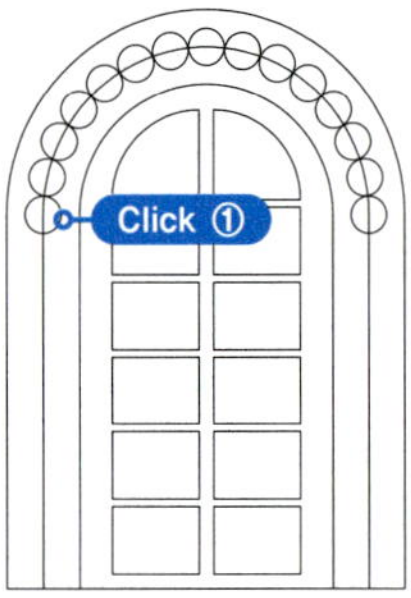

- 다시 대화창이 나타나면,
- 〈Rows〉에 〈10〉을 입력
- 〈Columns〉에 〈1〉을 입력
- 〈Row offset〉 〈-5〉를 입력
- 〈Columns offset〉에 〈0〉을 입력
- OK

14. 정의된 축을 기준으로 객체를 대칭 복사하기

① MIRROR 명령을 이용하여 객체를 대칭 복사한다.

- MI Enter↵
- 대칭 복사를 할 사각 배열된 원들을 선택하고 진행 Enter↵
- Click ①
- Click ②
- Enter↵

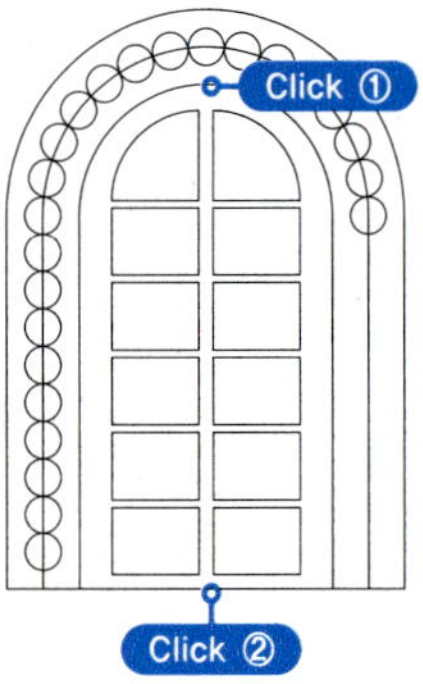

- 완성

Section 08 연습과제

1 연습과제 1, 2

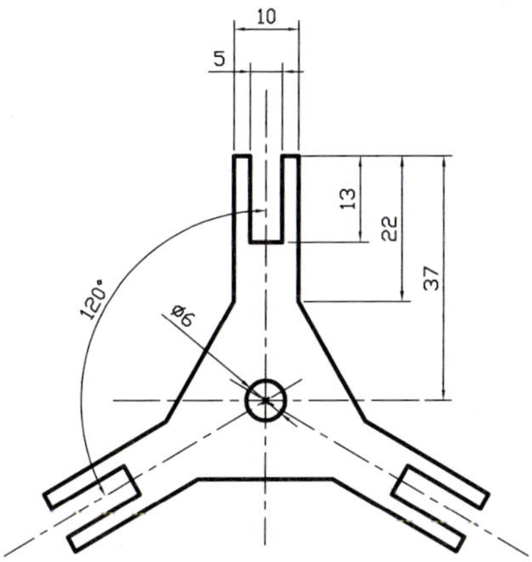

연습문제 1 - 고정 지그의 서포트

LINE, CIRCLE, ARRAY 명령을 이용하여 서포트를 완성한다.

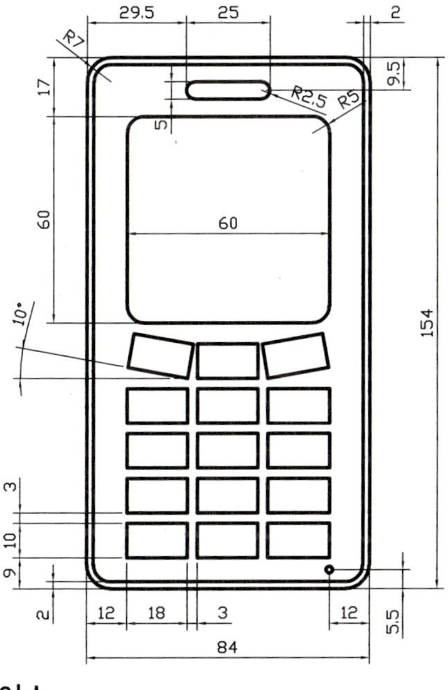

연습문제 2 - 휴대폰 케이스

ARRAY, COPY, MOVE, ROTATE 명령을 이용하여 휴대폰 케이스를 완성한다.

2 연습과제 3, 4

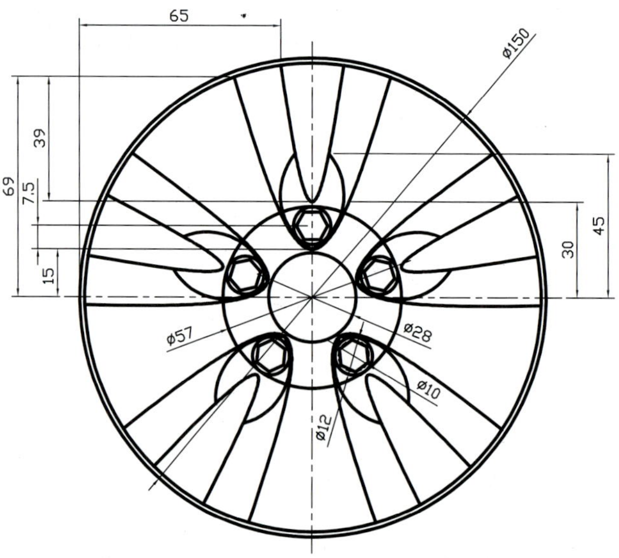

연습문제 3 - 자동차용 휠

ARRAY, SPLINE, ARC, POLYGON, OFFSET 명령을 이용하여 휠을 완성한다.

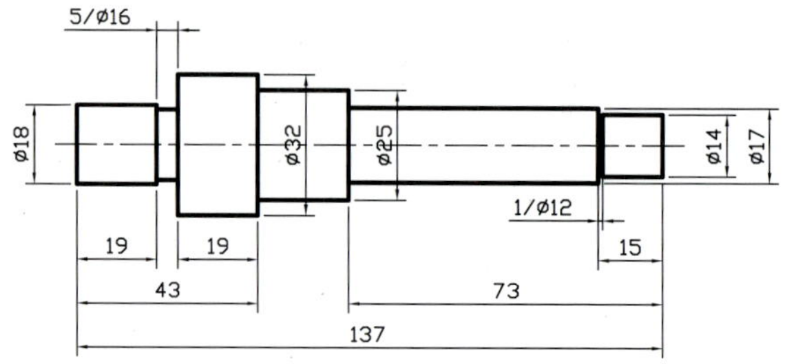

연습문제 4 - 축

LINE, OFFSET, MIRROR 명령을 이용하여 축을 완성한다.

CHAPTER 07

객체 편집하기 2

◆실습목적 :	① 객체 편집 명령에 대하여 이해한다. ② 객체 자르기와 연장하기에 관련된 객체 편집 명령의 활용 예를 배운다. ③ 객체 작성시 실행 취소 및 복구 명령에 대한 활용 예를 배운다.
◆실습시간 :	1.5hr ~ 2.5hr
◆실습내용 :	① TRIM _ 객체 자르기 ② EXTEND _ 객체 연장하기 ③ BREAK _ 객체 끊기 ④ ERASE _ 객체 삭제하기 ⑤ UNDO _ 실행 취소하기 ⑥ REDO _ 복구 하기
◆참고사항 :	• TRIM 과 EXTEND 명령은 객체를 자르고 연장하는 서로 다른 성질의 명령어지만 명령의 실행구조가 비슷하여 두 명령을 함께 이해하는 것이 편리하다. • UNDO 와 REDO 명령은 가장 최근에 실행된 작업부터 취소하거나 복구할 수 있다. • TRIM 명령은 AutoCAD 도면 작업시 가장 많이 사용되는 명령으로 충분한 이해가 필요하다.

실습할 내용 :

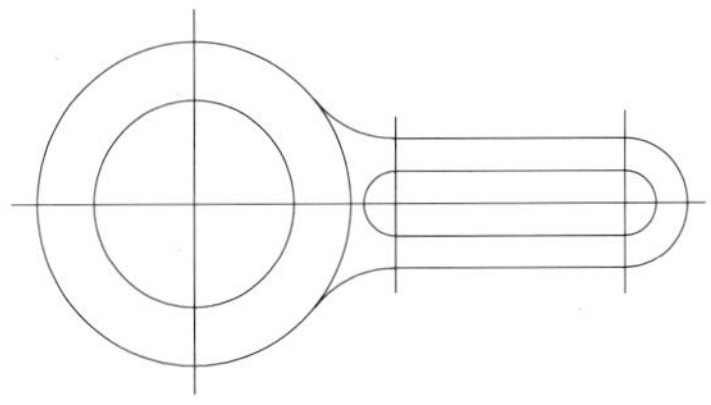

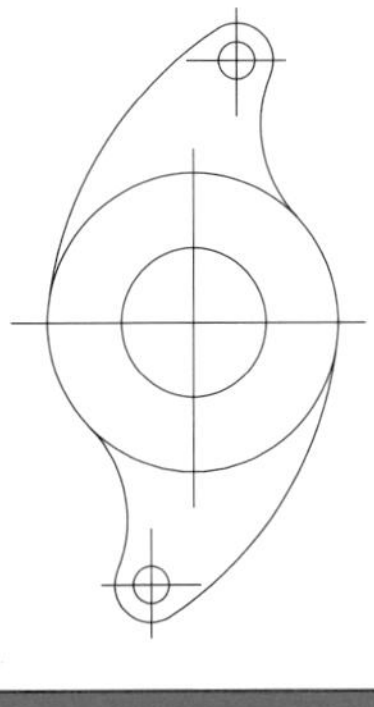

Section 01

TRIM
객체 자르기

도면 작성시 두 객체들이 교차하고 있을 때, 어느 한 객체를 교차하는 객체를 기준으로 한쪽 부분을 잘라내어 제거하는 명령이다. 객체를 자르기 위해 기준이 될 객체를 선택한 후 잘라낼 객체를 선택하여 명령을 실행하게 되는데 도면을 편집하는 과정에서 가장 많이 사용하게 되는 명령이다.

1 객체를 직접 선택하여 자르기

자르는 대상 객체를 한 개씩 직접 선택하여 자른다. 대상 객체가 많지 않은 경우 또는 객체들이 복잡하게 얽혀서 교차해 있는 경우에 사용하는 것이 유용하다.

1. 명령어의 실행

① (마우스)를 이용한 실행

▸ 메뉴 표시줄 [Modify] – [Trim] 선택

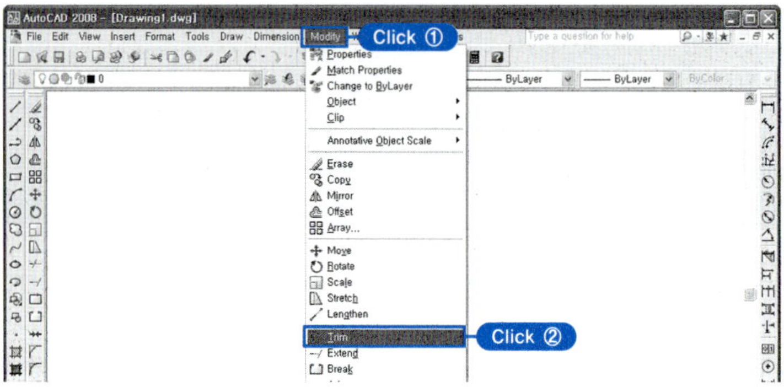

▸ Modify 도구모음 [Trim] 선택

② (키보드)를 이용한 실행

Command : TRIM 또는 TR Enter↵

2. 명령어 사용법 따라하기

TRIM 명령은 교차점을 이루는 두 객체에 대하여 한 객체를 자르기 위한 기준으로 두고 다른 객체를 자르는 대상으로 하여 객체를 자르는 명령이다. 자르기 위한 기준이 되는 객체를 먼저 선택하고 자르는 대상이 되는 객체의 잘릴 부분을 선택하여 명령을 실행한다.

①

- 명령 실행, (TR Enter↵)
- 자르기 위한 교차점을 이루는 기준 객체를 선택(Enter↵)

※ 복수 객체 선택도 가능하다.

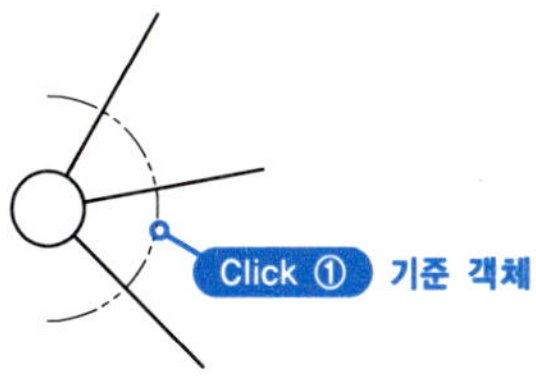

- 앞서 선택한 객체를 기준으로 자르는 대상이 될 객체의 자를 부분을 선택하고 진행
- 계속해서 교차하는 다른 객체들의 자를 부분을 선택

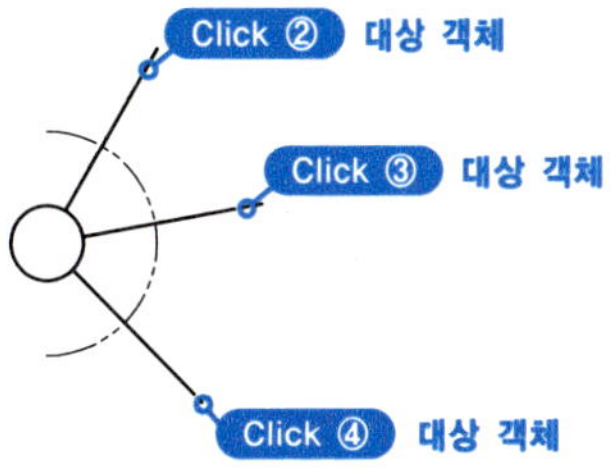

- TRIM 명령을 종료(Enter↵)

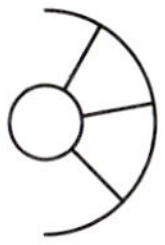

TIP

➡ TRIM 명령에서 기준 객체의 선택

객체들을 자르기 위한 교차점의 기준 객체를 선택할 때 복수의 기준 객체들을 선택하여 각각의 기준에 대하여 대상 객체들을 한 번의 명령 실행으로 자르기 할 수 있다. 만약에 기준 객체를 선택하는 과정에서 특정한 기준 객체의 선택 없이 명령을 진행(Enter↵) 시키면 화면에 표시된 모든 객체들의 교차점이 기준이 되고 교차하는 모든 대상 객체에 대하여 객체 자르기 명령을 실행할 수 있다.

2 울타리(fence)와 교차하는 객체 자르기

TRIM 명령에서 울타리를 이용하는 것은 앞서 배운 객체 선택(Object selection) 방법을 이용하는 것이다. 객체자르기를 할 때 대상 객체가 많은 경우 또는 일정한 패턴으로 자르는 대상 객체들이 배치되어 있는 경우에 자르는 대상이 될 각각의 객체들을 모두 선택할 필요 없이 울타리(fence) 옵션을 사용하면 편리하다. 울타리 옵션은 자르는 대상 객체의 잘릴 부분을 직접 선택하지 않고 두 점 이상으로 정의되는 가상의 울타리(fence)를 이용하여 울타리와 교차하는 모든 대상 객체들의 자르기 될 부분을 선택하여 TRIM 명령을 실행한다.

2. 명령어 따라하기

(1)

- 명령 실행. (TR Enter↵)
- 자르기 위한 교차점을 이루는 기준 객체를 선택(Enter↵)

※ 복수 객체 선택도 가능하다.

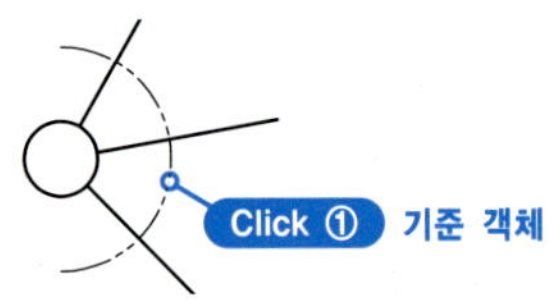

- 자르기 위한 대상 객체의 잘릴 부분을 울타리(fence) 옵션을 사용하여 선택하기 위하여 〈F〉를 입력하고 진행(Enter↵)
- 자르기 위한 대상 객체의 잘릴 부분이 모두 교차되도록 두 점 이상을 선택하여 가상의 울타리(fence)를 생성

※ 가상의 선이 수직, 수평으로만 그려지는 경우 ORTHO (F8) 기능을 해제한다.

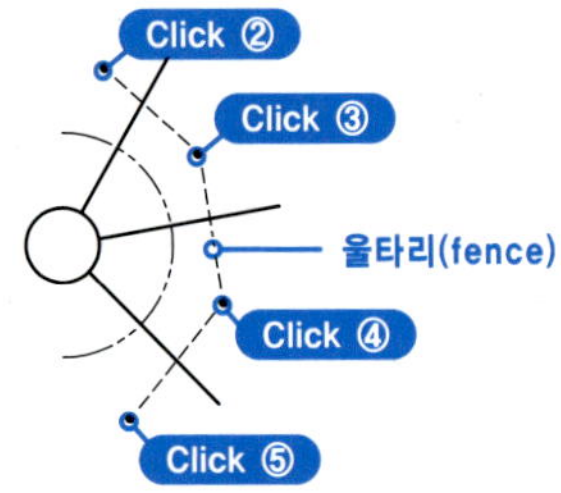

- 울타리와 교차하는 대상 객체들의 잘릴 부분을 자르기 위하여 명령 진행(Enter↵)

- TRIM 명령을 종료(Enter↵)

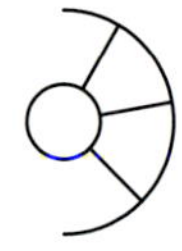

②
- 명령 실행, (TR Enter↵)
- 화면에 표시되는 모든 교차점을 기준으로 자르기 위하여 특정한 기준 객체를 선택하지 않고 명령 진행(Enter↵)

※ 기준 객체를 선택하는 과정에서 특정한 객체를 선택하지 않는 경우 화면에 표시되는 모든 객체의 교차점이 자르기 위한 기준점이 된다.

- 자르기 위한 대상 객체의 잘릴 부분을 울타리(fence) 옵션을 사용하여 선택하기 위하여 〈F〉를 입력하고 진행(Enter↵)
- 자르기 위한 대상 객체의 잘릴 부분을 모두 교차하도록 가상의 울타리(fence)를 생성
- 가상의 울타리(fence)와 교차하는 대상 객체들의 잘릴 부분을 자르기 위하여 명령 진행(Enter↵)

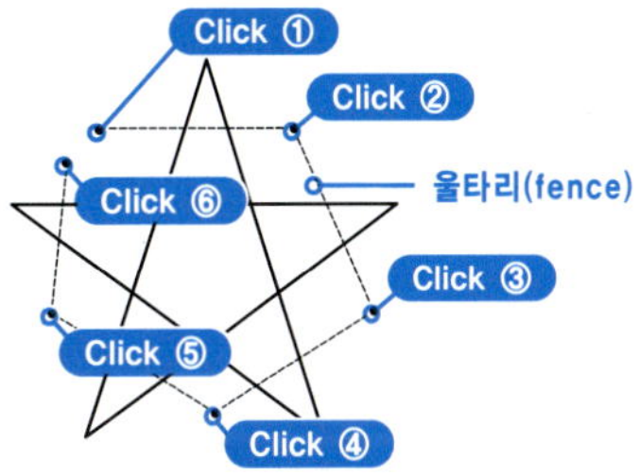

- TRIM 명령을 종료(Enter↵)

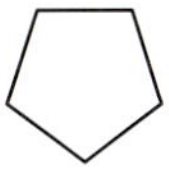

TIP

TRIM 명령 옵션

- 걸치기(Crossing) : 2점으로 정의되는 직사각형의 내부에 포함되거나 교차하는 객체들을 자른다.
- 지우기(Erase) : ERASE 명령으로 넘어가지 않고 TRIM 명령 상에서 객체를 삭제한다.

※ **연장하기(Extend)** : TRIM 명령은 다음 장에서 배우게 될 EXTEND 명령과 같은 객체 편집을 실행할 수있다. TRIM 명령으로 서로 평행하지 않는 두 객체들에서 한 객체를 기준으로 다른 객체가 기준 객체의 교차점까지 연장되게 하기 위하여 (SHIFT) 키를 이용하면 객체가 연장된다.

Section 02

EXTEND 객체 연장하기

두 객체들이 평행하지 않는 상태에서 한 객체를 기준으로 두 객체의 가상 교차점으로 다른 한 객체를 연장하는 명령이다. 이 명령은 객체의 한 끝점을 다른 객체와의 경계까지 간단하게 연장할 수 있으며 일반적으로 직선의 연장보다는 곡선의 연장에 유용하게 사용된다. EXTEND 명령은 TRIM 명령과 명령 실행구조가 유사하여 TRIM 명령과 EXTEND 명령을 같이 이해하는 것이 편리하다.

1 객체를 직접 선택하여 연장하기

1. 명령어의 실행

① (마우스)를 이용한 실행

▸ 메뉴 표시줄 [Modify] – [Extend] 선택

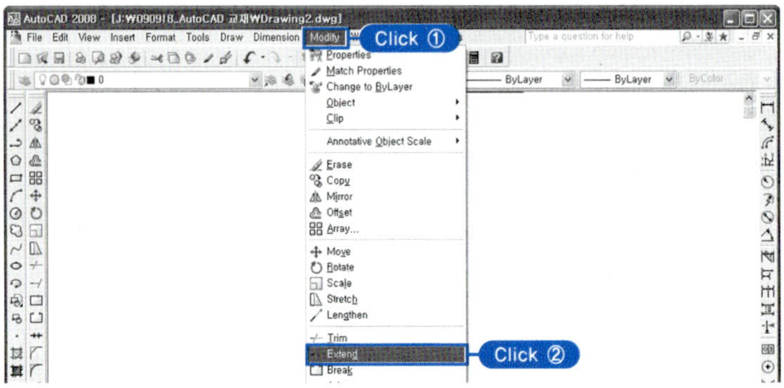

▸ Modify 도구모음 [Extend] 선택

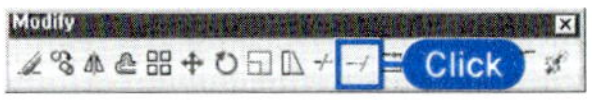

② (키보드)를 이용한 실행

Command : EXTEND 또는 EX Enter↵

2. 명령어 사용법 따라하기

EXTEND 명령을 사용하면 평행하지 않는 두 객체가 있을 때 한 객체를 경계 기준으로 하여 다른 객체를 그 객체까지 연장할 수 있다. 뿐만 아니라 두 객체가 실제로 교차하지 않더라도 가상의 경계을 찾아 그 경계까지 객체를 연장할 수 있다. EXTEND 명령은 TRIM 명령과 마찬가지로 경계가 되는 기준 객체를 먼저 선택하고 연장할 객체를 선택하여 명령을 실행한다.

①

- 명령 실행, (EX Enter↵)
- 각각의 객체를 연장하기 위해 경계가 되는 기준 객체를 선택(Enter↵)

※ 복수 객체 선택도 가능

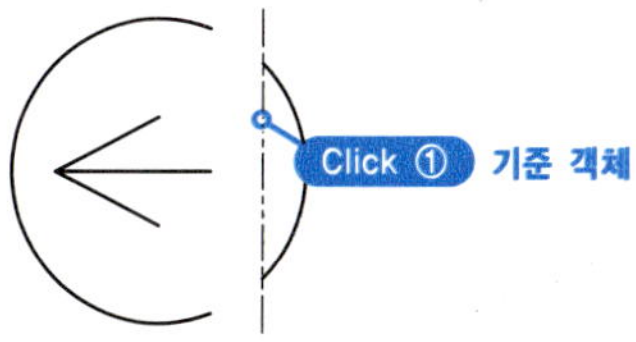

- 연장할 대상이 되는 객체를 선택

※ 직선보다는 곡선의 연장에 유용하다.

- 계속해서 연장하기 위한 다른 객체들을 선택

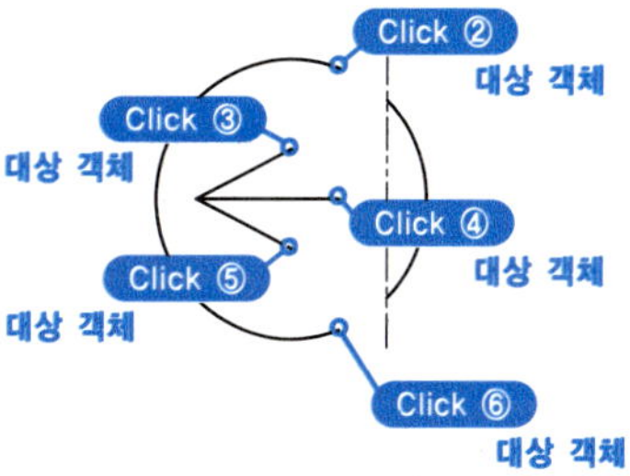

- EXTEND 명령을 종료(Enter↵)

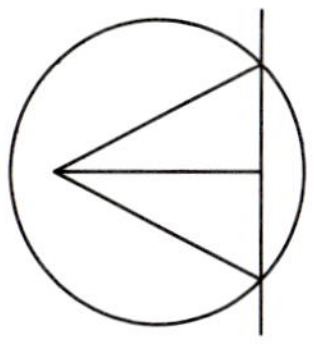

TIP

➡ EXTEND 명령에서 기준 객체의 선택

TRIM 명령과 마찬가지로 복수의 객체를 한번에 선택하여 각각의 객체들을 연장을 할 수 있고 모든 객체를 선택하기 위해서 경계 기준 객체 선택시 다른 명령이나 수치 입력없이 명령을 진행(Enter↵)시킨다.

2 울타리(fence)와 교차하는 객체 연장하기

TRIM 명령과 마찬가지로 경계에 맞게 객체를 연장하기를 할 때 대상 객체가 많은 경우 각각의 연장할 객체들을 모두 선택할 필요 없이 울타리(fence) 옵션을 사용하면 편리하다. 울타리 옵션은 대상 객체를 따로 선택하지 않고 두 점 이상으로 정의되는 가상의 울타리를 이용하여 울타리와 교차하는 모든 객체들을 대상객체로 선택하여 EXTEND 명령을 실행한다.

1. 명령어 사용법 따라하기

①

- 명령 실행, (EX Enter↵)
- 각각의 객체를 연장하기 위해 경계가 되는 기준 객체를 선택, 복수 객체 선택도 가능(Enter↵)

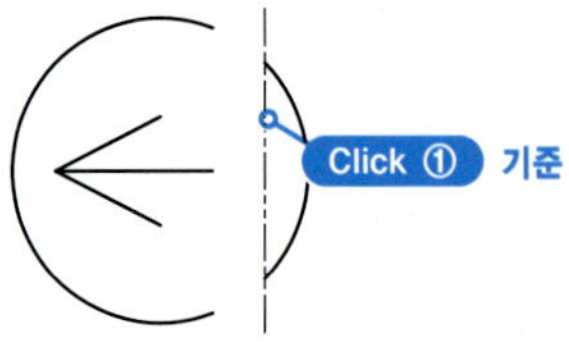

- 연장하기 위한 대상이 될 객체를 울타리(fence) 옵션을 사용하여 선택하기 위하여 〈F〉를 입력하고 진행(Enter↵)
- 연장하기 위한 대상 객체가 모두 교차되도록 두 점 이상을 선택하여 가상의 울타리를 생성

※가상의 선이 수직, 수평으로만 그려지는 경우 ORTHO 기능을 해제한다.

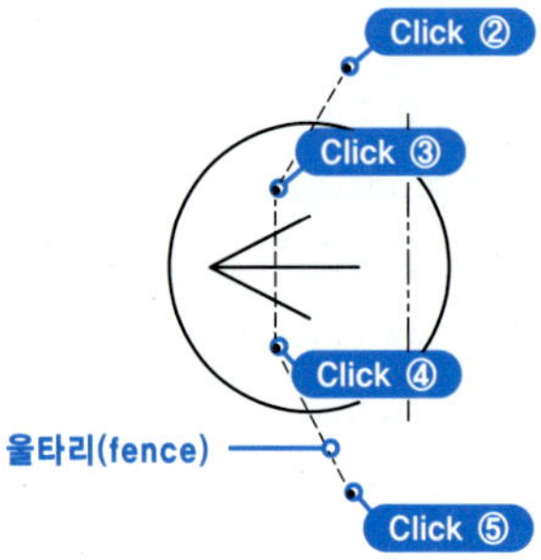

- 울타리와 교차하는 대상 객체들의 연장을 위하여 명령 진행(Enter↵)
- EXTEND 명령을 종료(Enter↵)

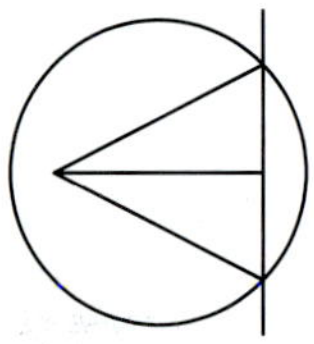

TIP

➡ EXTEND 명령 옵션

- 걸치기(Crossing) : 2 점으로 정의되는 직사각형의 내부에 포함되거나 교차하는 객체들을 연장한다.
- 모서리(Edge) : 경계 기준 객체까지 객체를 연장했을 때, 객체들이 직접 교차하지 않는 경우 기준 객체를 가상으로 연장하여 대상 객체를 연장할 것인지 아닌지를 설정한다.

Section 03

BREAK
객체 끊기

객체의 일부분을 끊어서 분리하거나 삭제해야 되는 경우 BREAK 명령을 이용할 수 있다. TRIM 명령에서처럼 객체를 자르기 위한 기준 객체가 필요하지 않고 사용자가 입력하는 두 점을 이용하여 객체의 두 점 사이를 끊는다. BREAK 명령은 원호를 그릴 때 방향이 정해지는 것처럼 두 점의 반시계방향으로 객체의 일부분을 끊는다.

1 기준 객체 없이 객체를 끊어 삭제하기

1. 명령어의 실행

① (마우스)를 이용한 실행

▸ 메뉴 표시줄 [Modify] – [Break] 선택

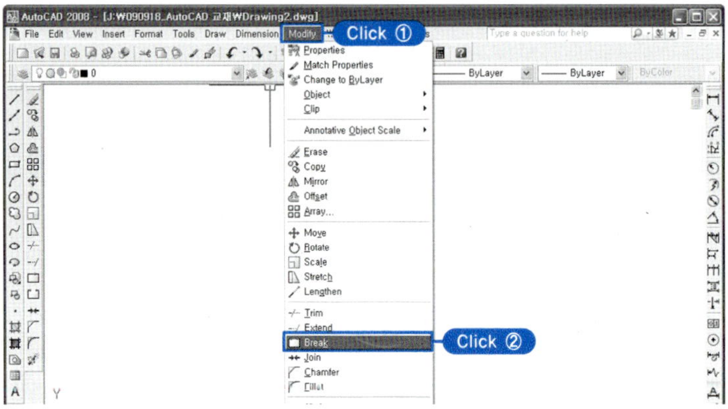

▸ Modify 도구모음 [Break] 선택

② (키보드)를 이용한 실행

Command : BREAK 또는 BR Enter↵

2. 명령어 사용법 따라하기

객체의 일부분을 끊어 삭제하기 위해 TRIM 명령을 사용할 수 있지만 BREAK명령을 사용하면 기준객체를 선택하지 않고 끊으려는 부분을 두 점으로 정의하여 끊을 수 있다. BREAK 명령은 대상 객체를 선택하면서 끊기 위한 시작점이 동시에 입력되지만 새로운 끊기 시작점과 끝점을 입력할 수 있다.

①

- 명령 실행, (BR Enter↵)
- 원 객체의 일부분 중에서 좌측 상단의 1/4부분을 끊어 삭제하기 위해 원 객체의 임의 점을 선택

※ 이때 객체를 선택하는 부분이 끊기 위한 시작점으로 동시에 선택된다.

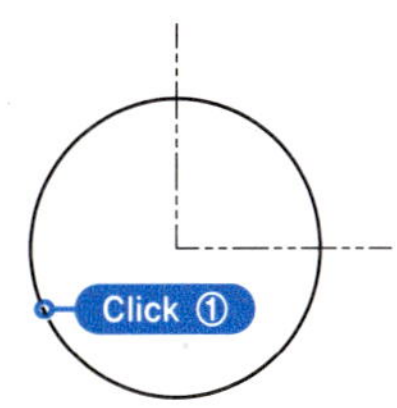

- 끊기 위한 시작점을 새로 지정하기 위한 옵션 〈F〉를 입력하고 명령을 진행 (Enter↵)
- 새로운 끊기 위한 시작점으로 수평선과 원의 교차점을 선택
- 끊기 위한 끝점으로 수직선과 원의 교차점을 선택

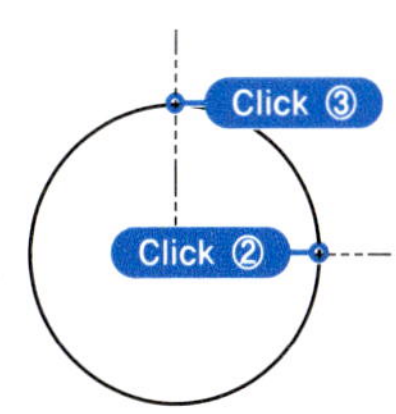

※ 원하는 부분을 끊기 위하여 시작점과 끝점의 선택 순서는 시계 반대 방향으로 선택한다.

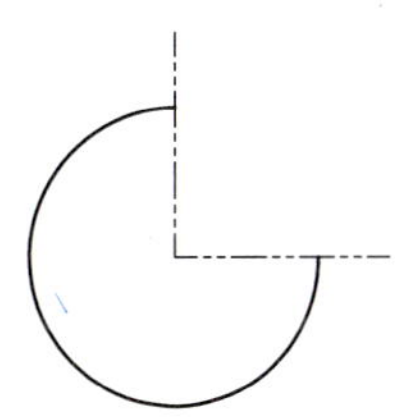

2 교차점을 기준으로 객체 분리하기

BREAK 명령으로 객체를 끊어 삭제하지 않고 두 객체로 각각 분리할 수 있다.

1. 명령어 사용법 따라하기

①

- 명령 실행, (BR Enter↵)
- 원호 객체를 수직선과의 교차점을 기준으로 두 객체로 분리하기 위하여 원호 객체의 임의 점을 선택
- 끊기 위한 시작점(분리점)을 다시 정의하기 위하여 옵션 〈F〉를 입력하고 진행(Enter↵)
- 끊기 위한 시작점(분리점)으로 수직선과 원의 교차점을 선택
- 끊기 위한 끝점 대신에 〈@〉을 입력하고 진행(Enter↵)

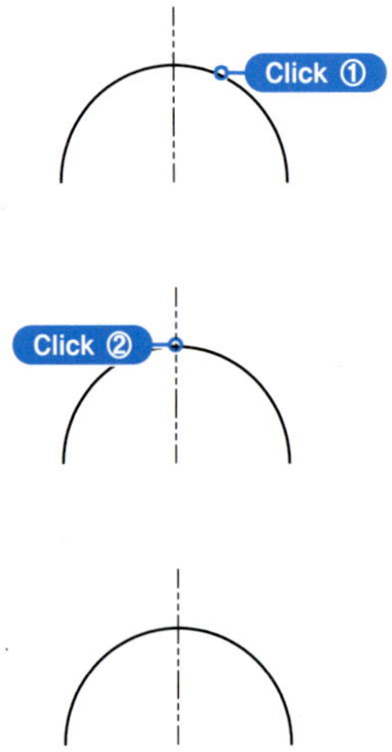

※ 〈@〉은 시작점과 같은 점이다.

Section 04

ERASE 객체 삭제하기

도면 작업시 불필요한 객체들을 그리게 되는 경우 객체를 삭제하는 명령이다.

1 필요없는 객체 지우기

1. 명령어의 실행

① (마우스)를 이용한 실행

▸ 메뉴 표시줄 [Modify] – [Erase] 선택

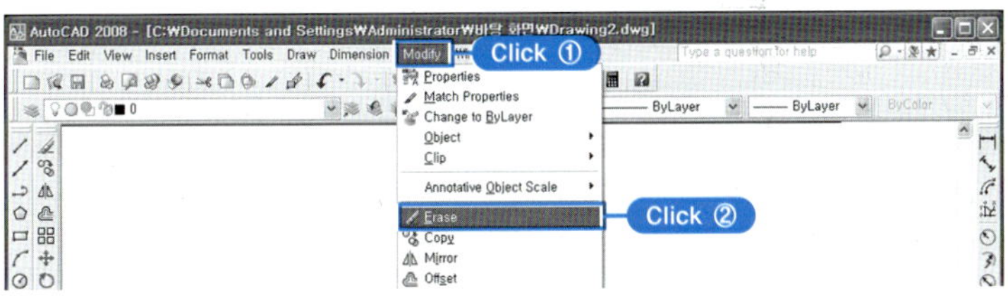

▸ Modify 도구모음 [Erase] 선택

② (키보드)를 이용한 실행

Command : ERASE 또는 E Enter↵

2. 명령어 사용법 따라하기

객체를 삭제하기 위하여 객체를 먼저 선택하고 ERASE 명령을 실행하거나 명령을 먼저 입력하고 객체를 선택할 수 있다.

①
▸ 명령 실행 후, (E Enter↵)
▸ 삭제하기 위한 객체들을 선택하고 진행(Enter↵)
※ 삭제할 객체를 선택하기 위하여 울타리〈F〉나 그룹〈G〉 옵션으로 선택하는 것이 가능하다.

Section 05 UNDO 명령 실행 취소하기

최근에 실행한 명령을 실행 취소하는 명령으로 UNDO를 사용한다.

1 잘못된 명령 실행을 취소하기

1. 명령어의 실행

① (마우스)를 이용한 실행

▸ 메뉴 표시줄 [Edit] – [Undo] 선택

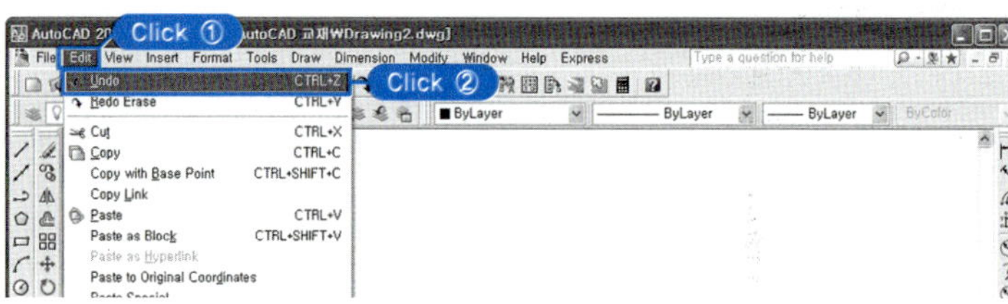

▸ Standard 도구모음 [Undo] 선택

② (키보드)를 이용한 실행

Command : UNDO 또는 U Enter↵

2. 명령어 사용법 따라하기

① ▸ 명령 실행, (U Enter↵)

※ 명령을 입력할 때마다 가장 최근의 명령부터 한 개씩 취소된다.

※ UNDO 아이콘을 이용하여 명령을 실행하는 경우 저장된 취소하고 싶은 명령들을 모두 선택하여 동시에 취소하는 것이 가능하다.

Section 06 REDO 실행 취소 명령 복구하기

UNDO 명령으로 취소한 작업을 다시 복구하는 명령이다. REDO 명령은 UNDO 명령 실행 후 바로 실행해야 취소 작업을 복구 할 수 있다. UNDO 명령을 실행하지 않은 경우 REDO 아이콘은 활성화 되지 않는다.

1 실행 취소된 명령을 복구하기

1. 명령어의 실행

① (마우스)를 이용한 실행

▸ 메뉴 표시줄 [Edit] – [Redo] 선택

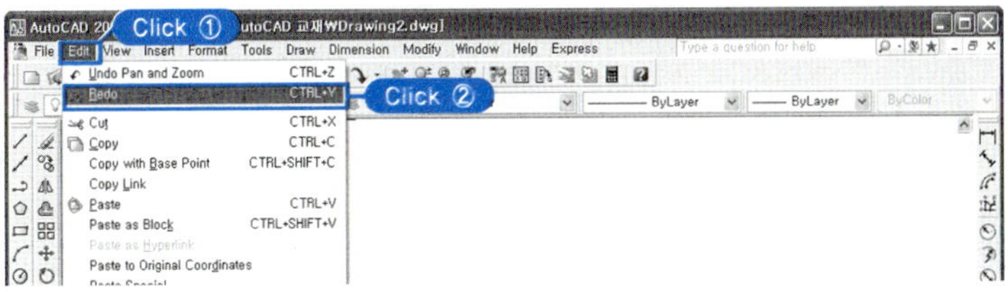

▸ Standard 도구모음 [Redo] 선택

② (키보드)를 이용한 실행

Command : REDO Enter↵

2. 명령어 사용법 따라하기

① ▸ 명령 실행, (REDO Enter↵)

※ 명령을 입력할 때마다 가장 최근의 명령 취소를 한 개씩 복구한다.

※ UNDO 명령과 마찬가지로 REDO 아이콘을 이용하거나 MREDO 명령을 사용하는 경우 복구하고 싶은 명령들을 동시에 복구하는 것이 가능하다.

Section 07 예제 따라하기

1 예제 따라하기 미리보기

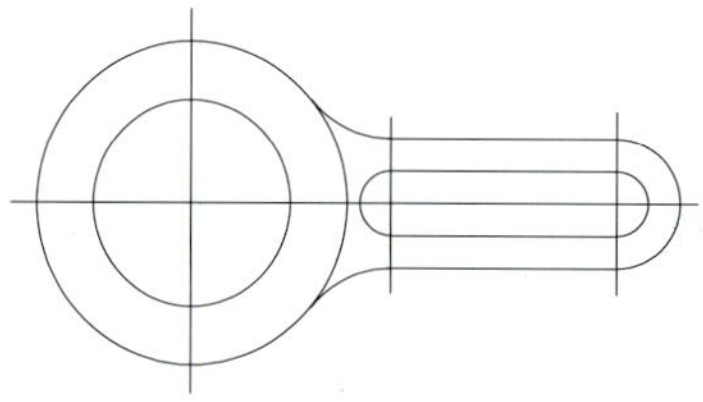

예제 따라하기 1

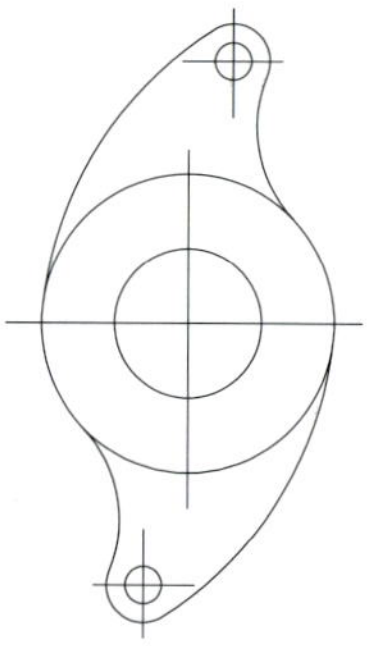

예제 따라하기 2

2 예제 따라하기 1

이 장에서 배운 명령을 이용하여 예제 따라하기 1을 완성한다. 따라하기를 통해 명령들의 사용법에 대하여 반복 학습하여 사용법을 숙지한다. 특히, TRIM 명령은 AutoCAD에서 가장 자주 사용되는 명령이므로 충분한 연습이 필요하다.

1. 직접 점을 선택하여 직선그리기

① LINE 명령을 이용하여 임의의 시작점과 끝점을 정의하여 직선을 그린다.

- L Enter↵
- Click ①
- Click ②
- Enter↵

②

- Enter↵
- Click ③
- Click ④
- Enter↵

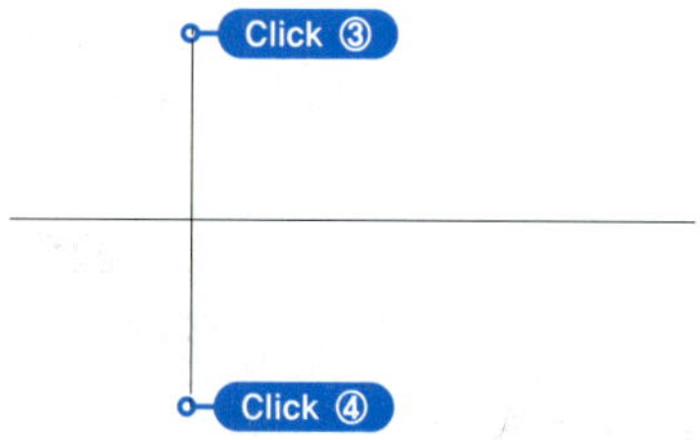

2. 중심점과 지름을 이용한 원그리기

① CIRCLE 명령을 이용하여 수직선과 수평선의 교차점에 지름을 입력하여 원을 그린다.

- C Enter↵
- Click ①
- D Enter↵
- 64 Enter↵

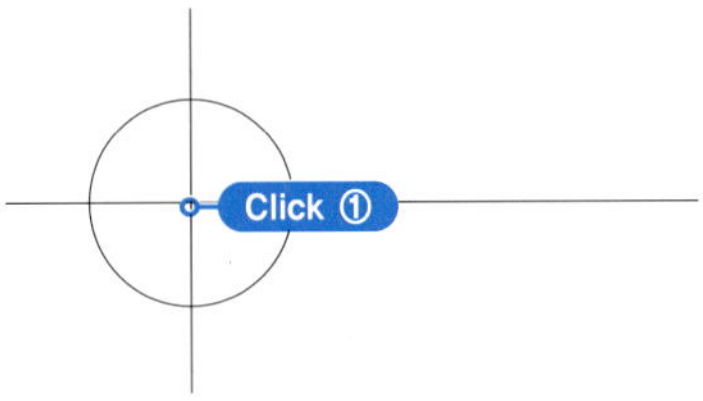

② 이전 원과 동심의 원을 그린다.

- Enter↵
- Click ②
- D Enter↵
- 100 Enter↵

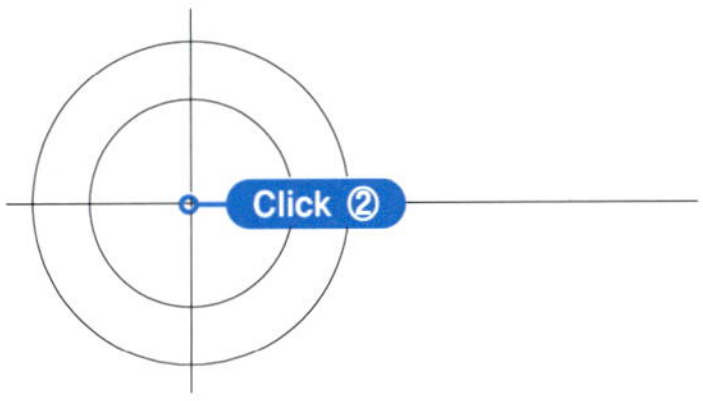

3. 원본과 평행한 직선 파생 객체 만들기

① OFFSET 명령을 이용하여 수평선과 평행한 직선을 그린다.

- O Enter↵
- 10 Enter↵
- Click ①
- 원본의 윗쪽 방향으로 마우스를 이동
- Click ②

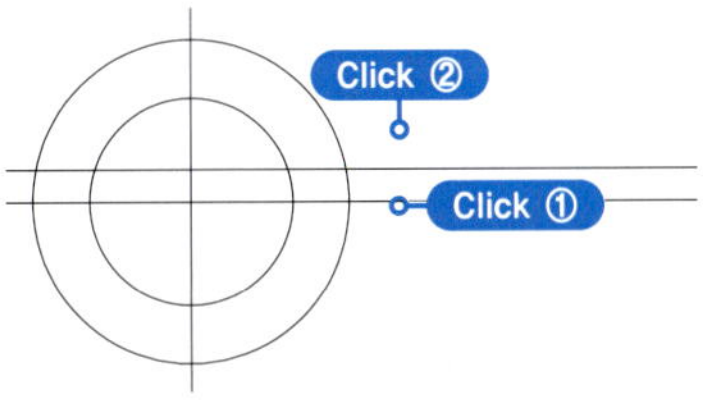

②
- Click ①
- 원본의 윗쪽 방향으로 마우스를 이동
- Click ②
- Enter↵

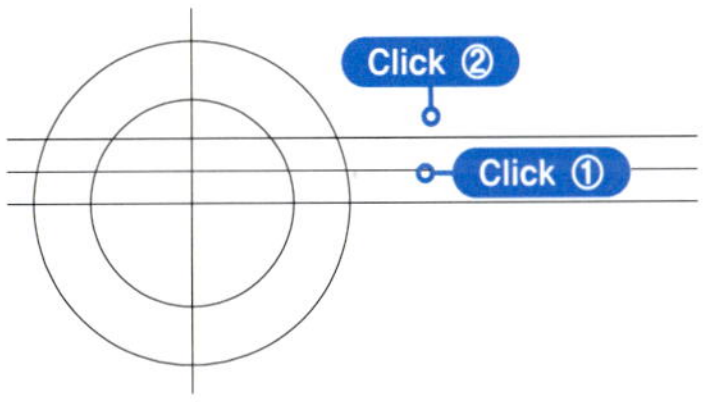

3

- O Enter↵
- 64 Enter↵
- Click ①
- 원본의 오른쪽 방향으로 마우스를 이동
- Click ②
- Enter↵

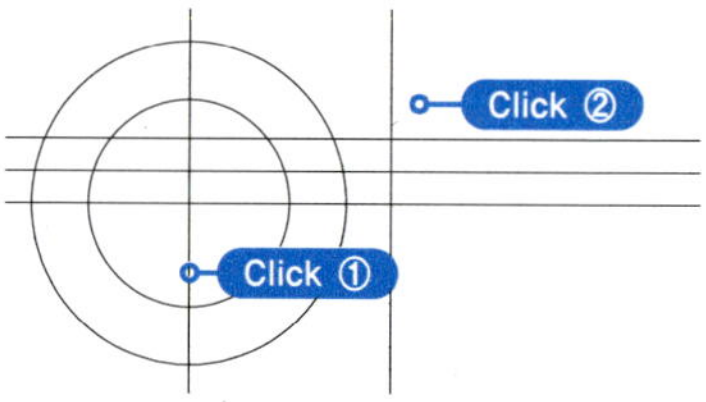

4

- O Enter↵
- 72 Enter↵
- Click ①
- 원본의 오른쪽 방향으로 마우스를 이동
- Click ②
- Enter↵

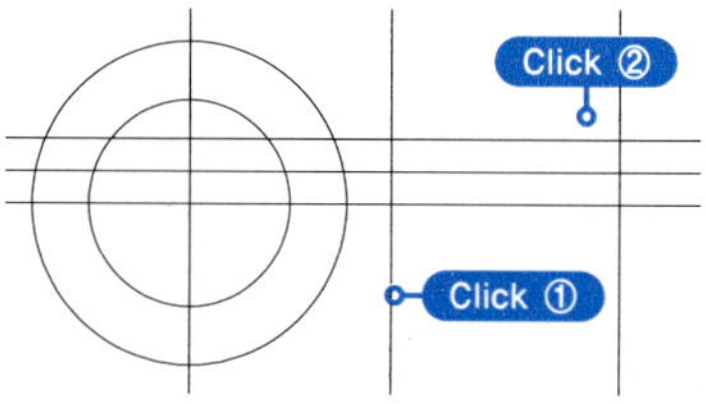

4. 중심점과 반지름을 직접 입력하여 원 그리기

1

CIRCLE 명령을 이용하여 수직선과 수평선의 교차점에 반지름을 입력하여 원을 그린다.

- C Enter↵
- Click ①
- Click ②

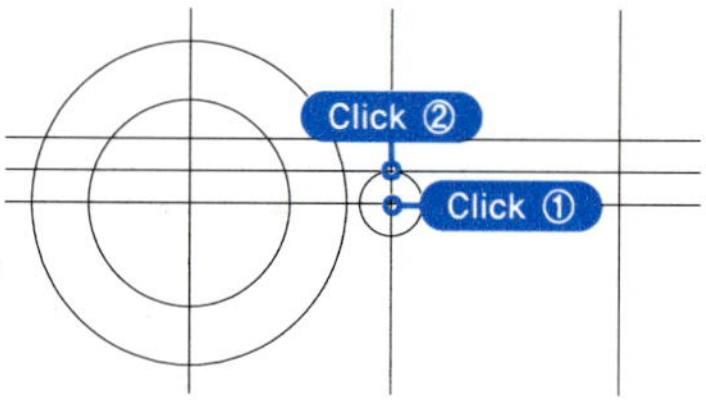

2

- Enter↵
- Click ③
- Click ④

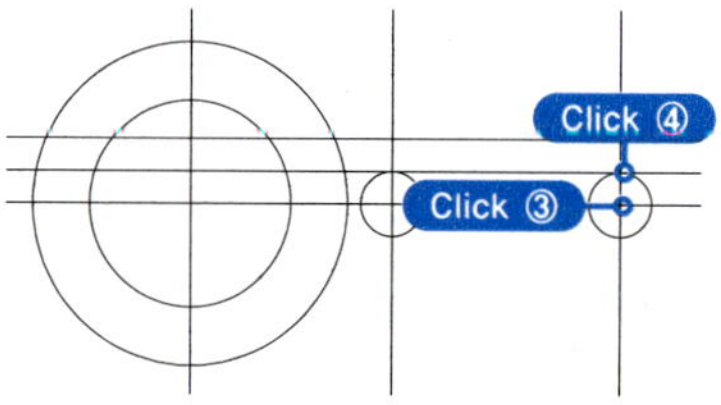

5. 객체를 직접 선택하여 자르기

① TRIM 명령을 이용하여 원 객체를 1/4씩만 남겨두고 한 객체씩 직접 선택하여 자른다.

- TR Enter↵
- 자르기 위한 객체와 교차점을 이루는 기준 객체를 선택
- Click ①
- Click ②
- Click ③
- Enter↵

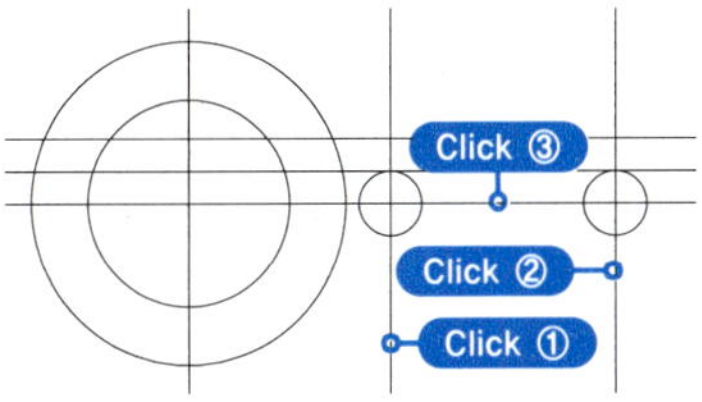

② ▸ 자르는 대상이 될 객체를 선택 후 명령을 진행(Enter↵)

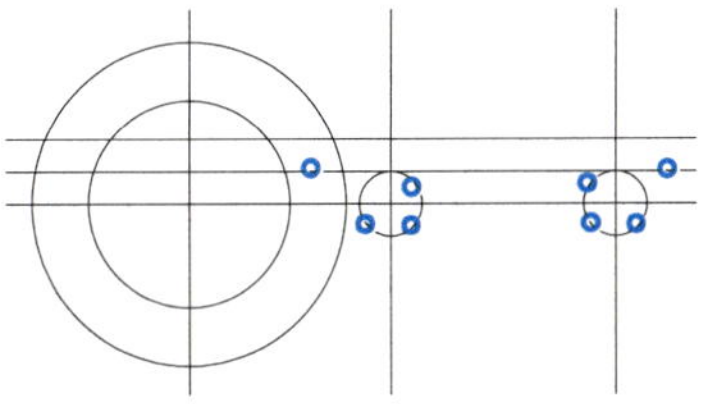

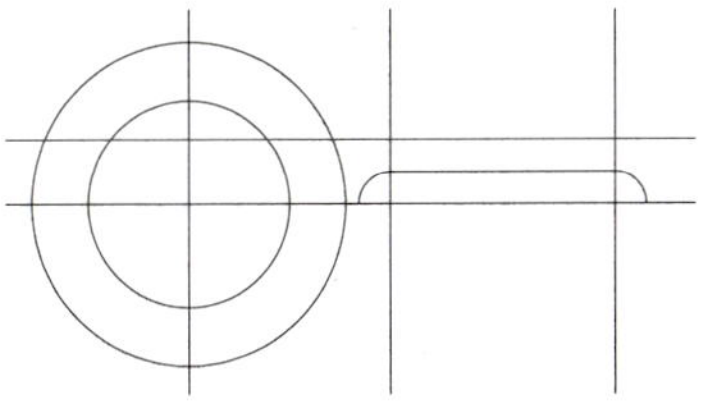

6. 중심점과 반지름을 직접 입력하여 원 그리기

① CIRCLE 명령을 이용하여 수직선과 수평선의 교차점에 반지름을 입력하여 원을 그린다.

- C Enter↵
- Click ①
- Click ②

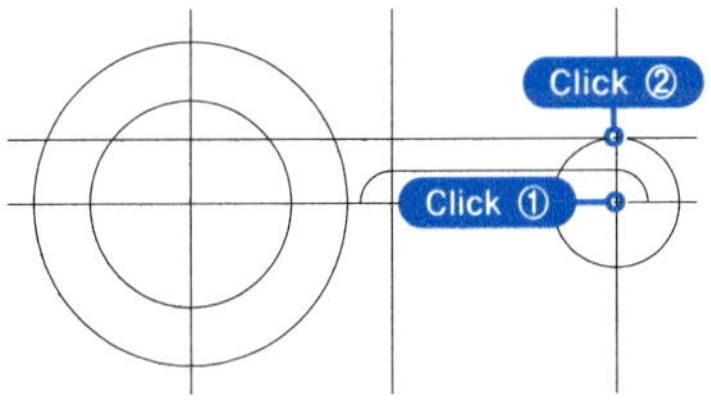

7. 객체를 직접 선택하여 자르기

① TRIM 명령을 이용하여 원 객체를 1/4만 남겨두기 위해 한 객체씩 직접 선택하여 자른다.

- TR Enter↵
- 자르기 위한 객체와 교차점을 이루는 기준 객체를 선택
- Click ①
- Click ②
- Click ③
- Enter↵

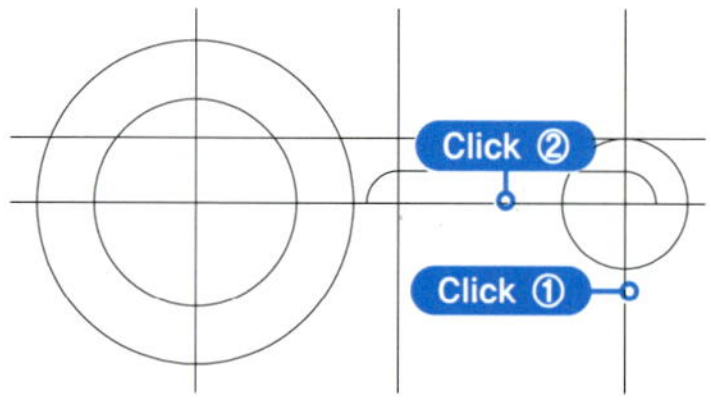

② ▸ 자르는 대상이 될 객체를 선택 후 명령을 진행(Enter↵)

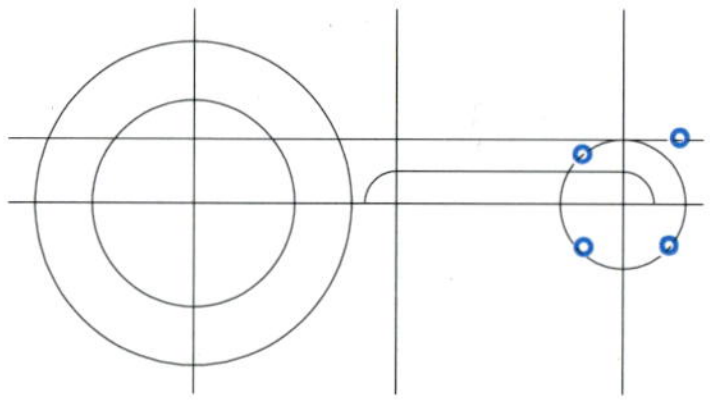

8. 두 접점과 반지름을 이용하여 원 그리기

① CIRCLE 명령으로 두 접점과 반지름을 이용하여 원을 그린다.

- C Enter↵
- TTR Enter↵
- Click ①
- Click ②
- 32 Enter↵

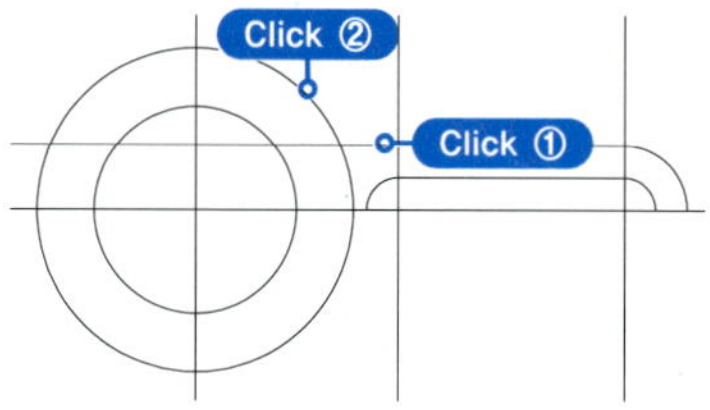

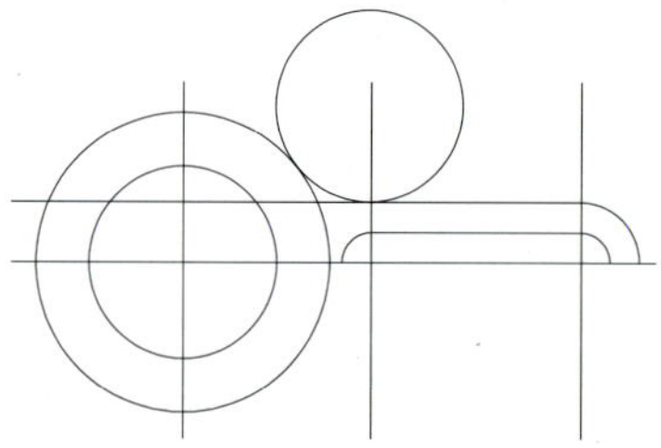

9. 객체를 직접 선택하여 자르기

① TRIM 명령을 이용하여 수평선과 원을 연결하는 원호만 남겨두고 원 객체를 직접 선택하여 자른다.

- TR Enter↵
- 자르기 위한 객체와 교차점을 이루는 기준 객체를 선택
- Click ①
- Click ②
- Click ③
- Enter↵

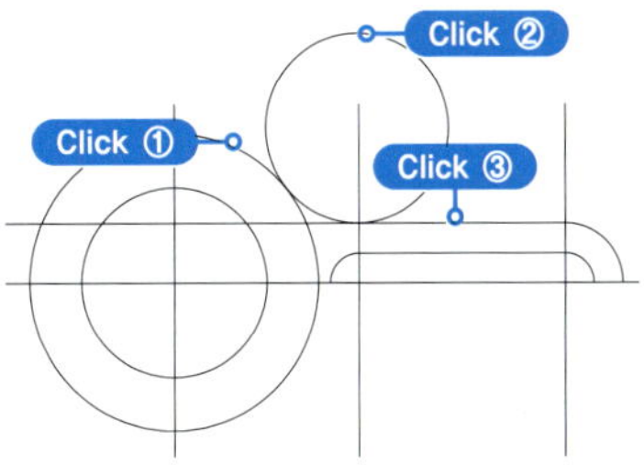

② ▸ 자르는 대상이 될 객체를 선택 후 명령을 진행(Enter↵)

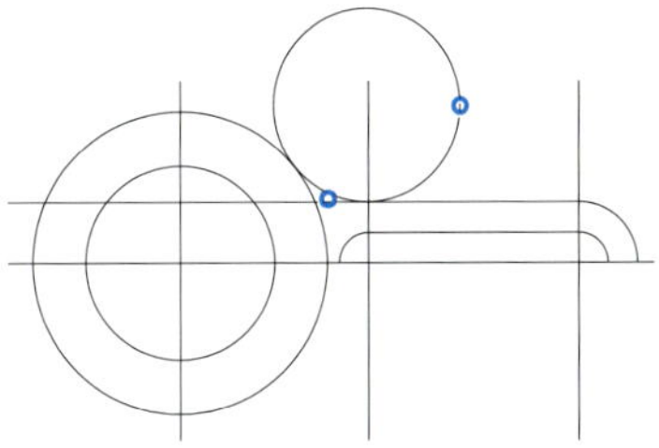

10. 필요없는 객체 지우기

① ERASE 명령을 이용하여 필요없는 객체를 지운다.

- E Enter↵
- Click ①
- Enter↵

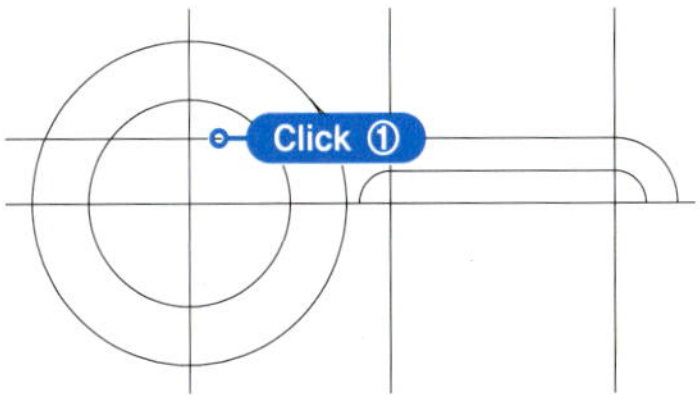

11. 정의된 축을 기준으로 객체를 대칭 복사하기

① MIRROR 명령으로 객체를 상하 대칭 복사한다.

- MI Enter↵
- 대칭 복사를 할 객체들을 선택하고 명령을 진행(Enter↵)

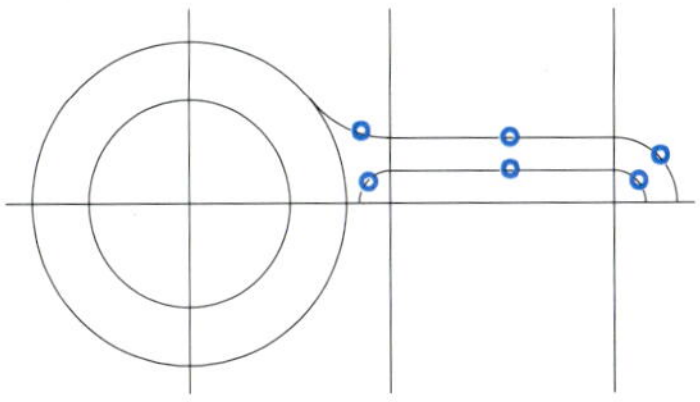

② 객체 스냅(Mid point)를 이용하여 대칭축을 이루는 직선을 정의한다.

- Click ①
- Click ②
- Enter↵

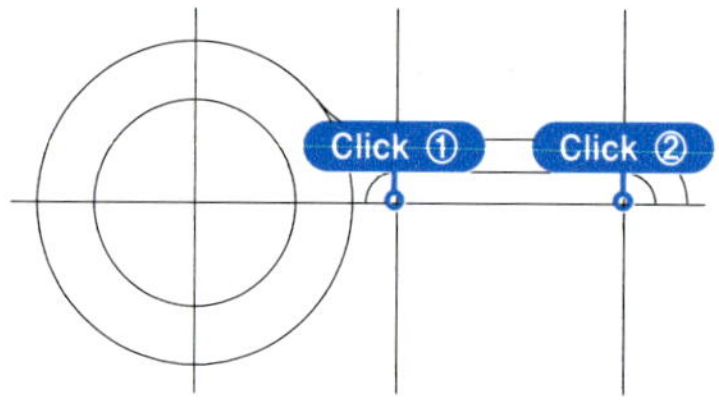

12. 기존 객체 없이 객체를 끊어 삭제하기

① BREAK 명령을 이용하여 중심선으로 사용될 직선의 필요없는 부분을 끊는다.

- BR Enter↵
- Click ①
- Click ②

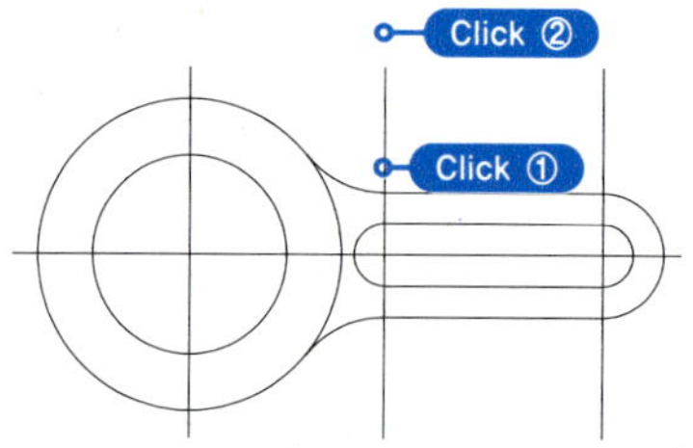

②
- Enter↵
- Click ③
- Click ④

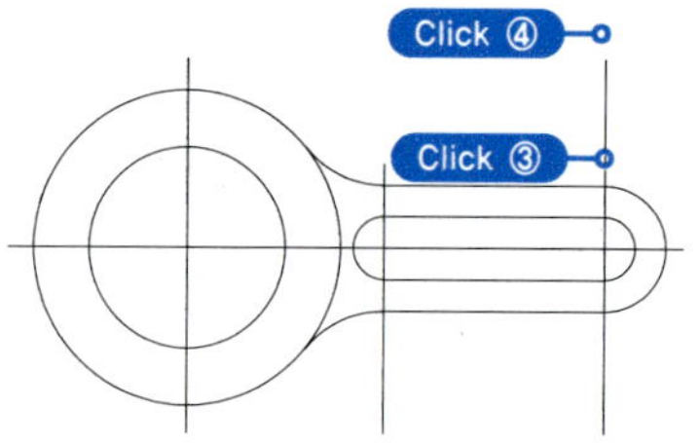

③
- Enter↵
- Click ⑤
- Click ⑥

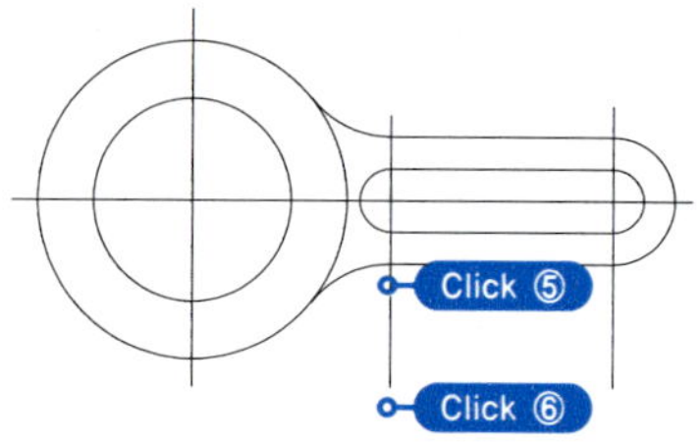

④
- Enter↵
- Click ⑦
- Click ⑧

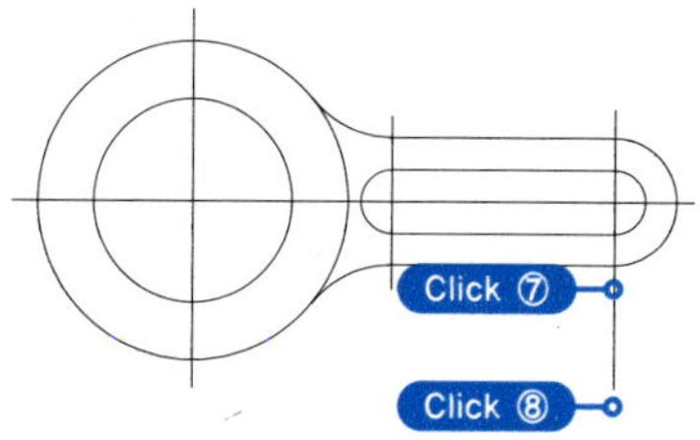

▸ 완성

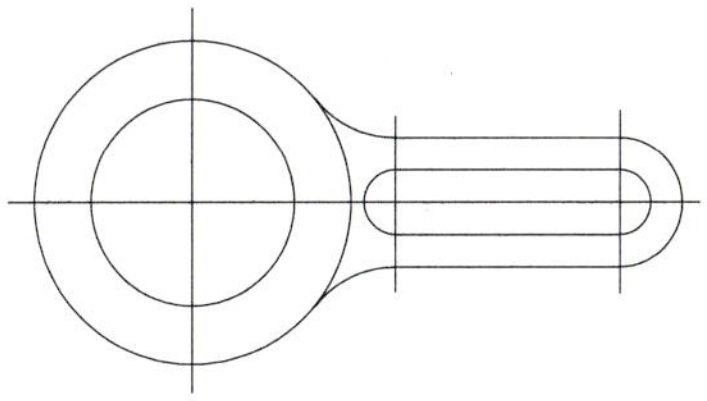

3 예제 따라하기 2

이 장에서 배운 명령을 이용하여 예제 따라하기 2을 완성한다. 따라하기를 통해 명령들의 사용법에 대하여 반복 학습하여 사용법을 숙지한다. 특히 TRIM 명령은 AutoCAD에서 가장 자주 사용되는 명령이므로 충분한 연습이 필요하다.

1. 직접 점을 선택하여 직선그리기

① LINE 명령을 이용하여 임의의 시작점과 끝점을 선택하여 교차하는 수직선과 수평선을 그린다.

▸ L Enter↵

▸ Click ①

▸ Click ②

▸ Enter↵

② ▸ Enter↵

▸ Click ③

▸ Click ④

▸ Enter↵

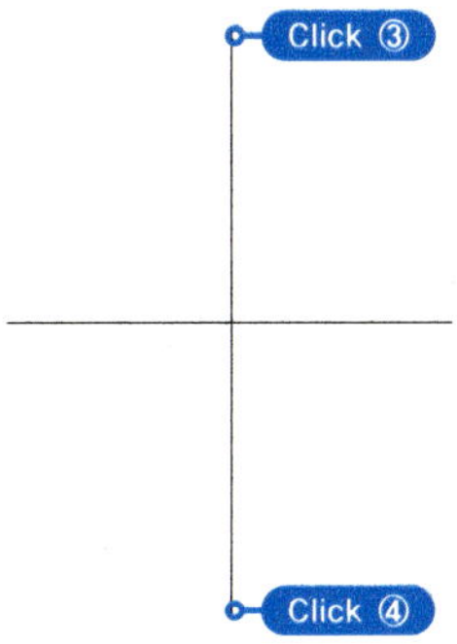

2. 중심점과 지름을 이용한 원 그리기

① CIRCLE 명령으로 수직선과 수평선이 교차하는 교차점에 지름을 입력하여 원을 그린다.

- C Enter↵
- Click ①
- D Enter↵
- 40 Enter↵

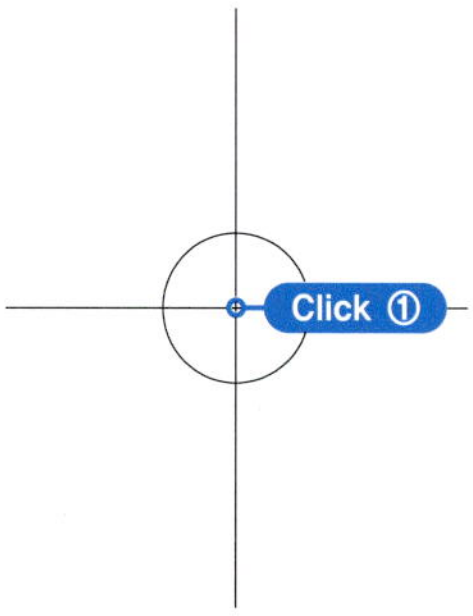

② 이전 원과 동심의 원을 그린다.

- Enter↵
- Click ②
- D Enter↵
- 40 Enter↵

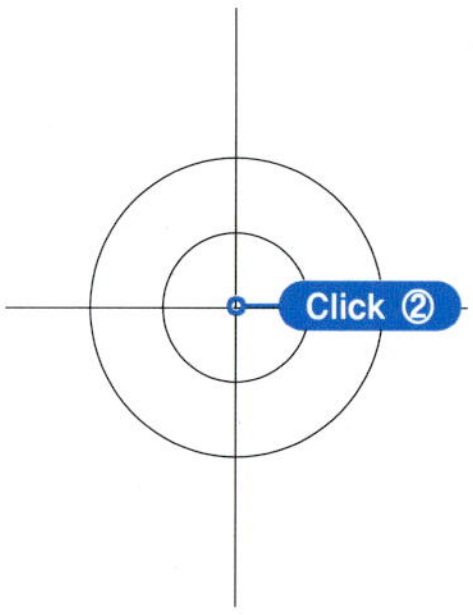

3. 원본과 평행한 직선 만들기

① OFFSET 명령을 이용하여 수직선에 12 만큼의 간격을 갖는 다른 수직선을 그린다.

- O Enter↵
- 12 Enter↵
- Click ①
- Click ②

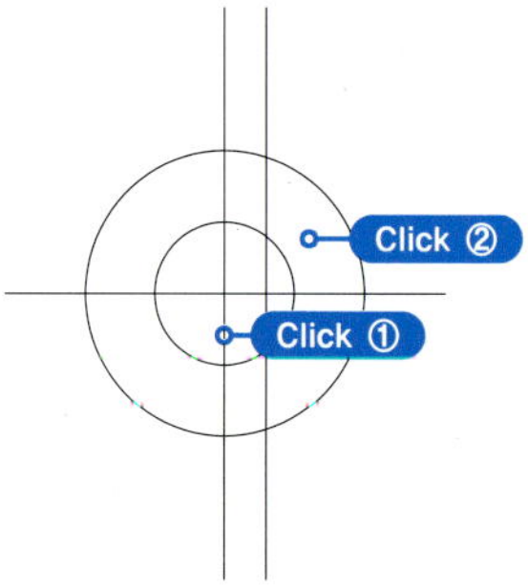

② OFFSET 명령을 이용하여 수평선에 70 만큼의 떨어진 다른 수평선을 그린다.

- Enter↵
- 70 Enter↵
- Click ③
- Click ④

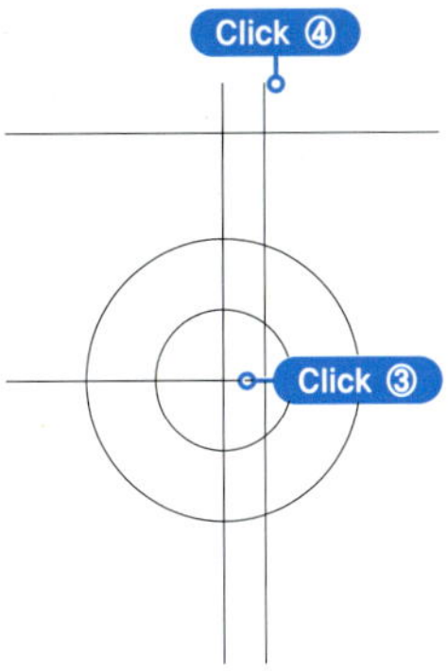

4. 중심점과 지름을 이용한 원 그리기

① CIRCLE 명령을 이용하여 파생된 수직선과 수평선의 교점에 지름을 입력하여 원을 그린다.

- C Enter↵
- Click ①
- D Enter↵
- 10 Enter↵

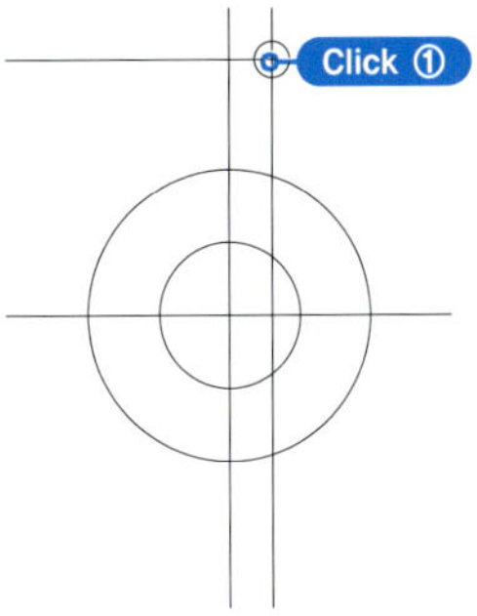

② 이전 원과 동심의 원을 그린다.

- Enter↵
- Click ②
- D Enter↵
- 20 Enter↵

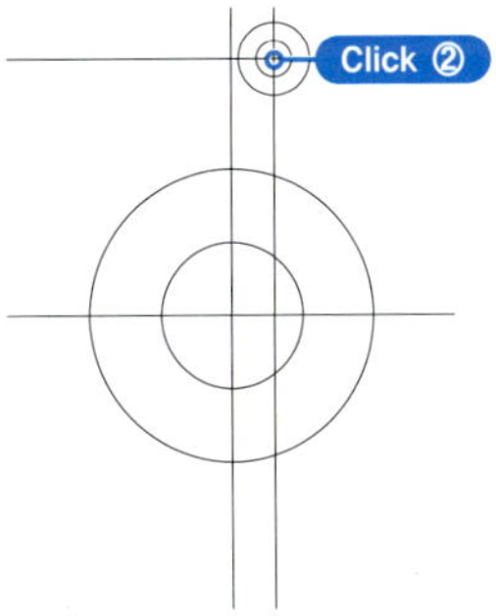

5. 두 접점과 반지름을 이용하여 원 그리기

① CIRCLE 명령으로 두 원의 접점과 반지름을 이용하여 원을 그린다.

- C Enter↵
- TTR Enter↵
- Click ①
- Click ②
- 35 Enter↵

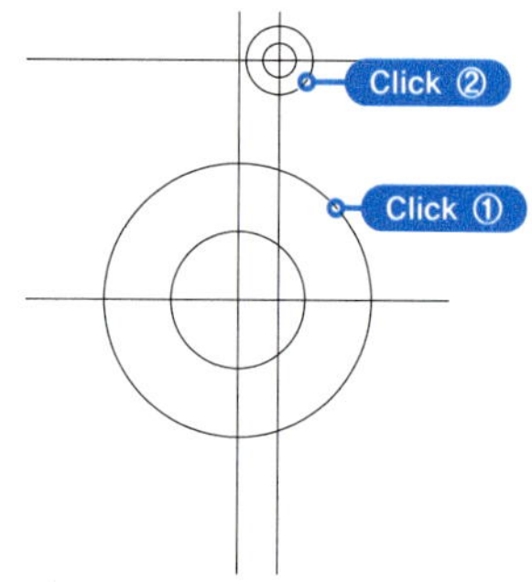

6. 객체를 직접 선택하여 자르기

① TRIM 명령을 이용하여 원 객체의 필요 없는 부분을 선택하여 자른다.

- TR Enter↵
- 자르기 위해 교차점을 이루는 기준 객체를 선택
- Click ①
- Click ②
- Click ③
- Enter↵

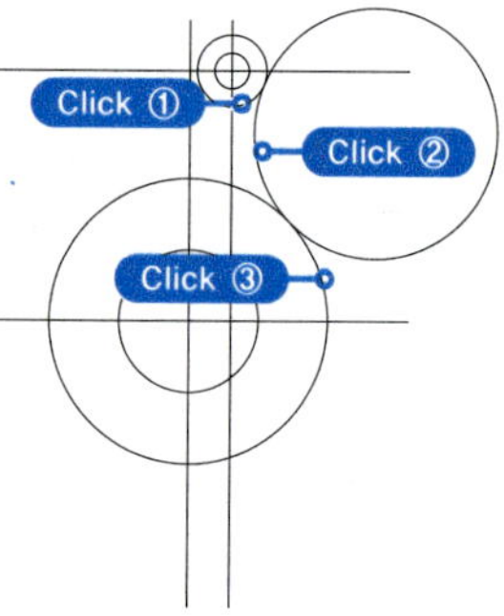

② ▸ 자르는 대상이 될 객체를 선택 후 명령을 진행(Enter↵)

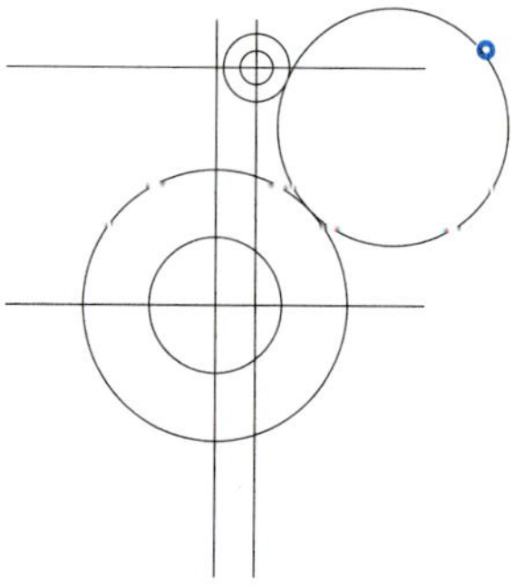

7. 두 접점과 반지름을 이용하여 원 그리기

① CIRCLE 명령으로 두 원의 접점과 반지름을 이용하여 원을 그린다.

- C Enter↵
- TTR Enter↵
- Click ①
- Click ②
- 100 Enter↵

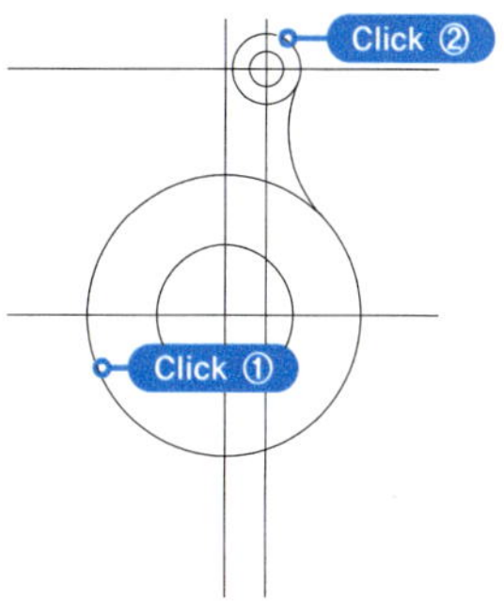

8. 객체를 직접 선택하여 자르기

① TRIM 명령을 이용하여 원 객체의 필요 없는 부분을 직접 선택하여 자른다.

- TR Enter↵
- 자르기 위해 교차점을 이루는 기준 객체를 선택
- Click ①
- Click ②
- Click ③
- Enter↵

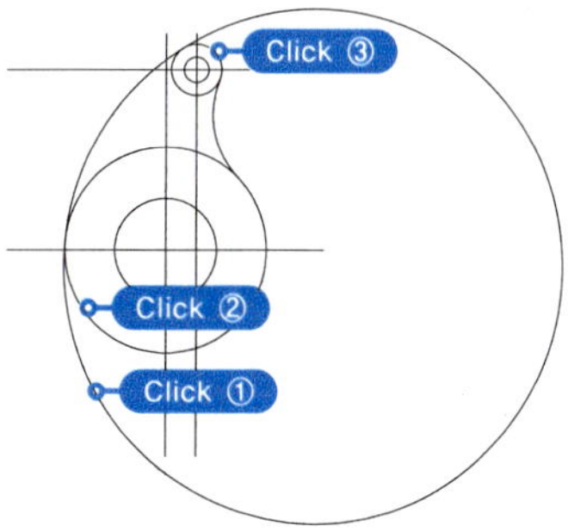

② ▸ 자르는 대상이 될 객체를 선택 후 명령을 진행(Enter↵)

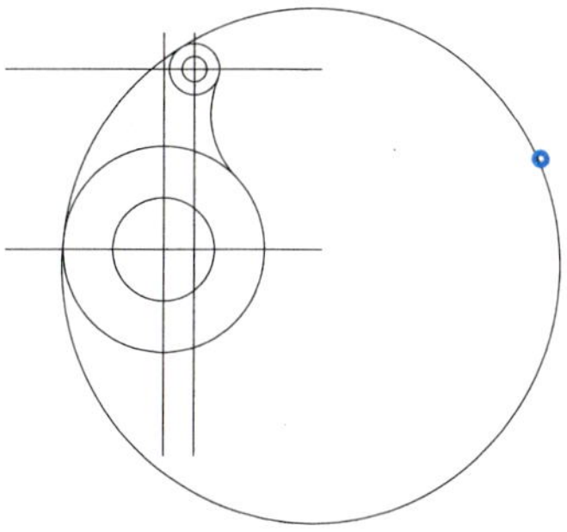

③

- Enter↵
- 자르기 위해 교차점을 이루는 기준 객체를 선택
- Click ①
- Click ②
- Enter↵

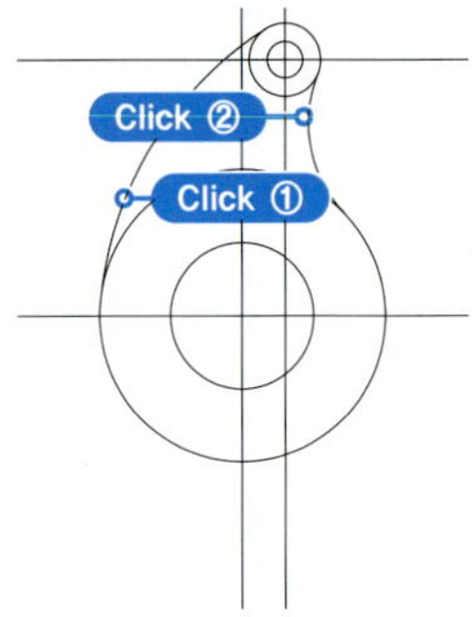

④

- 자르는 대상이 될 객체를 선택 후 명령을 진행(*II*)

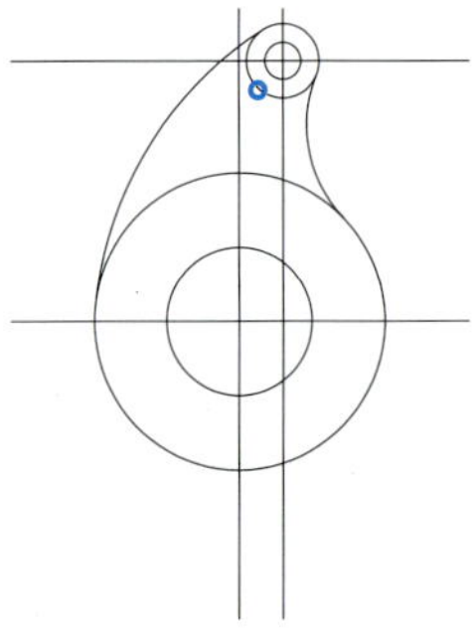

9. 기존 객체 없이 객체를 끊어 삭제하기

① BREAK 명령을 이용하여 중심선으로 사용될 직선의 필요없는 부분을 끊는다.

- BR Enter↵
- Click ①
- Click ②

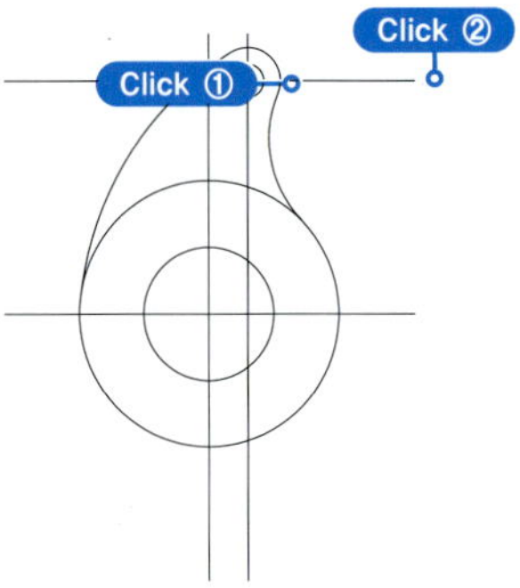

②

- Enter↵
- Click ③
- Click ④

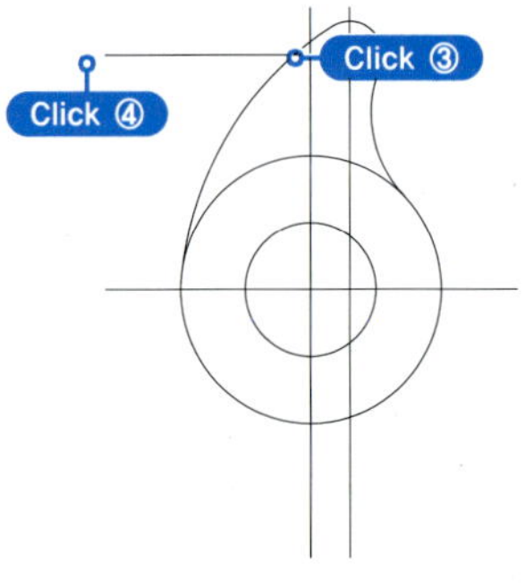

3

- ▸ Enter↵
- ▸ Click ⑤
- ▸ Click ⑥

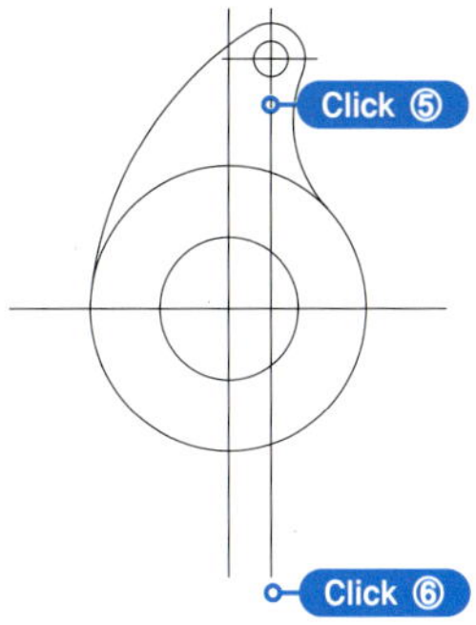

4

- ▸ Enter↵
- ▸ Click ⑦
- ▸ Click ⑧

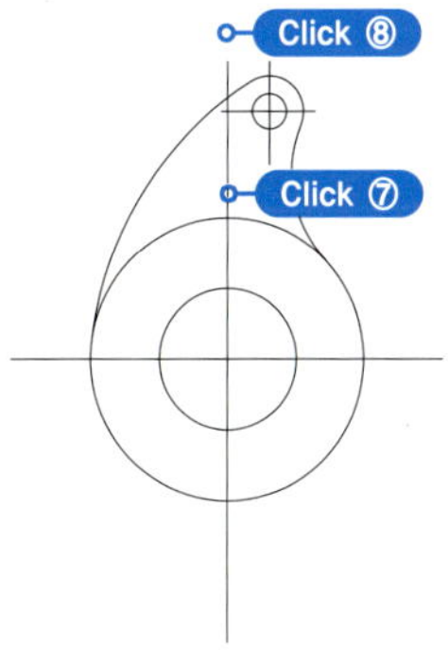

5

- ▸ Enter↵
- ▸ Click ⑨
- ▸ Click ⑩

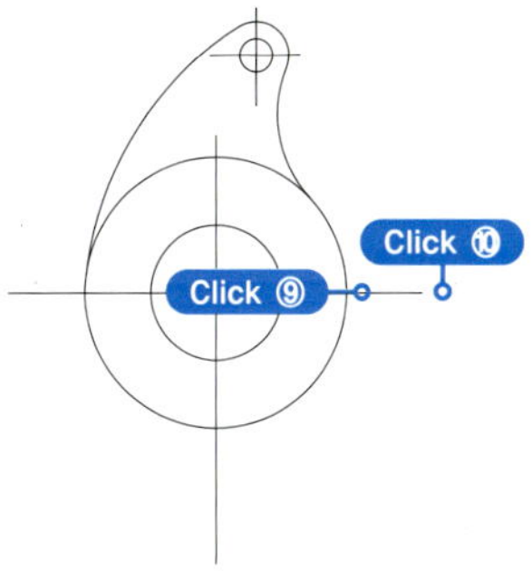

6

- ▸ Enter↵
- ▸ Click ⑪
- ▸ Click ⑫

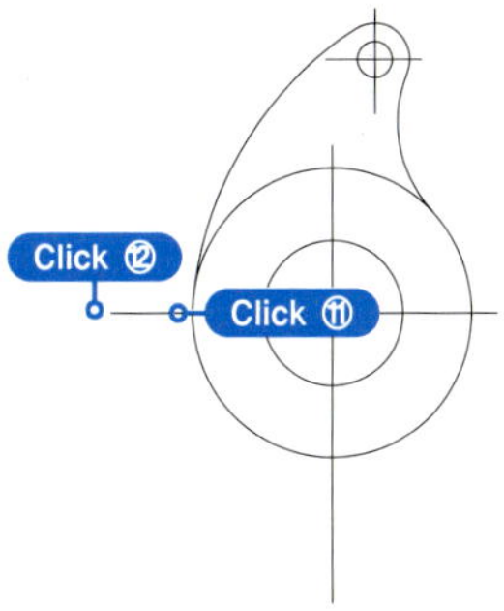

⑦

▸ Enter↵
▸ Click ⑬
▸ Click ⑭

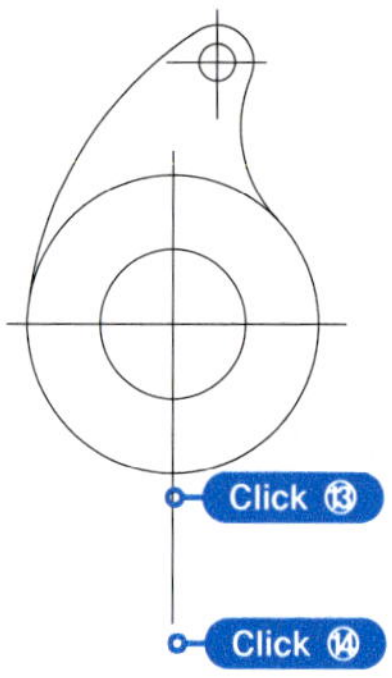

10. 정의된 축을 기준으로 객체를 대칭 복사하기

① MIRROR 명령을 이용하여 객체를 상하 대칭 복사한다.

▸ MI Enter↵
▸ 대칭 복사를 할 객체들을 선택하고 명령을 진행(Enter↵)

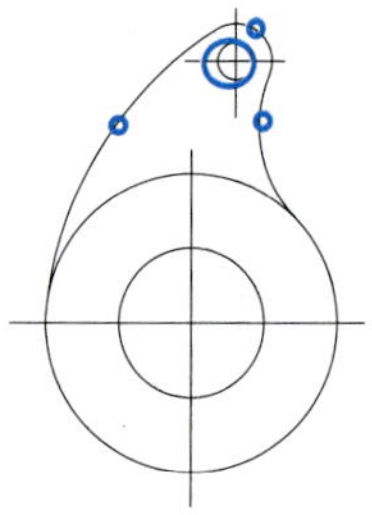

② 객체 스냅(Mid point)를 이용하여 대칭축을 이루는 직선을 정의한다.

▸ Click ①
▸ Click ②
▸ Enter↵

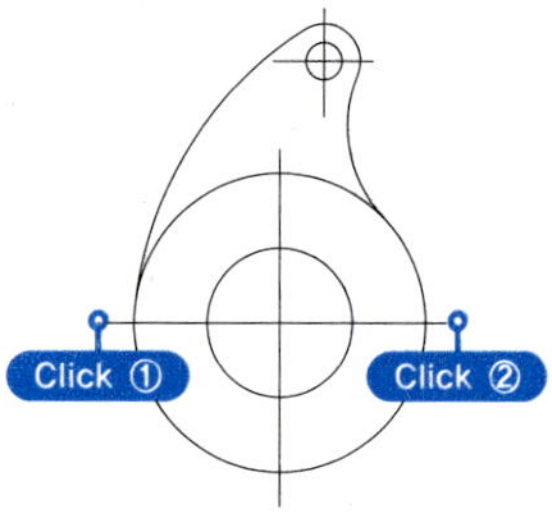

③ MIRROR 명령을 이용하여 객체를 좌우 대칭하여 방향을 변경한다.

▸ Enter↵
▸ 대칭 이동할 객체들을 선택하고 명령을 진행(Enter↵)

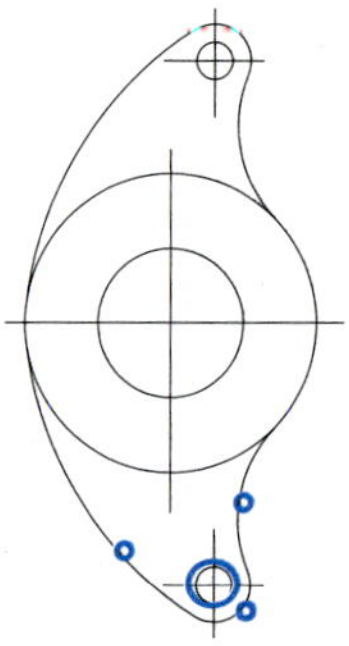

④ 객체 스냅(Mid point)를 이용하여 대칭축을 이루는 직선을 정의한다. 대칭 복사하면서 객체를 삭제할 것인지를 물을 때 객체를 삭제한다.

- Click ③
- Click ④
- Y Enter↵

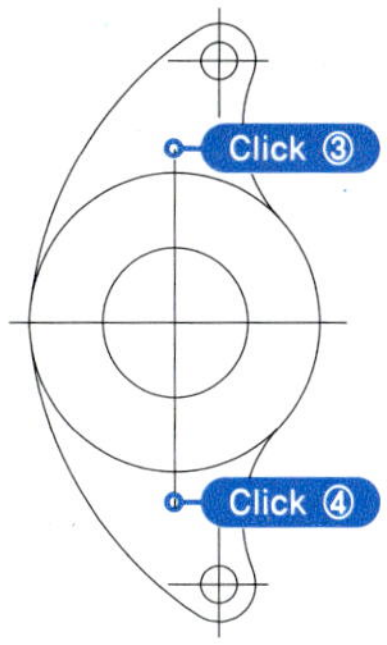

- 완성

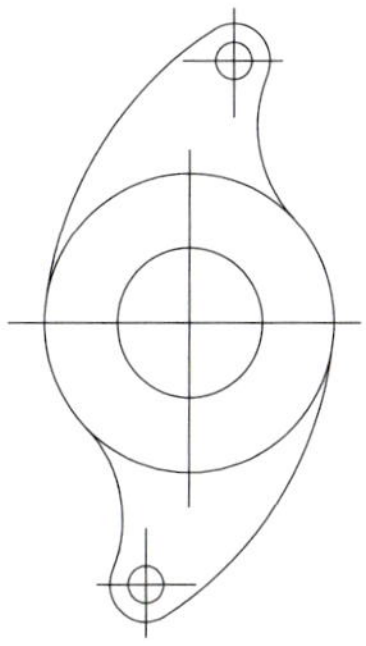

Section 08

연습과제

1 연습과제 1

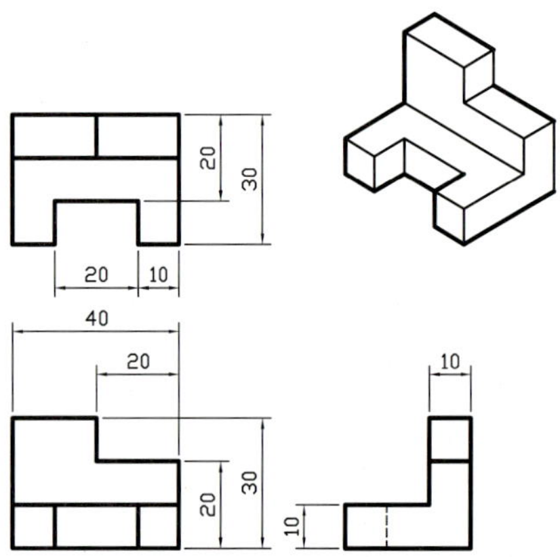

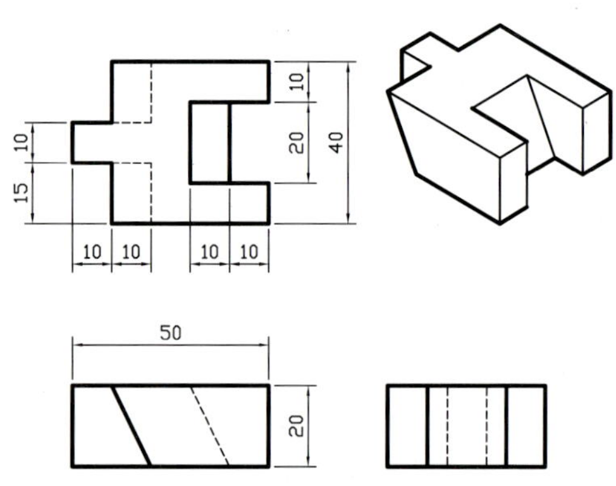

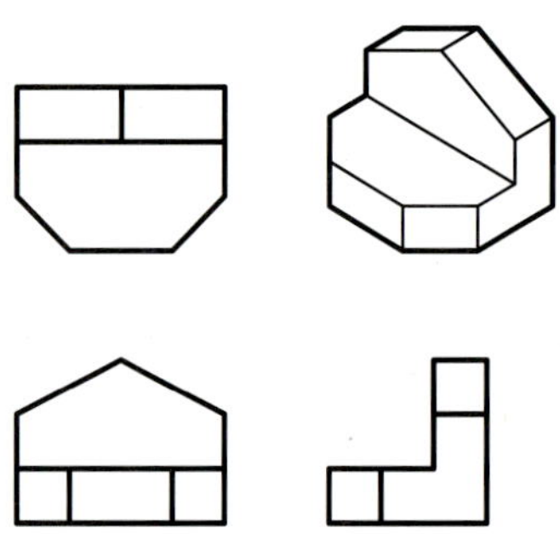

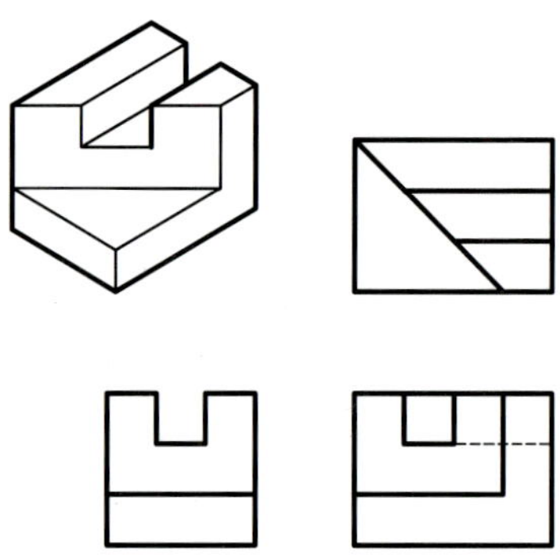

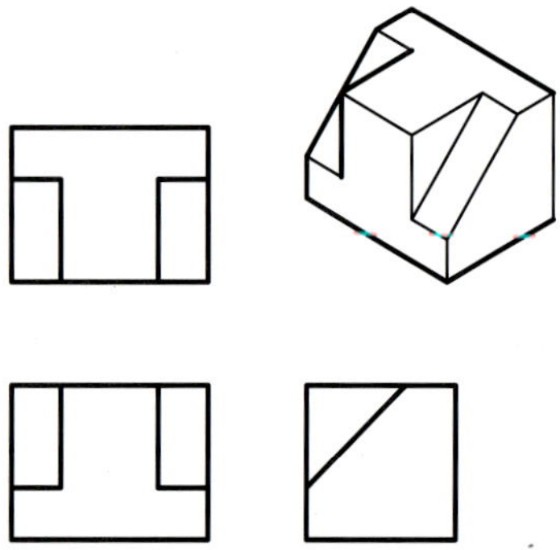

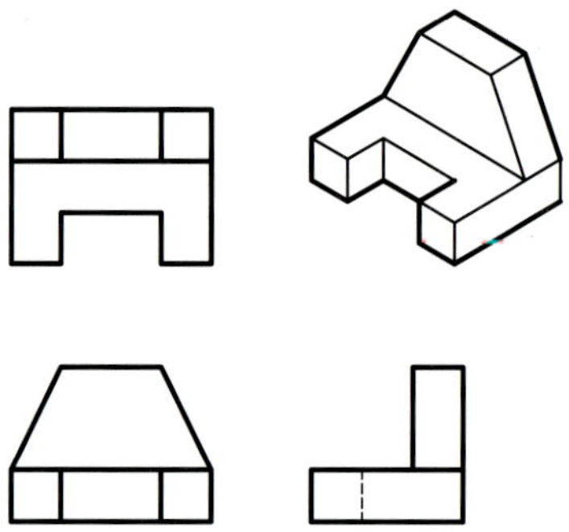

연습문제 1 - 기초 투상

LINE, TRIM, ERASE, OFFSET 등의 명령을 이용하여 기본 투상을 완성한다.

2 연습과제 2

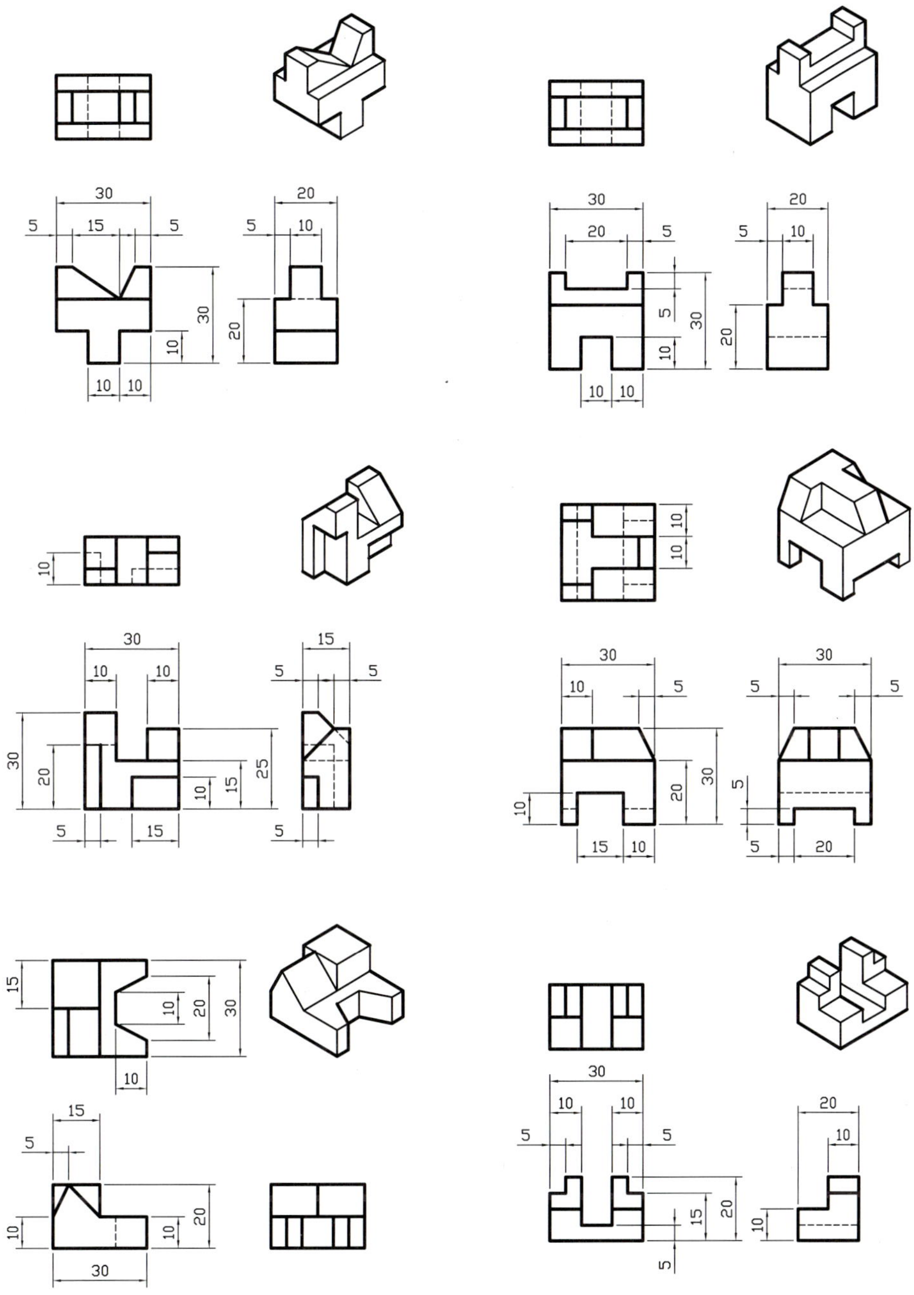

연습문제 2 - 기본 투상

LINE, TRIM, ERASE, OFFSET 등의 명령을 이용하여 기본 투상을 완성한다.

3 연습과제 3, 4

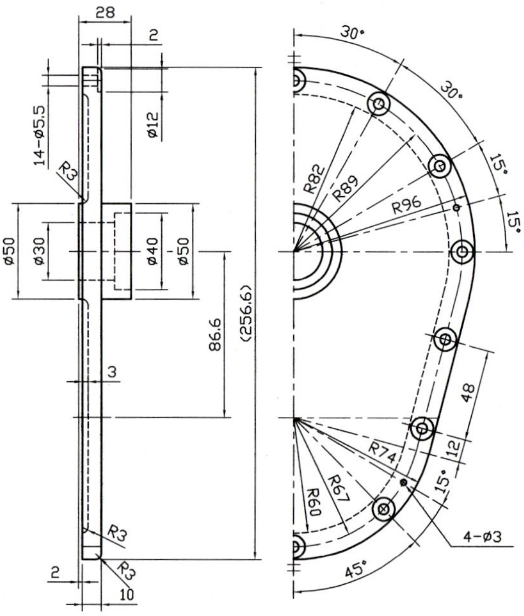

연습문제 3 - 제네바 기어(Geneva gear) 장치의 커버

TRIM, EXTEND, BREAK, ERASE 명령을 이용하여 커버를 완성한다.

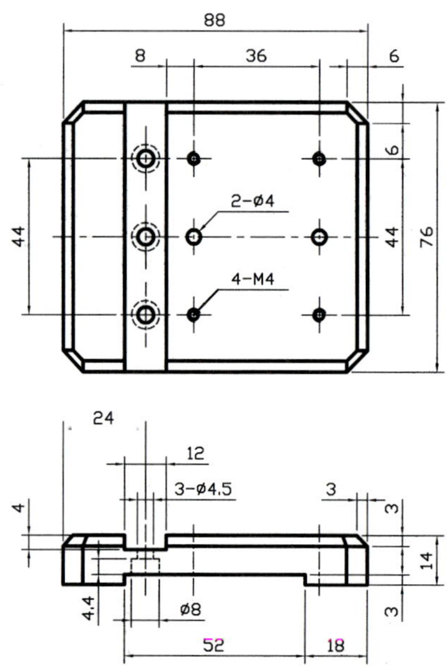

연습문제 4 - 슬라이더 장치의 베이스(Base)

TRIM, EXTEND 등의 명령을 이용하여 베이스를 완성한다.

CHAPTER 08

객체 편집하기 3

◆실습목적 :	① 객체 편집 명령 중에서 객체의 형상을 변화시키는 명령에 대하여 이해한다. ② 객체 편집 명령 중에서 객체를 분할하는 명령에 대하여 배운다. ③ 객체 편집 명령 중에서 객체의 크기를 변화시키는 명령에 대하여 배운다. ④ 객체 편집 명령들의 활용 예에 대하여 배운다.
◆실습시간 :	1.5hr ~ 2.5hr
◆실습내용 :	① CHAMFER _ 모따기 ② FILLET _ 모깎기 ③ DIVIDE _ 등 간격 분할하기 ④ MEASURE _ 등 길이 분할하기 ⑤ STRETCH _ 객체 늘이기 ⑥ LENGTHEN _ 길이 늘이기 ⑦ SCALE _ 객체 확대/축소하기 ⑧ GRIP 기능 사용하기
◆참고사항 :	• CHAMFER 와 FILLET 명령으로 객체의 모서리 부분을 손쉽게 변화시킬 수 있다.

실습할 내용 :

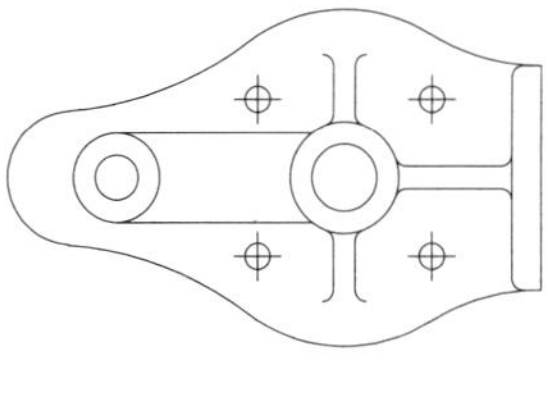

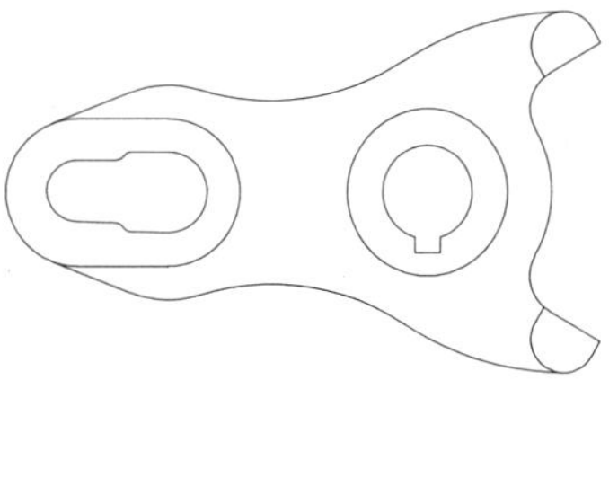

Section 01

CHAMFER
모따기

CHAMFER 명령은 평행하지 않는 두 객체가 만나는 모서리 부분을 경사진 직선으로 연결한다.

1 폴리선의 모든 모서리를 모따기 하기

폴리선에 모서리들이 있을 때 사용자가 입력한 모따기 조건을 만족하는 모서리를 모두 모따기 한다. 모따기 조건인 교차하는 두 객체의 길이가 모따기 길이를 만족해야 한다. 만약 조건에 맞지 않는 모서리가 있는 경우 그 모서리는 모따기가 되지 않는다.

1. 명령어의 실행

① (마우스)를 이용한 실행

▸ 메뉴 표시줄 [Modify] – [Chamfer] 선택

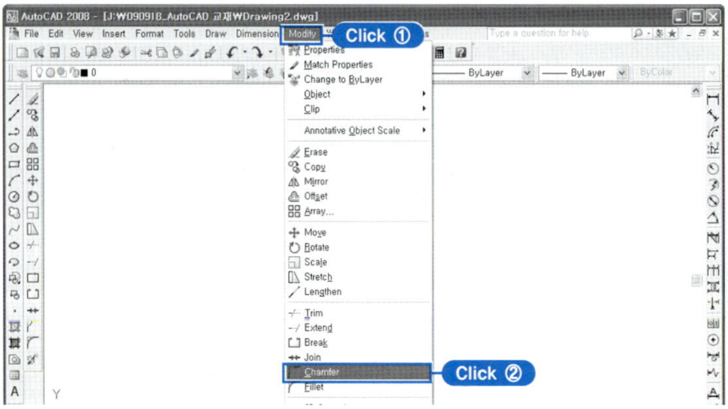

▸ Modify 도구모음 [Chamfer] 선택

② (키보드)를 이용한 실행

Command : CHAMFER 또는 CHA Enter↵

2. 명령어 사용법 따라하기

폴리선에 대한 모따기를 하기 위해서는 먼저 두 모따기 길이가 정의되어야 한다. 모따기 길이를 입력하는 옵션 〈D〉를 이용하여 두 모따기 길이를 입력하고 폴리선을 선택하여 모따기를 실행한다.

①

- 명령 실행, (CHA Enter↵)
- 모따기 거리를 지정하기 위하여 모따기 거리 옵션 〈D〉를 입력하고 진행(Enter↵)
- 첫 번째 모따기 길이 〈2〉를 입력하고 진행(Enter↵)
- 두 번째 모따기 길이 〈2〉를 입력하고 진행(Enter↵)
- 폴리선에 존재하는 모든 모서리를 모따기 하기 위해 옵션 〈P〉를 입력하고 진행(Enter↵)
- 모따기 하기 위한 폴리선을 선택

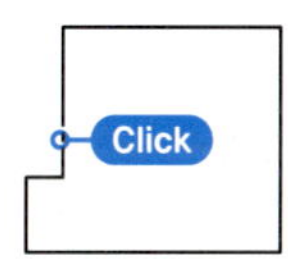

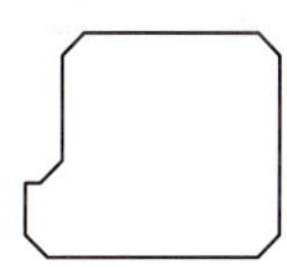

2 두 모따기 거리를 입력하여 모따기 하기

두 객체가 평행하지 않고 교차하고 있을 때 두 객체에 각각의 모따기 거리를 적용하여 모따기 한다

1. 명령어 사용법 따라하기

①

- 명령 실행, (CHA Enter↵)
- 모따기 거리 옵션을 이용하기 위해 〈D〉를 입력하고 진행(Enter↵)
- 첫 번째 모따기 길이 〈10〉를 입력하고 진행(Enter↵)
- 두 번째 모따기 길이 〈10〉를 입력하고 진행(Enter↵)

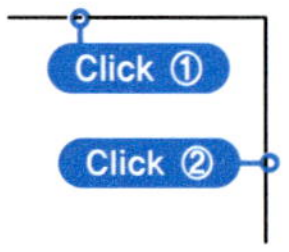

- 모따기 하기 위해 교차하는 두 객체 중에서 한 객체를 선택
- 다른 한 객체를 선택

※ 첫 번째 모따기 길이는 처음 선택하는 객체에 적용되고, 두 번째 모따기 길이는 나중에 선택하는 객체에 적용된다.

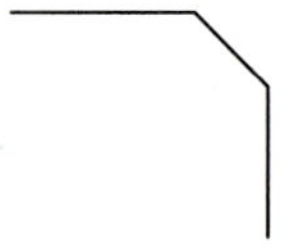

3 한 객체의 모따기 거리와 경사선의 각도로 모따기 하기

두 객체가 평행하지 않고 교차하고 있을 때 두 객체에 대하여 한 객체에 대한 모따기 거리만 입력하고 모따기 경사선의 각도를 입력하여 모따기 한다.

1. 명령어 사용법 따라하기

①

- 명령 실행, (CHA Enter↵)
- 모따기 각도 옵션을 이용하기 위해 〈A〉를 입력하고 진행(Enter↵)
- 첫 번째 객체의 모따기 길이 〈10〉을 입력하고 진행(Enter↵)
- 첫 번째 모따기 거리를 진행한 후 경사진 직선을 그리기 위한 각도 〈30〉을 입력하고 진행(Enter↵)

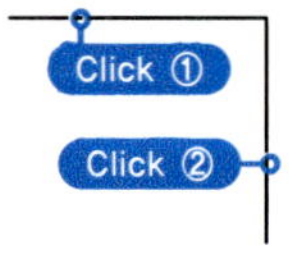

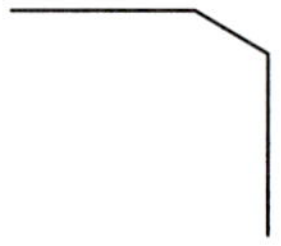

▸ 모따기 하기 위해 교차하는 두 객체 중에서 한 객체를 선택
▸ 다른 한 객체를 선택

※ 첫 번째 모따기 길이는 처음 선택하는 객체에 적용되고, 경사진 선의 각도는 나중에 선택하는 객체에 적용된다.

TIP

➡ CHAMFER 명령의 옵션

▸ 자르기(Trim) : 모따기 후 객체를 TRIM 하여 삭제할 것인지 삭제하지 않고 남겨 둘 것 인지를 선택한다.
▸ 모따기 방법(Method) : 이후에 모따기 하는 방법을 거리(Distance) 또는 각도(Angle) 중에서 선택한다.
▸ 다중 실행(Multiple) : CHAMFER 명령을 연속적으로 실행한다.

※ 모따기 하는 두 객체는 정확하게 모서리로 교차하지 않아도 모따기 명령이 실행된다.

Section 02 FILLET 모깎기

평행하지 않는 두 객체가 만나는 모서리 부분을 깎아 내어 지정한 반지름을 갖는 원호로 연결하는 명령어로 이 원호를 라운딩(rounding)이라고도 부른다.

1 폴리선의 모든 모서리를 모깎기 하기

CHAMFER 명령과 마찬가지로 폴리선에 모서리들이 있는 경우 사용자가 입력한 모깎기 조건을 만족하는 모서리를 모두 모깎기 한다. 모깎기에서 주어지는 조건인 두 객체가 원호를 그리기 위한 반지름의 길이를 갖고 있어야 한다. 만약 조건에 맞지 않는 모서리가 있는 경우 그 모서리는 모깎기가 되지 않는다.

1. 명령어의 실행

① (마우스)를 이용한 실행

▸ 메뉴 표시줄 [Modify] – [Fillet] 선택

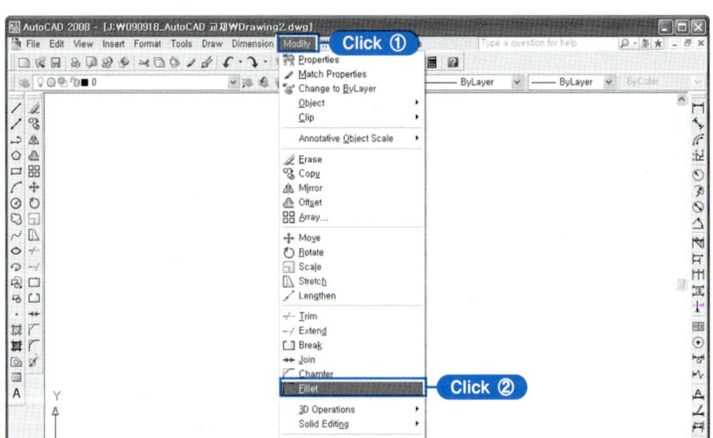

▸ Modify 도구모음 [Fillet] 선택

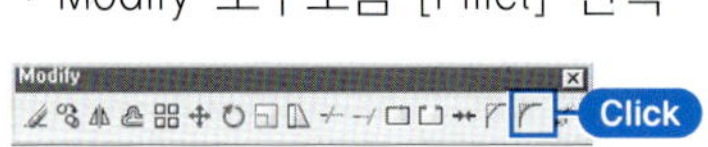

② (키보드)를 이용한 실행

```
Command : FILLET 또는 F Enter↵
```

2. 명령어 사용법 따라하기

모깎기를 하기 위해서는 먼저 모깎기 되어 만들어지는 원호의 반지름 길이가 정의되어야 한다. 모깎기 반지름 길이를 입력하는 옵션 〈R〉를 이용하여 원호의 반지름 길이를 입력하고 폴리선을 선택하여 모깎기를 실행한다.

①
- 명령 실행, (F Enter↵)
- 모깎기 반지름 길이를 지정하기 위하여 반지름 옵션 〈R〉를 입력하고 진행(Enter↵)
- 모깎기 반지름 길이 〈3〉을 입력하고 진행(Enter↵)

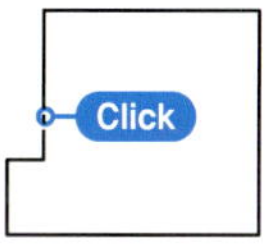

- 폴리선에 존재하는 모든 모서리를 모깎기 하기 위해 옵션 〈P〉를 입력하고 진행(Enter↵)
- 모깎기 하기 위한 폴리선을 선택

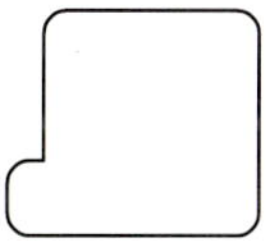

2 모깎기로 만드는 원호의 반지름을 입력하여 모깎기 하기

두 객체가 평행하지 않고 있을 때 두 객체에 원호의 반지름 길이를 적용하여 모깎기 한다.

1. 명령어 사용법 따라하기

①

- 명령 실행, (F Enter↵)
- 모깎기 반지름 길이를 입력하기 위해 〈R〉를 입력하고 진행(Enter↵)
- 모깎기 반지름 길이 〈10〉를 입력하고 진행(Enter↵)

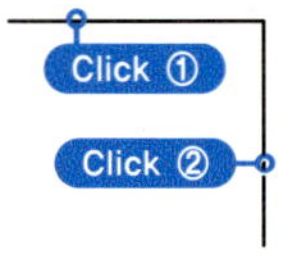

- 모깎기 하기 위해 교차하는 두 객체 중에서 한 객체를 선택
- 다른 한 객체를 선택

TIP

➡ FILLET 명령의 옵션

CHAMFER 명령과 마찬가지로 자르기(Trim), 모깎기 방법(Method), 다중 실행(Multiple) 옵션을 갖는다.

※ 두 객체는 정확하게 교차하지 않아도 모깎기 명령이 실행된다.

Section 03

DIVIDE 등 간격 분할하기

객체에 일정한 간격으로 점을 생성하거나 다른 객체를 삽입해야 하는 경우 입력한 분할 개수만큼 객체를 일정한 간격으로 분할하는 점 객체(point)를 생성하는 명령이다. 단일 객체 뿐만 아니라 폴리선과 같은 다중 객체도 등 간격으로 분할하는 객체를 생성한다.

1 분할 개수 만큼 객체를 일정하게 분할하기

분할 개수를 입력하여 객체를 일정하게 분할하는 점 객체를 생성한다.

1. 명령어의 실행

① (마우스)를 이용한 실행

- 메뉴 표시줄 [Draw] – [Point] – [Divide] 선택

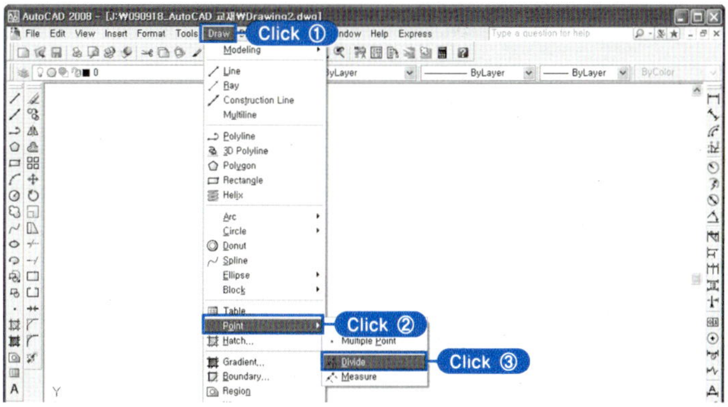

② (키보드)를 이용한 실행

Command : DIVIDE 또는 DIV Enter↵

2. 명령어 사용법 따라하기

①

- 명령 실행, (DIV Enter↵)
- 분할 점을 생성할 객체를 선택
- 객체의 분할 개수 ⟨10⟩을 입력하고 진행(Enter↵)

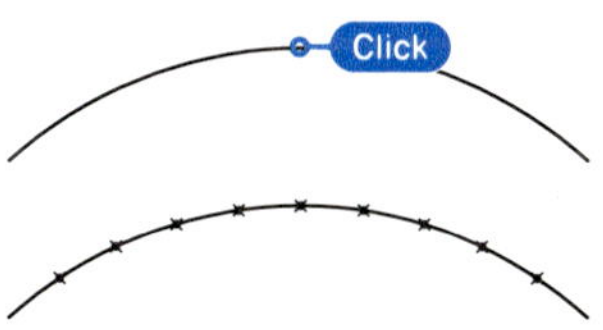

Section 04

MEASURE 등 길이 분할하기

객체를 사용자가 입력한 일정한 길이로 분할하여 점을 생성하는 명령이다. DIVIDE 명령과 마찬가지로 단일 객체 뿐만 아니라 폴리선과 같은 다중 객체도 등 길이로 분할하는 객체를 생성한다.

1 객체를 직접 선택하여 자르기

길이를 입력하여 객체를 일정한 길이로 분할하는 점 객체를 생성한다.

1. 명령어의 실행

① (마우스)를 이용한 실행

▸ 메뉴 표시줄 [Draw] – [Point] – [Measure] 선택

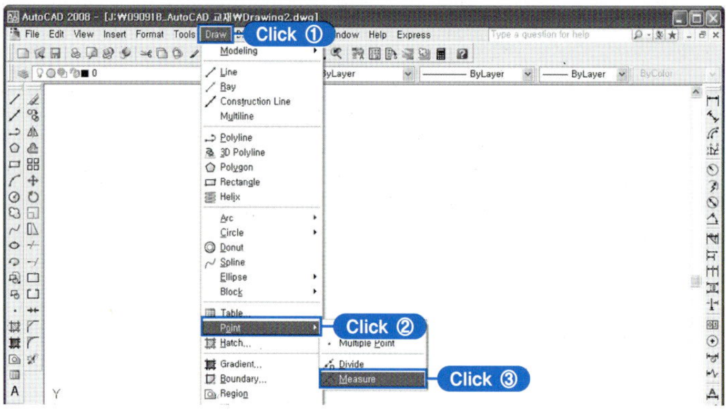

② (키보드)를 이용한 실행

Command : MEASURE 또는 ME Enter↵

2. 명령어 사용법 따라하기

① ▸ 명령 실행, (ME Enter↵)

▸ 분할 점을 생성할 객체를 선택

▸ 객체간의 등 길이 〈20〉을 입력하고 진행(Enter↵)

※ 점 객체간의 간격이 20이다.

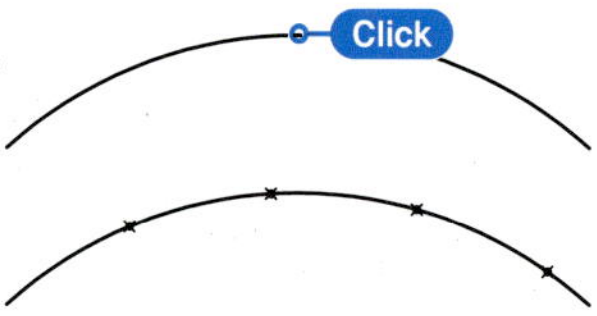

Section 05 STRETCH 객체 늘이기

객체의 정점(vertex)를 기준으로 객체를 늘이는 명령이다. 선택하지 않은 점은 고정되고 선택된 점은 이동하여 이동된 점에 맞춰 선 객체를 늘이는 명령으로 객체의 일부분의 형상을 복사, 삭제 없이 늘이는데 사용된다.

1 객체를 정점(vertex)를 기준으로 늘이기

선택되지 않은 점은 고정되고 선택된 점들은 사용자가 입력한 수치에 의해 이동하며 이동된 점과 고정된 점을 이용하여 객체가 늘이기 된다.

1. 명령어의 실행

① (마우스)를 이용한 실행

▸ 메뉴 표시줄 [Modify] – [Stretch] 선택

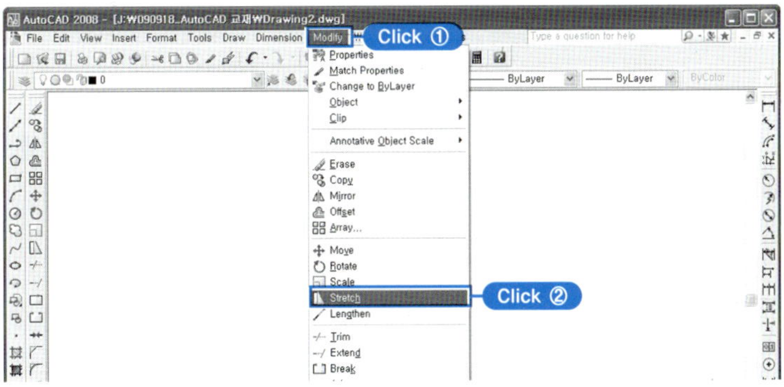

▸ Modify 도구모음 [Stretch] 선택

② (키보드)를 이용한 실행

Command : STRETCH 또는 S Enter↵

2. 명령어 사용법 따라하기

늘이기 할 객체를 선택하는데 고정되어야 할 점은 포함시키지 않으면서 변형되어 할 부분의 점을 포함한 객체를 선택하는 것이 중요하다. 일반적으로 교차 선택(crossing selection)으로 늘이기 될 객체와 객체의 점을 포함하여 선택한다.

①

- 명령 실행, (S Enter↵)
- 늘이기 할 객체와 객체의 점을 교차 선택(crossing selection)으로 선택 후 진행(Enter↵)

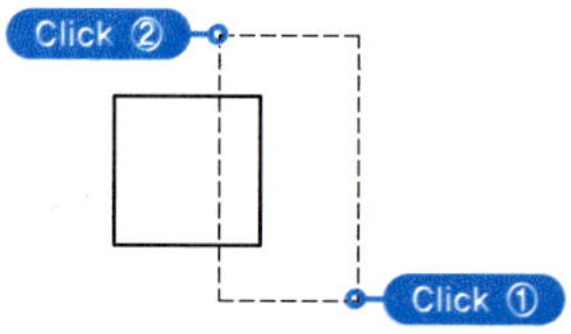

- 늘이기 할 객체의 기준점으로 정점을 선택
- 늘이기 할 오른쪽 방향으로 마우스 이동

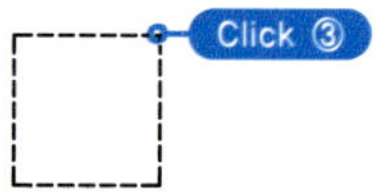

- 늘이기 할 수치 〈10〉을 입력하고 진행(Enter↵)

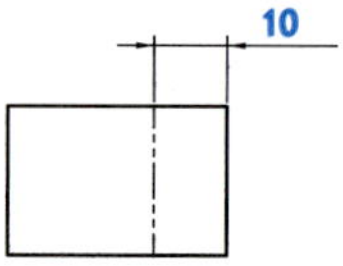

②

- 명령 실행, (S Enter↵)
- 늘이기 할 객체와 객체의 점을 교차 선택(crossing selection)으로 선택 후 진행(Enter↵)

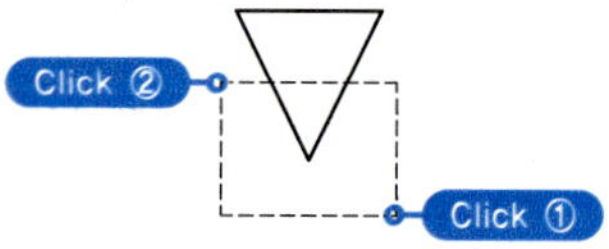

- 늘이기 할 객체의 기준점으로 정점을 선택
- 늘이기 할 아래쪽 방향으로 마우스 이동

- 늘이기 할 수치 〈15〉을 입력하고 진행(Enter↵)

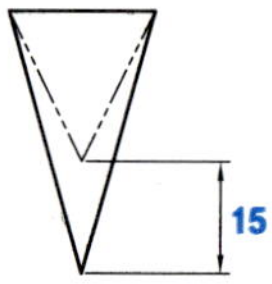

Section 06

LENGTHEN
길이 늘이기

객체의 길이를 늘이기 위하여 LENGTHEN 명령을 사용한다. EXTEND 명령과 같이 경계가 될 객체가 필요하지 않고 직관적으로 늘어날 길이를 입력하여 늘일 수 있다. 일반적으로 곡선이나 일정한 각도를 갖는 경사선의 길이 늘이기에 유용하다.

1 늘어날 길이를 입력하여 객체의 길이 늘이기

원본 객체의 길이와는 별도로 객체의 늘어날 길이를 입력하여 객체의 길이를 늘일 수 있다.

1. 명령어의 실행

① (마우스)를 이용한 실행

▸ 메뉴 표시줄 [Modify] – [Lengthen] 선택

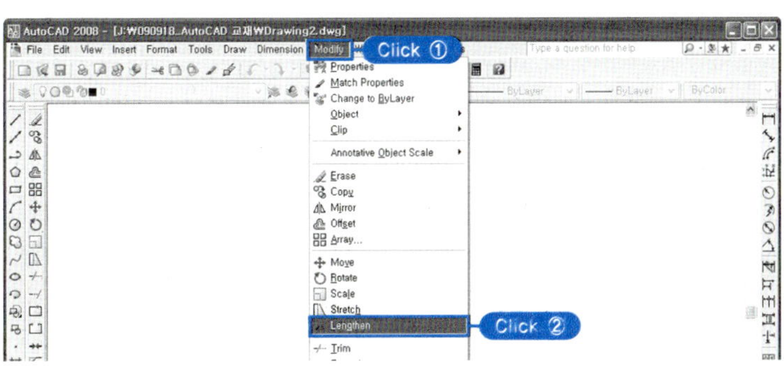

② (키보드)를 이용한 실행

Command : LENGTHEN 또는 LEN [Enter↵]

2. 명령어 사용법 따라하기

객체의 늘어날 길이를 입력하기 위하여 증분량 옵션 〈DE〉를 이용하여 객체의 늘어나기를 원하는 방향의 부분을 선택하고 객체의 길이를 늘인다.

① ▸명령 실행, (LEN Enter↵)
▸늘어날 길이를 입력하는 옵션 〈DE〉를 입력하고 진행(Enter↵)
▸늘어날 길이 〈20〉를 입력하고 진행
▸객체의 늘어날 부분을 선택

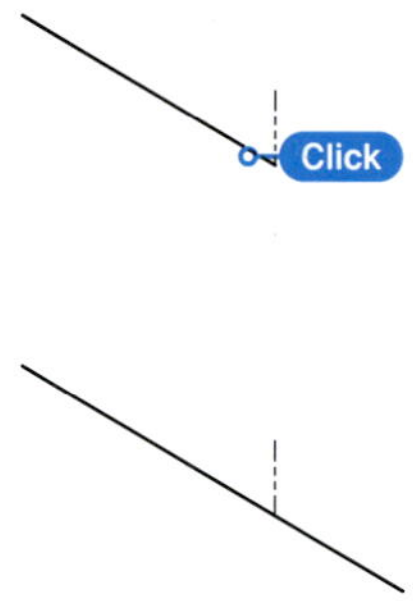

② ▸명령 실행, (LEN Enter↵)
▸늘어날 길이를 입력하는 옵션 〈DE〉를 입력하고 진행(Enter↵)
▸늘어날 길이를 각도로 입력하기 위해 〈A〉를 입력하고 진행(Enter↵)
▸늘어날 각도 〈30〉을 입력하고 진행
▸객체의 늘어날 부분을 선택

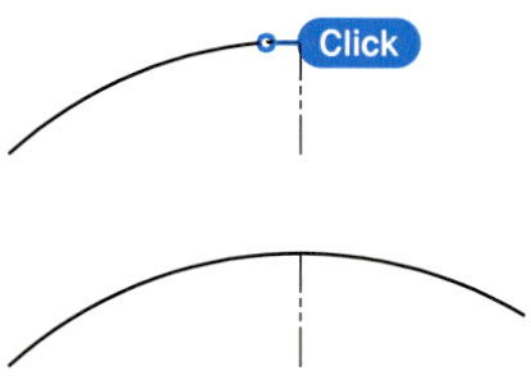

2 늘어날 길이를 원본의 백분율로 입력하여 길이 늘이기

100%를 기준으로 객체의 늘어날 길이를 백분율로 입력하여 객체의 길이를 늘일 수 있다. 즉, 100%가 원본의 길이이고 100%보다 큰 값을 입력하면 원본 객체의 길이에 대하여 늘어나고 100%보다 작은 값을 입력하면 길이가 줄어든다.

1. 명령어 사용법 따라하기

객체의 늘어날 길이를 백분율로 입력하기 위하여 백분율 옵션 〈P〉을 이용하여 객체가 늘어나기를 원하는 방향의 부분을 선택하고 객체의 길이를 늘인다.

① ▸명령 실행, (LEN Enter↵)
▸늘어날 길이를 백분율로 입력하는 옵션 〈P〉를 입력하고 진행(Enter↵)
▸원본 객체의 길이에 대하여 150% 가 늘어나게 늘이기 위하여 〈150〉을 입력하고 진행
※ 원본 객체의 기존 길이가 100%이다.
▸객체의 늘어날 부분을 선택

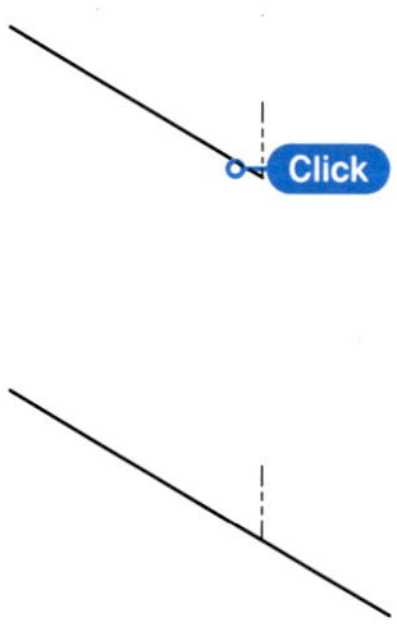

3 길이를 늘어난 후의 전체 길이로 입력하여 늘이기

늘이기 후 객체의 전체 길이를 입력하여 객체를 늘인다. 원본 객체의 현재 길이보다 크게 입력하는 경우 객체의 길이가 늘어나고 작게 입력하는 경우 객체의 길이가 줄어든다.

1. 명령어 사용법 따라하기

객체의 늘어날 길이를 늘인 후의 전체 길이로 입력하기 위하여 전체길이 옵션 〈T〉을 이용하여 객체가 늘어나기를 원하는 방향의 부분을 선택하고 객체의 길이를 늘인다.

①
- ▸명령 실행, (LEN Enter↵)
- ▸늘어날 길이를 늘어난 후의 전체길이로 입력하는 옵션 〈T〉를 입력하고 진행(Enter↵)
- ▸늘어난 후의 전체길이 〈55〉를 입력하고 진행

※ 원본 객체의 기존 길이는 40이다.

- ▸객체의 늘어날 부분을 선택

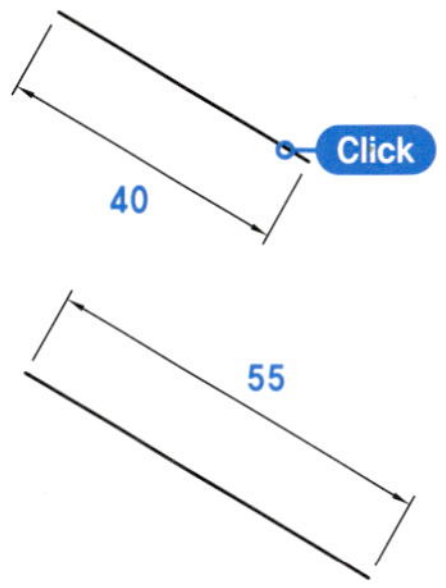

4 늘어날 길이를 동적으로 늘이기

객체 늘이기를 위하여 특정한 길이를 입력하지 않고 마우스를 늘이고자 하는 방향으로 이동하여 임의의 길이만큼 늘인다. 마우스 이동 방향에 따라 객체 바깥으로 향하는 경우 객체가 늘어나고 안쪽으로 향하는 경우 줄어든다.

1. 명령어 사용법 따라하기

객체의 늘어날 길이를 입력하지 않고 옵션 〈DY〉를 입력한 후 객체의 늘이고자 하는 부분을 선택한 하고 늘일 방향으로 마우스를 이동시켜 객체를 동적으로 늘인다.

①

- 명령 실행, (LEN Enter↵)
- 동적으로 객체를 늘이기 위하여 옵션 〈DY〉를 입력하고 진행(Enter↵)
- 객체의 늘이고자 하는 부분을 선택
- 객체의 새로운 끝점을 선택

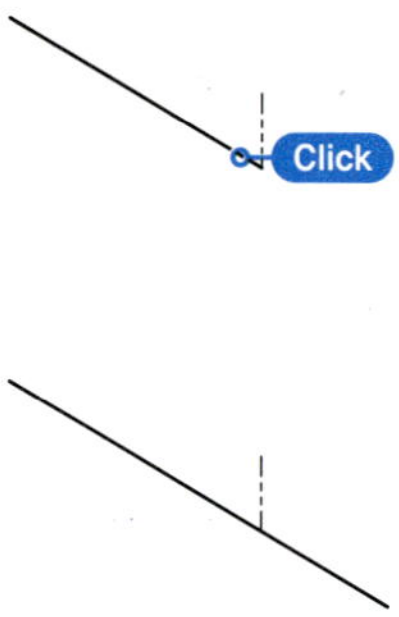

Section 07

SCALE 객체 확대 / 축소하기

객체의 가로, 세로 비율은 유지한 채 객체의 크기를 확대하거나 축소하기 위해 SCALE 명령을 사용한다. 축척 인자(scale factor)를 사용하여 원본 객체에 대한 상대 크기를 입력하는 방법과 참조 길이(reference)를 사용하여 확대 또는 변형 후의 절대 크기를 입력하는 방법이 있다. 여기서 말하는 크기는 확대 또는 축소하기 위해서 선택하는 객체의 선 객체 길이를 말하는 것이다.

1 현재의 크기에 대하여 축척 인자를 이용하기

객체의 현재 크기를 '1'이라고 했을 때 축척인자 값을 이용하여 객체의 현재 크기에 대한 상대 크기를 입력하여 확대 또는 축소한다.

1. 명령어의 실행

① (마우스)를 이용한 실행

▸ 메뉴 표시줄 [Modify] – [Scale] 선택

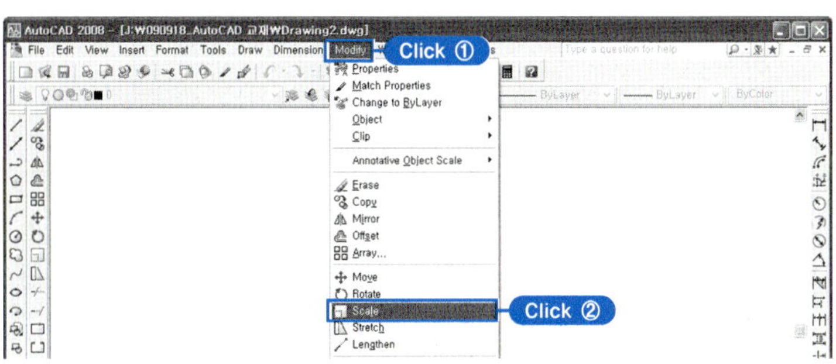

▸ Modify 도구모음 [Scale] 선택

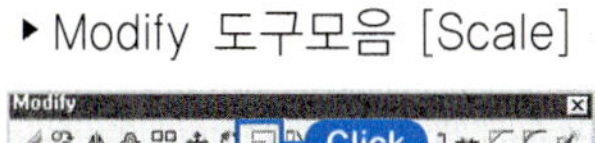

② (키보드)를 이용한 실행

Command : SCALE 또는 SC Enter↵

2. 명령어 사용법 따라하기

객체를 선택하고 축척인자를 현재 크기 '1'을 기준으로 확대하기 위해서 '1'보다 크게 입력하고, 축소하기 위해서 '1'보다 작게 입력한다. 즉, 축척인자로 2를 입력하면 크기가 2배가 되고 축척인자를 0.5로 입력하면 크기가 절반이 된다.

①
- 명령 실행, (SC Enter↵)
- 확대/축소할 객체를 선택
- 객체의 확대/축소하기 위해서 객체의 기준점을 선택

※ 기준점에서부터 객체가 확대 되거나 축소되므로 기준점의 위치는 바뀌지 않는다.

- 객체를 확대하기 위하여 축척인자 〈2〉를 입력하고 진행(Enter↵)

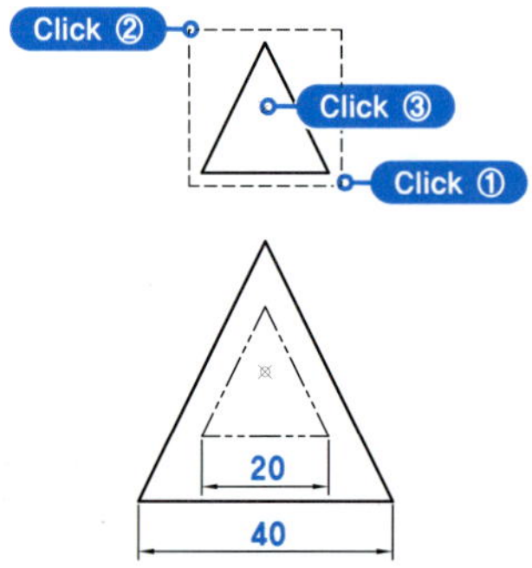

2 참조(reference) 이용하여 확대/축소하기

객체의 현재 크기를 입력하여 참조(reference) 값으로 저장하고 확대 또는 축소 후 객체의 절대 크기를 입력하여 확대 또는 축소한다.

1. 명령어 사용법 따라하기

객체를 선택하고 참조(reference)를 사용하기 위한 옵션 〈R〉을 선택한 후 확대 또는 축소 후의 절대 크기를 입력한다.

① ▸ 명령 실행, (SC Enter↵)

▸ 확대/축소할 객체를 선택

▸ 객체의 확대/축소 기준점을 선택

※ 기준점에서부터 객체가 확대 되거나 축소되므로 기준점의 위치는 바뀌지 않는다.

▸ 참조 길이 옵션 〈R〉을 입력한 후 진행 (Enter↵)

▸ 참조 길이를 수치로 입력하거나 객체의 특정한 두 점을 선택하여 입력

▸ 확대 또는 축소 후 절대 크기를 입력하고 진행(Enter↵)

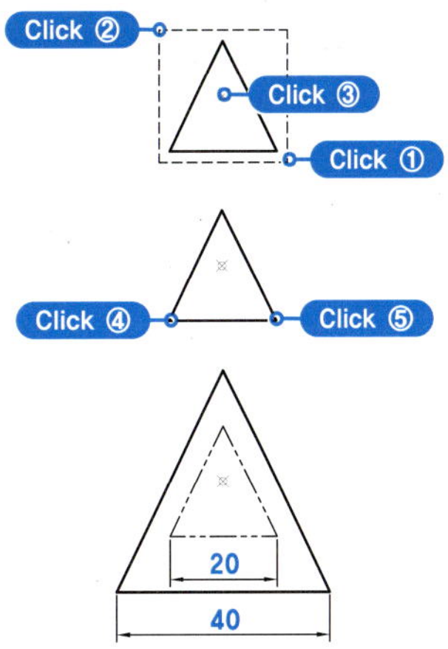

TIP

➡ SCALE 명령의 옵션

▸ **복사(Copy)** : SCALE 명령을 이용하여 객체를 확대하거나 축소하는 경우 원본 객체는 삭제된다. 복사(copy) 옵션을 사용하는 경우 명령 실행 후 원본 객체가 남는다.

Section 08

GRIP 기능 사용하기

1 명령어 입력없이 객체 편집하기

AutoCAD는 사용자 편의를 위하여 명령 입력없이 객체를 편집할 수 있는 GRIP 기능을 제공한다. 5가지 편집 명령을 명령어 입력 없이 실행할 수 있다.

1. 명령어의 실행

1 (마우스)를 이용한 실행

▸ 편집할 객체 선택 – Grip 상자 선택 – 편집 명령 선택

2. 명령어 사용법 따라하기

1

▸ GRIP 기능 사용 방법

① 명령어 입력·없이 편집할 객체를 선택한다.

② 선택된 객체의 Grip 상자를 선택한다.

③ 커맨드 라인에 나타난 편집 명령을 Space-bar 키를 이용하여 선택한다. Space-bar 키를 누를 때마다 편집 명령이 변경된다.

④ 편집 명령의 옵션을 선택한다.

⑤ 객체를 편집한다.

⑥ Grip 기능을 종료한다.

2

▸ GRIP 기능으로 사용 가능한 편집 명령

① STRETCH 명령 : 객체 늘이기

② MOVE 명령 : 객체 이동하기

③ ROTATE 명령 : 객체 회전하기

④ SCALE 명령 : 객체 확대/축소하기

⑤ MIRROR 명령 : 객체 대칭 복사/이동하기

3

▸ GRIP 기능 종료

편집을 마치고 Grip 기능을 종료하기 위해서 ESC 키를 누르거나 끝내기 옵션 〈X〉를 선택한다.

Section 09 예제 따라하기

1 예제 따라하기 미리보기

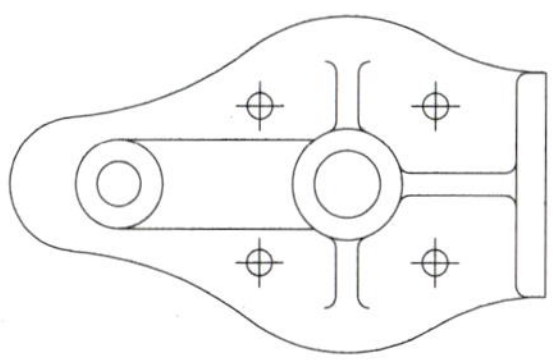

예제 따라하기 1

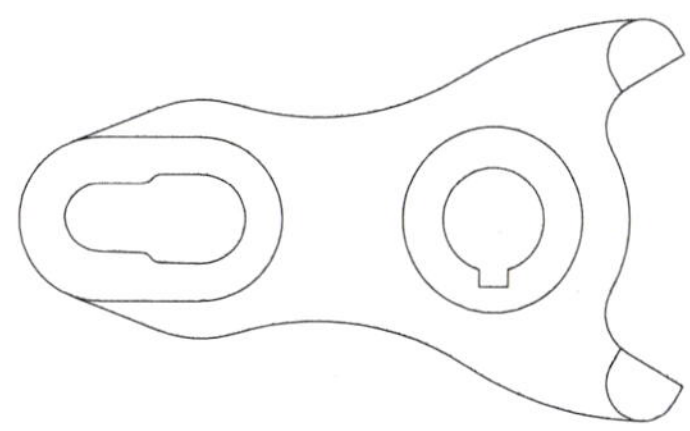

예제 따라하기 2

2 예제 따라하기 1

이 장에서 배운 명령을 이용하여 예제 따라하기 1을 완성한다. 따라하기를 통해 명령들의 사용법에 대하여 반복 학습하여 사용법을 숙지한다. 자주 사용되는 CHAMFER 및 FILLET 명령으로 간단하게 모서리 부분에 모따기와 모깎기 하는 법에 대해 숙지한다.

1. 직접 점을 선택하여 직선그리기

① LINE 명령으로 임의의 시작점과 끝점을 선택하여 수평선 그린다.

- ▸ L Enter↵
- ▸ Click ①
- ▸ Click ②
- ▸ Enter↵

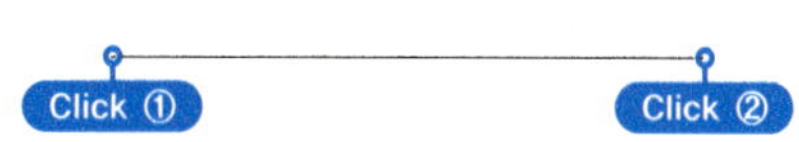

②

- ▸ Enter↵
- ▸ Click ③
- ▸ Click ④
- ▸ Enter↵

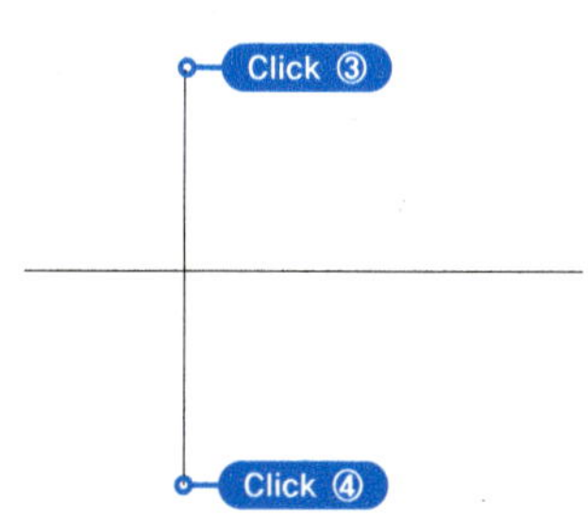

2. 중심점과 지름을 이용한 원그리기

① CIRCLE 명령을 이용하여 임의의 중심점에 지름을 입력하여 원을 그린다.

- C Enter↵
- Click ①
- D Enter↵
- 12 Enter↵

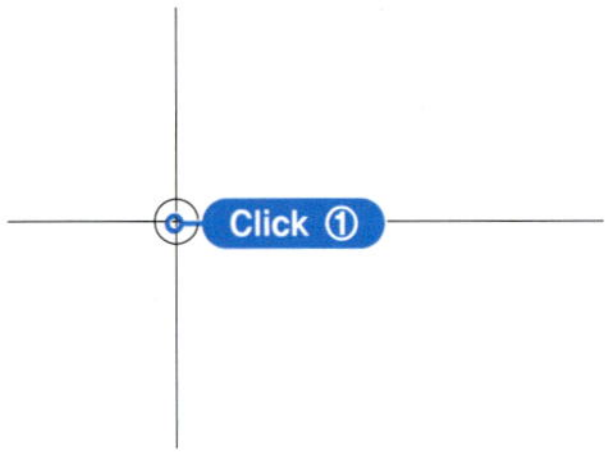

②
- Enter↵
- Click ②
- D Enter↵
- 24 Enter↵

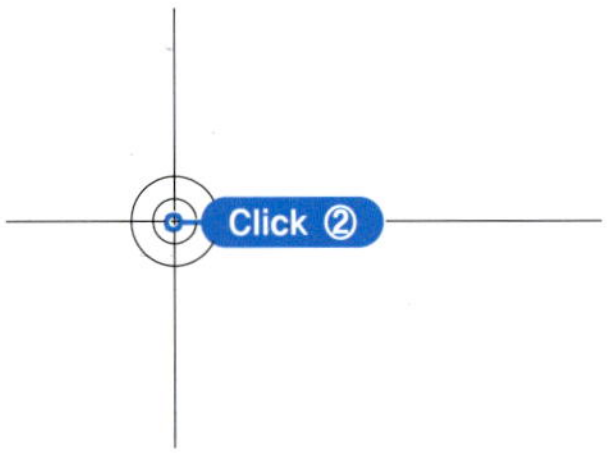

3. 원본과 평행한 직선 파생 객체 만들기

① OFFSET 명령을 이용하여 원본과 평행한 수직선을 그린다.

- O Enter↵
- 63 Enter↵
- Click ①
- Click ②

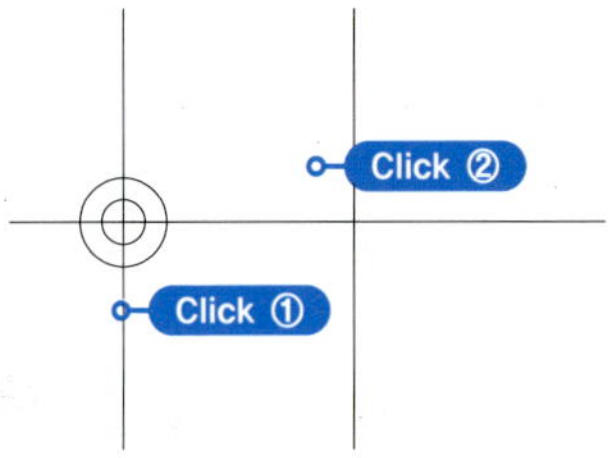

②
- O Enter↵
- 54 Enter↵
- Click ①
- Click ②

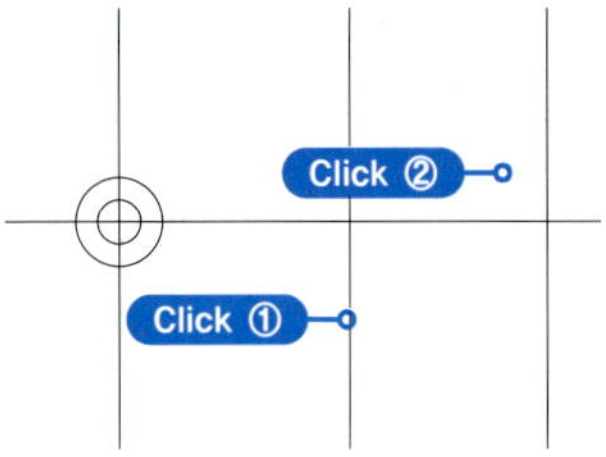

4. 중심점과 지름을 이용한 원그리기

① CIRCLE 명령을 이용하여 임의의 중심점에 지름을 입력하여 원을 그린다.

- C Enter↵
- Click ①
- D Enter↵
- 18 Enter↵

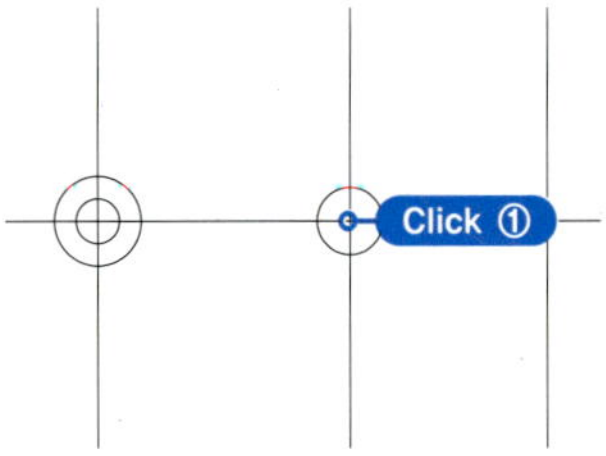

②
- Enter↵
- Click ②
- D Enter↵
- 30 Enter↵

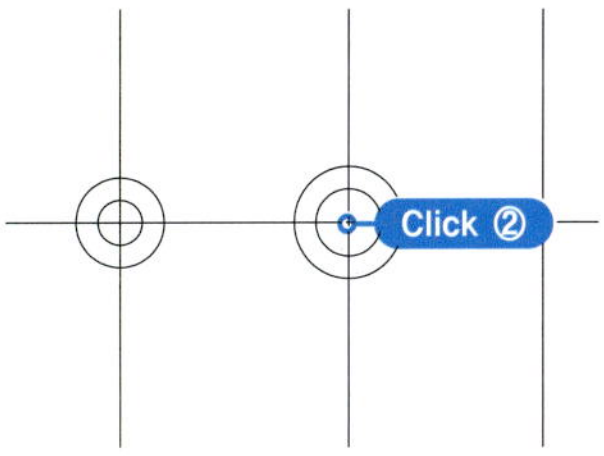

5. 직접 점을 선택하여 직선그리기

① LINE 명령을 이용하여 왼쪽원의 객체 스냅(Quadrant)과 임의의 끝점을 연결하여 수평선을 그린다.
- L Enter↵
- Click ①
- Click ②
- Enter↵
- Enter↵
- Click ③
- Click ④
- Enter↵

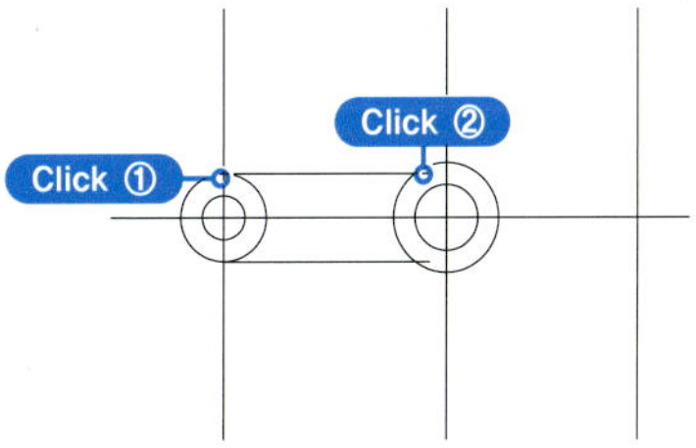

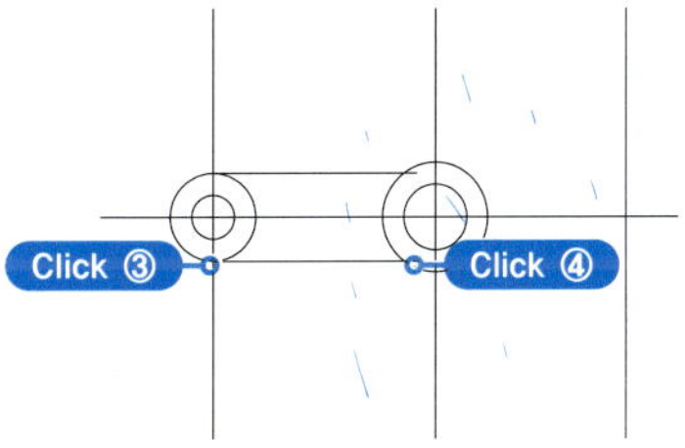

6. 객체를 직접 선택하여 자르기

① TRIM 명령을 이용하여 오른쪽 원과 교차점을 기준으로 객체의 불필요한 부분을 선택하여 자른다.
- TR Enter↵
- 자르기 위한 기준 객체로 원을 선택하고 진행(Enter↵)
- 자르는 대상으로 직선 객체의 자를 부분을 선택하고 진행(Enter↵)

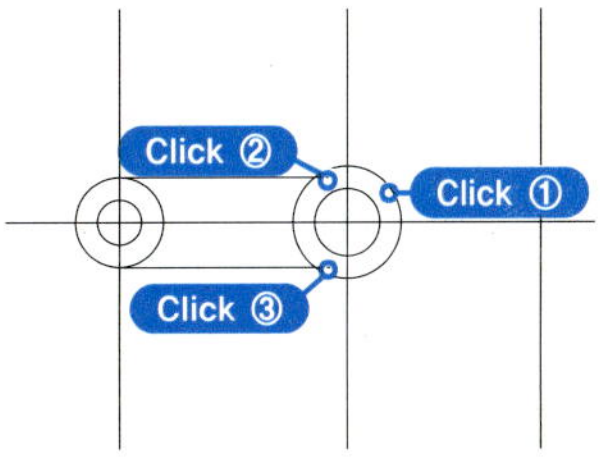

7. 원본과 평행한 직선 파생 객체 만들기

① OFFSET 명령을 이용하여 원본과 평행한 수직선을 그린다.

- ▸ O Enter↵
- ▸ 8 Enter↵
- ▸ Click ①
- ▸ Click ②

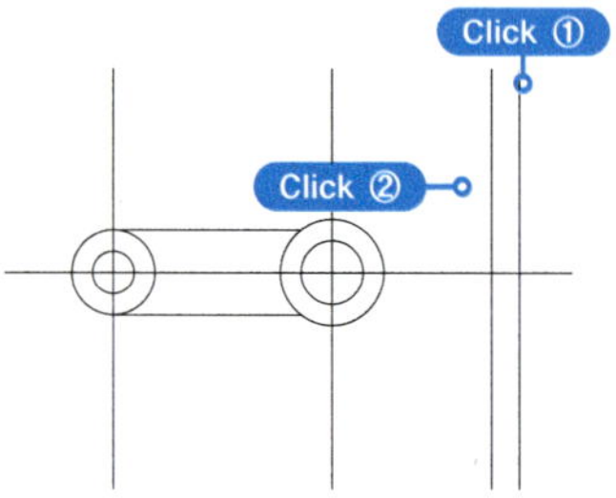

② OFFSET 명령을 이용하여 원본과 평행한 수평선을 그린다.

- ▸ O Enter↵
- ▸ 30 Enter↵
- ▸ Click ①
- ▸ Click ②

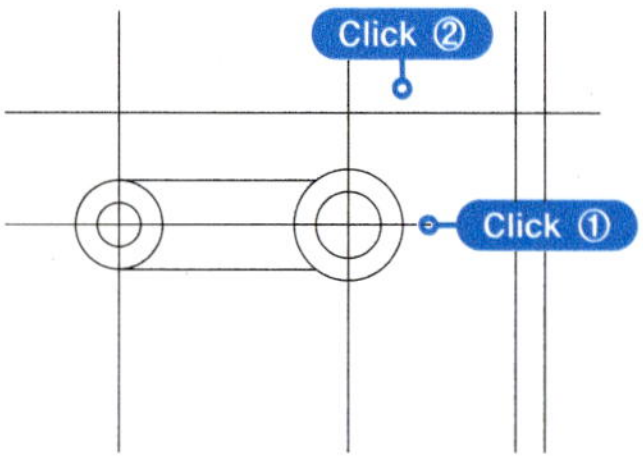

8. 모깎기 반지름을 입력하여 모깎기 하기

① FILLET 명령으로 모서리 부분을 반지름 R3으로 깎아낸다.

- ▸ F Enter↵
- ▸ R Enter↵
- ▸ 3 Enter↵
- ▸ Click ①
- ▸ Click ②
- ▸ Enter↵

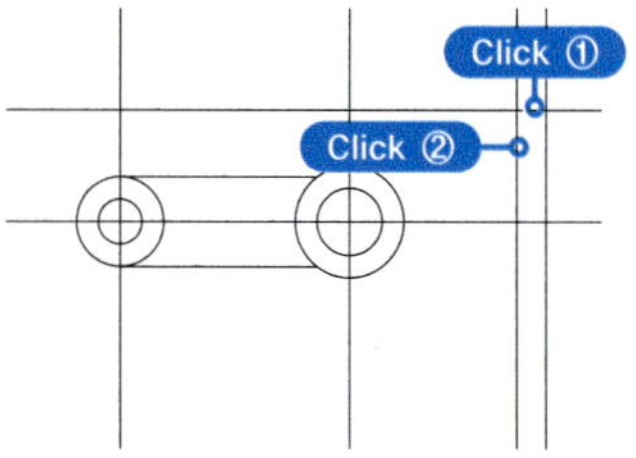

②
- ▸ Enter↵
- ▸ Click ①
- ▸ Click ②
- ▸ Enter↵

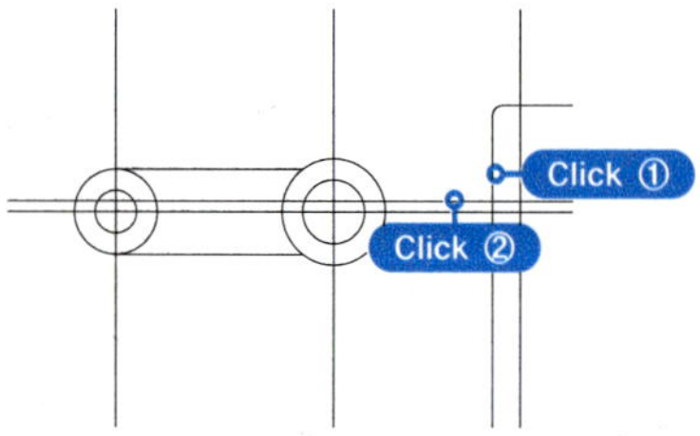

③
- Enter↵
- Click ①
- Click ②
- Enter↵

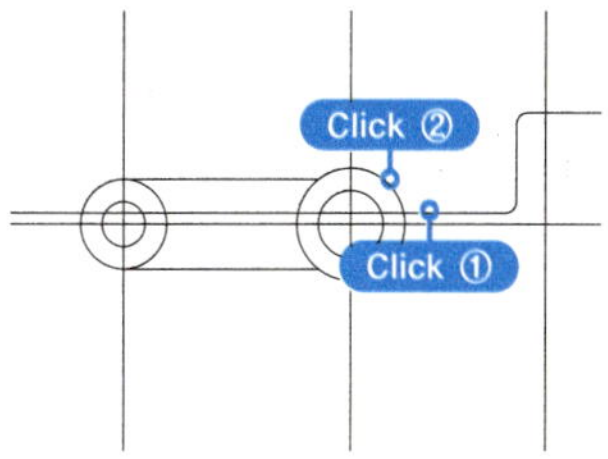

9. 객체를 직접 선택하여 연장하기

① EXTEND 명령을 이용하여 수평선 객체를 기준으로 수직선 객체를 연장한다.
- EX Enter↵
- Click ①
- Enter↵
- Click ②
- Enter↵

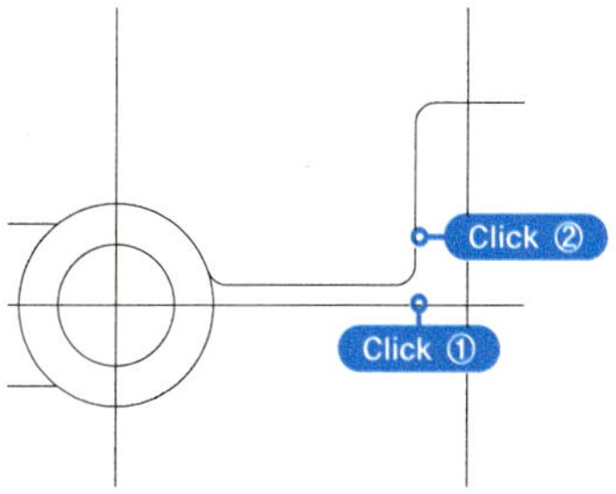

10. 객체를 직접 선택하여 자르기

① TRIM 명령을 이용하여 직선 객체의 불필요한 부분을 선택하여 자른다.
- TR Enter↵

※ 자르기 위한 교차점을 이루는 기준 객체를 선택
- Click ①
- Click ②
- Click ③
- Enter↵

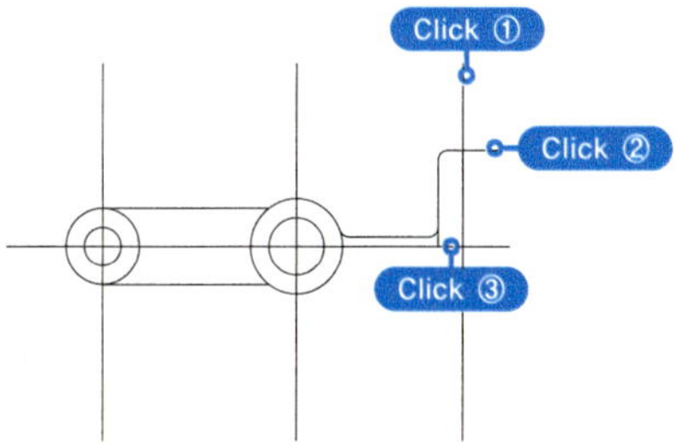

② ▸ 자르는 대상 객체의 자를 부분을 선택하고 진행(Enter↵)

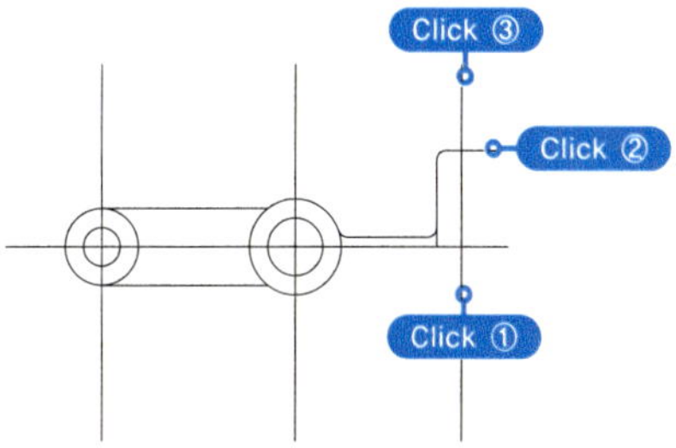

11. 정의된 축을 기준으로 객체를 대칭 복사하기

① MIRROR 명령을 객체를 대칭 복사한다.

- MI Enter↵
- 대칭 복사할 객체를 선택하고 진행 (Enter↵)

※ 점선으로 표시

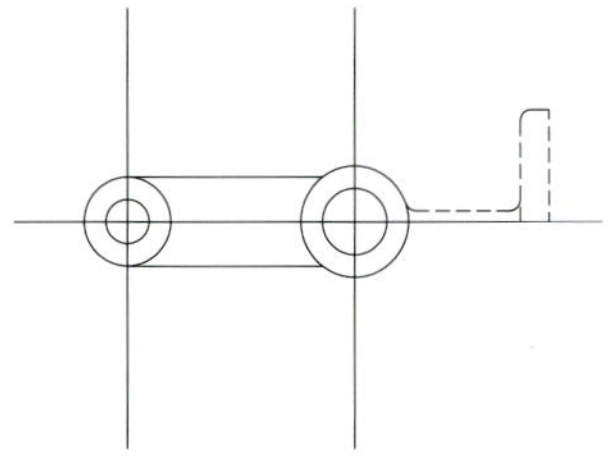

② 객체 스냅(Intersection)을 이용하여 대칭축이 될 직선을 정의한다.

- Click ①
- Click ②
- Enter↵

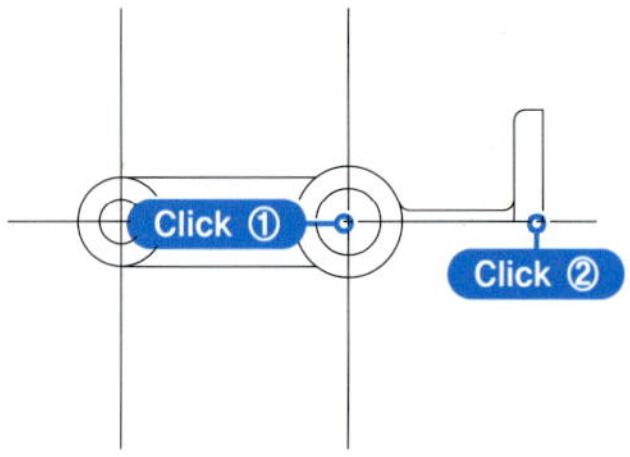

12. 중심점과 반지름을 이용한 원그리기

① CIRCLE 명령을 이용하여 원과 수평선의 교차점에 반지름을 입력하여 원을 그린다.

- C Enter↵
- Click ①
- 18 Enter↵

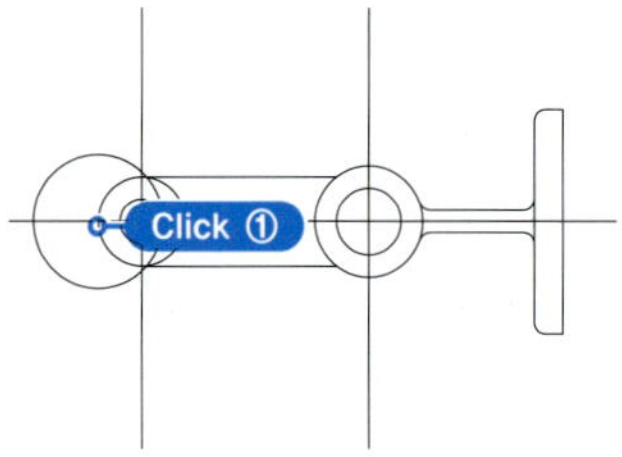

② CIRCLE 명령을 이용하여 수직선과 수평선의 교차점에 반지름을 입력하여 원을 그린다.

- Enter↵
- Click ①
- 45 Enter↵

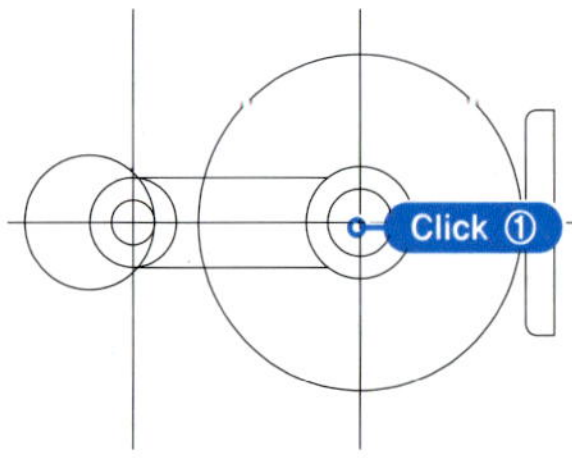

13. 두 접점과 반지름을 이용하여 원 그리기

① CIRCLE 명령으로 두 접점과 반지름을 이용하여 원을 그린다.

- C Enter↵
- TTR Enter↵
- Click ①
- Click ②
- 96 Enter↵

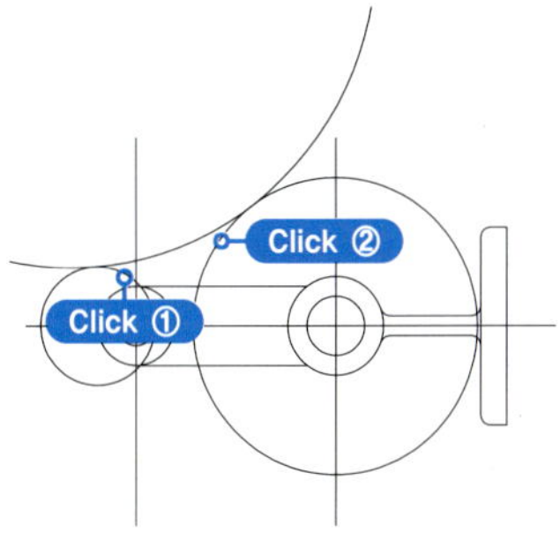

②
- Enter↵
- TTR Enter↵
- Click ①
- Click ②
- 58 Enter↵

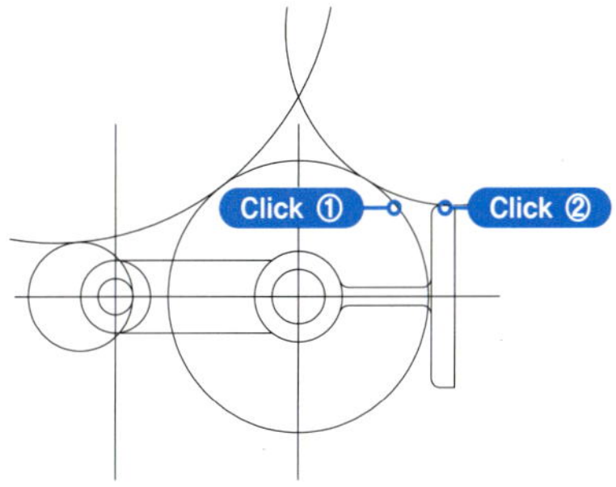

14. 객체를 직접 선택하여 자르기

① TRIM 명령을 이용하여 객체의 불필요한 부분을 선택하여 자른다.

- TR Enter↵

※ 자르기 위해 교차점을 이루는 기준이 될 객체를 선택

- Click ①
- Click ② (수평선 선택)
- Click 그려진 원 모두 선택
- Enter↵

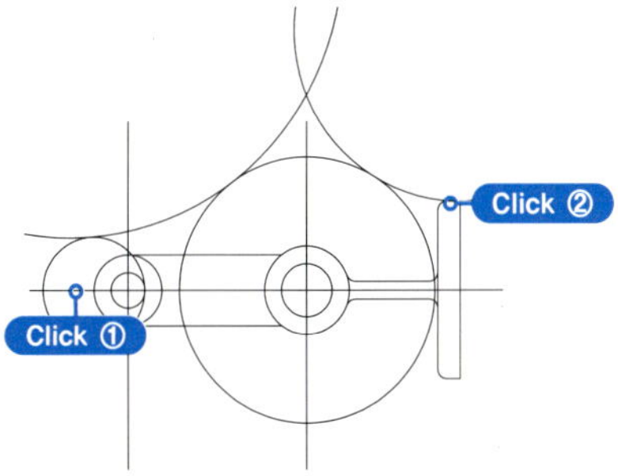

② ※ 자르는 순서

- Click ①
- Click ②

⋮

- Click ⑩
- Click ⑪
- Enter↵

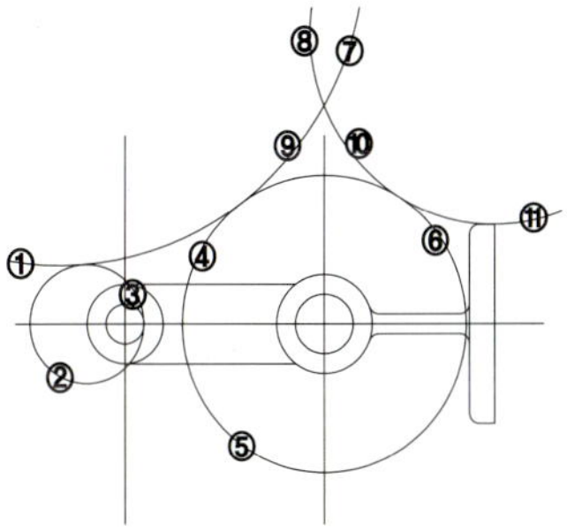

15. 정의된 축을 기준으로 객체를 대칭 복사하기

① MIRROR 명령으로 객체를 상하 대칭 복사한다.

- MI Enter↵
- 대칭 복사를 할 객체들을 선택하고 진행(Enter↵)

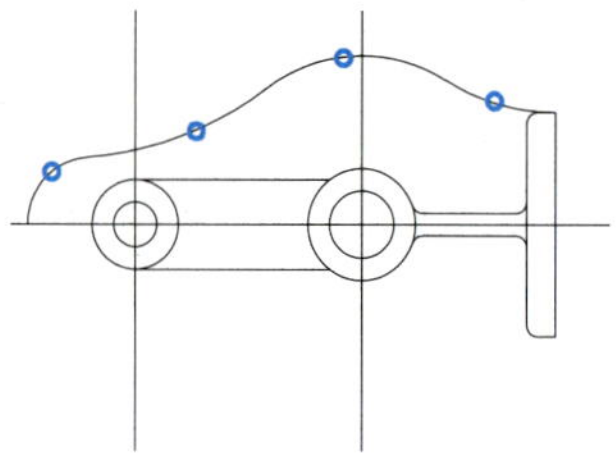

② 객체 스냅(Intersection)을 이용하여 대칭축을 이루는 직선을 지정한다.

- Click ①
- Click ②
- Enter↵

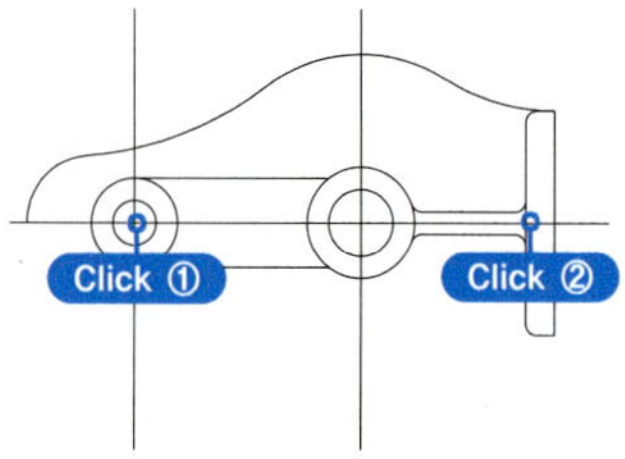

16. 원본과 평행한 직선 파생 객체 만들기

① OFFSET 명령을 이용하여 원본과 평행한 수직선을 그린다.

- O Enter↵
- 3 Enter↵
- Click ①
- Click ②

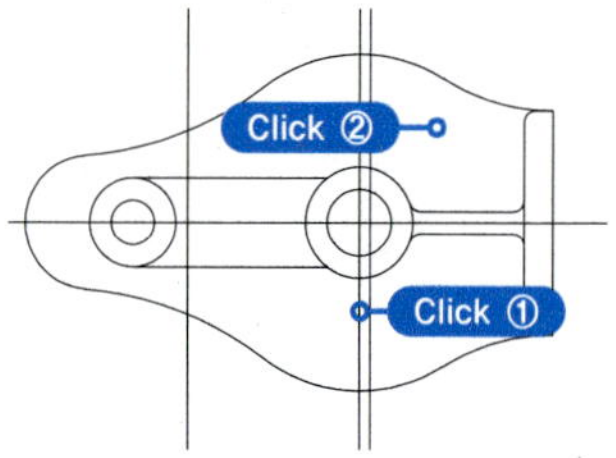

②
- Click ③
- Click ④
- Enter↵

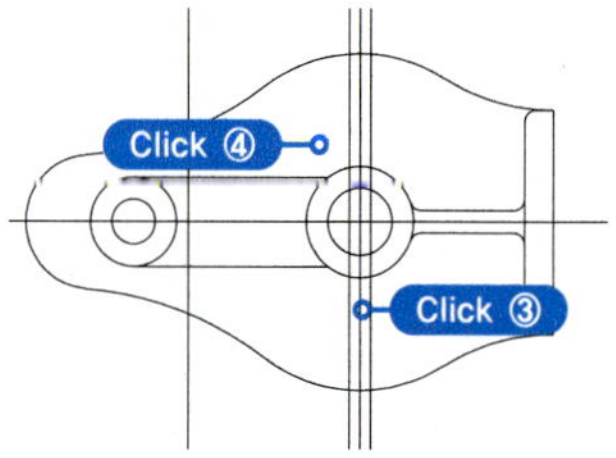

17. 직접 점을 선택하여 직선그리기

1. LINE 명령을 이용하여 교차점과 임의의 끝점을 연결하는 직선을 그린다.

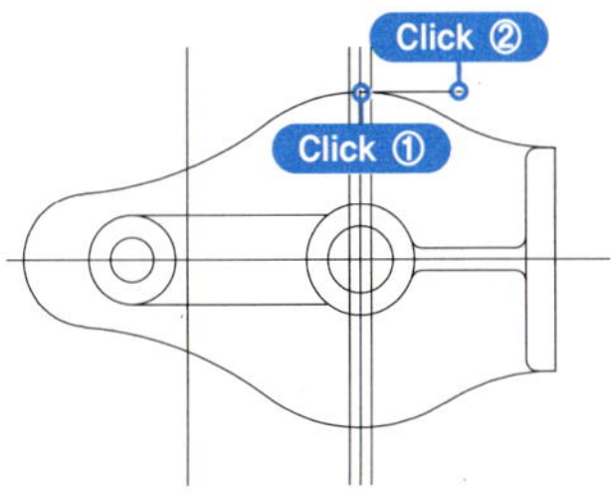

- L Enter↵
- Click ①
- Click ②
- Enter↵

18. 객체를 직접 선택하여 연장하기

1. EXTEND 명령을 이용하여 수직선을 기준으로 수평선을 연장한다.

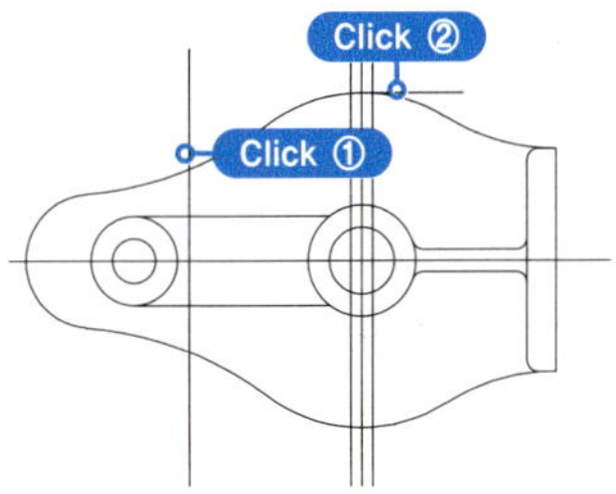

- EX Enter↵
- Click ①
- Enter↵
- Click ②
- Enter↵

19. 원본과 평행한 직선 파생 객체 만들기

1. OFFSET 명령을 이용하여 원본과 평행한 수평선을 그린다.

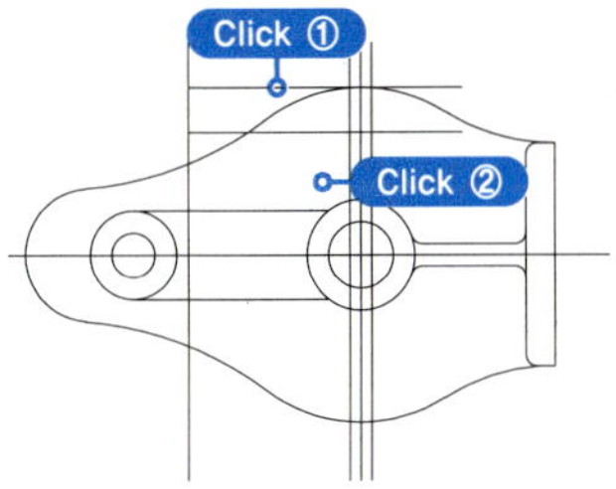

- O Enter↵
- 12 Enter↵
- Click ①
- Click ②

20. 모깎기 반지름을 입력하여 모깎기 하기

① FILLET 명령을 이용하여 수평선과 수직선이 교차하는 모서리 부분을 반지름 R3으로 깎아낸다.

- ▸F Enter↵
- ▸R Enter↵
- ▸3 Enter↵
- ▸Click ①
- ▸Click ②

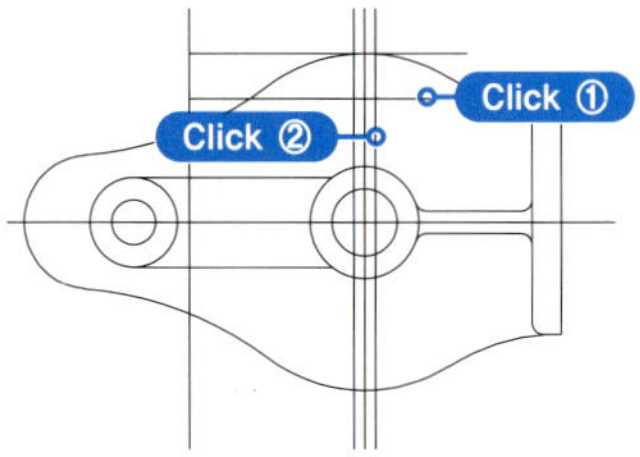

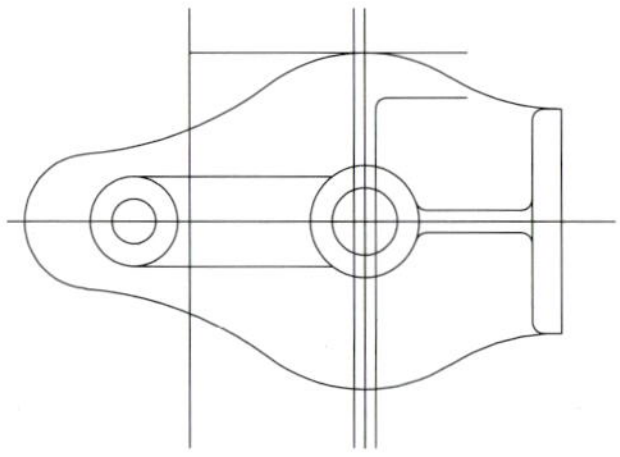

21. 객체를 직접 선택하여 연장하기

① EXTEND 명령을 이용하여 수직선을 기준으로 수평선을 연장한다.

- ▸EX Enter↵
- ▸Click ①
- ▸Enter↵
- ▸Click ②
- ▸Enter↵

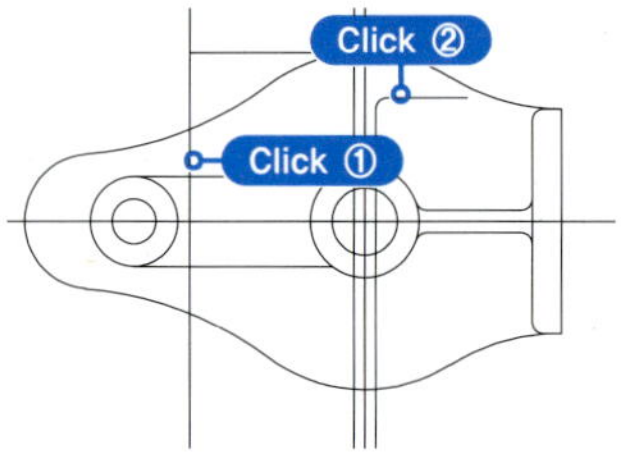

22. 모깎기 반지름을 입력하여 모깎기 하기

① FILLET 명령을 이용하여 객체들이 교차하는 모서리 부분을 반지름 R3 으로깎아낸다.

- ▸F Enter↵
- ▸R Enter↵
- ▸3 Enter↵
- ▸Click ①
- ▸Click ②

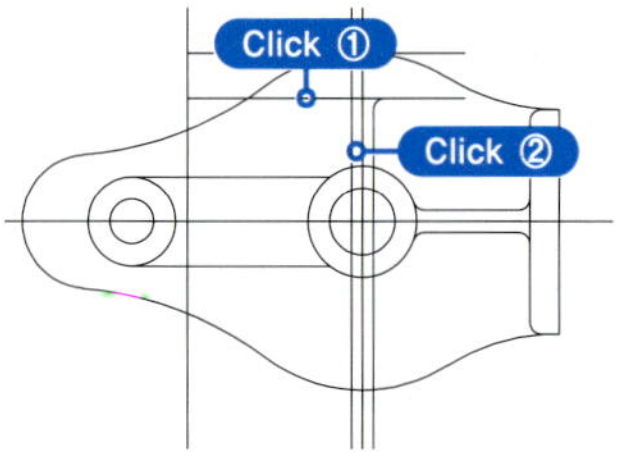

② ▶ Enter↵

▶ Click ①

▶ Click ②

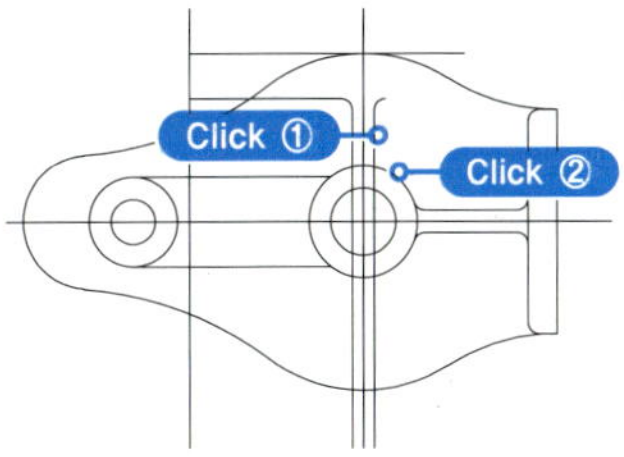

③ ▶ Enter↵

▶ Click ①

▶ Click ②

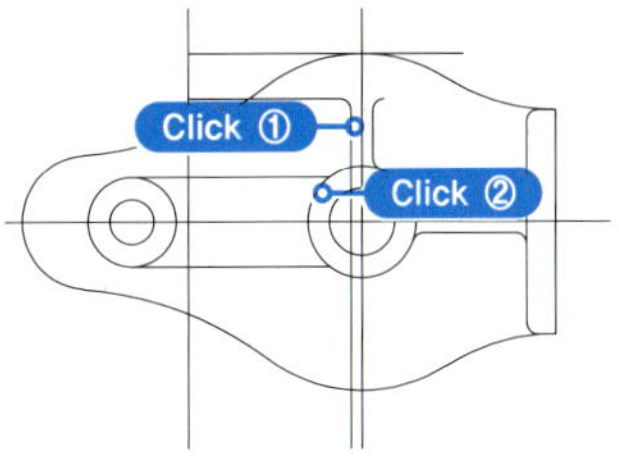

23. 필요없는 객체 지우기

① ERASE 명령을 이용하여 필요 없는 객체를 선택하여 지운다.

▶ E Enter↵

▶ Click ①

▶ Click ②

▶ Enter↵

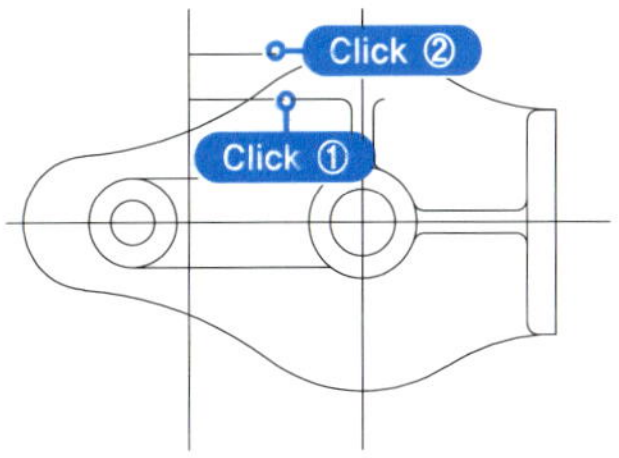

24. 정의된 축을 기준으로 객체를 대칭 복사하기

① MIRROR 명령을 이용하여 객체를 상하 대칭 복사한다.

▶ MI Enter↵

▶ 대칭 복사할 객체를 선택하고 진행 (Enter↵)

※ 점선으로 표시

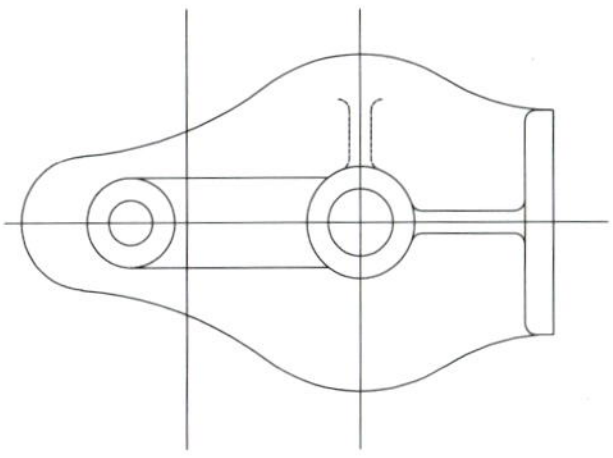

② 객체 스냅(intersection)을 이용하여 대칭축을 이루는 직선을 지정

- Click ①
- Click ②
- Enter↵

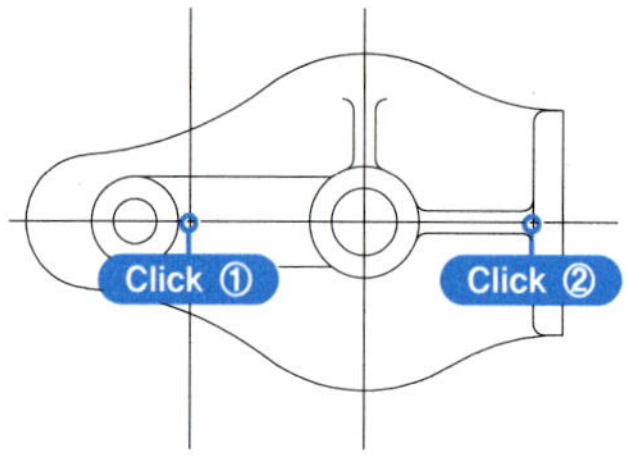

25. 원본과 평행한 파생 객체 만들기

① OFFSET 명령을 이용하여 원본과 평행한 수직, 수평선을 그린다.

- O Enter↵
- 21 Enter↵
- Click ①
- Click ②
- Enter↵

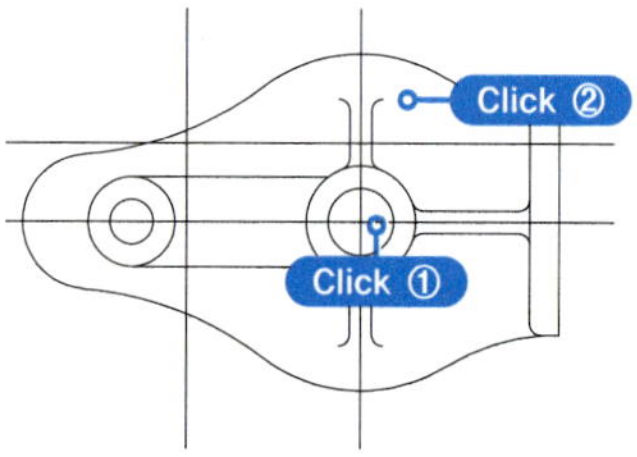

②
- Enter↵
- 30 Enter↵
- Click ①
- Click ②
- Enter↵

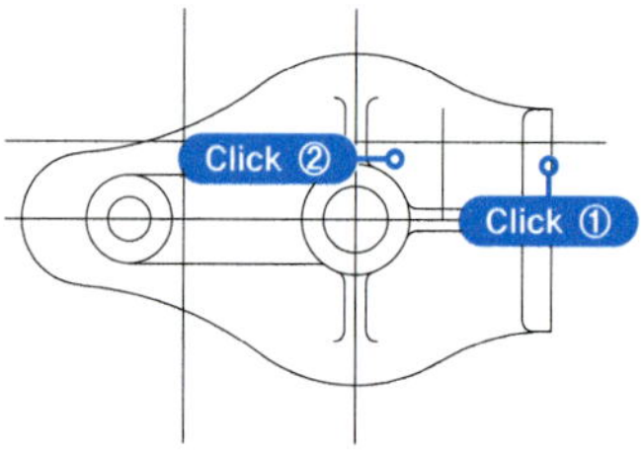

26. 중심점과 지름을 이용한 원그리기

① CIRCLE 명령을 이용하여 수직선과 수평선의 교차점에 지름을 입력하여 원을 그린다.

- C Enter↵
- Click ①
- D Enter↵
- 7 Enter↵

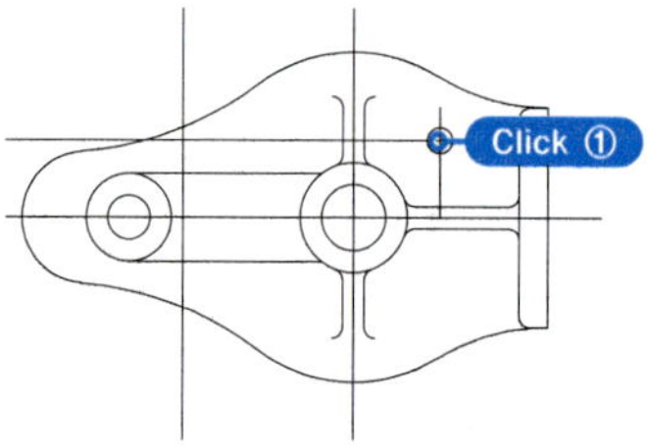

27. 원본과 같은 중심을 갖는 파생 객체 만들기

① OFFSET 명령을 이용하여 원본 객체에서 파생 복사하여 원을 그린다.

- O Enter↵
- 3 Enter↵
- Click ①
- Click ②

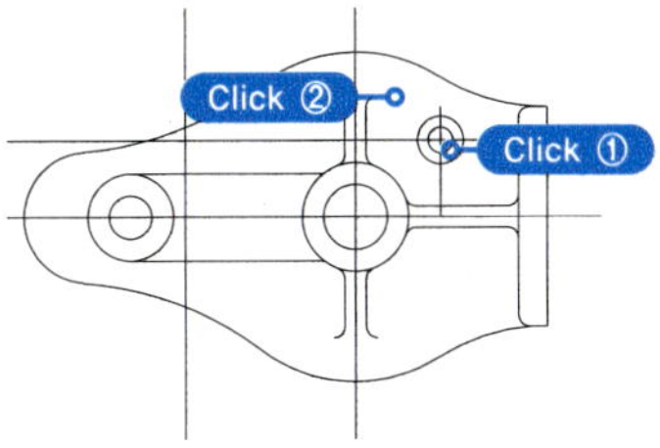

28. 객체를 직접 선택하여 자르기

① TRIM 명령을 이용하여 불필요한 객체를 선택하여 자른다.

- TR Enter↵

※ 자르기 위해 교차점을 이루는 기준 객체를 선택

- Click ①
- Enter↵

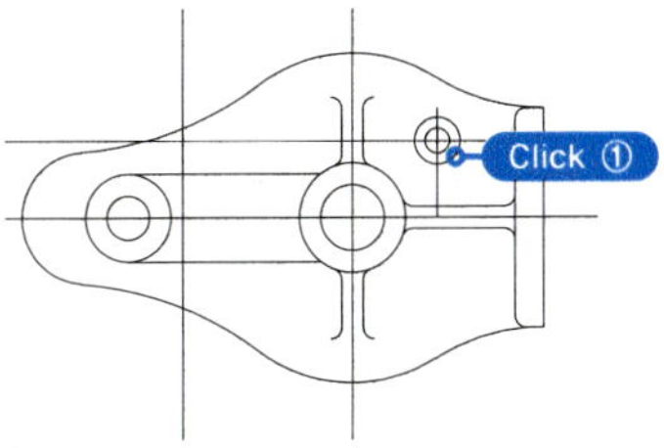

② ▸ 자르는 대상 객체의 자를 부분을 선택하고 명령 진행(Enter↵)

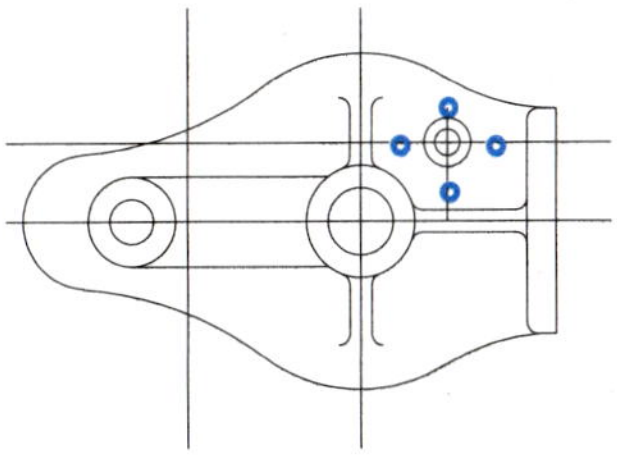

29. 필요없는 객체 지우기

① ERASE 명령을 이용하여 필요없는 원을 지운다.

- E Enter↵
- Click ①
- Enter↵

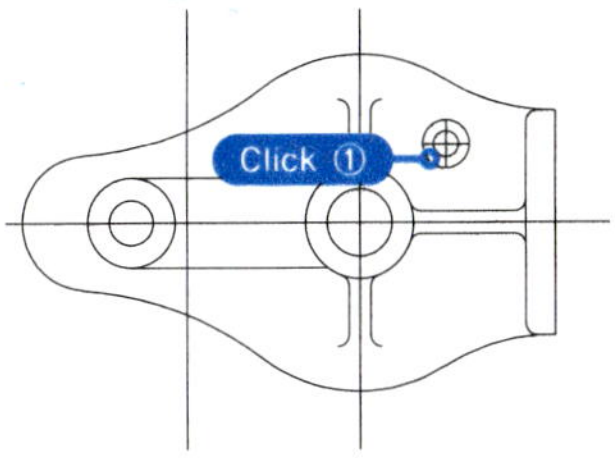

30. 정의된 축을 기준으로 객체를 대칭 복사하기

① MIRROR 명령을 이용하여 객체를 좌우 대칭 복사한다.

- MI Enter↵
- 대칭 복사를 할 객체들을 선택하고 진행(Enter↵)

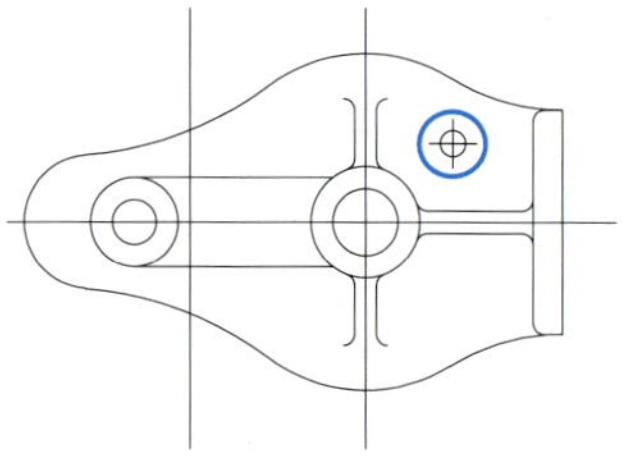

② 객체 스냅(End)을 이용하여 대칭축을 이루는 직선을 정의한다.

- Click ①
- Click ②
- Enter↵

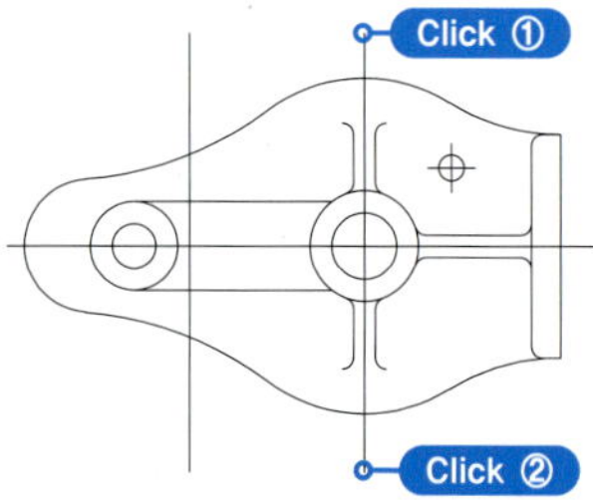

③
- Enter↵
- 대칭 복사를 할 객체들을 선택하고 진행(Enter↵)

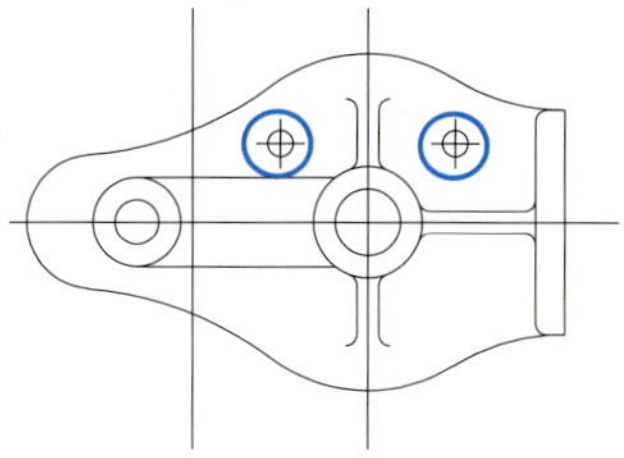

④ 객체 스냅(Intersection)을 이용하여 대칭축을 이루는 직선을 정의한다.

- Click ①
- Click ②
- Enter↵

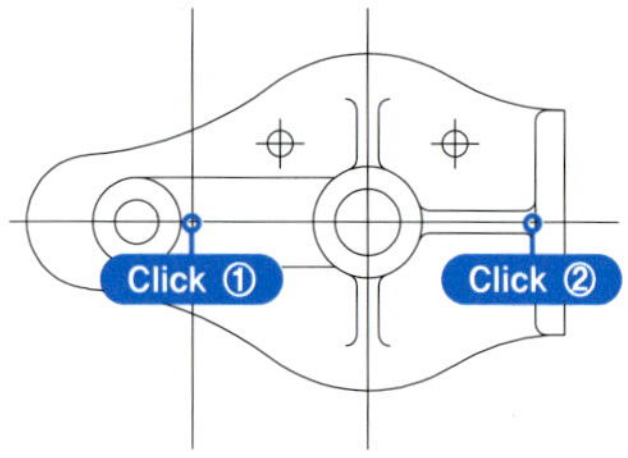

31. 필요없는 객체 지우기

① ERASE 명령을 이용하여 필요 없는 선 객체를 지운다.

- ▸E Enter↵
- ▸Click ①
- ▸Click ②
- ▸Click ③
- ▸Enter↵

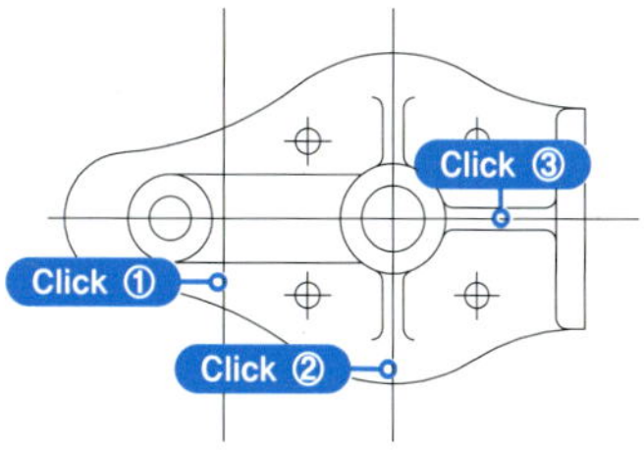

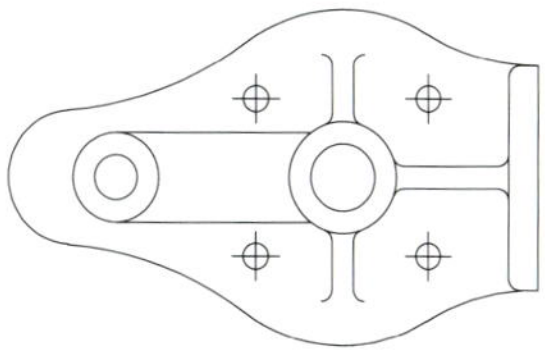

3 예제 따라하기 2

이 장에서 배운 명령을 이용하여 예제 따라하기 2을 완성한다. 따라하기를 통해 명령들의 사용법에 대하여 반복 학습하여 사용법을 숙지한다. 자주 사용되는 CHAMFER 및 FILLET 명령으로 간단하게 모서리 부분에 모따기와 모깎기 하는 법에 대해 숙지한다.

1. 직접 점을 선택하여 직선그리기

① LINE 명령을 이용하여 임의의 시작점과 끝점을 잇는 직선을 그린다.

- ▸L Enter↵
- ▸Click ①
- ▸Click ②
- ▸Enter↵

②
- ▸Enter↵
- ▸Click ③
- ▸Click ④
- ▸Enter↵

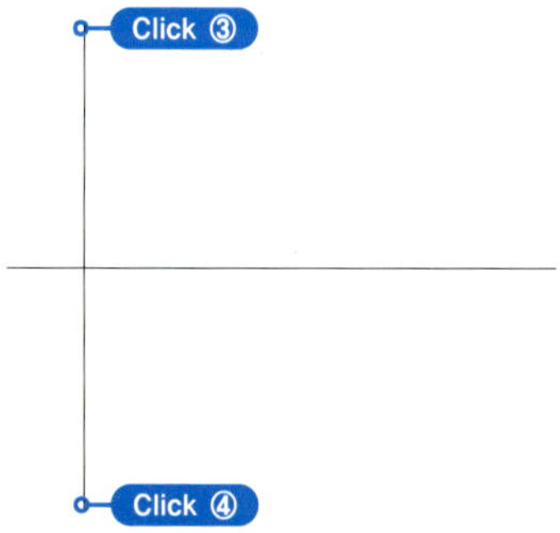

2. 원본과 평행한 직선 만들기

① OFFSET 명령을 이용하여 일정한 간격을 갖는 직선을 그린다.

- O Enter↵
- 14 Enter↵
- Click ①
- Click ②
- Click ③
- Click ④
- Enter↵

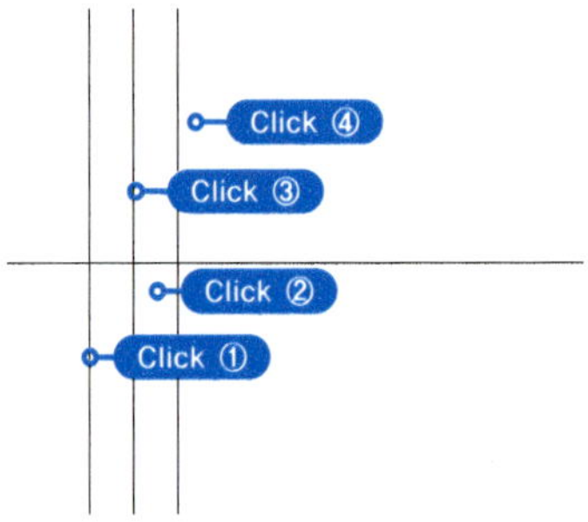

3. 중심점과 반지름을 이용한 원그리기

① CIRCLE 명령을 이용하여 수직선과 수평선의 교차점에 반지름을 입력하여 원을 그린다.

- C Enter↵
- Click ①
- 9.5 Enter↵

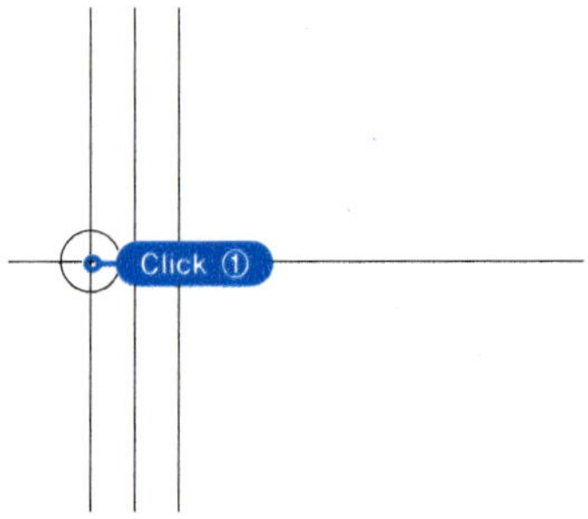

②
- Enter↵
- Click ②
- 12 Enter↵

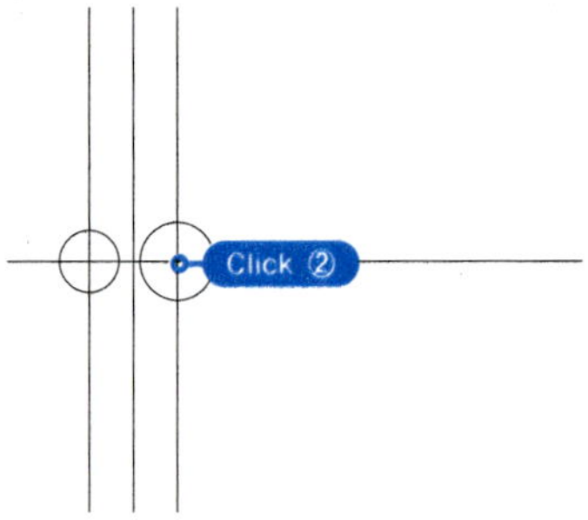

4. 직접 점을 선택하여 직선그리기

① LINE 명령으로 객체 스냅(Quadrant)를 이용하여 직선을 그린다.

- L Enter↵
- Click ①
- Click ②
- Enter↵

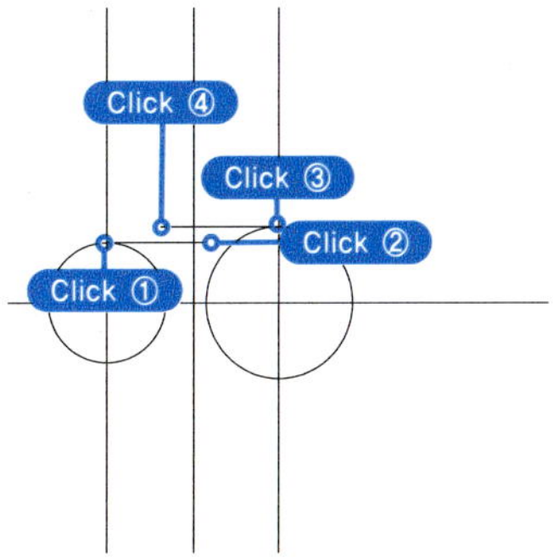

②
- Enter↵
- Click ③
- Click ④
- Enter↵

5. 모깎기 반지름을 입력하여 모깎기 하기

① FILLET 명령을 이용하여 모서리 부분을 반지름 R3으로 깎아낸다.

- F Enter↵
- R Enter↵
- 3 Enter↵
- Click ①
- Click ②

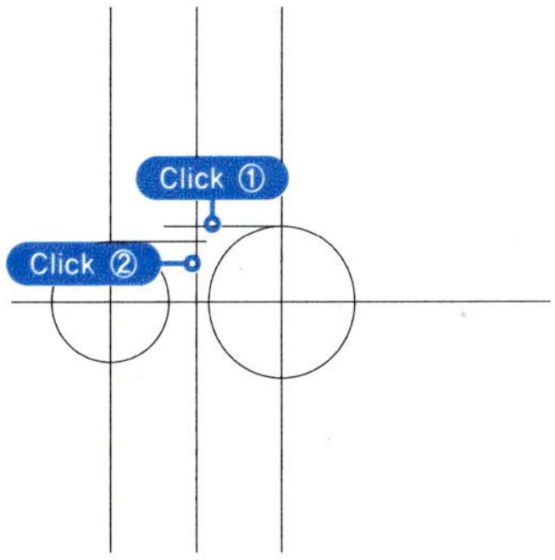

②
- Enter↵
- Click ① (라운딩 부분)
- Click ②

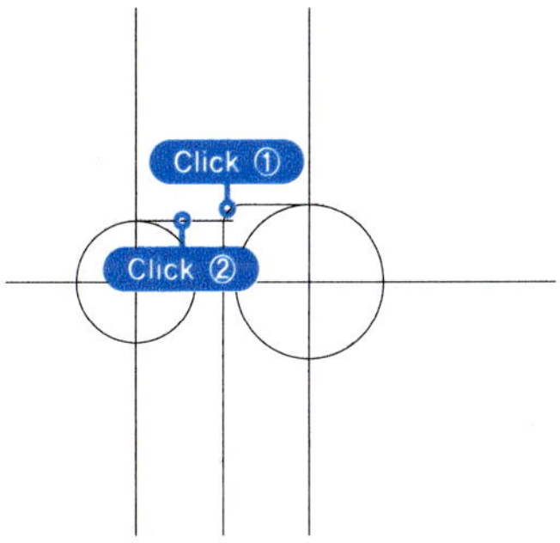

6. 필요없는 객체 지우기

① ERASE 명령을 이용하여 필요 없는 객체를 지운다.

- E Enter↵
- Click ①
- Enter↵

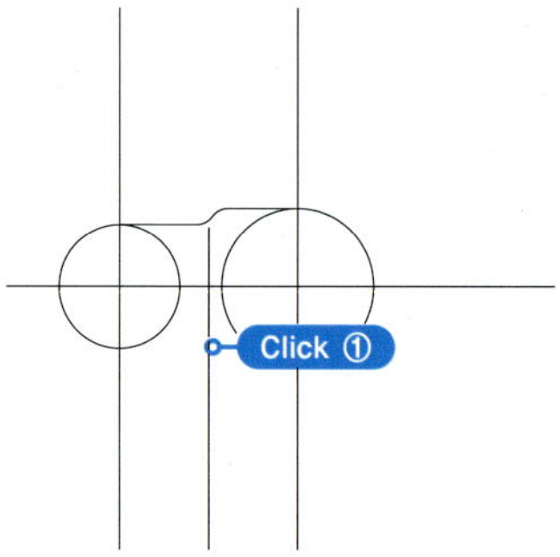

7. 객체를 직접 선택하여 자르기

① TRIM 명령을 이용하여 객체의 불필요한 부분을 선택하여 자른다.

- TR Enter↵

※자르기 위한 교차점을 이루는 기준이 될 객체를 선택(점선으로 표시)

- Enter↵

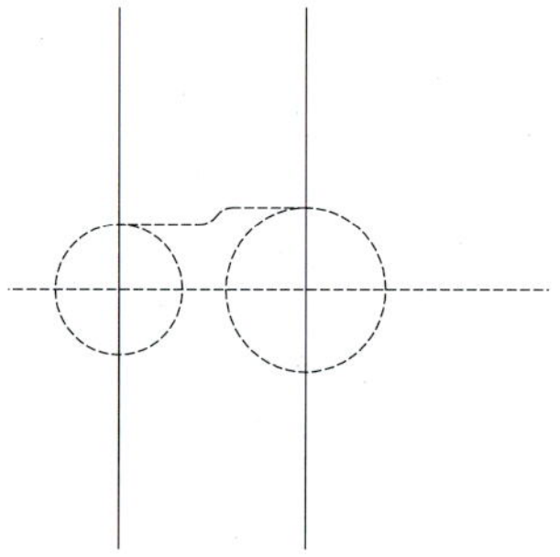

② ※자르는 대상을 선택

- Click ①
- Click ②
- Click ③
- Click ④
- Enter↵

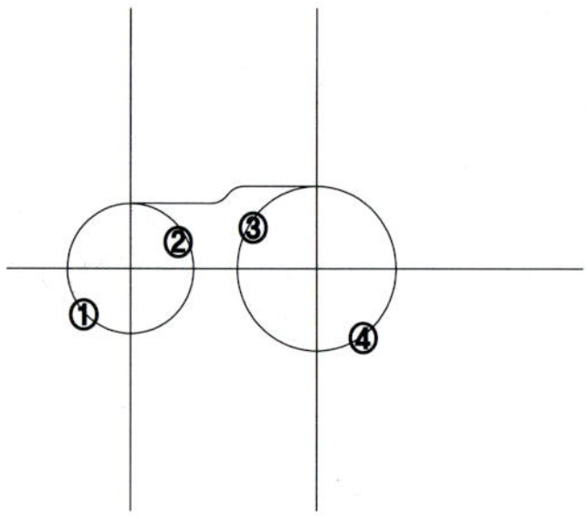

8. 정의된 축을 기준으로 객체를 대칭 복사하기

① MIRROR 명령을 이용하여 객체를 상하 대칭 복사한다.

- MI Enter↵
- 대칭 복사할 객체를 선택하고 진행 (Enter↵)

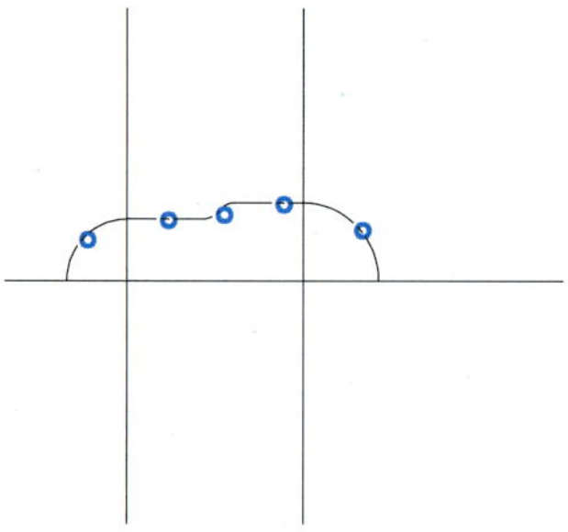

② 객체 스냅(Intersection)을 이용하여 대칭축을 이루는 직선을 지정한다.

- Click ①
- Click ②
- Enter↵

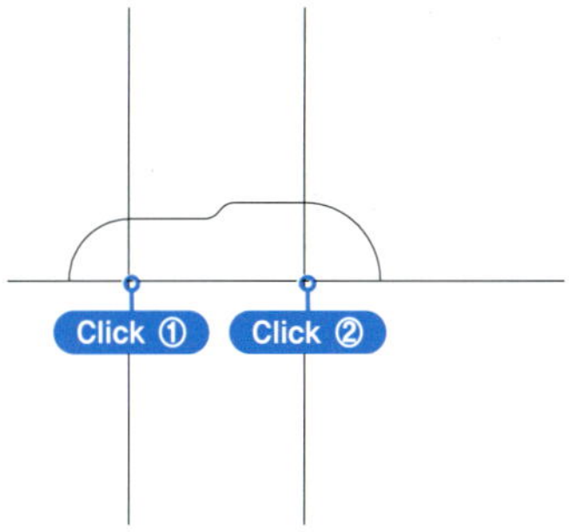

9. 중심점과 반지름을 이용한 원 그리기

① CIRCLE 명령을 이용하여 수직선과 수평선의 교차점에 원을 그린다.

- C Enter↵
- Click ①
- 22 Enter↵

②
- Enter↵
- Click ②
- 22 Enter↵

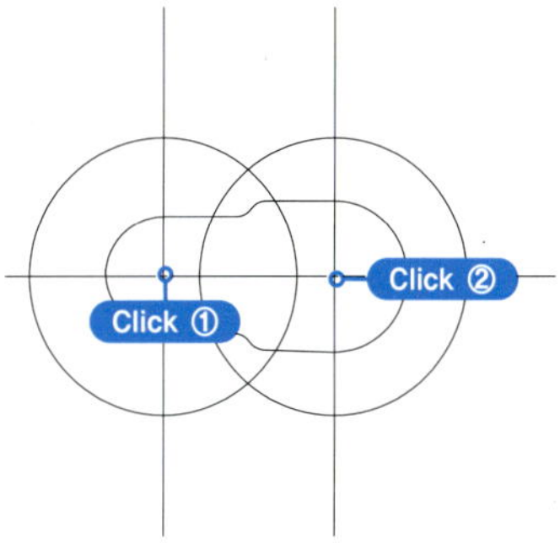

10. 점을 직접 선택하여 직선그리기

① LINE 명령을 이용하여 사분점을 연결하는 직선을 그린다.

- L Enter↵
- Click ①
- Click ②
- Enter↵

②
- Enter↵
- Click ③
- Click ④
- Enter↵

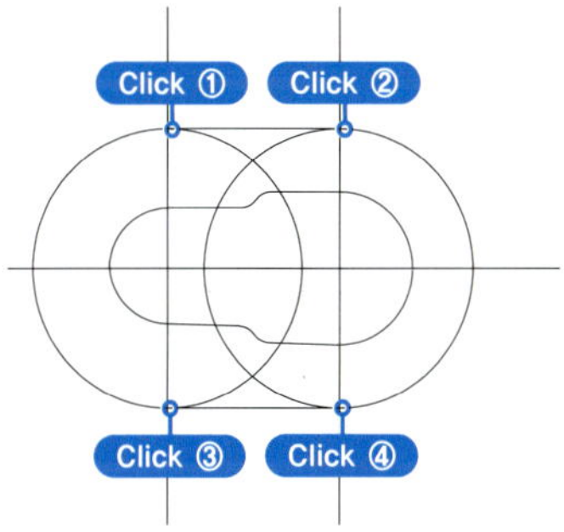

11. 객체를 직접 선택하여 자르기

① TRIM 명령을 이용하여 원 객체의 불필요한 부분을 선택하여 자른다.

- TR Enter↵
- 자르기 위한 교차점을 이루는 기준 객체를 선택하고 진행(Enter↵)

※ 점선으로 표시

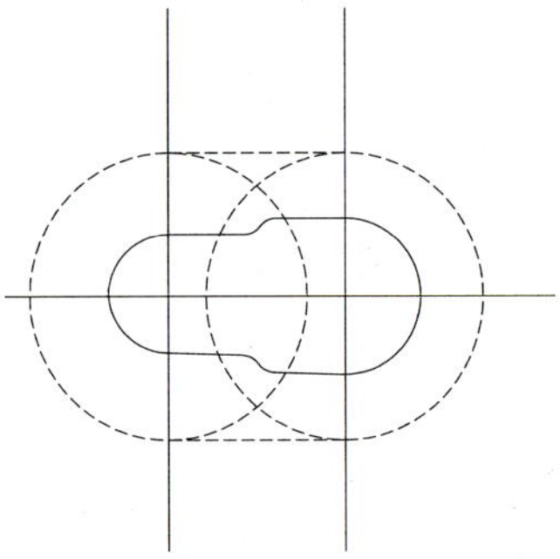

②
- 자르는 순서
- Click ①
- Click ②

⋮

- Click ⑤
- Click ⑥
- Enter↵

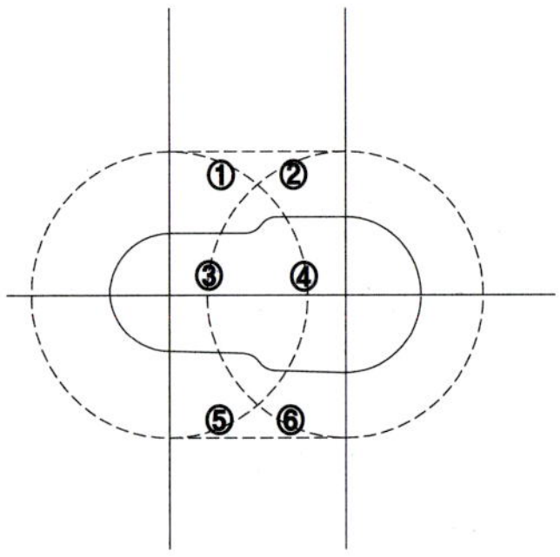

12. 원본과 평행한 직선 파생 객체 만들기

① OFFSET 명령을 이용하여 원본과 평행한 수직선을 그린다.

- O Enter↵
- 108 Enter↵
- Click ①
- Click ②
- Enter↵

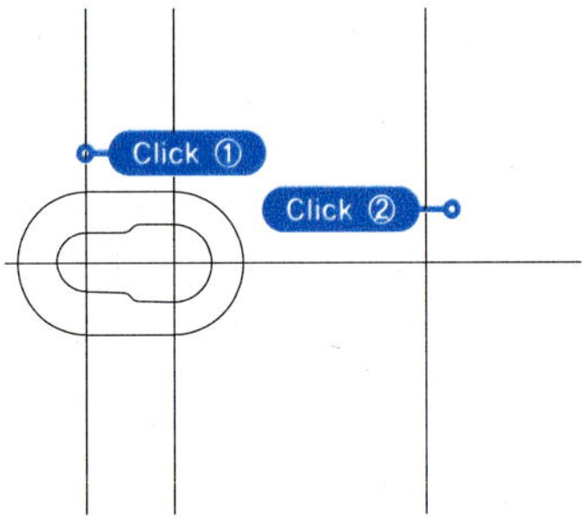

13. 중심점과 지름을 이용한 원 그리기

① CIRCLE 명령을 이용하여 수직선과 수평선의 교차점에 원을 그린다.

- C Enter↵
- Click ①
- D Enter↵
- 28 Enter↵

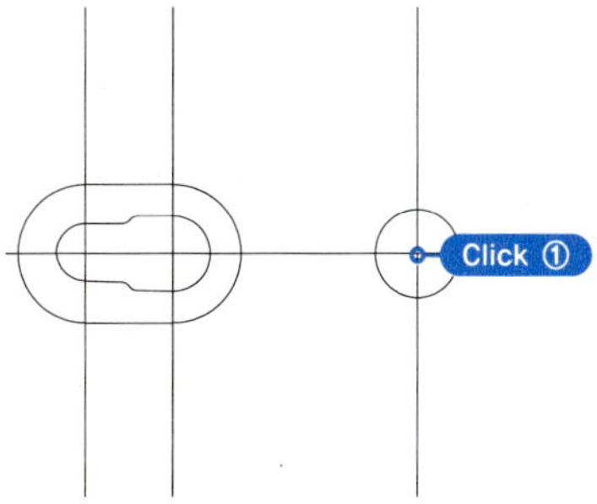

②
- Enter↵
- Click ②
- D Enter↵
- 50 Enter↵

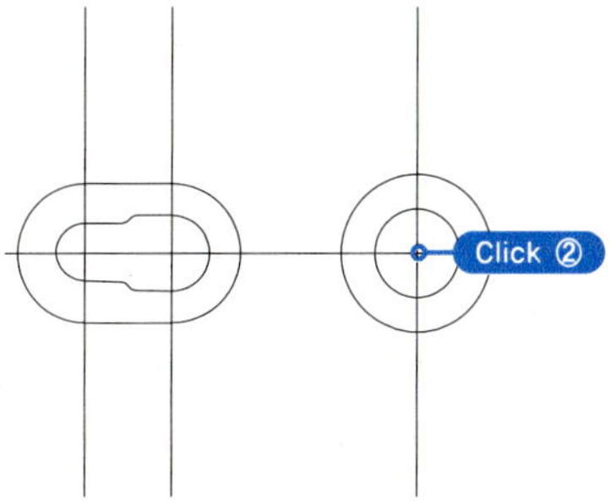

14. 입력한 각도로 기울어진 무한선 그리기

① XLINE 명령을 이용하여 30도 기울기의 무한선을 그린다.

- XL Enter↵
- A Enter↵
- 30 Enter↵
- Click ①
- Enter↵

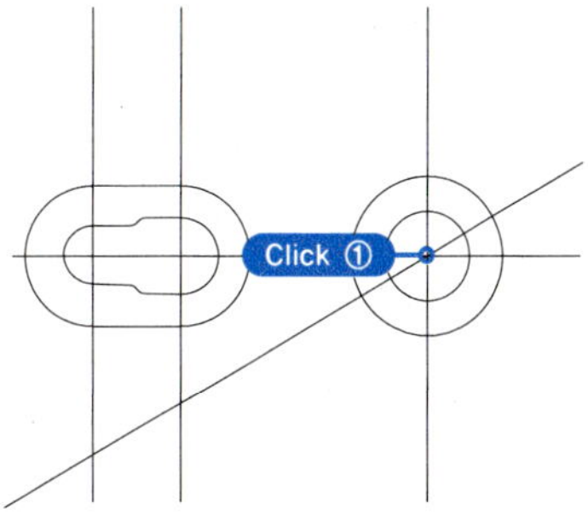

15. 원본과 평행한 직선 파생 객체 만들기

① OFFSET 명령을 이용하여 원본과 평행한 경사선을 그린다.

- O Enter↵
- 12 Enter↵
- Click ①
- Click ②

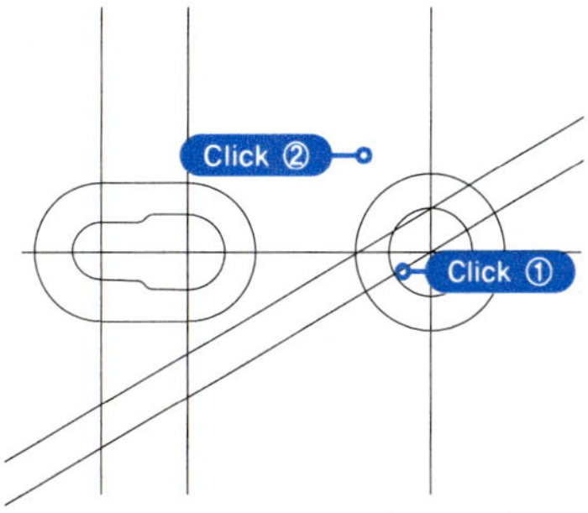

②

- ▸ Enter↵
- ▸ 5 Enter↵
- ▸ Click ①
- ▸ Click ②

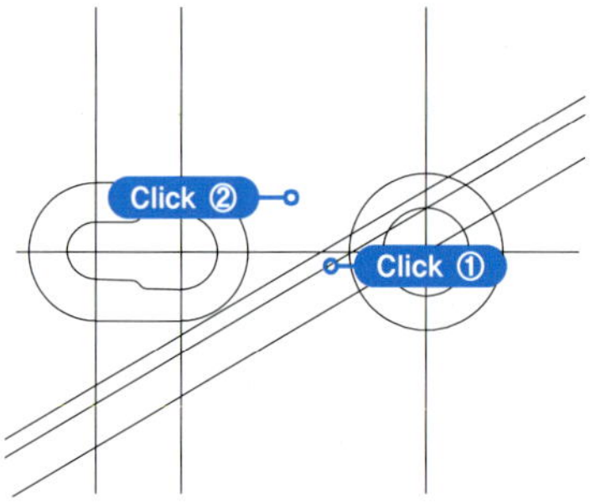

16. 입력한 각도로 기울어진 무한선 그리기

① XLINE 명령을 이용하여 120도 기울기의 무한선을 그린다.

- ▸ XL Enter↵
- ▸ A Enter↵
- ▸ 120 Enter↵
- ▸ Click ①
- ▸ Enter↵

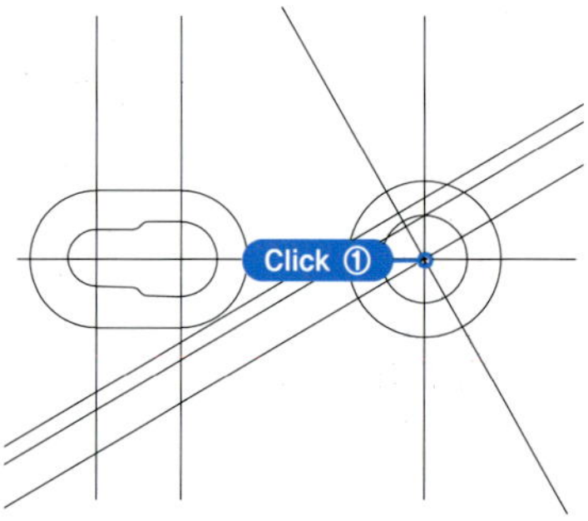

17. 원본과 평행한 직선 파생 객체 만들기

① OFFSET 명령을 이용하여 원본과 평행한 경사선을 그린다.

- ▸ O Enter↵
- ▸ 58 Enter↵
- ▸ Click ①
- ▸ Click ②

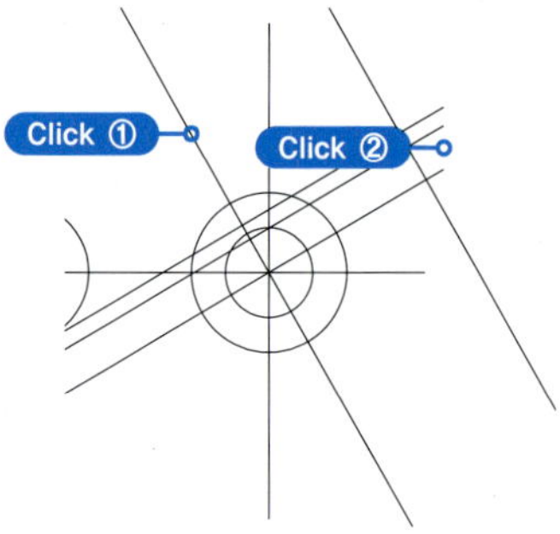

18. 중심점과 반지름을 이용한 원 그리기

① CIRCLE 명령을 이용하여 경사선들의 교차점에 원을 그린다.

- ▸ C Enter↵
- ▸ Click ①
- ▸ 10 Enter↵

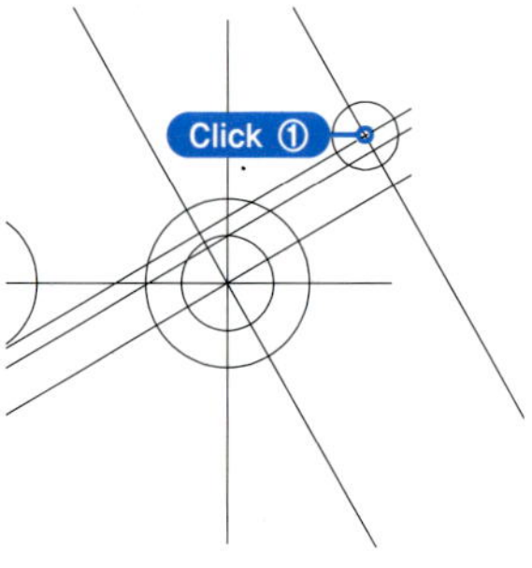

19. 객체를 직접 선택하여 자르기

① TRIM 명령을 이용하여 객체의 불필요한 부분을 선택하여 자른다.

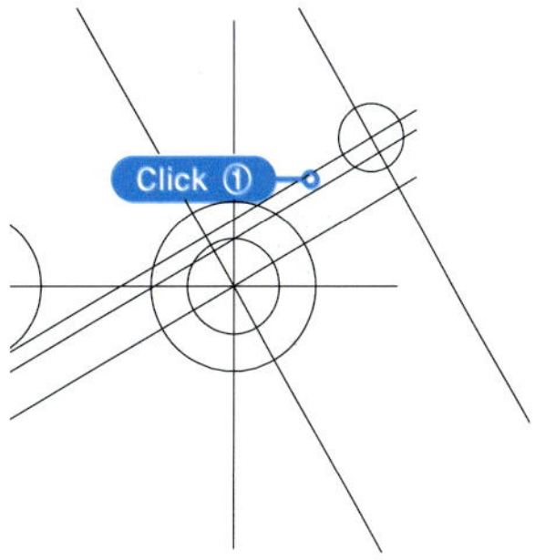

- ▸ TR Enter↵
- ※ 자르기 위한 교차점을 이루는 기준 객체를 선택
- ▸ Click ①
- ▸ Enter↵

② ※ 자르는 대상 객체의 자를 부분을 선택

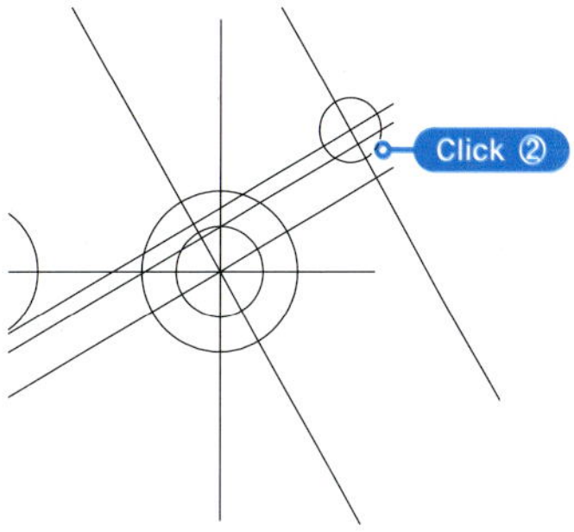

- ▸ Click ②
- ▸ Enter↵

20. 점을 직접 선택하여 직선그리기

① LINE 명령을 이용하여 객체 스냅을 선택하여 직선을 그린다.

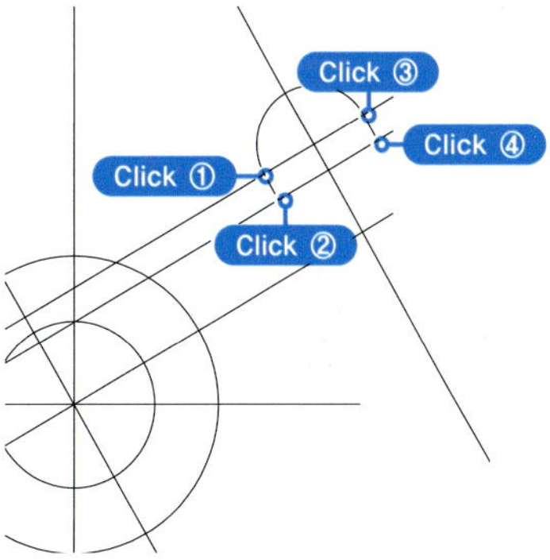

- ▸ L Enter↵
- ▸ Click ①
- ▸ Click ② (Perpendicular)
- ▸ Enter↵

②
- ▸ Enter↵
- ▸ Click ③
- ▸ Click ④ (Perpendicular)
- ▸ Enter↵

21. 객체를 직접 선택하여 자르기

① TRIM 명령을 이용하여 객체의 불필요한 부분을 선택하여 자른다.

▸ TR Enter↵

※ 모든 교차점을 기준 객체로 선택하기 위해서 명령을 진행

▸ Enter↵

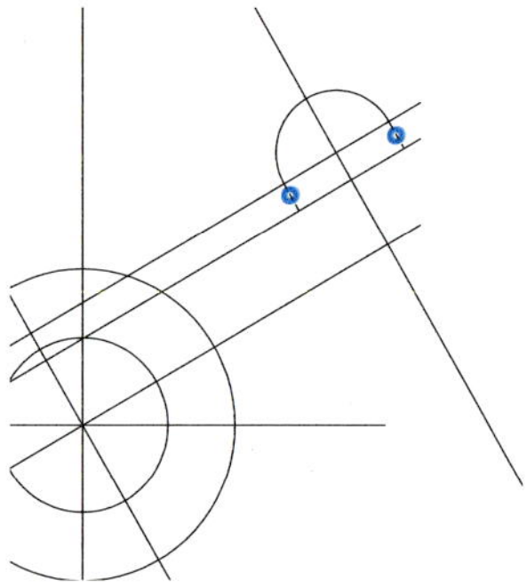

② ※ 자르는 대상 객체의 잘릴 부분을 선택

▸ Click ①

▸ Click ②

▸ Enter↵

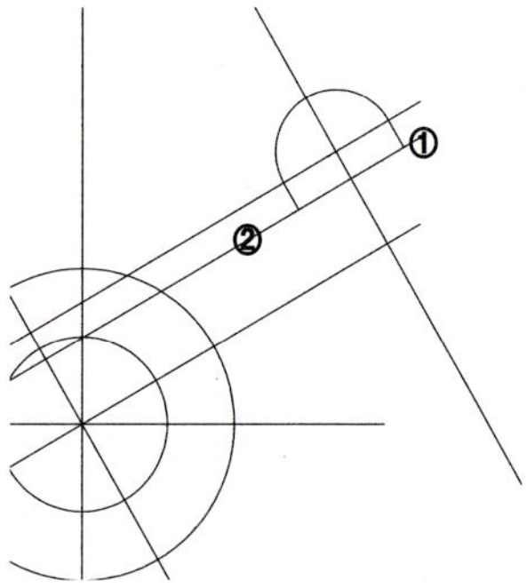

22. 필요없는 객체 지우기

① ERASE 명령을 이용하여 필요 없는 직선 객체를 지운다.

▸ E Enter↵

▸ Click ①

▸ Click ②

▸ Click ③

▸ Enter↵

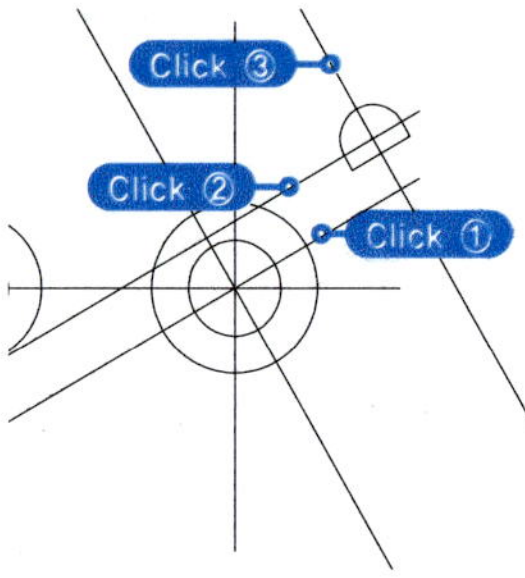

23. 중심점과 반지름을 이용한 원 그리기

① CIRCLE 명령을 이용하여 수직선과 수평선의 교차점에 원을 그린다.

▸ C Enter↵

▸ Click ①

▸ 38 Enter↵

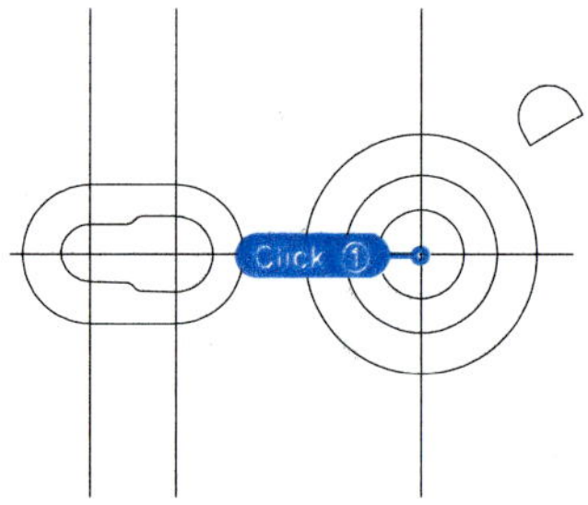

24. 모깎기 반지름을 입력하여 모깎기 하기

① FILLET 명령을 이용하여 원과 경사선에 접하는 반지름 R12의 원호를 그린다.

- F Enter↵
- R Enter↵
- 12 Enter↵
- Click ①
- Click ②

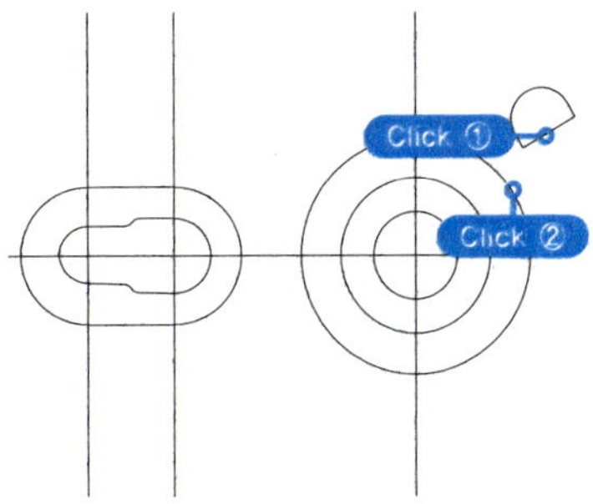

25. 중심점과 반지름을 이용한 원 그리기

① CIRCLE 명령을 이용하여 수직선과 수평선의 교차점에 원을 그린다.

- C Enter↵
- Click ①
- 32 Enter↵

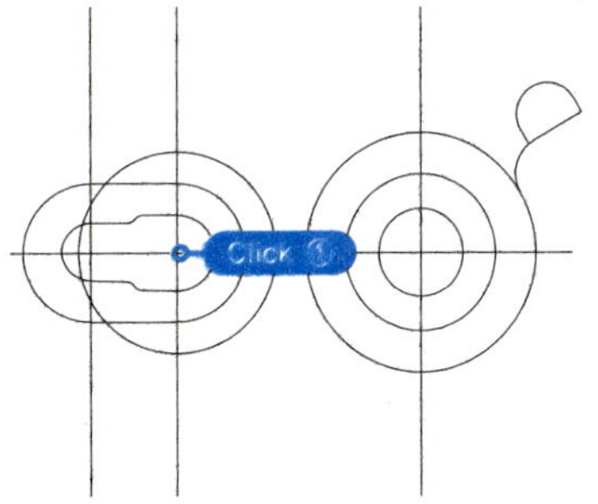

26. 직접 점을 선택하여 직선그리기

① LINE 명령으로 두 원의 접점을 선택하여 경사선을 그린다.

- L Enter↵
- Click ① (Tangent)
- Click ② (Tangent)
- Enter↵

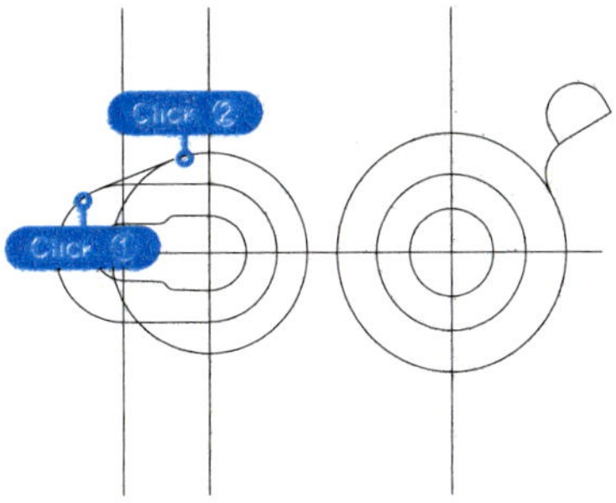

27. 두 접점과 반지름을 이용하여 원 그리기

① CIRCLE 명령으로 두 접점과 반지름을 이용하여 원을 그린다.

- ▸ C Enter↵
- ▸ TTR Enter↵
- ▸ Click ①
- ▸ Click ②
- ▸ 76 Enter↵

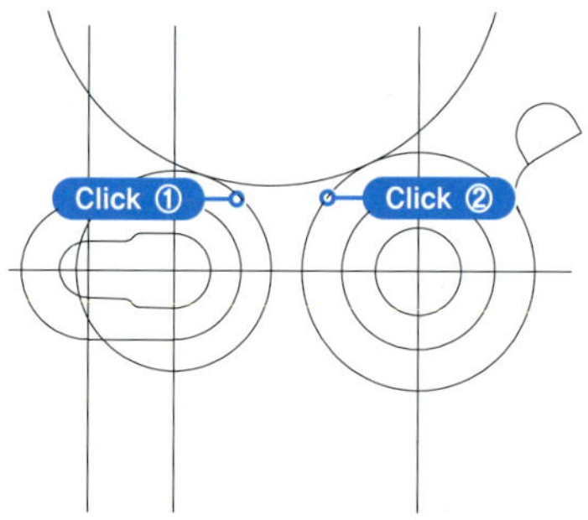

28. 객체를 직접 선택하여 자르기

① TRIM 명령을 이용하여 객체의 불필요한 부분을 선택하여 자른다.

- ▸ TR Enter↵

※모든 교차점을 기준으로 선택하기 위해서 명령을 진행

- ▸ Enter↵

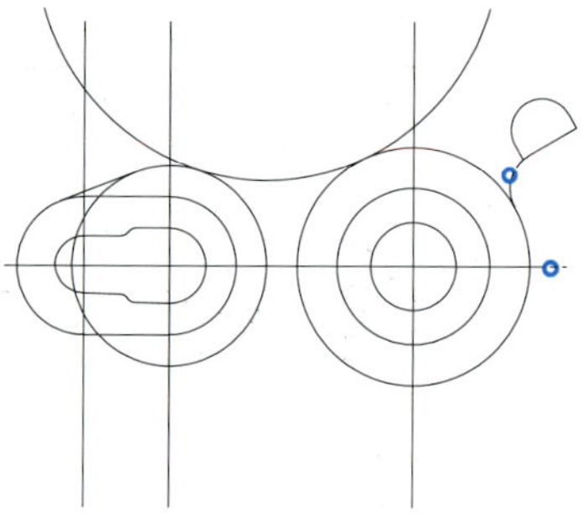

② ※ 자르는 대상 객체의 자르기 위한 부분을 선택

- ▸ Click ①
- ▸ Click ②
- ▸ Enter↵

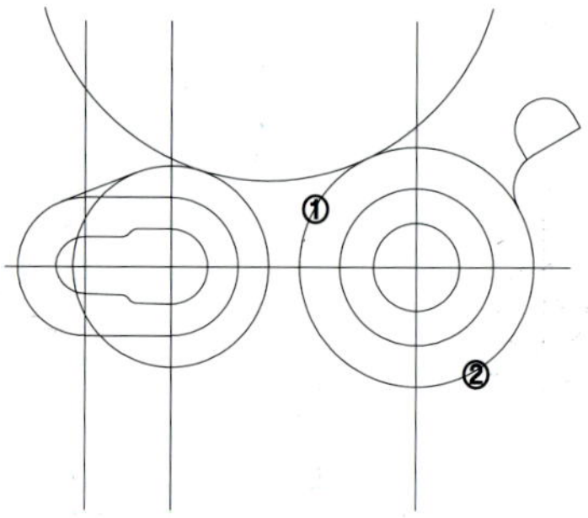

29. 두 접점과 반지름을 이용하여 원 그리기

① CIRCLE으로 두 접점과 반지름을 이용하여 원을 그린다.

- C [Enter↵]
- TTR [Enter↵]
- Click ①
- Click ②
- 96 [Enter↵]

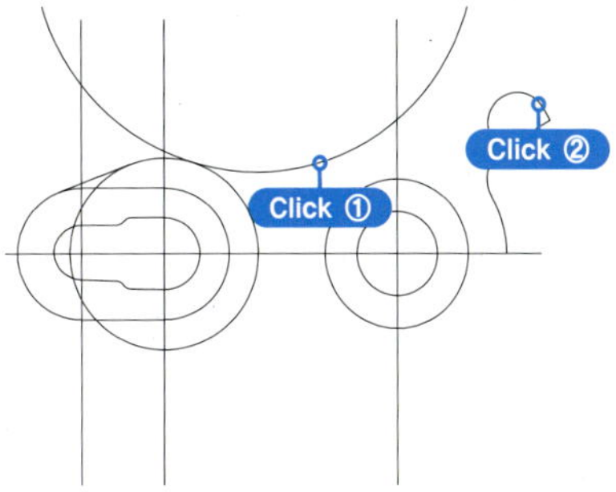

30. 객체를 직접 선택하여 자르기

① TRIM 명령을 이용하여 객체의 불필요한 부분을 선택하여 자른다.

- TR [Enter↵]
- 자르기 위한 교차점을 이루는 기준 객체를 선택하고 진행([Enter↵])

※ 점선으로 표시

※ 자르는 순서

- Click ①
- Click ②

⋮

- Click ⑥
- Click ⑦
- [Enter↵]

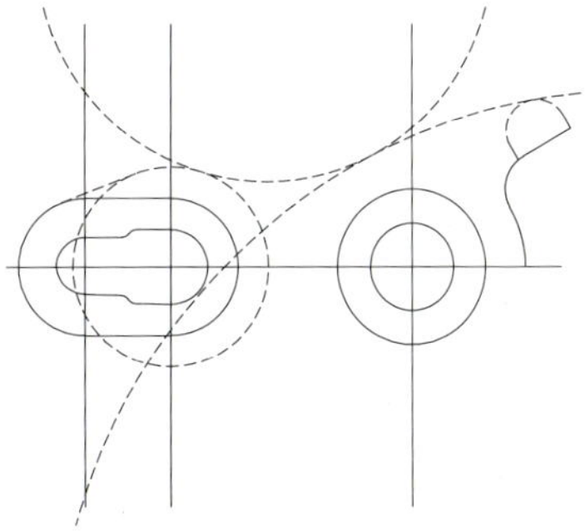

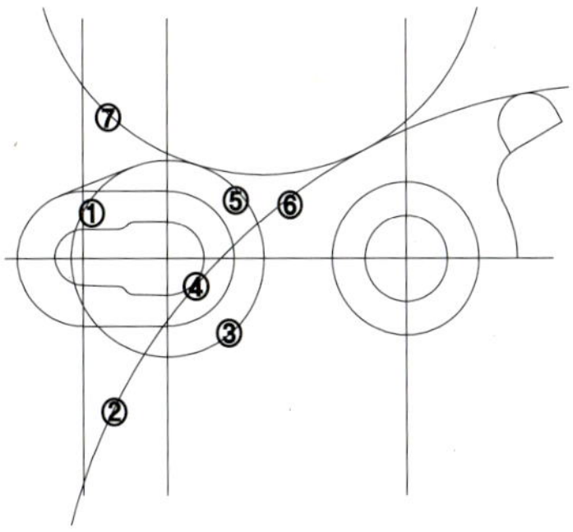

31. 정의된 축을 기준으로 객체를 대칭 복사하기

① MIRROR 명령으로 객체를 상하 대칭 복사한다.

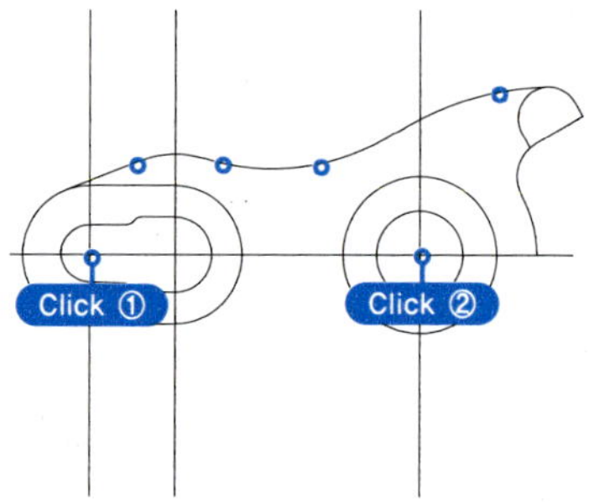

- MI [Enter↵]
- 대칭 복사할 객체를 선택하고 진행([Enter↵])

※객체 스냅(intersection)을 이용하여 대칭축을 이루는 직선을 지정한다.

- Click ①
- Click ②
- [Enter↵]

32. 원본과 평행한 직선 파생 객체 만들기

① OFFSET 명령을 이용하여 원본과 평행한 수평선과 수직선을 그린다.

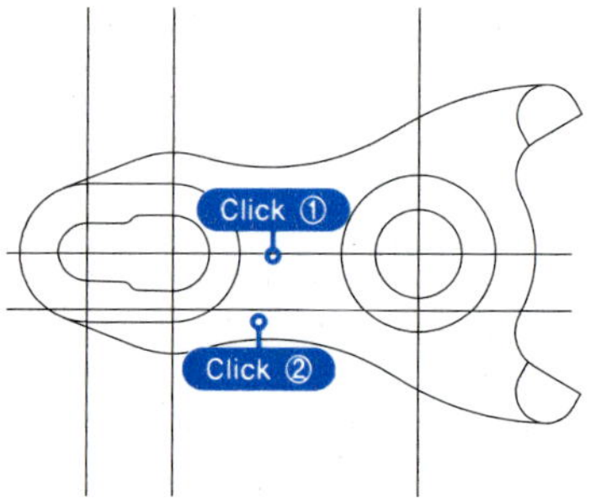

- O [Enter↵]
- 18 [Enter↵]
- Click ①
- Click ②
- [Enter↵]

②
- [Enter↵]
- 4 [Enter↵]
- Click ①
- Click ②
- Click ③
- Click ④
- [Enter↵]

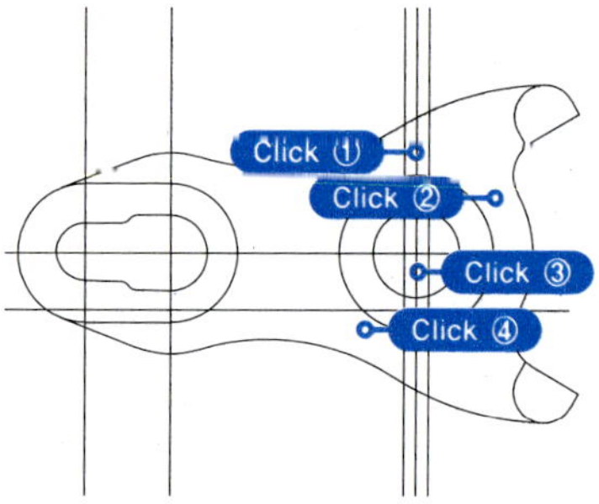

33. 객체를 직접 선택하여 자르기

① TRIM 명령을 이용하여 객체의 불필요한 부분을 선택하여 자른다.

- TR Enter↵
- 자르기 위한 교차점을 이루는 기준 객체를 선택하고 진행(Enter↵)

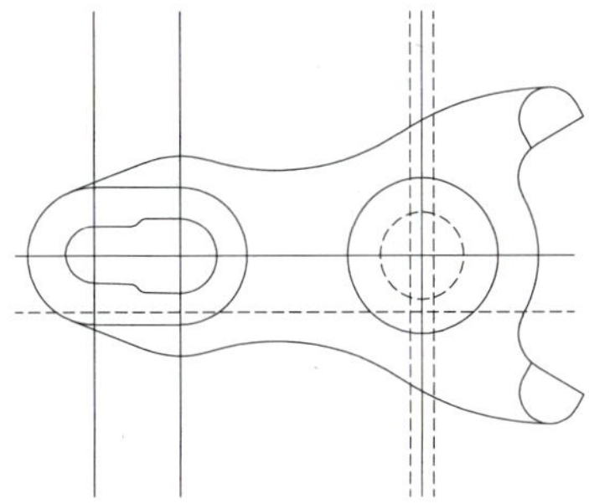

※ 자르는 순서

- Click ①
- Click ②

⋮

- Click ⑧
- Click ⑨
- Enter↵

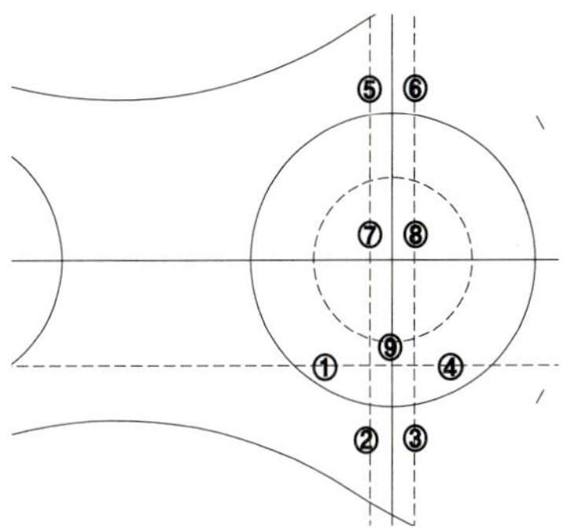

34. 필요없는 객체 지우기

① ERASE 명령을 이용하여 필요 없는 객체를 지운다.

- E Enter↵
- Click ①
- Click ②
- Click ③
- Click ④
- Enter↵

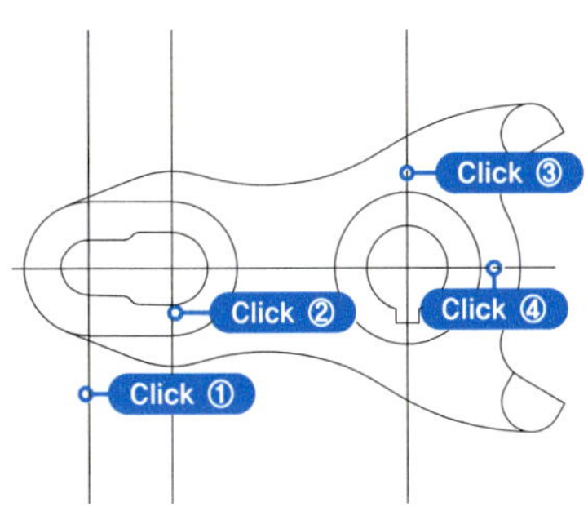

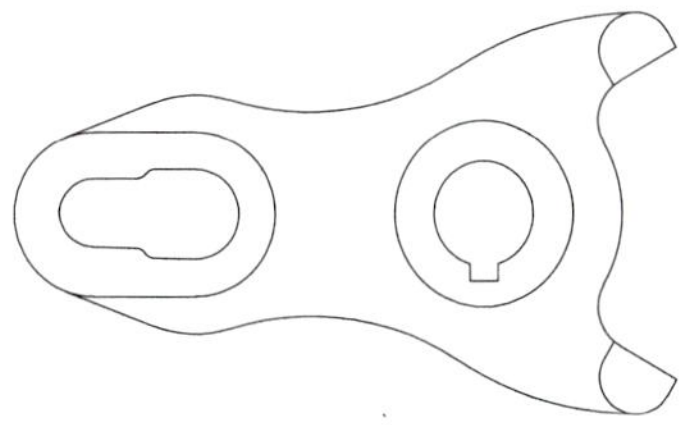

1 연습과제 1, 2

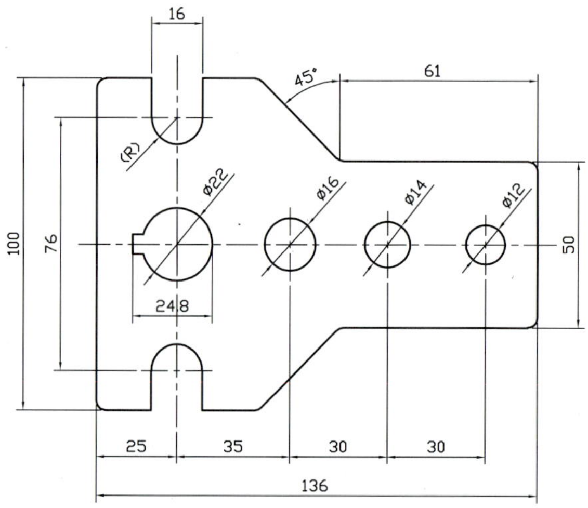

연습문제 1 - 클램프 장치의 본체

CHAMFER, FILLET 명령을 이용하여 본체의 형상을 완성한다.

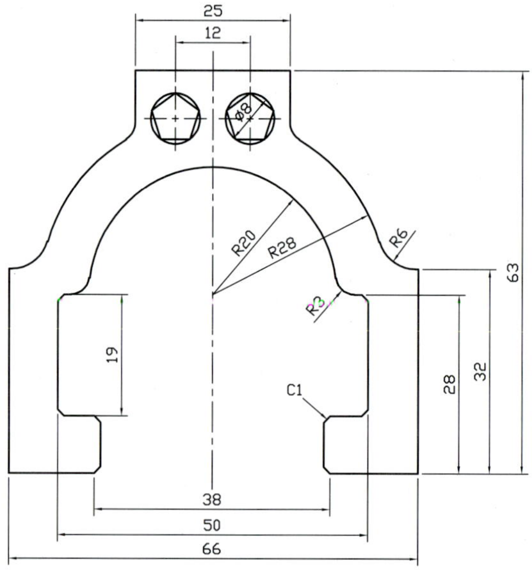

연습문제 2 - 클램프 장치의 클램프

CHAMFER, FILLET 명령을 이용하여 클램프의 형상을 완성한다.

2 연습과제 3, 4

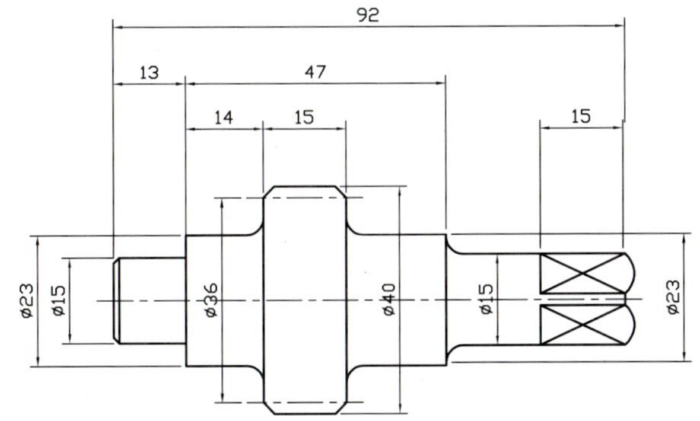

연습문제 3 – 피니언 기어

CHAMFER, FILLET, LENGTHEN 명령을 이용하여 피니언 기어를 완성한다.

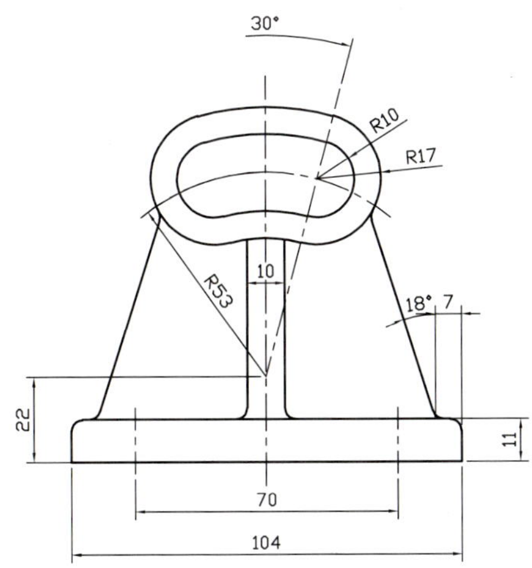

연습문제 4 – 벨트 전동 장치의 본체

FILLET, LENGTHEN 명령을 이용하여 본체 형상을 완성한다.

CHAPTER 09

해칭하기

◆실습목적 :	① 제도에서 단면을 표현하는 해칭(Hatching)에 대하여 이해한다. ② 단면을 표현하는 해칭 명령의 대화상자에 대하여 이해한다. ③ 해칭을 편집하는 방법을 배운다.
◆실습시간 :	1.5hr ~ 2.5hr
◆실습내용 :	① BHATCH(Boundary Hatch) _ 경계 해칭하기 ② HATCH _ 해칭하기 ③ HATCHEDIT _ 해칭 편집하기 ④ SOLID _ 객체 내부 채우기
◆참고사항 :	• HATCH 명령은 경계영역을 찾아서 하는 경우와 경계 영역을 이루는 객체를 직접 선택하는 경우로 나뉜다. • HATCH 명령을 이용하여 부품의 절단면이나 재료를 표시할 수 있다.

실습할 내용 :

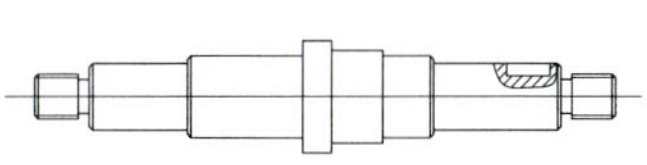

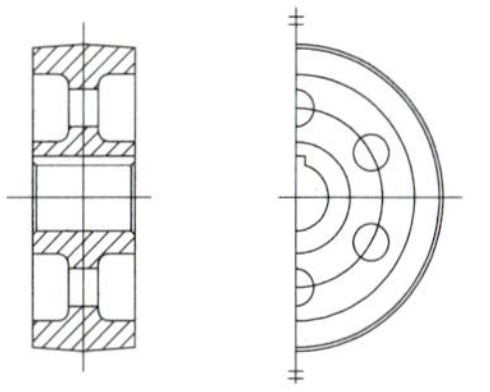

Section 01 BHATCH 경계 해칭하기

해칭은 제품의 절단면을 나타낼 때 제품을 구성하는 부품 사이를 구별하거나 절단면의 특성을 표시할 때 사용된다. BHATCH 명령은 해칭 영역을 선택할 때 Pick Pint를 통해 자동으로 닫힌 경계 영역을 찾아내 해칭 영역을 선택하게 된다.

1 Pick point를 이용하여 경계 해칭하기

Pick point를 선택하면 그 부분을 둘러싼 객체들로 구성된 해칭 영역이 자동으로 선택된다. 단, 객체들이 닫혀 있지 않은 경우나 영역을 화면에 모두 표시하지 않는 경우 AutoCAD는 해칭을 하기 위한 영역을 찾지 못한다.

1. 명령어의 실행

① (마우스)를 이용한 실행

▸ 메뉴 표시줄 [Draw] – [Hatch...] 선택

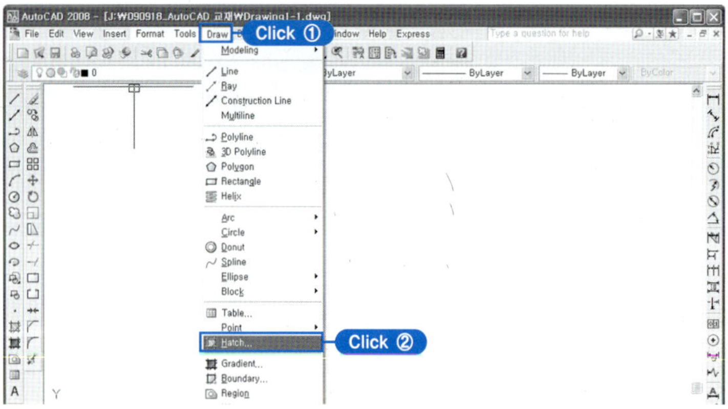

▸ Draw 도구모음 [Hatch...] 선택

② (키보드)를 이용한 실행

Command : BHATCH 또는 BH Enter↵

2. 명령어 사용법 따라하기

BHATCH 명령을 이용하면 경계를 이루는 객체들이 불분명하더라도 pick point가 포함된 경계영역을 프로그램에서 자동으로 찾아내어 해칭을 할 수 있다. 하지만 경계 영역이 불규칙하고 복잡한 모양을 갖고 있는 경우 해칭 영역을 찾는데 시간이 많이 걸린다.

①
- 명령 실행, (BH Enter↵)
- 해칭 작성을 위한 대화창이 나타나면, 해칭 유형을 사용자 정의(User defined)으로 선택
- 해칭선의 각도를 〈45〉로 입력
- 해칭선의 간격을 〈2〉로 입력
- 해칭의 기준점을 확인
- Pick point 버튼을 선택

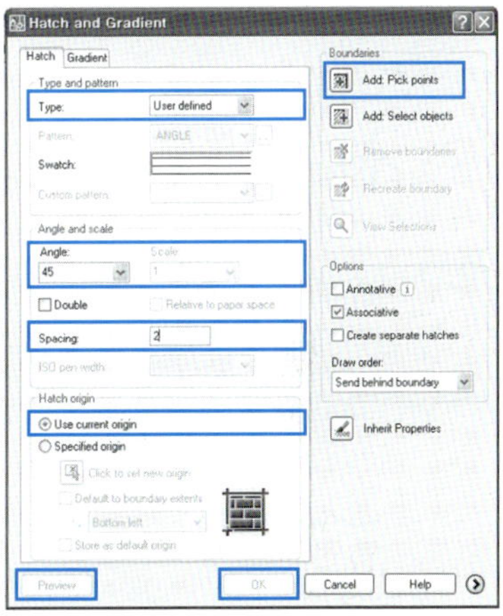

- 오른쪽에 점선으로 표시된 영역을 해칭하기 위하여 영역의 내부를 선택
- 다시 해칭 대화창이 나타나면, Preview 버튼을 클릭하여 해칭 형상을 미리보기
- 적당한 해칭 형상이 작성되었으면 OK 버튼을 선택하여 종료

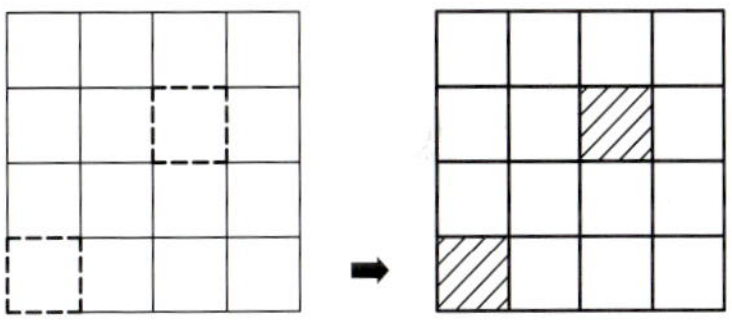

TIP

➡ **해칭 대화창의 항목**

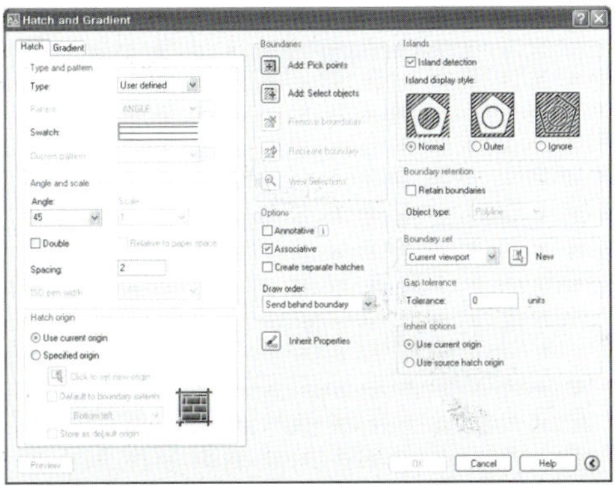

TIP

➡ 해칭 대화창의 항목 계속

- 유형(Type) : 해칭의 형태를 선택하는 항목으로 사전 정의(Predefined), 사용자 정의(User Defined), 사용자 정의(Custom) 중 한가지를 선택한다. 특별히 재료를 정의하지 않는 경우 사용자 정의(User Defined)를 사용한다.
- 패턴(Pattern) : 해칭에 적용 가능한 패턴의 목록을 보여주고 패턴을 선택할 수 있다. 가장 최근에 사용한 패턴의 이름이 표시된다.
- 견본(Swatch) : 선택한 패턴을 시각적으로 보여준다.
- 각도(Angle) : 해칭 패턴의 기울기를 설정한다.
- 축척(Scale) : 해칭 패턴의 간격을 설정하며 해칭 유형을 사전 정의(Predefined)로 선택한 경우에만 활성화 된다.
- 이중(Double) : 체크하게 되면 패턴을 대칭 복사하여 겹쳐진 해칭 형상을 작성한다.
- 간격(Spacing) : 해칭 패턴의 간격을 설정하지만 해칭 유형을 사용자 정의(User defined)로 선택한 경우에만 활성화 된다.
- 해칭 원점(Hatch origin) : 해칭 패턴의 사작점을 설정한다.
- 선택점 추가(Pick point) : 선택한 점을 포함하는 닫힌 영역을 구성하는 경계를 찾는다.
- 객체 선택 추가(Select object) : 선택된 객체들로 닫힌 영역을 구성하는 경계를 결정한다.
- 경계 제거(Remove boundary) : 해칭 편집시 선택된 경계 영역을 제거한다.
- 경계 재생성(Recreate boundary) : 선택된 해칭을 기준으로 영역을 재 생성한다.
- 그리기 순서(Drawing order) : 해칭이 그려지는 순서를 지정한다.
- 특성 상속(Inherit properties) : 선택된 해칭 객체의 특성을 사용하여 지정된 경계를 해칭한다.
- 고립영역(Islands) : 선택된 경계 영역내에 있는 다른 객체에 해칭에 사용할 방법을 설정한다.
- 경계 유지(Boundary retention) : 경계를 객체로 유지할지의 여부를 설정하고 이러한 객체에 적용하는 객체 유형을 설정한다.
- 경계 세트(Boundary set) : pick point로 선택된 경계를 정의할 때 분석하는 객체 세트를 정의한다.
- 간격 공차(Gap tolerance) : 객체가 해칭 경계로 사용될 때 닫힌 것으로 판단하는 간격을 설정한다. '0'일 때 두 객체가 맞닿아 있는 것이다.
- 상속 옵션(Inherit options) : 특성 상속을 사용하는 경우 해칭 원점의 위치를 조정한다.

Section 02

HATCH 해칭하기

경계 해칭과 마찬가지로 해칭은 제품의 가상적인 절단면을 나타낼 때 제품을 구성하는 부품 사이를 구별하거나 절단면의 특성을 표시할 때 사용된다. HATCH 명령은 해칭 영역을 선택할 때 경계 영역을 이루는 객체들을 직접 선택하여 닫힌 경계 영역을 해칭 영역으로 선택하게 된다.

1 경계 영역을 직접 선택하여 해칭하기

객체들이 닫힌 경계 영역을 이루고 있지 않더라도 경계 영역에 해칭을 작성할 수 있다.

1. 명령어의 실행

① (마우스)를 이용한 실행

▸ 메뉴 표시줄 [Draw] – [Hatch...] 선택

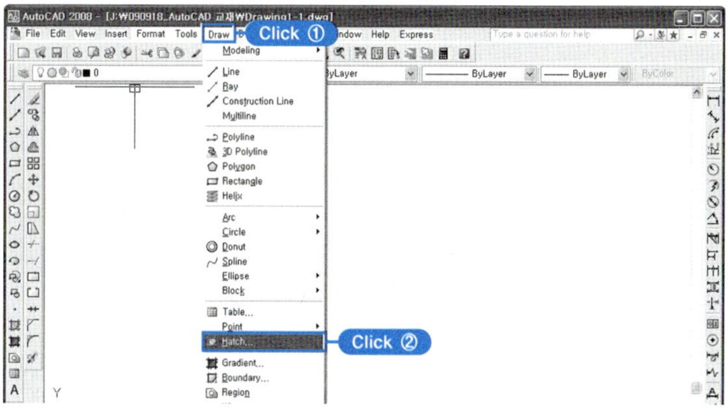

▸ Draw 도구모음 [Hatch...] 선택

② (키보드)를 이용한 실행

```
Command : HATCH Enter↵
```

2. 명령어 사용법 따라하기

HATCH 명령을 이용하면 경계를 이루는 객체들이 닫혀 있지 않더라도 열린 경계영역을 해당 객체들을 직접 선택하여 해칭할 수 있다. 단점으로는 여러 단일객체로 이루진 복잡한 경계영역을 선택하는 것이 어렵다.

①

- 명령 실행, (HATCH Enter↵)
- 해칭 작성을 위한 대화창이 나타나면, 해칭 유형을 사용자 정의(User defined)으로 선택
- 해칭선의 각도를 〈45〉로 입력
- 해칭선의 간격을 〈2〉로 입력
- 해칭의 기준점을 확인
- Select object 버튼을 선택

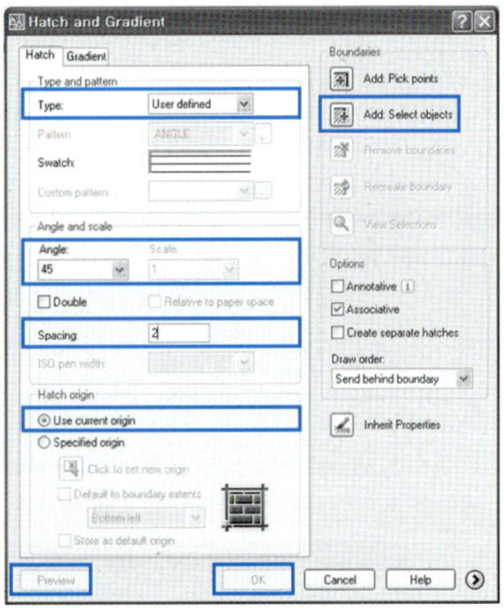

- 오른쪽에 점선으로 표시된 사각형 영역을 해칭하기 위하여 사각형을 이루는 네 개의 직선을 선택
- 다시 해칭 대화창이 나타나면, Preview 버튼을 클릭하여 해칭 형상을 미리보기
- 적당한 해칭 형상이 작성되었으면 OK 버튼을 선택하여 종료

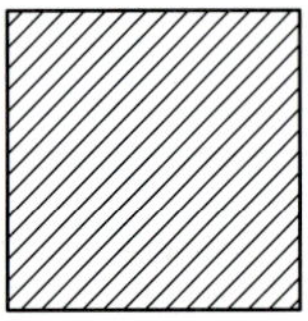

Section 03

HATCHEDIT 해칭 편집하기

HATCHEDIT 명령을 이용하여 이미 작성된 해칭의 경계와 패턴을 편집할 수 있다. 해칭 편집 명령은 해칭의 경계를 이동/복사, 확대/축소 할 수 있다.

1 작성된 해칭 편집하기

1. 명령어의 실행

① (마우스)를 이용한 실행

- 메뉴 표시줄 [Modify] – [Object] – [Hatch...] 선택

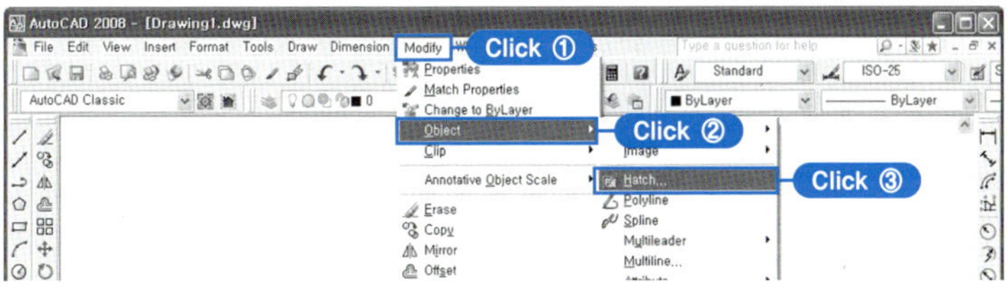

② (키보드)를 이용한 실행

Command : HATCHEDIT 또는 HE Enter↵

2. 명령어 사용법 따라하기

①

- 명령 실행, (HE Enter↵)
- 편집할 해칭 영역을 선택
- 해칭 작성 대화창이 나타나면, 해칭선의 각도를 〈-45〉로 입력
- 해칭선의 간격을 〈5〉로 입력
- Preview 버튼을 클릭
- 적당한 해칭 형상이 작성되었으면 OK 버튼을 선택하여 종료

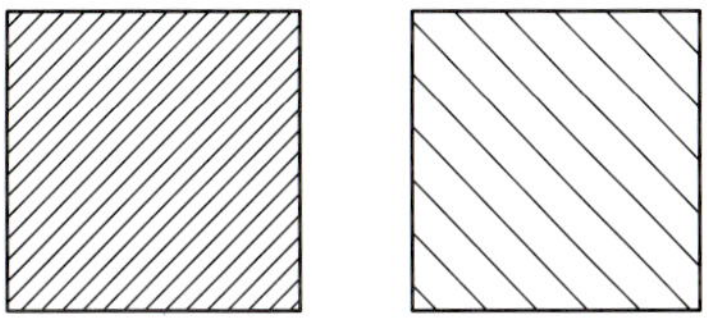

TIP

➡ 해칭의 삭제

ERASE 명령으로 해칭을 삭제할 수 있으며, EXPLODE 명령으로 단일 선객체로 분해할 수 있다.

Section 04

SOLID 객체 내부 채우기

해칭 이외에도 객체의 내부를 채우는 SOLID 명령이 있다. 내부를 채울 객체를 점으로 연결하여 선택한다. SOLID 명령과 두 원의 내부를 채우는 DONUT 명령의 음영을 FILL 명령을 이용하여 보이게 하거나 보이지 않게 할 수 있다.

1 네 점을 선택하여 사각형 객체 내부 채우기

1. 명령어의 실행

① (마우스)를 이용한 실행

▸ 메뉴 표시줄 [Draw] – [Modeling] – [Meshes] – [2D Solid] 선택

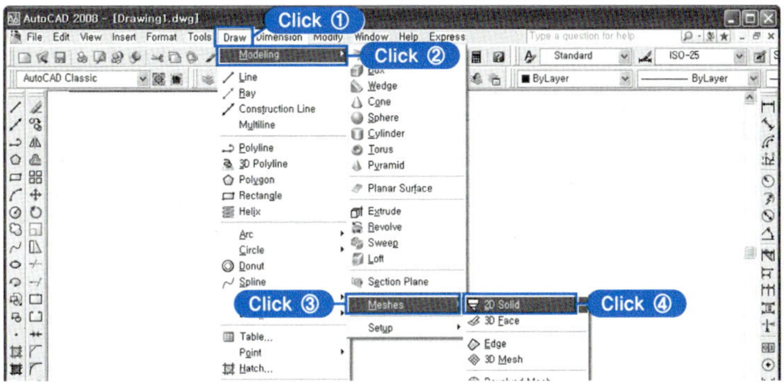

② (키보드)를 이용한 실행

Command : SOLID 또는 SO Enter↵

2. 명령어 사용법 따라하기

①

- 명령 실행, (SO Enter↵)
- 내부를 채울 사각형의 영역을 오른쪽과 같은 순서로 점을 선택하여 선택

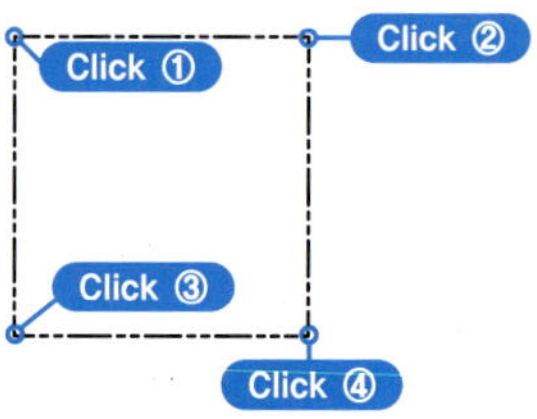

※ SOLID 명령은 기본적으로 세 점이 이루는 삼각형의 형상을 채우게 되므로 위와 같이 지그재그 형식으로 점을 선택해야 된다.

- 채우기 하기 위해 진행(Enter↵)

TIP

➡ 음영의 보이게 하는 FILL 명령

SOLID 명령과 DONUT 명령으로 객체의 내부가 채워진 경우 채워진 음영을 보이게 할 수도 있고 보이지 않게 할 수도 있다.

FILL 명령을 커맨드 라인에 입력하면 옵션을 선택하게 되는데, 〈ON〉을 입력하는 경우 음영이 화면에 표시되고, 〈OFF〉를 입력하는 경우 음영이 존재하긴 하지만 화면에 표시되지 않는다.

FILL 명령은 명령 실행 후 곧바로 적용되지 않고 화면을 재생성하는 REGEN 명령을 실행해야 옵션 설정이 적용된 화면을 볼 수 있다.

Section 05 예제 따라하기

1 예제 따라하기 미리보기

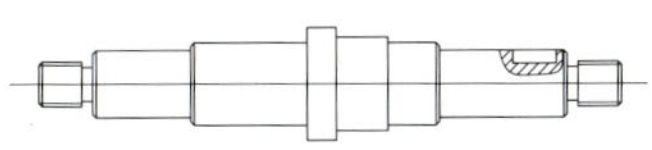

예제 따라하기 1

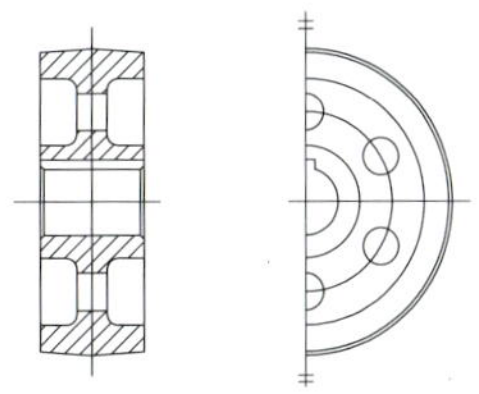

예제 따라하기 2

2 예제 따라하기 1

1. 점을 직접 선택하여 직선그리기

① 기능키 중에서 F8을 선택하고 직교 모드 켜고 LINE 명령을 이용하여 임의의 시작점과 끝점을 선택하여 직선을 그린다.

- ▸ L Enter↵
- ▸ Click ①
- ▸ Click ②
- ▸ Enter↵

②
- ▸ Enter↵
- ▸ Click ③
- ▸ Click ④
- ▸ Enter↵

2. 원본과 평행한 직선 파생 객체 만들기

① OFFSET 명령을 이용하여 원본과 평행한 직선을 그린다.

- 0 Enter↵
- 15 Enter↵
- Click ①
- Click ②

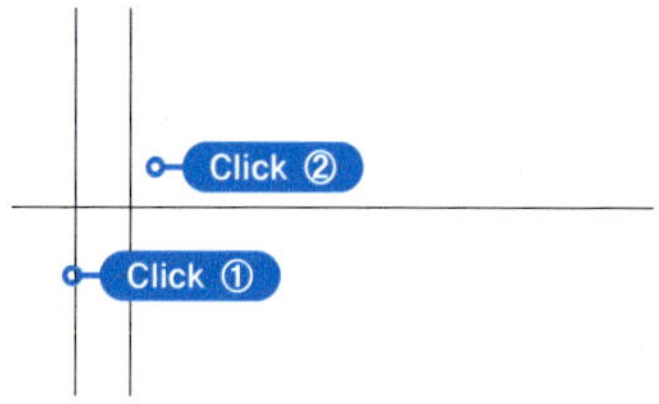

②
- Enter↵
- 27 Enter↵
- Click ①
- Click ②
- Enter↵

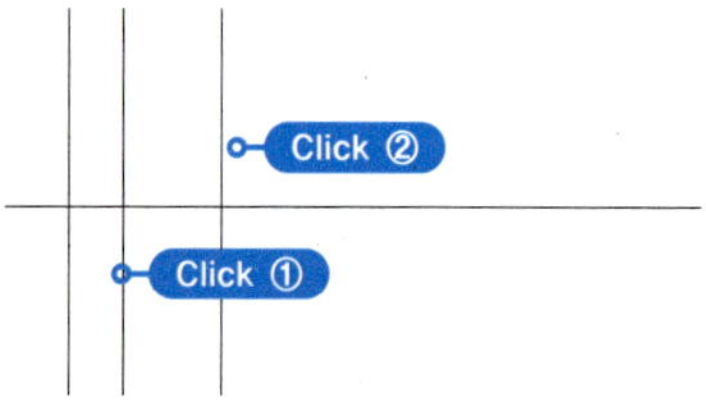

③
- Enter↵
- 32 Enter↵
- Click ①
- Click ②
- Enter↵

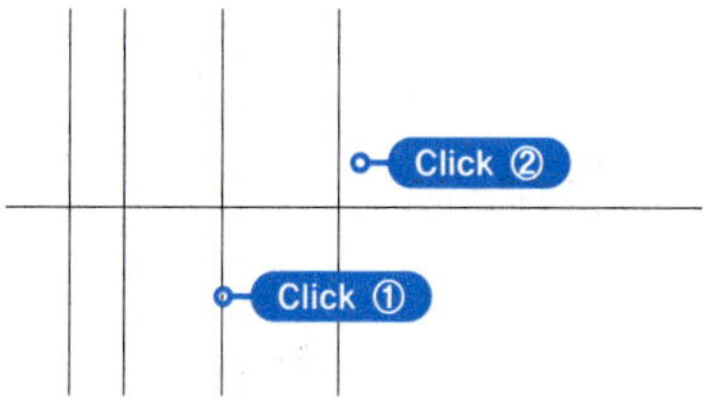

④
- Enter↵
- 8 Enter↵
- Click ①
- Click ②
- Enter↵

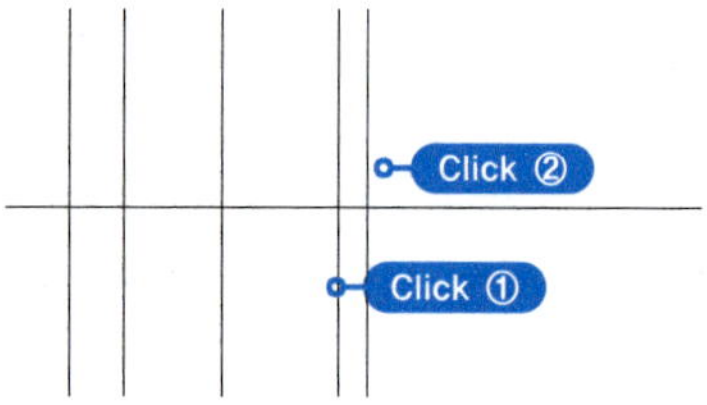

⑤
- Enter↵
- 14 Enter↵
- Click ①
- Click ②
- Enter↵

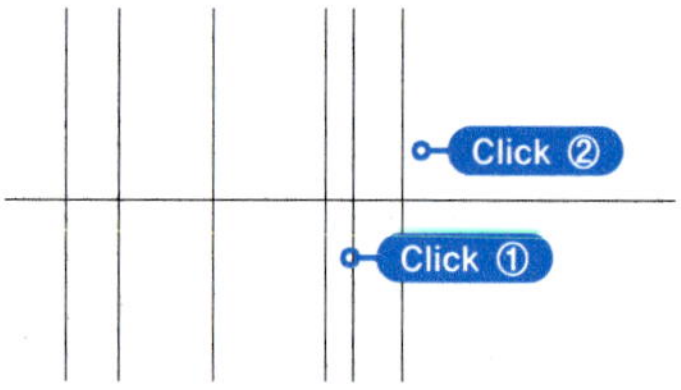

⑥
- Enter↵
- 14 Enter↵
- Click ①
- Click ②
- Enter↵

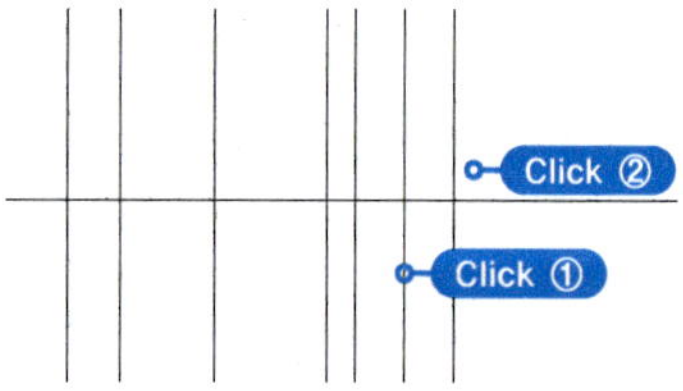

7
- ▶ Enter↵
- ▶ 35 Enter↵
- ▶ Click ①
- ▶ Click ②
- ▶ Enter↵

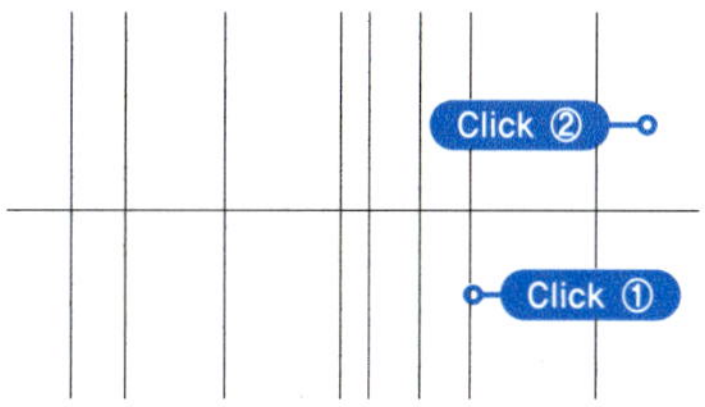

8
- ▶ Enter↵
- ▶ 15 Enter↵
- ▶ Click ①
- ▶ Click ②
- ▶ Enter↵

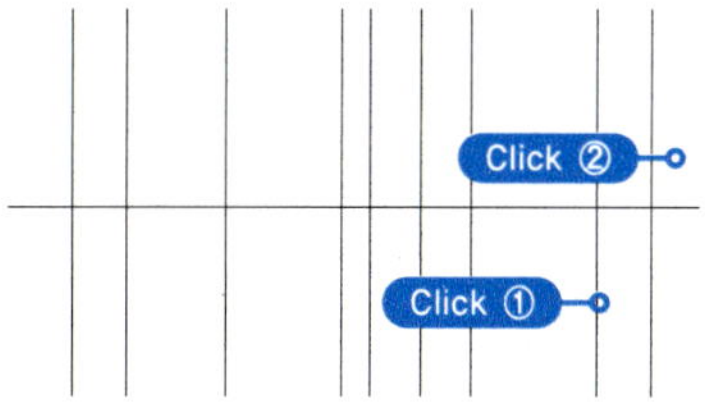

3. 중심점과 지름을 이용한 원 그리기

1 CIRCLE 명령을 이용하여 수직, 수평선의 교차점을 중심으로 지름을 입력하여 원을 그린다.

- ▶ C Enter↵
- ▶ Click ①
- ▶ D Enter↵
- ▶ 12 Enter↵

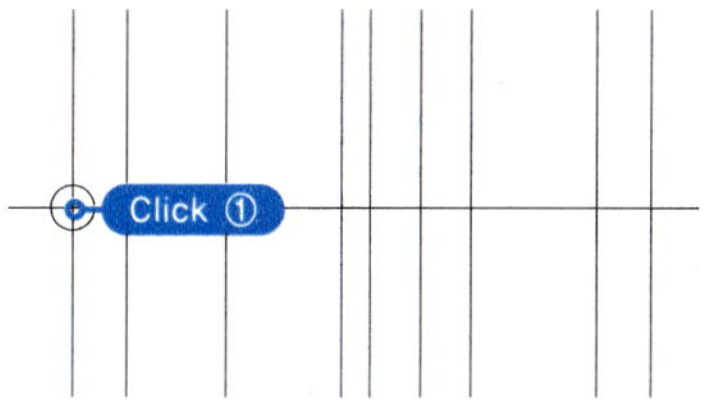

2
- ▶ Enter↵
- ▶ Click ①
- ▶ D Enter↵
- ▶ 18 Enter↵

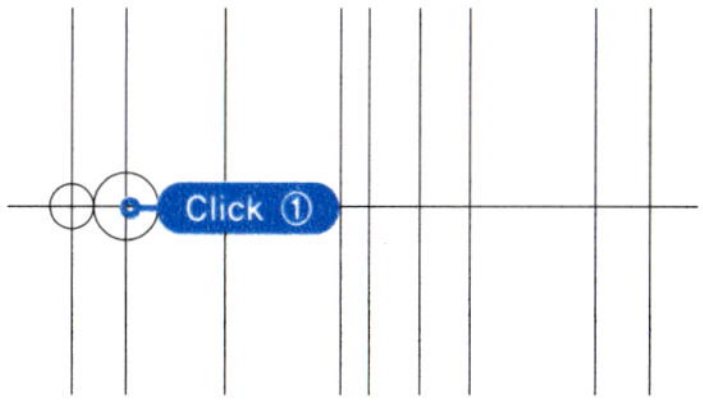

3
- ▶ Enter↵
- ▶ Click ①
- ▶ D Enter↵
- ▶ 22 Enter↵

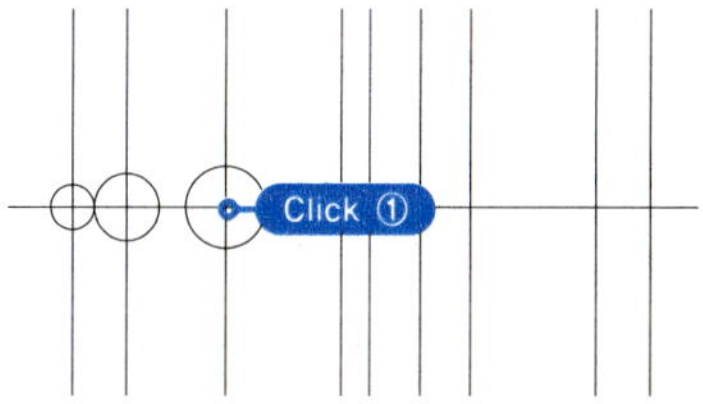

④
- Enter↵
- Click ①
- D Enter↵
- 30 Enter↵

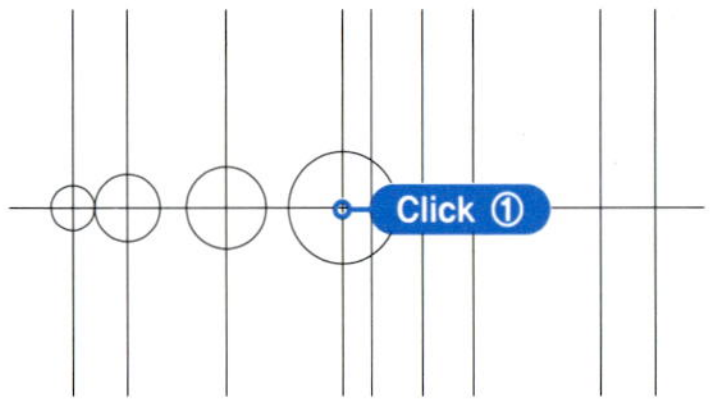

⑤
- Enter↵
- Click ①
- D Enter↵
- 25 Enter↵

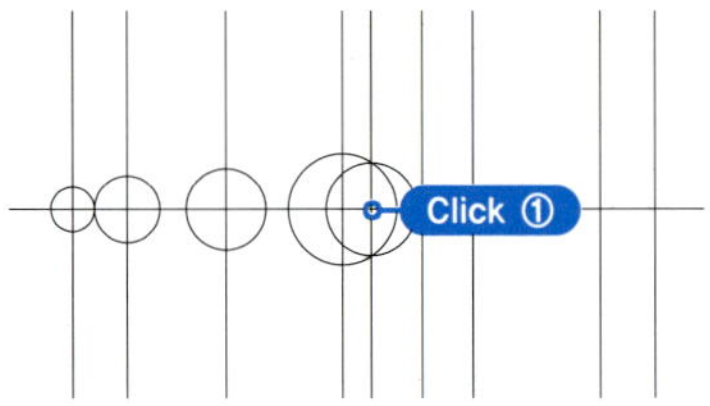

⑥
- Enter↵
- Click ①
- D Enter↵
- 22 Enter↵

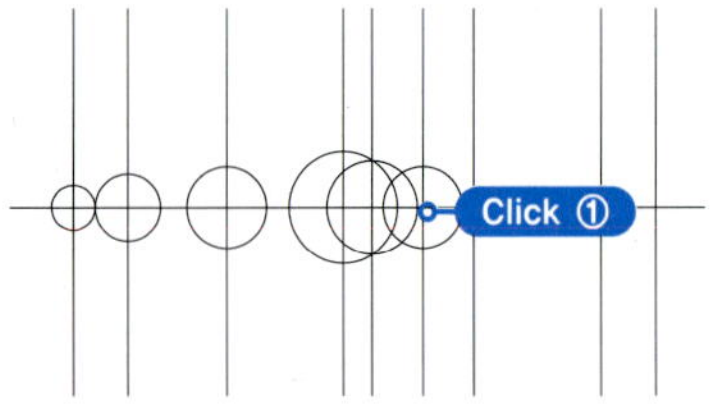

⑦
- Enter↵
- Click ①
- D Enter↵
- 18 Enter↵

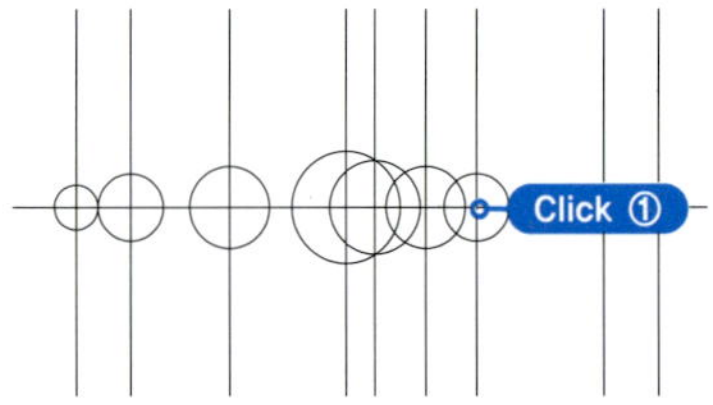

⑧
- Enter↵
- Click ①
- D Enter↵
- 12 Enter↵

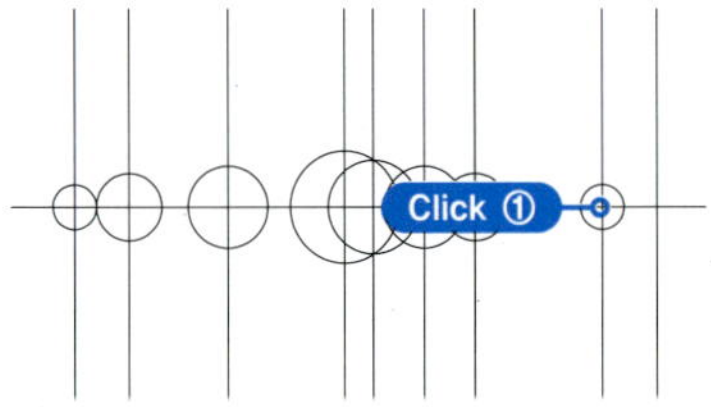

4. 점을 직접 선택하여 직선그리기

① LINE 명령을 이용하여 수직선과 원의 교차점을 시작점으로 다음 수직선을 지나는 직선을 그린다.

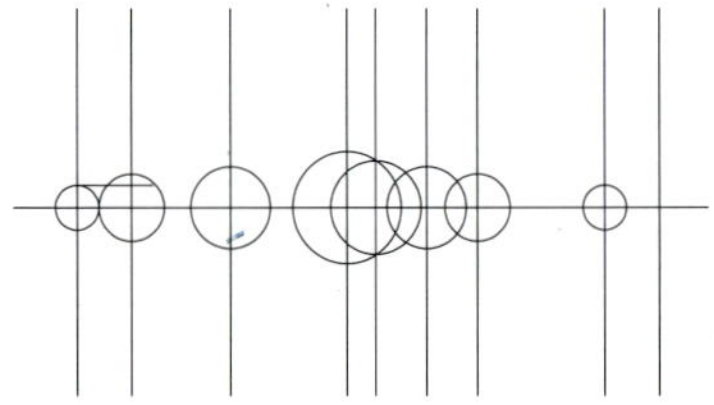

- L Enter↵
- 시작점 선택
- 끝점 선택
- Enter↵

② 같은 방법으로, 직선을 그린다.

- Enter↵
- 시작점 선택
- 끝점 선택
- Enter↵

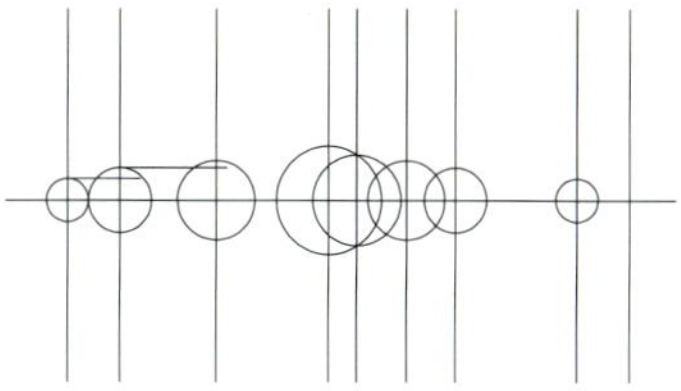

③

- Enter↵
- 시작점 선택
- 끝점 선택
- Enter↵

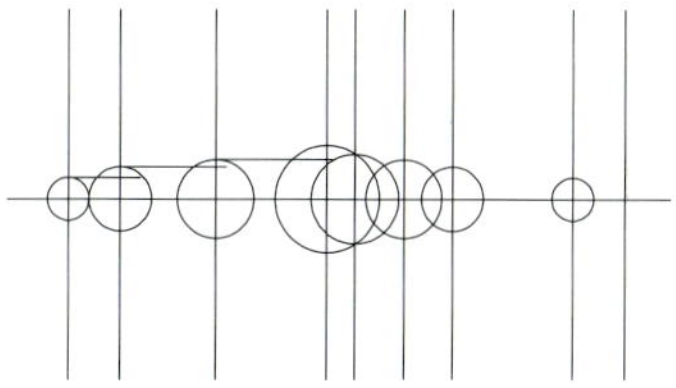

④

- Enter↵
- 시작점 선택
- 끝점 선택
- Enter↵

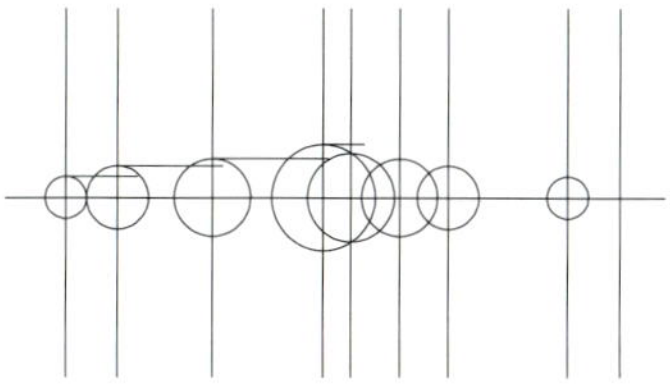

⑤

- Enter↵
- 시작점 선택
- 끝점 선택
- Enter↵

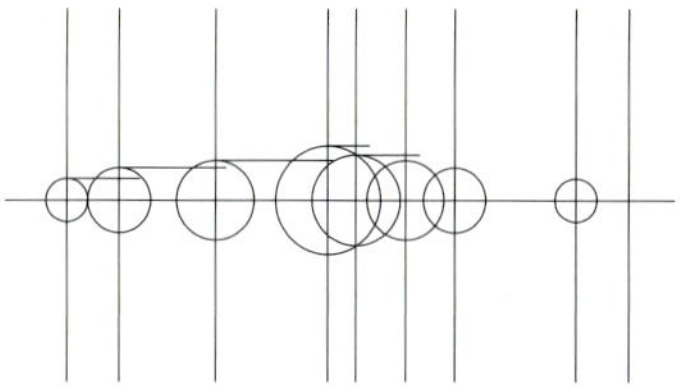

⑥

- Enter↵
- 시작점 선택
- 끝점 선택
- Enter↵

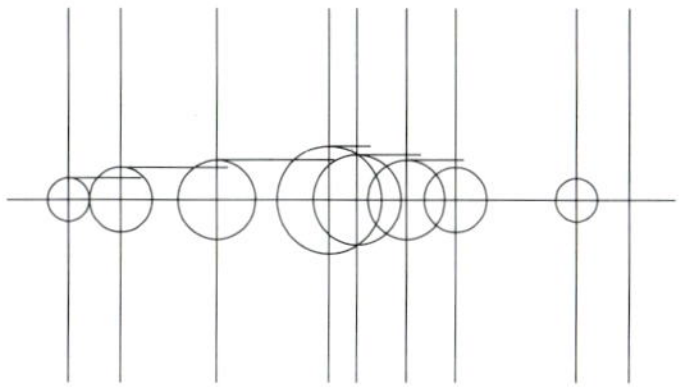

⑦

- Enter↵
- Click ①
- Click ②
- Enter↵

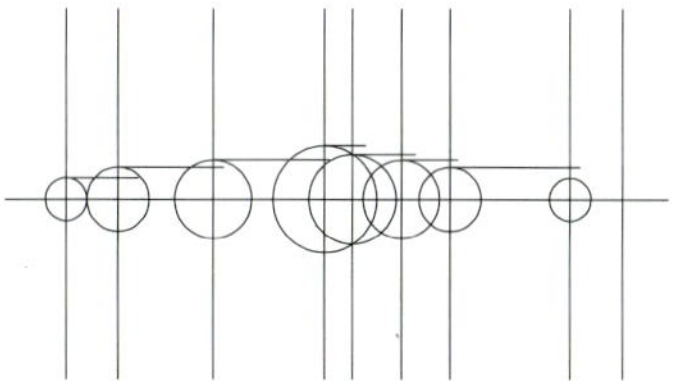

8
- ▸ Enter↵
- ▸ Click ①
- ▸ Click ②
- ▸ Enter↵

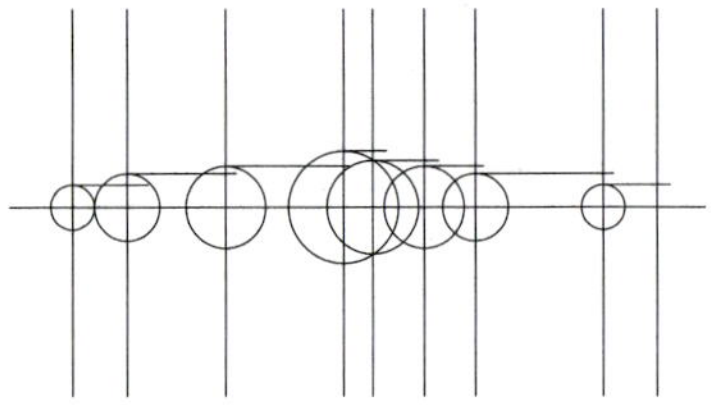

5. 필요없는 객체 지우기

1 ERASE 명령을 이용하여 필요없는 객체를 지운다.

- ▸ E Enter↵
- ▸ 객체(원) 선택
- ▸ Enter↵

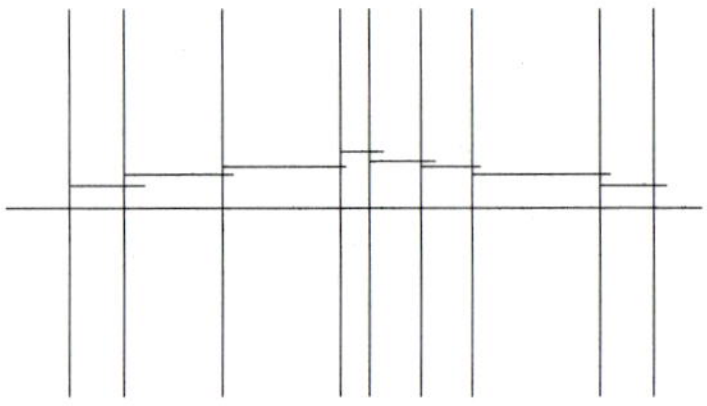

6. 두 모따기 거리를 입력하여 모따기 하기

1 CHAMFER 명령을 이용하여 교차하고 있는 두 객체에 각각의 모따기 거리를 적용하여 모따기를 한다.

- ▸ CHA Enter↵
- ▸ D Enter↵
- ▸ 1 Enter↵
- ▸ 1 Enter↵
- ▸ Click ①
- ▸ Click ②

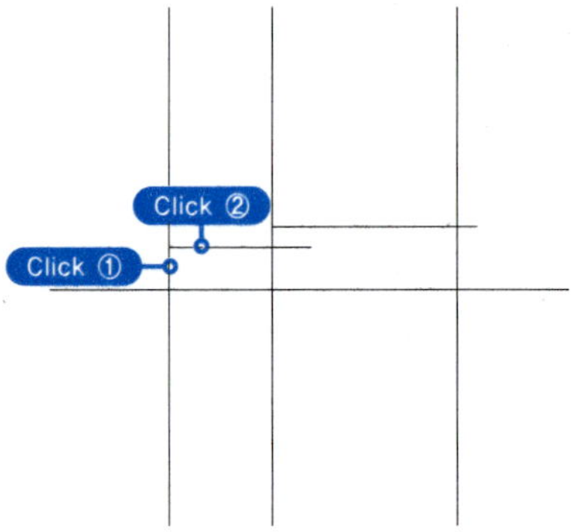

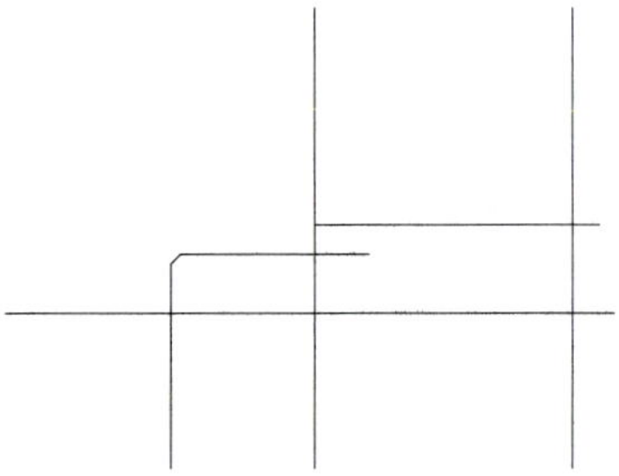

② 같은 방법으로, 모따기를 진행한다.

- Enter↵
- D Enter↵
- Enter↵
- Enter↵
- Click ①
- Click ②

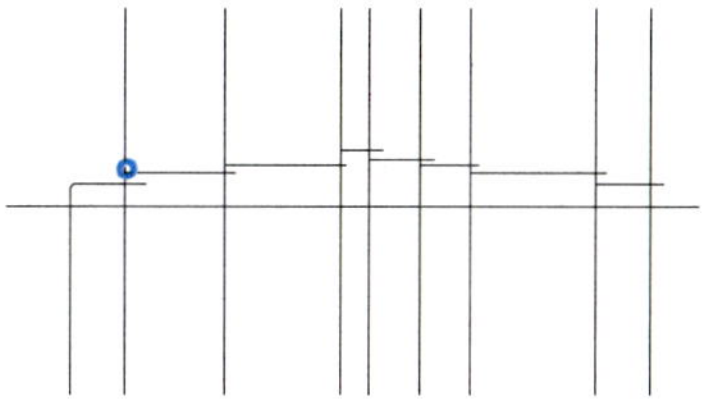

③
- Enter↵
- D Enter↵
- Enter↵
- Enter↵
- Click ①
- Click ②

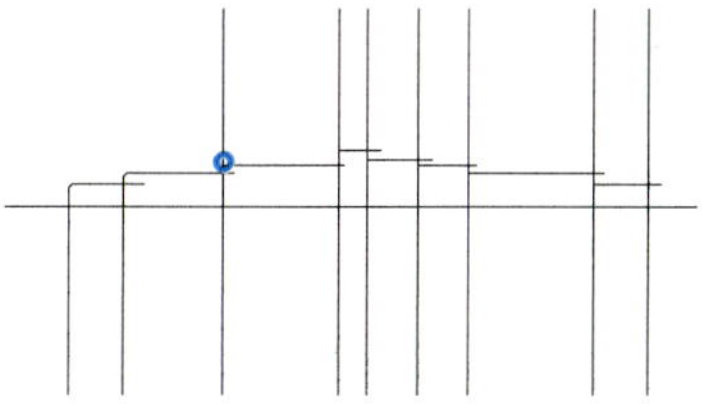

④
- Enter↵
- D Enter↵
- Enter↵
- Enter↵
- Click ①
- Click ②

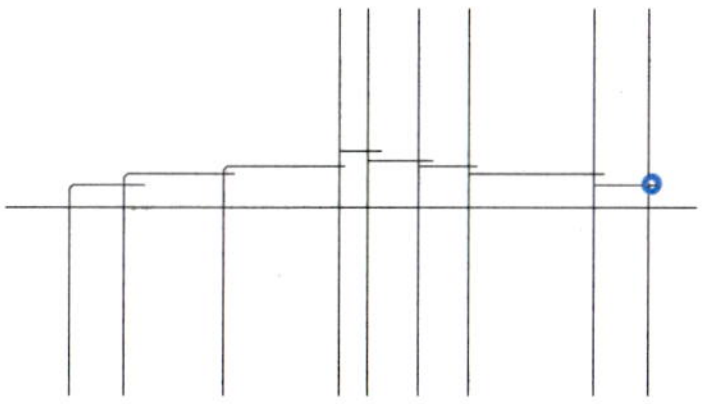

⑤
- Enter↵
- D Enter↵
- Enter↵
- Enter↵
- Click ①
- Click ②

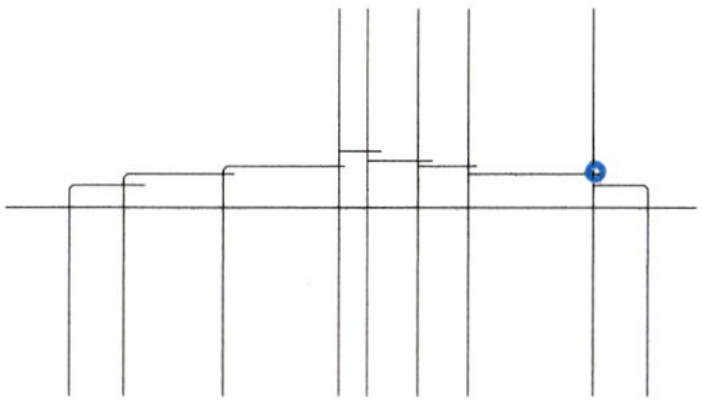

⑥
- Enter↵
- D Enter↵
- Enter↵
- Enter↵
- Click ①
- Click ②

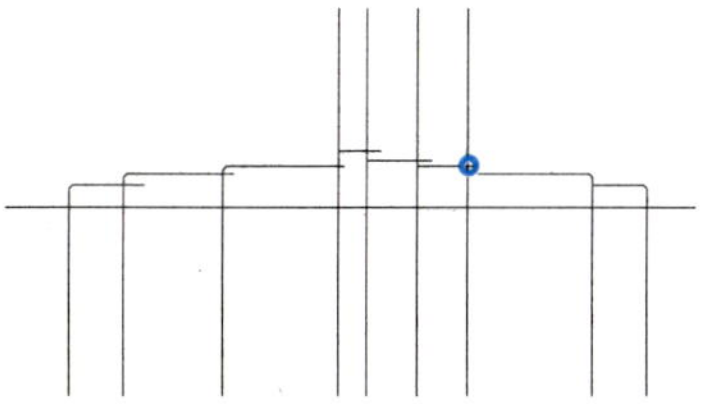

7. 객체를 직접 선택하여 자르기

① TRIM 명령을 이용하여 불필요한 객체를 선택하여 자른다.

- TR Enter↵
- 자르기 위한 교차점을 이루는 기준이 될 객체를 선택
- Enter↵

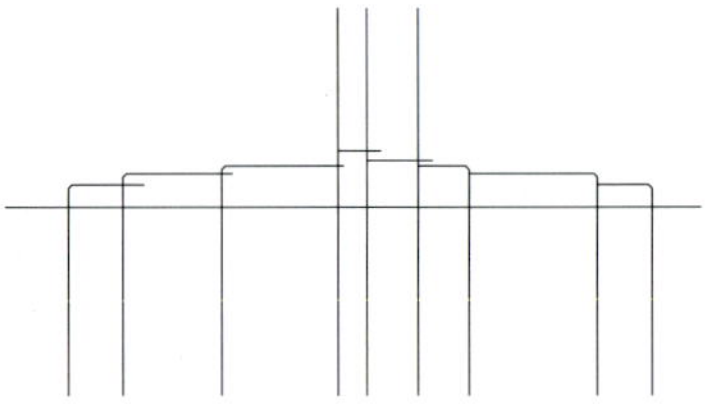

②
- 자르는 대상이 될 객체를 선택
- Enter↵

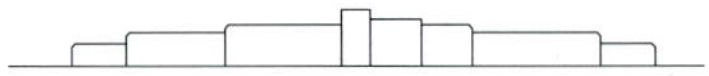

8. 정의된 축을 기준으로 객체를 대칭 복사하기

① MIRROR 명령을 이용하여 객체를 대칭 복사한다.

- MI Enter↵
- 대칭 복사를 할 점선 부분을 선택 Enter↵

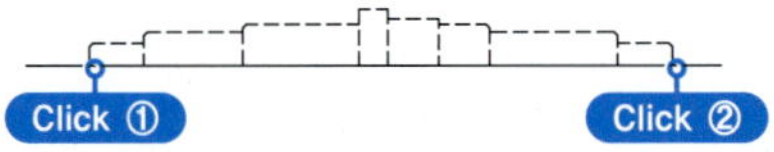

객체 스냅(Endpoint)을 이용하여 대칭축의 직선을 정의한다.

- Click ①
- Click ②
- Enter↵

9. 점을 직접 선택하여 직선그리기

① LINE 명령을 이용하여 모따기한 모서리 부분을 잇는 직선을 그린다.

- L Enter↵
- 시작점 선택
- 끝점 선택
- Enter↵

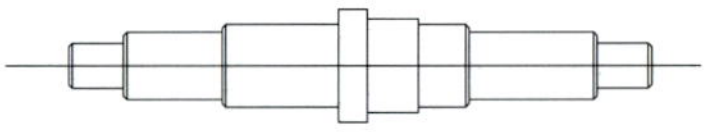

10. 원본과 평행한 직선 파생 객체 만들기

① OFFSET 명령을 이용하여 원본과 평행한 직선을 그린다.

- O Enter↵
- 3 Enter↵
- 원본 객체 선택
- 진행방향 (좌측) 선택
- Enter↵

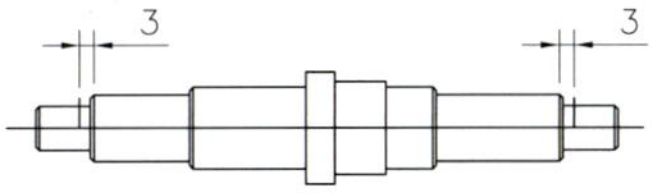

- Enter↵
- Enter↵
- 원본 객체 선택
- 진행방향 (우측) 선택
- Enter↵

②
- O Enter↵
- 1.5 Enter↵
- 원본 객체 선택
- 진행방향 (중심선 쪽) 선택
- Enter↵

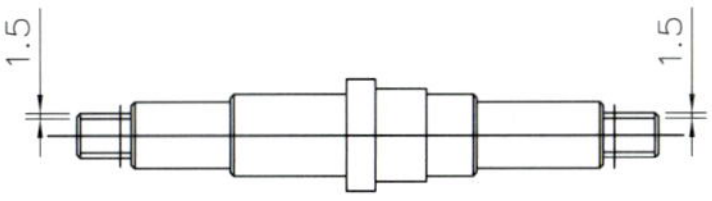

11. 객체를 직접 선택하여 자르기

① TRIM 명령을 이용하여 옆 그림과 같이 자른다.

- TR Enter↵
- 자르기 위한 기준이 될 점선부분을 선택
- Enter↵
- 자르는 대상이 될 객체를 선택
- Enter↵

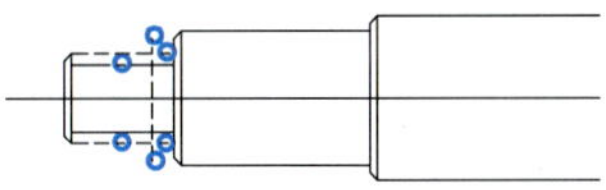

12. 점을 직접 선택하여 직선그리기

① LINE 명령을 이용하여 모따기 부분에서 인출하여 나사의 골을 그린다.

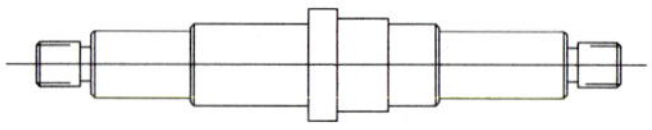

- L Enter↵
- 시작점 선택
- 끝점 선택
- Enter↵

13. 객체를 직접 선택하여 연장하기

① EXTEND 명령을 이용하여 객체를 연장한다.

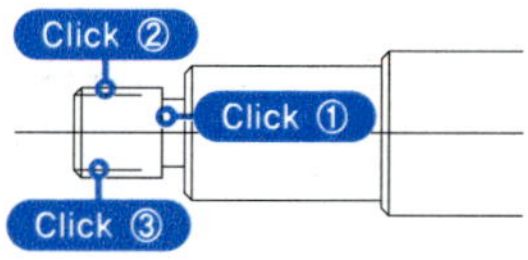

- EX Enter↵
- Click ①
- Enter↵
- Click ②
- Click ③
- Enter↵
- 나사의 골은 빨간색으로 변경한다.

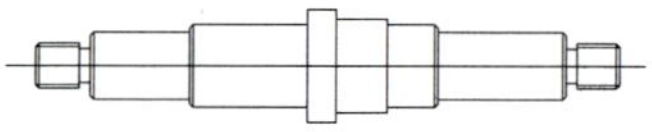

14. 원본과 평행한 직선 파생 객체 만들기

① OFFSET 명령을 이용하여 원본과 평행한 직선을 그린다.

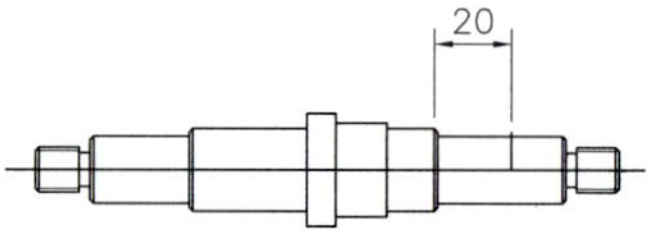

- O Enter↵
- 20 Enter↵
- 원본 객체 선택
- 진행방향 (우측) 선택
- Enter↵

② ▸ O Enter↵
▸ 12 Enter↵
▸ 원본 객체 선택
▸ 진행방향 (우측) 선택
▸ Enter↵

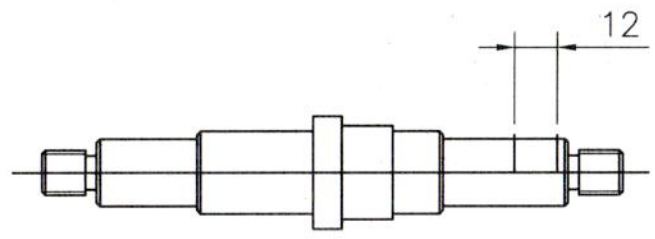

③ ▸ O Enter↵
▸ 3.5 Enter↵
▸ 원본 객체 선택
▸ 진행방향 (중심선 쪽) 선택
▸ Enter↵

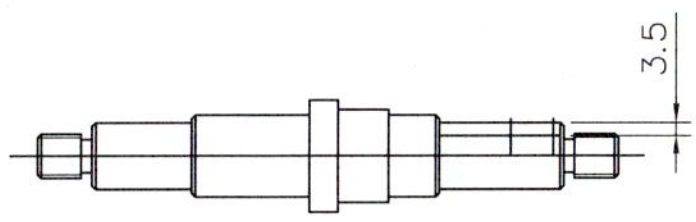

15. 객체를 직접 선택하여 자르기

① TRIM 명령을 이용하여 옆 그림과 같이 자른다.
▸ TR Enter↵
▸ 자르기 위한 기준이 될 객체를 선택
▸ Enter↵
▸ 자르는 대상이 될 객체를 선택
▸ Enter↵

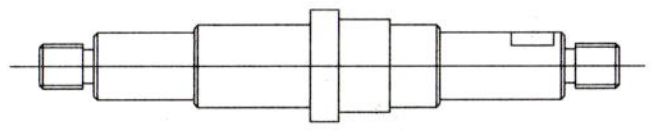

16. 자유곡선 그리기

① SPLINE 명령을 이용하여 자유곡선을 그린다.
▸ SPL Enter↵
▸ Click ①
▸ Click ②
▸ Click ③
▸ Click ④
▸ Click ⑤ Enter↵
▸ Enter↵
▸ Enter↵

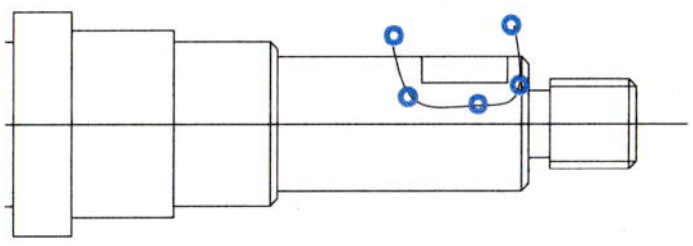

17. 객체를 직접 선택하여 자르기

① TRIM 명령을 이용하여 옆 그림과 같이 자른다.

- TR Enter↵
- 자르기 위한 교차점을 이루는 기준이 될 객체를 선택
- Enter↵
- 자르는 대상이 될 객체를 선택
- Enter↵

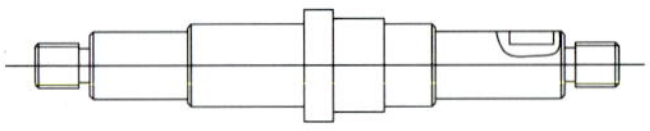

18. 부분단면도 해칭 처리

① BHATCH 명령을 이용하여 옆 그림과 같이 부분단면에 해칭처리를 한다.

- BH Enter↵
- 〈User defined〉 선택
- Angle 〈45〉 입력
- Spacing 〈2〉 입력
- Pick point : 자유곡선 내부 선택
- Enter↵

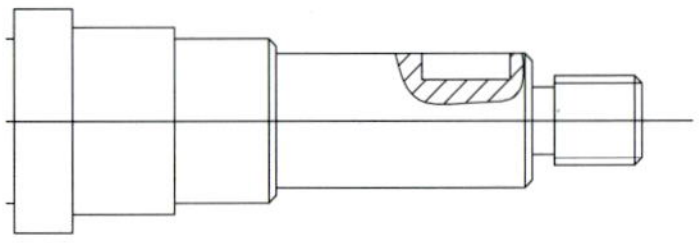

②
- 자유곡선과 해칭은 White로 변경한다.
- 완성

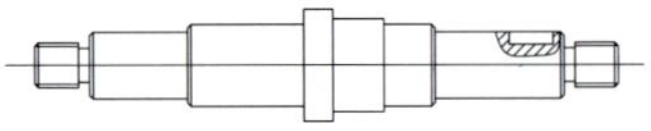

3 예제 따라하기 2

1. 점을 직접 선택하여 직선그리기

① F8키를 눌러 직교모드를 활성화시키고 LINE 명령을 이용하여 임의의 시작점과 끝점의 직선을 그린다.

- L Enter↵
- 선택 ①
- 선택 ②
- Enter↵

②
- Enter↵
- 선택 ③
- 선택 ④
- Enter↵

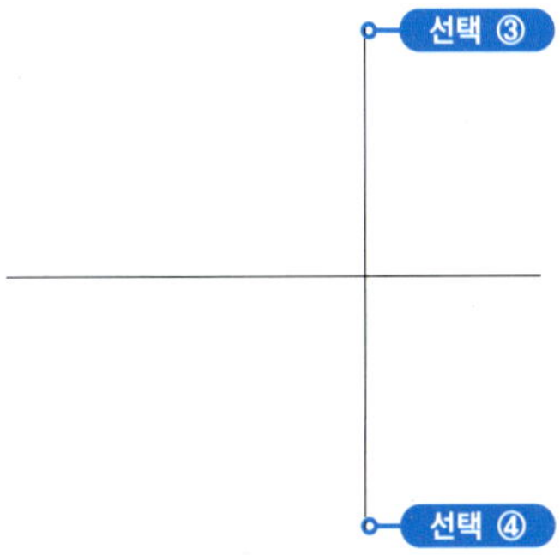

2. 중심점과 지름을 이용한 원 그리기

① CIRCLE 명령을 이용하여 수직선과 수평선의 교차점을 중심점으로 선택한 후 지름을 입력하여 원을 그린다.

- C Enter↵
- 선택 ①
- D Enter↵
- 18 Enter↵

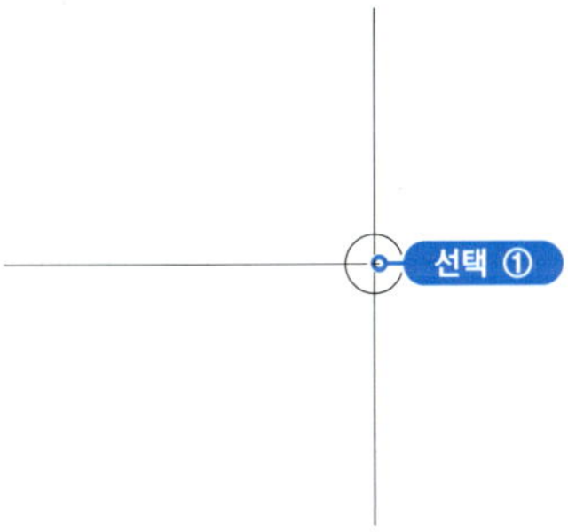

②
- Enter↵
- 선택 ①
- D Enter↵
- 30 Enter↵

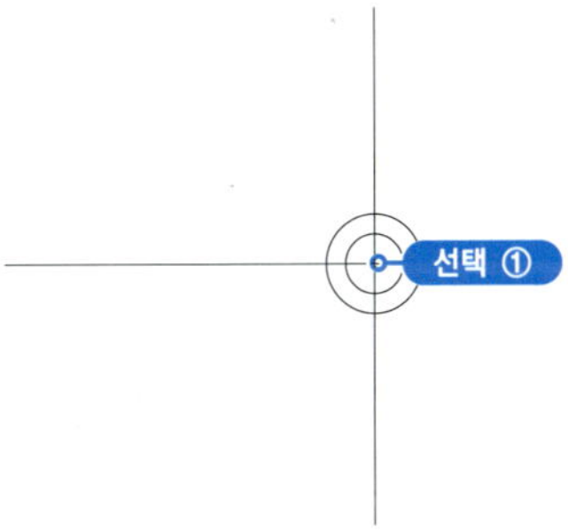

③

- Enter↵
- 선택 ①
- D Enter↵
- 48 Enter↵

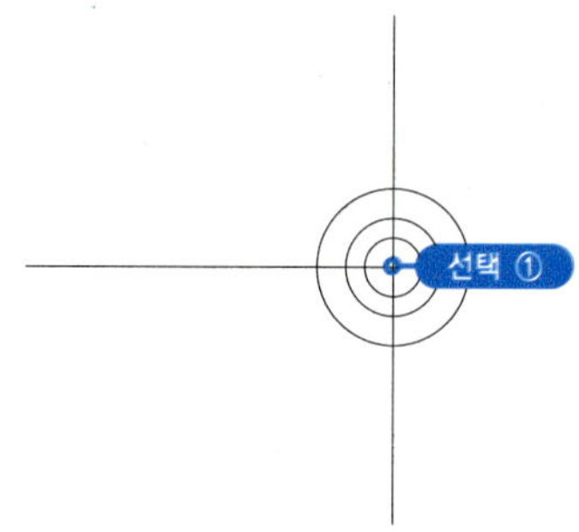

④

- Enter↵
- 선택 ①
- D Enter↵
- 66 Enter↵

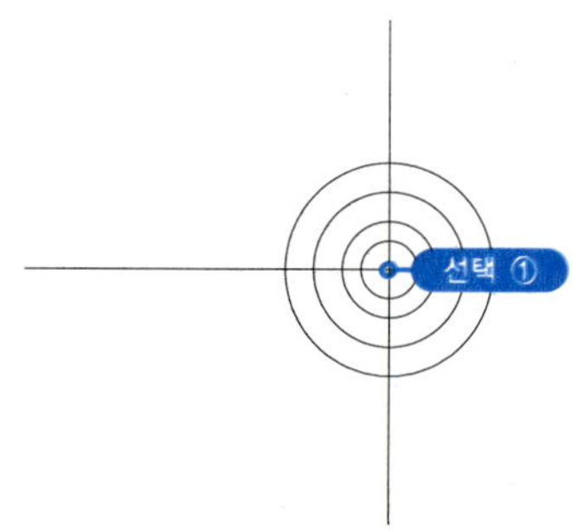

⑤

- Enter↵
- 선택 ①
- D Enter↵
- 82 Enter↵

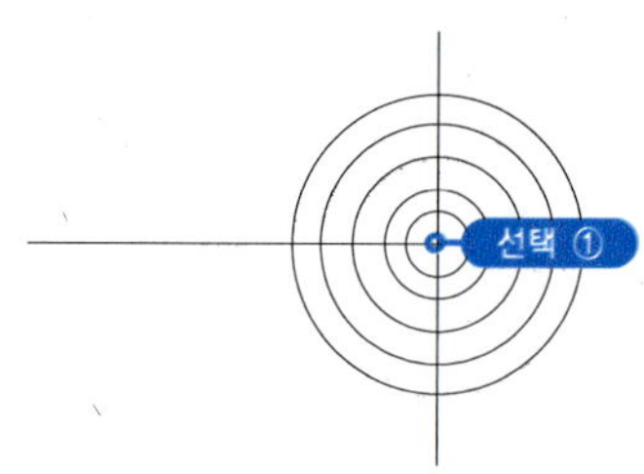

3. 원본과 평행한 직선 만들기

① OFFSET 명령을 이용하여 원을 그린다.

- O Enter↵
- 1 Enter↵
- 선택 ①
- 선택 ②

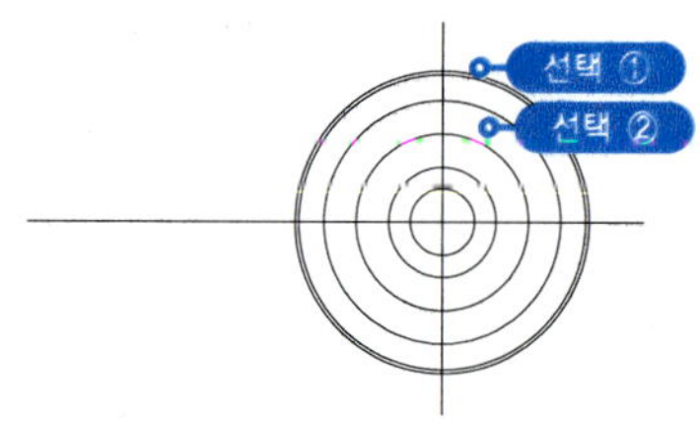

4. 객체를 직접 선택하여 자르기

① TRIM 명령을 이용하여 옆 그림과 같이 자른다.

- TR Enter↵
- 자르기 위한 기준이 될 수직중심선을 선택
- Enter↵
- 자르는 대상이 될 원의 왼쪽을 선택
- Enter↵

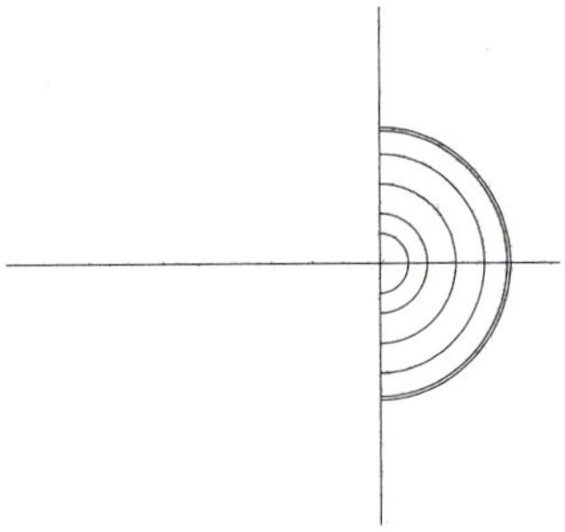

5. 직접 점을 선택하여 직선그리기

① LINE 명령을 이용하여 임의의 시작점과 끝점의 직선을 그린다.

- L Enter↵
- 시작점 선택
- 끝점 선택
- Enter↵

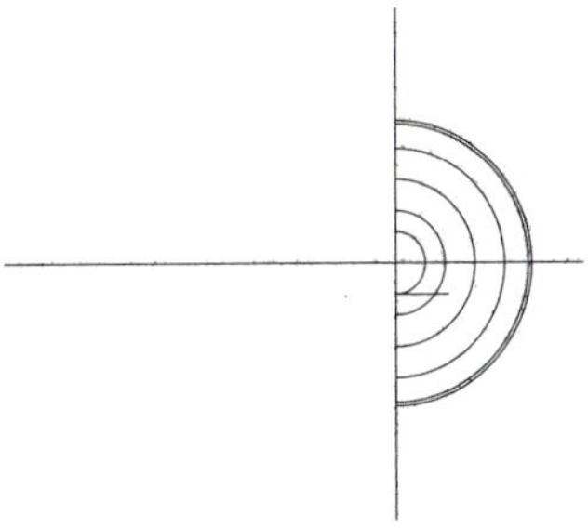

6. 원본과 평행한 직선 파생 객체 만들기

① OFFSET 명령을 이용하여 원본과 평행한 직선을 그린다.

- O Enter↵
- 20.2 Enter↵
- 원본 객체 선택
- 진행방향 (중심선 상단) 선택
- Enter↵

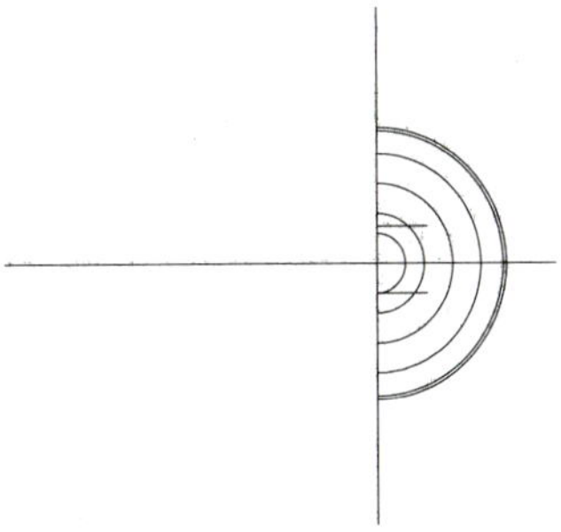

②

- Enter↵
- 2.5 Enter↵
- 원본 객체 선택
- 진행방향 (우측) 선택
- Enter↵

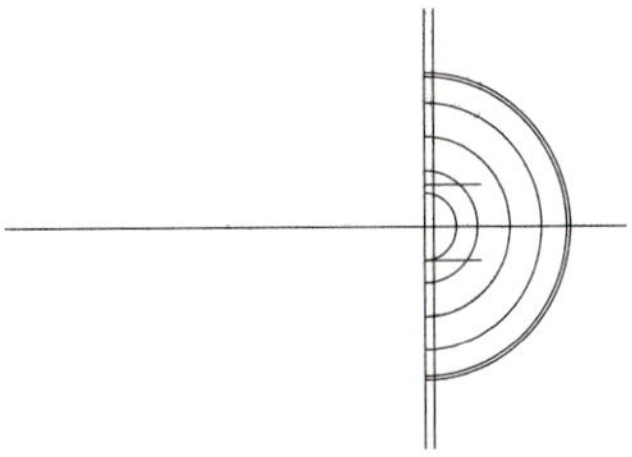

7. 객체를 직접 선택하여 자르기

① TRIM 명령을 이용하여 옆 그림과 같이 자른다.

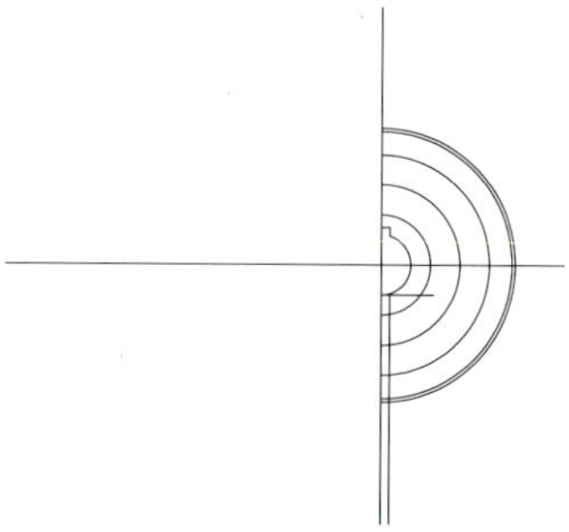

- TR Enter↵
- 자르기 위한 교차점을 이루는 기준이 될 객체를 선택
- Enter↵
- 자르는 대상이 될 객체를 선택
- Enter↵

8. 필요없는 객체 지우기

① ERASE 명령을 이용하여 필요 없는 객체를 지운다.

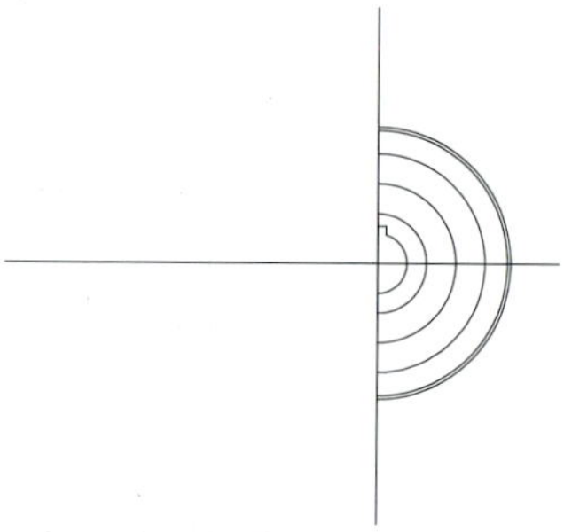

- E Enter↵
- 객체 선택
- Enter↵

9. 중심점과 지름을 이용한 원 그리기

① CIRCLE 명령을 이용하여 원을 그린다.

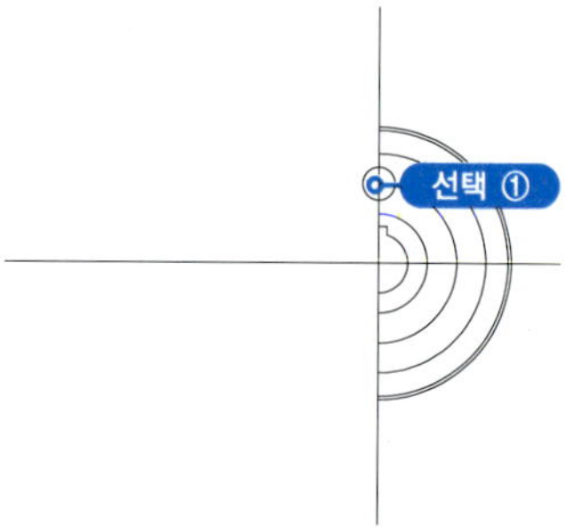

- C Enter↵
- 선택 ①
- D Enter↵
- 10 Enter↵

10. 원본 객체를 원형 배열하기

① ARRAY 명령을 이용하여 객체를 배열 복사한다.

- AR Enter↵
- 대화창에서 원형배열을 위하여Polar Array 선택
- Select objects를 선택하여 다각형과 원을 클릭한다.
- 선택 ①
- Enter↵

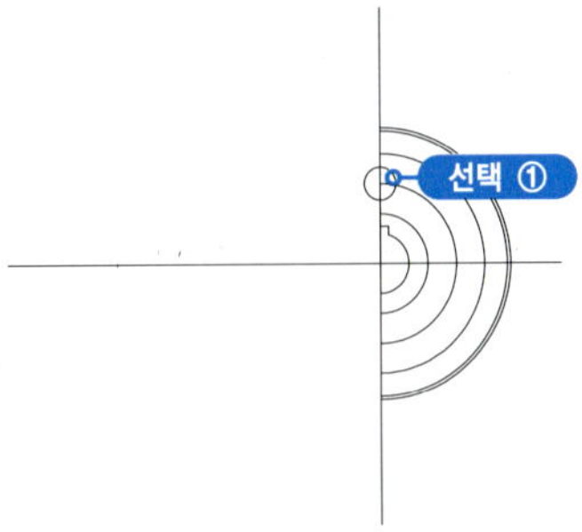

- 다시 대화창이 나타나면, Pick Center Point를 클릭하여 원형 배열의 중심점을 선택한다.

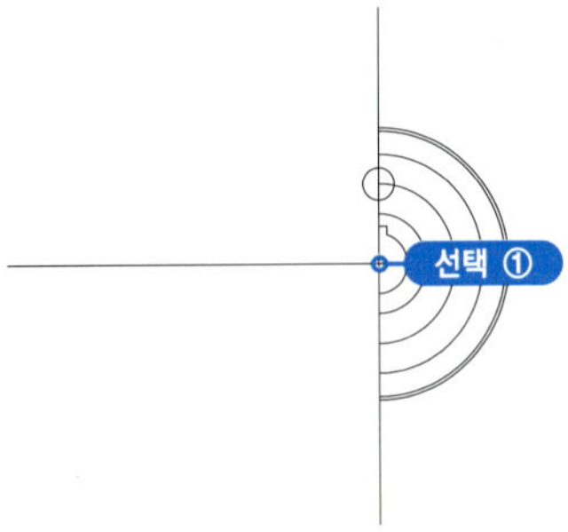

- 다시 대화창이 나타나면, 배열이 이루어질 각도를 입력하기 위해 Method 풀다운 메뉴에 Total number of items & Angle to fill을 확인한 다음
- Total number of items 〈6〉 입력
- Angle to fill 〈360〉 입력
- OK Enter↵

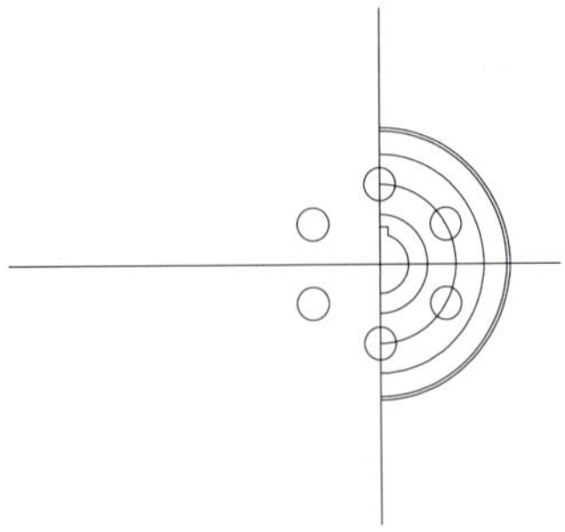

11. 객체를 직접 선택하여 자르기

① TRIM 명령을 이용하여 옆 그림과 같이 자른다.

▸ TR [Enter↵]

▸ 자르기 위한 기준인 수직중심선을 선택

▸ [Enter↵]

▸ 자르는 대상이 될 객체를 선택

▸ [Enter↵]

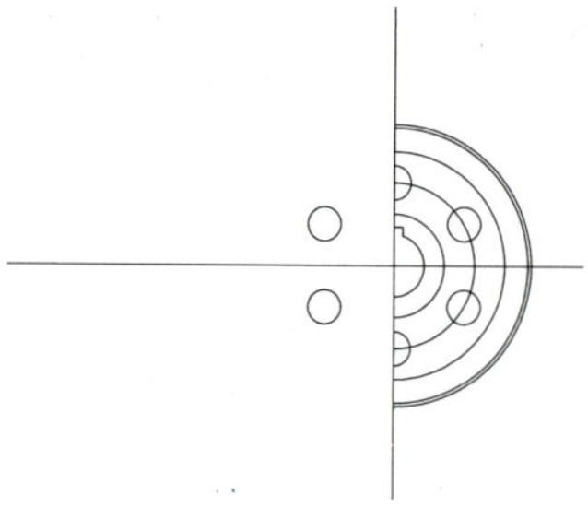

12. 필요없는 객체 지우기

① ERASE 명령을 이용하여 필요 없는 객체를 지운다.

▸ E [Enter↵]

▸ 객체(원) 선택

▸ [Enter↵]

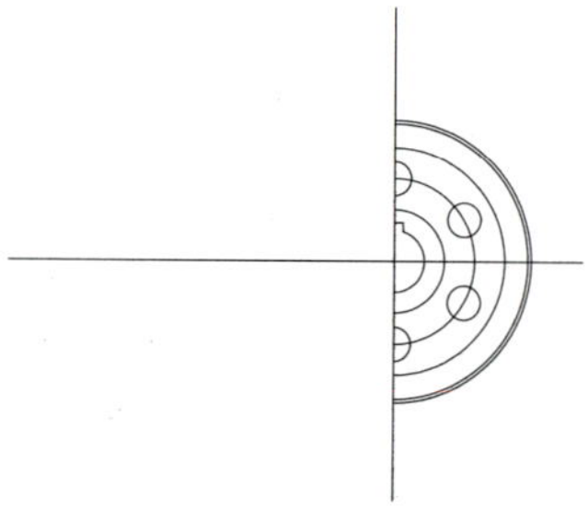

13. 직접 점을 선택하여 직선그리기

① LINE 명령을 이용하여 임의의 시작점과 끝점의 직선을 그린다.

▸ L [Enter↵]

▸ 시작점 선택

▸ 끝점 선택

▸ [Enter↵]

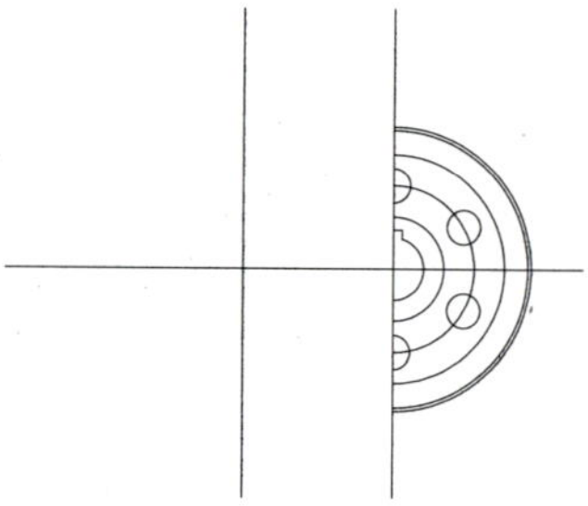

14. 원본과 평행한 직선 파생 객체 만들기

① OFFSET 명령을 이용하여 원본과 평행한 직선을 그린다.

▸ O [Enter↵]

▸ 14 [Enter↵]

▸ 선택 ①

▸ 선택 ②

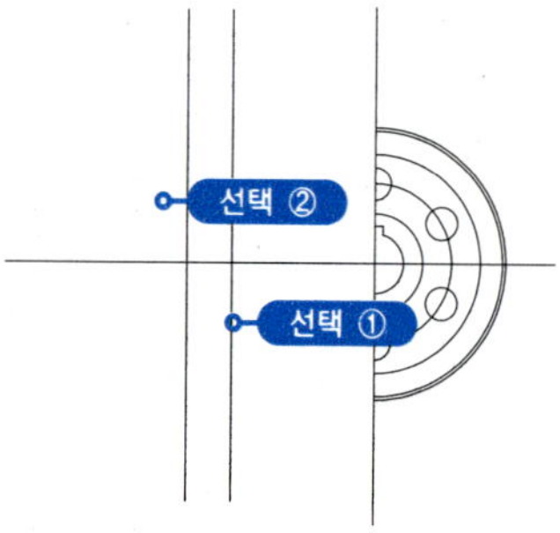

②
- ▸ 선택 ①
- ▸ 선택 ②
- ▸ Enter↵

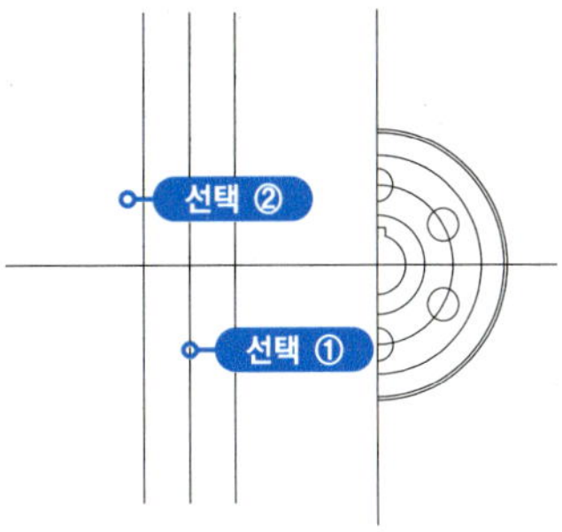

15. 직접 점을 선택하여 직선그리기

① LINE 명령을 이용하여 임의의 시작점과 끝점의 직선을 그린다.

- ▸ L Enter↵
- ▸ 시작점 선택
- ▸ 끝점 선택
- ▸ Enter↵

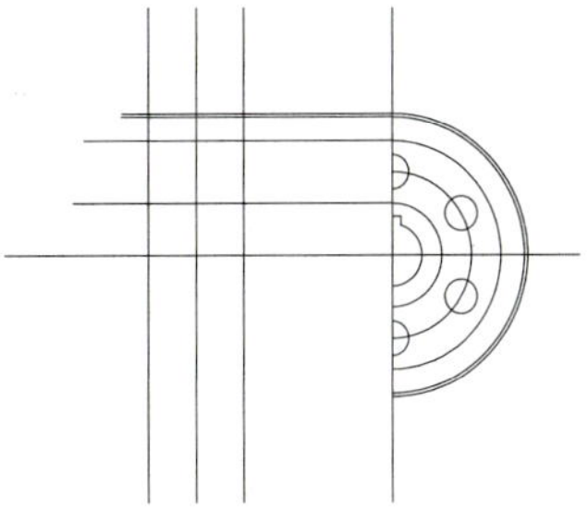

②
- ▸ Enter↵
- ▸ 선택 ①
- ▸ 선택 ②
- ▸ 선택 ③
- ▸ Enter↵

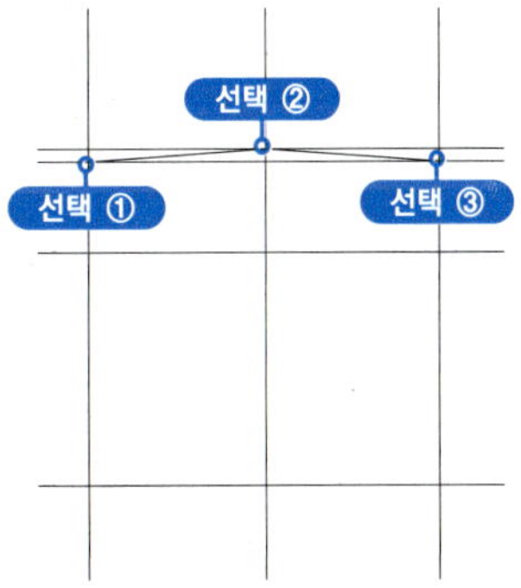

16. 객체를 직접 선택하여 자르기

① TRIM 명령을 이용하여 옆 그림과 같이 자른다.

- ▸ TR Enter↵
- ▸ 자르기 위한 교차점을 이루는 기준이 될 객체를 선택
- ▸ Enter↵
- ▸ 자르는 대상이 될 객체를 선택
- ▸ Enter↵

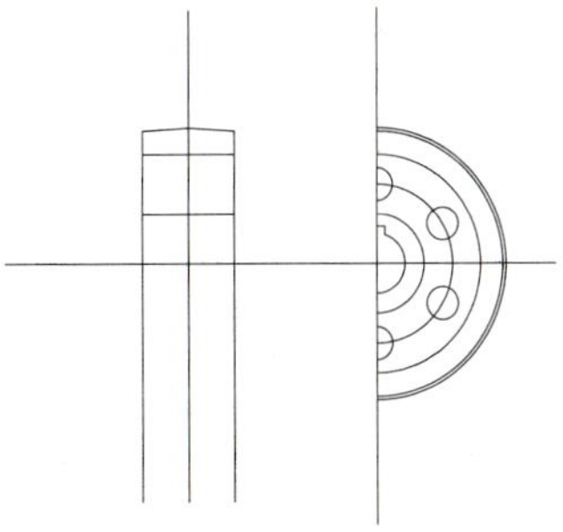

17. 원본과 평행한 직선 파생 객체 만들기

① OFFSET 명령을 이용하여 원본과 평행한 직선을 중심축의 오른쪽으로 그린다.

- ▸ O Enter↵
- ▸ 4 Enter↵
- ▸ 선택 ①
- ▸ 선택 ②

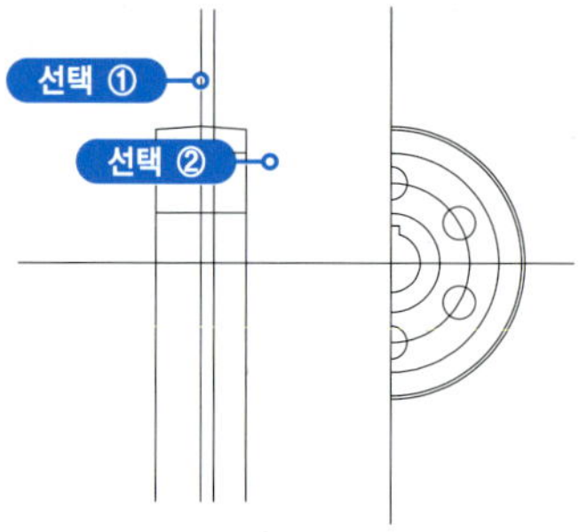

② 중심축의 왼쪽으로 원본과 평행한 직선을 그린다.

- ▸ 선택 ①
- ▸ 선택 ②
- ▸ Enter↵

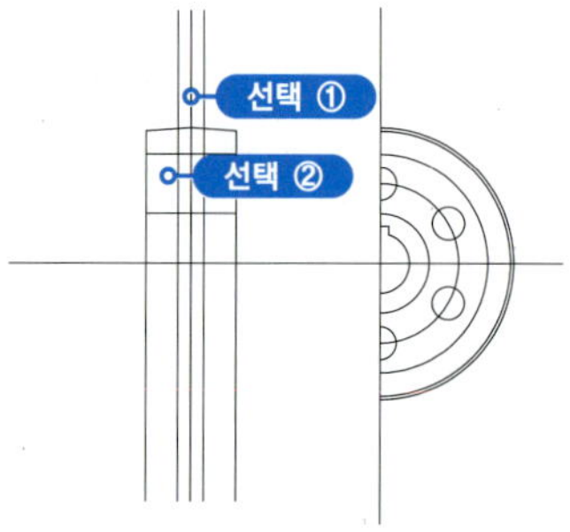

18. 모깎기 반지름을 입력하여 모깎기 하기

① FILLET 명령을 이용하여 모서리 부분을 지정한 반지름으로 깎아낸다.

- ▸ F Enter↵
- ▸ R Enter↵
- ▸ 3 Enter↵
- ▸ 선택 ①
- ▸ 신텍 ②
- ▸ Enter↵

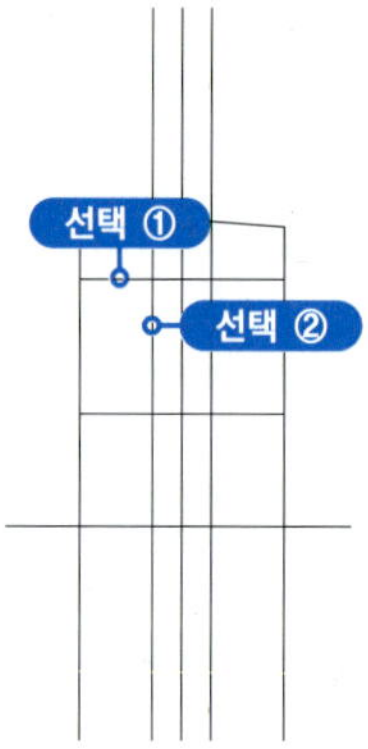

②
- ▸ F Enter↵
- ▸ R Enter↵
- ▸ 3 Enter↵
- ▸ 선택 ①
- ▸ 선택 ②
- ▸ Enter↵

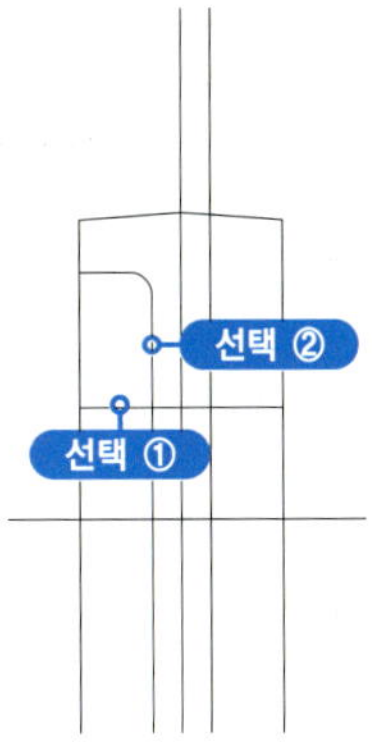

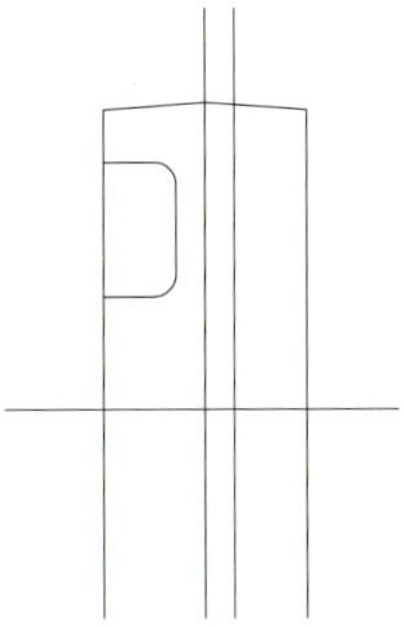

19. 점을 직접 선택하여 직선그리기

① LINE 명령을 이용하여 임의의 시작점과 끝점의 직선을 그린다.

- ▸ L Enter↵
- ▸ 시작점 선택
- ▸ 끝점 선택
- ▸ Enter↵

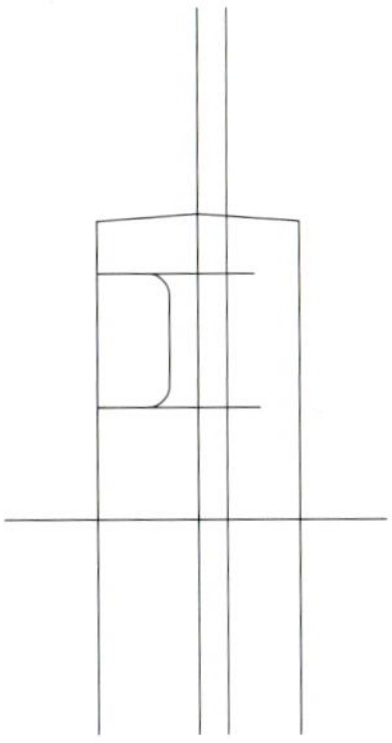

20. 객체를 직접 선택하여 연장하기

(1) EXTEND 명령을 이용하여 한 객체를 기준으로 다른 한 객체를 연장한다.

- EX Enter↵
- 선택 ①
- Enter↵
- 선택 ②
- 선택 ③
- Enter↵

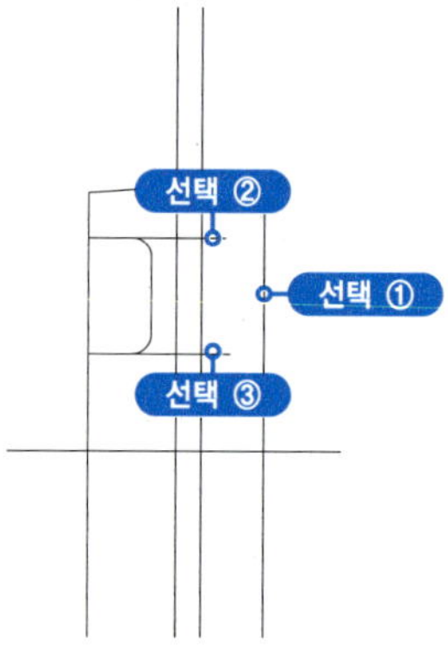

21. 모깎기 반지름을 입력하여 모깎기 하기

(1) FILLET 명령을 이용하여 모서리 부분을 지정한 반지름으로 깎아낸다.

- F Enter↵
- R Enter↵
- 3 Enter↵
- 선택 ①
- 선택 ②

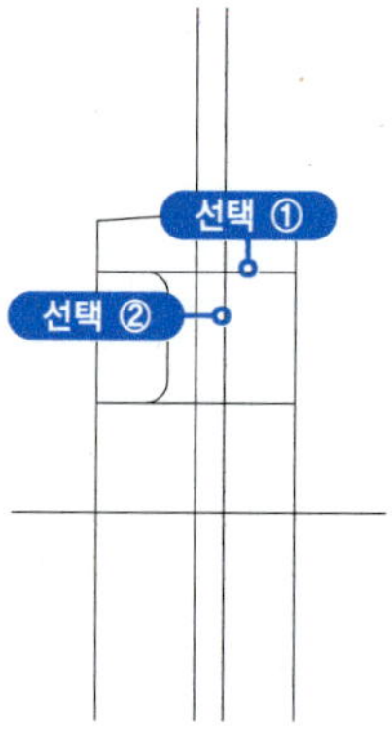

(2)
- Enter↵
- 선택 ①
- 선택 ②

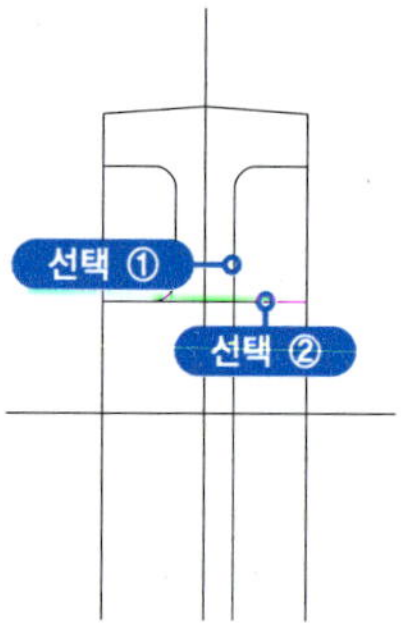

22. 점을 직접 선택하여 직선그리기

① LINE 명령을 이용하여 우측면도에서 코어 홀(core hole) 부분의 선을 인출한다.

- L Enter↵
- 시작점 선택
- 끝점 선택
- Enter↵

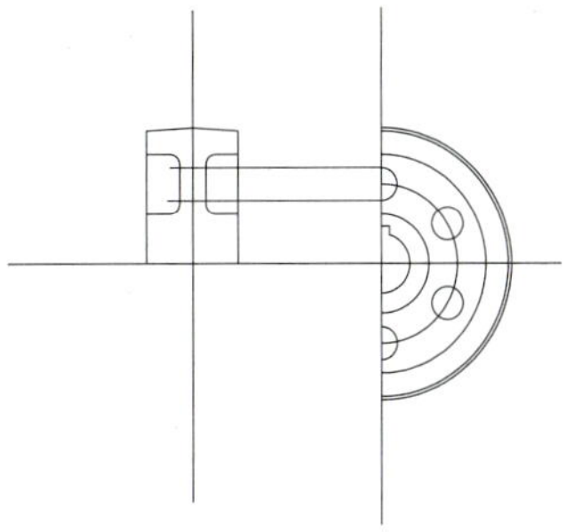

23. 객체를 직접 선택하여 자르기

① TRIM 명령을 이용하여 옆 그림과 같이 자른다.

- TR Enter↵
- 자르기 위한 교차점을 이루는 기준이 될 객체를 선택
- Enter↵
- 자르는 대상이 될 객체를 선택
- Enter↵

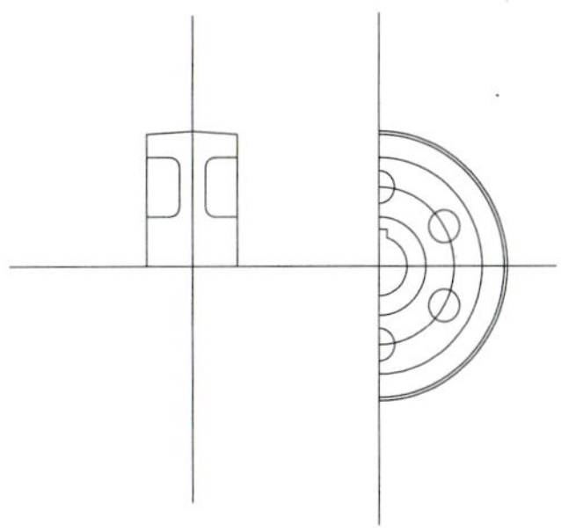

24. 정의된 축을 기준으로 객체를 대칭 복사하기

① MIRROR 명령을 객체를 대칭 복사한다.

- MI Enter↵
- 대칭 복사를 할 객체를 선택한 다음 Enter↵

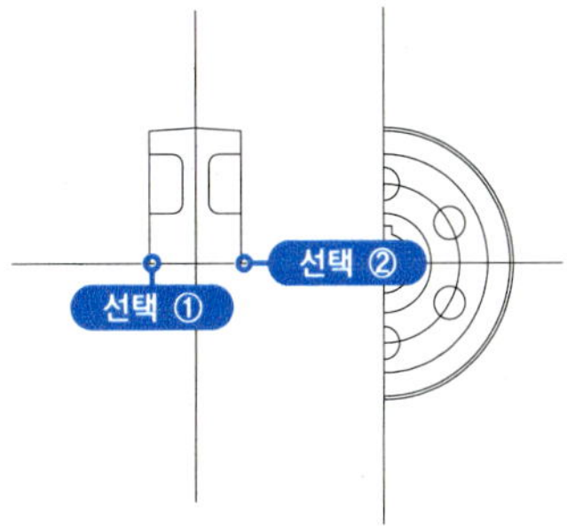

객체 스냅(Midpoint)을 이용하여 대칭축의 직선을 지정한다.

- 선택 ①
- 선택 ②
- Enter↵

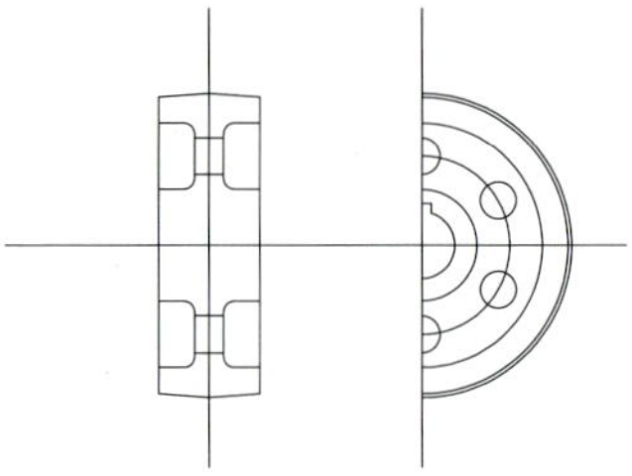

25. 점을 직접 선택하여 직선그리기

(1) LINE 명령으로 우측면도에서 선을 인출하여 기초선을 그린다.

- L Enter↵
- 시작점 선택
- 끝점 선택
- Enter↵

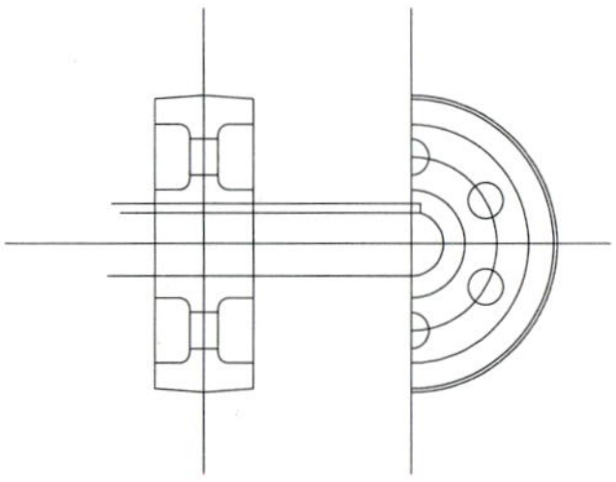

26. 객체를 직접 선택하여 자르기

(1) TRIM 명령을 이용하여 옆 그림과 같이 자른다.

- TR Enter↵
- 자르기 위한 교차점을 이루는 기준이 될 객체를 선택
- Enter↵
- 자르는 대상이 될 객체를 선택
- Enter↵

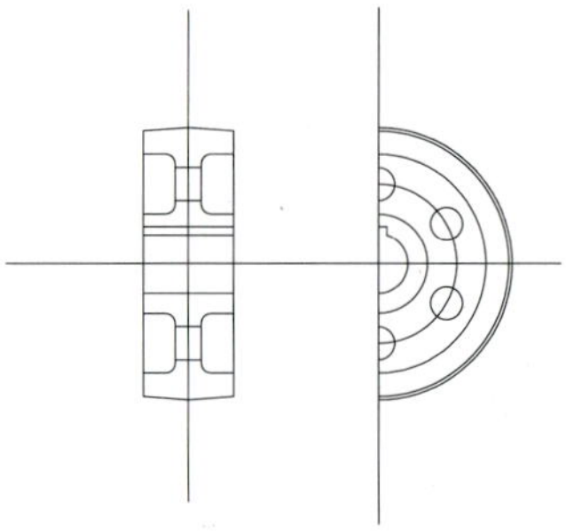

27. 두 모따기 거리를 입력하여 모따기 하기

(1) CHAMFER 명령을 이용하여 교차하고 있는 두 객체에 모따기를 한다.

- CHA Enter↵
- D Enter↵
- 1 Enter↵
- 1 Enter↵
- 두 객체 선택

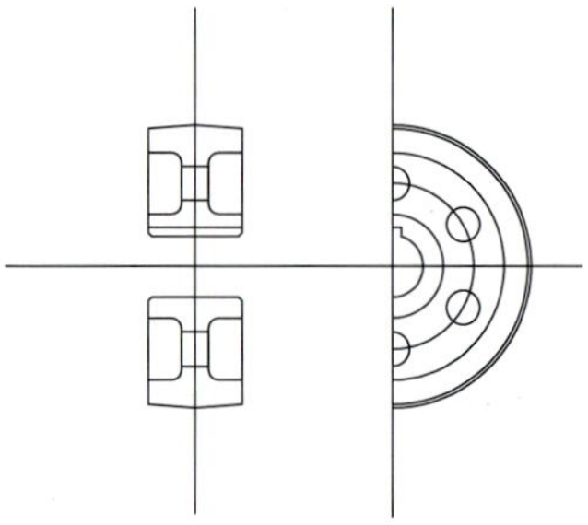

28. 점을 직접 선택하여 직선그리기

① LINE 명령을 이용하여 모따기한 모서리 부분을 잇는 직선을 그린다.

- L Enter
- 시작점 선택
- 끝점 선택
- Enter

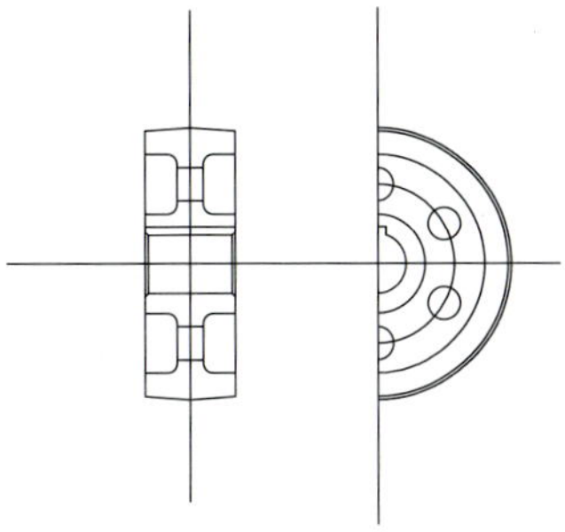

29. 단면도 해칭 처리

① BHATCH 명령을 이용하여 옆 그림과 같이 단면 부분에 해칭처리를 한다.

- BH Enter
- User defined 선택
- Angle 〈45〉 입력
- Spacing 〈2〉 입력
- Pick point : 단면도 내부 선택
- OK Enter

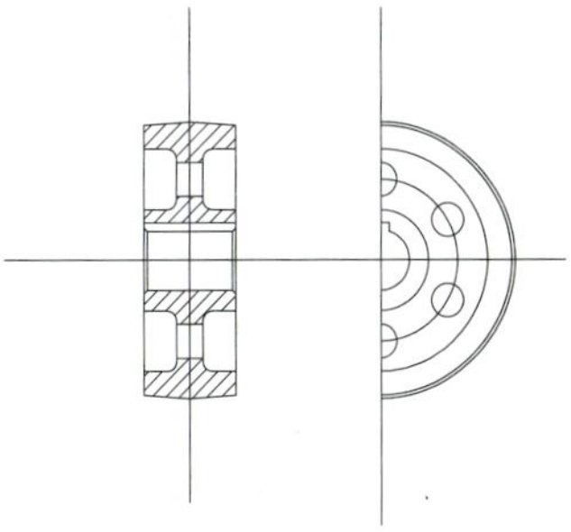

- 해칭은 White로 변경한다.

30. 점을 직접 선택하여 직선그리기

① LINE 명령을 이용하여 우측면도의 길이 4, 간격 2인 대칭기호를 그린다.

- L Enter
- 시작점 선택
- 진행방향 (우측) 4 Enter
- Enter

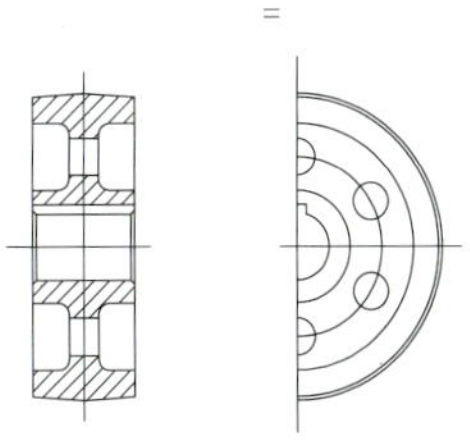

- ▸ O Enter↵
- ▸ 2 Enter↵
- ▸ 원본 객체 선택
- ▸ 진행방향 (아래) 선택
- ▸ Enter↵

- ▸ 대칭기호 색상은 Red로 변경한다.

31. 객체의 위치를 이동하기

① MOVE 명령을 이용하여 객체를 이동한다.

- ▸ M Enter↵
- ▸ 이동할 객체 선택 Enter↵
- ▸ 객체의 현재위치 기준점을 윗직선의 Midpoint로 입력(Enter↵)

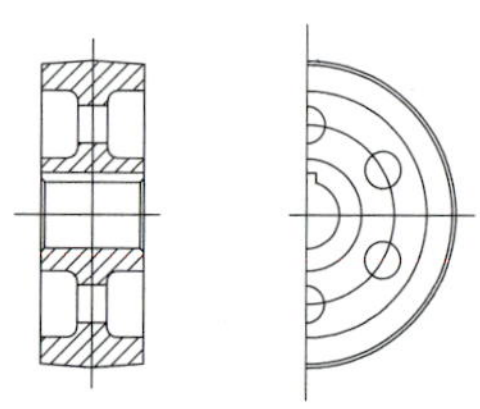

② ▸ 객체 스냅 기능을 OFF시킨 후 객체의 나중위치 기준점을 입력한다. Enter↵

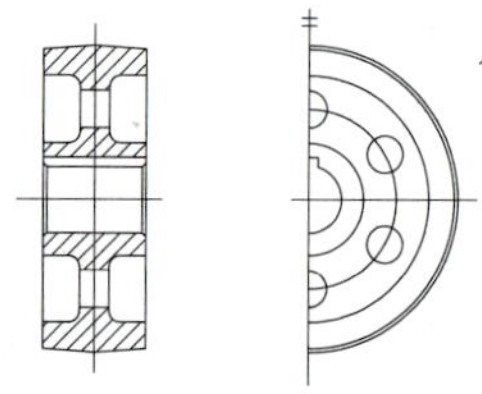

③ MIRROR 명령을 이용하여 객체를 대칭 복사한다.

- ▸ MI Enter↵
- ▸ 대칭 복사를 할 대칭기호를 선택
- ▸ 객체 스냅(Endpoint)을 이용하여 수평중심선의 두 점을 선택
- ▸ 완성

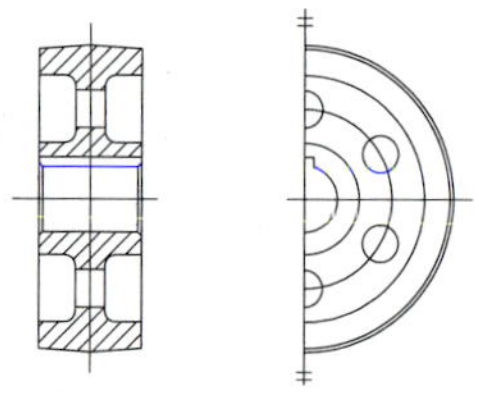

Section 06 연습과제

1 연습과제 1, 2

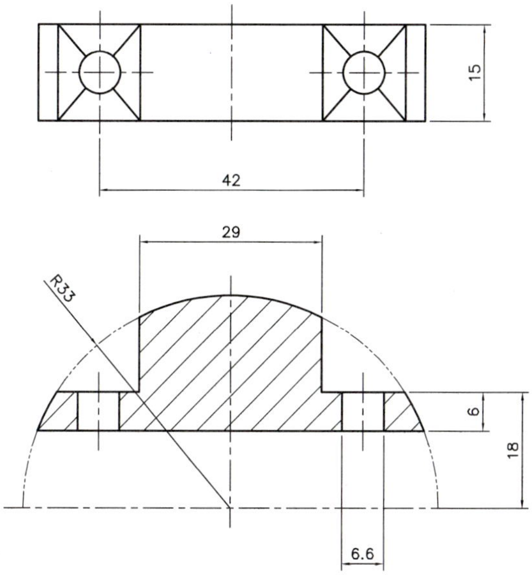

연습문제 1 – 래크와 피니언 기어의 누름쇠

누름쇠의 형상을 완성하고 단면을 해칭 처리한다.

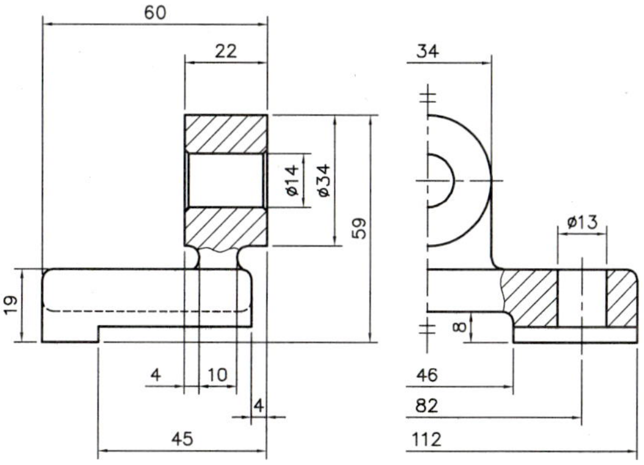

연습문제 2 – 세그먼트 기어의 본체

기어 본체의 형상을 완성하고 단면을 해칭 처리한다.

2 연습과제 3, 4

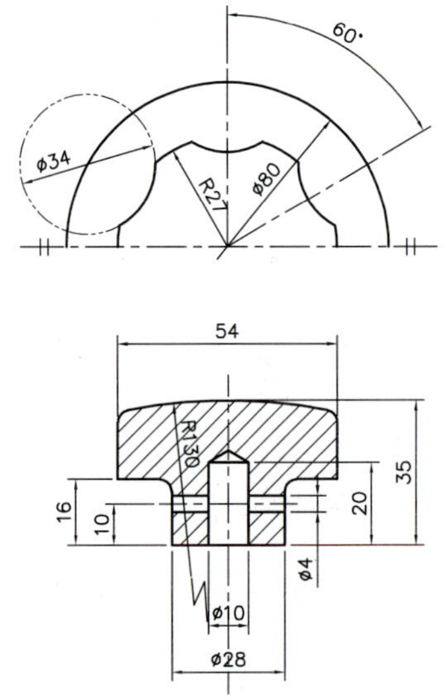

연습문제 3 - 드릴 지그의 핸들

지그의 핸들 형상을 완성하고 단면을 해칭 처리한다.

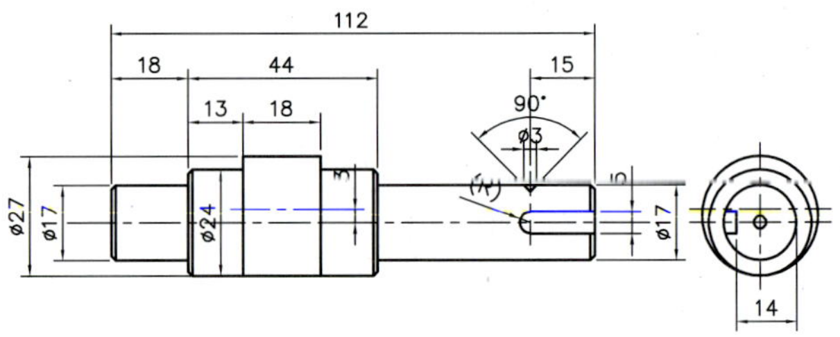

연습문제 4 - 편심축

편심축의 외형을 완성하고 부분 단면을 해칭 처리한다.

CHAPTER 10

블록(BLOCK)

◆실습목적 :	① AutoCAD에서 정의되는 블록(Block)에 대하여 이해한다. ② 블록을 정의하고 저장 및 삽입하는 사용법에 대하여 배운다.
◆실습시간 :	1.5hr ~ 2.5hr
◆실습내용 :	① BLOCK _ 블록 정의하기 ② WBLOCK _ 블록 저장 및 공유하기 ③ REFEDIT _ 블록 편집하기 ④ INSERT _ 블록 삽입하기
◆참고사항 :	• 볼트, 너트와 같이 실제 그리지는 않지만 규격에 의해 정해지면서 자주 사용되는 형상은 블록(block)으로 저장하여 여러 도면에서 따로 그리지 않고 사용할 수 있다. • 블록을 편집하기 위해 분해 후 수정하여 다시 블록으로 저장하는 방법이 있다.

실습할 내용 :

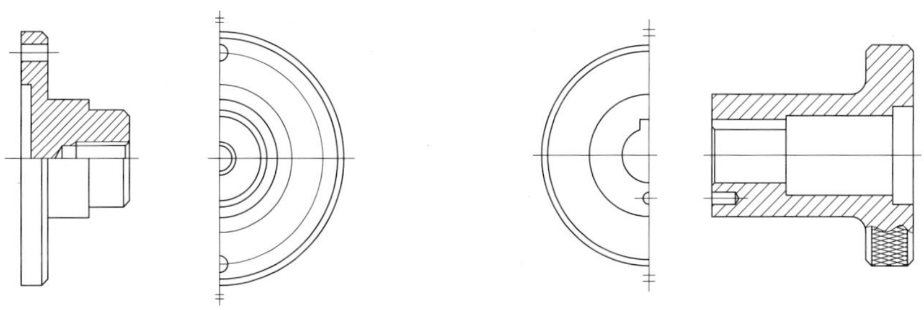

Section 01

BLOCK 블록 정의하기

블록은 객체를 복사하는 COPY 명령과 유사하지만 여러 단일 객체로 구성된 형상을 객체에 적용된 축척 인자(Scale factor), 회전 각도까지 지정하여 저장할 수 있다는 이점이 있다. 도면 작업을 하면서 크기가 정해져 있고 자주 사용되는 형상이 있는 경우 블록을 정의하여 사용하면 편리하다. BLOCK 명령은 현재 도면에 대해서만 블록을 정의하여 사용할 수 있다.

1 여러 객체로 이루어진 형상을 블록으로 정의하기

1. 명령어의 실행

① (마우스)를 이용한 실행

▸ 메뉴 표시줄 [Draw] – [Block] – [Make...] 선택

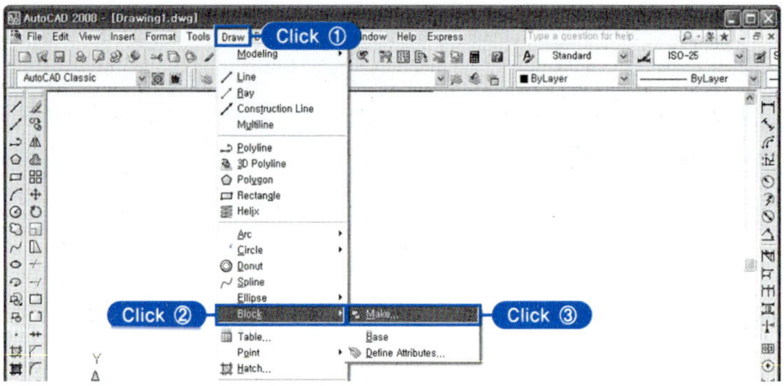

▸ Draw 도구모음 [Make Block...] 선택

② (키보드)를 이용한 실행

Command : BLOCK 또는 B Enter↵

2. 명령어 사용법 따라하기

BLOCK 명령을 이용하여 여러 객체로 이루어진 암나사의 형상을 정의하면서 BLOCK 명령의 사용법을 익힌다.

①

- 명령 실행, (B Enter↵)
- 블록을 정의하는 대화창이 나타나면 블록 이름으로 〈F Screw〉를 입력

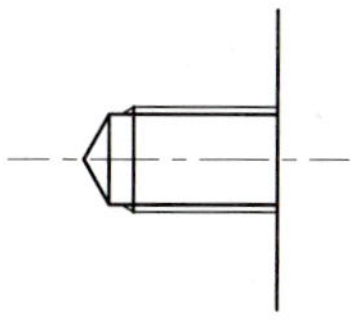

- Pick point 버튼을 선택하여 블록으로 정의할 객체의 기준점으로 객체 외형 수직선과 중심선의 교차점을 선택
- Select objects 버튼을 선택하여 블록으로 정의할 암나사를 이루는 객체들을 선택
- 블록의 단위를 〈Millimeter〉로 설정
- 블록에 대한 설명을 〈M7/L20 Female screw〉로 입력
- 블록을 정의하기 위해 OK 선택

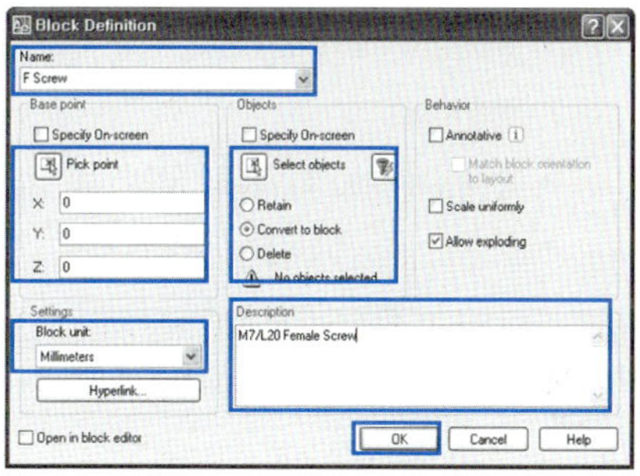

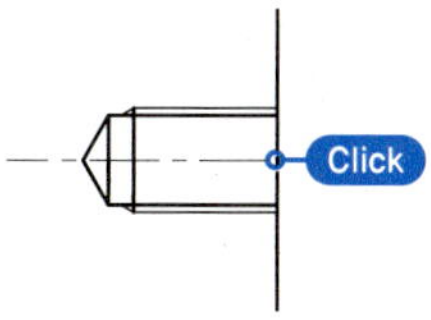

TIP

➡ 블록 대화창의 항목

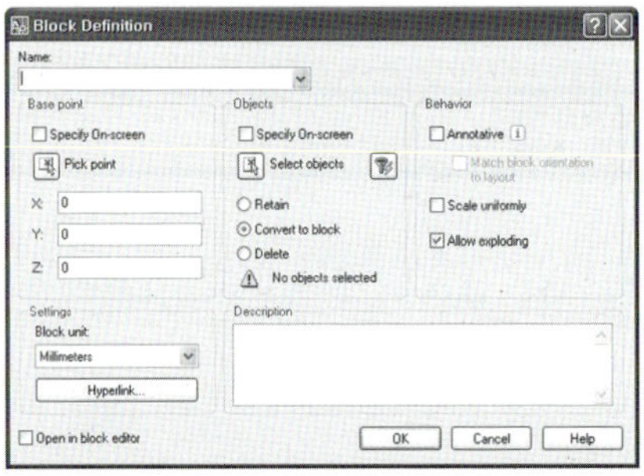

- 화면상에서 지정(Specify On-screen) : 기준점을 지정하거나 객체를 선택할 때 대화상자가 닫히고 입력 대기 상태가 된다.
- 유지(Retain) : 블록을 정의한 후 기존 객체를 별개의 객체로 유지한다.
- 블록으로 변환(Convert to block) : 블록을 정의한 후 기존 객체를 블록 복제로 변환한다.
- 삭제(Delete) : 블록 정의 후 기존 객체를 삭제한다.
- 균일한 축척(Scale uniformly) 블록 참조가 균일하게 축척될 것인지를 설정한다.
- 분해 허용(Allow exploding) : 블록 참조를 분해할지 여부를 설정한다.
- 블록 편집기에서 열기(Open in block editor) : 체크하면 블록 편집기에서 블록을 열 수 있다.

Section 02 WBLOCK 블록 저장 및 공유하기

BLOCK 명령과 같이 블록을 정의하지만 BLOCK 명령이 현재 도면에 대해서만 정의된 BLOCK을 사용할 수 있는 반면에, WBLOCK 명령은 블록을 파일로 저장하여 다른 도면에서도 BLOCK을 사용할 수 있다.

1 블록을 파일로 저장하기

1. 명령어의 실행

① (키보드)를 이용한 실행

```
Command : WBLOCK Enter↵
```

2. 명령어 사용법 따라하기

WBLOCK 명령을 이용하여 여러 객체로 이루어진 암나사의 형상을 BLOCK으로 저장하는 사용법을 익힌다.

①

- 명령 실행, (WBLOCK Enter↵)
- 블록을 저장하는 대화창이 나타나면 블록 이름으로 〈F Screw File〉을 입력

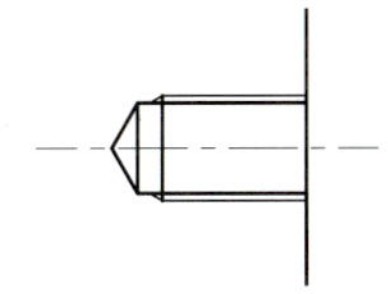

※ 전체 도면을 블록으로 저장할 것인지 객체들을 저장할 것인지를 결정한다.

- 암나사를 블록으로 저장하기 위해서 〈Objects〉를 선택
- 암나사 형상의 기준점을 외형선과 중심선의 교차점으로 선택
- 암나사 형상을 이루는 객체들을 선택
- 블록이 저장될 파일 경로와 파일명을 〈FS.dwg〉로 입력
- 블록의 단위를 〈Millimeter〉로 선택
- 블록을 저장하기 위해 OK 선택

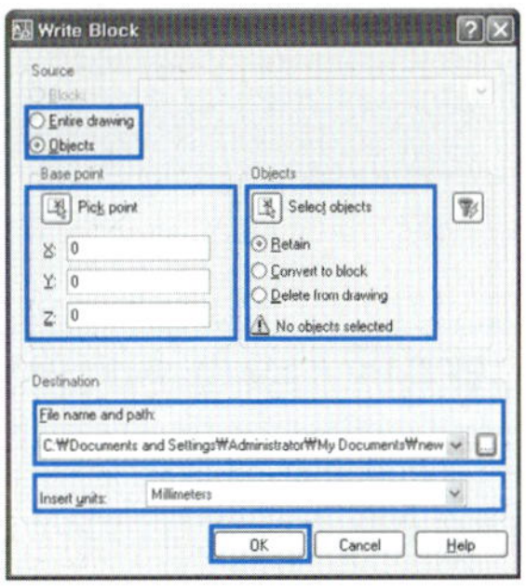

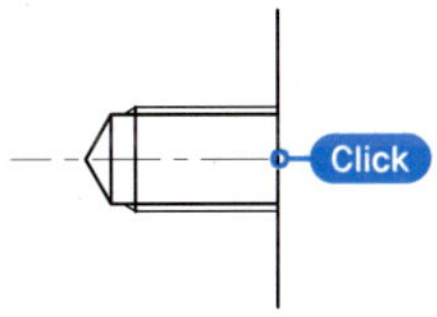

Section 03

REFEDIT 블록 편집하기

이미 정의되었거나 저장된 블록에 새로운 객체를 추가하거나 삭제하기 위해서 REFEDIT 명령을 사용할 수 있다.

1 저장된 블록에 객체 추가하기

1. 명령어의 실행

① (마우스)를 이용한 실행

▸ 메뉴 표시줄 [Tools] – [Xref and Block In-place Editing] – [Edit Reference In-place] 선택

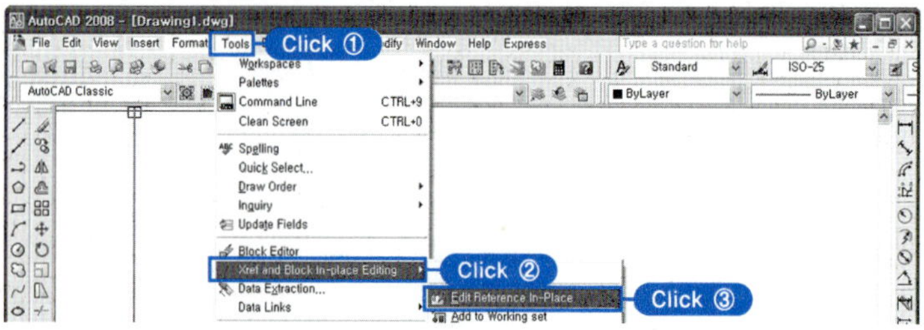

② (키보드)를 이용한 실행

Command : REFDEIT Enter↵

2. 명령어 사용법 따라하기

암나사 형상에 부분 파단선을 추가하여 블록에 객체를 추가한다.

① ▸ 명령 실행, (REFEDIT Enter↵)
▸ 참조 객체 편집을 위한 대화창이 나타나면, 기존의 정의된 블록을 선택
▸ 블록 이름 〈F screw〉를 확인하고 OK 선택
▸ 객체를 추가하는 메뉴가 나타나면, 〈Add to working set〉 버튼을 선택
▸ 추가하고자 하는 파단선을 선택
▸ 〈Save reference edits〉 버튼을 선택하여 블록을 저장

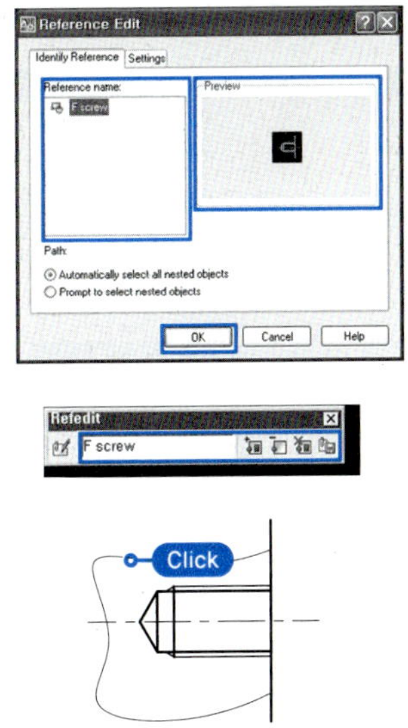

Section **04**

INSERT 블록 삽입하기

이미 정의되었거나 저장된 블록을 현재 도면에 불러오기 하여 삽입한다.

1 정의된 블록 불러와 삽입하기

1. 명령어의 실행

① (마우스)를 이용한 실행

- 메뉴 표시줄 [Insert] – [Block...] 선택

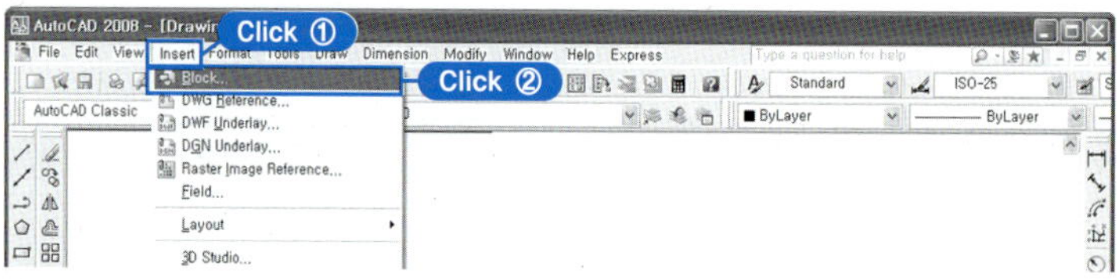

② (키보드)를 이용한 실행

Command : INSERT Enter↵

2. 명령어 사용법 따라하기

①

- 명령 실행, (INSERT Enter↵)
- 삽입하기 위한 블록을 불러오기 위하여 브라우저 창을 열어 파일을 선택
- 삽입될 블록의 축척을 입력

x 방향 〈1〉

y 방향 〈1〉

z 방향 〈1〉

- 삽입될 블록의 회전 각 〈0〉을 입력
- OK 버튼을 선택
- 블럭 기준점을 블록을 삽입할 곳에 선택

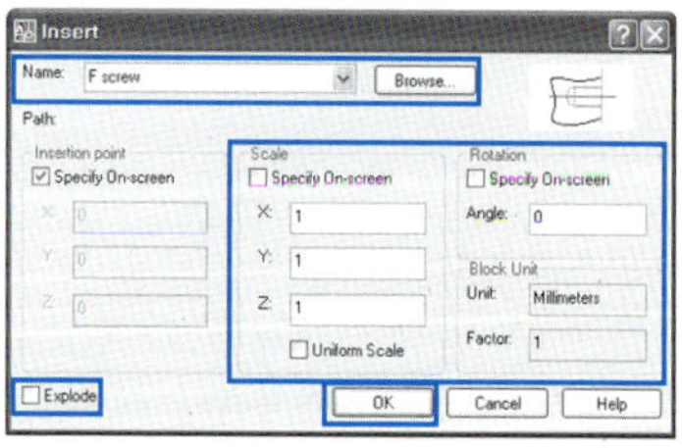

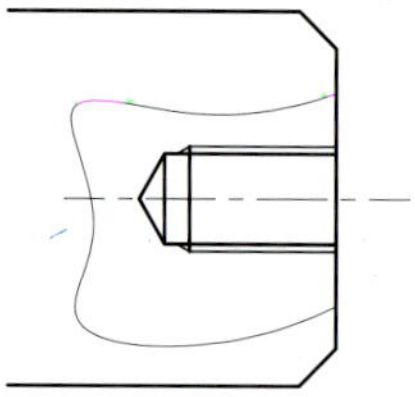

Section 05

예제 따라하기

1 예제 따라하기 미리보기

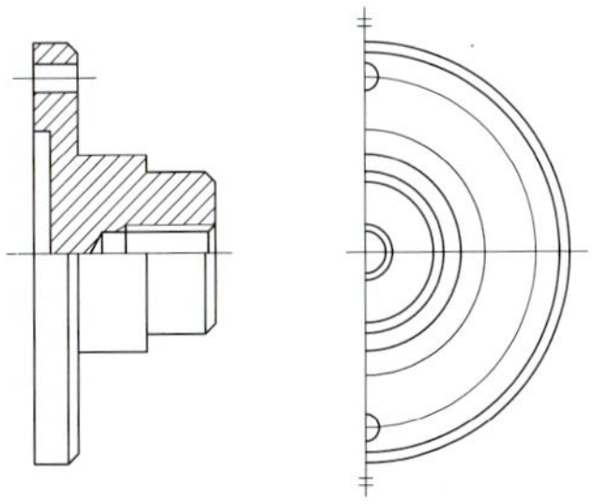

예제 따라하기 1

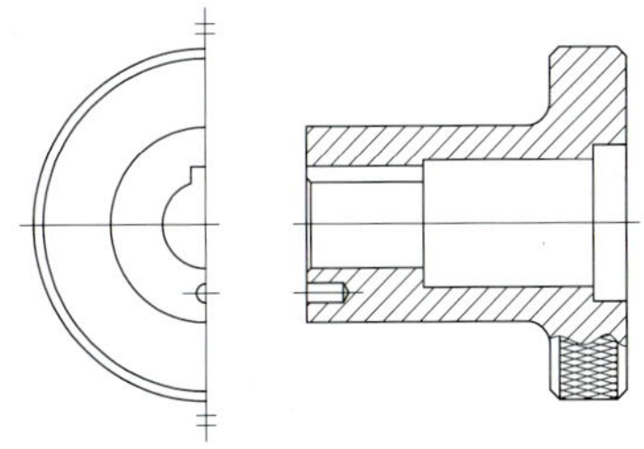

예제 따라하기 2

2 예제 따라하기 1

1. 투상하기 위한 중심선을 그리기

① F8 키를 눌러 직교모드를 활성화하고 LINE 명령을 이용하여 수직선, 수평선을 교차되게 그린다.

▸ L Enter↵

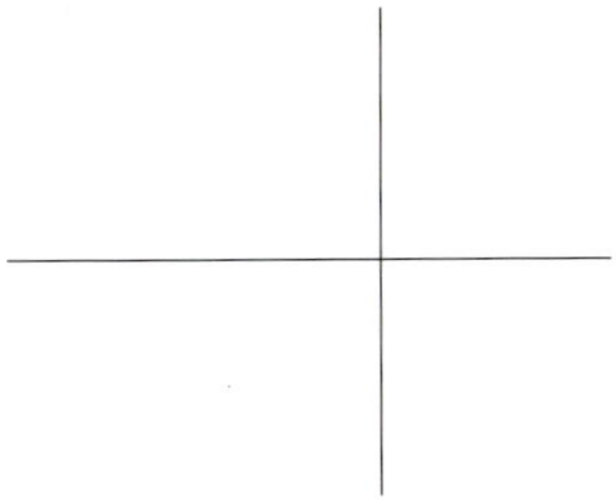

2. 외형의 소재 크기를 위한 기초원 그리기

① CIRCLE 명령을 이용하여 중심점을 선택한 후 지름 46mm, 56mm, 120mm의 원을 그린다.

▸ C Enter↵

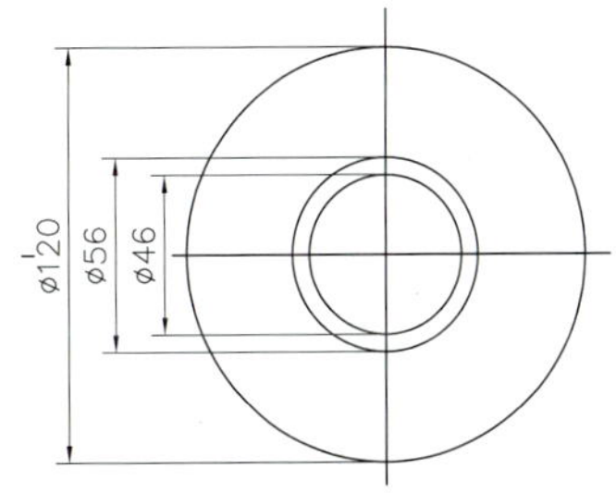

3. 객체를 직접 선택하여 자르기

① TRIM 명령을 이용하여 수직중심선을 기준으로 원을 선택하여 자른다.

▸ TR Enter↵

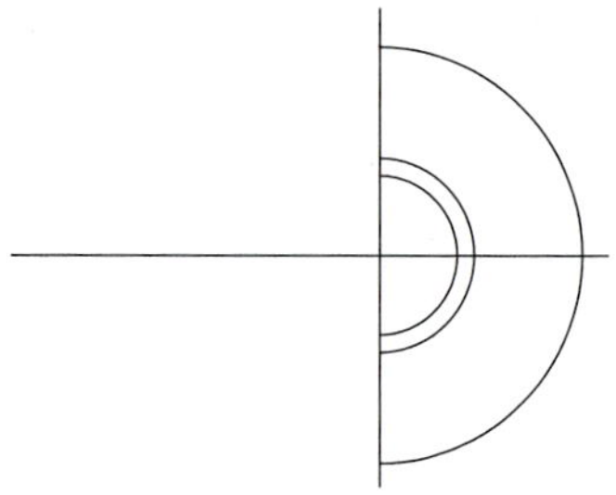

4. 정면도에서 소재 크기를 위한 기초선 긋기

① LINE 명령을 이용하여 임의의 수직선을 그린다.

▸ L Enter↵

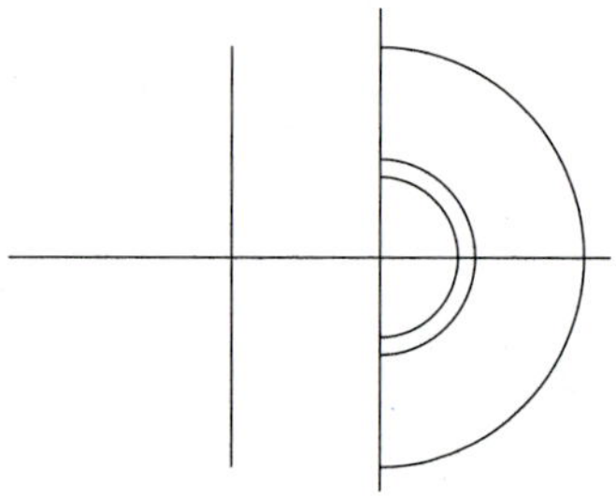

② OFFSET 명령을 이용하여 20mm, 13mm의 간격으로 나란히 복사한다.

▸ O Enter↵

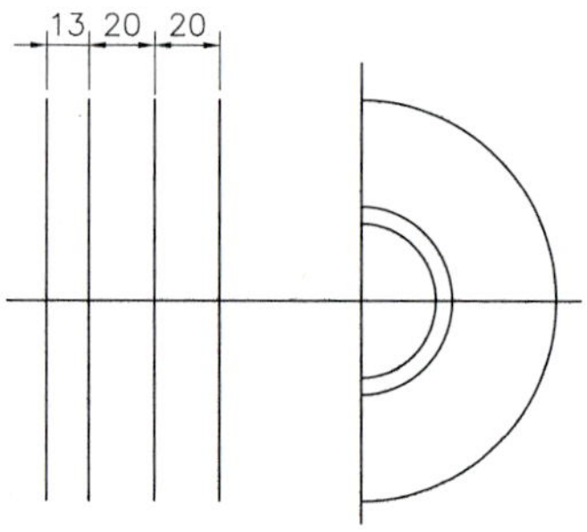

③ LINE 명령을 이용하여 우측 면도의 상단 교차점에서 인출하여 수평선을 그린다.

▸ L Enter↵

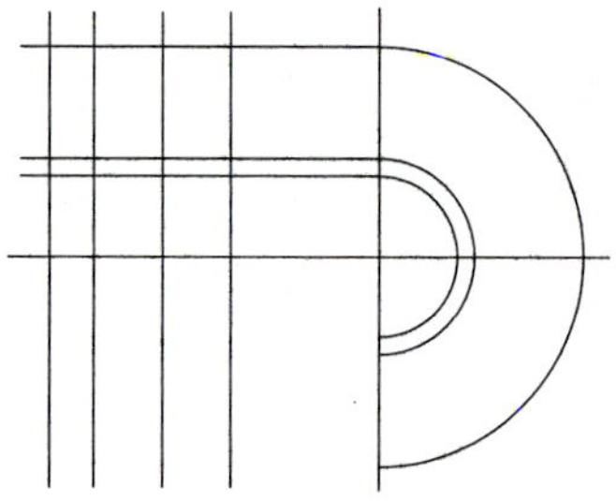

5. 모따기와 소재 정리하기

1. CHAMFER 명령을 이용하여 교차하고 있는 두 객체에 C3의 모따기를 한다.

▸ CHA Enter↵

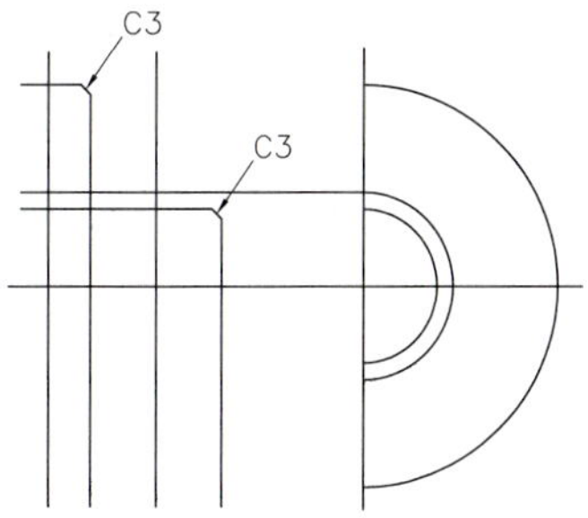

2. TRIM 명령을 이용하여 옆 그림과 같이 자른다.

▸ TR Enter↵

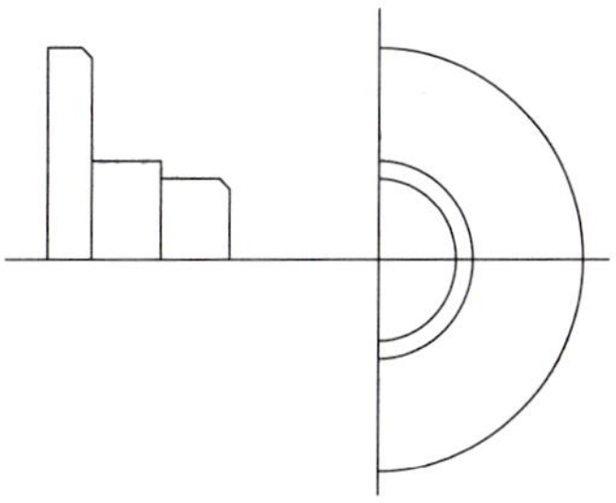

6. 정의된 축을 기준으로 객체를 대칭 복사하기

1. MIRROR 명령을 이용하여 객체를 상하 대칭 복사한다.

▸ MI Enter↵

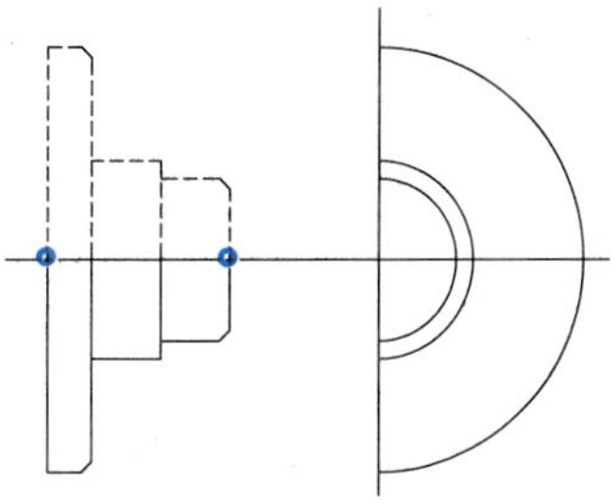

7. 우측면도의 모따기 외형 그리기

1. OFFSET 명령을 이용하여 3mm의 간격으로 나란히 복사한다.

▸ O Enter↵

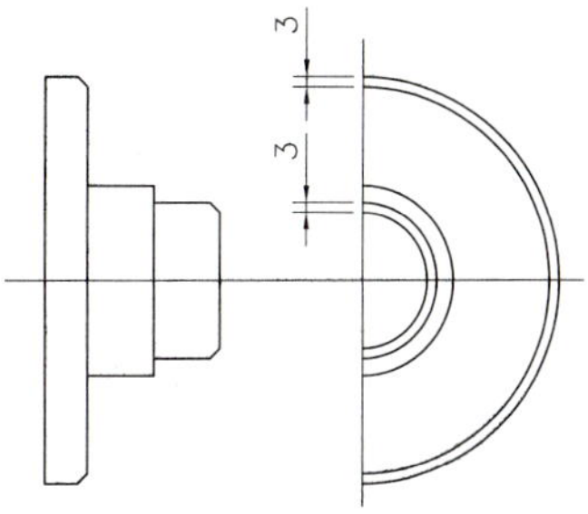

8. 중심선 크기 처리

① BREAK 명령을 이용하여 중심선의 일부분을 끊는다.

▸ BR Enter↵

▸ 중심선 색상은 Red로 변경한다.

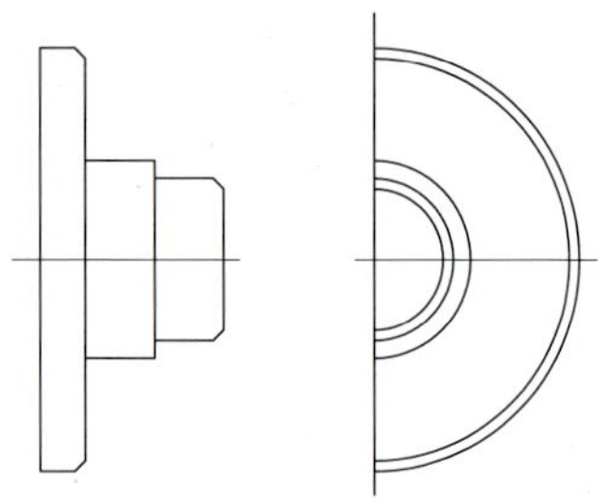

9. 1차 내부 구멍 가공을 위한 직선 그리기

① OFFSET 명령을 이용하여 5mm, 35mm의 간격으로 나란히 복사한다.

▸ O Enter↵

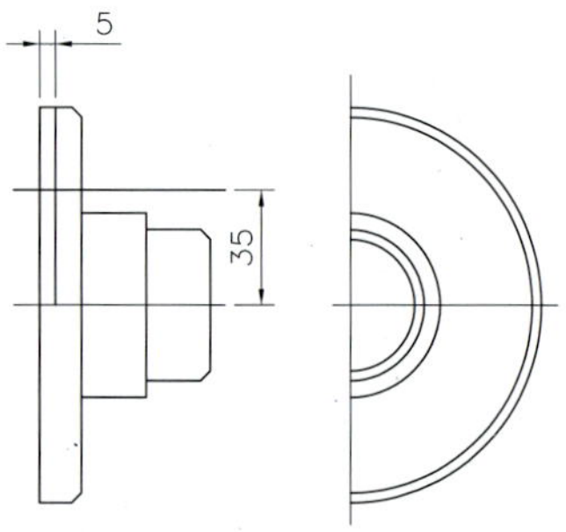

② TRIM 명령을 이용하여 옆 그림과 같이 자른다.

▸ TR Enter↵

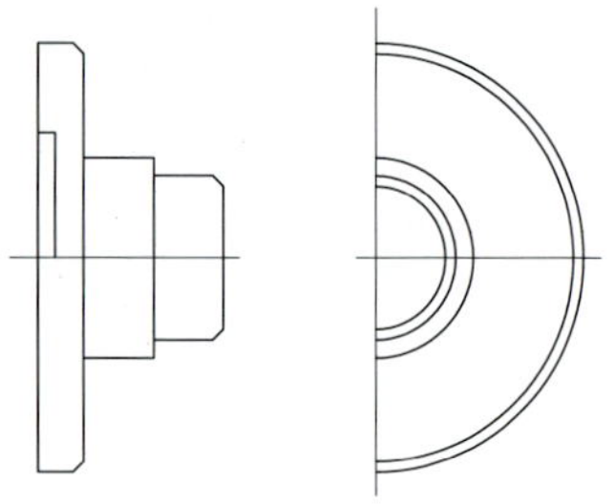

10. 암나사의 크기를 위한 기초원 그리기

① CIRCLE 명령을 이용하여 중심점을 선택한 후 지름 12mm, 16mm, 70mm의 원을 그린다.

▸ C Enter↵

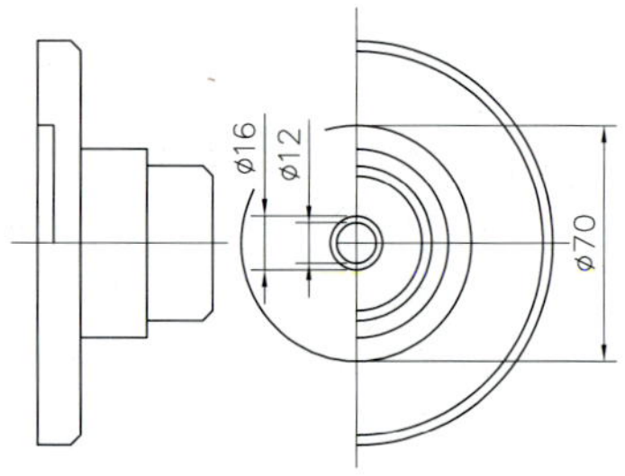

② TRIM 명령을 이용하여 옆 그림과 같이 자른다.

▸ TR Enter↵

▸ 지름 70인 원은 숨은선이므로 색상을 Yellow로 변경한다.

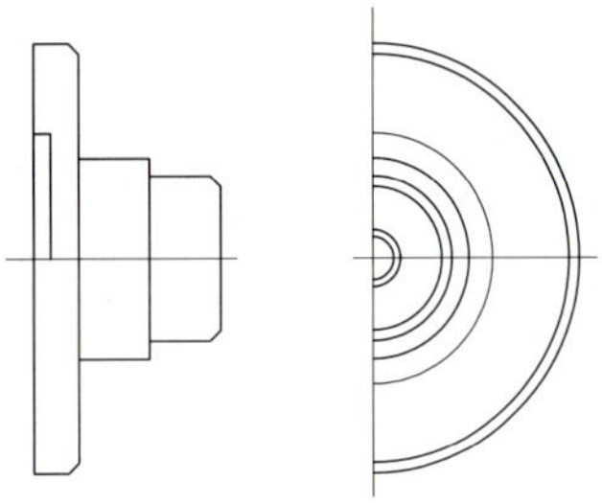

11. 암나사를 그리기 위한 기초선 긋기

① OFFSET 명령을 이용하여 26mm, 7mm의 간격으로 나란히 복사한다.

▸ O Enter↵

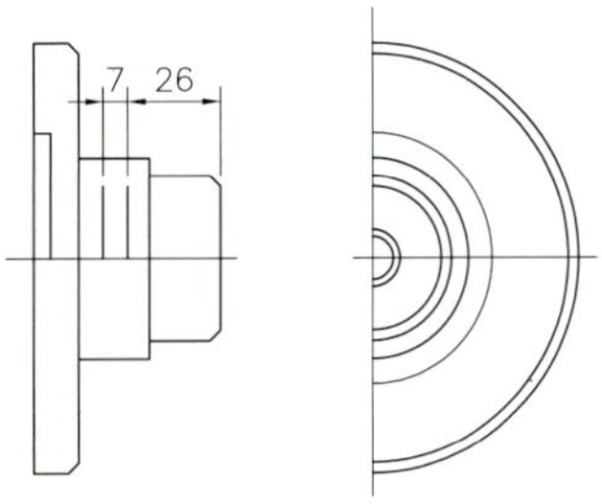

② LINE 명령을 이용하여 우측 면도의 상단 교차점에서 인출하여 선을 그린다.

▸ L Enter↵

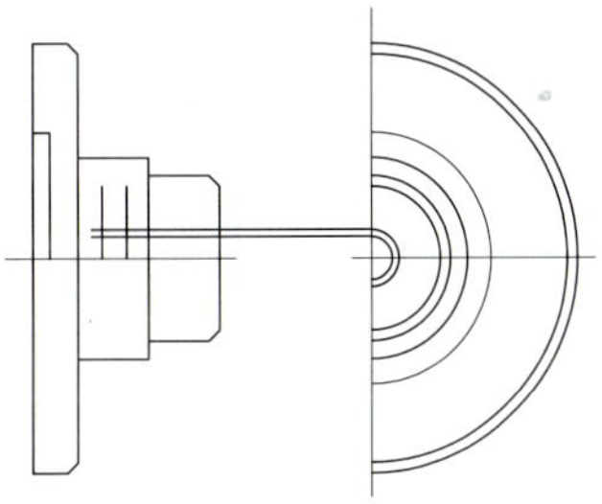

12. 암나사의 홈 정리

① CHAMFER 명령을 이용하여 교차하고 있는 암나사의 홈부에 C2의 모따기를 한다.

▸ CHA Enter↵

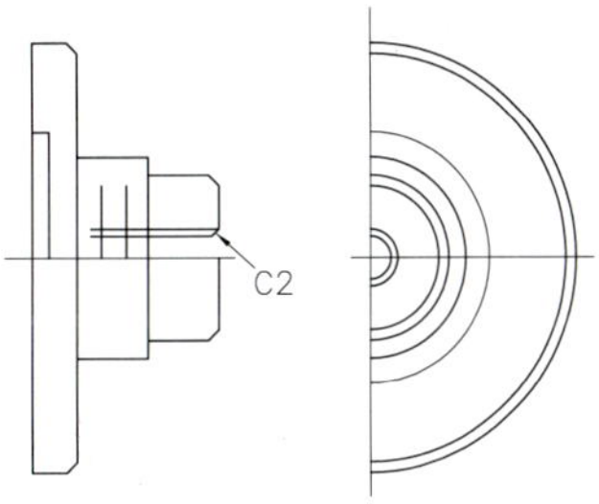

13. 암나사 제도를 위한 기초선 그리기

① XLINE 명령을 이용하여 30도의 각도로 기울어진 무한선을 그린다.

▸ XL Enter↵

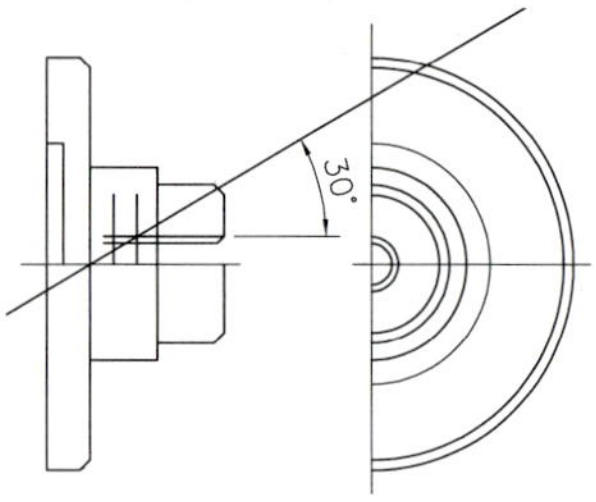

② TRIM 명령을 이용하여 옆 그림과 같이 자른다.

▸ TR Enter↵

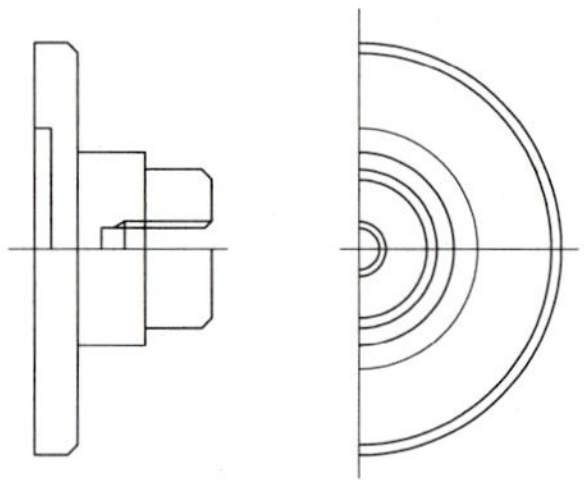

③ XLINE 명령을 이용하여 60도의 각도로 기울어진 무한선을 그린다.

▸ XL Enter↵

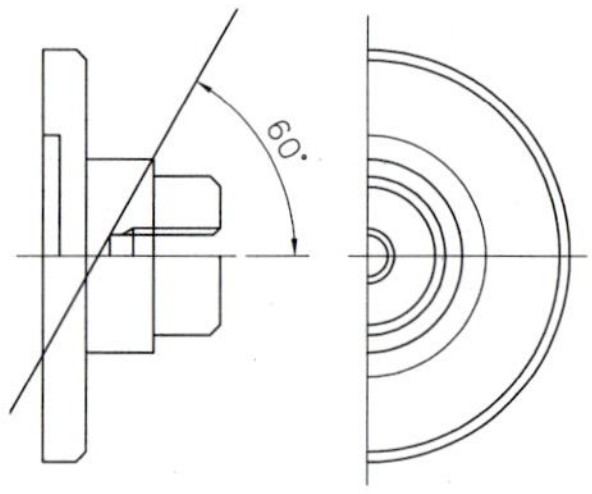

④ TRIM 명령을 이용하여 옆 그림과 같이 자른다.

▸ TR Enter↵

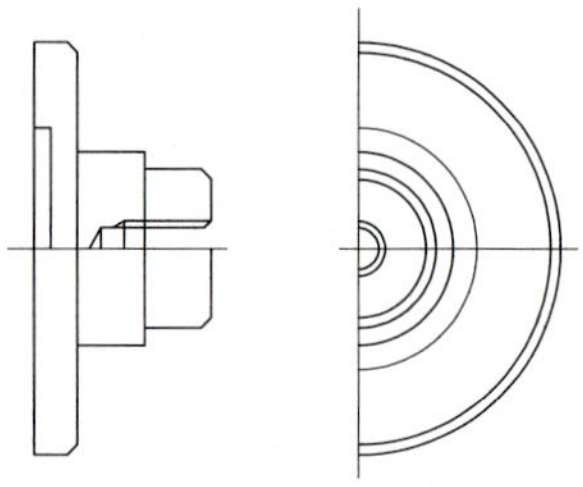

14. 암나사 완성하기

① 나사의 골 부분은 White로 변경한다.

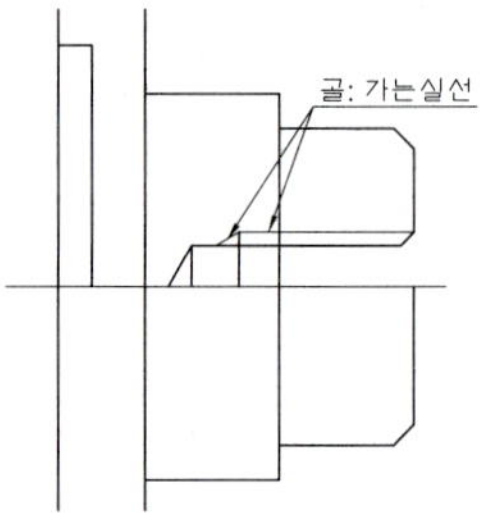

② LINE 명령을 이용하여 모따기 부분에서 선을 인출한다.

▸ L Enter↵

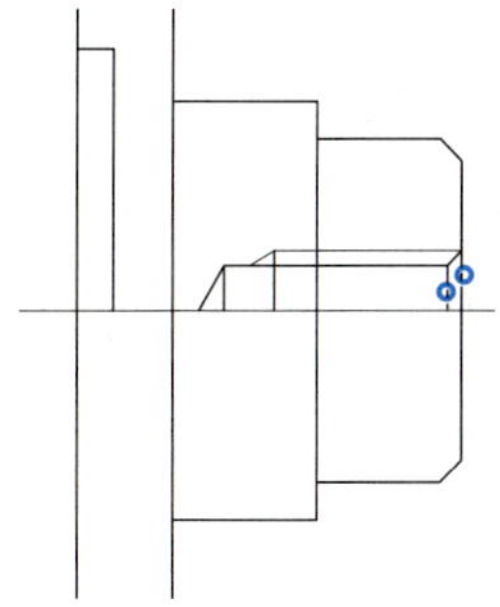

15. 외형도 완성하기

① LINE 명령을 이용하여 외형도의 모따기 부분에 직선을 그린다.

▸ L Enter↵

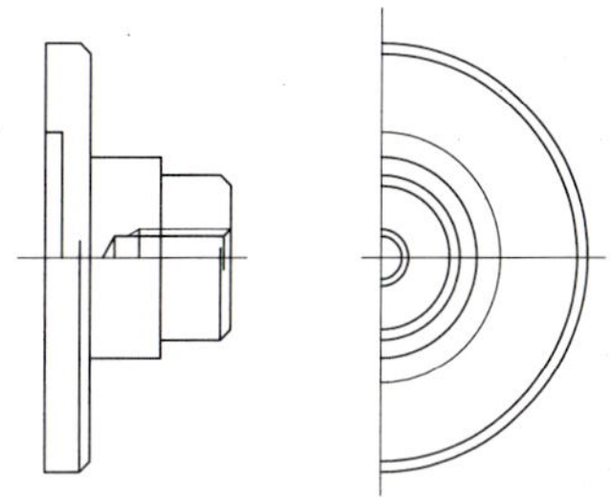

② TRIM 명령을 이용하여 옆 그림과 같이 자른다.

▸ TR Enter↵

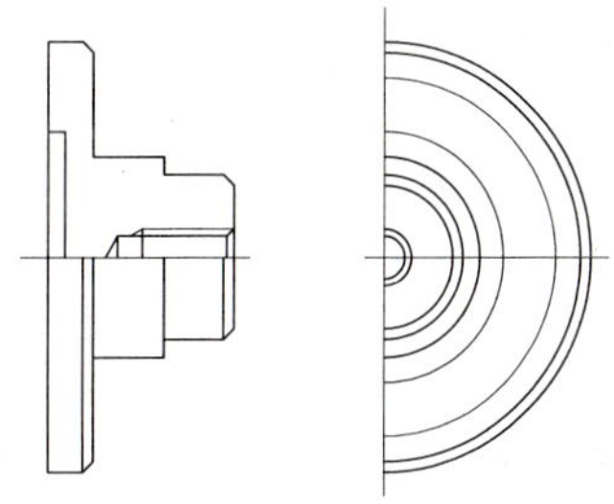

16. 드릴링을 위한 기초선 긋기

① CIRCLE 명령을 이용하여 중심점을 선택한 후 지름 8mm의 원을 그린다.

▸ C Enter↵

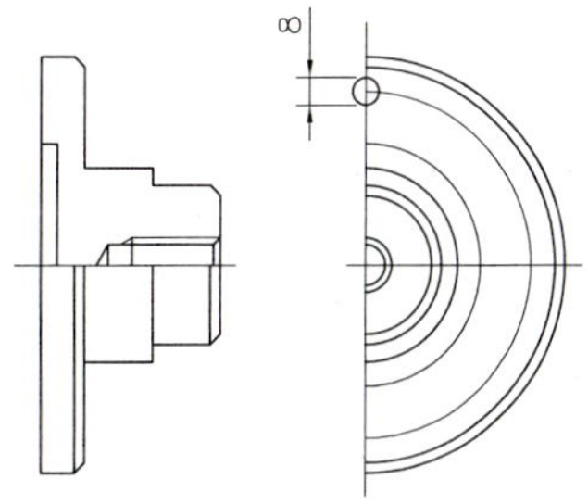

② ARRAY 명령을 이용하여 드릴링 부분을 선택하고 중심점으로부터 4개를 원형 배열 복사한다.

▸ AR Enter↵

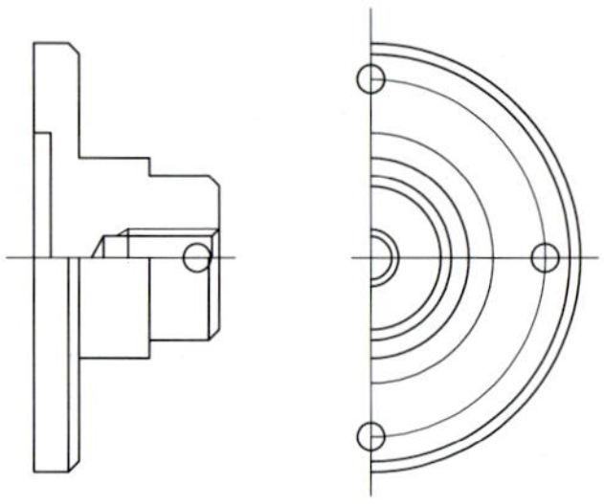

③ ERASE 명령을 이용하여 정면도에 생성된 불필요한 원을 지운다.

▸ E Enter↵

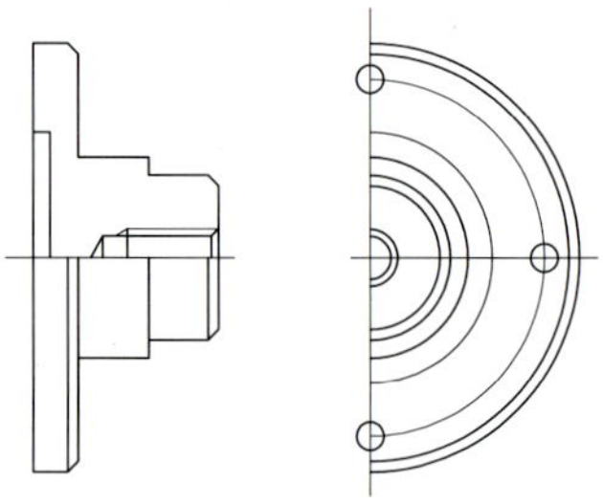

④ TRIM 명령을 이용하여 옆 그림과 같이 자른다.

▸ TR Enter↵

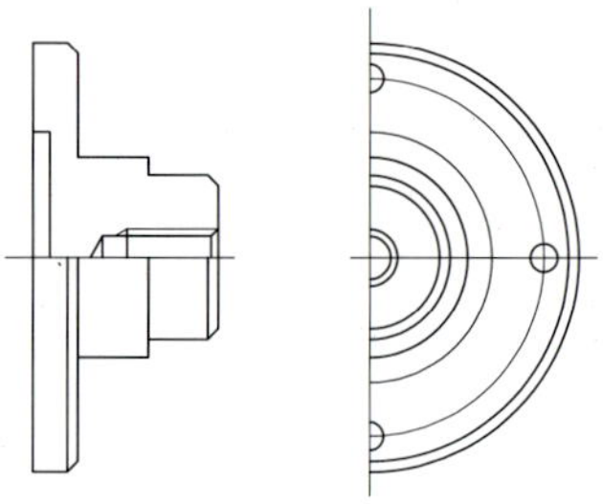

⑤ LINE 명령을 이용하여 우측 면도의 상단 교차점에서 인출하여 선을 그린다.

▸ L Enter↵

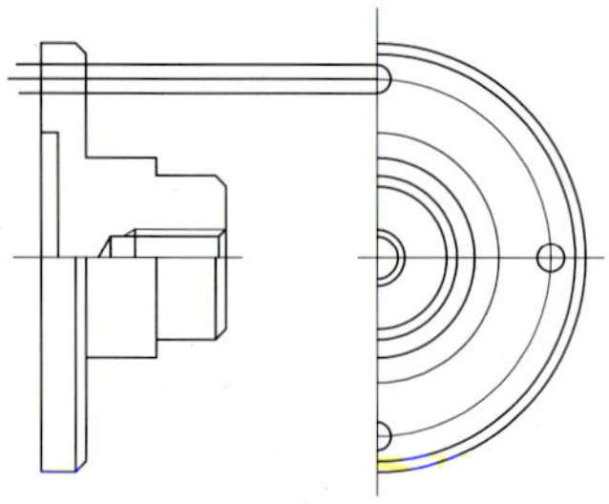

⑥ TRIM 명령을 이용하여 옆 그림과 같이 자른다.

▸ TR Enter↵

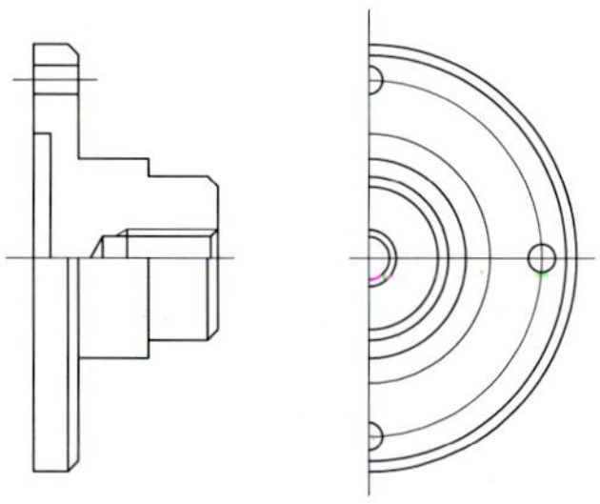

17. 단면도의 해칭 처리

① BHATCH 명령을 이용하여 옆 그림과 같이 단면 부분에 해칭처리를 한다.

- BH Enter↵
- User defined 선택
- Angle 〈45〉를 입력
- Spacing 〈2〉를 입력
- Pick point : 단면도 내부 선택
- OK Enter↵
- 해칭은 White로 변경한다.

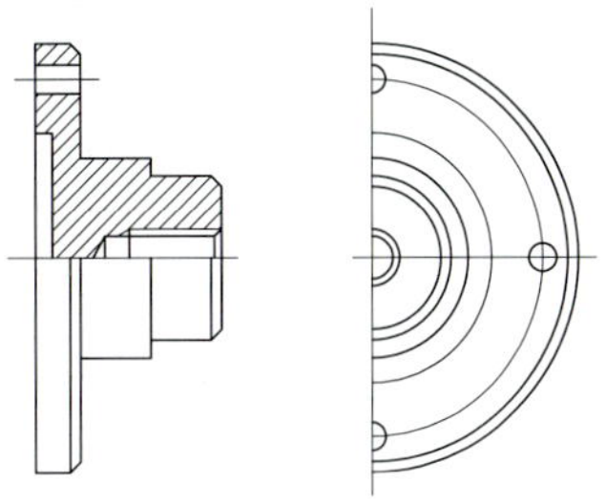

18. 대칭기호 그리기

① LINE 명령과 OFFSET 명령을 이용하여 길이 4mm, 간격 2mm인 대칭기호를 그린다.

- L Enter↵
- 임의 시작점 선택
- 진행방향 (우측) 4 Enter↵
- Enter↵
- O Enter↵
- 2 Enter↵
- 원본 객체 선택
- 진행방향 (아래) 선택
- Enter↵
- 대칭기호 색상은 Red로 변경한다.

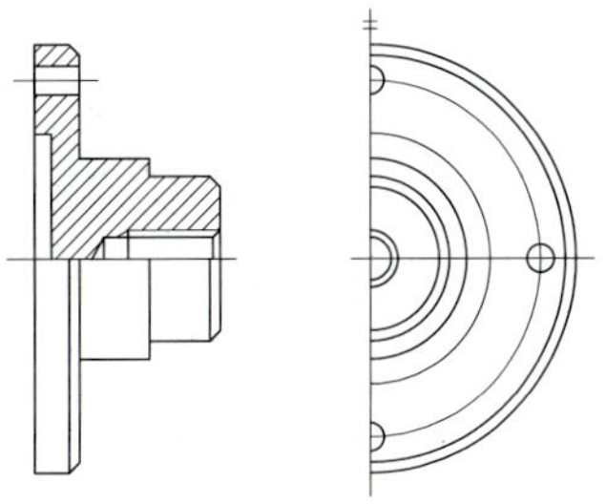

② MIRROR 명령을 이용하여 객체를 대칭 복사한다.

- MI Enter↵
- 대칭 복사를 할 대칭기호를 선택
- Enter↵
- OSNAP(Endpoint) 확인 후 수평중심선의 두 점을 선택
- Enter↵

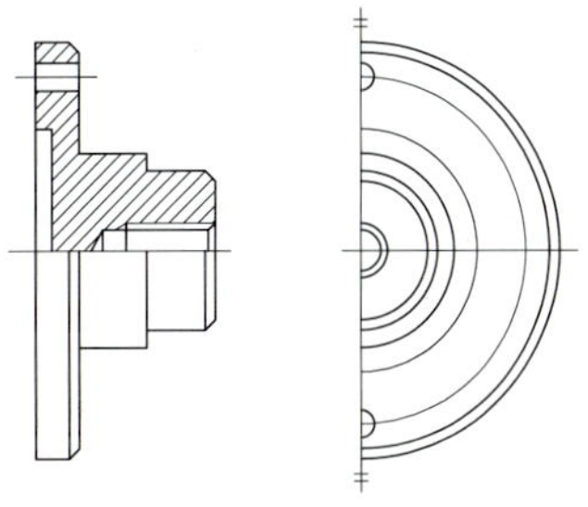

3 예제 따라하기 2

1. 투상하기 위한 중심선을 그리기

① F8키를 눌러 직교모드를 활성화 시키고 LINE 명령을 이용하여 수직선, 수평선을 교차되게 그린다.

▸ L Enter↵

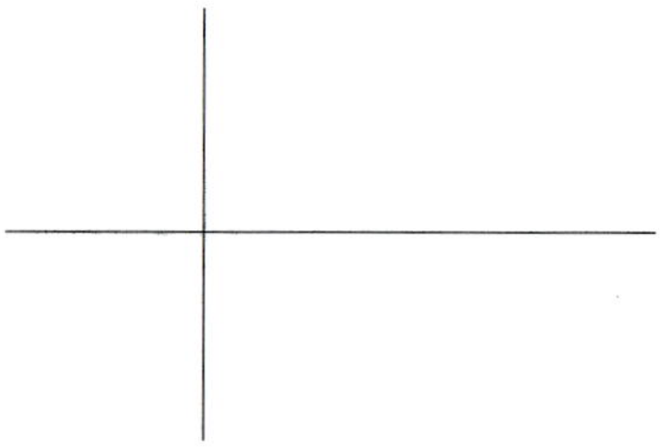

2. 외형의 소재 크기를 위한 기초원 그리기

① CIRCLE 명령을 이용하여 중심점을 선택한 후 지름 40mm, 72mm의 원을 그린다.

▸ C Enter↵

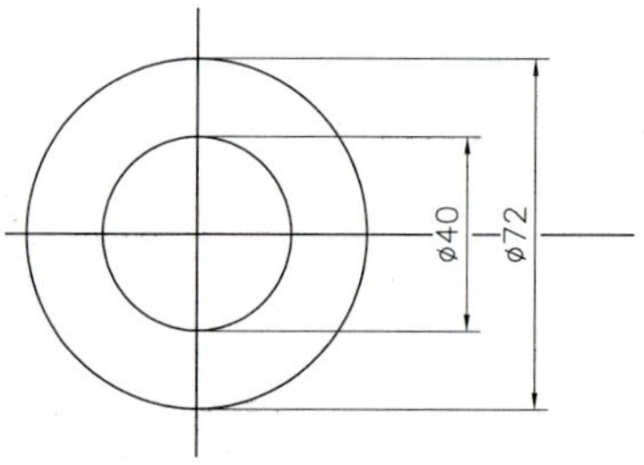

3. 객체를 직접 선택하여 자르기

① TRIM 명령을 이용하여 수직선을 기준으로 원을 선택하여 자른다.

▸ TR Enter↵

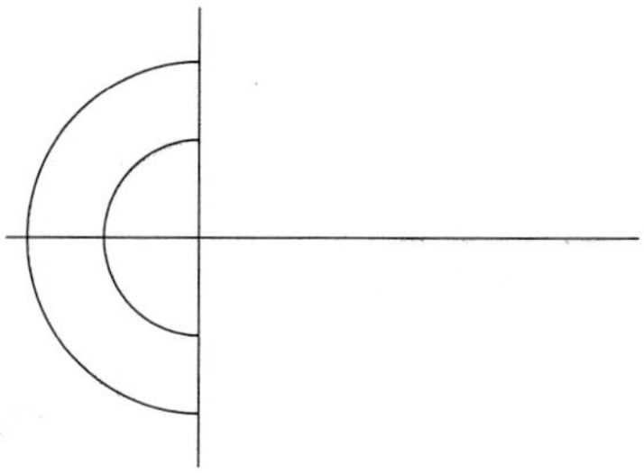

4. 정면도에서 소재 크기를 위한 기초선 긋기

① OFFSET 명령을 이용하여 20mm, 52mm, 16mm의 간격으로 나란히 복사한다.

▸ O Enter↵

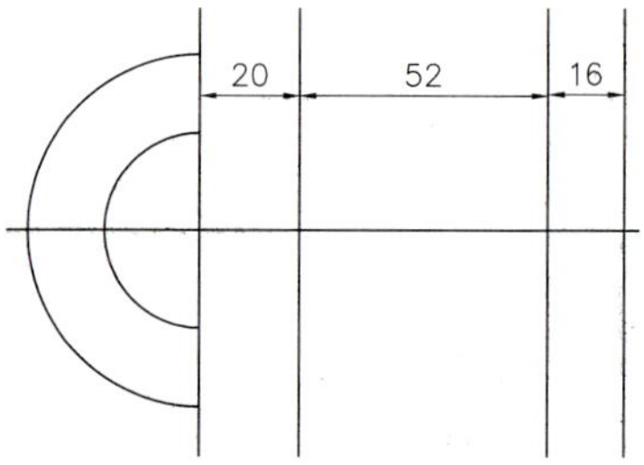

② LINE 명령을 이용하여 좌측 면도의 상단 교차점에서 인출하여 선을 그린다.

▸ L Enter↵

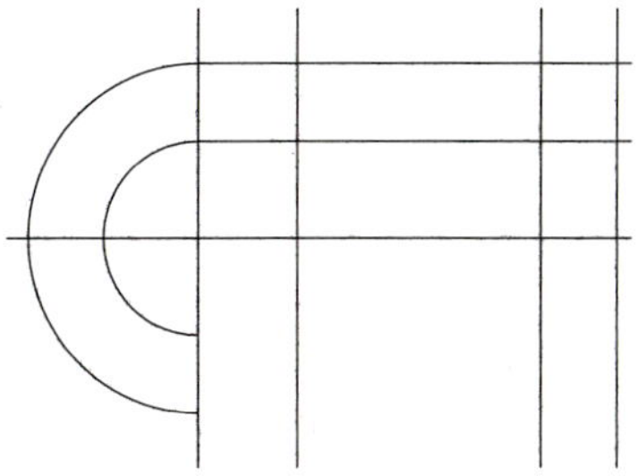

5. 소재 정리하기

① TRIM 명령을 이용하여 옆 그림과 같이 불필요한 부분을 자른다.

▸ TR Enter↵

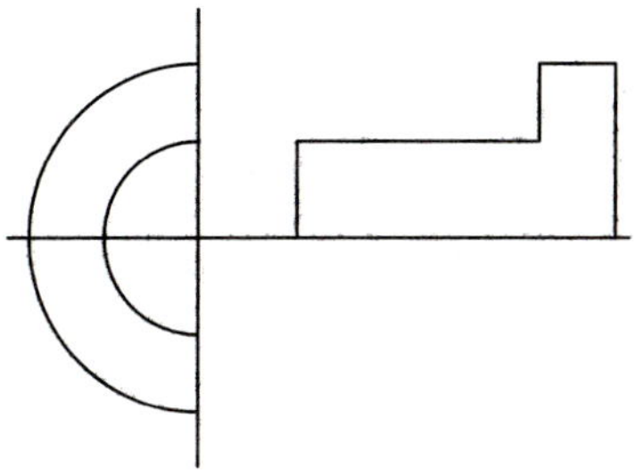

6. 모따기와 필렛 처리하기

① CHAMFER 명령을 이용하여 교차하고 있는 두 객체에 C2의 모따기를 한다.

▸ CHA Enter↵

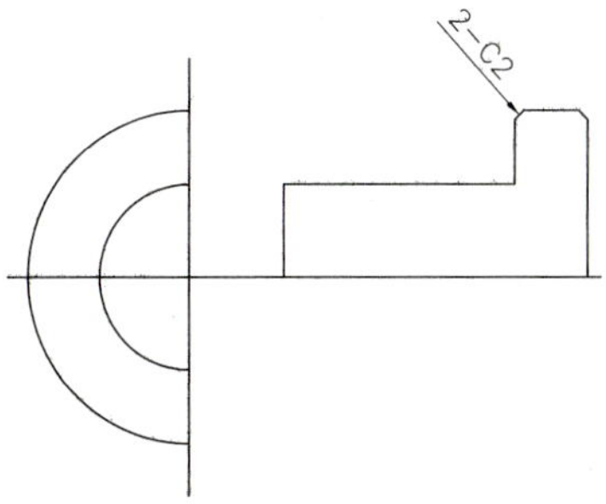

② FILLET 명령을 이용하여 모서리 부분을 R5의 반지름으로 깎아낸다.

▸ F Enter↵

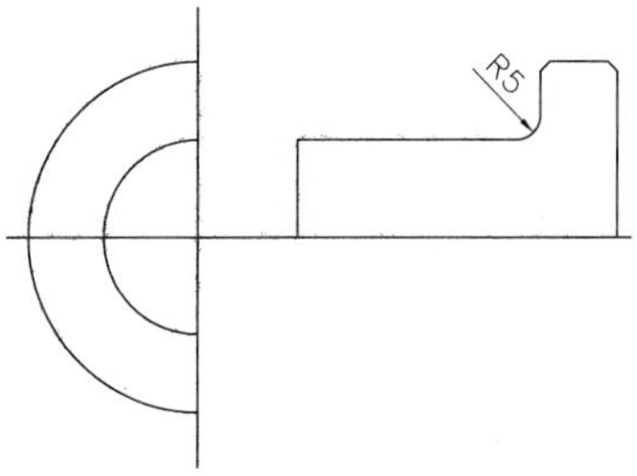

7. 좌측면도의 모따기 외형 그리기

① OFFSET 명령을 이용하여 2mm의 간격으로 나란히 복사한다.

▸ O Enter↵

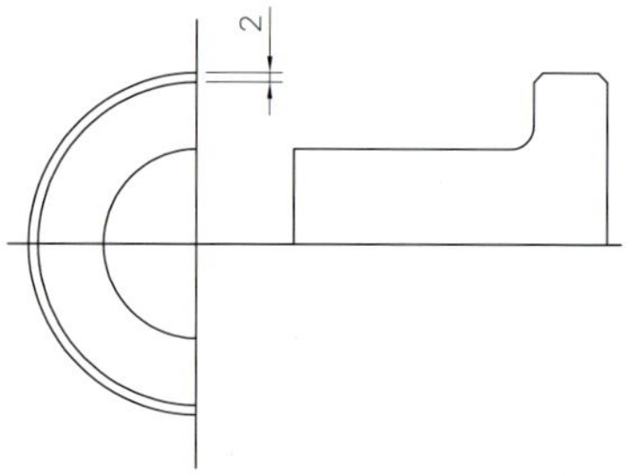

8. 대칭기호 그리기

① LINE 명령과 OFFSET명령을 이용하여 길이 4mm, 간격 2mm인 대칭기호를 그린다.
MIRROR 명령을 이용하여 객체를 대칭 복사한다.

▸ MI Enter↵

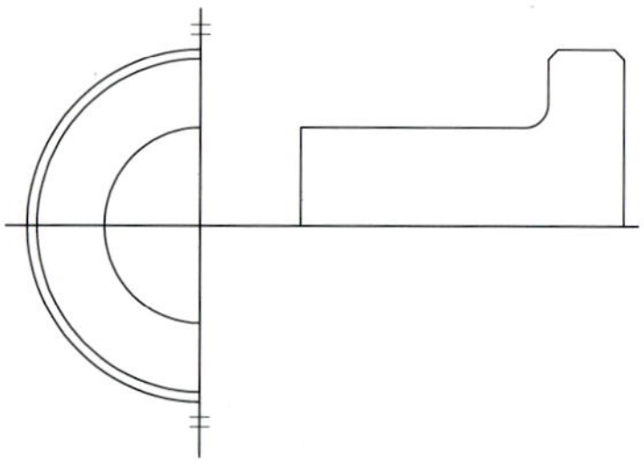

9. 중심선 크기 처리

① BREAK 명령을 이용하여 중심선의 일부분을 끊는다.

▸ BR Enter↵

▸ 중심선 색상은 Red로 변경한다.

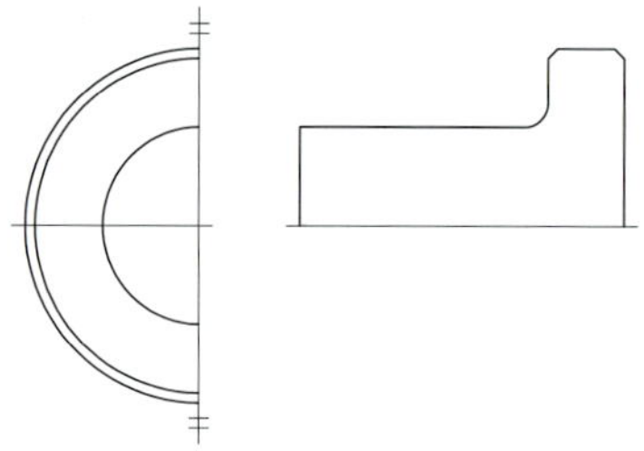

10 1차 내부 구밍 기공을 위한 직선 그리기

① OFFSET 명령을 이용하여 7mm, 43mm, 13mm, 16mm의 간격으로 나란히 복사한다.

▸ O Enter↵

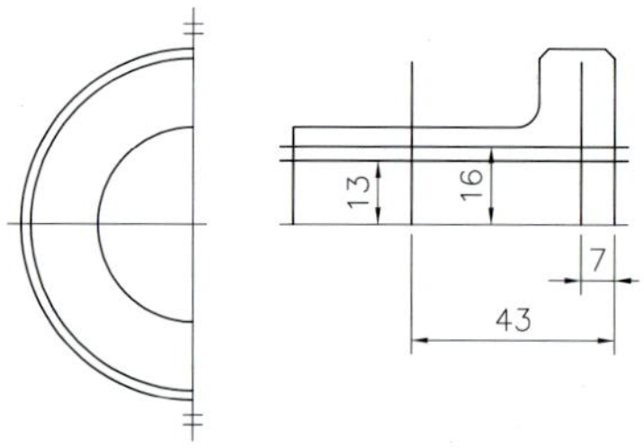

② TRIM 명령을 이용하여 옆 그림과 같이 자른다.

▸ TR Enter↵

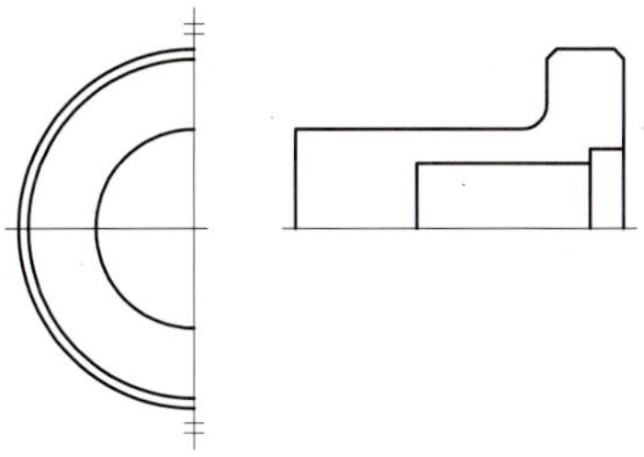

11 정의된 축을 기준으로 객체를 대칭 복사하기

① MIRROR 명령을 객체를 대칭 복사한다.

▸ MI Enter↵

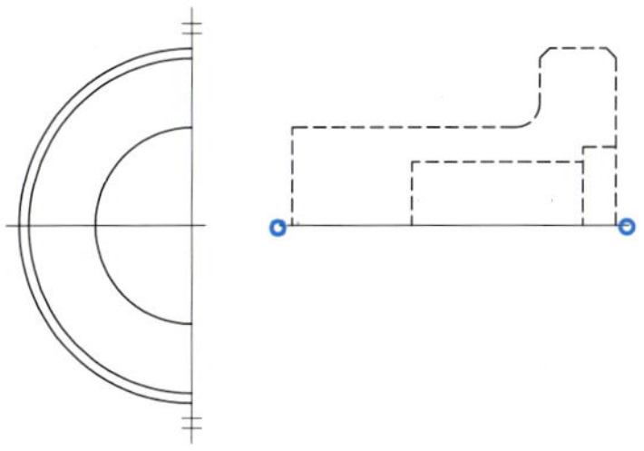

12 축 부분의 원 그리기

① CIRCLE 명령을 이용하여 중심점을 선택한 후 지름 18mm의 원을 그린다.

▸ C Enter↵

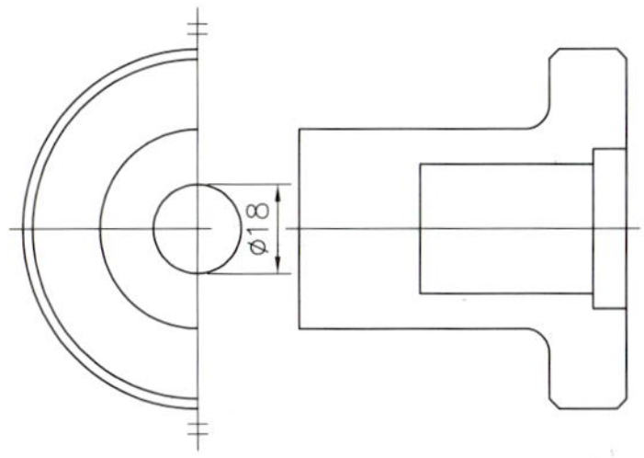

② TRIM 명령을 이용하여 옆 그림과 같이 자른다.

▸ TR Enter↵

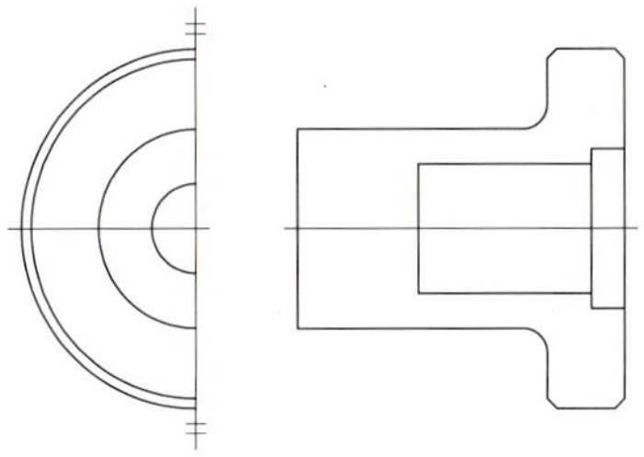

13. 좌측면도 키 홈 폭의 기초선 그리기

① LINE 명령을 이용하여 좌측면도에 기초선을 그린다.

▸ L Enter↵

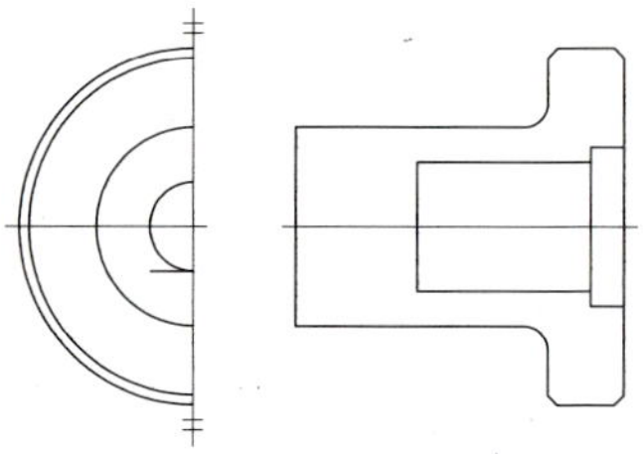

② OFFSET 명령을 이용하여 3mm, 20.8mm의 간격으로 나란히 복사한다.

▸ O Enter↵

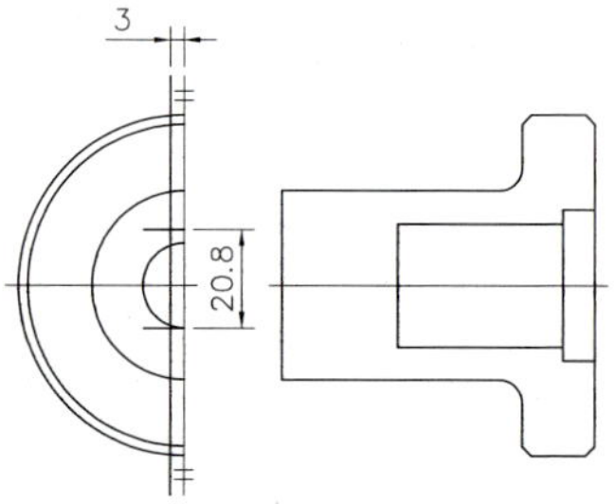

③ TRIM 명령을 이용하여 옆 그림과 같이 자른다.

▸ TR Enter↵

④ ERASE 명령을 이용하여 정면도에 생성된 불필요한 직선을 지운다.

▸ E Enter↵

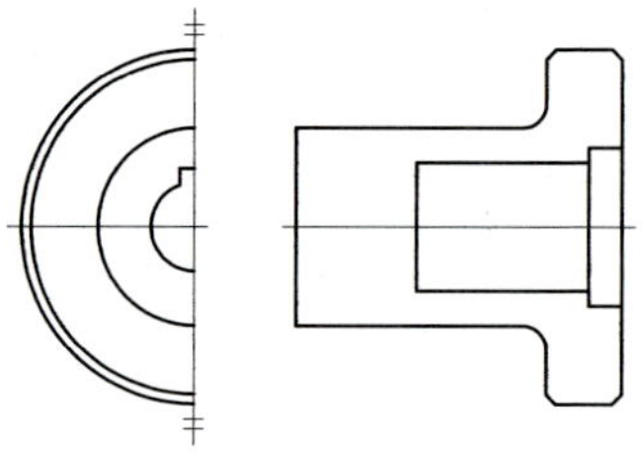

14. 축과 키 홈 부분 정면도에 기초선 긋기

① LINE 명령을 이용하여 정면도에 인출하여 선을 그린다.

▸ L Enter↵

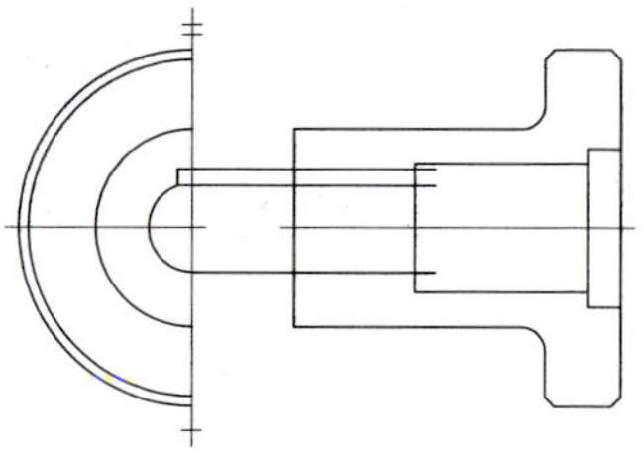

② TRIM 명령을 이용하여 옆 그림과 같이 자른다.

▸ TR Enter↵

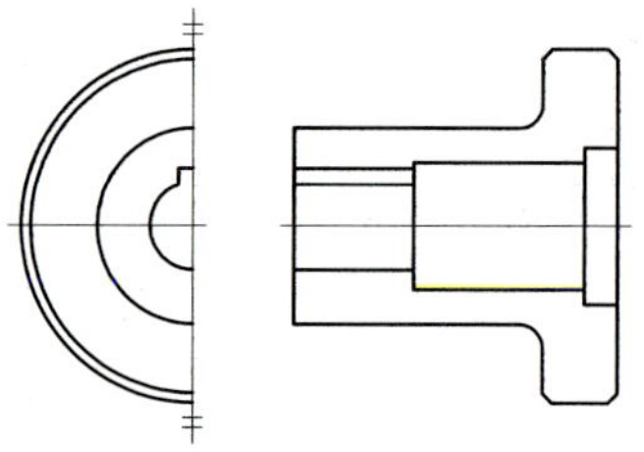

15. 모따기 처리하기

① CHAMFER 명령을 이용하여 교차하고 있는 두 객체에 C1의 모따기를 한다.

▸ CHA Enter↵

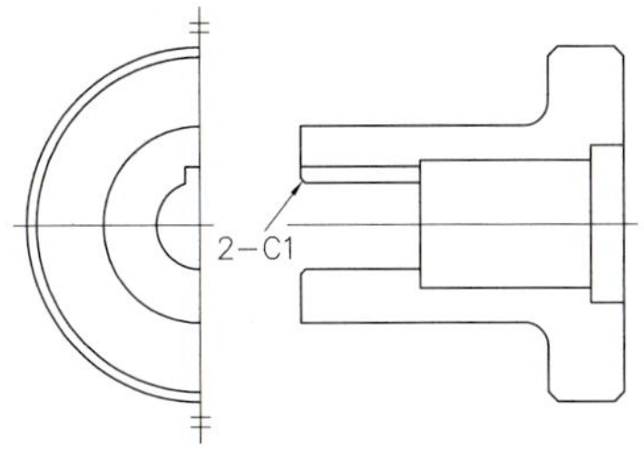

② LINE 명령을 이용하여 모따기 부분을 연결한다.

▸ L Enter↵

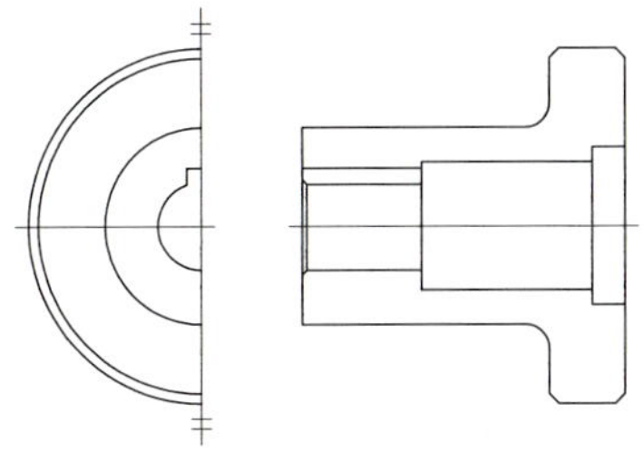

16. 드릴링을 위한 기초선 긋기

① OFFSET 명령을 이용하여 14mm의 간격으로 나란히 복사한다.

▸ O Enter↵

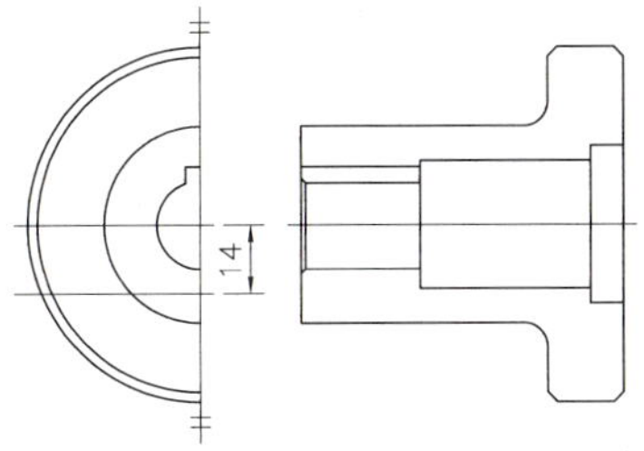

② CIRCLE 명령을 이용하여 중심점을 선택한 후 지름 4mm의 원을 그린다.

▸ C Enter↵

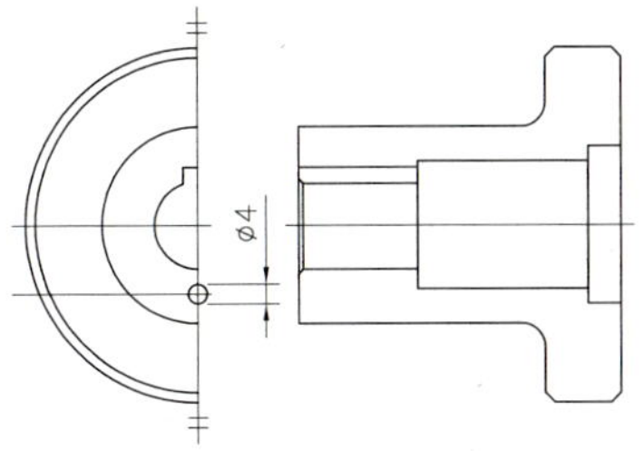

③ TRIM 명령을 이용하여 옆 그림과 같이 자른다.

▸ TR Enter↵

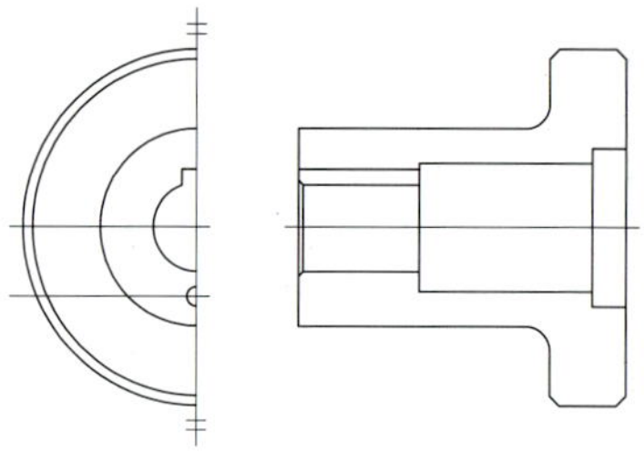

④ BREAK 명령을 이용하여 중심선의 일부분을 끊는다.

▸ BR Enter↵

▸ 중심선 색상은 Red로 변경한다.

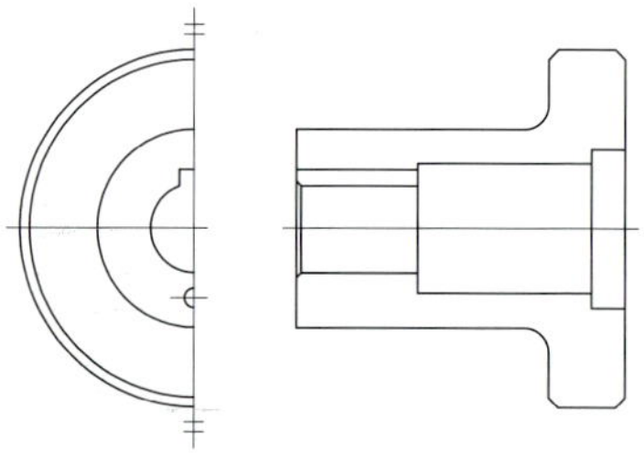

17. 드릴링 부분 날끝각 처리를 위한 기초선 긋기

① OFFSET 명령을 이용하여 8mm의 간격으로 나란히 복사한다.

▸ O Enter↵

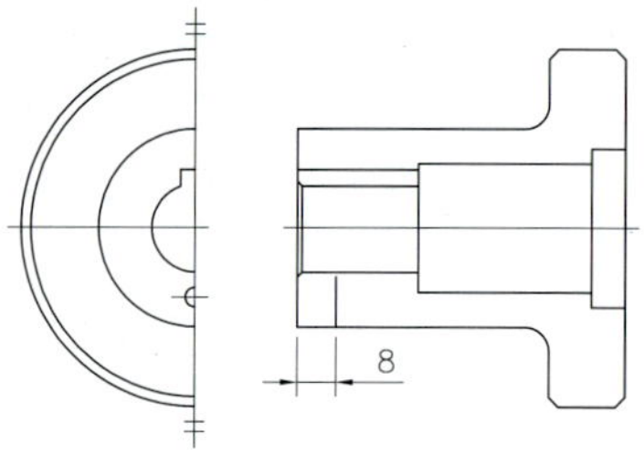

② LINE 명령을 이용하여 정면도에 기초선을 그린 다음 XLINE 명령을 이용하여 60도의 각도로 기울어진 무한선을 그린다.

▸ XL Enter↵

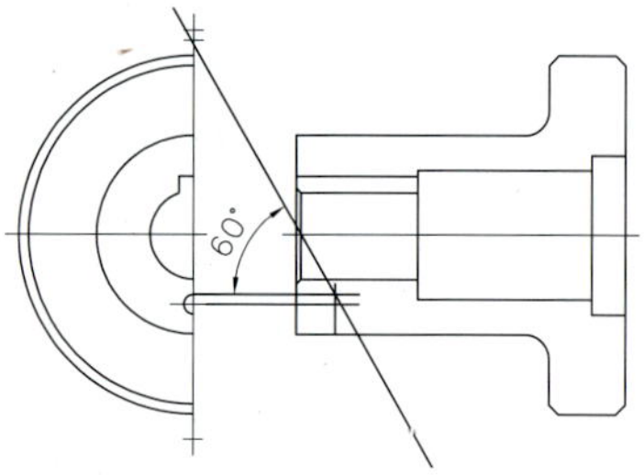

③ TRIM 명령을 이용하여 옆 그림과 같이 자른다.

▸ TR Enter↵

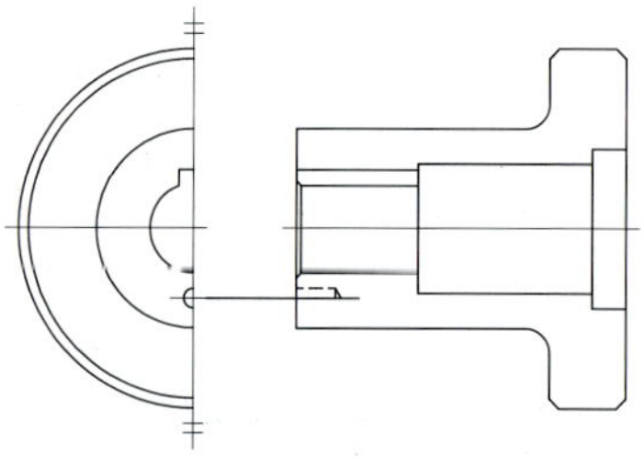

18. 드릴 구멍 정리

① MIRROR 명령을 이용하여 객체를 대칭 복사한다.

▸ MI Enter↵

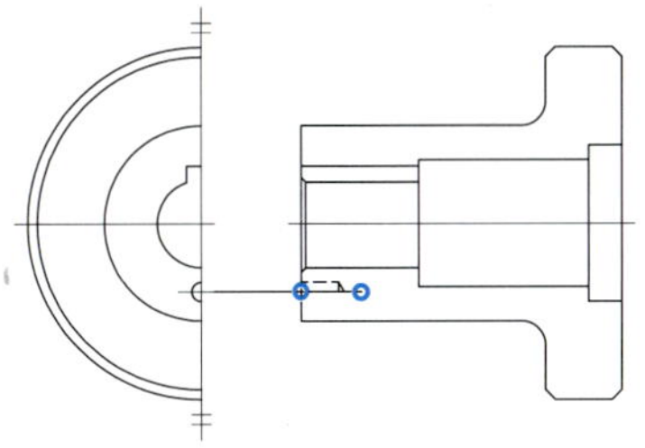

② BREAK 명령을 이용하여 중심선의 일부분을 끊는다.

▸ BR Enter↵

▸ 중심선 색상은 Red로 변경한다

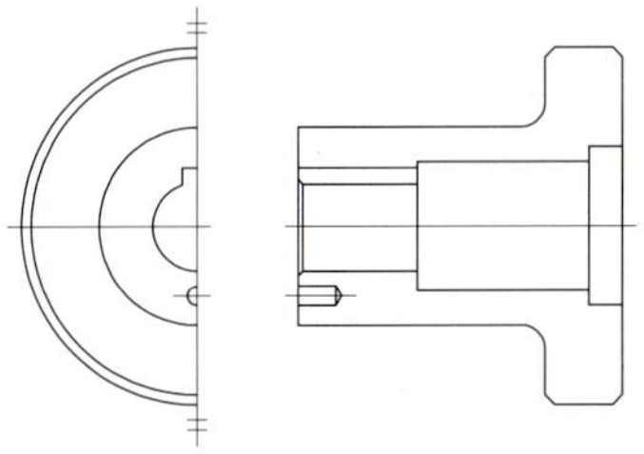

19. 부분 단면도를 위한 파단선 처리

① OFFSET 명령을 이용하여 2mm의 간격으로 나란히 복사한다.

▸ O Enter↵

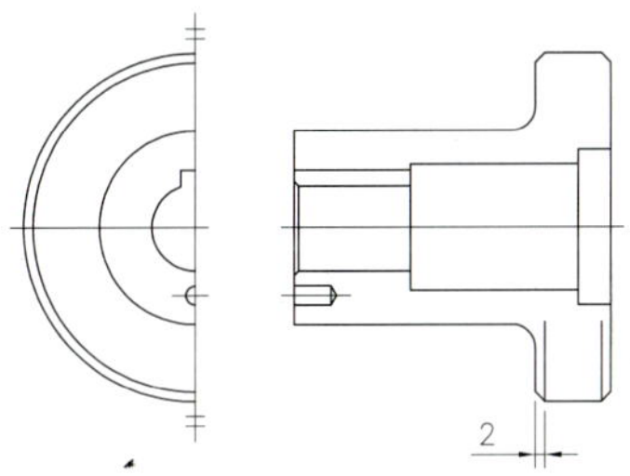

② SPLINE 명령을 이용하여 자유곡선을 그린다.

▸ SPL Enter↵

▸ 5점 선택(기러기 모양) Enter↵

▸ Enter↵

▸ Enter↵

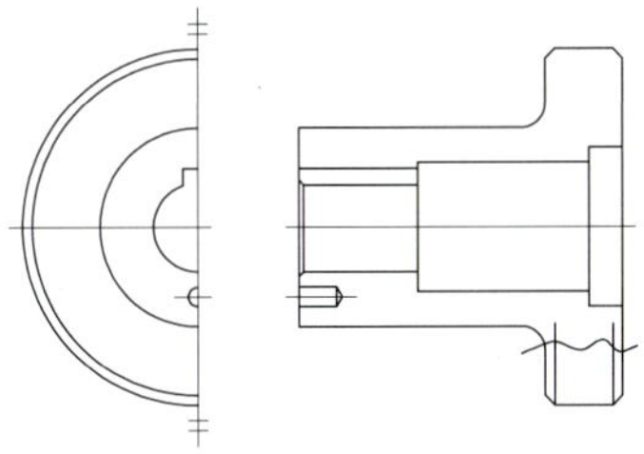

③ TRIM 명령을 이용하여 옆 그림과 같이 자른다.

▸ TR Enter↵

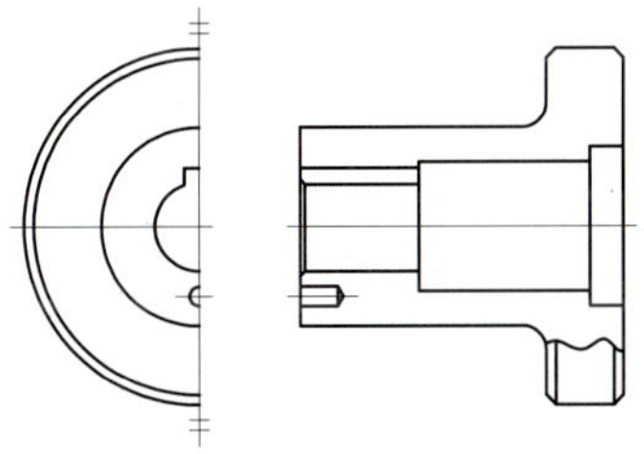

20. 널링처리 및 부분단면도 해칭 처리

① BHATCH 명령을 이용하여 널링부분을 해칭 처리한다.

- BH Enter↵
- User defined 선택
- Angle 〈30〉을 입력
- Spacing 〈1〉을 입력
- Pick point : 자유곡선 내부 선택
- OK Enter↵

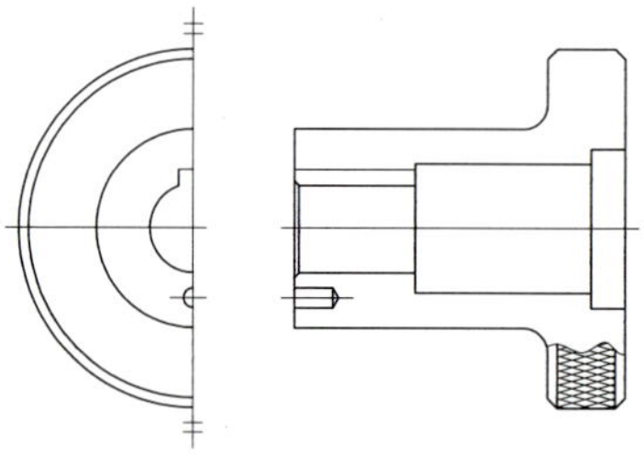

- BH Enter↵
- User defined 선택
- Angle 〈-30〉을 입력
- Spacing 〈1〉을 입력
- Pick point : 자유곡선 내부 선택
- OK Enter↵

②
- Enter↵
- User defined 선택
- Angle 〈45〉를 입력
- Spacing 〈1〉을 입력
- Pick point : 절단면의 부분만 선택
- OK Enter↵

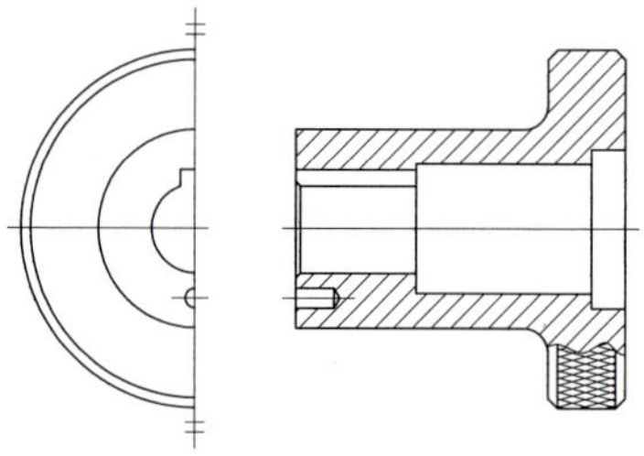

- 자유곡선과 해칭은 White로 변경한다.

Section **06** 연습과제

1 연습과제 1, 2

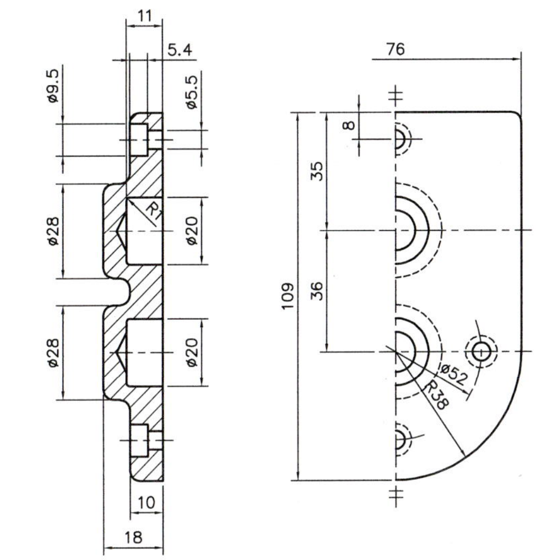

연습문제 1 – 기어 펌프의 하우징커버

하우징 커버를 완성하고 자리파기 부분을 Wblock으로 저장한다.

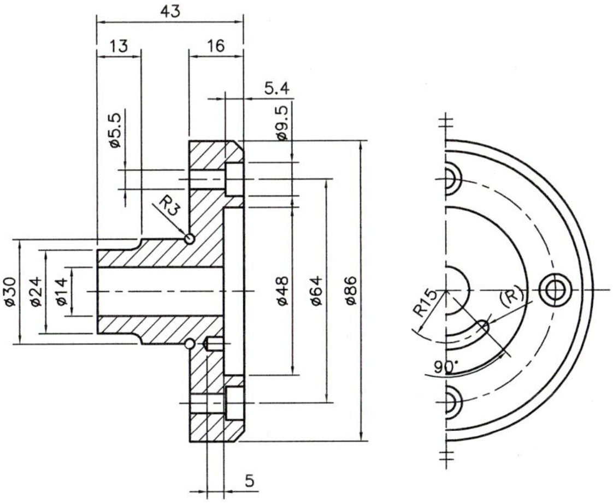

연습문제 2 – 클러치레버의 본체

클러치레버의 본체를 완성하고 자리파기 부분을 Wblock으로 저장한다.

2 연습과제 3, 4

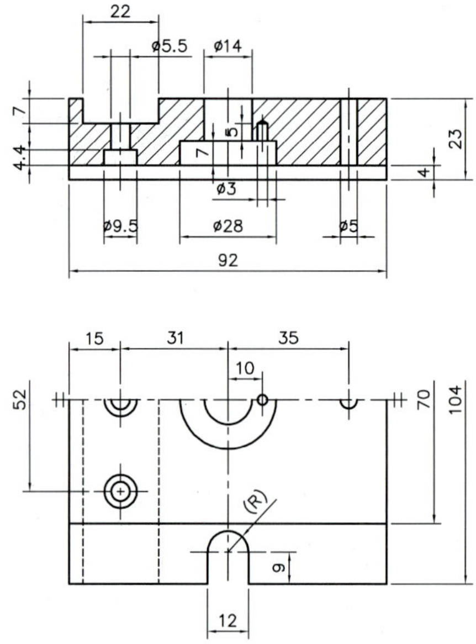

연습문제 3 - 클램프의 베이스

베이스를 완성하고 드릴링 구멍 부분을 Wblock으로 저장한다.

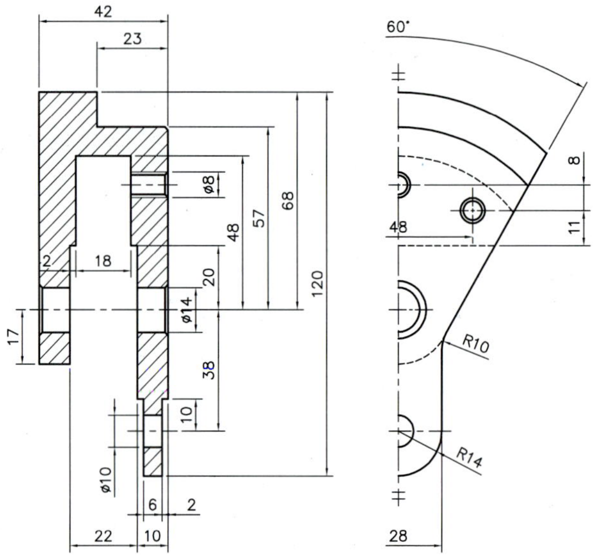

연습문제 4 - 세그먼트 기어의 회전판

회전판을 완성하고 암나사 부분을 Wblock으로 저장한다.

CHAPTER 11

문자 및 치수

◆실습목적 :	① AutoCAD 작성되는 문자와 치수에 대해 이해한다. ② 문자 쓰기와 치수 기입하는 방법에 대하여 배운다.
◆실습시간 :	1.5hr ~ 2.5hr
◆실습내용 :	① STYLE _ 문자 스타일 설정하기 ② TEXT _ 단행 문자 입력하기 ③ DDEDIT _ 단행 문자 편집하기 ④ MTEXT _ 다행 문자 입력하기 ⑤ DIMENSION STYLE EDIT _ 치수 환경설정하기 ⑥ DIMENSION _ 치수 기입하기 ⑦ QLEADER, TOLERANCE _신속지시선, 공차 기입하기 ⑧ 객체에 대한 정보 나타내기 ⑨ 객체에 대한 거리, 면적 측정하기
◆참고사항 :	• 문자 스타일과 치수 환경설정을 설정한 다음 부품에 해당하는 각각의 치수를 기입할 수 있다. • 치수 환경설정과 문자 스타일은 KS 규격에 맞도록 AutoCAD에서 설정할 수 있다.

실습할 내용 :

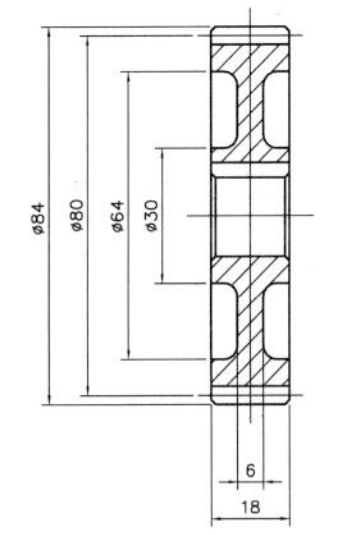

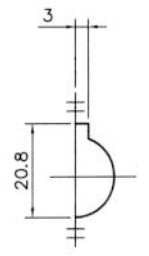

스퍼기어요목표		
기어치형		표준
공구	치형	보통이
	모듈	2
	압력각	20°
잇수		40
피치원경		ø80

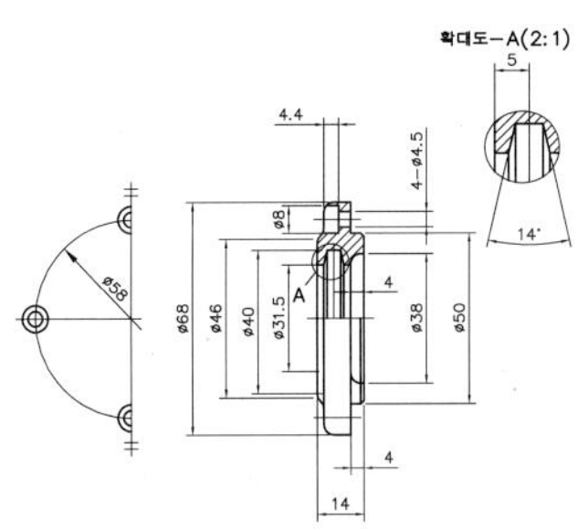

Section 01

STYLE 문자 스타일 설정하기

AutoCAD에서는 기본적으로 STANDARD라는 문자 스타일을 사용하여 문자나 치수를 입력할 수 있지만 사용자가 글꼴, 크기, 색상 등 문자의 속성을 변경하여 문자 스타일을 설정할 수 있다.

1 영어, 한글 글꼴 선택하여 문자 스타일 설정하기

1. 명령어의 실행

① (마우스)를 이용한 실행

▸ 메뉴 표시줄 [Format] – [Text Style...] 선택

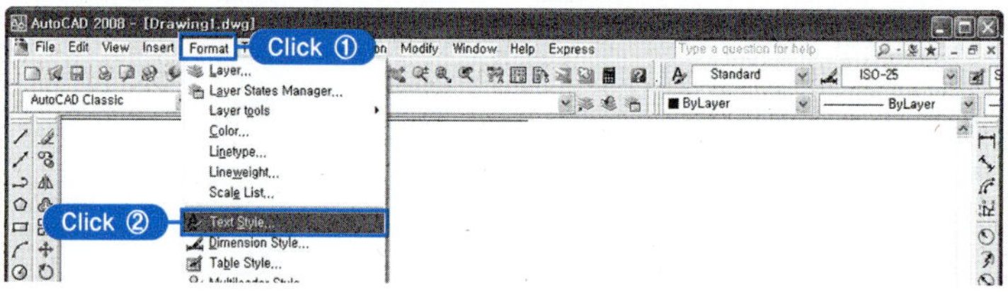

▸ Style 도구모음 [Text Style...] 선택

② (키보드)를 이용한 실행

Command : STYLE 또는 ST Enter↵

2. 명령어 사용법 따라하기

영어 문자 글꼴과 한글 문자 글꼴을 선택한다.

1 ▸명령 실행, (ST Enter↵)

▸문자 스타일 대화창이 나타나면, 한글 글꼴을 사용하기 위해 〈Use Big Font〉를 체크

▸〈SHX Font〉 목록에서 〈Simplex.shx〉를 선택

▸〈Big Font〉 목록에서 〈whgtxt.shx〉를 선택

▸〈Apply〉를 선택하여 설정한 내용을 적용

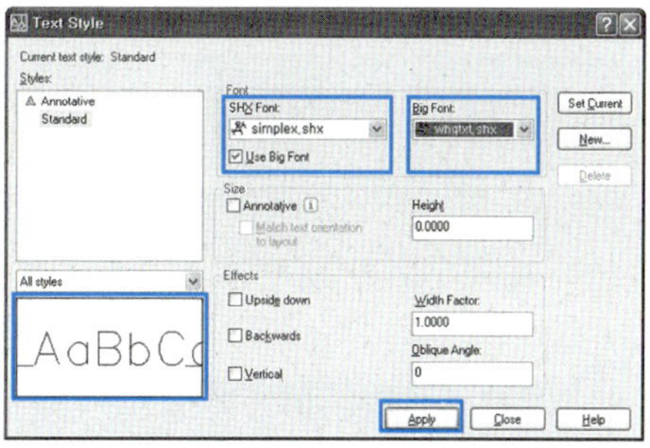

TIP

➡ 문자 스타일 대화창의 항목

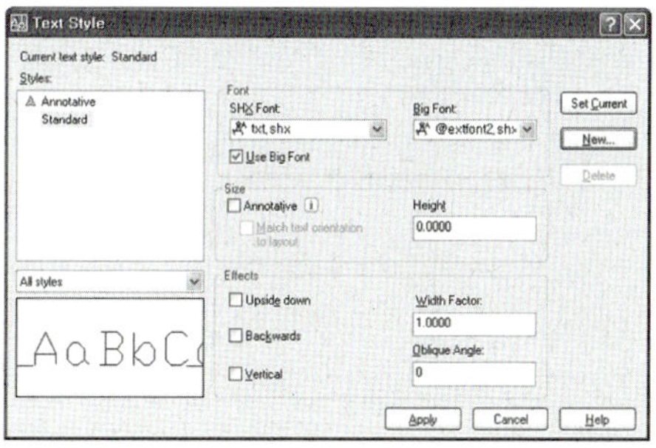

- 스타일(Styles) : 도면에 설정되어 있는 문자 스타일들을 표시한다.
- 글꼴(Font) : 스타일의 글꼴을 변경한다.
- 크기(Size) : 문자의 크기를 변경한다.
- 효과(Effects) : 높이, 너비 비율, 기울기 각도 등 글꼴에 적용될 효과를 변경한다.
  Upside – down : 문자의 위아래를 뒤집어서 표시한다.
  Backwards : 문자의 좌우를 반대로 표시한다.
  Vertical : 문자를 위에서 아래로 내려쓰기로 표시한다.
  Width factor : 문자의 폭(장평)을 설정한다.
  Oblique angle : 문자의 각도를 설정한다.
- 현재로 설정(Set current) : 현재 스타일 설정창에서 설정된 내용이 도면의 현재 스타일로 설정된다.
- 신규(New...) : 새로운 문자 스타일을 정의하기 위한 대화상자가 나타난다.
- 삭제(Delete) : 문자 스타일을 삭제한다.
- 적용(Apply) : 도면에 있는 문자들의 스타일을 변경한 내용으로 적용시킨다.

Section 02

TEXT
단행 문자 입력하기

도면에 한 가지 속성(크기, 글꼴)을 갖는 단행의 문자를 입력한다. 도면에서 간단한 설명이나 지시문을 입력할 때 필요하다.

1 직사각형 중앙에 단행 문자 입력하기

1. 명령어의 실행

① (마우스)를 이용한 실행

▸ 메뉴 표시줄 [Draw] – [Text] – [Single Line Text] 선택

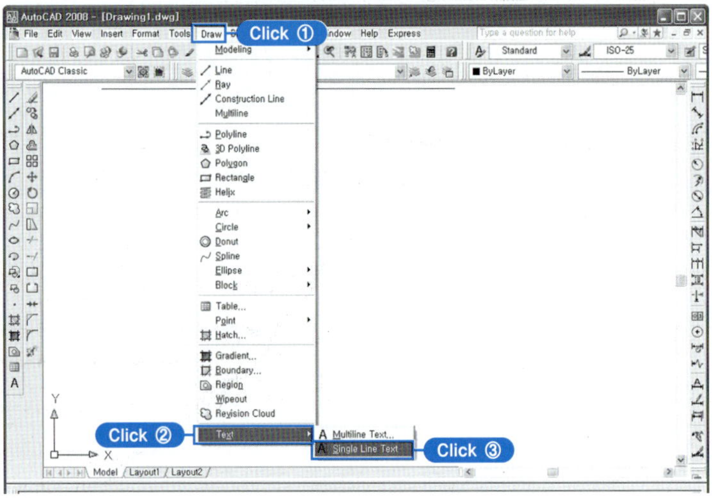

▸ Text 도구모음 [Single Line Text] 선택

② (키보드)를 이용한 실행

Command : TEXT 또는 DT Enter↵

2. 명령어 사용법 따라하기

직사각형의 중앙을 객체 스냅(Midpoint)를 이용하여 선택하여 단행 문자를 입력한다.

1

- 직사각형의 정가운데에 정렬하여 문자를 입력하기 위하여 LINE 명령을 이용하여 대각선을 그린다.

- 명령을 실행, (DT Enter↵)
- 문자를 정렬하는 옵션 〈J〉를 입력하고 진행(Enter↵)
- 대각선의 중간점을 선택하기 위해서 〈M〉을 입력하고 진행(Enter↵)

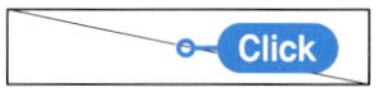

- 대각선의 중간점으 선택
- 글자 크기 〈3.2〉를 입력하고 진행(Enter↵)

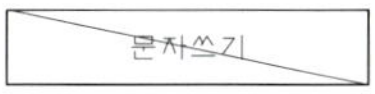

- 글자 회전 각도를 〈0〉도로 하기 위해 명령 진행(Enter↵)
- 문자 〈문자쓰기〉를 입력하고 진행(Enter↵)
- 명령 종료((Enter↵)
- 문자 정렬을 위한 대각선을 ERASE 명령을 이용하여 삭제

TIP

단행 문자 쓰기의 정렬 방식

- 〈Start point〉 : 문자의 시작점을 지정한다.
- 〈Align〉 : 기준의 양 끝점을 지정하여 문자 높이 및 방향을 지정한다.
- 〈Fit〉 : 문자가 두 점과 높이로 정의된 영역에 맞도록 지정한다.
- 〈Center〉 : 문자를 기준의 가로중심에 정렬하도록 지정한다.
- 〈Middle〉 : 문자를 기준의 가로 및 세로 중심에 정렬하도록 지정한다.
- 〈Right〉 : 문자를 기준의 오른쪽에 정렬하도록 그 위치를 지정한다.

⋮

단행 문자 쓰기의 Style 선택

문자를 입력하기 위해 Style 옵션을 이용할 수 있다.

자주 사용하는 특수문자

- 윗줄 긋기 : %%o
- 밑줄 긋기 : %%u
- ° (Degree) 기호 : %%d
- ± (Plus Minus) 기호 : %%p
- φ (phi) 기호 : %%c

Section 03

DDEDIT 단행 문자 편집하기

작성된 단행 문자를 편집하거나 문자에 관련된 속성을 변경하는 명령이다.

1 작성된 단행 문자 편집하기

1. 명령어의 실행

① (마우스)를 이용한 실행

- 메뉴 표시줄 [Modify] – [Object] – [Text] – [Edit...] 선택
- 편집하고자 하는 단행 문자 객체를 더블 클릭하여 선택

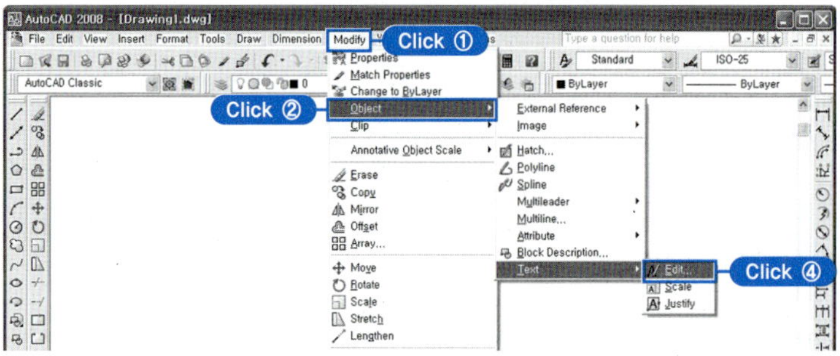

- Text 도구모음 [Edit...] 선택

② (키보드)를 이용한 실행

Command : DDEDIT 또는 ED [Enter↵]

2. 명령어 사용법 따라하기

앞서 작성한 단행 문자를 수정한다.

①
- 명령을 실행, (문자 객체를 더블 클릭)
- 기존의 문자가 파란색으로 음영 처리 되면 문자를 〈문자쓰기 편집〉으로 수정하고 진행([Enter↵])

문자쓰기

문자쓰기 편집

Section 04

MTEXT 다행 문자 입력하기

단행 문자 입력 명령인 TEXT가 간단한 내용의 문자를 쓰기 위해 필요하다면 MTEXT 명령은 여러 줄의 문자를 작성하는 명령이다. 지정한 폭에 맞도록 여러행의 문자를 정렬하여 작성할 수 있다.

1 작성된 단행 문자 편집하기

1. 명령어의 실행

① (마우스)를 이용한 실행

- 메뉴 표시줄 [Draw] – [Text] – [Multiline Text...] 선택
- 다행 문자 객체를 더블 클릭하여 선택

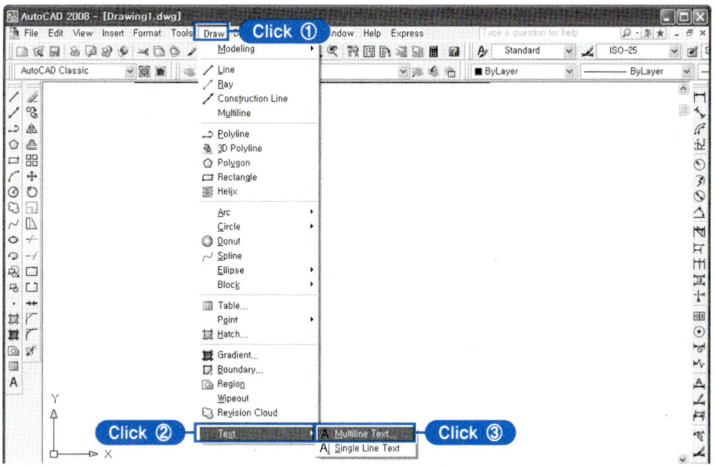

- Text 도구모음 [Multiline Text...] 선택

② (키보드)를 이용한 실행

Command : MTEXT 또는 MT Enter↵

2. 명령어 사용법 따라하기

다행 문자를 입력하기 위해 직사각형을 정의하여 다행 문자를 입력한다.

① ▸명령을 실행, (MT Enter↵)

▸입력 공간의 한쪽 구석 좌표로 〈100,100〉을 입력하고 진행(Enter↵)

② ▸입력 공간의 반대쪽 구석 좌표로 〈200,150〉을 입력하고 진행(Enter↵)

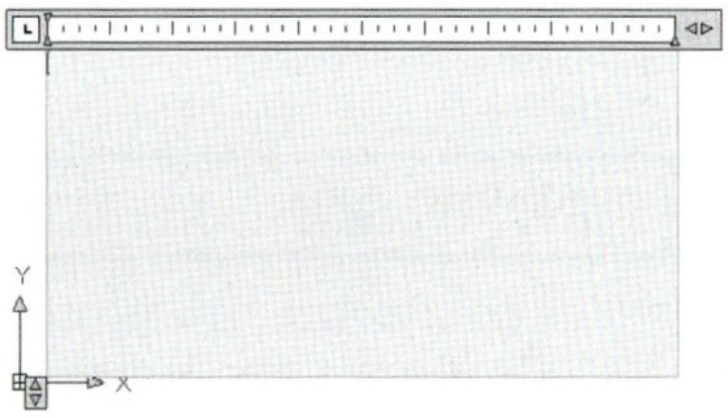

▸직사각형의 입력 공간이 나타나면, 다행 문자 내용으로 아래와 같이 입력하고 2, 4, 6번 항목의 크기를 3.2로 변경

1. 문자 스타일 설정하기 2. 단행 문자 입력하기 3. 단행 문자 편집하기 4. 다행 문자 입력하기 5. 치수 환경 설정하기 6. 치수 기입하기 7. 신속 지시선 그리기

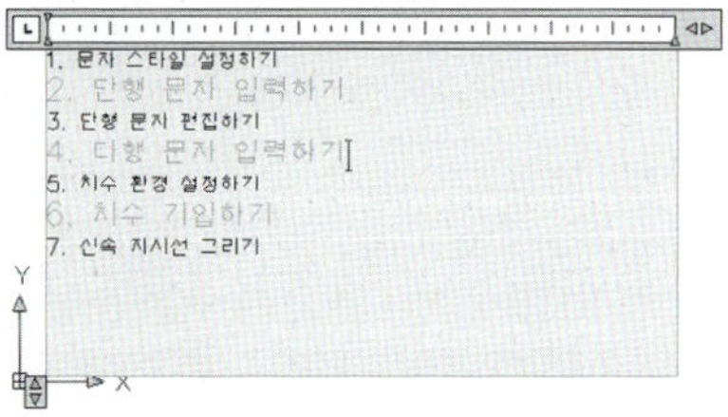

▸다행 문자 쓰기를 완료하기 위해 OK 버튼을 선택

※ 다행 문자 쓰기 중 ESC 키를 누르면 저장없이 다행 문자 쓰기가 종료되므로 주의해야 한다.

TIP

➡ MTEXT 명령의 옵션

- ▸높이(Height) : 다행 문자에 사용할 문자 높이(크기)를 지정한다.
- ▸정렬(Justify) : 새로운 문자 또는 선택된 문자의 자리 맞추기 및 문자 흐름을 정렬한다.
- ▸줄 간격(Line spacing) : 다행 문자 객체의 줄 간격을 지정한다.
- ▸회전(Rotation) : 다행 문자의 회전 각도를 지정한다.
- ▸스타일(Style) : 다행 문자에 사용할 문자 스타일을 지정한다.
- ▸폭(Width) : 다행 문자를 입력하기 위한 공간의 폭을 지정한다.
- ▸열(Columns) : 다행 문자 객체에 대한 열 옵션을 지정한다.

TIP

➡ MTEXT 명령의 문자 편집기 항목

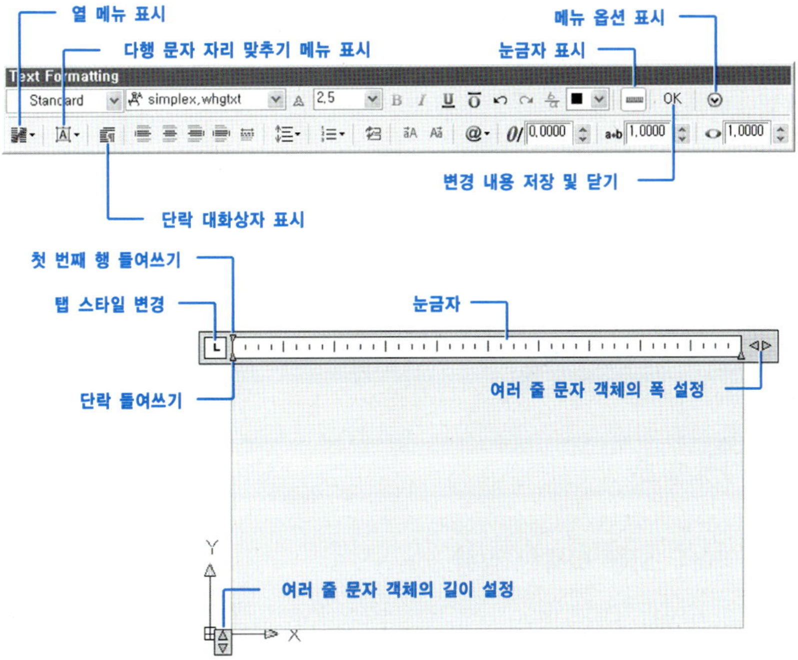

- 스타일(Style) : 다행 문자 객체의 문자 스타일을 적용한다.
- 글꼴(Font) : 새로운 문자의 글꼴을 지정하거나 기존 문자를 변경한다.
- 높이(Height) : 문자 크기를 변경한다.
- 굵게(Bold) : 문자를 굵게 변경한다.
- 기울임(Italic) : 문자를 기울인다.
- 밑줄(Underline) : 밑줄을 표시한다.
- 윗줄(Overline) : 윗줄을 표시한다.
- 스택(Stack) : 선택한 문자에 스택 문자가 포함된 경우 스택된 문자(예:분수)를 작성한다.

※ 스택문자 : 쌓아 올린 문자(예 : 분수, 윗첨자, 아랫첨자 등)

- 문자 색상(color) : 문자의 색상을 변경한다.
- 기호(symbol) : 기호나 빈칸을 입력한다.
- 기울기 각도(Oblique angle) : 문자의 기울기를 결정한다.
- 추적(Tracking) : 선택한 문자 사이의 간격을 줄이거나 늘린다.
- 너비 비율 (Width factor) : 선택한 asn자의 폭을 늘리거나 줄인다.

※ 다행 문자 쓰기 중 ESC 키를 누르면 저장없이 다행 문자 쓰기가 종료되므로 주의해야 한다.

Section 05

DIMENSION STYLE EDIT
치수 환경 설정하기

도면 작성의 마무리를 위해 치수를 기입해야 하지만, 치수 기입에 앞서 치수에 대한 환경 설정이 필요하다. 치수 환경 설정이란 치수선의 모양이나 색상, 문자의 형태 등을 설정하는 것으로 AutoCAD에서는 기본적으로 ISO(International Standards Organization)-25라는 유형으로 설정되어 있는데 이 책에서는 KS 제도 규격에 맞게 치수 기입이 되도록 치수 환경을 설정한다.

1 KS 규격에 맞게 치수 환경 설정하기

1. 명령어의 실행

① (마우스)를 이용한 실행

▸ 메뉴 표시줄 [Dimension] – [Dimension Style...] 선택

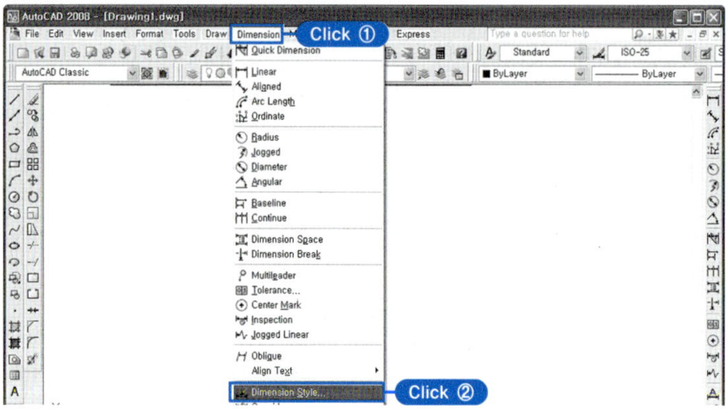

▸ Dimension 도구모음 [Dimension Style...] 선택

② (키보드)를 이용한 실행

Command : DIMSTYLE 또는 D Enter↵

2. 치수 기입을 위한 환경 설정 사항

① ▸ 명령 실행, (D Enter↵)

▸ 치수 스타일 관리 대화창이 나타나면 현재 치수 유형을 수정하기 위해 〈Modify〉 선택

※ 치수 스타일 관리 항목

- 현재 치수 스타일(Current Dimstyles) : 현재 치수 스타일
- 스타일(Styles) ; 도면에 정의된 모든 치수 스타일을 나타낸다.
- 현재로 설정(Set Current) : 현재 설정한 스타일을 도면에 기본 스타일로 설정한다.
- 신규(New...) : 새로운 스타일을 정의한다.
- 수정(Modify...) : 기존 스타일을 변경한다.
- 재지정(Override...) : 치수 스타일에 임시 재지정 한다.
- 비교(Compare...) : 두 치수 스타일을 비교한다.

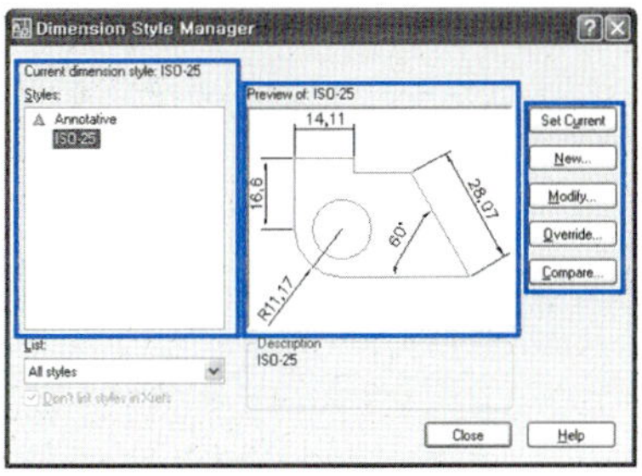

② [Lines] 탭

치수선 및 치수보조선을 설정하는 탭으로 아래 표시한 항목만 변경한다.

▸ **Dimension lines _ 치수선에 관한 사항**

- 색상(Color) : 치수선의 색상을 설정한다. _ ① 가는 실선(빨간색)
- 선 모양(Line type) : 치수선의 선 모양을 설정한다.
- 선 두께(Line weight) : 치수선의 가중치(두께)를 설정한다.
- 눈금 너머로 연장(Extend beyond ticks) : 화살촉에 기울기, 건축 등을 사용하거나 표식을 사용하지 않을 때 치수보조선 보다 지나간 간격을 설정한다.
- 기준선 간격(Base spacing) : 기준선 치수의 치수 선 사이 간격을 설정한다. _ ② 10mm
- 억제(Suppress) : 치수선 표시를 억제한다.

▸ Extension lines _ **치수 보조선에 관한 사항**

- 색상(Color) : 치수보조선의 색상을 설정한다. _ ③ 가는 실선(빨간색)
- 선 모양(Line type ext line 1,2) : 치수보조선의 선 모양을 설정한다.
- 선 두께(Line weight) : 치수보조선의 가중치(두께)를 설정한다.
- 억제(Suppress 1,2) : 치수보조선 표시를 억제한다.
- 치수선 너머로 연장(Extend beyond dim lines) : 치수선 위로 치수보조선이 넘어가는 거리를 설정한다. _ ④ 2mm
- 원점에서 간격 띄우기(Offset from origin) : 치수를 정의하는 점으로부터 치수 보조선까지의 거리를 지정한다. _ ⑤ 1.5mm
- 고정 길이 치수보조선(Fixed length extension lines) : 고정 길이 치수보조선을 사용할 수 있게 한다.
- 길이(Length) : 고정 길이 치수선의 길이를 지정한다.

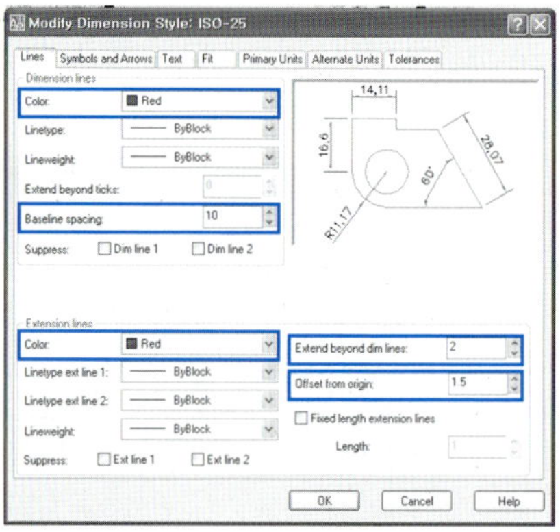

③ [Symbols and Arrows] 탭

기호와 화살표에 대하여 설정하는 탭으로 아래 표시한 항목만 변경한다.

▸ Arrowheads _ **화살촉에 관한 사항**

- 첫 번째(First) : 치수선의 첫 번째 화살촉을 설정한다.
- 두 번째(Second) : 치수선의 두 번째 화살촉을 설정한다.
- 지시선(Leader) : 지시선의 화살촉을 설정한다.
- 화살촉 사이즈(Arrow size) : 화살촉의 크기를 설정한다. _ ① 2.5mm

▸ Center marks _ **중심 표식에 관한 사항**

- 없음(None) : 중심 표식 또는 중심선을 표시하지 않는다. _ ② None
- 표식(Mark) : 중심 표식을 작성한다.
- 선(Line) : 중심선을 작성한다.

▸ **Dimension Break _ 치수 끊기에 관한 사항**

– 끊기 크기(Break size) ; 치수 끊기의 간격을 지정한다.

▸ **Arc length symbol _ 호 길이 기호에 관한 사항**

– 선행 치수 문자(Preceding dimension text) : 호 길이 기호를 치수 문자 앞에 배치한다.

– 치수 문자 위(Above dimension text) : 호 길이 기호를 치수 문자 위에 배치한다. _ ③ Above dimension text

– 없음(None) : 호 길이 기호를 표시하지 않는다.

▸ **Radius jog dimension _ 반지름 꺽기 치수에 관한 사항**

– 꺽기 각도(Jog angle) : 꺽어진 반지름 치수의 각도를 설정한다.

▸ **Linear jog dimension 선형 꺽기 크기에 관한 사항**

– 선형 꺽기 크기(Jog height factor) : 꺽기를 구성하는 각도를 결정한다.

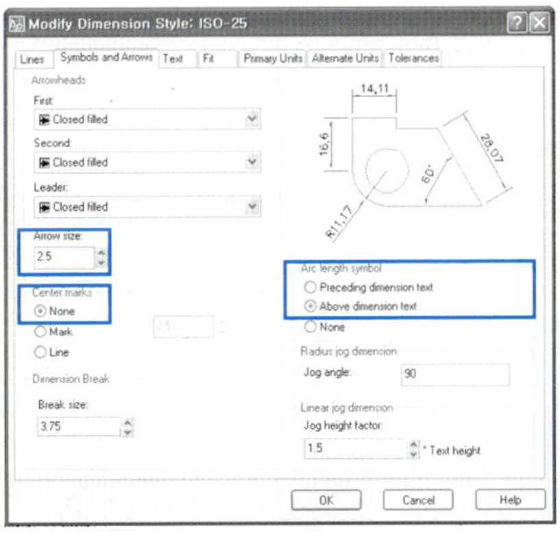

④ [Text] 탭

치수 문자 대하여 설정하는 탭으로 아래 표시한 항목만 변경한다.

▸ **Text appearance _ 치수 문자 형식과 크기에 관한 사항**

– 문자 스타일(Text style) : 치수 문자의 현재 스타일을 표시하고 설정한다.

– 문자 색상(Text color) : 치수 문자의 색상을 설정한다. _ ① Yellow

– 채우기 색상(Fill color) : 치수 문자의 배경 색상을 설정한다.

– 문자 높이(Text height) : 현재 치수 문자의 높이(크기)를 설정한다. _ ② 3.2mm

- 분수 높이 축척(Faction height scale) : 분수의 축척을 치수 문자 기준으로 설정한다.
- 문자 주위에 프레임 그리기(Draw frame around text) : 치수 문자 주위에 프레임이 그려진다.

▸ **Text placement _ 치수 문자 배치에 관한 사항**

- 수직(Vertical) : 치수 문자의 수직 배치를 조정한다.
- 수평(Horizontal) : 치수보조선을 기준으로 치수 문자의 수평 배치를 조정한다.
- 치수선에서 간격 띄우기(Offset from dim line) : 문자와 치수선의 간격을 설정한다. ③ 1.5mm

▸ **Text alignment _ 치수 문자 정렬에 관한 사항**

- 수평(Horizontal) : 수평 위치로 문자를 위치시킨다.
- 치수선에 정렬(Aligned with dimension line) : 문자를 치수선에 정렬한다.
- ISO 표준(ISO standard) : 문자가 치수보조선 안에 있을 때 치수선에 평행하게 문자를 정렬하고, 치수보조선 밖에 있을 때 문자를 수평으로 정렬한다.

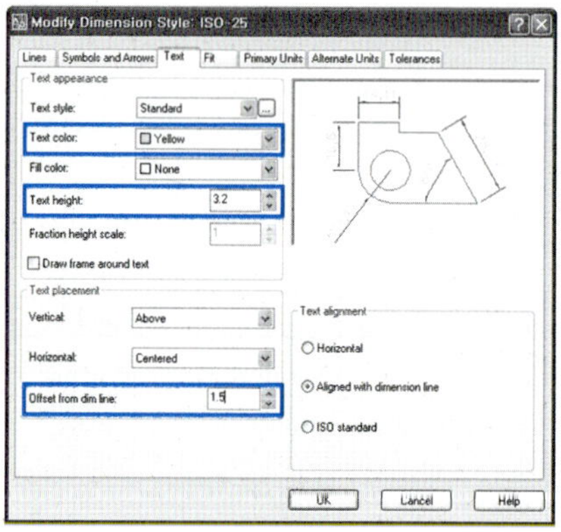

⑤ [Fit] 탭

치수와 화살표 위치 대하여 설정하는 탭으로 아래 표시한 항목만 변경한다.

▸ **Fit options _ 문자 및 화살촉의 배치에 관한 사항**

- 문자 또는 화살촉[최적 맞춤](Either text or arrows[best fit]) : 최대로 맞춤을 기준으로 치수보조선 바깥쪽의 문자 또는 화살촉을 이동한다.

- 화살촉(Arrows) : 치수보조선 바깥쪽으로 화살촉을 이동한 다음 문자를 이동한다.
- 문자(Text) : 치수보조선 바깥쪽으로 문자를 이동한 다음 화살촉을 이동한다.
- 문자와 화살촉 모두(Both text and arrows) : 문자와 화살촉에 공간이 부족한 경우 치수보조선 바깥쪽으로 모두 이동한다. _ ① Both text and arrows
- 항상 치수보조선 사이에 문자 유지(Always keep text between ext line) : 문자를 항상 치수보조선 사이에 배치한다.
- 화살촉이 치수보조선 내에 맞지 않으면 화살촉 억제(Suppress arrows if they don't fit inside extension lines)

▸ **Text placement _ 치수 문자의 배치에 관한 사항**

- 치수선 옆(Beside the dimension line) : 치수 문자를 이동할 때 치수선도 함께 이동한다.
- 지시선을 사용하여 치수선 위에 배치(Over dimension line, with leader) : 문자를 이동할 때 치수선이 이동하지 않고 지시선을 사용한다.
- 지시선 없이 치수선 위에 배치(Over dimension line, without leader) : 문자를 이동할 때 치수선이 이동하지 않고 지시선 없이 치수 문자가 나타난다.

▸ **Scale for dimension features _ 전체 치수 축척에 관한 사항**

- 배치할 치수 축척(Scale dimensions to layout) : 현재 모형 공간 뷰포트와 도면 공간 사이의 축척을 기준으로 축척 비율을 결정한다.
- 전체 축척 사용(Use overall scale of :) : 모든 치수 스타일 설정에 대한 축척을 설정한다.

▸ **Fine tuning _ 최상으로 조정**

- 문자 수동 배치(Place text manually) : 자리맞추기 설정을 무시하고 수동으로 문자를 배치한다.
- 치수보조선 사이에 치수선 그리기(Draw dim line between ext lines)

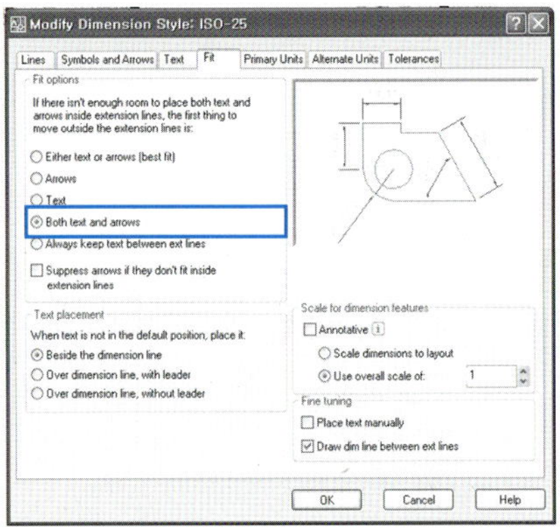

⑥ [Primary Units] 탭

치수 단위 대하여 설정하는 탭으로 아래 표시한 항목만 변경한다.

▸ Linear dimensions _ 선형 치수에 관한 사항

- 단위 형식(Unit format) : 각도를 제외한 모든 치수 유형에 대한 단위 형식을 설정한다.
- 정밀도(Precision) : 치수 문자의 소수 자릿수를 설정한다. _ ① 0.0
- 분수형식(Fraction format) : 분수의 형식을 설정한다.
- 소수부 구분자(Decimal separator) : 소수부 구분자를 설정한다. _ ② _ (Period)
- 반올림(Round off) : 각도 치수를 제외한 모든 치수 유형에 대한 치수 반올림을 설정한다.
- 머리말(Prefix) : 치수 문자에 머리말을 삽입한다.
- 꼬리말(Suffix) : 치수 문자에 꼬리말을 삽입한다.

▸ Measurement scale _ 측정 축척에 관한 사항

- 축척 비율(Scale factor) : 선형 치수 측정값에 사용할 축척 비율을 설정한다.
- 배치 치수에만 적용(Apply to layout dimensions only) : 배치 뷰포트에서 작성한 치수에만 측정 축척 값을 적용한다.

▸ Zero suppression _ 0 억제

- 선행(Leading) : 모든 선형 소수 치수에서 소수점 앞의 0을 억제한다.
- 후행(Trailing) ; 모든 선형 소수 치수에서 소수점 뒤의 0을 억제한다.

▸ **Angular dimensions _ 각도 치수에 관한 사항**

- 단위 형식(units format) : 각도 단위 형식을 설정한다.
- 정밀도(Precision) : 각도 치수의 소수 자릿수를 설정한다.

▸ **Zero suppression _ 0 억제**

- 선행(Leading) ; 모든 각도 소수 치수에서 소수점 앞의 0을 억제한다.
- 후행(Trailing) ; 모든 각도 소수 치수에서 소수점 뒤의 0을 억제한다.

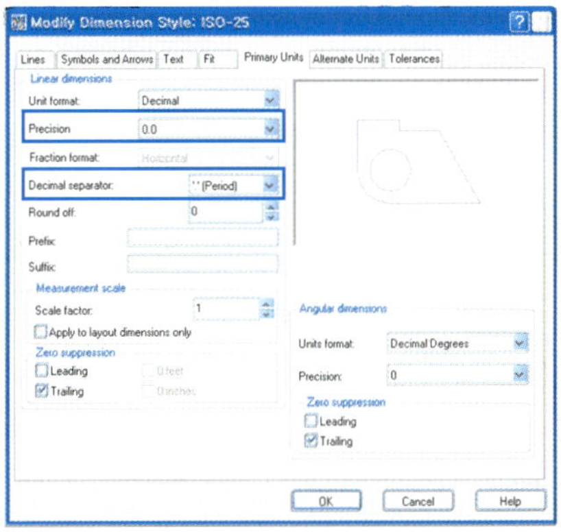

⑦ [Alternate Units] 탭

대체 치수 단위 대하여 설정하는 탭으로 치수 단위(Primary units) 탭과 같다.

⑧ [Tolerance] 탭

공차에 대하여 설정하는 탭이다.

▸ **Tolerance format _ 공차 형식의 조정에 관한 사항**

- 방법(Method) : 공차를 계산하기 위한 방법을 설정한다.
- 정밀도(Precision) : 소수부 자릿수를 설정한다.
- 상한값(Upper value) ; 최대 공차값을 설정한다.
- 하한값(Lower value) ; 최소 공차값을 설정한다.
- 높이에 대한 축척(Scaling for height) : 공차 문자의 높이를 설정한다.
- 수직 위치(Vertical position) : 문자 자리 맞추기를 조정한다.

- Tolerance alignment _ 스택시 공차 값의 정렬에 관한 사항
  - 십진 구분 기호 정렬(Align decimal separators)
  - 작동 기호 정렬(Align operational symbol)

- Zero suppression _ 0 억제
  - 선행(Leading) : 모든 소수 치수에서 소수점 앞의 0을 억제한다.
  - 후행(Trailing) : 모든 소수 치수에서 소수점 뒤의 0을 억제한다.

- Alternate unit tolerance _ 대체 단위 공차에 관한 사항
  - 정밀도(Precision) : 소수부 자리수를 표시하고 설정한다.

- Zero suppression _ 0 억제
  - 선행(Leading) : 모든 소수 치수에서 소수점 앞의 0을 억제한다.
  - 후행(Trailing) : 모든 소수 치수에서 소수점 뒤의 0을 억제한다.

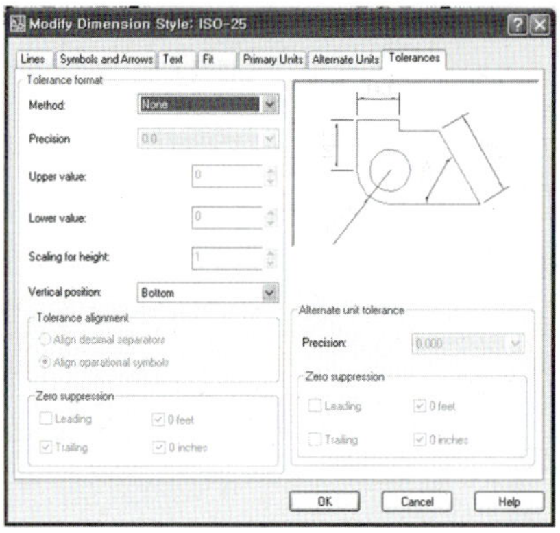

Section 06

DIMENSION 치수 기입하기

설계자가 작성한 도면을 제작자에게 이해시키기 위해서는 치수가 반드시 필요하다. AutoCAD에서는 치수를 기입하기 위하여 선형, 원형, 각도, 공차, 지시선 등의 치수 기입 명령을 제공하며 이러한 치수 기입 명령을 이용하여 제품의 형상에 치수를 기입할 수 있다.

1 수직, 수평 치수 기입하기

1. 명령어의 실행

① (마우스)를 이용한 실행

- 메뉴 표시줄 [Dimension] – [Linear] 선택
- Dimension 도구모음 [Linear] 선택

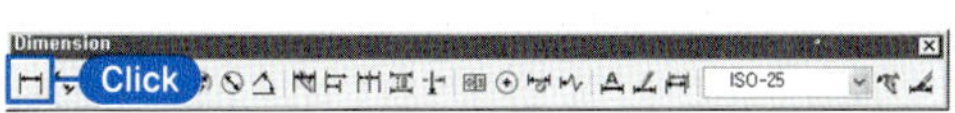

② (키보드)를 이용한 실행

Command : DIMLINEAR Enter↵

2. 명령어 사용법 따라하기

①
- 명령을 실행(수직, 수평 치수 아이콘 선택)

※ 치수를 측정할 객체를 선택하여 치수기입

- 마우스 오른쪽 버튼 선택
- 객체 선택 후 치수 기입 위치 선택

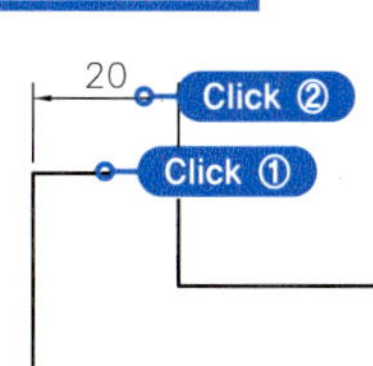

②
- 명령을 실행, (수직, 수평 치수 아이콘 선택)

※ 치수를 측정할 객체의 양 끝점을 선택하여 치수 기입

- 객체의 한쪽 끝점을 선택
- 객체의 반대쪽 끝점을 선택 후 치수 기입 위치 선택

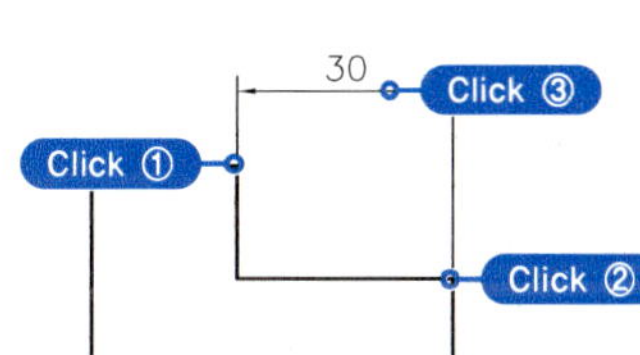

2 경사 치수 기입하기

1. 명령어의 실행

① (마우스)를 이용한 실행

- 메뉴 표시줄 [Dimension] – [Aligned] 선택
- Dimension 도구모음 [Aligned] 선택

② (키보드)를 이용한 실행

Command : DIMALIGNED Enter↵

2. 명령어 사용법 따라하기

① ▸명령을 실행, (경사 치수 아이콘 선택)

※ 치수를 측정할 객체를 선택하여 치수 기입

▸마우스 오른쪽 버튼 선택

▸객체 선택 후 치수 기입 위치 선택

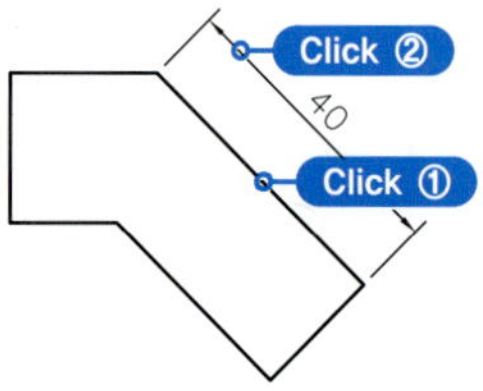

② ▸명령을 실행, (경사 치수 아이콘 선택)

※ 치수를 측정할 객체의 양 끝점을 선택하여 치수 기입

▸객체의 한쪽 끝점을 선택

▸객체의 반대쪽 끝점을 선택 후 치수 기입 위치 선택

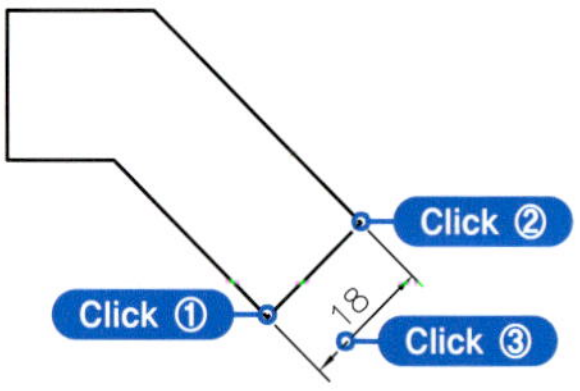

3 호 길이 치수 기입하기

1. 명령어의 실행

① (마우스)를 이용한 실행

- 메뉴 표시줄 [Dimension] – [Arc Length] 선택
- Dimension 도구모음 [Arc Length] 선택

② (키보드)를 이용한 실행

Command : DIMARC Enter↵

2. 명령어 사용법 따라하기

①
- 명령을 실행, (호 길이 치수 아이콘 선택)
- 원호 객체 선택 후 치수 기입 위치 선택

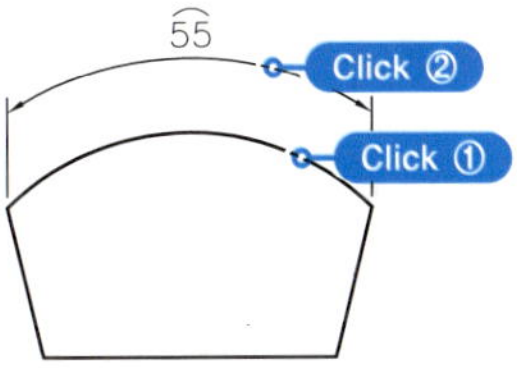

4 반지름 치수 기입하기

1. 명령어의 실행

① (마우스)를 이용한 실행

- 메뉴 표시줄 [Dimension] – [Radius] 선택
- Dimension 도구모음 [Radius] 선택

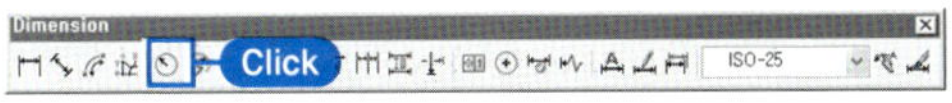

② (키보드)를 이용한 실행

```
Command : DIMRADIUS Enter↵
```

2. 명령어 사용법 따라하기

①

- 명령을 실행, (반지름 치수 아이콘 선택)
- 원 또는 원호 객체 선택 후 치수 기입 위치 선택

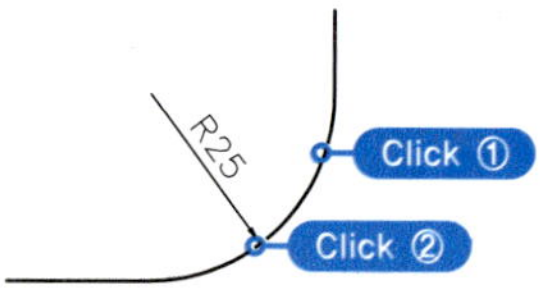

5 큰 반지름 치수 기입하기

1. 명령어의 실행

① (마우스)를 이용한 실행

- 메뉴 표시줄 [Dimension] – [Jogged] 선택
- Dimension 도구모음 [Jogged] 선택

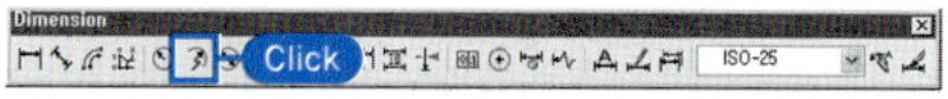

② (키보드)를 이용한 실행

```
Command : DIMJOGGED Enter↵
```

2. 명령어 사용법 따라하기

①

- 명령을 실행, (큰 반지름 치수 아이콘 선택)
- 큰 원 또는 원호 객체 선택 후
- 가상 중심점 위치 선택
- 꺾기선 위치 선택
- 꺾기선 길이 선택

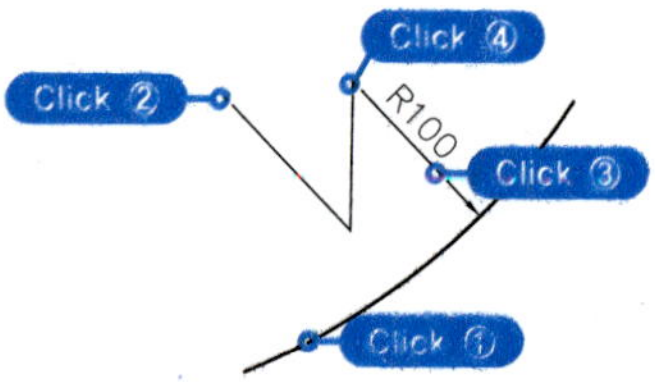

6 지름 치수 기입하기

1. 명령어의 실행

1 (마우스)를 이용한 실행

- 메뉴 표시줄 [Dimension] – [Diameter] 선택
- Dimension 도구모음 [Diameter] 선택

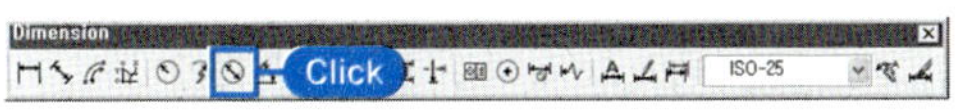

2 (키보드)를 이용한 실행

Command : DIMDIAMETER Enter↵

2. 명령어 사용법 따라하기

1
- 명령을 실행, (지름 치수 아이콘 선택)
- 원 또는 원호 객체 선택 후 치수 기입 위치 선택

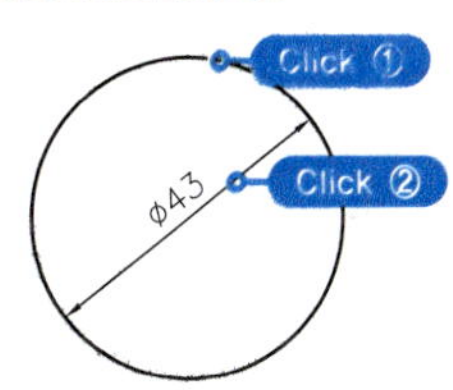

7 각도 치수 기입하기

1. 명령어의 실행

1 (마우스)를 이용한 실행

- 메뉴 표시줄 [Dimension] – [Angular] 선택
- Dimension 도구모음 [Angular] 선택

2 (키보드)를 이용한 실행

Command : DIMANGULAR Enter↵

2. 명령어 사용법 따라하기

①
- 명령을 실행, (각도 치수 아이콘 선택)
- 각을 이루는 한 객체를 선택
- 각을 이루는 다른 한 객체를 선택
- 치수 기입 위치를 선택

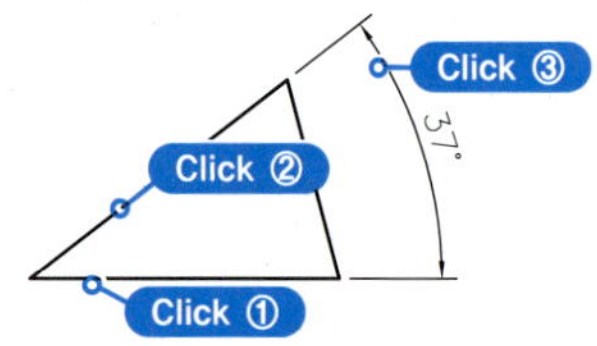

8 신속 치수 기입하기

1. 명령어의 실행

① (마우스)를 이용한 실행
- 메뉴 표시줄 [Dimension] – [Quick Dimension] 선택
- Dimension 도구모음 [Quick Dimension] 선택

② (키보드)를 이용한 실행

Command : QDIM Enter↵

2. 명령어 사용법 따라하기

①
- 명령을 실행, (신속 치수 아이콘 선택)
- 선형 치수 기입할 객체들을 모두 선택
- 치수 기입 위치를 선택

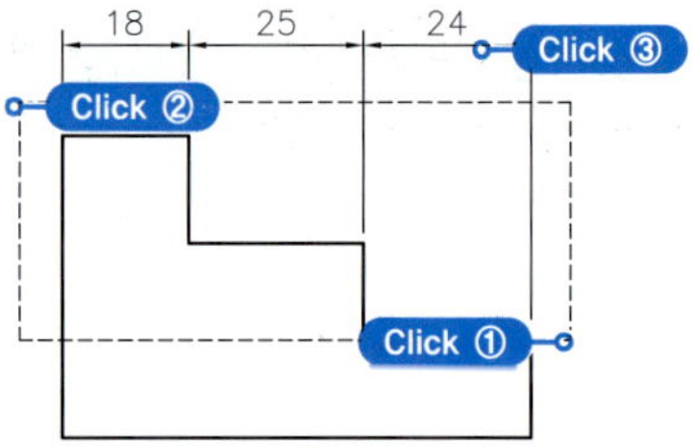

9 병렬 치수 기입하기

1. 명령어의 실행

① (마우스)를 이용한 실행
- 메뉴 표시줄 [Dimension] – [Baseline] 선택

▸ Dimension 도구모음 [Baseline] 선택

② (키보드)를 이용한 실행

Command : DIMBASELINE Enter↵

2. 명령어 사용법 따라하기

① ▸ 명령을 실행, (수직,수평 치수 아이콘 선택)

▸ 객체의 한쪽 끝점을 선택

▸ 객체의 반대쪽 끝점을 선택 후 치수 기입 위치 선택

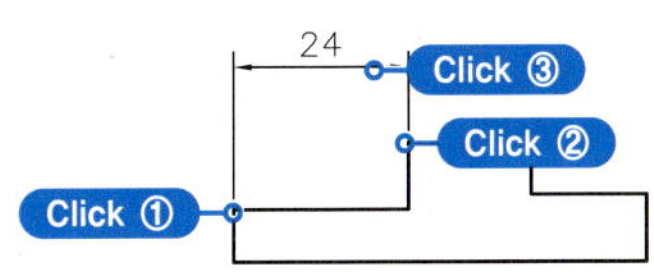

② ▸ 명령을 실행, (병렬 치수 아이콘 선택)

▸ 이미 작성된 치수선의 치수보조선을 기준선으로 선택

▸ 치수를 기입할 객체의 끝점을 연속해서 선택

▸ 명령 종료{Enter↵}

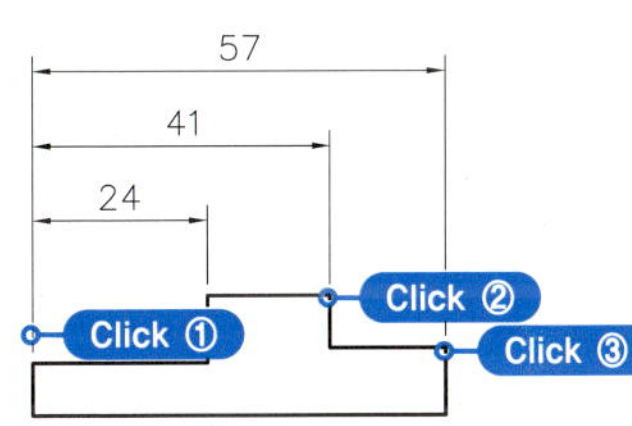

10 직렬 치수 기입하기

1. 명령어의 실행

① (마우스)를 이용한 실행

▸ 메뉴 표시줄 [Dimension] – [Continue] 선택

▸ Dimension 도구모음 [Continue] 선택

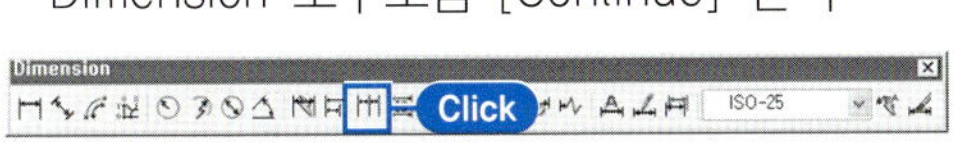

② (키보드)를 이용한 실행

```
Command : DIMCONTINUE [Enter↵]
```

2. 명령어 사용법 따라하기

①

- 명령을 실행, (수직,수평 치수 아이콘 선택)
- 객체의 한쪽 끝점을 선택
- 객체의 반대쪽 끝점을 선택 후 치수 기입 위치 선택

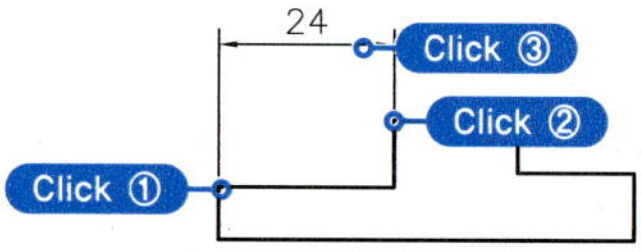

②

- 명령을 실행, (직렬 치수 아이콘 선택)
- 치수를 기입할 객체의 끝점을 연속해서 선택
- 명령 종료{Enter↵}

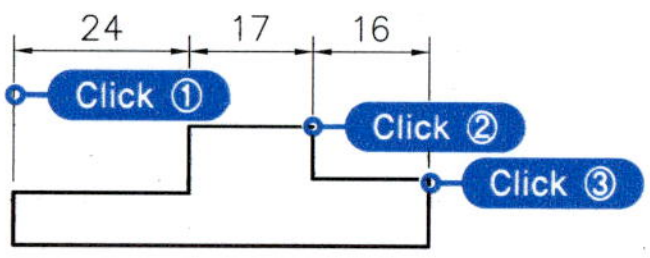

Section 07

QLEADER, TOLERANCE 신속 지시선, 공차 기입하기

신속 지시선은 도면에 필요한 주석을 기입하기 위하여 사용하는 선으로 제품에 대한 부가적인 설명을 붙일 때 사용한다. 신속 지시선을 이용하여 공차를 기입할 수 있으며 공차만 따로 기입할 수도 있다.

1 신속 지시선으로 주석달기

1. 명령어의 실행

① (키보드)를 이용한 실행

Command : QLEADER Enter↵

2. 명령어 사용법 따라하기

①

- 명령을 실행, (QLEADER Enter↵)
- 객체 스냅(Nearest)을 이용하여 윗면의 타원 근처를 선택
- 꺾기 부분을 선택
- 지시선의 끝점을 선택
- 〈Cylinder〉 입력하고 종료(Enter↵)

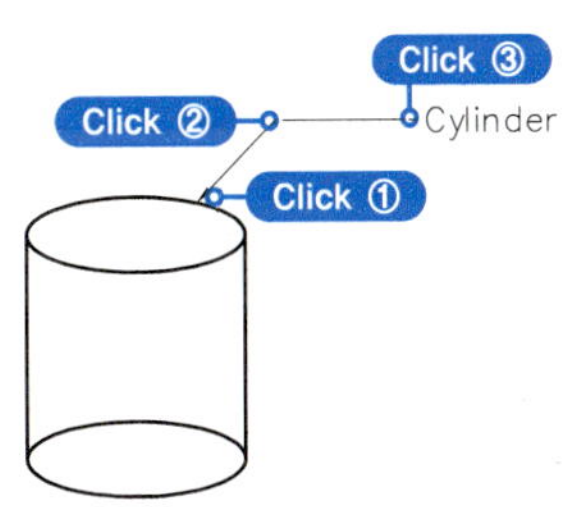

TIP

➡ 신속 지시선의 옵션

- 주석유형(Anntation type) : 다행문자, 객체 복사, 공차, 블록 참조와 같은 지시선 뒤에 붙게 되는 주석의 유형을 선택한다.
- 다행 문자 옵션(Mtext options) : 폭,왼쪽 자리 맞추기, 문자에 프레임 생성과 같은 옵션을 설정한다.
- 주석 재사용(Annotation Reuse) : 지시선 주석을 재사용하기 위한 옵션을 설정한다.

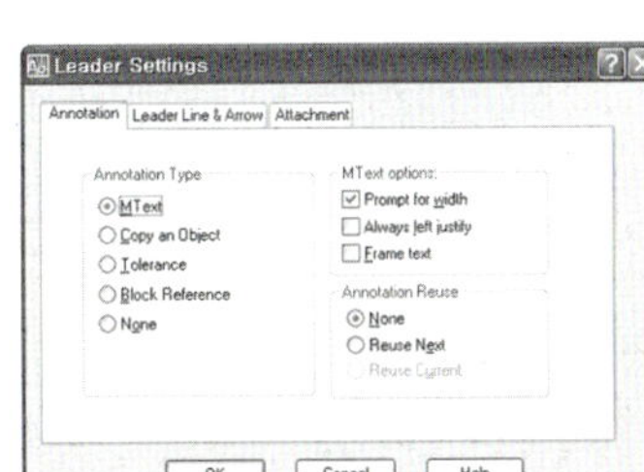

TIP

➡ 신속 지시선의 옵션 계속

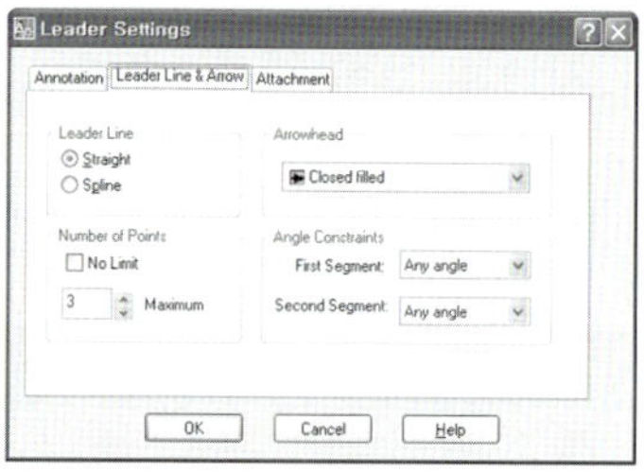

- 지시선(Leader line) : 지시선의 형식을 직선이나 자유곡선 중에서 선택한다.
- 화살촉(Arrowhead) : 지시선의 화살촉 형상을 정의한다.
- 점의수(Number of points) : 지시선을 정의하는 점의 수를 입력한다.
- 각도 구속(Angle constraints) : 지시선의 각도 구속을 설정한다.

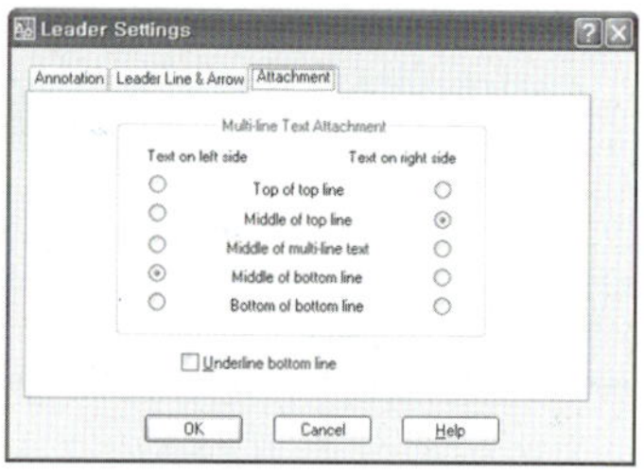

- 지시선과 다행 문자 주석의 부착 위치를 설정한다. 다행 문자를 선택한 경우에만 활성화 된다.

2 신속 지시선으로 공차 붙이기

1. 명령어의 실행

① (키보드)를 이용한 실행

Command : QLEADER Enter↵

2. 명령어 사용법 따라하기

①

- 명령을 실행, (QLEADER Enter↵)
- 옵션 설정으로 들어가기 위해 〈S〉 입력 후 진행(Enter↵)
- 지시선 옵션 창에서 주석 유형을 공차(Tolerance)로 선택하고 〈OK〉 선택

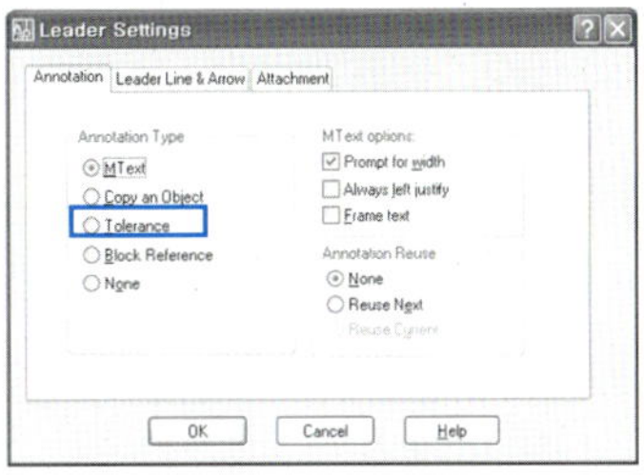

②

- 객체 스냅(Endpoint)을 이용하여 기하공차를 붙일 부분을 선택
- 수직 방향으로 이동하여 꺾기 점 선택
- 수평 방향으로 이동하여 지시선의 끝점 선택
- 기하공차 대화창이 나타나면,

동심도 기호(◎), Phi기호(φ), 공차 (0.01), 데이텀 (A)를 차례로 입력

- 명령의 종료(Enter↵)

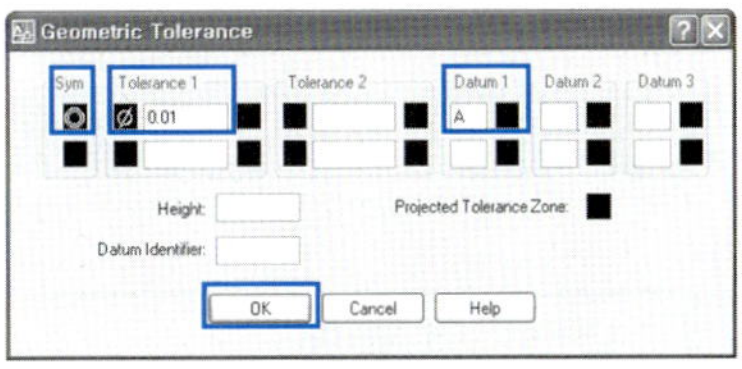

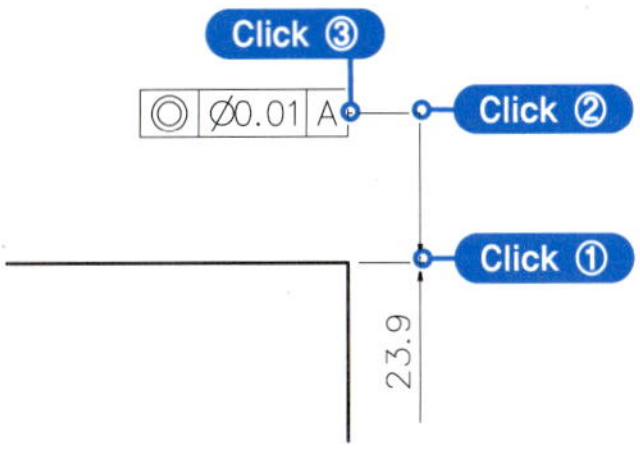

TIP

➡ TOLERANCE 명령 실행

신속 지시선에 자동으로 부착되게 실행시키지 않고 개별적으로 기하공차를 입력하기 위해 TOLERANCE 명령을 사용한다. 단축명령으로 TOL이고 지시선은 나타나지 않고 기하 공차만 나타나게 된다.

Section 08

객체에 대한 정보 나타내기

도면상의 점 객체의 좌표나 객체에 대한 정보를 알고 싶을 때 사용하는 명령으로 ID 명령과 LIST 명령이 있다. ID 명령은 점 객체의 좌표를 x 방향, y 방향, z 방향에 대하여 좌표로 나타내고 LIST 명령은 선택한 객체에 대하여 도면층, 속성, 길이 등에 대한 정보를 나타낸다.

1 점 객체의 좌표 나타내기

1. 명령어의 실행

① (마우스)를 이용한 실행

▸ 메뉴 표시줄 [Tools] – [Inquiry] – [ID Point] 선택

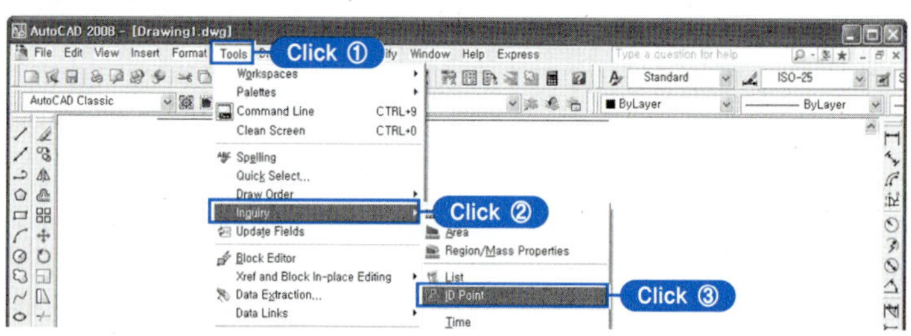

▸ Inquiry 도구모음 [Locate Point] 선택

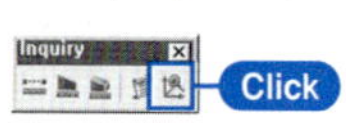

② (키보드)를 이용한 실행

Command : ID Enter↵

2. 명령어 사용법 따라하기

①
- 명령을 실행, (ID Enter↵)
- 좌표에 정보를 얻고자 하는 점 객체나 객체 스냅을 이용하여 일반 객체를 점으로 선택
- 커맨드 라인에 x, y, z 방향에 대한 좌표가 표시

2 객체의 정보 나타내기

1. 명령어의 실행

① (마우스)를 이용한 실행

▸ 메뉴 표시줄 [Tools] – [Inquiry] – [List] 선택

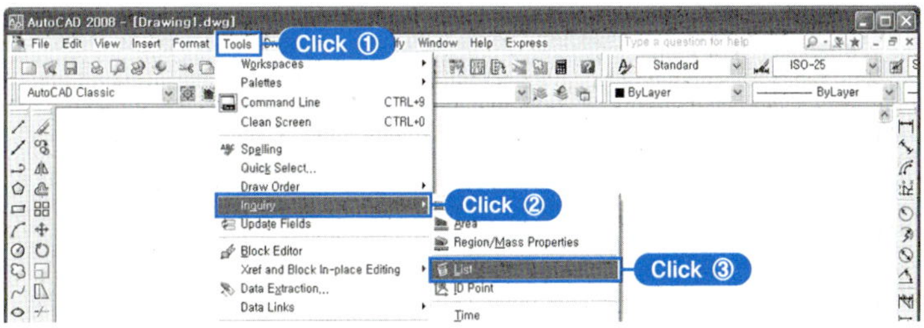

▸ Inquiry 도구모음 [List] 선택

② (키보드)를 이용한 실행

Command : LIST 또는 LI Enter↵

2. 명령어 사용법 따라하기

① ▸ 명령을 실행, (LI Enter↵)

▸ 정보를 얻고자 하는 객체를 선택

▸ AutoCAD Text 대화창이 나타나고 객체에 대한 정보를 표시

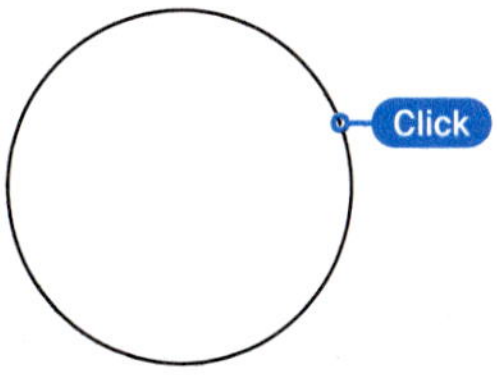

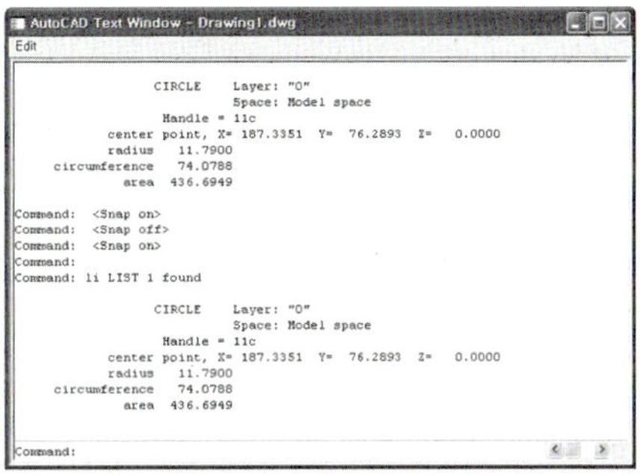

Section 09 객체에 대한 거리, 면적 측정하기

DIST 명령은 두 점으로 정의되는 거리를 측정하는 명령으로 두 점이 이루는 각도 거리 등을 표시하고, AREA 명령은 입력하는 점들로 이루어진 닫힌 영역의 면적과 둘레 길이를 표시하는 명령이다.

1 두 점을 이용하여 거리, 각도 측정하기

1. 명령어의 실행

① (마우스)를 이용한 실행

- 메뉴 표시줄 [Tools] – [Inquiry] – [Distance] 선택

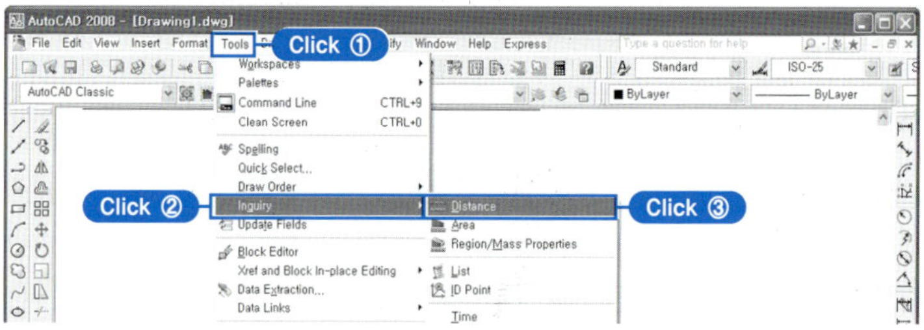

- Inquiry 도구모음 [Distance] 선택

② (키보드)를 이용한 실행

Command : DIST 또는 DI Enter↵

2. 명령어 사용법 따라하기

①
- 명령을 실행, (DI Enter↵)
- 거리 측정을 위한 한 점을 선택
- 거리 측정을 위한 두 번째 점을 선택
- 커맨드 라인에 두 점으로 정의된 직선의 거리, 각도 등의 정보가 표시

2 연속 점으로 이루어진 영역의 면적, 둘레 길이 측정하기

1. 명령어의 실행

① (마우스)를 이용한 실행

▸ 메뉴 표시줄 [Tools] – [Inquiry] – [Area] 선택

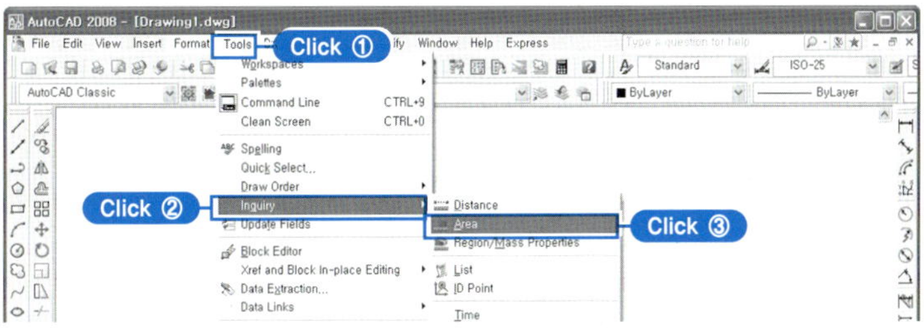

▸ Inquiry 도구모음 [Area] 선택

② (키보드)를 이용한 실행

Command : AREA 또는 AA Enter↵

2. 명령어 사용법 따라하기

①
▸ 명령을 실행, (AA Enter↵)
▸ 면적 측정을 위한 첫 번째 점을 선택
▸ 면적 측정을 위한 두 번째 점을 선택
▸ 영역을 이루는 모든 점을 선택
▸ AREA 명령 완료(Enter↵)
▸ 커맨드 라인에 연속된 점으로 정의된 영역의 면적과 둘레 길이가 표시

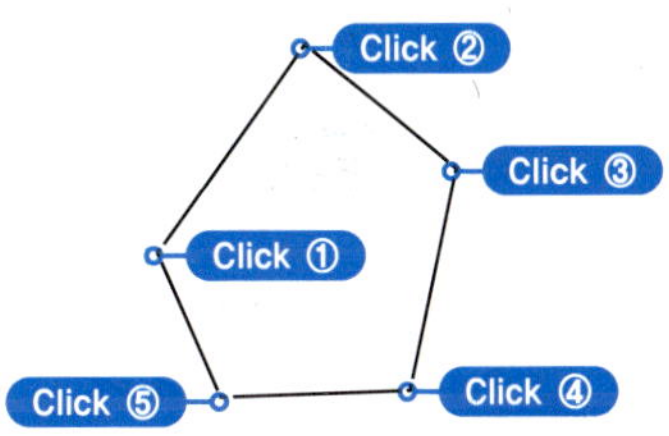

Section **10**

예제 따라하기

1 예제 따라하기 미리보기

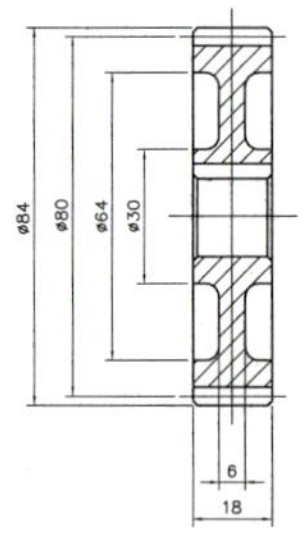

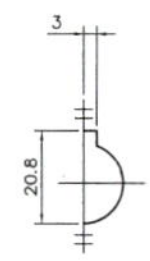

스퍼기어요목표		
기어치형		표준
공구	치형	보통이
	모듈	2
	압력각	20°
잇수		40
피치원경		ø80

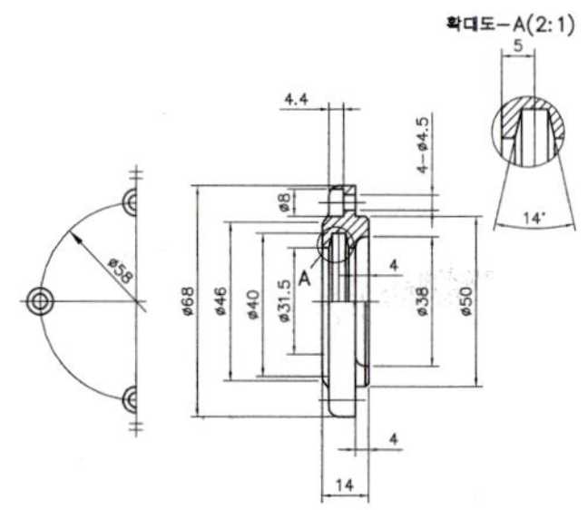

2 예제 따라하기 1

1. 투상하기 위한 중심선을 그리기

① F8키를 눌러 직교모드를 활성화하고 LINE 명령을 이용하여 수직선, 수평선을 교차되게 그린다.

▶ L Enter↵

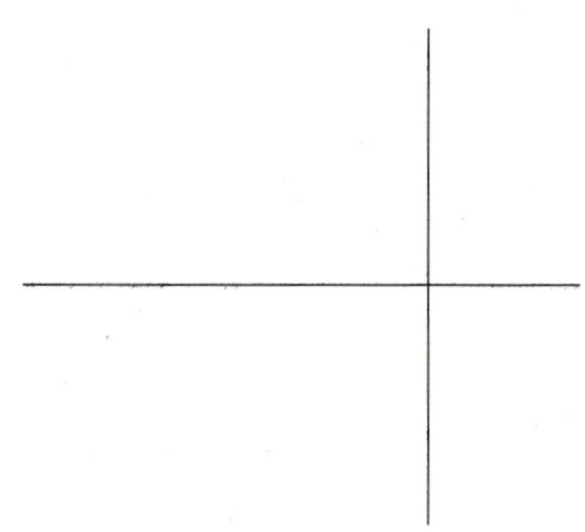

2. 외형의 소재 크기를 위한 기초원 그리기

① CIRCLE 명령을 이용하여 중심점을 선택한 후 지름 30mm, 64mm, 80mm의 원을 그린다.

▶ C Enter↵

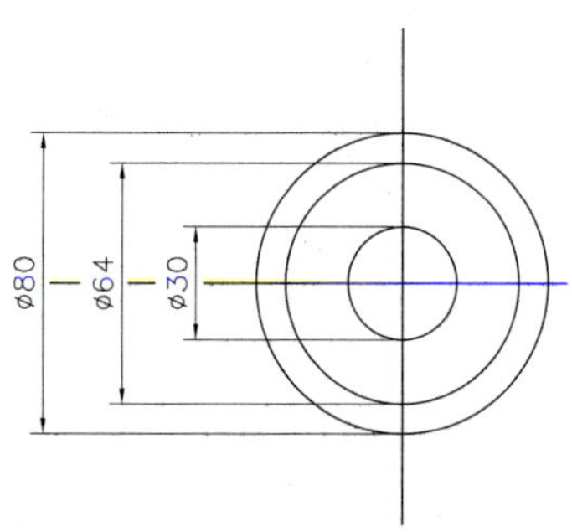

② OFFSET 명령을 이용하여 가장 외곽의 원을 2mm, 2.5mm의 간격으로 나란히 복사한다.

▸ O Enter↵

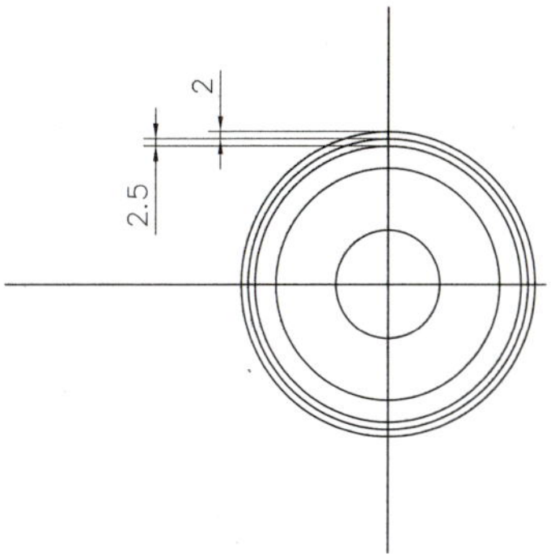

3. 기어 소재 가공을 위한 기초선 그리기

① LINE 명령을 이용하여 임의의 수직선을 그린다.

▸ L Enter↵

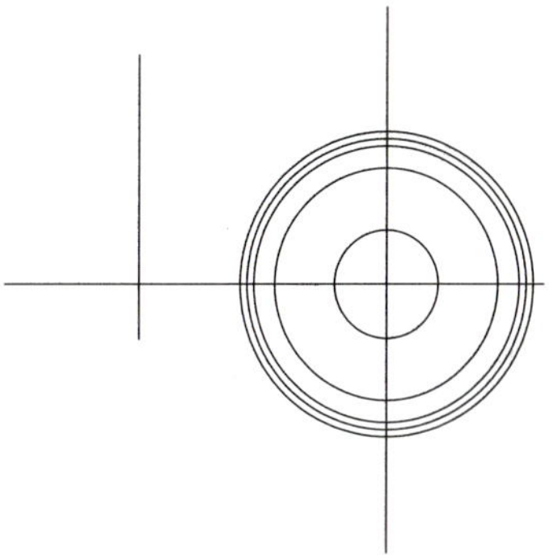

② OFFSET 명령을 이용하여 9mm의 간격으로 나란히 복사한다.

▸ O Enter↵

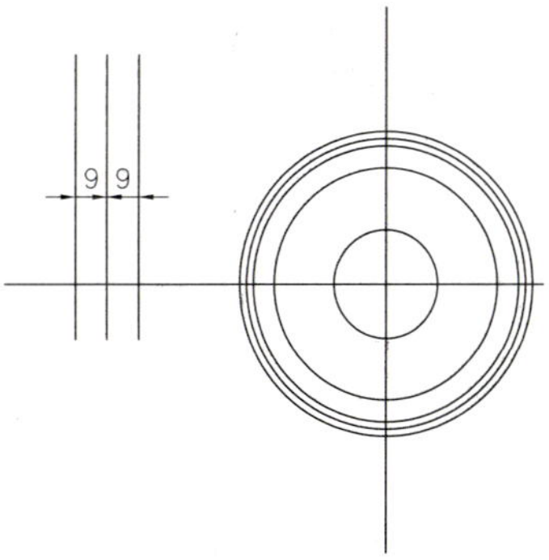

③ LINE 명령을 이용하여 우측 면도의 상단 교차점에서 인출하여 선을 그린다.

▸ L Enter↵

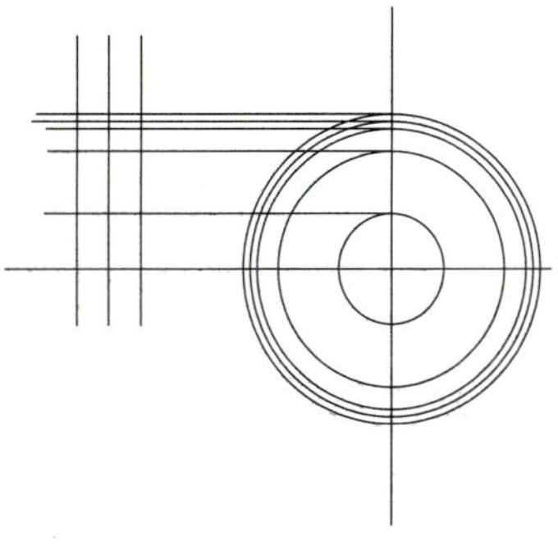

4. 모따기와 소재 정리하기

① CHAMFER 명령을 이용하여 교차하고 있는 두 객체에 C1의 모따기를 한다.

▸ CHA Enter↵

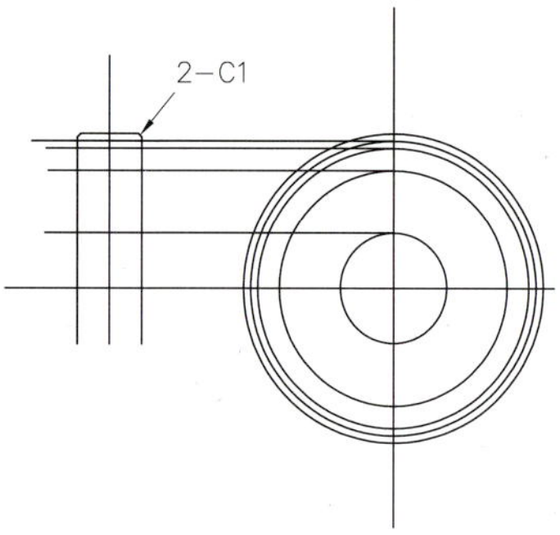

② TRIM 명령을 이용하여 옆 그림과 같이 잘라낸다.

▸ TR Enter↵

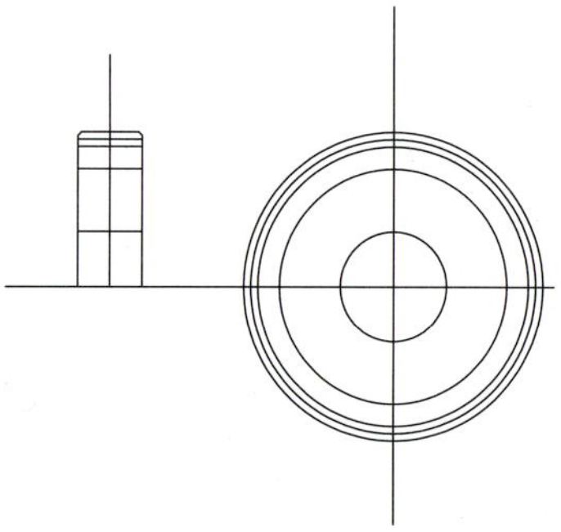

5. 중심선 크기 처리 및 우측면도 원 지우기

① BREAK 명령을 이용하여 중심선의 일부분을 끊는다.

▸ BR Enter↵

▸ 중심선 색상은 Red로 변경한다.

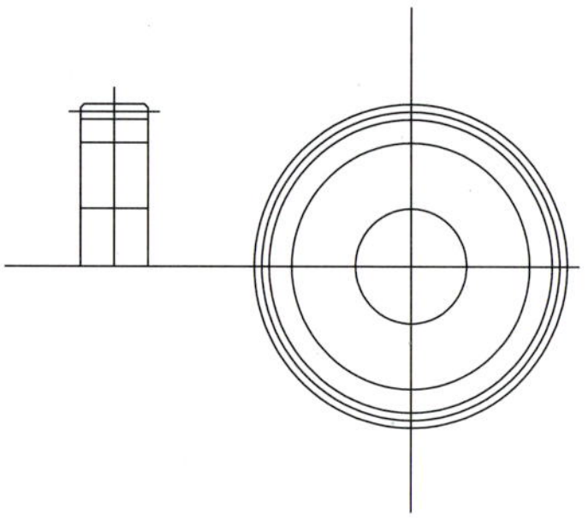

② ERASE 명령을 이용하여 우측면도에 생성된 불필요한 원을 지운다.

▸ E Enter↵

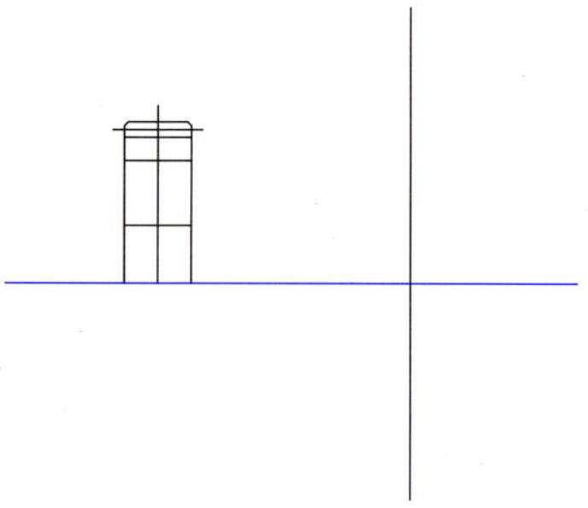

6. 기어 암부의 기초선 그리기

① OFFSET 명령을 이용하여 수직 선을 3mm의 간격으로 나란히 복사한다.

▸ O Ⅱ

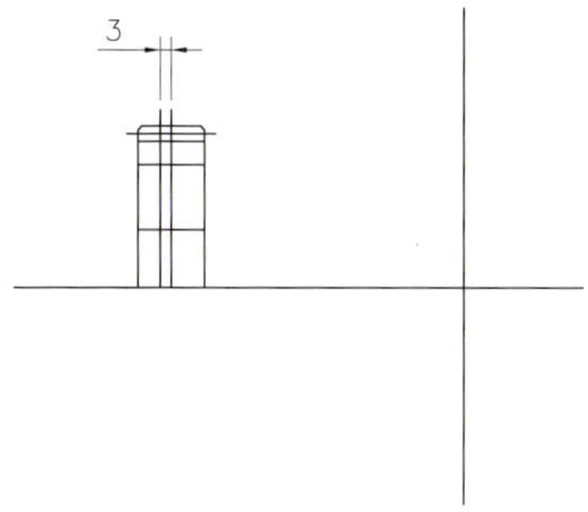

7. 기어 암부를 정리하고 대칭 복사하기

① FILLET 명령을 이용하여 R3의 반지름으로 깎아낸다.

▸ F Enter↵

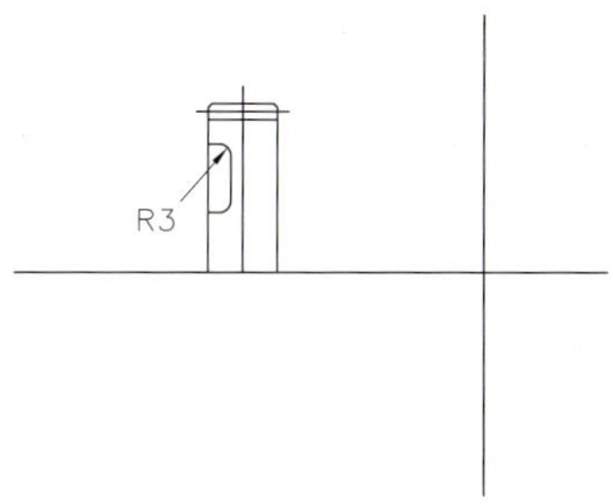

② MIRROR 명령을 이용하여 객체를 상하 대칭 복사한다.

▸ MI Enter↵

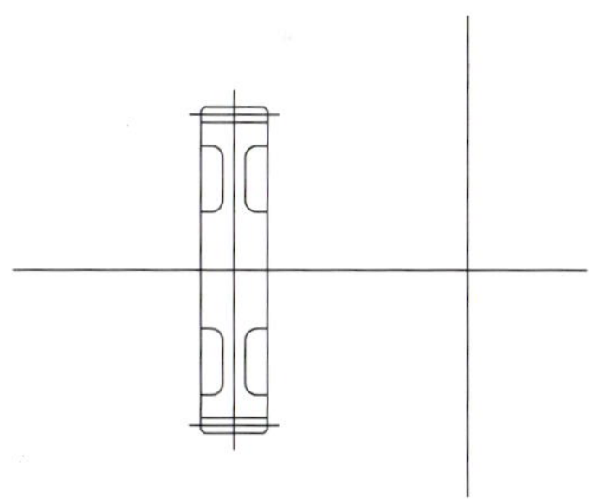

8. 국부 투상도를 나타내기 위한 기초선 그리기

① CIRCLE 명령을 이용하여 중심점을 선택한 후 지름 18mm의 원을 그린다.

▸ C Enter↵

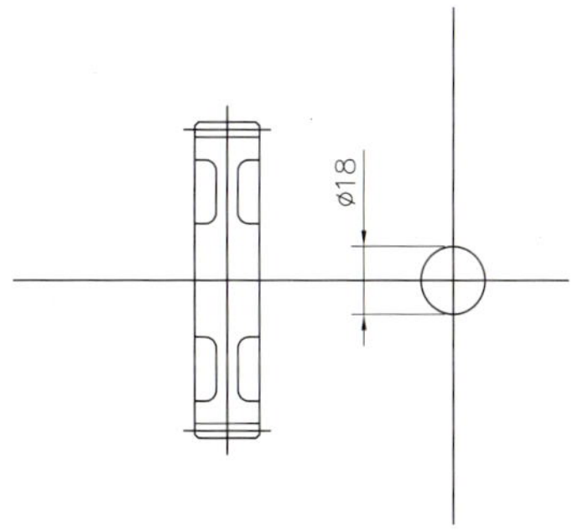

② LINE 명령을 이용하여 우측면도에 기초선을 그린다.

▸ L Enter↵

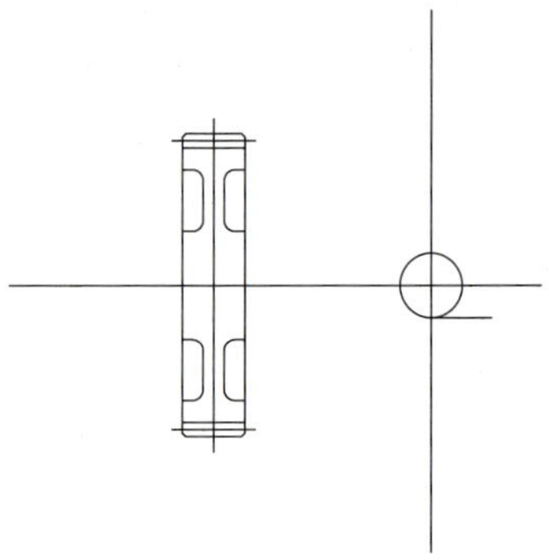

③ OFFSET 명령을 이용하여 각각 3mm, 20.8mm의 간격으로 나란히 복사한다.

▸ O Enter↵

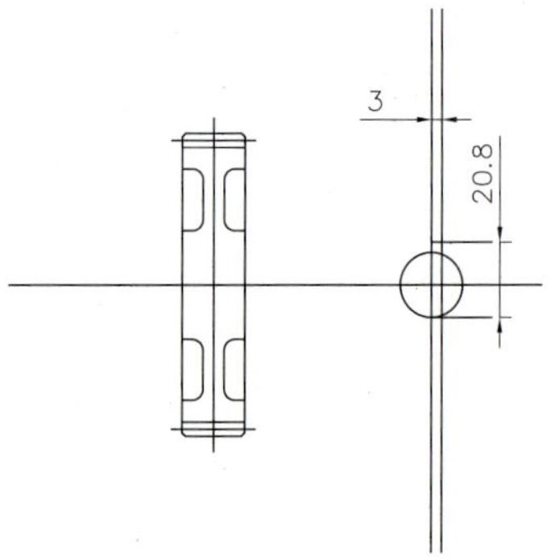

④ TRIM 명령을 이용하여 옆 그림과 같이 잘라낸다.

▸ TR Enter↵

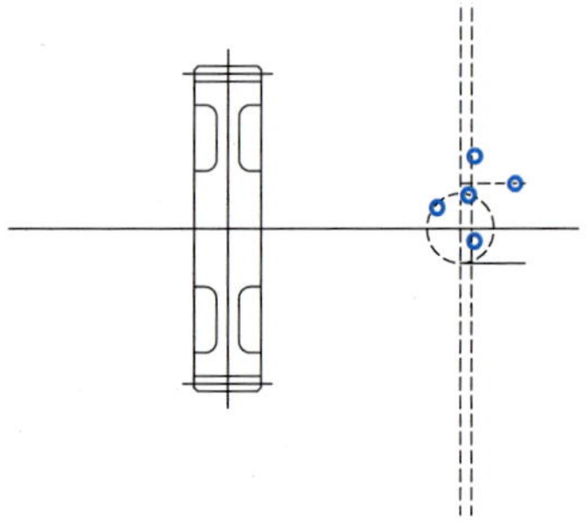

⑤ ERASE 명령을 이용하여 정면도에 생성된 불필요한 직선을 지운다.

▸ E Enter↵

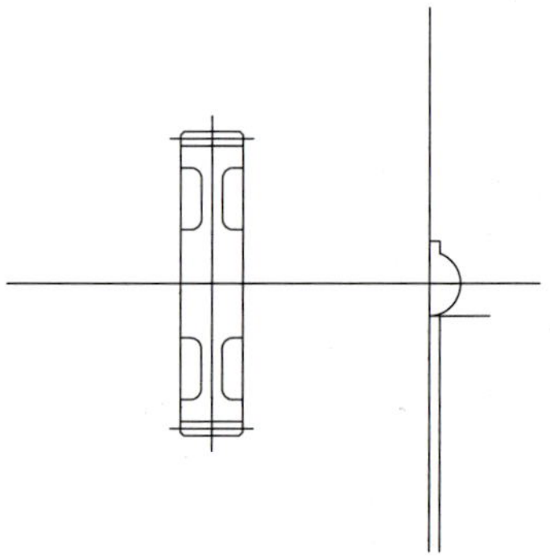

9. 중심선 크기 처리

① BREAK 명령을 이용하여 중심선의 일부분을 끊는다.

▸ BR Enter↵

▸ 중심선 색상은 Red로 변경한다.

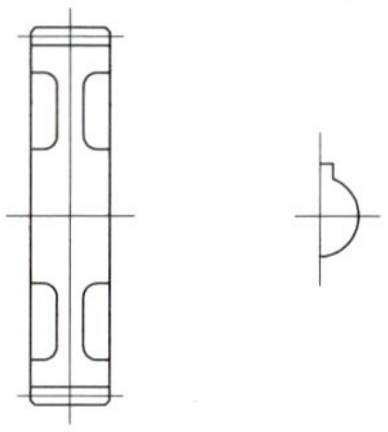

10. 축과 키 홈 부분 정면도에 기초선 그리기

① LINE 명령을 이용하여 정면도에서 선을 인출한다.

▸ L Enter↵

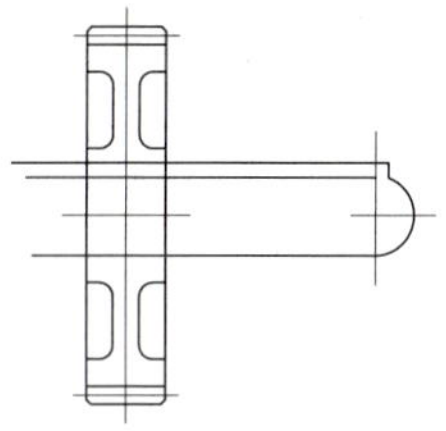

11. 정면도 정리하기

① CHAMFER 명령을 이용하여 교차하고 있는 두 객체에 C1의 모따기를 한다.

▸ CHA Enter↵

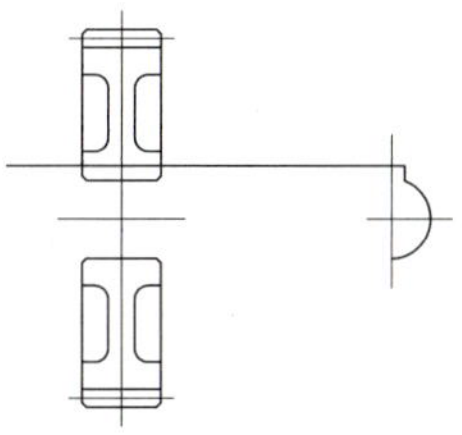

② TRIM 명령을 이용하여 옆 그림과 같이 잘라낸다.

▸ TR Enter↵

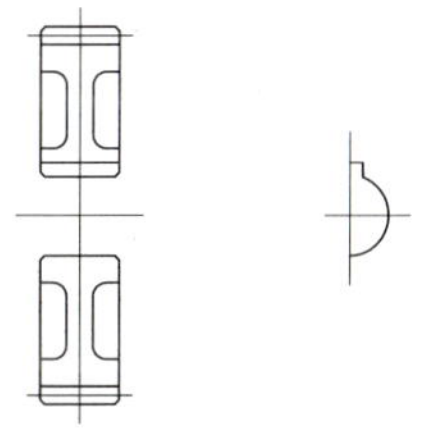

③ LINE 명령을 이용하여 모따기 부분을 연결한다.

- ▸ L Enter↵
- ▸ 대칭기호를 그려 넣는다.

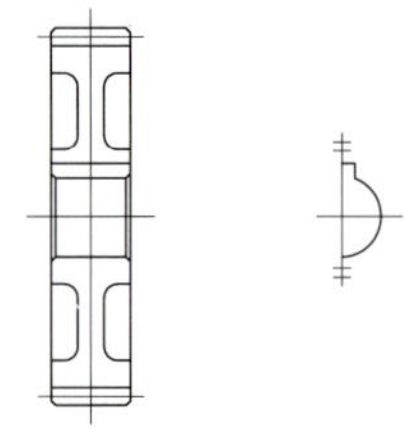

12. 단면도 해칭 처리

① BHATCH 명령을 이용하여 45도, 3mm 간격으로 해칭 처리한다.

- ▸ BH Enter↵
- ▸ 해칭은 가는 실선(White)으로 변경한다.

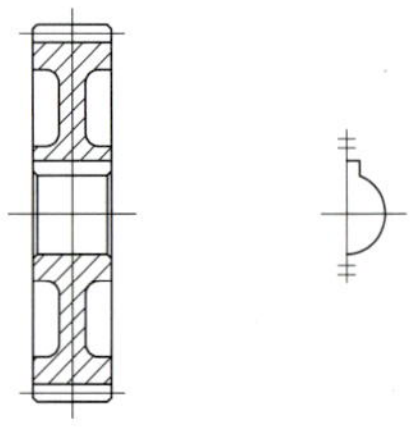

13. 요목표 만들기

① LINE 명령을 이용하여 기초선을 그리고 OFFSET 명령을 이용하여 각각의 간격으로 나란히 복사한다. TRIM 명령을 이용하여 그림과 같이 잘라낸다.

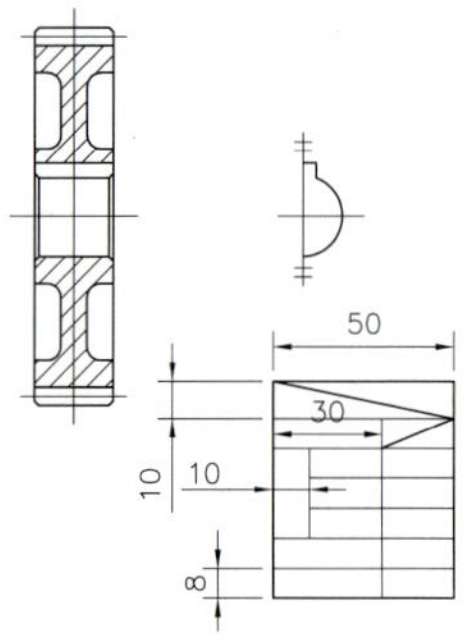

14. 요목표에 문자 쓰기

① TEXT 명령을 이용하여 문자를 쓴다.

- ▸ DT Enter↵
- ▸ M Enter↵
- ▸ 대각선의 중간점(Midpoint)을 선택
- ▸ 3.2 Enter↵
- ▸ Enter↵
- ▸ 문자 입력
- ▸ Enter↵
- ▸ Enter↵

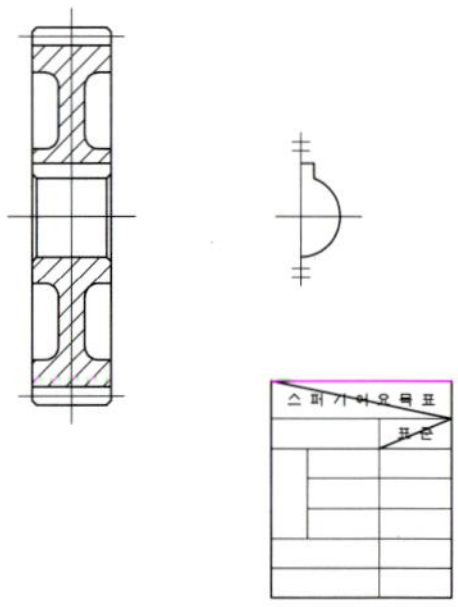

② COPY 명령을 이용하여 같은 형상을 다중 복사한다.

▸ CO Enter↵

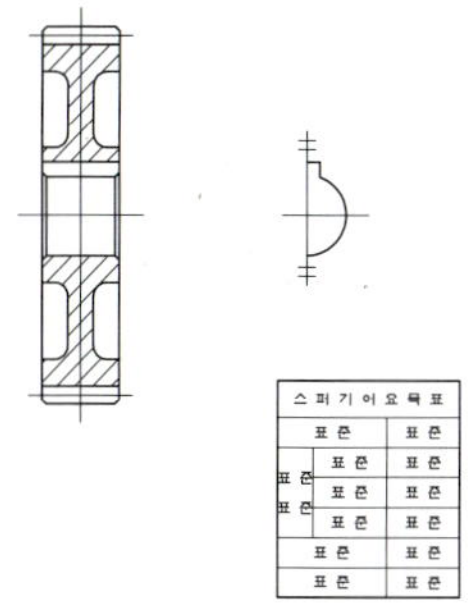

③ DDEDIT 명령을 이용하여 문자의 내용을 변경한다.

▸ ED Enter↵
▸ 편집할 문자 선택
▸ 문자 편집 Enter↵
▸ Enter↵

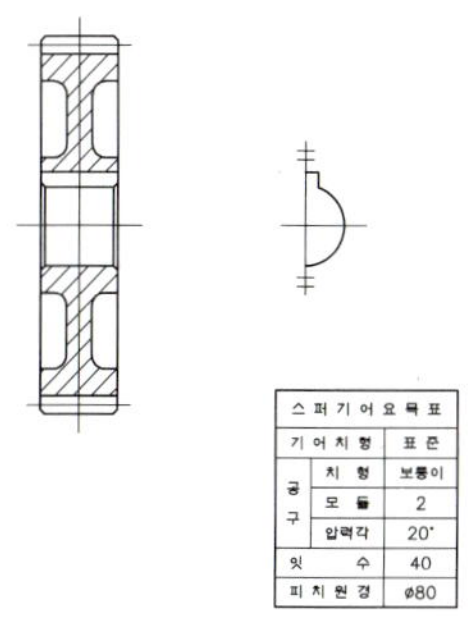

15. 선형 치수 기입하기

① 선형 치수 기입 명령을 이용하여 선형 치수 기입을 한다.

▸ 명령 선택
▸ 시작점 선택
▸ 끝점 선택
▸ 위치 선정 Enter↵

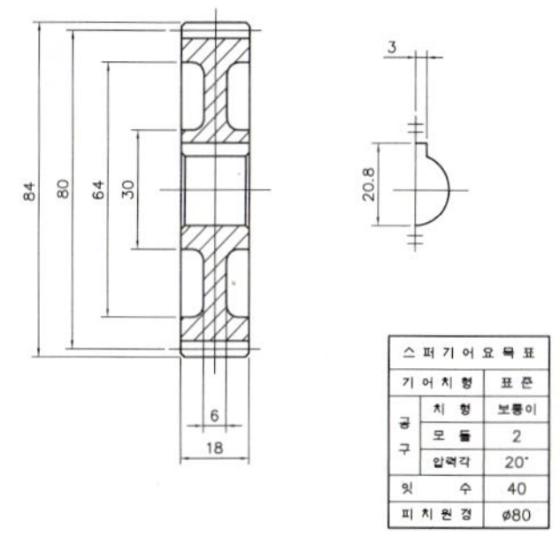

16. 치수에서 ø기호 편집하기

① 명령을 이용하여 관련 치수들을 지정한 형식으로 한꺼번에 변경한다.

▸ 명령 선택
▸ N Enter↵
▸ %%C 입력
▸ 관련 치수 선택 Enter↵
▸ 완성

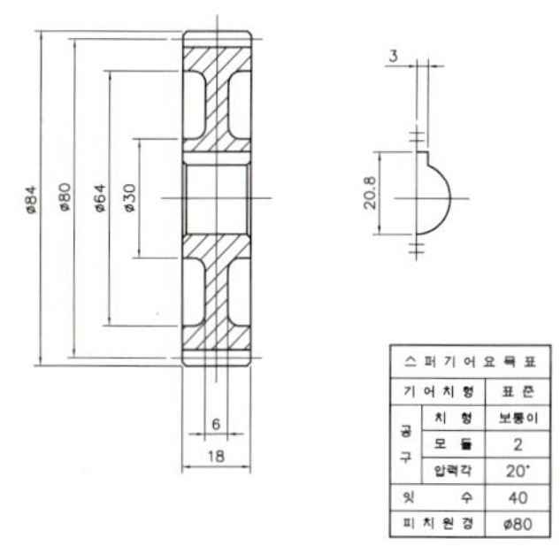

3 예제 따라하기 2

1. 투상하기 위한 중심선을 그리기

① F8키를 눌러 직교모드를 활성화 하고 LINE 명령을 이용하여 수직선, 수평선을 교차되게 그린다.

▸ L Enter↵

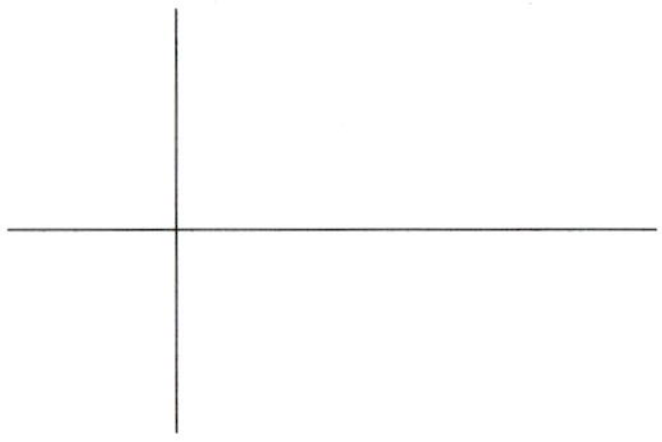

2. 외형의 소재 크기를 위한 기초원 그리기

① CIRCLE 명령을 이용하여 중심점을 선택한 후 지름 38mm, 46mm, 50mm, 68mm의 원을 그린다.

▸ C Enter↵

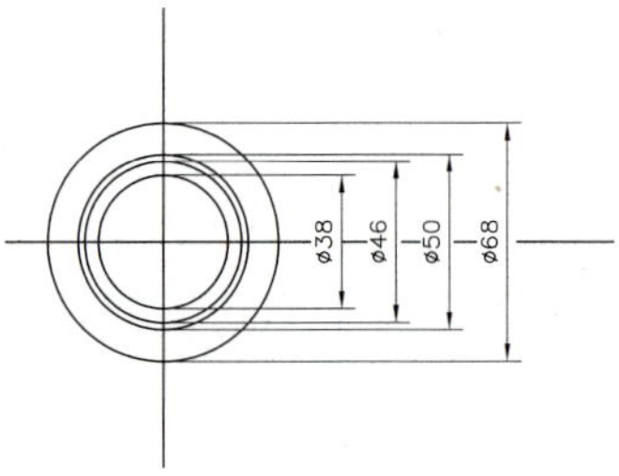

3. 커버 소재 가공을 위한 기초선 그리기

① LINE 명령을 이용하여 임의의 수직선을 그린다.

▸ L Enter↵

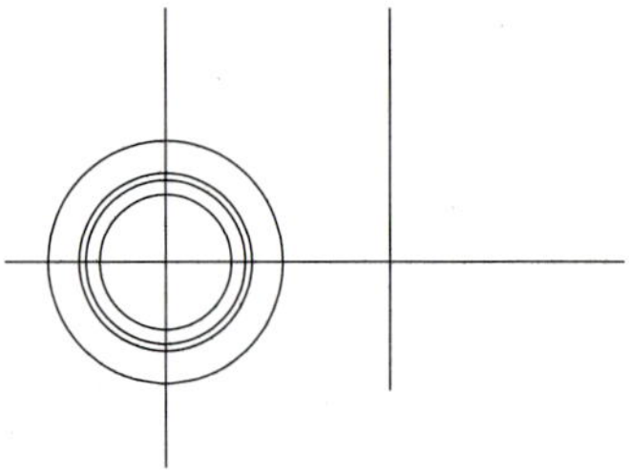

② OFFSET 명령을 이용하여 2mm, 8mm, 4mm의 간격으로 나란히 복사한다.

▸ O Enter↵

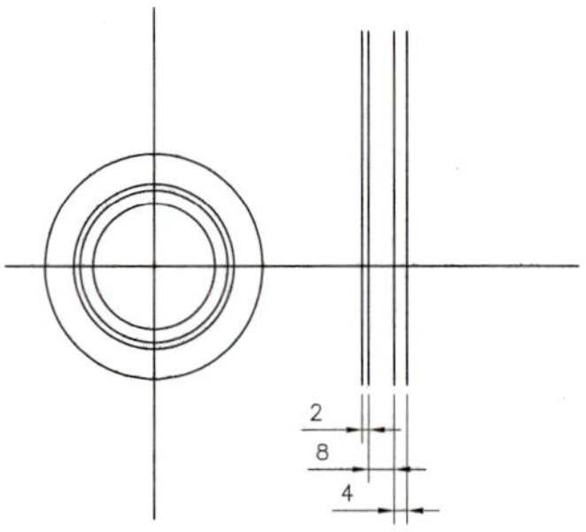

③ LINE 명령을 이용하여 좌측 면도의 상단 교차점에서 인출하여 선을 그린다.

▸ L Enter↵

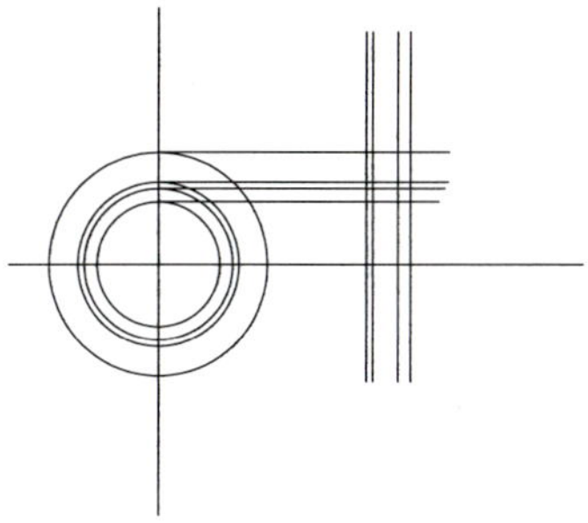

4. 소재 정리하기

① TRIM 명령을 이용하여 옆 그림과 같이 잘라낸다.

▸ TR Enter↵

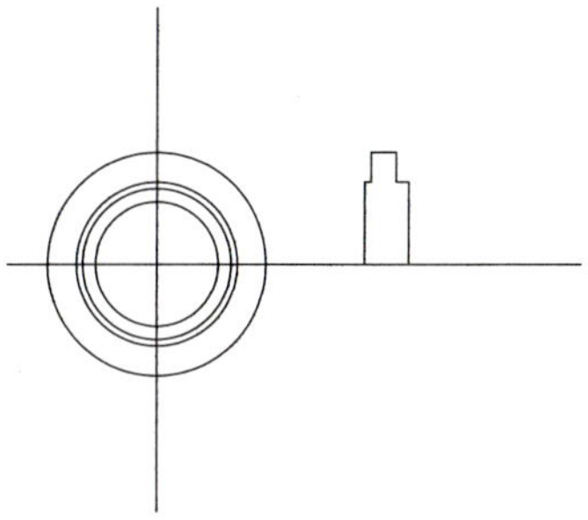

5. 정면도에서 필렛 처리와 모따기하기

① 직선을 직접 선택하여 그림과 같이 우측으로 연장한다.

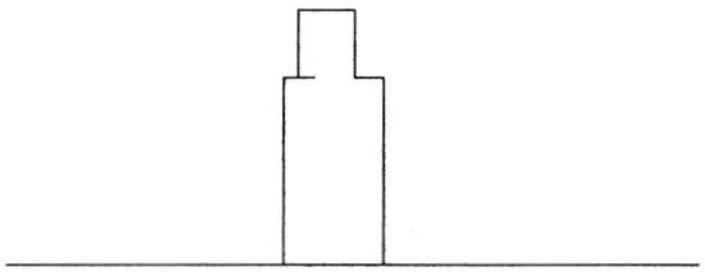

② FILLET 명령을 이용하여 R3의 반지름으로 깎아낸다.

▸ F Enter↵

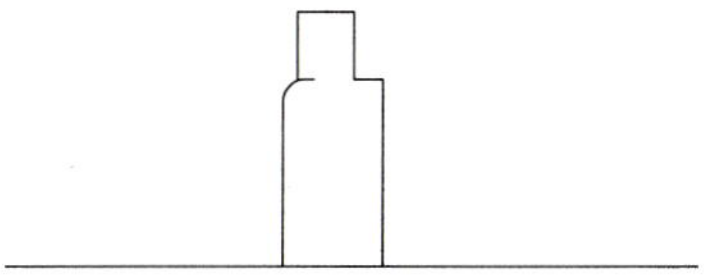

③ ▸ Enter↵

▸ 라운딩 부분과 수직선을 선택

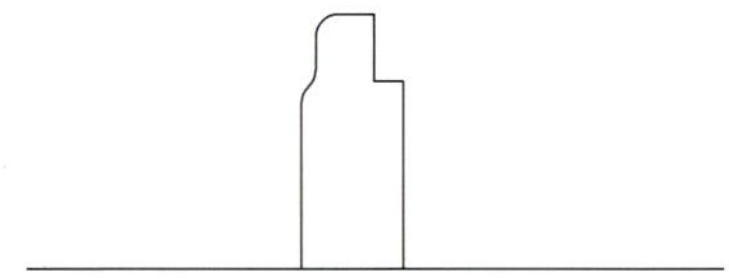

④ CHAMFER 명령을 이용하여 C1의 모따기를 한다.

▸ CHA Enter↵

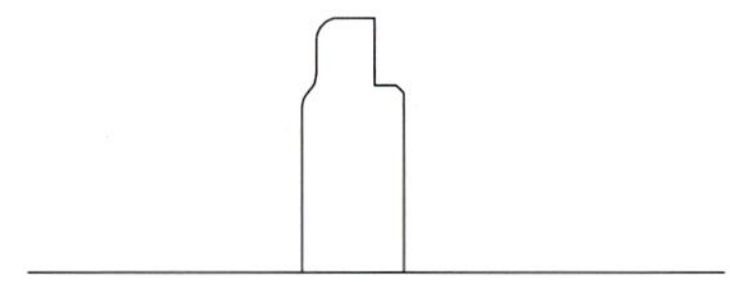

6. 커버 내부를 위한 기초선 그리기

① OFFSET 명령을 이용하여 4mm, 19mm의 간격으로 나란히 복사한다.

▸ O Enter↵

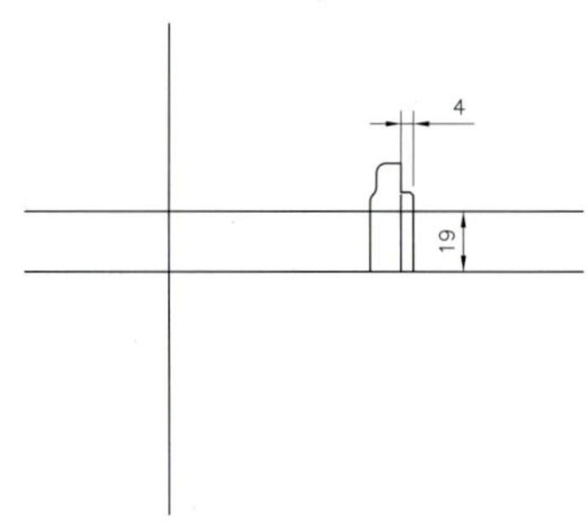

7. 카운터 보오링을 위한 기초선 그리기

① CIRCLE 명령을 이용하여 중심점을 선택한 후 지름 58mm, 4.5mm, 8mm의 원을 그린다.

▸ C Enter↵

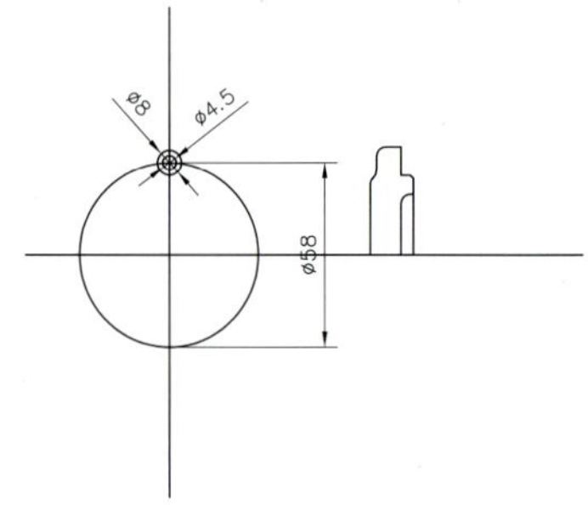

② ARRAY 명령을 이용하여 드릴링 부분을 선택하고 중심점으로부터 4개를 원형 배열 복사한다.

- ▶ AR [Enter↵]
- ▶ Polar Array 선택
- ▶ Select objects : 원 선택
- ▶ Pick Center Point : 수직중심선과 수평중심선의 교차점 선택
- ▶ Total number of items & Angle to fill
  - –Total number of items 〈4〉를 입력
  - –Angle to fill 〈360,을 입력
- ▶ OK [Enter↵]

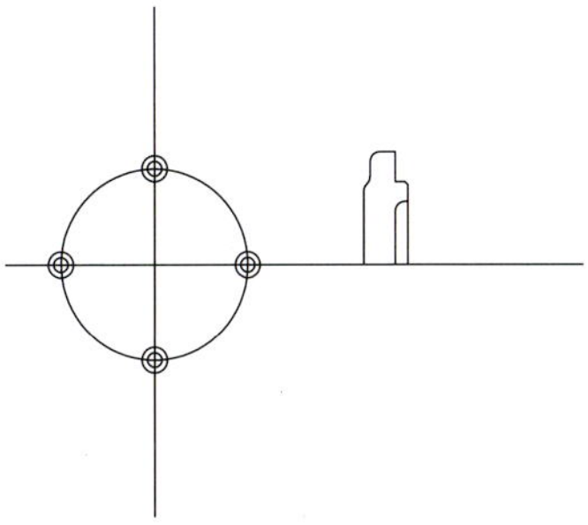

8. 카운터 보오링 정면도에 그리기

① LINE 명령을 이용하여 좌측면도에서 상단 교차점에서 인출하여 선을 그린다.

- ▶ L [Enter↵]

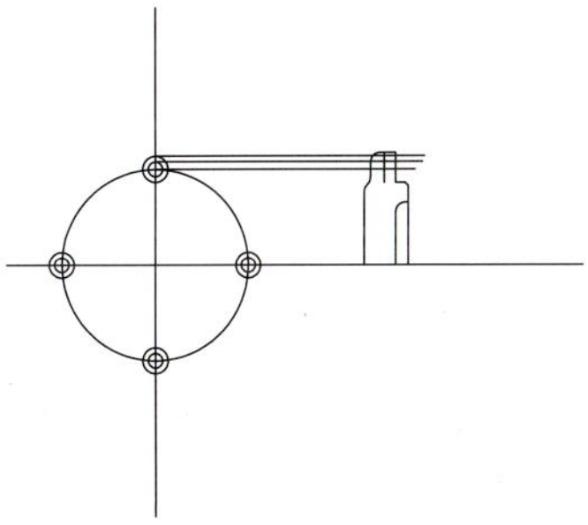

② TRIM 명령을 이용하여 옆 그림과 같이 잘라낸다.

- ▶ TR [Enter↵]

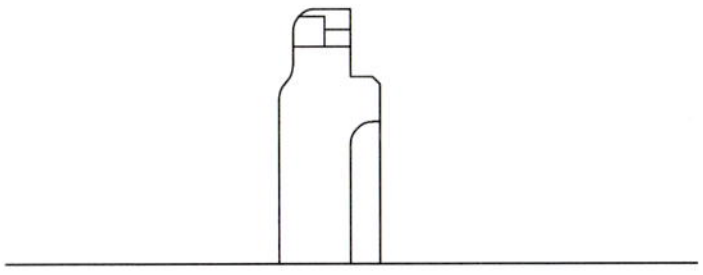

③ MIRROR 명령을 객체를 대칭 복사 한다.

▸ MI Enter↵

EXTEND 명령을 이용하여 대칭 복사를 하고 난 객체의 모자란 부분을 연장한다.

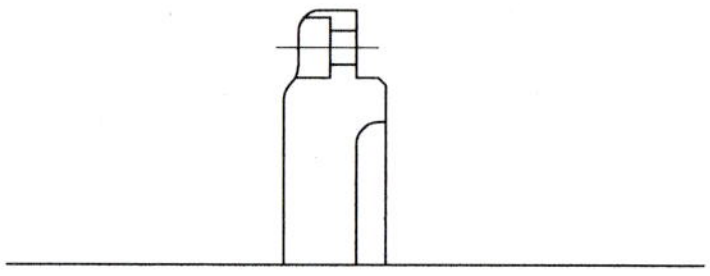

▸ EX Enter↵
▸ 기준 객체를 선택
▸ 연장할 대상 객체를 선택
▸ Enter↵
▸ 중심선 색상은 Red로 변경한다.

9. 정면도 완성하기

① MIRROR 명령을 객체를 대칭 복사 한다.

▸ MI Enter↵

ERASE 명령을 이용하여 우측면도에 생성된 불필요한 원을 지운다.

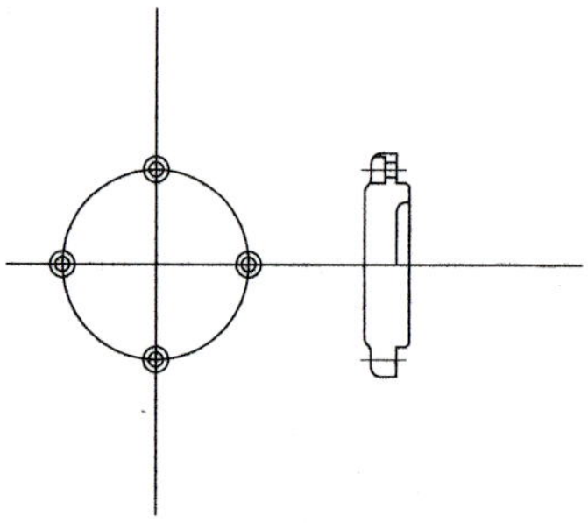

▸ E Enter↵
▸ 정면도 하단 카운터 보오링 선택
▸ Enter↵

② LINE 명령을 이용하여 외형도의 모따기 부분에 직선을 그린다.

▸ L Enter↵

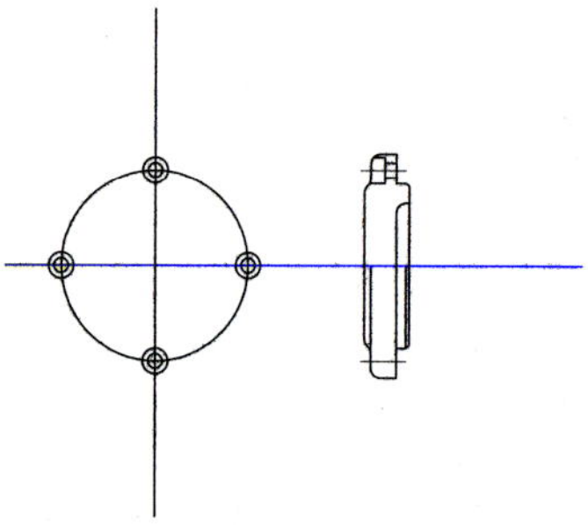

③ TRIM 명령을 이용하여 수직중심선을 기준으로 우측을 잘라낸다.

▸ TR Enter↵

BREAK 명령을 이용하여 중심선의 일부분을 끊는다.

▸ BR Enter↵

▸ 중심선 색상은 Red로 변경한다.

▸ 대칭기호를 그려 넣는다.

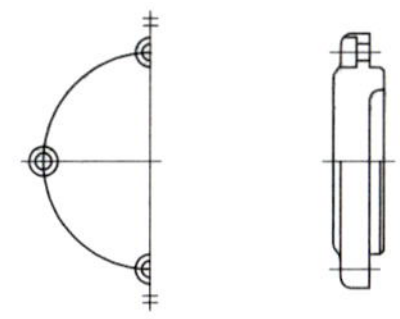

10. 플러머블록을 위한 기초선 그리기

① CIRCLE 명령을 이용하여 중심점을 선택한 후 지름 31.5mm와 40mm의 원을 그린다.

▸ C Enter↵

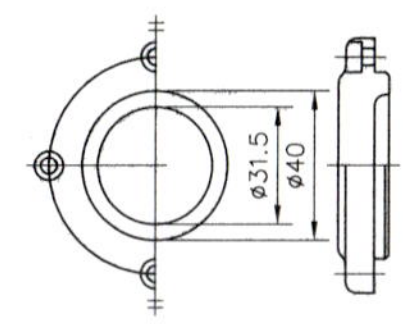

② LINE 명령을 이용하여 좌측 면도의 상단 교차점에서 인출하여 선을 그린다.

▸ L Enter↵

OFFSET 명령을 이용하여 원본과 평행한 직선을 그린다.

▸ O Enter↵

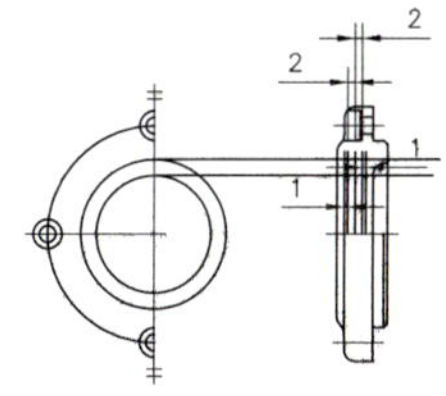

11. 플러머블록을 완성하고 선 처리하기

① LINE 명령을 이용하여 외형도의 모따기 부분에 직선을 그린다.

▸ L Enter↵

TRIM 명령을 이용하여 옆 그림과 같이 잘라낸다.

▸ TR Enter↵

▸ 중심선 색상은 Red로 변경한다.

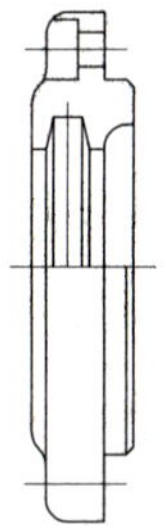

12. 부분확대도 그리기

① ELLIPSE 명령을 이용하여 적당한 크기의 타원을 그린다.

▸ EL Enter↵

LINE 명령을 이용하여 그림과 같이 직선을 그린다

▸ LINE Enter↵

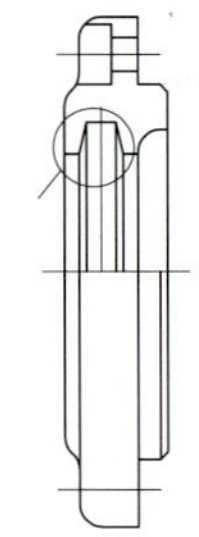

② COPY 명령을 이용하여 확대도로 나타낼 부분을 복사한다.

▸ CO Enter↵

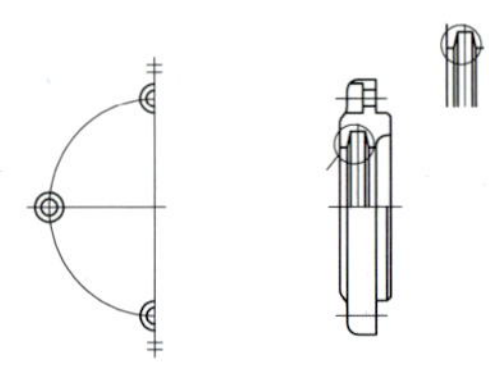

③ SCALE 명령을 이용하여 부분확대도의 크기를 2배 확대한다.

▸ SC Enter↵

▸ 확대할 객체 선택

▸ 기준점 입력

▸ 2 Enter↵

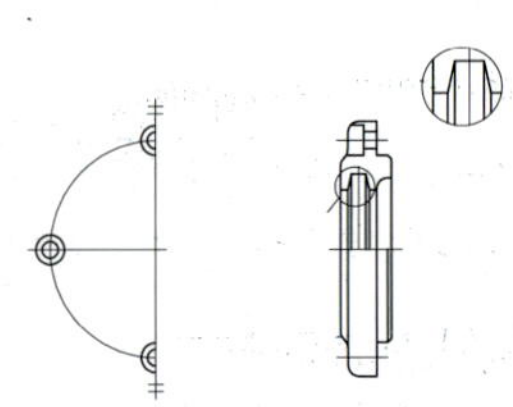

④ TEXT 명령을 이용하여 문자를 쓴다.

▸ DT Enter↵

▸ 임의의 공간에 시작점 선택

▸ 4 Enter↵

▸ Enter↵

▸ 문자 입력

▸ Enter↵

▸ Enter↵

MOVE 명령을 이용하여 문자를 적당하게 배치한다.

▸ M Enter↵

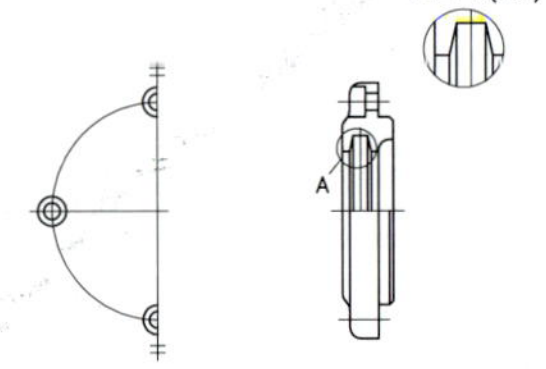

13. 단면도 해칭 처리

① BHATCH 명령을 이용하여 45도, 3mm 간격으로 해칭 처리한다.

▸ BH Enter↵

▸ 해칭은 가는실선(White)으로 변경한다.

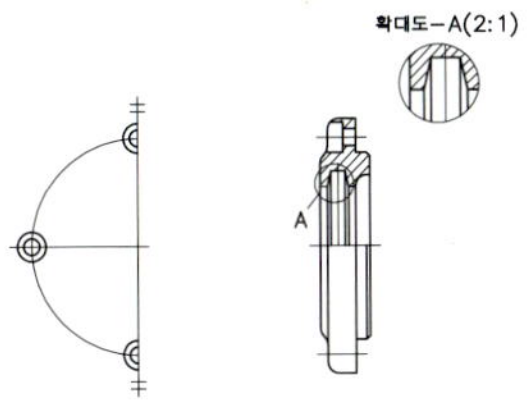

14. 선형 치수 기입하기

① 선형 치수 명령을 이용하여 선형 치수 기입을 한다.

▸ 명령 선택
▸ 시작점 선택
▸ 끝점 선택
▸ 위치 선정 Enter↵

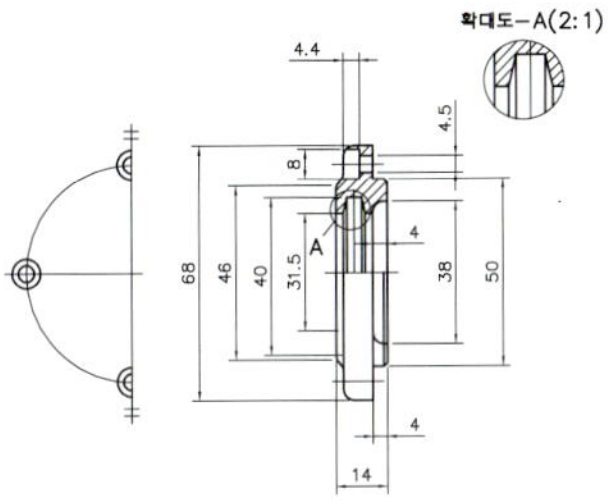

② 직경을 입력하는 명령을 이용하여 원의 직경을 입력한다.
▸ 명령 선택
▸ 원 선택 Enter↵
▸ 위치 선택 Enter↵

EXPLODE 명령을 이용하여 치수 객체를 분해한다.
▸ X Enter↵

ERASE 명령을 이용하여 불필요한 객체를 지운다.
▸ E Enter↵

MOVE 명령을 이용하여 문자를 적당하게 배치한다.

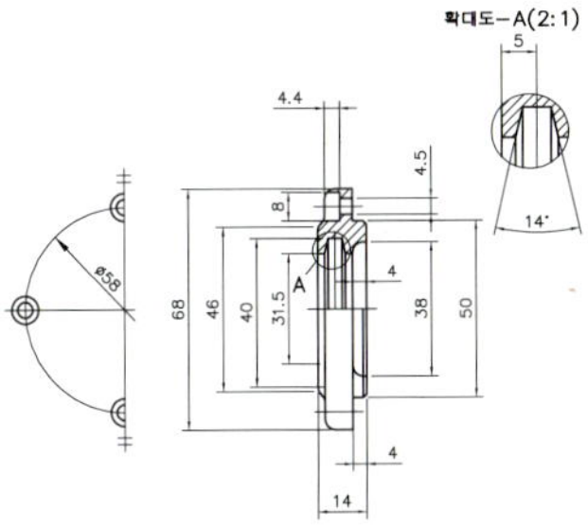

15. 치수에서 ϕ기호 편집하기

① 명령을 이용하여 관련 치수들을 지정한 형식으로 한꺼번에 변경한다.

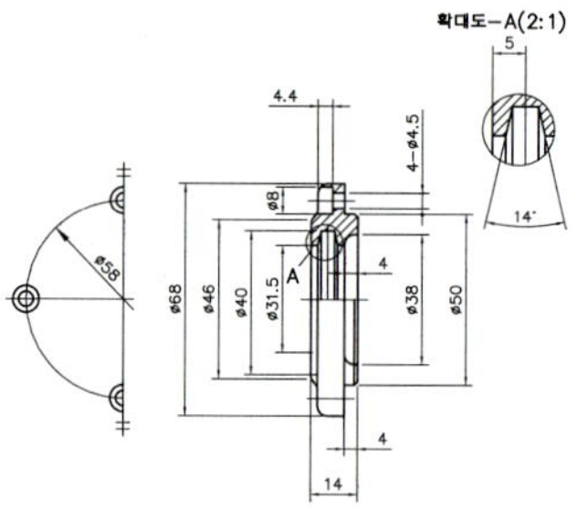

- ▸명령 선택
- ▸N Enter↵
- ▸%%C 입력
- ▸관련 치수 선택 Enter↵
- ▸완성

연습과제

1 연습과제 1, 2

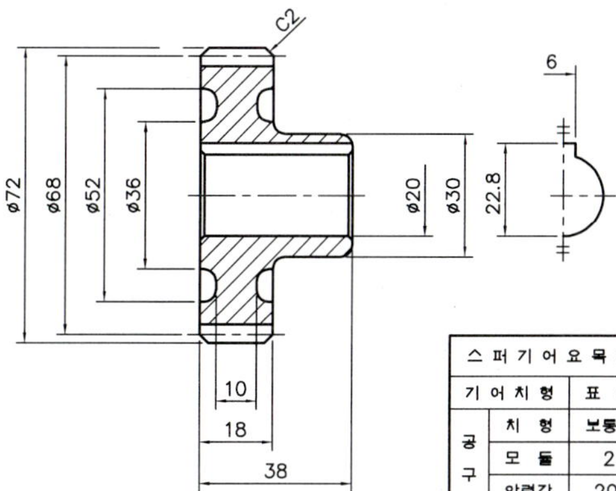

스퍼기어요목표		
기어치형		표준
공구	치형	보통이
	모듈	2
	압력각	20°
잇수		34
피치원경		ø68

연습문제 1 - 스퍼기어

스퍼기어를 완성하고 치수를 기입한다.

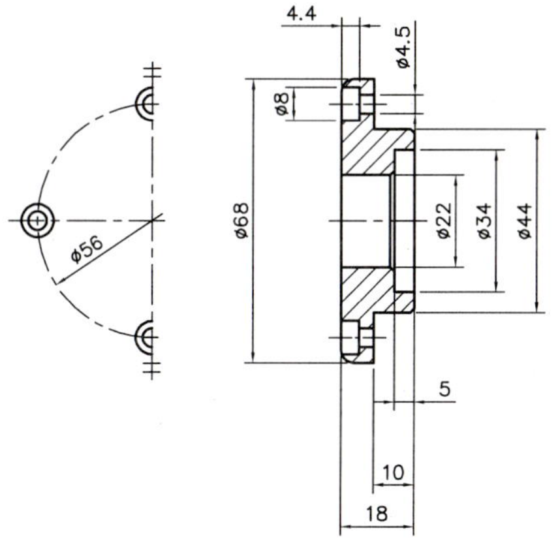

연습문제 2 - 동력전달 장치의 커버

커버를 완성하고 치수를 기입한다.

2 연습과제 3, 4

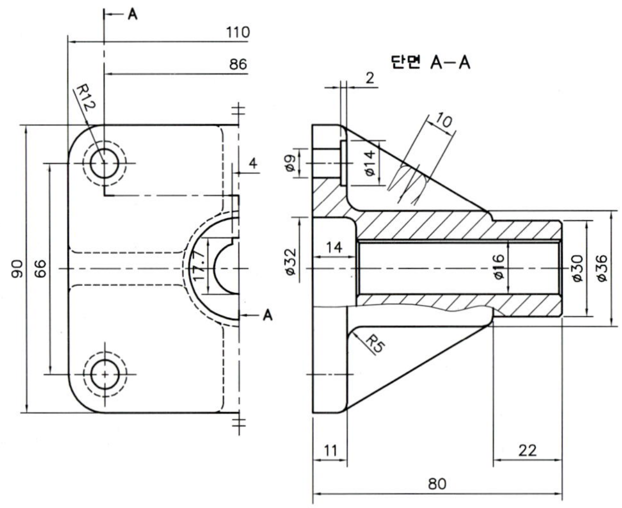

연습문제 3 - 외륜 회전 전동장치의 브라켓

브라켓을 완성하고 치수를 기입한다.

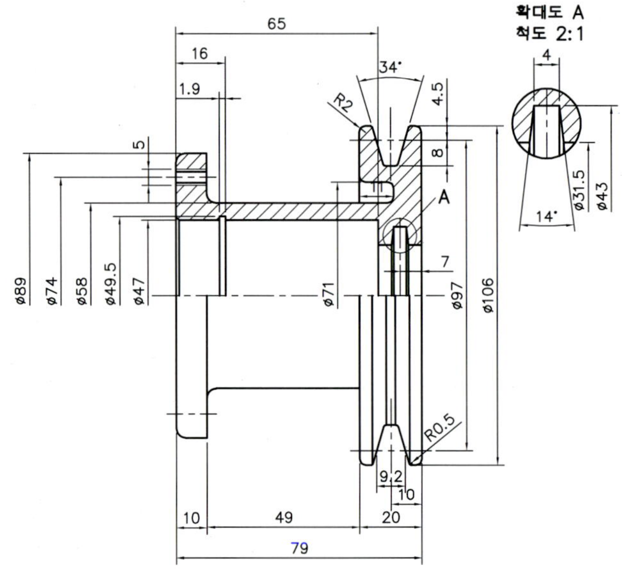

연습문제 4 - 외륜 회전 전동장치의 V-벨트 풀리

V-벨트 풀리를 완성하고 치수를 기입한다.

CHAPTER 12

출력(Plot) 및 기타 명령

◆실습목적 :	① 최종 완성된 도면의 출력에 대하여 배운다.
◆실습시간 :	1.5hr ~ 2.5hr
◆실습내용 :	① 도면 출력의 개요 ② PAGESETUP _ 도면 출력 환경 설정하기 ③ STYLESMANAGER _ 출력 스타일 설정하기 ④ PLOTTERMANAGER _ 플로터 설정하기 ⑤ PLOT _ 도면 출력하기 ⑥ 기타 명령 사용하기
◆참고사항 :	• AutoCAD에서는 종이에 도면을 출력하는 것을 기본하지만, 웹에 게시하거나 컴퓨터 파일로 보관하기 위하여 인터넷 또는 그림파일로도 출력할 수 있다.

실습할 내용 :

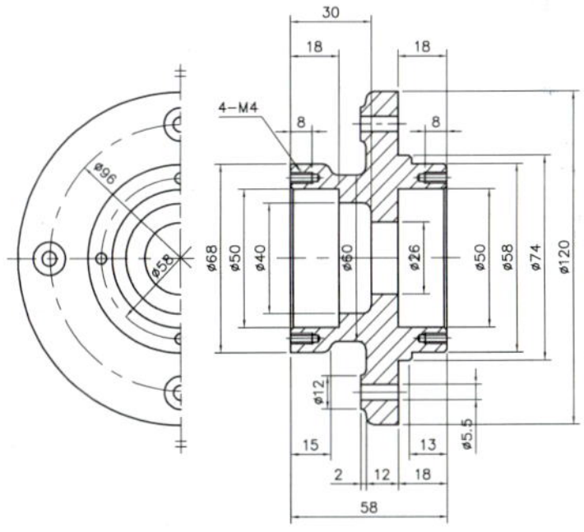

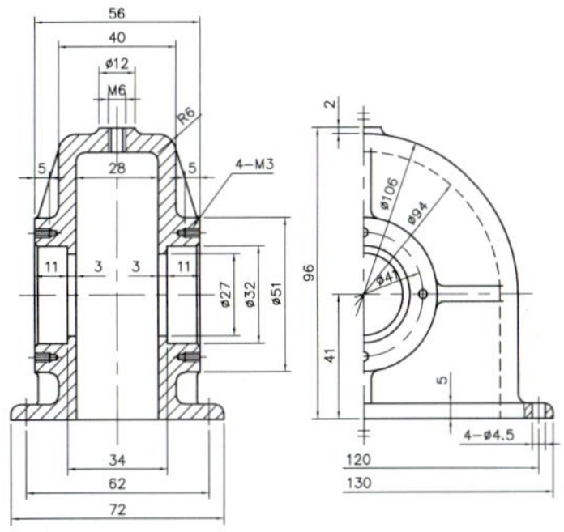

Section 01 도면 출력의 개요

AutoCAD에서 작업한 도면은 실제로 사용할 수 있는 도면이 아니기 때문에 규격용지에 맞춰 출력하여야 실제 사용가능한 도면이 된다. 도면을 출력하기 위한 준비, 출력 등에 대하여 과정을 알아본다.

1 도면 출력 과정

1. Plotting 하기 위한 준비

① 플로터 또는 프린터가 올바르게 연결되었는지 확인한다.

플로터는 모든 규격 용지나 롤 형식의 용지를 출력할 수 있게 제작된 도면 전용 출력기이고, 프린터는 래스터(점형)방식 즉, 주위에서 쉽게 사용 가능한 레이저 프린터나 잉크젯 프린터를 말한다. 주로 A3, A4 사이즈의 용지가 많이 이용되고 있다.

② 운영체제에서 기본 프린터를 설정한다.

운영체제가 Windows인 경우 프린터 목록에서 도면 출력 작업을 수행할 플로터 또는 프린터를 기본 프린터로 설정하여야 한다. 또한 AutoCAD 내에서도 PAGESETUP 명령으로 도면 출력 작업을 수행할 플로터 또는 프린터 장치를 설정하여야 한다.

③ 현재 도면을 인쇄(Plotting) 하기

현재 도면에 활성화된 도면을 개별적으로 출력할 수 있고 대량 출력을 필요로 할 때에는 출력용 Utility나 플로트 파일을 만들어 한 번에 출력하는 것이 가능하다.

2. Plotting 작업의 순서

출력할 도면을 불러온다. → PLOT 환경을 설정한다. → 준비된 출력기 (플로터 또는 프린터)로 도면을 출력하거나 파일로 출력한다.

1. 프린터 목록을 확인하고 설정한다.
2. 출력할 도면 크기를 설정한다.
3. 색상 별로 펜 굵기(선 두께 가중치)를 설정한다.
4. 도면과 용지의 대비를 설정한다.
5. 척도를 설정한다.
6. 현재 도면과 용지의 위치를 설정한다.
7. 미리보기를 통해서 출력 내용을 확인한다.
8. 복사할 매수를 설정한다.
9. 출력기로 출력할 것인지 파일로 출력할 것인지를 설정한다.
10. 출력한다.

Section 02

PAGESETUP
도면 출력 환경 설정하기

도면을 출력하기 위한 환경을 설정하는 명령으로 도면 출력 환경을 새로 만들거나 수정, 저장할 수 있다. 또한 출력기(플로터 또는 프린터), 용지 크기, 출력 영역 등 도면 출력에 관한 전반적인 내용을 모두 설정할 수 있는 대화창을 실행시킨다.

1 프린터를 이용하여 종이로 출력하기 위한 환경 설정하기

1. 명령어의 실행

① (마우스)를 이용한 실행

▸ 메뉴 표시줄 [File] – [Page Setup Manager...] 선택

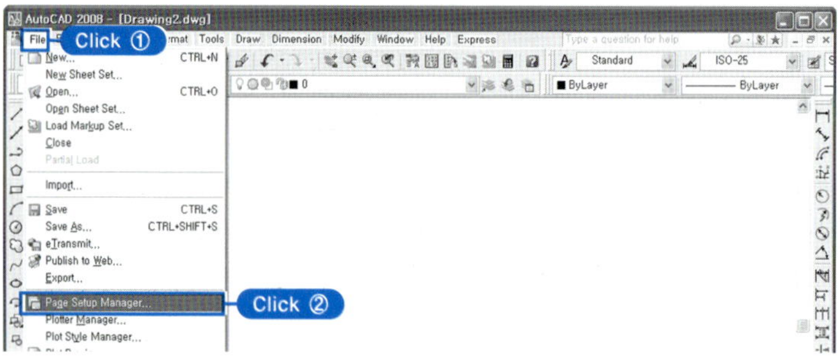

▸ Layouts 도구모음 [Page Setup Manager...] 선택

② (키보드)를 이용한 실행

Command : PAGESETUP Enter↵

2. 명령어 사용법 따라하기

①
- 명령을 실행, (PAGESETUP Enter↵)
- 출력 환경 관리 대화창 표시

– 현재로 설정(Set Current)
– 신규(New...)
– 수정(Modify...)
– 가져오기(Import...)

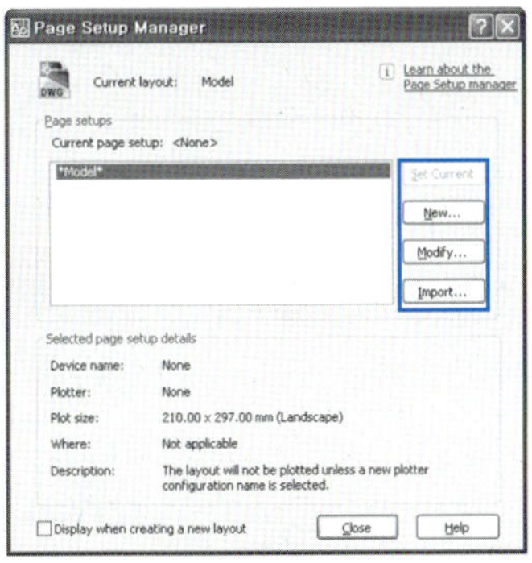

②
- 출력 환경 관리 대화창이 나타나면 〈Modify〉 버튼을 선택하여 페이지 설정을 위한 대화창을 표시
- 새로운 출력(Plotting) 환경 설정을 위해 〈New〉 버튼을 선택

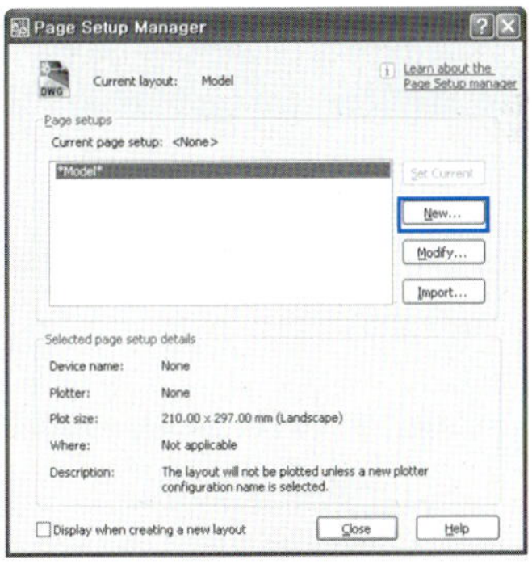

- 새로운 환경 설정을 시작하는 대화창이 나타나면 새로운 환경 설정 이름으로 〈PLOT〉을 입력하고 〈OK〉 선택

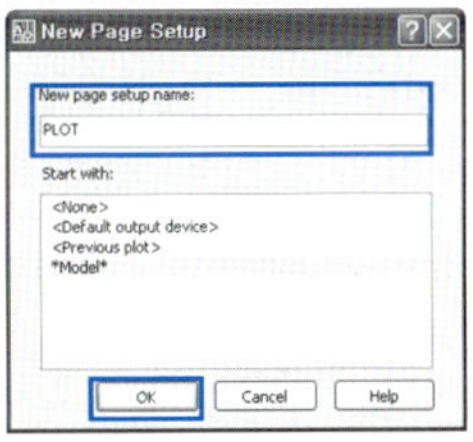

③
- 출력 환경 설정 대화창이 나타나면, 아래와 같이 설정
- 프린터 / 플로터 이름 (Printer / plotter name)을 〈사용자가 현재 사용중인 프린터〉로 선택
- 용지 사이즈(Paper size)를 〈A4〉로 선택
- 출력 영역(Plot area)를 〈Limits〉로 선택
- 출력 간격띄우기(Plot offset)에서 〈Center the plot〉 체크
- 출력 축척(Plot scale)에서 〈Fit to paper〉를 체크
- 출력 스타일 테이블(Plot style table)에서 〈Monochrome.ctb〉로 선택
- 모든 배치에 적용할 것인지를 물으면 〈예〉 선택
- 미리보기(Preview) 버튼을 눌러 출력 내용을 미리보기로 확인
- 〈OK〉 버튼을 선택하여 설정을 저장

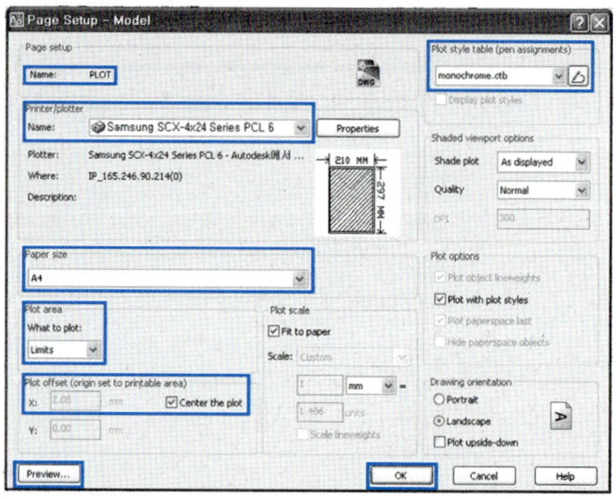

2 PDF 파일로 출력하기 위한 환경 설정하기

① 출력 환경 관리 대화창에 대한 내용은 프린터를 이용하여 종이에 출력하는 방법과 동일하다.

② 새로운 환경 설정을 시작하는 것에 대한 내용은 프린터를 이용하여 종이에 출력하는 방법과 동일하다.

③
- 출력 환경 설정 대화창이 나타나면, 아래와 같이 설정
- 프린터 / 플로터 이름 (Printer / plotter name)을 〈Adobe PDF〉로 선택
- 용지 사이즈(Paper size)를 〈A4〉로 선택
- 출력 영역(Plot area)를 〈Limits〉로 선택
- 출력 간격띄우기(Plot offset)에서 〈Center the plot〉 체크
- 출력 축척(Plot scale)에서 〈Fit to paper〉를 체크
- 출력 스타일 테이블(Plot style table)에서 〈Monochrome.ctb〉로 선택
- 모든 배치에 적용할 것인지를 물으면 〈예〉 선택
- 미리보기(Preview) 버튼을 눌러 출력 내용을 미리보기로 확인
- 〈OK〉 버튼을 선택하여 설정을 저장

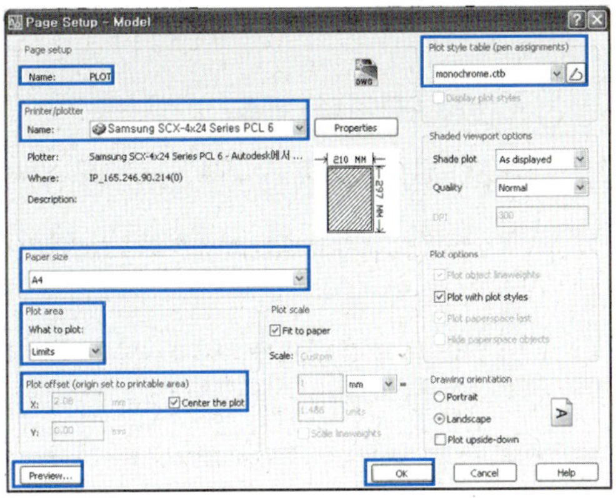

TIP

➡ 출력 환경 설정 대화창의 항목

▸ Page setup _ 현재 페이지 설정의 간략한 정보를 표시

– 이름(Name) : 현재 페이지 설정의 이름을 표시

▸ Printer/Plotter _ 플로팅 장치를 지정

– 이름(Name) : 출력을 위해 선택할 수 있는 PC3 파일 또는 프린터를 선택한다.

– 특성(Properties) : 현재 플로터에 대한 설정값을 보거나 수정할 수 있는 플로터 구성 편집기를 표시한다.

TIP

➡ 출력 환경 설정 대화창의 항목 계속

- 플로터(Plotter) : 현재 설정의 출력 장치를 표시한다.
- 플로터 위치(Where) : 현재 설정의 출력 장치의 위치를 표시한다.
- 부분적 미리보기(Partial preview) : 용지 크기 및 인쇄 가능 영역을 기준으로 유효한 출력 영역을 표현한다.

▸ Paper size _ 용지 크기 지정

▸ Plot area _ 출력 영역 지정

- 배치/한계(Layout/Limits) : 배치로 출력할 경우 배치의 (0,0)에서 계산된 원점을 사용하여 용지의 인쇄 가능 영역 내의 모든 객체를 출력한다. 모형 탭에서 출력할 경우 한계 영역으로 정의되는 전체 도면 영역을 출력한다.
- 범위(Extents) : 도면 중 객체를 포함하고 있는 공간을 출력한다.
- 화면표시(Display) : 현재 뷰를 출력한다.
- 뷰(View) : VIEW 명령을 사용하여 저장된 뷰를 출력한다.
- 윈도우(Window) : 사용자가 지정하는 모든 부분을 출력한다.

▸ Plot offset(origin set to printable area) _ 플롯 간격 띄우기 지정

- x 방향, y 방향(x,y) : 왼쪽 구석아래에서 간격 띄워 출력한다.
- 플롯의 중심(center the plot) : 용지 중앙에 배치하여 출력한다.

▸ Preview _ 출력 내용 미리보기

▸ Plot scale _ 도면 단위와 출력 단위를 상대적으로 조정

- 종이에 맞춤(Fit to paper) _ 선택한 용지 크기에 맞춰 출력한다.
- 축척(Scale) _ 정확한 축척을 지정하여 출력한다.

▸ Plot style table(pen assignments) _ 출력 스타일 테이블을 설정

▸ Shaded viewport options _ 음영 처리된 뷰포트가 출력되는 방법 지정

- 음영 출력(shade plot) : 뷰가 출력되는 방법을 지정한다.
- 품질(Quality) : 음영처리 뷰포트가 출력될 해상도를 지정한다.

▸ Plot options _ 선가중치, 출력 스타일 등에 관한 옵션을 지정

- 객체 선가중치를 출력(Plot object lineweights)
- 출력 스타일을 출력(Plot with plot styles)
- 도면 공간을 마지막에 출력(Plot paperspace last)
- 도면 공각 객체 숨기기(hide paperspace objects)

▸ Drawing Orientation _ 도면의 가로, 세로 방향을 지정

- 세로(Portrait) : 용지의 폭이 짧은 쪽이 페이지의 위가 되도록 출력한다.
- 가로(Landscape) : 용지의 폭이 긴 쪽이 페이지의 위가 되도록 출력한다.
- 상하를 뒤집어 출력(Plot upside-down)

Section 03

STYLESMANAGER
출력 스타일 설정하기

작성된 도면에 선의 모양 뿐만 아니라 선굵기를 적용하여 외형선, 숨은선, 중심선들을 표현한다. AutoCAD에서는 이 선굵기 적용을 위하여 선의 색상을 이용한다. 선의 색상에 따라 선굵기를 지정하기 위하여 STYLESMANEGER 명령을 이용한다.

1 KS 제도 규격에 맞춰 선굵기 설정하기

1. 명령어의 실행

① (마우스)를 이용한 실행

▸ 메뉴 표시줄 [File] – [Plot Style Manager...] 선택

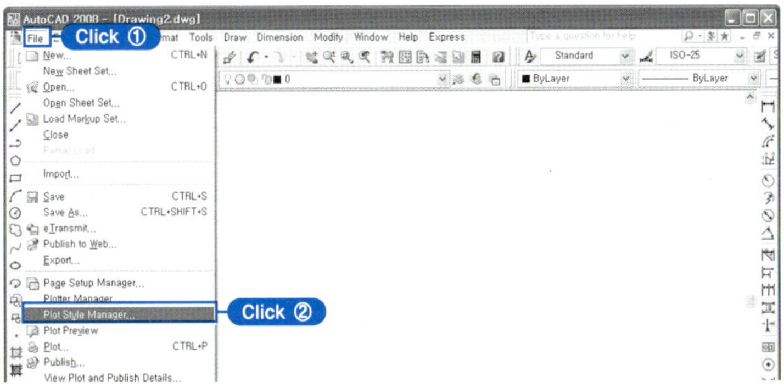

② (키보드)를 이용한 실행

Command : STYLESMANAGER Enter↵

2. 명령어 사용법 따라하기

① ▸명령을 실행, (STYLESMANAGER Enter↵)

▸출력 스타일이 저장된 폴더가 표시

▸새로운 출력 스타일을 설정하기 위해 〈Add-A-Plot Style Table Wizard〉를 선택하거나, 기존의 스타일을 편집하기 위해서 이미 설정된 출력 스타일 파일을 선택

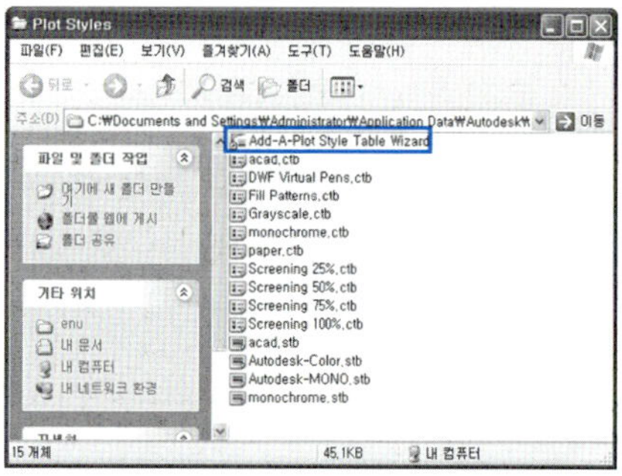

② ▸출력 스타일을 설정하기 위한 마법사 대화창

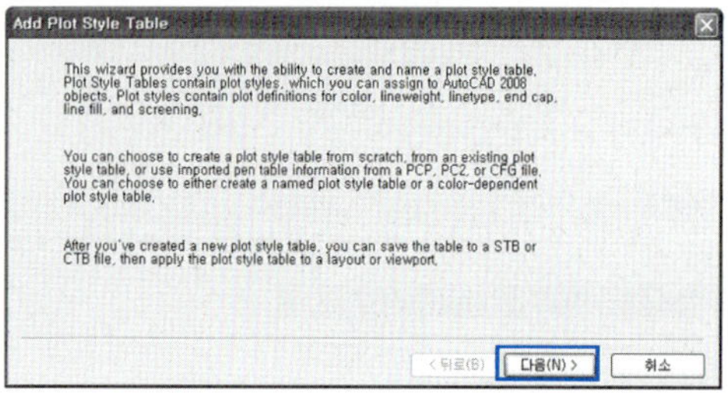

① 다음 선택

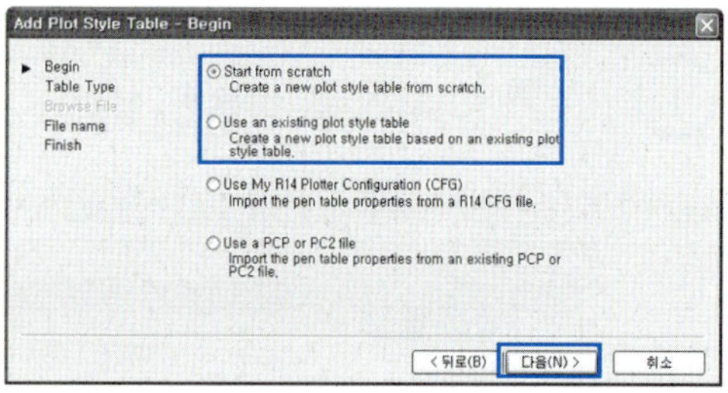

② 새로운 스타일을 설정하기 위해서 〈Start from scratch〉 선택

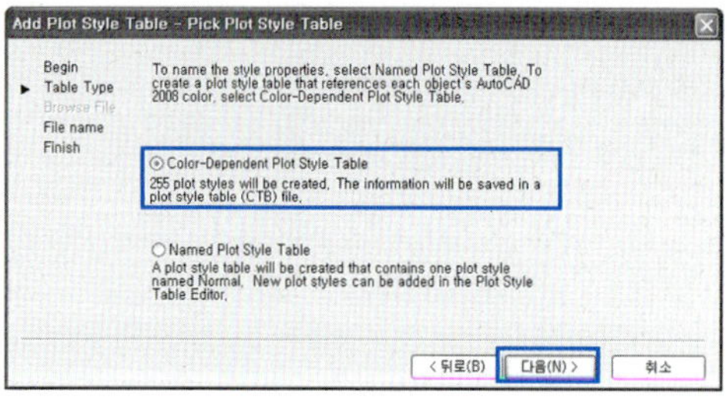

③ 색상 번호로 스타일을 지정하기 위해서 〈Color-Dependent Plot Style Table〉을 선택

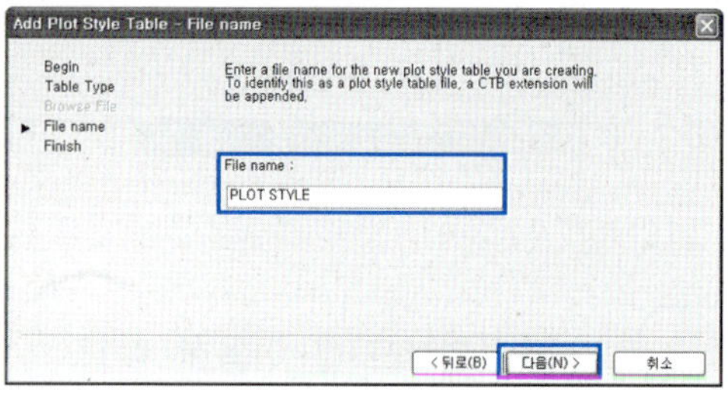

④ 새 스타일 이름을 〈PLOT STYLE〉로 입력

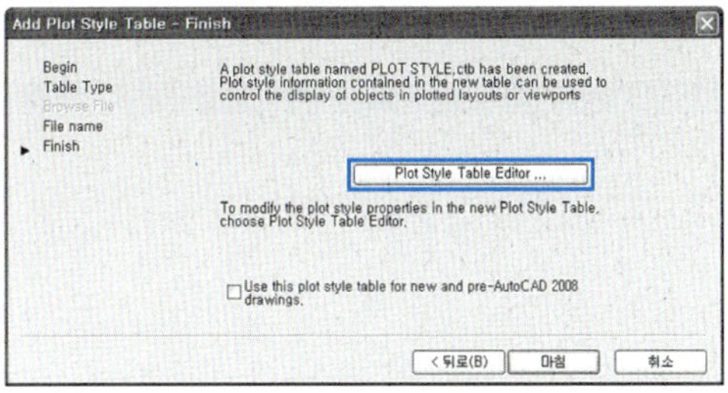

⑤ 스타일 테이블 편집기를 열기 위해서 〈Plot Style Table Editor...〉를 선택

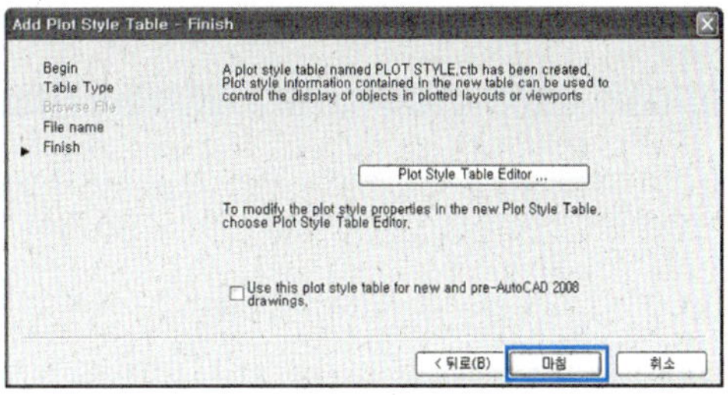

⑥ 새 스타일 설정을 위한 마법사 대화창을 종료

〈Plot Style Table Editor〉

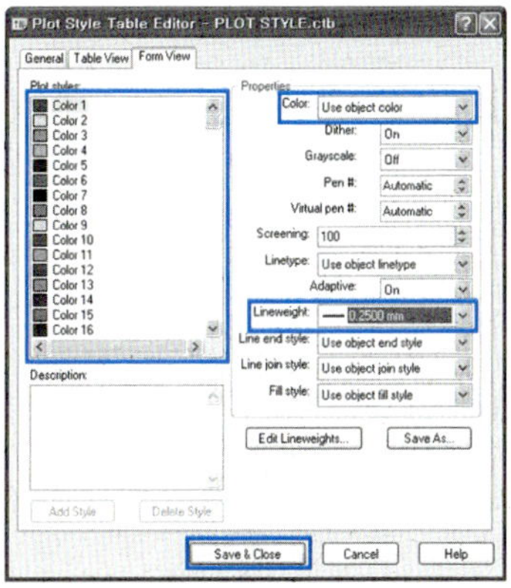

- 출력 스타일을 설정할 색상을 선택
- 모든 색상을 흑색으로 출력하기 위해 색상(Color)을 〈Black〉을 선택
- 색상에 대해 선 두께(lineweight) 선택
- 저장하고 종료

※ 선 두께(Lineweight) 설정 사항

- 빨간색(Red) : 0.25
- 노란색(Yellow) : 0.35
- 초록색(Green) : 0.5
- 하늘색(Cyan) : 0.7
- 하얀색(White) : 0.25

Section 04 PLOTTERMANAGER 플로터 설정하기

AutoCAD에서는 플로터/프린터를 이용하여 종이에 도면을 출력할 수 있지만 *.EPS파일과 같은 그림파일로도 출력이 가능하다. PLOTTERMANAGER 명령을 이용하여 그림파일로 저장하기 위한 플로터 등을 설정한다.

1 *.EPS 파일로 출력하기 위한 플로터 설정하기

1. 명령어의 실행

① (마우스)를 이용한 실행

▸ 메뉴 표시줄 [File] – [PLOTTER MANAGER...] 선택

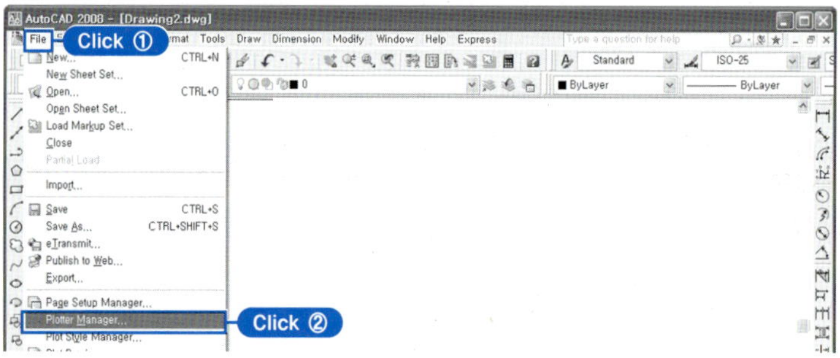

② (키보드)를 이용한 실행

Command : PLOTTERMANAGER Enter↵

2. 명령어 사용법 따라하기

①

- 명령을 실행, (PLOTTERMANAGER Enter↵)
- 플로터 장치가 저장된 폴더가 표시
- 새로운 플로터 장치를 설정하기 위해 〈Add-A-Plotter Wizard〉를 선택하거나, 기존의 플로터를 편집하기 위해서 이미 설정된 플로터 파일을 선택

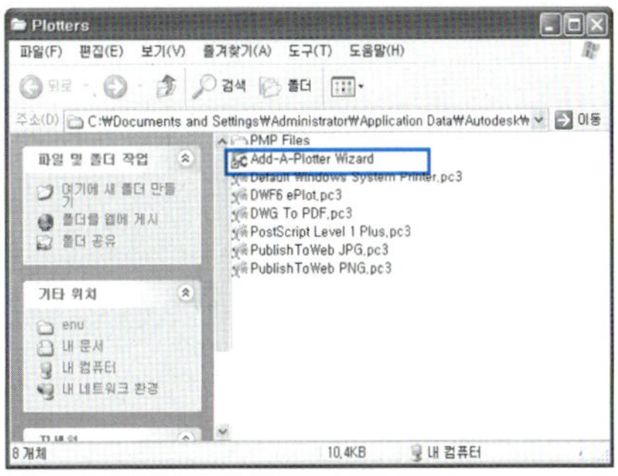

②

- 플로터를 설정하기 위한 마법사 대화창

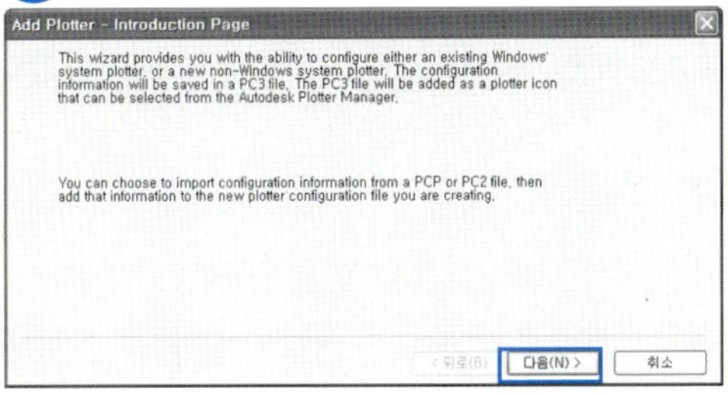

① 다음 선택

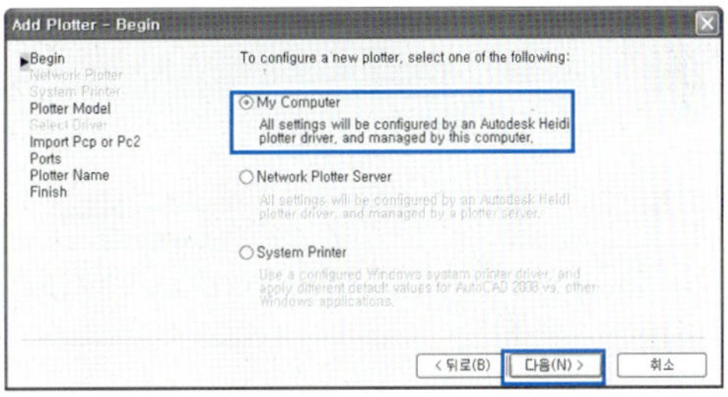

② 파일로 출력하기 위해 〈My Computer〉를 선택

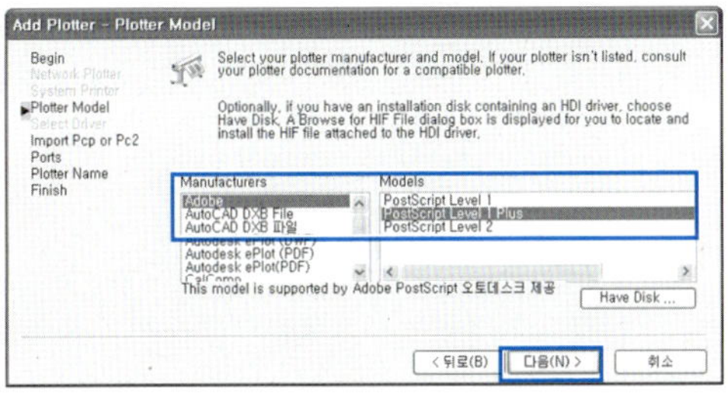

③ Adobe에서 제공하는 *.EPS 파일 형식으로 출력하기 위해서 Manufacture rs 항목에서 〈Adobe〉 선택

④ Models 항목에서 〈PostScript Le vel 1 Plus〉 선택

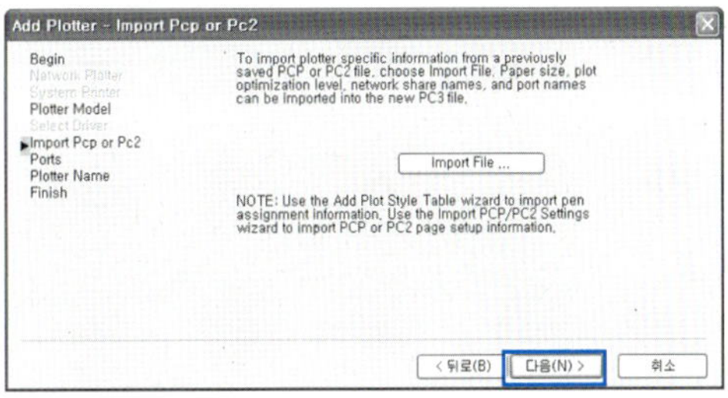

⑤ 다음 선택

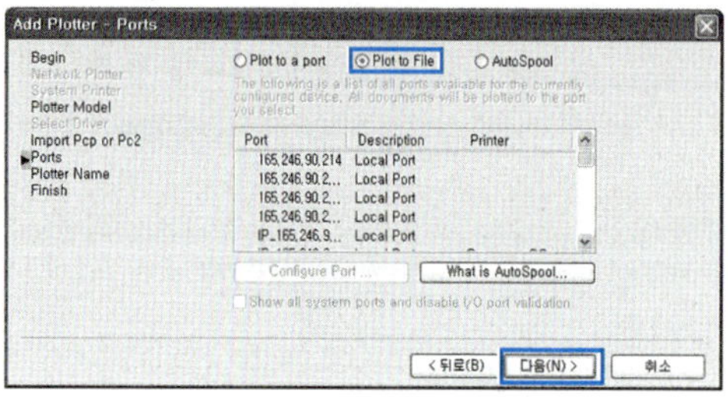

⑥ EPS 파일로 출력하기 위해서 〈Plot to File〉 선택

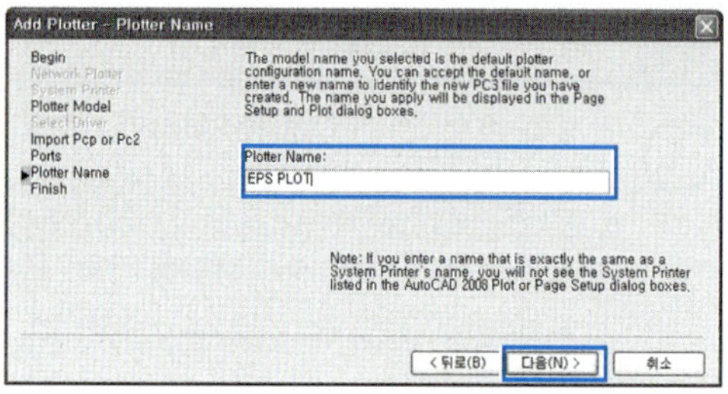

⑦ 플로터 이름을 〈EPS PLOT〉으로 입력

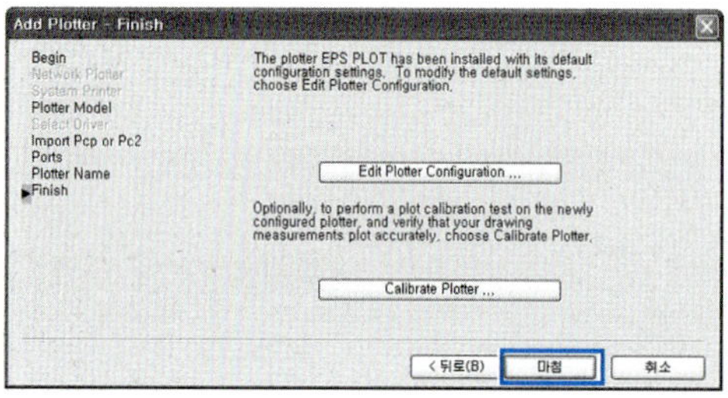

⑧ 새 플로터 설정을 위한 마법사 대화창을 종료

Section 05

PLOT 도면 출력하기

이제 실제로 작성된 도면을 출력해야 한다. 앞서 설정한 스타일과 플로터를 이용하여 작성된 도면을 출력할 것이다. PLOT 명령을 이용하여 작성된 도면을 종이 또는 파일로 출력한다.

1 작성된 도면을 A4 size 종이에 출력하기

1. 명령어의 실행

① (마우스)를 이용한 실행

▸ 메뉴 표시줄 [File] – [Plot...] 선택

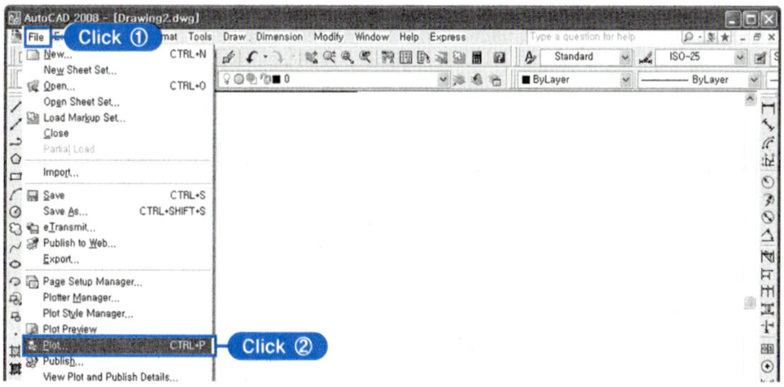

▸ Standard 도구모음 [Plot] 선택

② (키보드)를 이용한 실행

Command : PLOT Enter↵

2. 명령어 사용법 따라하기

① ▸ 명령 실행, (PLOT Enter↵)

▸ 도면 출력을 위한 대화창을 표시

▸ 앞서 도면 출력 환경 설정에서 출력될 도면에 대해 종이로 출력하기 위한 모든 설정이 되어 있다면 Page Setup 항목에서 저장한 도면 출력 환경 설정 이름을 선택하고 Preview(미리보기)로 확인 후 도면을 출력

② ※ 여기서는 도면 출력 환경 설정을 불러와서 출력하지 않고 각 항목을 선택하여 출력한다.

▸ 프린터/플로터 이름 항목에서 〈사용자가 사용중인 프린터 이름〉을 선택
▸ 종이 크기(Paper size) 항목에서 A4 용지에 출력하기 위해 〈A4〉 선택
▸ 범위(Plot area) 항목에서 모형공간에서 설정한 도면 한계영역을 기준으로 한계영역 내부의 모든 객체를 출력하기 위해서 〈Limits〉를 선택
▸ 출력 간격띄우기(Plot offset) 항목에서 〈Center the plot〉 선택
▸ 출력 축척(Plot scale) 항목에서 〈Fit to paper〉 선택
▸ 출력 스타일 테이블(Plot style table) 항목에서 〈PLOT STYLE.ctb〉 선택
▸ 도면 방향(Drawing Orientation) 항목에서 〈Landscape〉 선택
▸ 미리보기(Preview)로 도면 출력내용 확인
▸ 〈OK〉 버튼을 선택하여 도면 출력

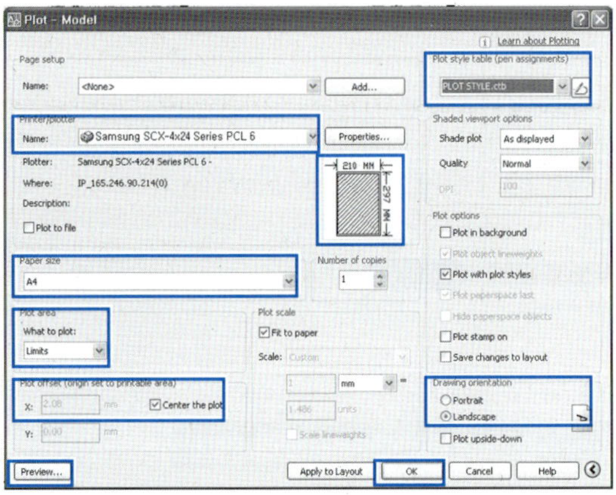

2 작성된 도면을 *.EPS 그림 파일로 출력하기

1. 명령어 사용법 따라하기

① ▸ 명령 실행, (PLOT Enter↵)
▸ 도면 출력을 위한 대화창을 표시

▸ 앞서 도면 출력 환경 설정에서 출력될 도면에 대해 EPS 그림파일로 출력하기 위한 모든 설정이 되어 있다면 Page Setup 항목에서 저장한 도면 출력 환경 설정 이름을 선택하고 Preview(미리보기)로 확인 후 도면을 출력

※ 여기서는 도면 출력 환경 설정을 불러와서 출력하지 않고 각 항목을 선택하여 출력한다.

2 ▸ 프린터/플로터 이름 항목에서 앞서 설정한 플로터 〈EPS PLOT〉을 선택
▸ 종이 크기(Paper size) 항목에서 A4 용지에 출력하기 위해 〈ISO A4(297.00mm×210.0mm)〉 선택
▸ 범위(Plot area) 항목에서 모형공간에서 설정한 도면 한계영역을 기준으로 한계영역 내부의 모든 객체를 출력하기 위해서 〈Limits〉를 선택
▸ 출력 간격띄우기(Plot offset) 항목에서 〈Center the plot〉 선택
▸ 출력 축척(Plot scale) 항목에서 〈Fit to paper〉 선택
▸ 출력 스타일 테이블(Plot style table) 항목에서 〈PLOT STYLE.ctb〉 선택
▸ 도면 방향(Drawing Orientation) 항목에서 〈Landscape〉 선택
▸ 미리보기(Preview)로 도면 출력내용 확인
▸ 〈OK〉 버튼을 선택하여 도면 출력

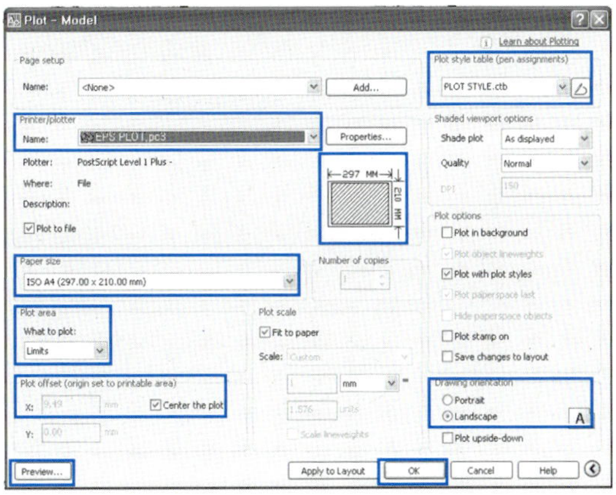

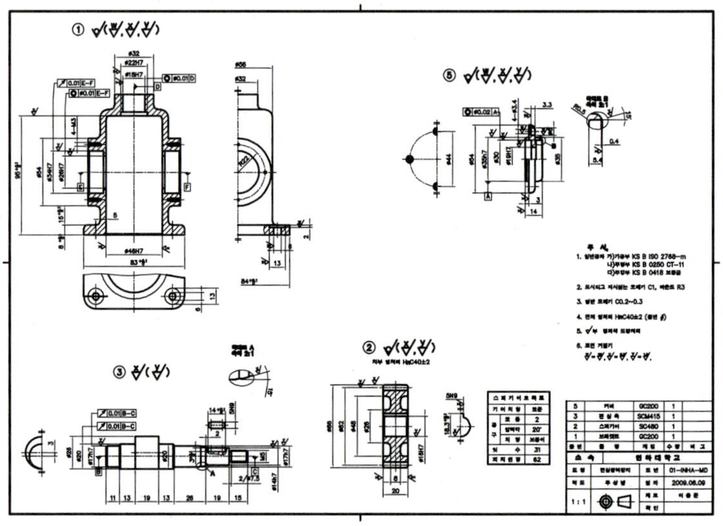

〈EPS 그림파일로 출력된 도면〉

Section 06 기타 명령 사용하기

도면의 복구 및 도면 정보에 관한 명령으로 RECOVER(복구), AUDIT(오류검사), PURGE(불필요한 블록 등 삭제), TIME(TIME) 등의 명령어가 있다. 도면 작업시 자주 사용되지는 않지만 도면 작업 마무리에 확인하여 제품 설계 작업을 끝낸다.

1 RECOVER _ 도면 파일 복구하기

도면 작업 중 예기치 않은 프로그램 또는 컴퓨터 오류로 파일이 손상되었거나 기존에 저장된 도면이 열리지 않는 경우 RECOVER 명령을 이용하면 손상된 부분을 도면 열기와 함께 자동 복구하는 명령이다.

1. 명령어의 실행

① (마우스)를 이용한 실행

▸메뉴 표시줄 [File] – [Drawing Utilities] – [Recover...] 선택

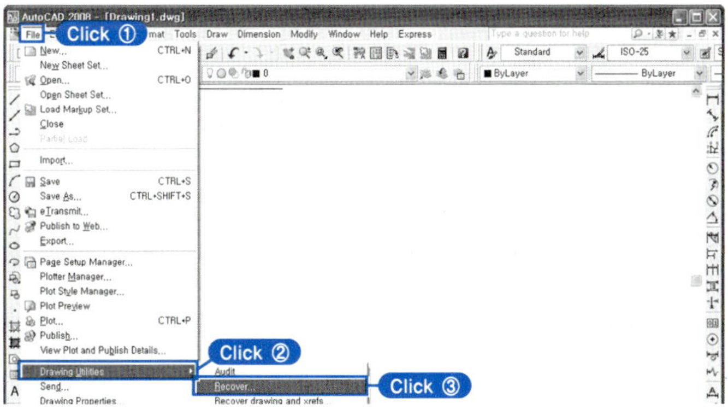

② (키보드)를 이용한 실행

Command : RECOVER Enter↵

2. 명령어 사용법 따라하기

① ▸명령을 실행, (RECOVER Enter↵)

▸복구할 파일의 경로와 파일 이름을 선택하여 손상된 파일 복구

2 AUDIT _ 도면 오류 검사하기

도면 작업을 마무리 하면서 현재 작업 중인 도면에 존재하는 오류를 검사하여 발견된 오류를 교정하는 명령이다.

1. 명령어의 실행

① (마우스)를 이용한 실행

▸메뉴 표시줄 [File] – [Drawing Utilities] – [Audit] 선택

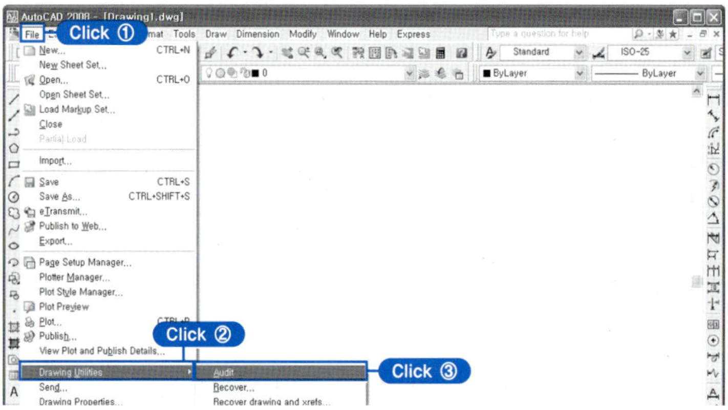

② (키보드)를 이용한 실행

Command : AUDIT [Enter↵]

2. 명령어 사용법 따라하기

① ▸명령을 실행, (AUDIT [Enter↵])

▸오류 검사 할 것인지를 선택할 때 〈YES〉를 선택하고 오류 검사

3 PURGE _ 사용하지 않는 블록, 레이어 등을 제거하기

도면 작업을 마무리 하면서 현재 작업중인 도면에서 사용하지 않는 블록(Block), 도면층(Layer), 치수유형(Dimstyle), 형상(Shapes), 다중선(Multiline) 등을 삭제하여 도면 용량을 줄이는데 사용하는 명령이다.

1. 명령어의 실행

① (마우스)를 이용한 실행

▸ 메뉴 표시줄 [File] – [Drawing Utilities] – [Purge] 선택

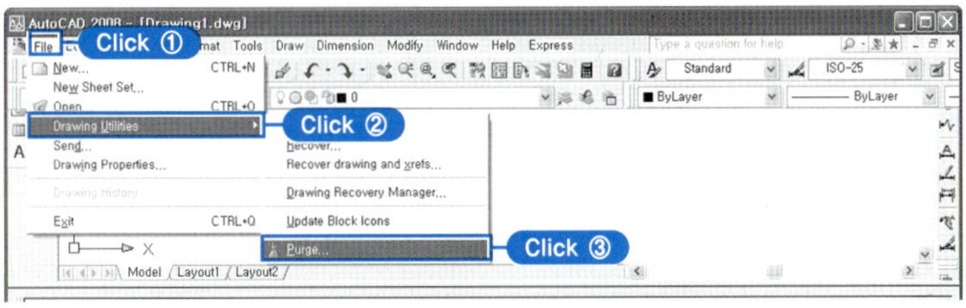

② (키보드)를 이용한 실행

Command : PURGE Enter↵

2. 명령어 사용법 따라하기

①

▸ 명령을 실행, (PURGE Enter↵)

▸ 불필요한 요소들을 삭제하기 위한 소거(purge) 대화창 표시

▸ 삭제 가능한 항목 중에서 삭제할 항목을 선택하고 〈PURGE〉를 선택하여 필요없는 요소 삭제

TIP

➡ 소거(PURGE) 대화창의 항목

▸ 소거할 수 있는 항목 표시(View items you can purge) : 도면에서 사용되지 않는 항목들을 표시한다.

– 제거할 각 항목 확인(Corfirm each item to be purged) : 체크한 경우 항목을 소거 할 때 각 항목마다 확인 대화창을 나타낸다.

– 내포된 항목 소거(Purge nested items) : 도면에서 사용되지 않는 객체가 다른 객체에 포함되어 있거나 참조되는 경우도 소거한다.

▸ 소거할 수 없는 항목 표시(View items you cannot purge) : 도면에서 사용중인 항목들을 표시한다.

▸ 소거(Purge) – 선택한 항목을 소거한다.

▸ 모두 소거(Purge) – 사용하지 않은 항목을 모두 소거한다.

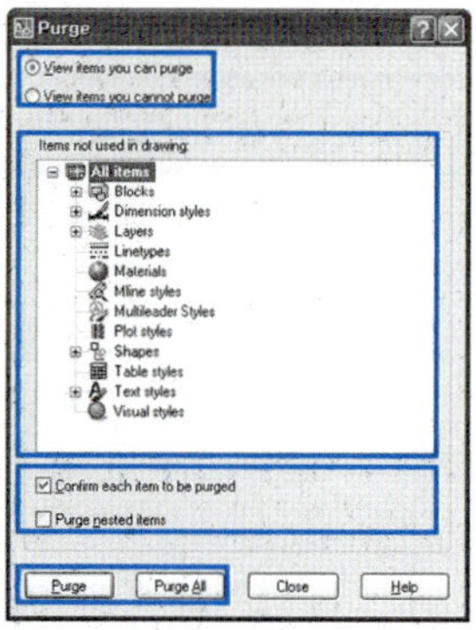

Section 07 예제 따라하기

1 예제 따라하기 미리보기

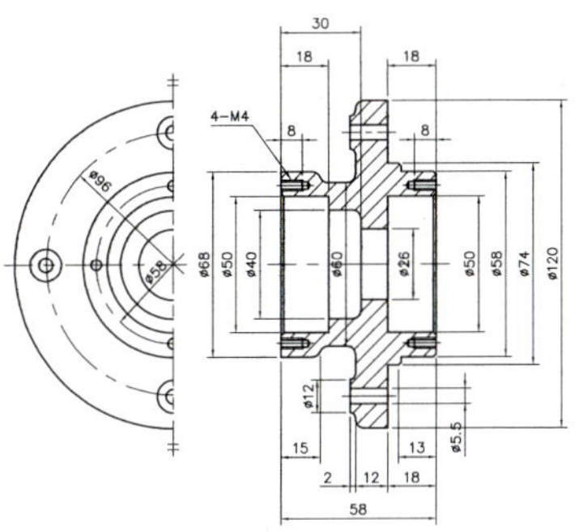

예제 따라하기 1

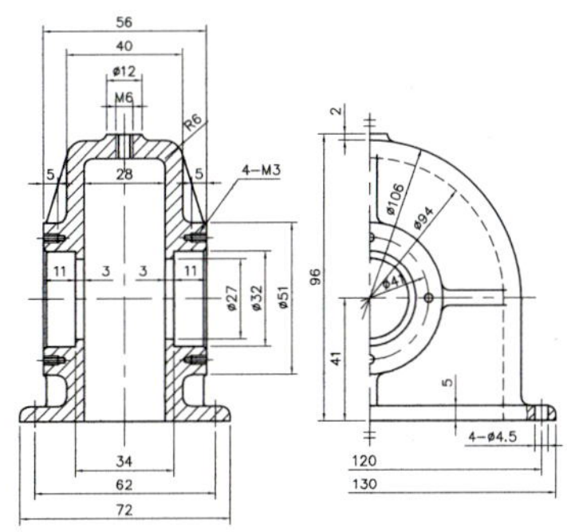

예제 따라하기 2

2 예제 따라하기 1

1. 외형의 소재 크기를 위한 기초원 그리기

① 직교모드를 확인한 다음 LINE 명령을 이용하여 수직선, 수평선을 교차되게 그린다.

▸ L Enter↵

CIRCLE 명령을 이용하여 중심점을 선택한 후 지름 60mm, 68mm, 74mm, 120mm의 원을 그린다.

▸ C Enter↵

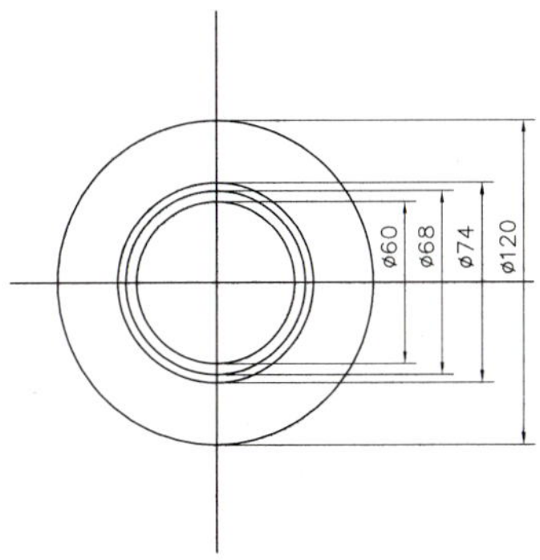

2. 원통 소재 가공을 위한 기초선 그리기

① LINE 명령을 이용하여 임의의 수직선을 그린다.

▸ L Enter↵

OFFSET 명령을 이용하여 15mm, 12mm, 5mm, 13mm의 간격으로 나란히 복사한다.

▸ O Enter↵

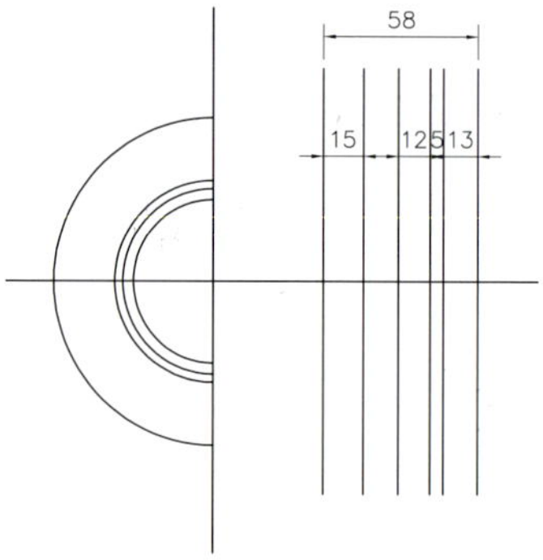

② LINE 명령을 이용하여 좌측면도의 상단 교차점에서 인출하여 선을 그린다.

▸ L Enter↵

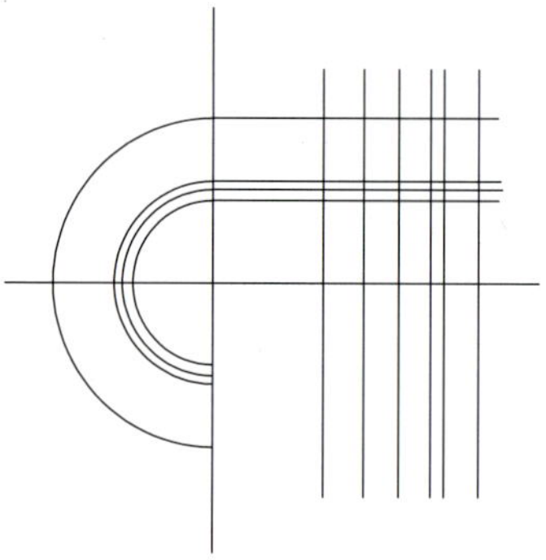

3. 좌측면도와 정면도의 외형을 정리하기

① TRIM 명령을 이용하여 옆 그림과 같이 잘라낸다.

▸ TR Enter↵

ERASE 명령을 이용하여 불필요한 원을 지운다.

▸ E Enter↵

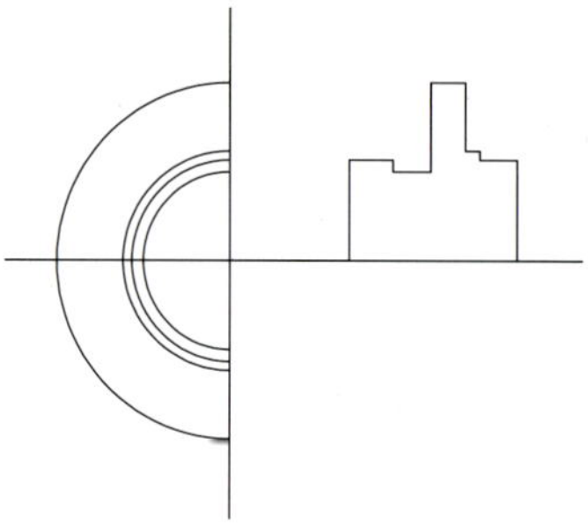

② CHAMFER 명령을 이용하여 C1의 모따기를 한다.

▸ CHA Enter↵

FILLET 명령을 이용하여 모서리 부분을 R3으로 깎아낸다.

▸ F Enter↵

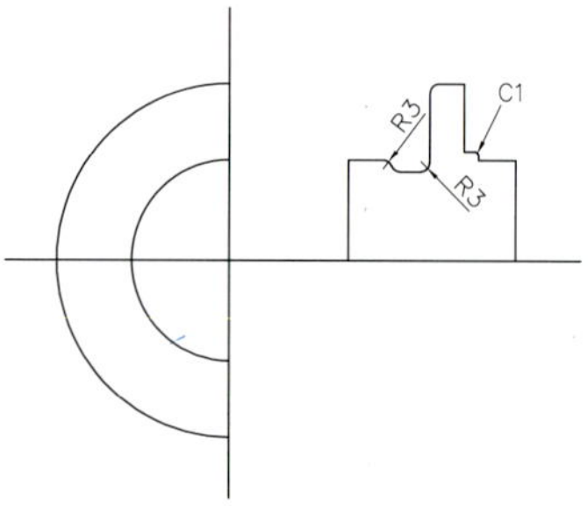

4. 돌출부와 드릴 구멍자리의 기초선 그리기

① CIRCLE 명령을 이용하여 중심점을 선택한 후 지름 96mm, 5.5mm, 12mm의 원을 그린다.

▸ C Enter↵

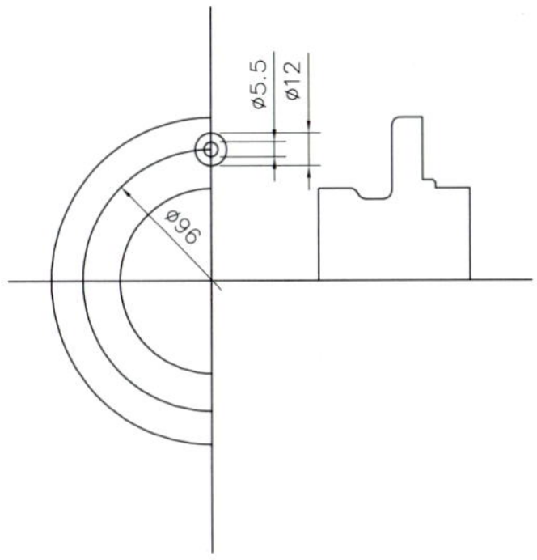

② ARRAY 명령을 이용하여 드릴링 부분을 선택하고 중심점으로부터 4개를 원형 배열 복사한다.

▸ AR Enter↵

TRIM 명령을 이용하여 옆 그림과 같이 잘라낸다.

▸ TR Enter↵

ERASE 명령을 이용하여 불필요한 원을 지운다.

▸ E Enter↵

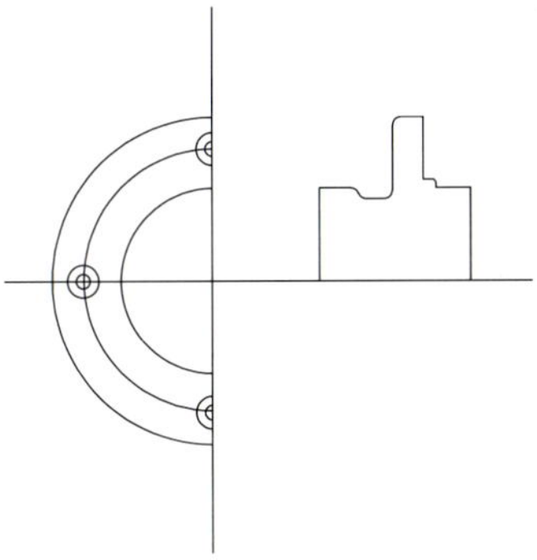

③ LINE 명령을 이용하여 상단 교차점에서 인출하여 선을 그린다.

▸ L Enter↵

OFFSET 명령을 이용하여 2mm의 간격으로 나란히 복사한다.

▸ O Enter↵

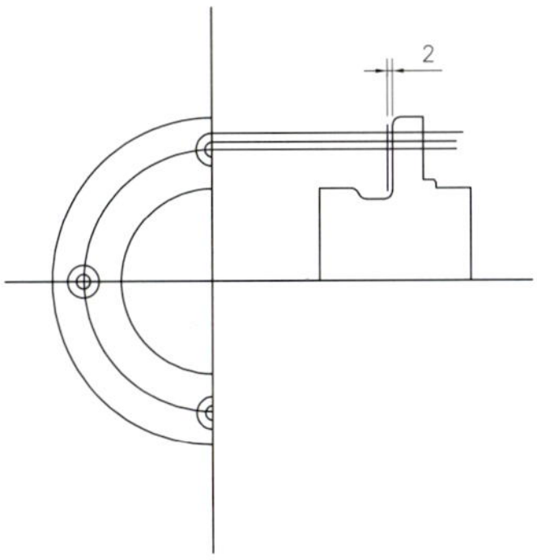

5. 외형도 정리하기

① FILLET 명령을 이용하여 모서리 부분을 R2의 반지름으로 깎아낸다.

▸ F Enter↵

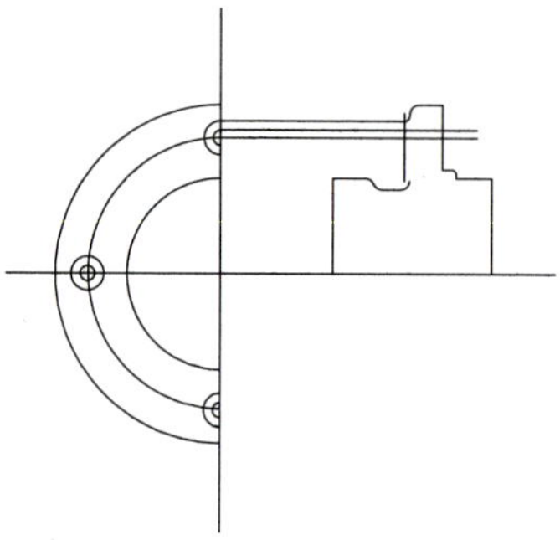

② TRIM 명령을 이용하여 옆 그림과 같이 잘라낸다.

▸ TR Enter↵

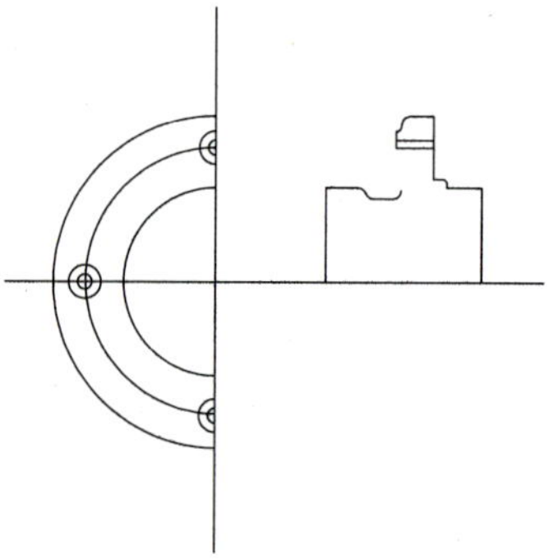

③ MIRROR 명령을 이용하여 객체를 대칭 복사한다.

▸ MI Enter↵

LINE 명령을 이용하여 임의의 직선을 그린다.

▸ L Enter↵

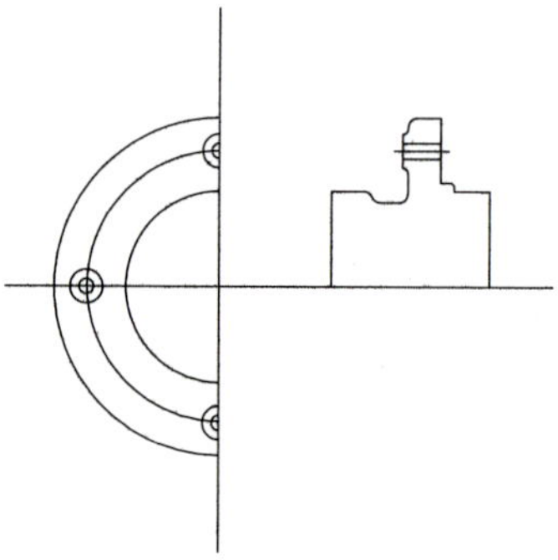

6. 중심선 끊기 처리

① BREAK 명령을 이용하여 중심선의 일부분을 끊는다.

▸ BR Enter↵

▸ 대칭기호를 그려 넣는다.

▸ 중심선은 Layer1로 변경한다.

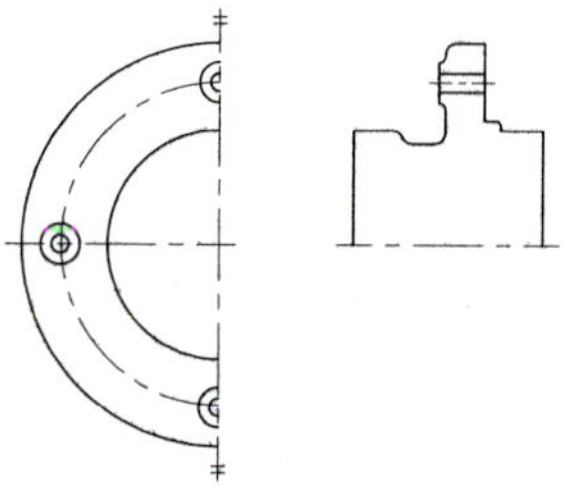

7. 내면의 홈을 위한 기초선 그리기

① CIRCLE 명령을 이용하여 중심점을 선택한 후 지름 26mm, 40mm, 50mm의 원을 그린다.

▸ C Enter↵

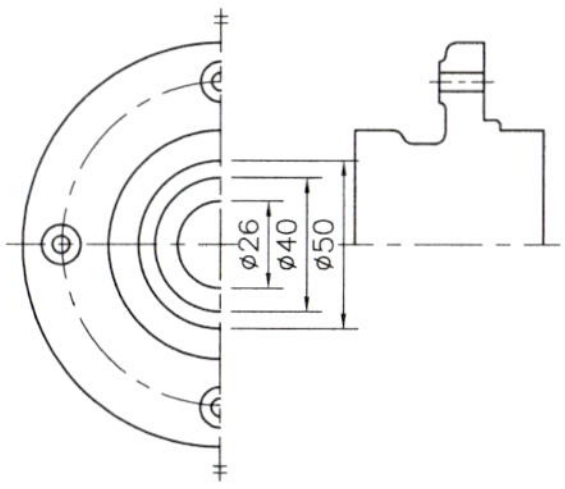

② LINE 명령을 이용하여 상단 교차점에서 인출하여 선을 그린다.

▸ L Enter↵

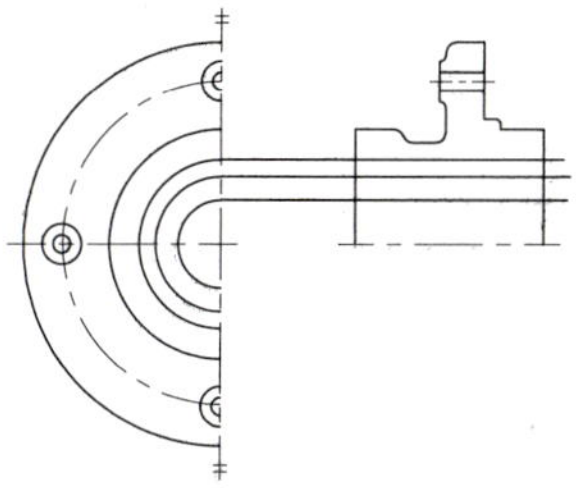

③ OFFSET 명령을 이용하여 18mm, 30mm의 간격으로 나란히 복사한다.

▸ O Enter↵

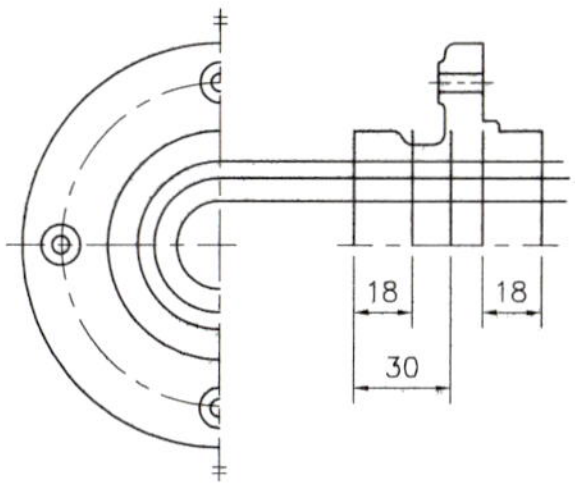

8. 내면의 홈 정리

① TRIM 명령을 이용하여 옆 그림과 같이 잘라낸다.

▸ TR Enter↵

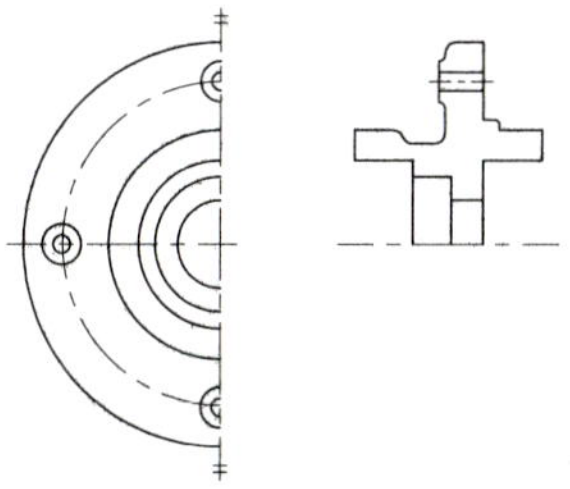

② CHAMFER 명령을 이용하여 교차하고 있는 두 객체에 C1의 모따기를 한다.

▸ CHA Enter↵

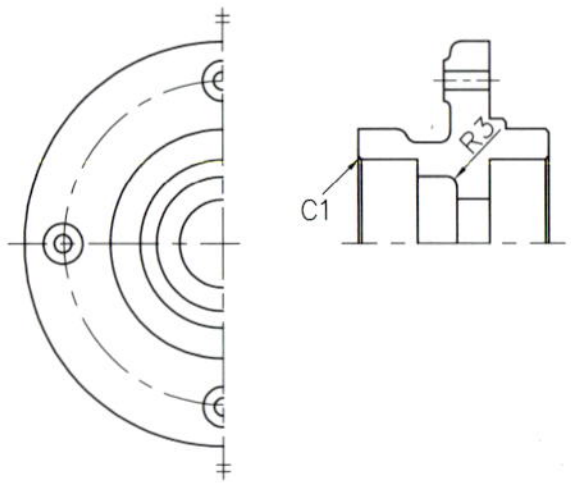

FILLET 명령을 이용하여 모서리 부분을 R3의 반지름으로 깎아낸다.

▸ F Enter↵

LINE 명령을 이용하여 모따기부의 외형을 수직선으로 그린다.

▸ L Enter↵

9. 암나사를 위한 기초선 그리기

① CIRCLE 명령을 이용하여 중심점을 선택한 후 지름 58mm, 4mm의 원을 그린다.

▸ C Enter↵

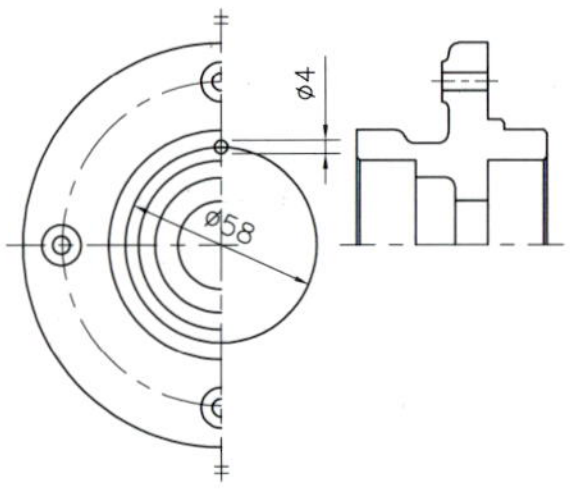

② LINE 명령을 이용하여 상단 교차점에서 인출하여 선을 그린다.

▸ L Enter↵

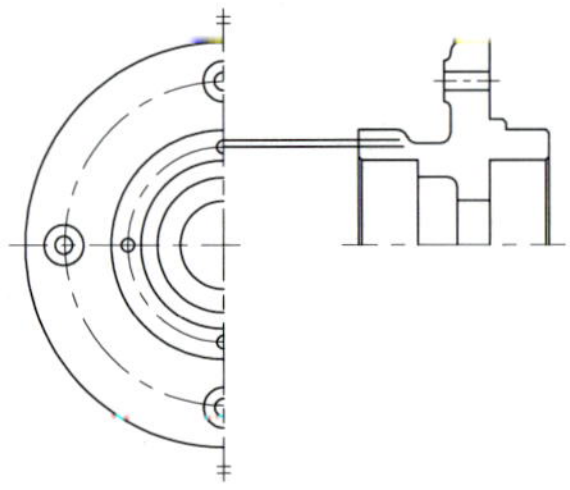

TRIM 명령을 이용하여 옆 그림과 같이 잘라낸다.

▸ TR Enter↵

▸ 중심선은 Layer1로 변경한다.

10. 암나사 완성하기

① XLINE 명령을 이용하여 -30도로 기울어진 무한선을 그린다.

▸ XL Enter↵

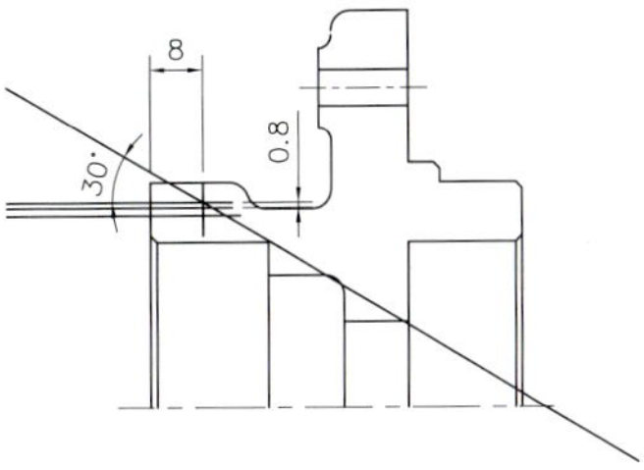

OFFSET 명령을 이용하여 0.8mm, 8mm의 간격으로 나란히 복사한다.

▸ O Enter↵

② XLINE 명령을 이용하여 -60도로 기울어진 무한선을 그린다.

▸ XL Enter↵

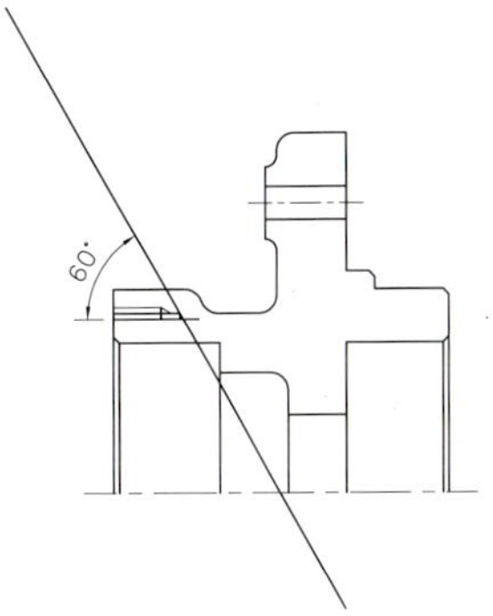

③ MIRROR 명령을 이용하여 암나사 부분을 대칭 복사한다.

▸ MI Enter↵

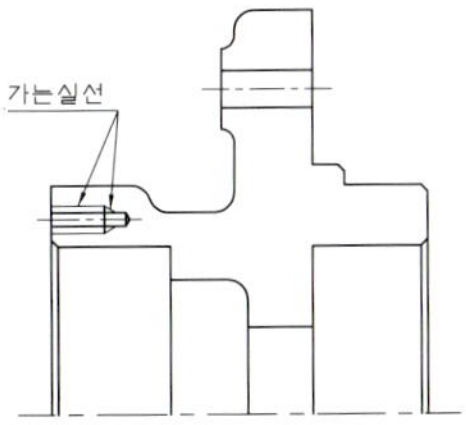

▸ 나사의 골 부분은 가는실선(White)로 변경한다.

11. 하우징의 투상도 완성하기

① MIRROR 명령을 이용하여 우측에 있는 암나사도 대칭 복사한다.

▸ MI Enter↵

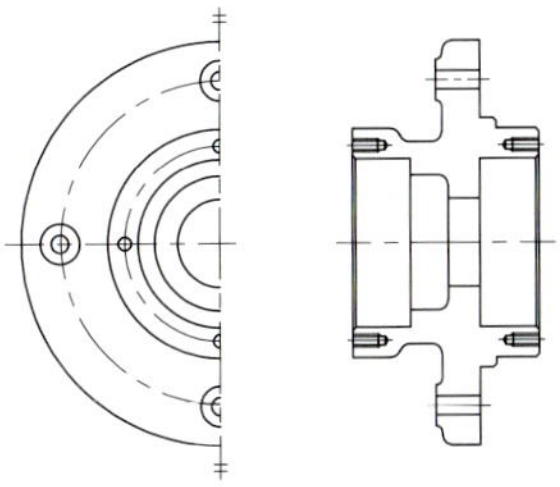

② BHATCH 명령을 이용하여 45도, 4mm 간격으로 해칭 처리한다.

▸ BH Enter↵

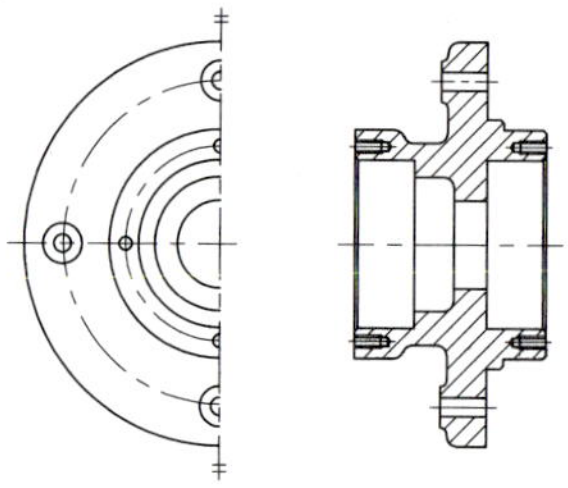

12. 선형 치수 기입하기

① 선형 치수 기입 명령을 이용하여 선형 치수 기입을 한다.

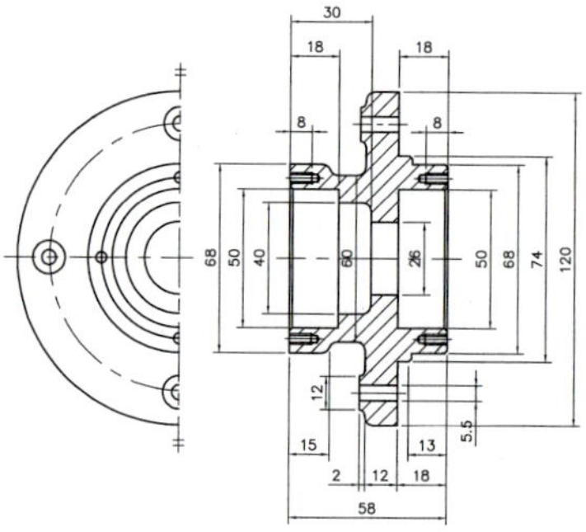

13. 치수에서 Φ기호 편집하기

① EDIT 명령을 이용하여 관련 치수들을 지정한 형식으로 한꺼번에 변경한다.

▸ EDIT 명령 선택

▸ N Enter↵

▸ %%C 입력

▸ 관련 치수 선택 Enter↵

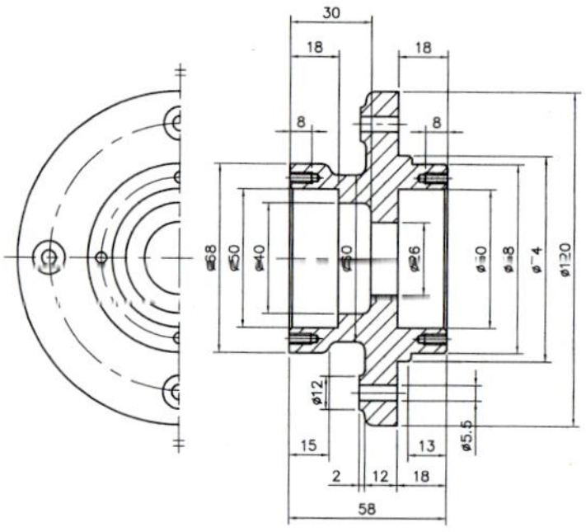

14. 좌측면도 중심선의 치수 기입하기

① 명령을 이용하여 좌측면도에 지름 치수들을 기입을 한다.

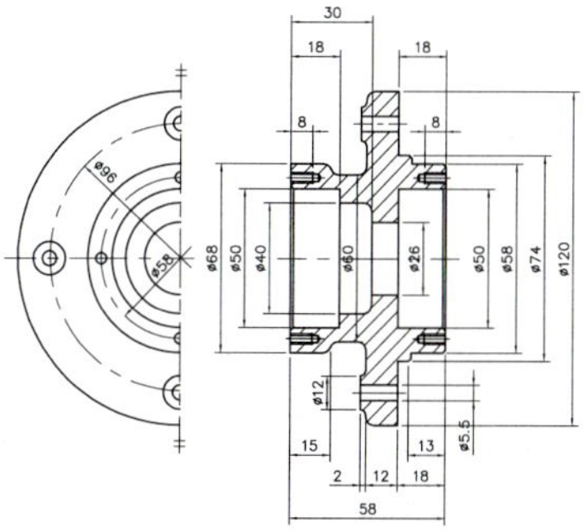

EXPLODE 명령을 이용하여 치수 객체를 분해한다.

▸ X Enter↵

ERASE 명령을 이용하여 불필요한 객체를 지운다.

▸ E Enter↵

15. 지시선 치수 기입하기

① QUICKLEADER 명령을 이용하여 좌측면도에 지름 치수들을 기입을 한다.

▸ QLEADER Enter↵

▸ Enter↵

▸ Annotation : MText Enter↵

▸ Attachment : underline bottom line 체크

▸ OK Enter↵

▸ 세 점 선택

▸ Enter↵

▸ 문자 입력

▸ OK Enter↵

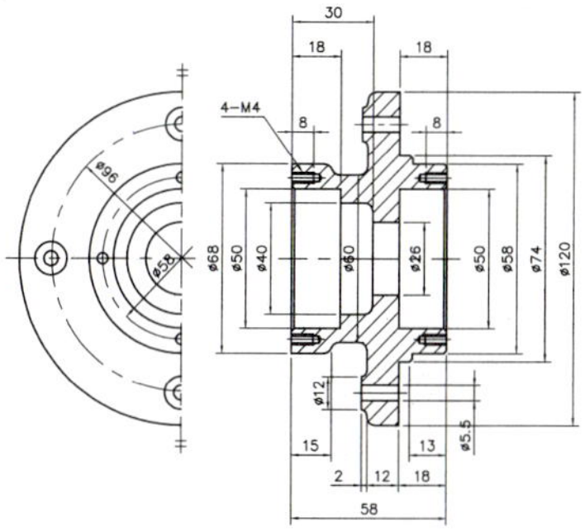

3 예제 따라하기 2

1. 외형의 소재 크기를 위한 기초원 그리기

① 직교모드를 확인한 다음 LINE 명령을 이용하여 수직선, 수평선을 교차되게 그린다.

▸ L Enter↵

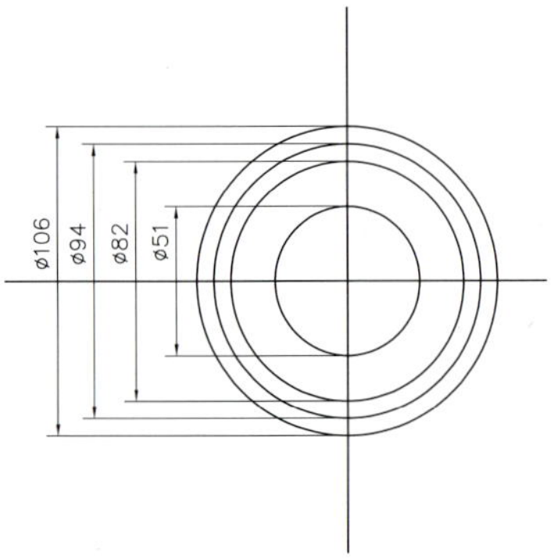

CIRCLE 명령을 이용하여 중심점을 선택한 후 지름 51mm, 82mm, 94mm, 106mm의 원을 그린다.

▸ C Enter↵

2. 원통 소재 가공을 위한 기초선 그리기

① LINE 명령을 이용하여 임의의 수직선을 그린다.

▸ L Enter↵

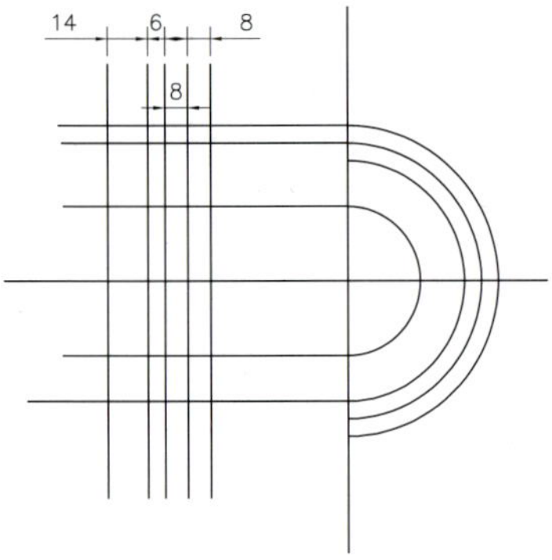

OFFSET 명령을 이용하여 14mm, 6mm, 8mm의 간격으로 나란히 복사한다.

▸ O Enter↵

LINE 명령을 이용하여 좌측면도의 상단 교차점에서 인출하여 선을 그린다.

▸ L Enter↵

3. 정면도와 우측면도의 외형을 정리하기

① TRIM 명령을 이용하여 옆 그림과 같이 잘라낸다.

▸ TR Enter↵

ERASE 명령을 이용하여 불필요한 원을 지운다.

▸ E Enter↵

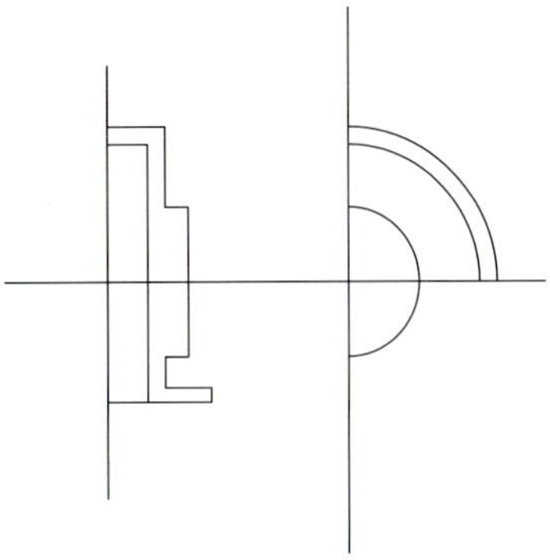

② FILLET 명령을 이용하여 지시된 모서리 부분은 R6으로 나머지 부분은 R3으로 깎아낸다.

▸ F Enter↵

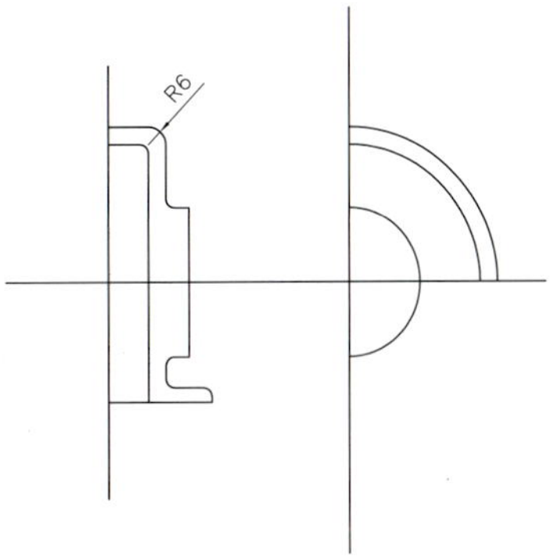

4. 우측면도의 기초선 그리기

① LINE 명령을 이용하여 정면도에서 인출하여 선을 그린다.

▸ L Enter↵

OFFSET 명령을 이용하여 65mm의 간격으로 나란히 복사한다.

▸ O Enter↵

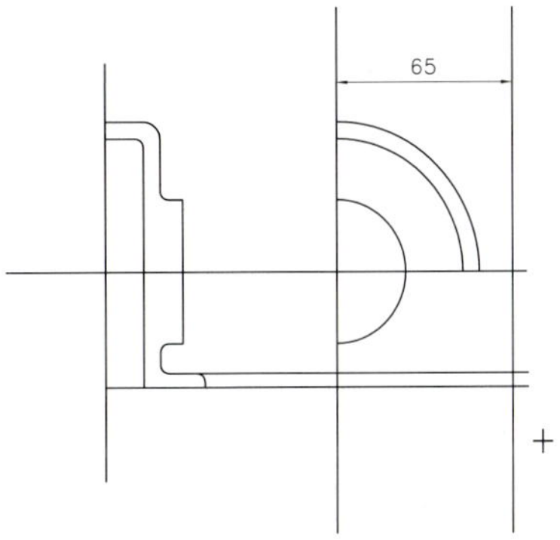

② TRIM 명령을 이용하여 옆 그림과 같이 잘라낸다.

▸ TR Enter↵

BREAK 명령을 이용하여 수직중심선의 일부분을 끊는다.

▸ BR Enter↵

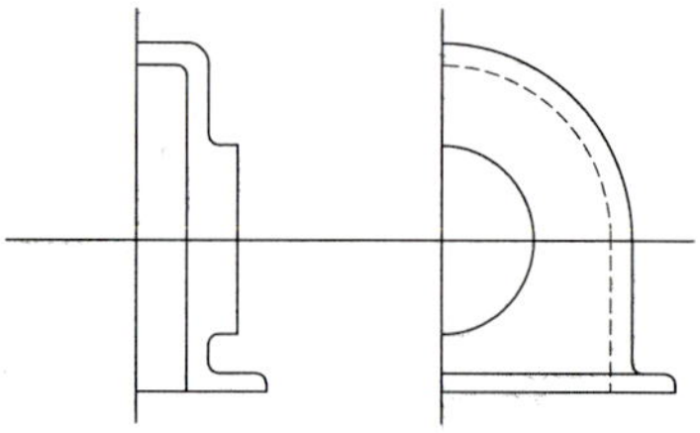

▸ 지름 94 원은 Layer 2로 변경한다.

5. 본체 상단의 나사부 그리기

① OFFSET 명령을 이용하여 각각의 간격으로 나란히 복사한다.

▸ O Enter↵

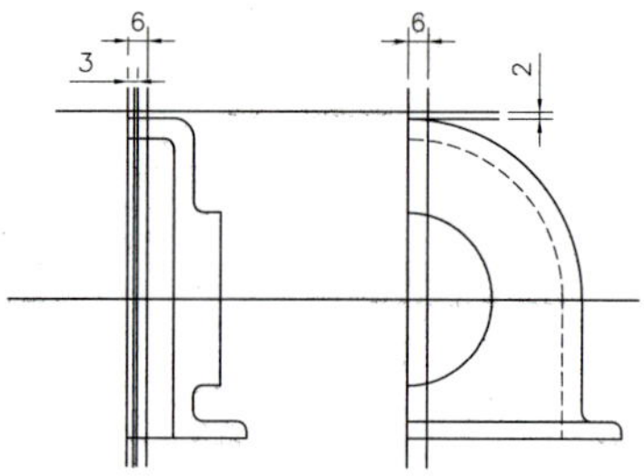

② TRIM 명령을 이용하여 옆 그림과 같이 잘라낸다.

▸ TR Enter↵

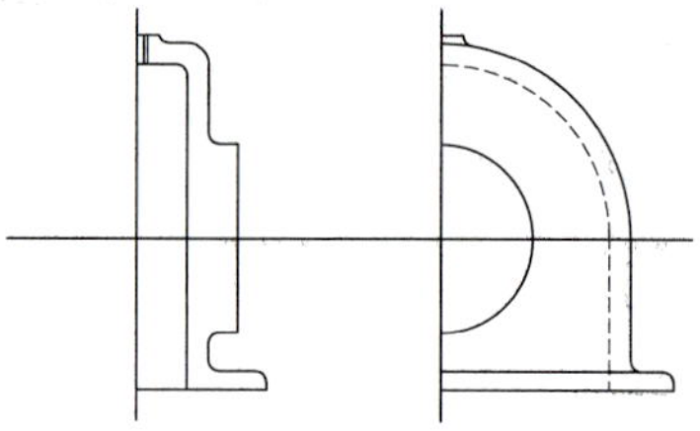

6. 정면도 외형 완성하기

① OFFSET 명령을 이용하여 27mm의 간격으로 나란히 복사한다.

▸ O Enter↵

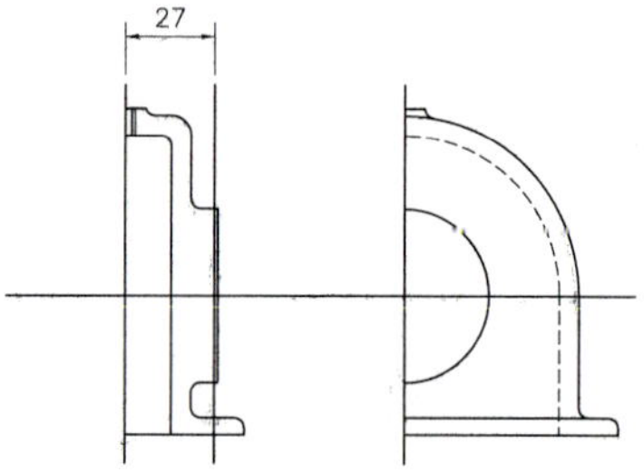

② LINE 명령을 이용하여 라운딩 부분에 접하는 직선을 그린다.

▸ L Enter↵

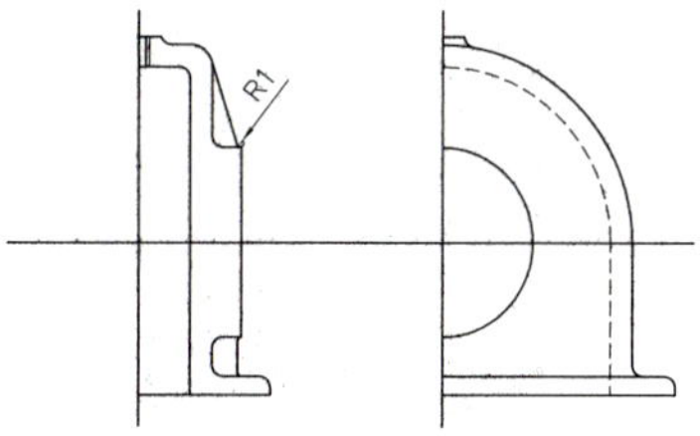

FILLET 명령을 이용하여 모서리 부분을 R1의 반지름으로 깎아낸다.

▸ F Enter↵

7. 내면의 홈을 위한 기초선 그리기

① CIRCLE 명령을 이용하여 중심점을 선택한 후 지름 27mm, 32mm의 원을 그린다.

▸ C Enter↵

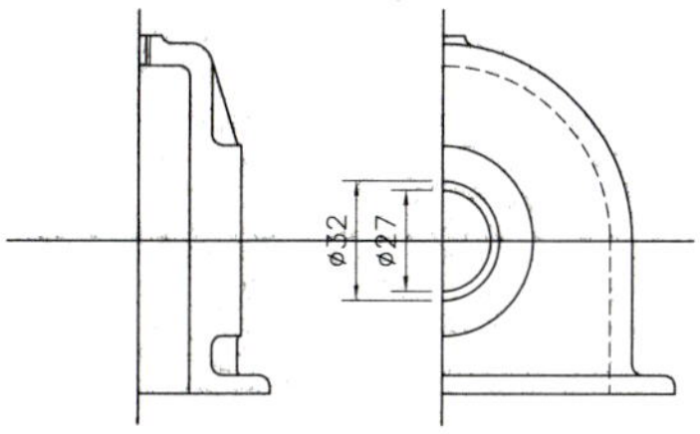

② LINE 명령을 이용하여 상단 교차점에서 인출하여 선을 그린다.

▸ L Enter↵

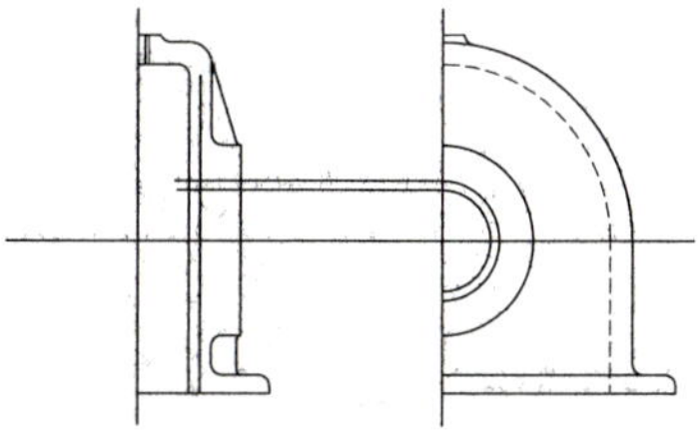

8. 내면의 홈 정리

① TRIM 명령을 이용하여 옆 그림과 같이 잘라낸다.

▸ TR Enter↵

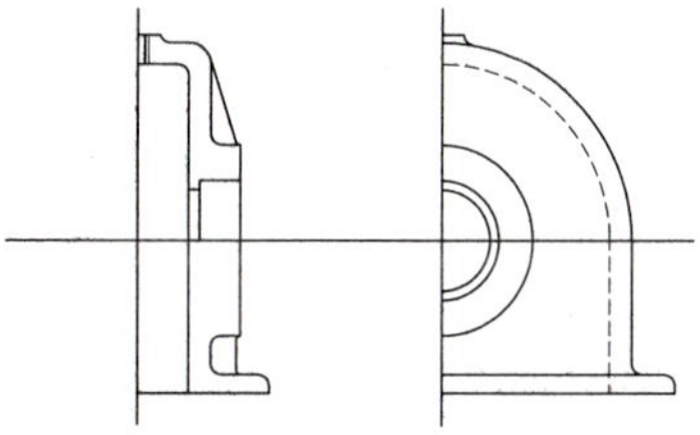

② CHAMFER 명령을 이용하여 교차하고 있는 두 객체에 C1의 모따기를 한다.

▸ CHA Enter↵

LINE 명령을 이용하여 모따기부의 외형을 수직선으로 그린다.

▸ L Enter↵

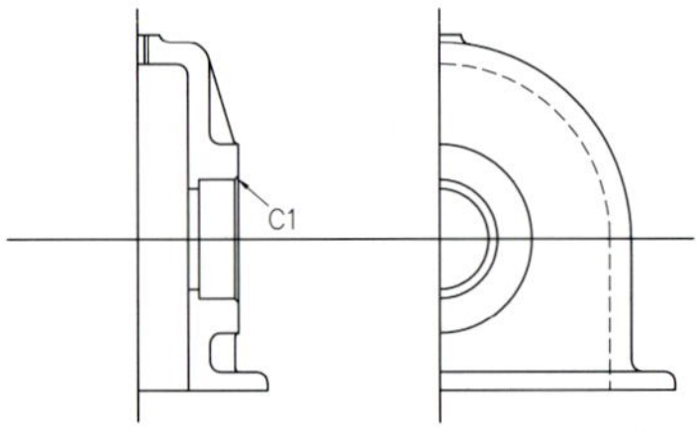

MIRROR 명령을 이용하여 홈부를 대칭 복사한다.

▸ MI Enter↵

9. 암나사를 위한 기초선 그리기

① CIRCLE 명령을 이용하여 중심점을 선택한 후 지름 41mm, 3mm의 원을 그린다.

▸ C Enter↵

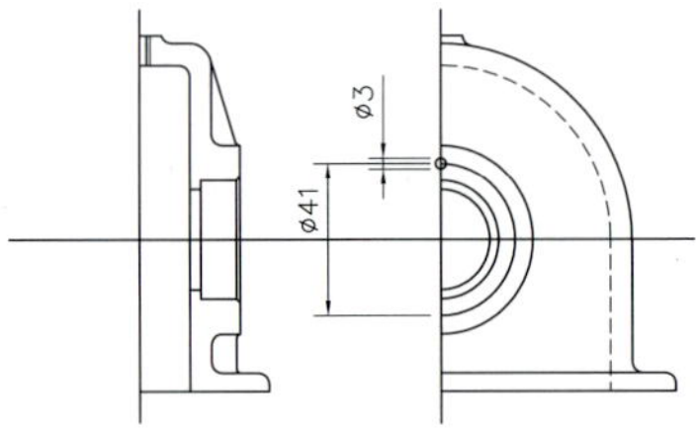

② LINE 명령을 이용하여 상단 교차점에서 인출하여 선을 그린다.

▸ L Enter↵

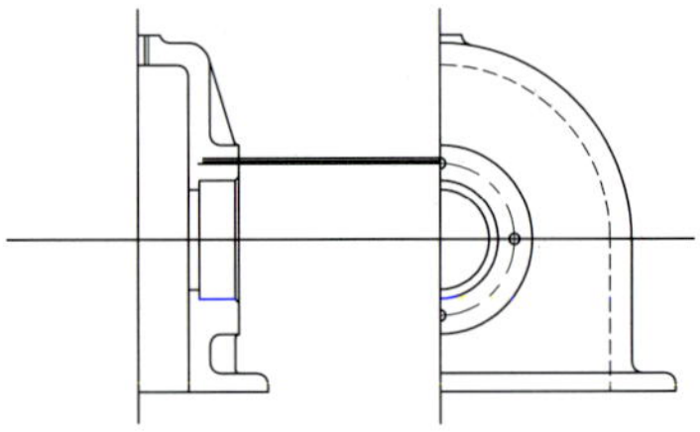

10. 암나사 완성하기

① OFFSET 명령을 이용하여 0.8mm, 5mm의 간격으로 나란히 복사한다.

▸ O Enter↵

XLINE 명령을 이용하여 30도로 기울어진 무한선을 그린다.

▸ XL Enter↵

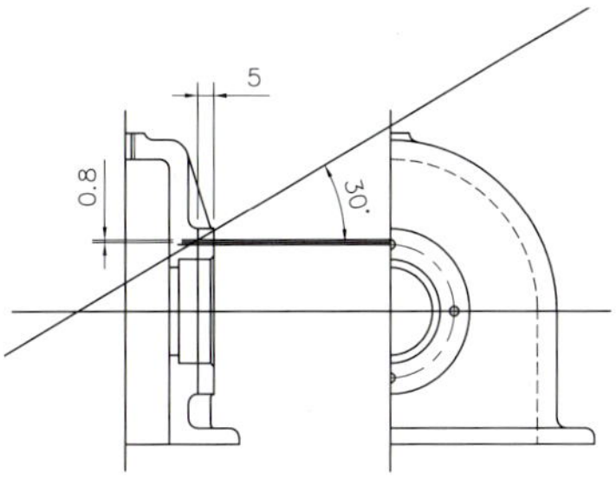

② XLINE 명령을 이용하여 60도로 기울어진 무한선을 그린다.

▸ XL Enter↵

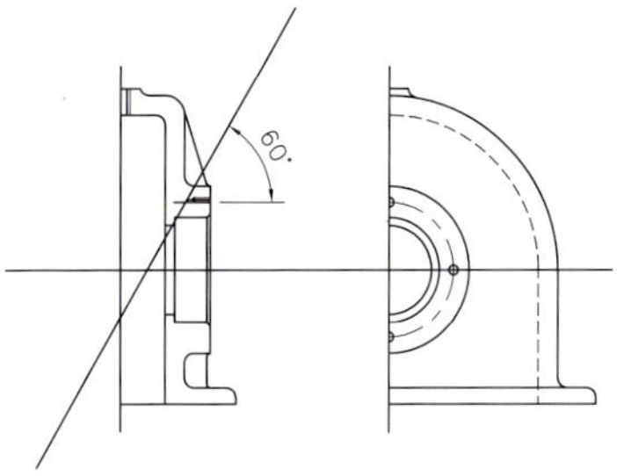

③ MIRROR 명령을 암나사 부분을 대칭 복사한다.

▸ MI Enter↵

▸ 나사의 골 부분은 가는실선(White)로 변경한다.

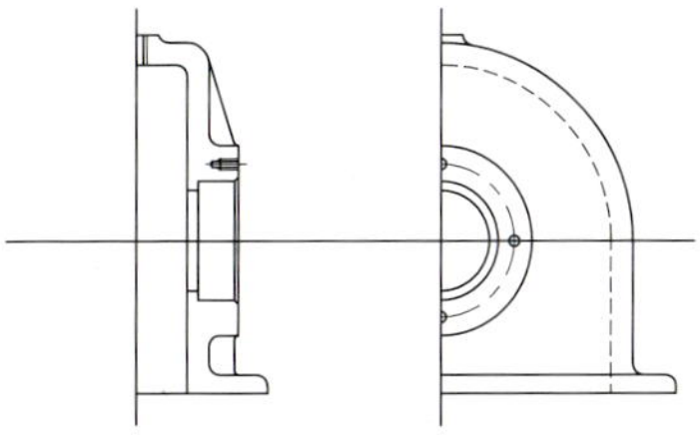

11. 본체의 투상도 완성하기

① MIRROR 명령을 이용하여 상단에 있는 암나사와 본체를 대칭 복사한다.

▸ MI Enter↵

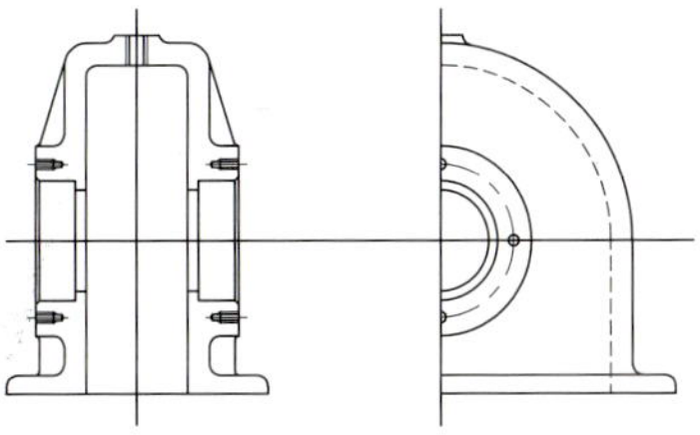

12. 중심선 크기 처리

① BREAK 명령을 이용하여 중심선의 일부분을 끊는다.

▸ BR Enter↵

▸ 대칭기호를 그려 넣는다.

▸ 중심선은 Layer1로 변경한다.

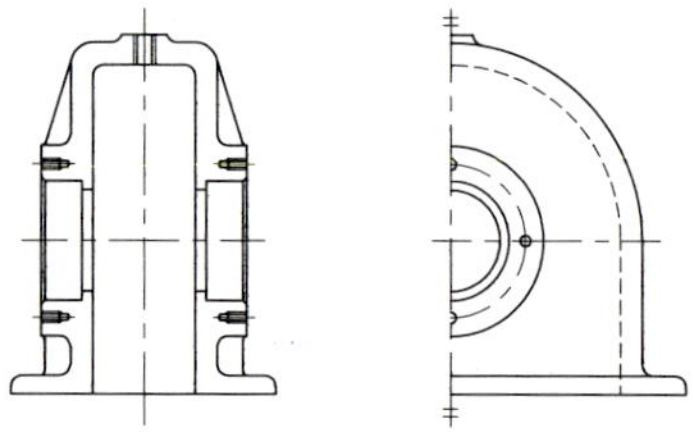

13. 우측면도 외형 완성하기

① OFFSET 명령을 이용하여 2.5mm, 5mm, 31mm의 간격으로 나란히 복사한다.

▸ O Enter↵

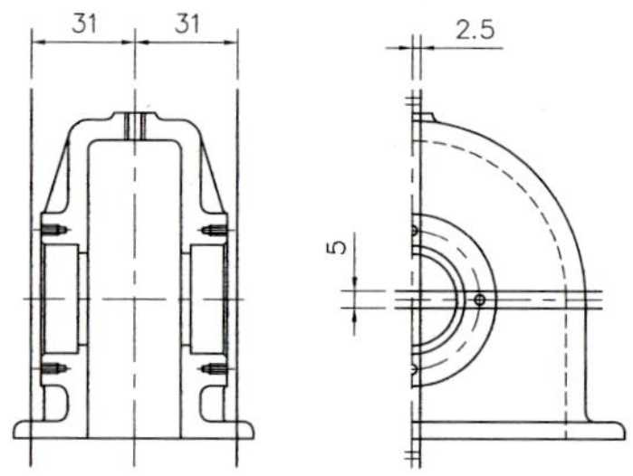

② FILLET 명령을 이용하여 리브부분을 R3의 반지름으로 깎아낸다.

▸ F Enter↵

BREAK 명령을 이용하여 드릴링부분 중심선의 일부분을 끊는다.

▸ BR Enter↵

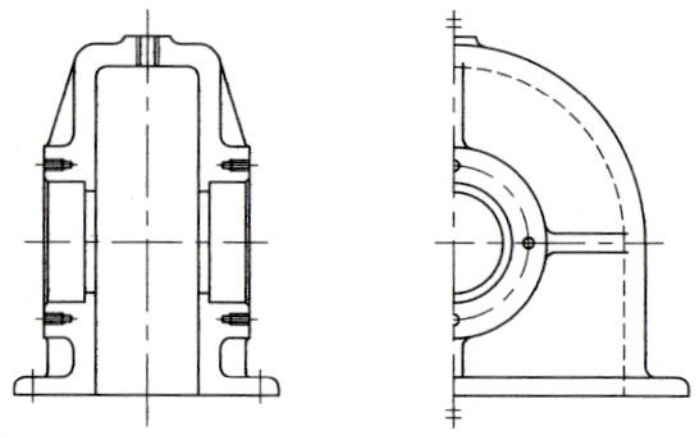

③ OFFSET 명령을 이용하여 60mm, 2.25mm의 간격으로 나란히 복사한다.

▸ O Enter↵

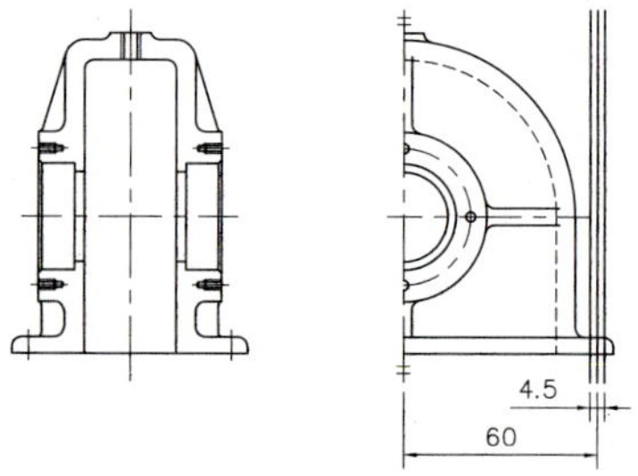

④ SPLINE 명령을 이용하여 파단선을 그린다.

▸ SPL Enter↵

TRIM 명령을 이용하여 옆 그림과 같이 잘라낸다.

▸ TR Enter↵

▸ 중심선은 Layer1로 변경한다.

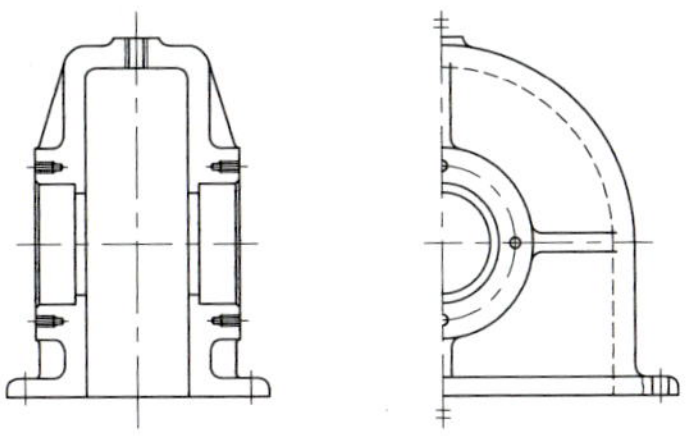

14. 하우징의 투상도 완성하기

① BHATCH 명령을 이용하여 45도, 3mm 간격으로 해칭 처리한다.

▸ BH Enter↵

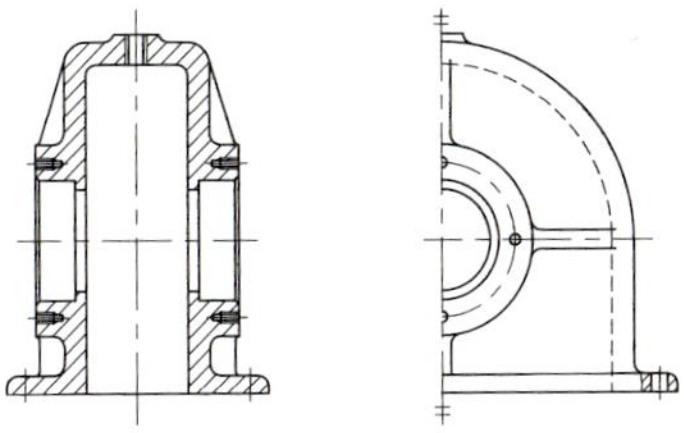

15. 선형 치수 기입하기

① 선형 치수 기입 명령을 이용하여 선형 치수 기입을 한다.

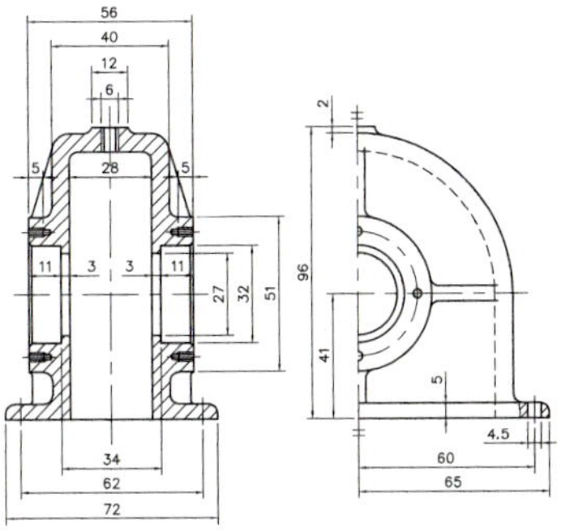

16. 치수에서 Φ기호 편집하기

① 명령을 이용하여 관련 치수들을 지정한 형식으로 한꺼번에 변경한다.

▸ 명령 선택

▸ N Enter↵

▸ %%C 입력

▸ 관련 치수 선택 Enter↵

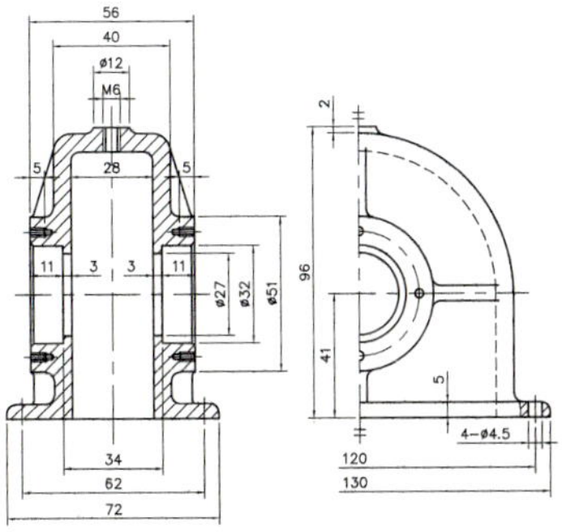

17. 우측면도 중심선의 치수 기입하기

① 명령을 이용하여 좌측면도에 지름 치수들을 기입을 한다.

EXPLODE 명령을 이용하여 치수 객체를 분해한다.

▸ X Enter↵

ERASE 명령을 이용하여 불필요한 객체를 지운다.

▸ E Enter↵

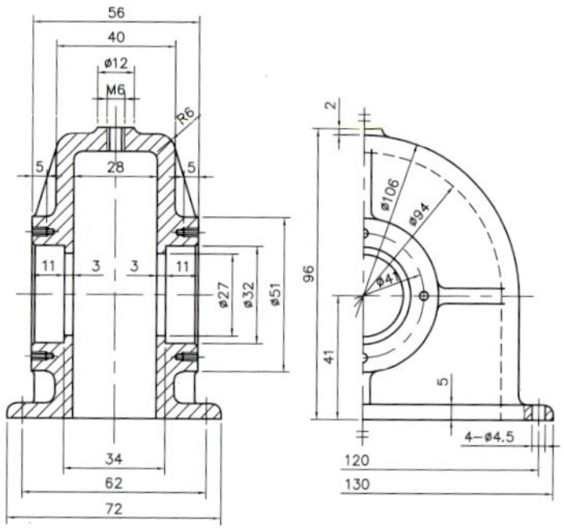

18. 지시선 치수 기입하기

① QUICKLEADER 명령을 이용하여 좌측면도에 지름 치수들을 기입을 한다.

▸ QLEADER Enter↵

▸ Enter↵

▸ Annotation : MText Enter↵

▸ Attachment : underline bottom line 체크

▸ OK Enter↵

▸ 세 점 선택

▸ Enter↵

▸ 문자 입력

▸ OK Enter↵

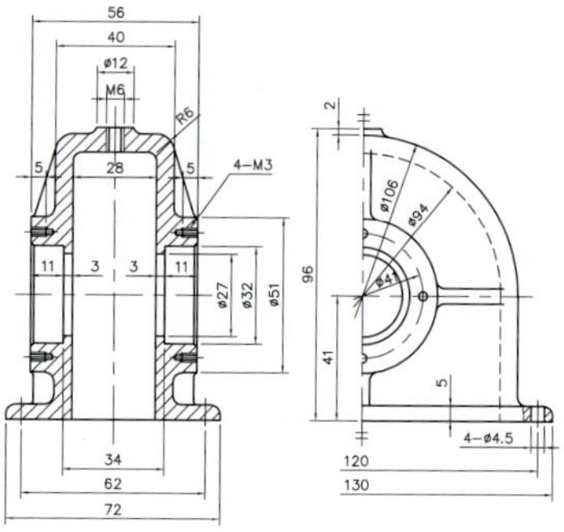

Section 08 연습과제

1 연습과제 1, 2

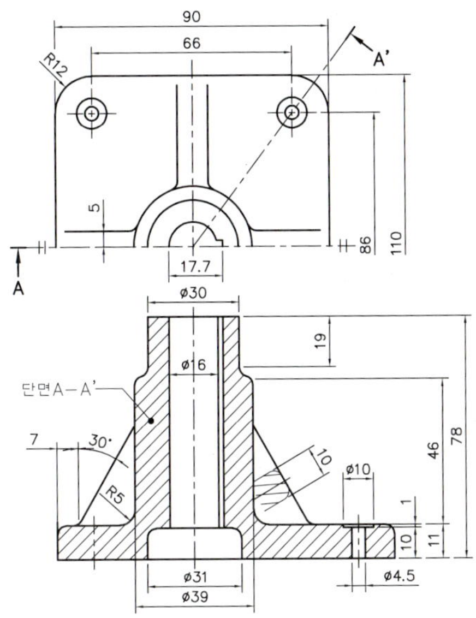

연습문제 1 - 동력전달장치의 본체

본체의 형상을 완성하고 치수 기입하여 도면으로 출력한다.

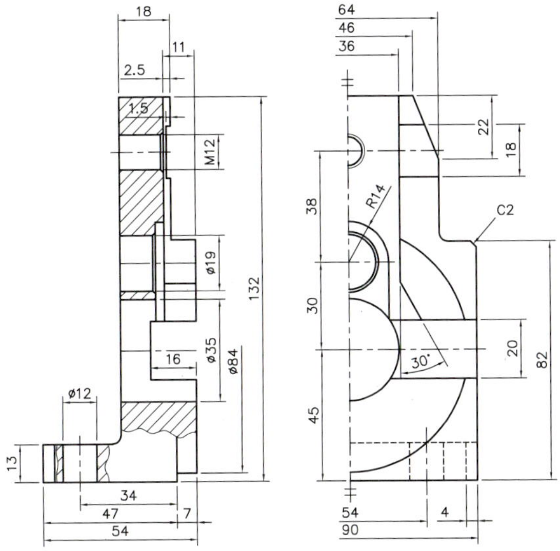

연습문제 2 - 잠금장치의 본체

본체의 형상을 완성하고 치수 기입하여 도면으로 출력한다.

2 연습과제 3, 4

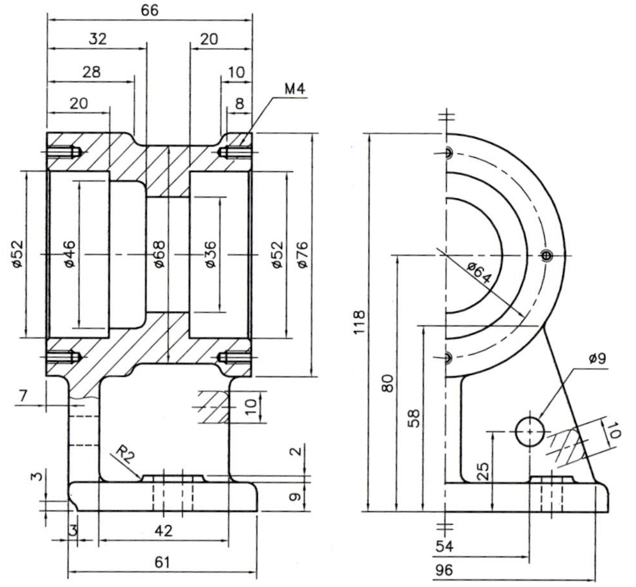

연습문제 3 - 동력전달장치의 브라켓

브라켓의 형상을 완성하고 치수 기입하여 도면으로 출력한다.

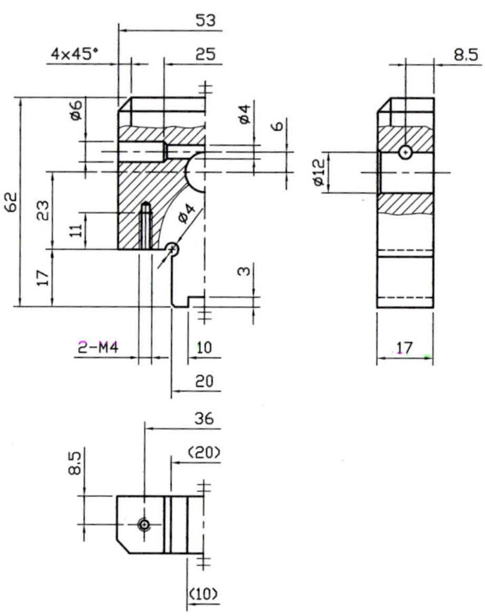

연습문제 4 - 바이스 장치의 지지대

지지대의 형상을 완성하고 치수 기입하여 도면으로 출력한다.

CHAPTER 13

3D 모델링의 개요 및 기초 모델링 명령

◆실습목적 :	① AutoCAD 3D 모델링 개요 및 기초 모델링 명령에 대하여 배운다. ② 3D 모델링을 위한 기본 조작법, 환경 설정 등에 대해 배운다. ③ 기초 모델링 명령의 활용 예에 대하여 학습한다.
◆실습시간 :	1.5hr ~ 2.5hr
◆실습내용 :	① 3D 모델링의 개요 ② 3D 작업 환경 설정 ③ 기초 모델링 명령 ④ 불린(Boolean) 연산 명령 ⑤ 솔리드의 면 속성을 변경하는 명령
◆참고사항 :	• 기초 모델링 명령과 불린 연산을 이용하여 각종 기계 부품의 형상을 모델링 하면서 UCS의 개념을 이해하고 활용법을 익힐 수 있도록 하였다. • 이후에 배우게 될 모델링 명령과 비교하여 기초 모델링 명령으로 모델링이 가능한 형상을 따라해 보면서 기초 모델링 명령의 특징을 익힐 수 있도록 하였다.

실습할 내용 :

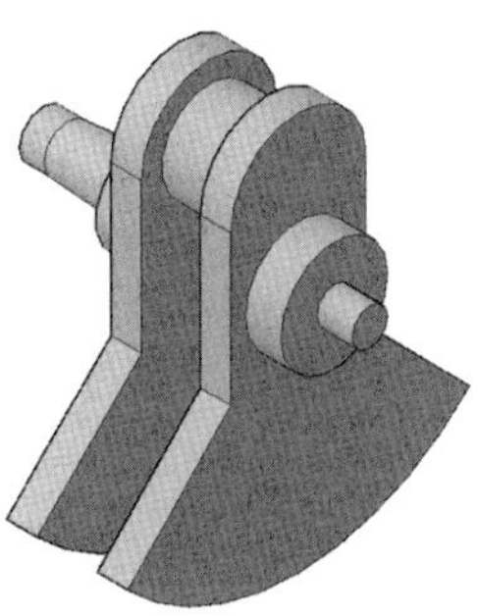

Crank Shaft

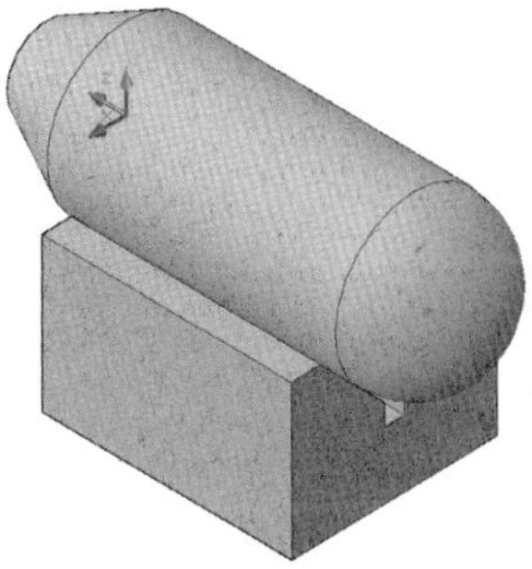

V Block

Section 01 3D 모델링의 개요

1 개요 및 활용 목적

형상 모델링(Geometric modeling)은 CAD/CAM 시스템으로 제품을 설계하고 생산할 때 선행되어야 하는 것으로 형상 정보를 컴퓨터의 화면에 실제 제품의 형상을 시각적으로 나타내기 위하여 물체의 형상을 구성하는 과정을 말한다.

이러한 구성 과정을 통해 얻어진 모델링 데이터는 다음과 같이 활용될 수 있다.

① 해석(Analysis)

유한요소해석(FEA : Finite Element Analysis)을 통해 최적 설계 데이터를 산출한다.

② 설계, 자동제도(Design, Auto Drawing)

디자인을 변경하거나 자동으로 도면을 제작한다.

③ 자동 제품 생산(Manufacturing)

CNC(Computer Numerical Control)나 RP(Rapid Prototyping) 장비를 이용하여 제품을 생산한다.

④ 제품 디자인(Graphic Design)

다양한 형태의 디자인이나 이미지를 표현한다.

⑤ 기타

2 형상정보를 표현하기 위한 차원(D : Dimension)

형상정보를 표현하기 위한 차원은 2차원(2D), 2.5차원(2.5D), 3차원(3D)의 3가지로 구분할 수 있다.

① 2차원(2D)

2차원의 평면에 2D 도면을 작성하는 방법으로 모델링 보다는 드로잉(Drawing)이라고 한다.

② 2.5차원(2.5D)

평면에서 입체 형상처럼 그리는 방법으로 아이소메트릭(Isometric)이라고 하고, 제도법에서는 등각투상도라고 한다.

③ 3차원(3D)

입체를 표현하는 방법으로 x, y, z 축에 좌표값을 입력하거나 표시함으로서 3차원의 형상을 구현한다. 모델링이라고 하며 3D 모델링에서는 기본적으로 와이어 프레임 모델링, 서페이스 모델링, 솔리드 모델링의 세 가지 표현 방식이 있다.

3 모델링의 종류 및 특징

1. 와이어 프레임 모델링(Wire Frame Modeling)

제품의 형상을 점, 직선, 원과 호 그리고 곡선 등의 기하학적인 요소들로 철사를 연결한 구조물과 같이 모델링한다. 소요시간이 적게 들고 메모리의 용량이 적어도 모델링이 가능하여 주로 2차원의 도면 출력을 위한 용도와 평면 가공에 적합한 모델링 방식이다.

2. 서페이스 모델링(Surface Modeling)

물체의 경계면을 구성하는 요소들을 기초로 하여 모델링하는 것으로 흔히 경계면 모델링(boundary surface modeling)이라고 한다. 와이어 프레임의 데이터에 표면의 데이터를 인식할 수 있도록 만든 것으로 가공 면을 정확히 인식하여 NC 정보로 가공이 용이하게 만든 방식이다.

서페이스 모델링의 단점은 표면에 대한 정보는 제공하는 반면에 물체의 내부에 대한 정보를 제공하지 못하기 때문에 컴퓨터에 의한 물체의 용적이나 체적을 구할 수 없다는 것이다.

서페이스를 구성하는 방법은 다음과 같다.

① Plane : 평면을 기준으로 면(Surface)을 생성한다.

② Ruled Surface : 두 객체(직선 또는 곡선)를 기준으로 면(Surface)을 생성한다.

③ Tablated Surface : 면을 구성할 곡선(curve)과 폭을 지정하는 선분(vector)를 이용하여 면(Surface)을 생성한다.

④ Revolved Surface : 회전 곡면을 구성할 곡선과 축을 기준으로 면(Surface)을 생성한다.

⑤ Mesh Surface : 경계를 표현하는 선분들을 지정하여 자유 곡면을 생성한다.

⑥ Blending Surface : 곡면과 곡면이 만나는 모서리 면을 매끄럽게 연결할 수 있도록 표면을 생성한다.

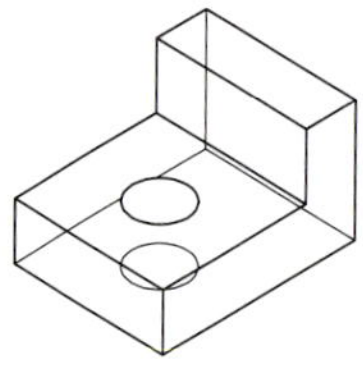

〈와이어 프레임 모델링〉

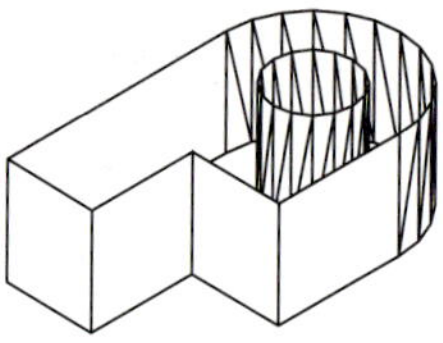

〈서페이스 모델링〉

3. 솔리드 모델링(Solid modeling)

모델링에서 가장 진보적인 방식으로 3차원으로 형상화된 물체의 내부를 공학적으로 분석할 수 있는 방식이다. 물체를 가공하기 전에 가공 상태를 미리 예측하거나 부피, 무게 등의 다양한 정보를 제공한다. 솔리드 모델링에 의한 물체의 표현방식에는 CSG방식과 B-rep 방식이 있다.

① CSG(Constructive Solid Geometry) 방식

CSG에 의한 방식은 형상을 서로 조합하는 방식을 사용한다. 이때 쓰이는 형상의 조합을 불린 연산(boolean operation)이라고 한다.

불린연산은 크게 합집합(union/fusion), 차집합(subtract/difference), 교집합(intersect/common)으로 이루어진다. 이 연산처리 작업은 빠르고 많은 메모리를 요구하는 작업이며 물체의 내부까지도 연산해야 하는 것으로 물체의 표면적(surfacearea), 무게중심(center of gravity), 부피(volume), 무게(weight)의 물질 특성 등의 내용을 알 수 있다. 대부분의 솔리드 모델링 프로그램(Solid modeling Program)은 이러한 작업이 가능하다.

② B-rep(Boundary Representation)방식

B-rep에 의한 모델링은 정점(vertex), 면(face), 모서리(edge)가 서로 어떻게 연결이 되는가하는 상관관계를 이용해 물체를 형상화 하는 것이다.

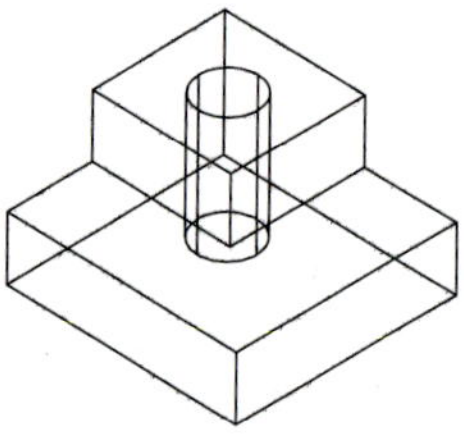

〈솔리드 모델링(CSG 형)〉

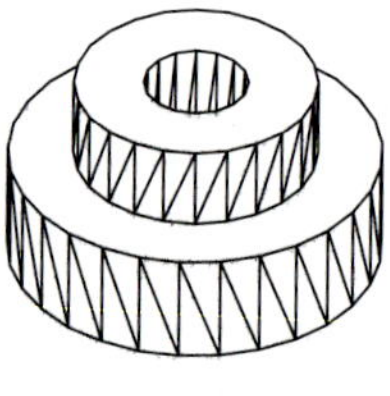

〈솔리드 모델링(B-rep 형)〉

4 3D CAD System의 종류 및 특징

3D 모델링 프로그램의 성능 및 기능의 우수성은 데이터베이스의 구축이 어떻게 되어 있는가에 따라 판정되며 저장된 자료의 수정, 편집, 추가 삭제가 용이하고 적합하여야 그 우수성을 인정받는다.

1. Catia

Dassault system에서 개발한 3D CAD system으로 Acis 커널을 사용한다. 초기 전투기 개발을 위한 목적으로 탄생하였지만 기능개발을 통해서 현재 자동차 분야에서도 사용하게 되었다. 설계데이터(형상모델)와의 완전한 통합을 이루었고 응력, 좌굴 및 고유 진동해석을 위한 용이한 전, 후처리를 지원한다.

신속하고 정확한 Solver를 사용하여 다양한 해석결과를 제공하며 향상된 Surface Mesh 기능과 최적화를 이용한 제품 설계기능을 제공한다.

2. UG NX(Unigraphics NX)

GM을 모기업으로 하는 UGS에서 개발한 3D CAD system으로 Parasolid 커널을 사용한다. 초기 자동차 설계를 위한 목적으로 개발되어 현재까지 사용되고 있으며, 국내에서는 초기에 금형 분야에서 주로 사용하였다. Hybrid 방식의 설계를 지원하여 기존 Parosolid 방식의 문제점을 개선하였다.

CAD/CAM/CAE/CAQ 시스템으로서 높은 신뢰성을 바탕으로 다양한 디자인 기능과 대용량 데이터의 처리 능력, 뛰어난 현장 감각을 가진 Manufacturing 기능, 전문화된 CAE package 와의 Interface를 제공하고, 단일 데이터베이스에 의한 시스템의 운용 관리가 가능한 개방형 구조이며 또한 UGS사에서 개발 공급하고 있는 통합 프로그램 Unigraphics는 차세대 모델링 기법인 Hybrid Modeler를 제공한다.

Hybird Modeling 기법은 Parametric/Variational 설계가 지원하지 못하는 다양한 설계기법(복합설계기법)을 동시에 만족하는 기능을 제공하며, 기존방식의 설계기법과 이들의 Parametric Wireframe, Surface, Solid 및 Feature-Based Non-Parametric 설계기법을 동시에 지원한다.

3. Pro-E(Pro Engineering)

PTC에서 개발한 3D CAD system으로 NX와 동일한 parasolid 커널을 사용한다. Parametric 기법을 근간으로 하여 Feature base로 설계가 가능하다.

Pro/Engineering은 Parametric, Feature 기반, 완전 연관구조를 통한 기계설계 자동화의 실질적 표준으로서 제품 개념을 설계하고, 시뮬레이션에서 제작에 이르는 개발 공정 전반에 대한 포괄적인 솔루션을 제공한다.

세부 제품 사양에서 사용성에 이르기까지 제품 개발 프로세스 전반에 걸쳐 창의적 개념을 도입한 Pro/Engineering은 어떤 규모 및 업종의 제조업체에게나 큰 가치를 제공한다.

Pro/Engineering이 제공하는 플랫폼은 시장에 보다 혁신적이고 매력적인 제품을 공급하고, 커스터마이즈가 가능한 융통성 있는 제품을 창출하며, 확장된 기업 내에서 설계 협력 작업을 증대할 수 있어 비즈니스 경쟁력을 높여 준다.

4. Solidworks

Solidworks는 CAD 소프트웨어에 요구되는 첨단의 기술들을 탑재하고 있으며, 특히 대부분의 CAD 소프트웨어들이 실제 설계에는 큰 도움이 되지 않는 불필요한 기능들을 나열하고 있는 것에 반하여 설계자에게 필요한 최신의 다양하고 혁신적인 기능들로 구성되어 있다. 강력한 설계능력, 쉬운 사용법으로 Solidworks는 현재 MS-windows 시스템 기반의 CAD 시스템 중 가장 많은 사용자를 보유하고 있으며, 기계설계 솔루션의 표준으로 자리 잡고 있다.

Solidworks는 3차원 형상을 쉽게 생성할 수 있는 기본적인 feature를 기반으로 하며, 설계자는 구성된 SolidWorks에서 제공하는 다양한 feature들을 사용하여 자신 구현하고자 하는 3차원 형상을 쉽게 표현할 수 있다. 또한, 사용된 모든 치수들은 변수로 정의되므로 설계자는 초기 설계시 정확한 치수를 입력할 필요가 없으며, 대략적 형상이 완료된 후에 정확한 치수를 입력함으로써 원하는 형상을 완성할 수 있다.

SolidWorks에서는 단품, 혹은 조립품을 구성하는 모든 치수들에 상관성을 부여할 수 있으며, 이를 통해 어느 한 치수가 변경될 때 다른 치수가 자동으로 바뀌도록 설정할 수 있다. 부품, 조립품 및 도면은 서로 완벽한 연계성을 가지므로 이들 중 한가지의 치수를 변경할 경우 연관된 모든 파일들의 치수는 자동으로 변경되어 설계오류방지 및 설계 시간 단축의 효과를 기대할 수 있다.

SolidWorks를 사용할 경우 직관적인 제품의 설계가 가능하며, 설계시간의 단축으로 제품 개발시 리드타임을 단축할 수 있으며, 물성치의 자동 산출, PART LIST의 자동 산출, 간섭탐지 및 구동상의 문제 확인, 2D 도면의 자동 제도 등의 이점을 얻을 수 있으며, 최종적으로 제품 개발 비용을 감소시킬 수 있다.

5. Solidedge

Solid Edge은 기계 설계의 기초인 라지 어셈블리 모델을 쉽게 처리한다.

상향식 및 하향식 기술을 모두 지원하는 Solid Edge는 팀 구성원 간에 설계 작업을 분배하고 완료된 서브-어셈블리를 공유하여 최종 제품을 순조롭게 조립할 수 있도록 한다.

인접 부품이나 배치의 형상을 직접 사용하여 어셈블리 모델 내에서 설계하여 부품이 정확하게 맞도록 할 수 있다. 어셈블리 모델 작성시간을 줄이기 위해 설계자는 부품이 알맞은 접합과 정렬 관계를 사용하여 제 위치에 자동으로 스냅 되도록 시스템에 기억시킬 수 있다.

Solid Edge는 상호 조립성능을 최적화하여 단시간에 보다 많은 설계방법을 시험해볼 수 있다. 어셈블리를 신속하고 쉽게 재구성하고, 어셈블리 군을 작성하여 여러 제품구성을 평가하고 동작 부품이 있는 어셈블리 모델을 다른 위치에서 작성할 수 있다.

내장된 어셈블리 관리도구로 Solid Edge는 설계 데이터관리 기간을 단축시킨다. 통합된 부품 라이브러리 및 개정 보조도구로 어셈블리 구성요소를 신속하게 찾고 대치하고 개정할 수 있다. 가볍고 단순화된 부품 표현으로, 수천 개의 부품으로 구성된 어셈블리 작업이 쉽고 효율적이다. 또한 Solid Edge의 어셈블리 작업은 레이아웃 설계를 위한 다양한 기법들을 제공하고 있다.

초기 설계 레이아웃을 어셈블리 환경에서 구축 후 팀원이나 개인단위로 분배할 수 있으며 이렇게 분배된 개개인의 작업 파일을 추후 어셈블리로 불러와 하나의 프로젝트를 완성할 수 있는 기능을 제공하고 있다.

5 3D 좌표계(3D Coordinate system)

1. 직교 좌표계(Rectangular Coordinate System)

평면이나 공간상의 한 점의 위치를 서로 직교하는 직선 축을 이용하여 정해지는 것을 말한다.

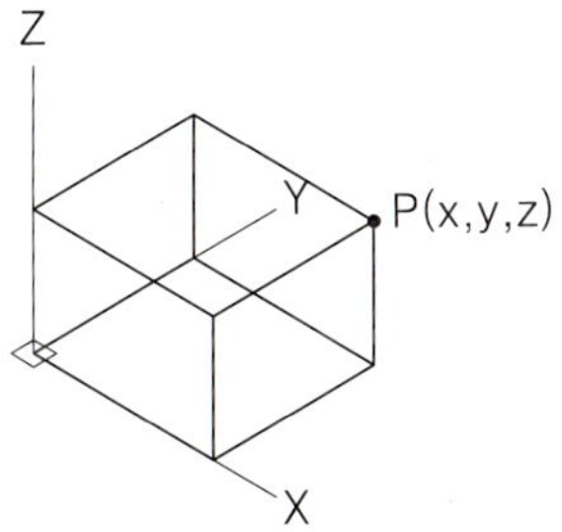

입력 방식 :
x 방향,y 방향,z 방향

2. 극 좌표계(Polar Coordinate System)

임의의 점의 위치를 정점으로부터의 거리와 방향(θ)으로 정해지는 것을 말한다.

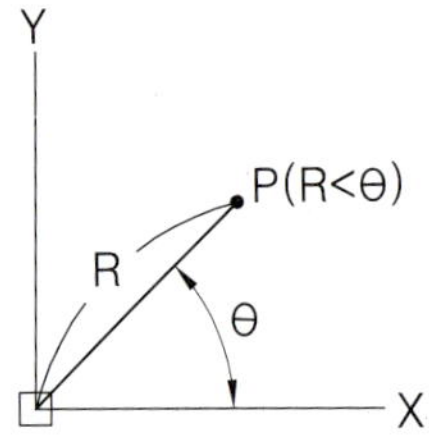

입력 방식 :
거리(R)〈각도(θ)

3. 원통 좌표계(Cylindrical Coordinate System)

3차원 공간을 나타내기 위해, 평면 극 좌표계에 평면에서부터의 높이 z(혹은 h)를 더해, r, θ , z로 정해지는 것을 말한다.

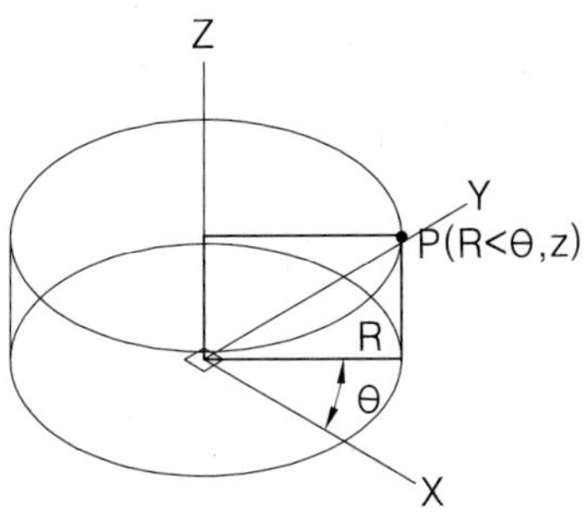

입력 방식 :
거리(R)〈각도(θ),z 방향

4. 구면 좌표계(Spherical Coordinate System)

공 모양의 표면에서 물체의 위치를 나타내는 좌표로서, 중심으로부터의 거리와 두 개의 각도로 정해지는 것을 말한다.

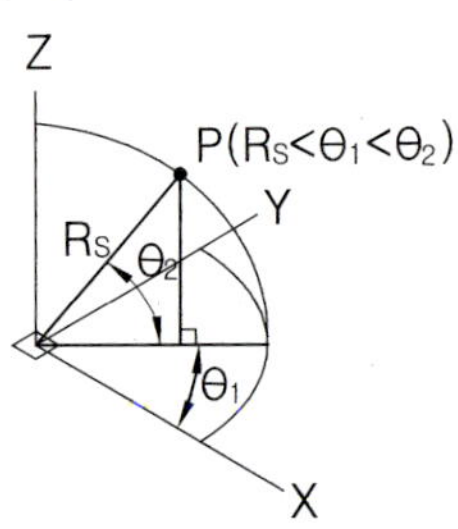

입력 방식 :
거리(R)〈
x축→y축 회전하는 각도(θ_1)
xy평면→z축 회전하는 각도(θ_1)

6 모델링 방법

1. 폼 디자인(Form Design)

기초적인 모델링 방식으로 상자, 원추, 원통 등의 기본 블록을 불린(Boolean) 연산하여 형상을 만들어 간다. 예를 들어 Box, Cone, Cylinder 등의 형상을 이용하여 합하거나 빼내어서 형상을 만든다.

2. 프리 폼 디자인(Free Form Design)

작업 평면에서 2차원으로 스케치하고 닫힌 도형으로 만든 후 솔리드로 변환 생성하는 방법이다. 제품의 2차원 단면 형상을 스케치하여 Region이나 Poly 객체로 변환한 후 Extrude, Revolve, Sweep, Loft 등으로 3차원 형상을 만든다.

프리폼 디자인으로 제품을 형상화 하는 작업 순서는 아래와 같다.

① 작업 평면을 설정한다.
② 형상을 스케치 한다.
③ 스케치를 구속시킨다.
④ 변환 생성하여 모델링 한다.

Section 02

3D 작업 환경설정

1 3D 모델링을 위한 화면 구성

AutoCAD 2008에서 2차원 작업을 할 때 작업 공간은 AutoCAD Classic이 기본값으로 설정되어 2차원 작업에 필요한 아이콘 명령으로 구성된 화면을 제공하였지만, 3차원 작업을 할 때는 3D Modeling을 선택하여 3차원 작업에 필요한 명령창으로 보다 쉽게 모델링 작업을 할 수 있도록 화면을 제공한다.

3D Modeling 작업 공간으로 변환하기 위하여 Workspaces 도구모음에서 작업 공간을 AutoCAD Classic에서 3D Modeling으로 선택한다. 아래는 3D Modeling 작업 공간의 화면 구성을 나타낸 것이다.

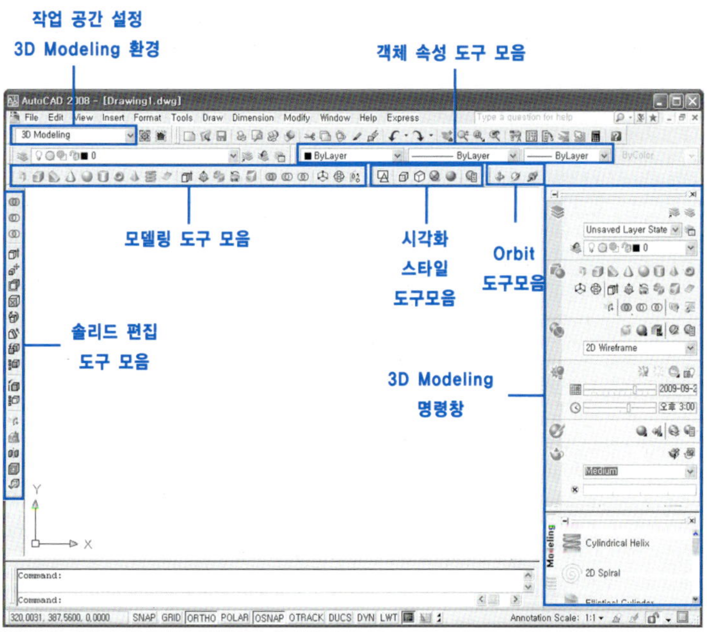

2 정면, 우측면, 평면, 등각 방향의 뷰포트(VPORTS) 구성하기

AutoCAD에서 보다 쉽게 3D Modeling을 하기 위해서 뷰포트 구성을 통해 각각의 방향을 동시에 화면에 나타낸다. 뷰포트 구성을 이용하면 모델링시 시점의 이동을 줄여

보다 신속하고 편리한 작업이 가능하다. 새로운 뷰포트 구성을 작성하거나 모형 공간 뷰포트 구성을 명명하고 저장하기 위하여 VPORTS 명령을 이용한다.

1. 명령어의 실행

① (마우스)를 이용한 실행

- 메뉴 표시줄 [View] – [Viewports] – [New Viewports...] 선택

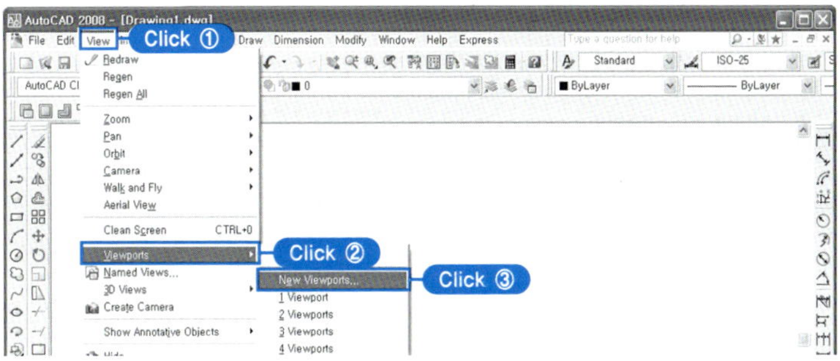

- Viewports 도구모음 [Display Viewports Dialog] 선택

② (키보드)를 이용한 실행

Command : VPORTS Enter↵

2. VIEWPORTS 설정

- New Viewports : 표준 뷰포트 구성 리스트를 표시하고 3D 화면 분할을 구성한다.
- Named Viewports : 현재 도면에 저장되어 있는 모든 뷰포트 구성을 표시한다.
- Standard Viewports : 화면 분할의 리스트를 구성한다.
- Setup : 2D, 3D 화면을 설정한다.
- Change view to : 분할된 각각의 화면에 시점을 부여한다.

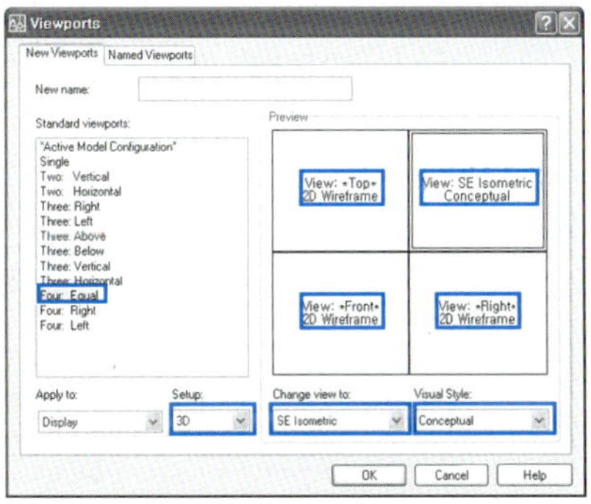

3 3차원 형상에 대한 시점 설정하기

3D Modeling 작업을 하면서 형상의 3차원 시각화를 위한 관측 방향(시점)을 설정하기 위하여 VPOINT 명령을 이용한다.

1. 명령어의 실행

① (마우스)를 이용한 실행

▸메뉴 표시줄 [View] – [3D views] 선택

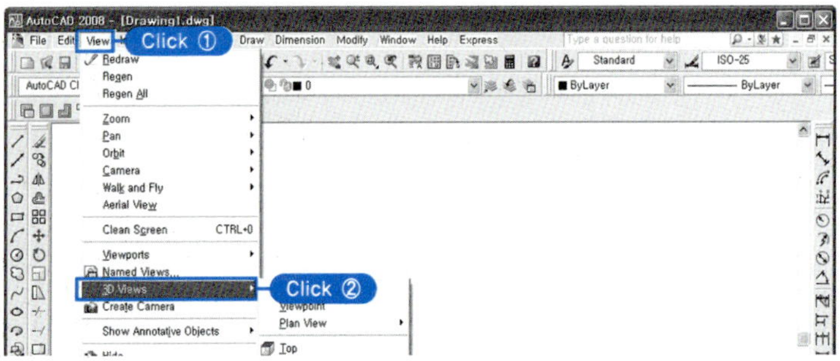

▸View 도구모음에서 각 방향에 대한 시점을 선택

※View 도구모음의 아이콘으로 시점을 선택하는 것이 편리하다.

② (키보드)를 이용한 실행

Command : VPOINT Enter↵

2. VIEWPOINT 설정

▸**관측방향**

– 정면도(Front view[x,z]) :	0, –1, 0
– 평면도(Top view[x,y]) :	0, 0, 1
– 우측면도(Right view[y,z]) :	1, 0, 0
– 좌측면도(Left view[–y,z]) :	–1, 0, 0
– 저면도(Bottom view[x,–y]) :	0, 0, –1
– 배면도(Back view[–x,z]) :	0, 1, 0
– 등각도(SE Isometric view[x,–y,z]) :	1, –1, 1

TIP

➡ VPOINT 명령의 옵션

- 시점(View point) : 입력하는 x, y, z 좌표를 사용하여, 도면을 관측하는 방향을 정의하는 벡터를 작성한다.
- 회전(Rotate) : 두 개의 각도를 이용하여 새로운 관측 방향을 지정한다.
- 나침반과 삼각대 표시(Display compass and tripod) : 뷰포트에서 관측 방향을 정의하는데 사용하는 나침반과 축 삼각대를 표시한다.

4 사용자 좌표계(UCS) 설정하기

사용자 좌표계로 작업 평면인 [x,y] 평면을 설정하거나 관리한다.

1. 명령어의 실행

① (마우스)를 이용한 실행

- 메뉴 표시줄 [Tools] – [New UCS] 선택

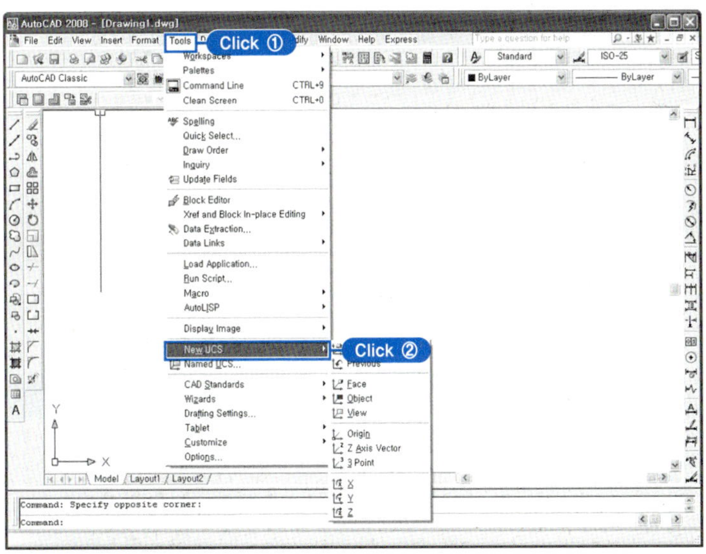

- UCS 도구모음에서 작업평면을 선택

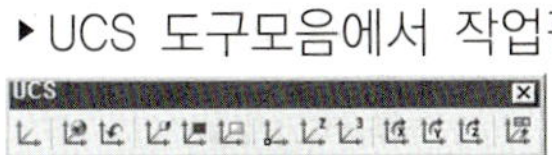

※ UCS 도구모음의 아이콘으로 작업평면을 선택하는 것이 편리하다.

② (키보드)를 이용한 실행

```
Command : UCS Enter↵
```

TIP

➡ UCS 명령의 옵션

- 면(Face) : 3D 솔리드의 선택한 면에 UCS를 정렬한다.
- 3점(3P) : 세 점(원점, x 방향, y 방향)으로 작업 평면을 정의한다. 이 옵션은 경사면을 작업 평면으로 설정할 때 필요하다.
- 원점(Origin) : 한 점을 선택하여 원점을 새로이 지정한다. 이 옵션을 사용하여 물체의 기준점으로 정확한 크기를 입력할 수 있다.
- 명명된(Named) : 자주 사용하는 UCS 방향을 이름별로 저장하고 불러온다.
- 객체(Object) : 선택한 3D 객체를 기준으로 새로운 작업 평면을 설정한다.

TIP

➡ UCS 명령의 옵션 계속

- 이전(Previews) : 이전 UCS로 되돌아 간다.
- 관측(View) : 관측 방향에 수직인(화면에 평행인) xy 평면으로 새로운 작업 평면을 설정한다. 관측 방향을 작업 평면으로 설정하기 때문에 가장 편리하고 많이 사용된다.
- World : 현재 사용자 좌표계를 표준 좌표계로 설정한다.
- X/Y/Z :지정한 축을 중심으로 현재 UCS를 회전하여 작업 평면을 설정한다.
- Z축(Zaxis) : 원점과 지정된 양의 z축 방향을 선택하여 작업 평면을 설정한다.

5 UCS 아이콘 설정하기

UCS 아이콘의 표시여부와 배치를 조정한다.

1. 명령어의 실행

① (마우스)를 이용한 실행

- 메뉴 표시줄 [View] – [Display] – [UCS icon] 선택

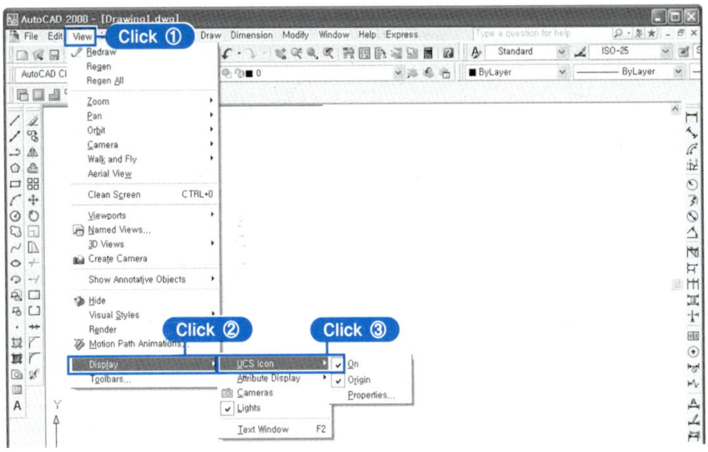

② (키보드)를 이용한 실행

Command : UCSICON Enter↵

TIP

➡ UCSICON 명령의 옵션

- 켜기(ON) : UCS 아이콘을 표시한다.
- 끄기(OFF) : UCS 아이콘을 표시하지 않는다.
- 모두(All) : UCS ICON에 대한 변경사항을 모든 활성 뷰포트의 아이콘에 적용한다.
- 원점끄기(Noorigin) : UCS 원점의 위치에 관계없이 아이콘을 뷰포트의 왼쪽 하단에 표시한다.
- 원점켜기(Origin) : 아이콘을 현재 좌표계의 원점(0,0,0)에 표시한다.
- 속성(Properties) : UCS 아이콘의 스타일 표시 여부 및 위치를 조정하는 UCS 아이콘 대화창을 표시한다.

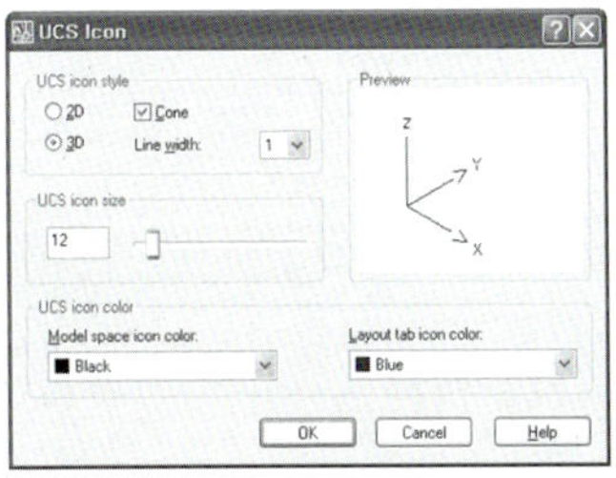

6 평면 뷰 표시하기

지정된 사용자 좌표계의 평면 뷰를 표시한다.

1. 명령어의 실행

① (마우스)를 이용한 실행

▸ 메뉴 표시줄 [View] – [3D Views] – [Plan View] 선택

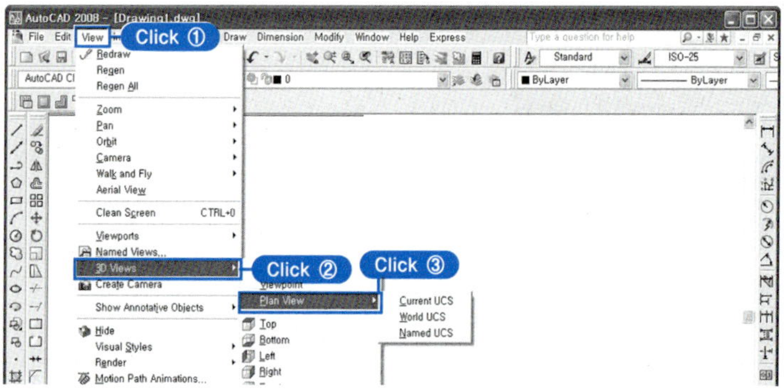

② (키보드)를 이용한 실행

Command : PLAN Enter↵

TIP

➡ **PLAN 명령의 옵션**

- **현재 사용자 좌표계(Current UCS)** : 도면 범위가 현재 UCS의 현재 뷰포트에 맞도록 화면 표시의 평면 뷰를 재생성 한다.
- **사용자 좌표계(UCS)** : 이전에 저장된 UCS의 평면 뷰를 변경하고 화면표시를 재생성 한다.
- **표준 좌표계(World)** : 도면 범위가 표준 좌표계의 화면에 맞도록 화면 표시의 평면 뷰를 재생성 한다.

7 화면 제어하기

1. ZOOM

화면을 확대/축소하는 명령으로 3D Modeling 작업 공간에서는 Extents, Vmax, Window가 자주 사용된다. 2차원 작업을 위한 작업 공간 AutoCAD Classic에서의 ZOOM 명령과 동일한 방법으로 사용할 수 있다.

1 (키보드)를 이용한 실행

```
Command : Z Enter↵
```

2. 마우스 휠 버튼

마우스 휠 버튼을 이용하여 3D Modeling 화면을 제어할 수 있다.

① 마우스 휠 버튼 회전하기 : 화면을 확대 또는 축소한다.
② 마우스 휠 버튼 끌기(Drag) : 화면을 이동한다.
③ Shift키 누른 상태에서 마우스 휠 버튼 끌기(Drag) : 화면을 회전시킨다.

3. REGEN 또는 REGENALL

현재 뷰포트에서 전체 도면을 재생성한다. 2차원 작업을 위한 작업 공간 AutoCAD Classic에서의 REGEN 명령과 동일한 방법으로 사용할 수 있다.

1 (키보드)를 이용한 실행

```
Command : RE Enter↵
```

8 객체의 대화식 관측 제어하기

1. 3DORBIT

3D에서 객체의 대화식 관측을 제어한다.

① (마우스)를 이용한 실행

▸ 메뉴 표시줄 [View] – [Orbit] – [Constrained Orbit] 선택

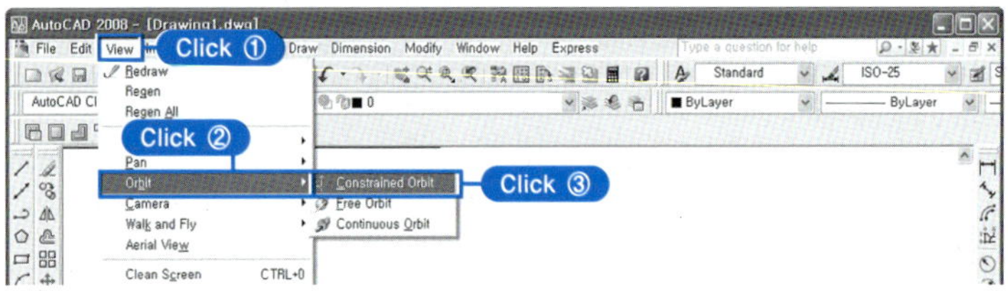

▸ Orbit 도구모음 [Constrained Orbit] 선택

② (키보드)를 이용한 실행

Command : 3DORBIT Enter↵

2. 3DFORBIT

자유궤도를 사용하여 3D에서 객체의 대화식 관측을 제어한다.

① (마우스)를 이용한 실행

▸ 메뉴 표시줄 [View] – [Orbit] – [Free Orbit] 선택

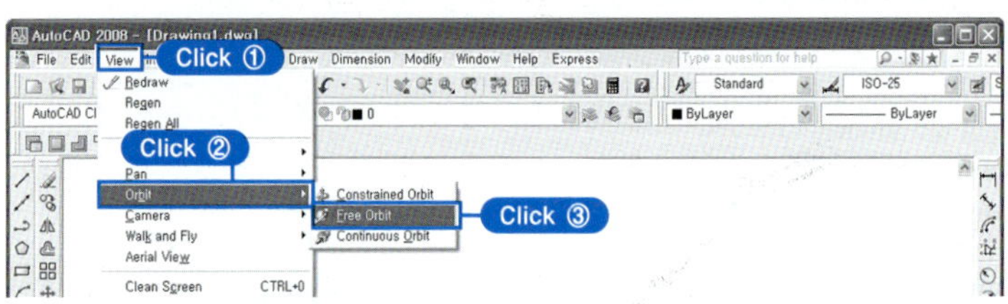

▸ Orbit 도구모음 [Free Orbit] 선택

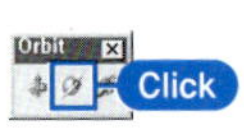

② (키보드)를 이용한 실행

Command : 3DFORBIT Enter↵

3. 3DCORBIT

대화식 3D 뷰를 시작하고 객체를 연속 동작으로 설정한다.

① (마우스)를 이용한 실행

▸ 메뉴 표시줄 [View] – [Orbit] – [Continuous Orbit] 선택

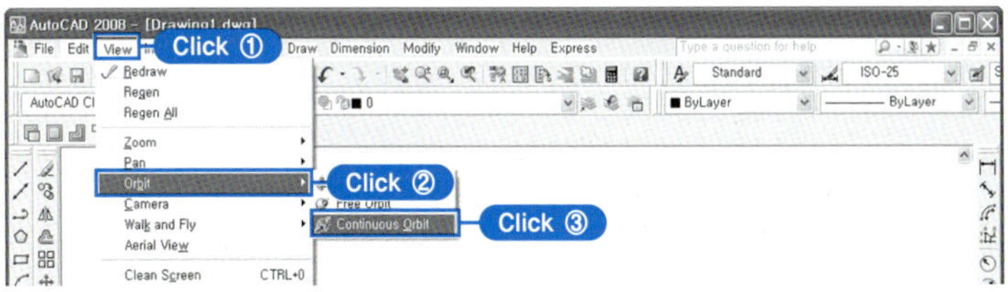

▸ Orbit 도구모음 [Continuous Orbit] 선택

② (키보드)를 이용한 실행

Command : 3DCORBIT Enter↵

Section 03 기초 모델링 명령

1 BOX 명령

3D 솔리드 상자를 만드는 명령이다.

1. 명령어의 실행

① (마우스)를 이용한 실행

▸ 메뉴 표시줄 [Draw] – [Modeling] – [Box] 선택

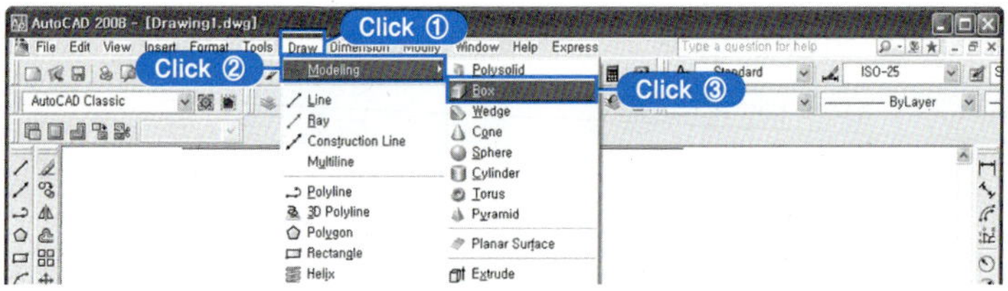

▸ Modeling 도구모음 [Box] 선택

② (키보드)를 이용한 실행

Command : BOX Enter↵

2. 명령어의 사용법 따라하기

①
- 명령 실행, (BOX Enter↵)
- 3D 공간위의 임의의 점 선택
- 각 방향에 대한 길이를 입력하여 육면체를 그리기 위해 〈L〉 입력후 진행
- 길이 〈40〉 입력 후 진행(Enter↵)
- 폭 〈30〉 입력 후 진행(Enter↵)
- 높이 〈50〉 입력 후 진행(Enter↵)

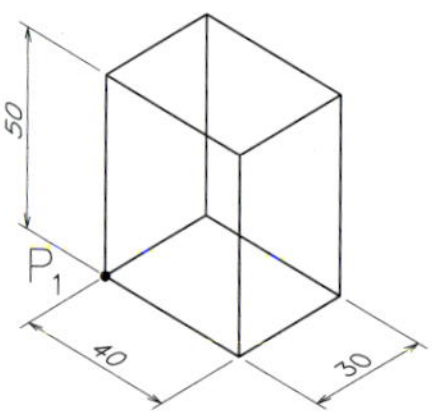

②
- 명령 실행, (BOX Enter↵)
- 3D 공간위의 임의의 점 선택
- 정육면체를 그리기 위하여 〈C〉 입력
- 길이 〈40〉 입력 후 진행(Enter↵)

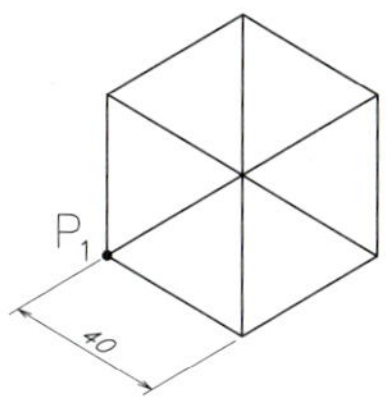

TIP

➡ BOX 명령의 옵션

- 중심(Center) : 상자의 도심을 이용하여 상자를 그린다.
- 길이(Length) : 상자의 x,y,z 방향의 길이를 입력하여 상자를 그린다.
- 정육면체(Cube) : 상자의 한변의 길이만 입력하여 상자를 그린다.

2 CYLINDER 명령

3D 솔리드 원형 또는 타원형 기둥을 만드는 명령이다.

1. 명령어의 실행

① (마우스)를 이용한 실행

- 메뉴 표시줄 [Draw] – [Modeling] – [Cylinder] 선택

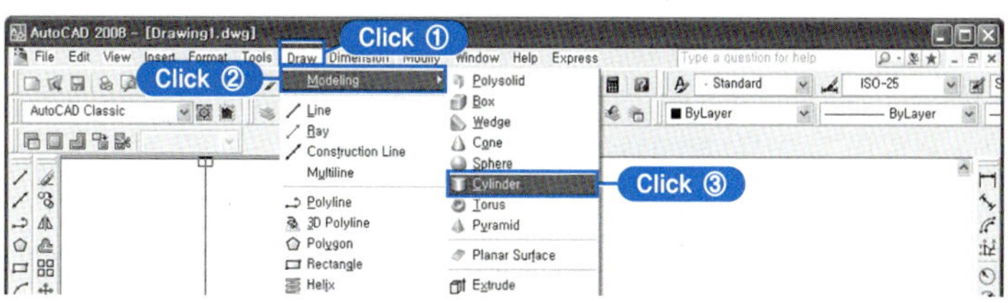

- Modeling 도구모음 [Cylinder] 선택

② (키보드)를 이용한 실행

Command : CYLINDER 또는 CYL Enter↵

2. 명령어의 사용법 따라하기

①
- 명령 실행, (CYL Enter↵)
- 3D 공간위의 임의의 점 선택
- 원기둥의 원의 지름 〈20〉을 입력하고 진행(Enter↵)
- 높이 〈50〉을 입력하고 진행(Enter↵)

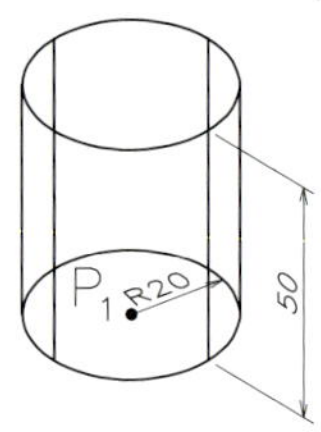

②
- 명령 실행, (CYL Enter↵)
- 타원 기둥을 만들기 위하여 〈E〉를 입력하고 진행(Enter↵)
- 3D 공간위의 임의의 점 선택
- y축 방향으로 커서 이동 후 장축 길이 〈50〉을 입력하고 진행(Enter↵)
- x축 방향으로 커서 이동 후 단축의 절반 길이 〈15〉를 입력하고 진행(Enter↵)
- 높이 〈50〉을 입력하고 진행(Enter↵)

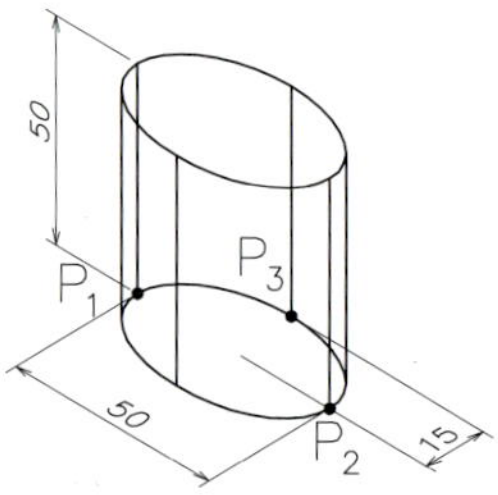

TIP

➡ CYLINDER 명령의 옵션

- 3점(3P) : 세 점을 이용하여 원통 밑면 원의 원주를 정의한다.
- 2점(2P) : 두 점을 이용하여 원통 밑면 원의 지름을 정의한다.
- 접점과 반지름(TTR) : 두 접점과 반지름을 이용하여 원통 밑면 원을 정의한다.
- 타원(Elliptical) : 원통을 그리기 위해 타원을 그리는 조건을 입력한다.
- 지름(Diameter) : 원통 밑면 원의 지름을 지정한다.
- 2점(2Point) : 원통의 높이를 두 점을 이용하여 지정한다.
- 축의 끝점(Axis endpoint) : 원통의 높이를 축의 끝점으로 지정한다.

3 CONE 명령

3D 솔리드 원추형이나 윗부분이 잘린 원추형을 만드는 명령이다.

1. 명령어의 실행

①  (마우스)를 이용한 실행

- 메뉴 표시줄 [Draw] – [Modeling] – [Cone] 선택

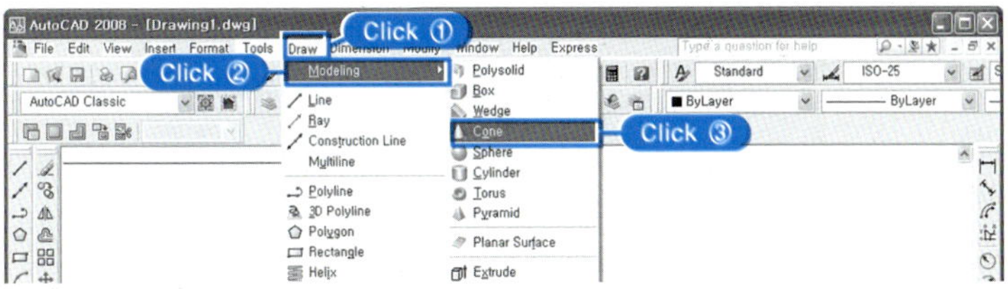

- Modeling 도구모음 [Cone] 선택

②  (키보드)를 이용한 실행

Command : CONE Enter↵

2. 명령어의 사용법 따라하기

①
- 명령 실행, (CONE Enter↵)
- 3D 공간위의 임의의 점 선택
- 원추 원의 반지름 〈20〉을 입력하고 진행(Enter↵)
- 높이 〈50〉을 입력하고 진행

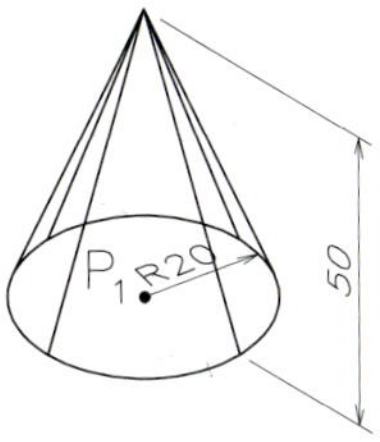

②
- 명령 실행, (CONE Enter↵)
- 3D 공간위의 임의의 점 선택
- 원추 원의 반지름 〈20〉을 입력하고 진행
- 잘린 원추의 윗면 원의 반지름 〈10〉을 입력하고 진행(Enter↵)
- 높이 〈50〉을 입력하고 진행(Enter↵)

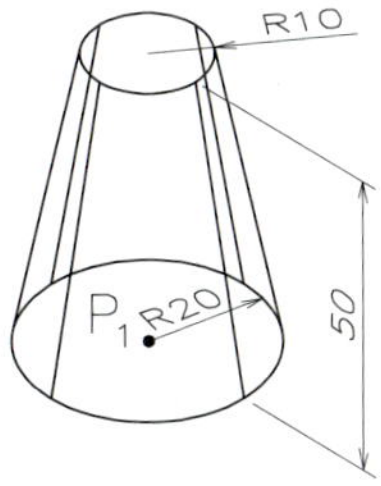

TIP

➡ CONE 명령의 옵션

- 3점(3P) : 세 점을 입력하여 원추 밑면 원을 정의한다.
- 2점(2P) : 두 점을 이용하여 원추 밑면 원의 지름을 지정한다.
- 접점과 반지름(TTR) : 두 접점과 반지름을 이용하여 원추 밑면 원을 정의한다.
- 타원(Elliptical) : 원추를 그리기 위해 타원을 그리는 조건을 입력한다.
- 지름(Diameter) : 원추의 밑면 원의 지름을 입력한다.
- 2점(2Point) : 원추의 높이를 두 점을 이용하여 지정한다.
- 축의 끝점(Axis endpoint) : 원추의 높이를 축의 끝점으로 지정한다.
- 윗면 반지름(Top radius) : 윗부분이 잘린 원추형을 만들기 위해 윗면 원의 반지름을 입력한다.

4 SPHERE 명령

3D 솔리드 구형을 만드는 명령이다.

1. 명령어의 실행

① (마우스)를 이용한 실행

- 메뉴 표시줄 [Draw] – [Modeling] – [Sphere] 선택

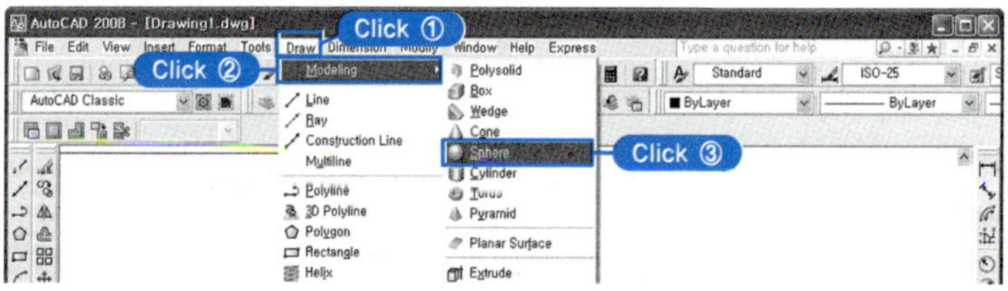

- Modeling 도구모음 [Sphere] 선택

② (키보드)를 이용한 실행

```
Command : SPHERE Enter↵
```

2. 명령어의 사용법 따라하기

①
- 명령 실행, (SPHERE Enter↵)
- 3D 공간위의 임의의 점 선택
- 구형의 반지름 〈25〉를 입력하고 진행 (Enter↵)

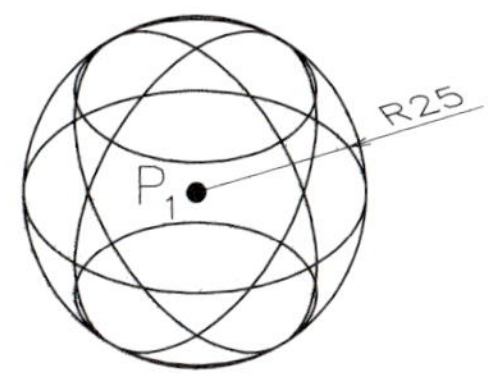

TIP

SPHERE 명령의 옵션

- 3점(3P) : 3차원 공간에서 세 점을 입력하여 구형을 정의한다.
- 2점(2P) : 3차원 공간에서 두 점을 이용하여 구형을 정의한다.
- 접점과 반지름(TTR) : 3차원 공간에서 두 접점과 반지름을 이용하여 구형을 정의한다.

5 TORUS 명령

3D 솔리드 원환체(도넛형)를 만드는 명령이다.

1. 명령어의 실행

① **(마우스)를 이용한 실행**
- 메뉴 표시줄 [Draw] – [Modeling] – [Torus] 선택

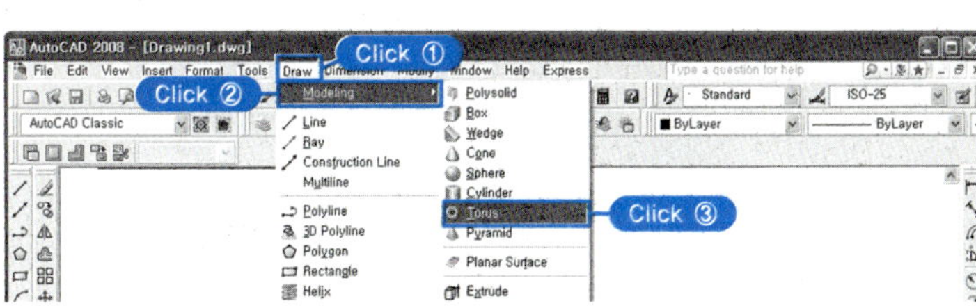

- Modeling 도구모음 [Torus] 선택

② **(키보드)를 이용한 실행**

Command : TORUS Enter↵

2. 명령어의 사용법 따라하기

①
- 명령 실행, (TORUS Enter↵)
- 3D 공간위의 임의의 점 선택
- 원환체의 반지름 〈30〉를 입력하고 진행(Enter↵)
- 튜브의 반지름 〈10〉를 입력하고 진행(Enter↵)

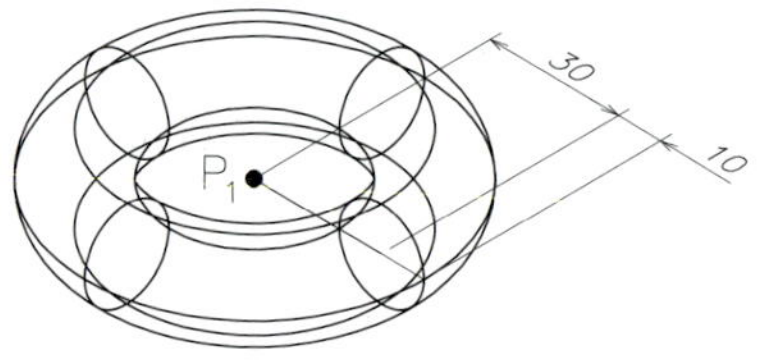

TIP

➡ TORUS 명령의 옵션

- 3점(3P) : 세 점을 입력하여 원환체를 정의한다.
- 2점(2P) : 두 점을 이용하여 원환체를 정의한다.
- 접점과 반지름(TTR) : 두 접점과 반지름을 이용하여 원환체를 정의한다.
- 지름(Diameter) : 원환체의 지름을 지정한다.

6 WEDGE 명령

3D 솔리드 쐐기형을 만드는 명령이다.

1. 명령어의 실행

① **(마우스)를 이용한 실행**

- 메뉴 표시줄 [Draw] – [Modeling] – [Wedge] 선택

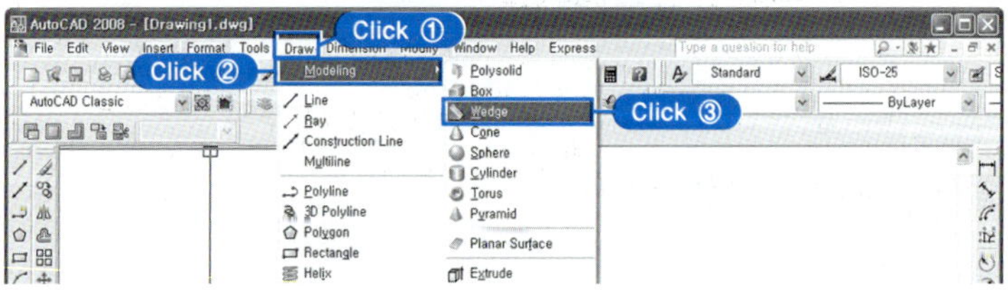

- Modeling 도구모음 [Wedge] 선택

② (키보드)를 이용한 실행

Command : WEDGE Enter↵

2. 명령어의 사용법 따라하기

①
- 명령 실행, (WEDGE Enter↵)
- 3D 공간 위의 임의의 점 선택
- 각 방향에 대한 길이를 입력하여 육면체를 그리기 위해 〈L〉 입력후 진행
- 길이 〈40〉 입력 후 진행(Enter↵)
- 폭 〈30〉 입력 후 진행(Enter↵)
- 높이 〈50〉 입력 후 진행(Enter↵)

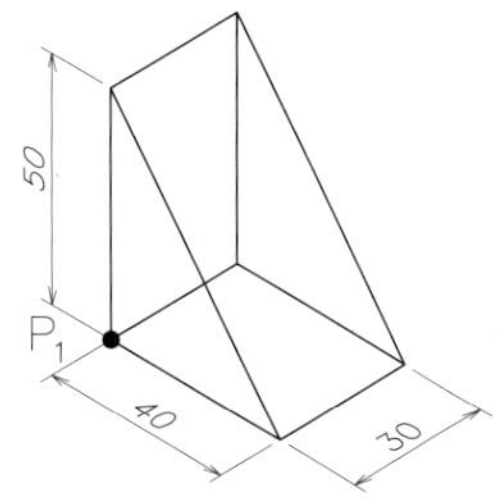

TIP

WEDGE 명령의 옵션

- 중심(Center) : 중심점을 이용하여 삼각기둥을 만든다.
- 정육면체(Cube) : x, y, z 방향의 길이가 같은 삼각기둥을 만든다.
- 길이(Length) : 삼각기둥을 길이, 폭, 높이를 입력하여 만든다.
- 2점(2Point) : 삼각기둥의 높이를 두 점을 이용하여 정의한다.

7 PYRAMID 명령

3D 솔리드 피라미드형을 만드는 명령이다.

1. 명령어의 실행

① (마우스)를 이용한 실행
- 메뉴 표시줄 [Draw] – [Modeling] – [Pyramid] 선택

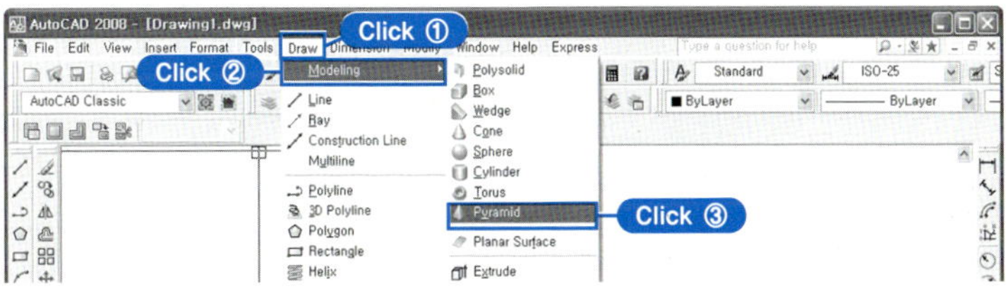

▸ Modeling 도구모음 [Pyramid] 선택

② (키보드)를 이용한 실행

Command : PYRAMID Enter↵

2. 명령어의 사용법 따라하기

① ▸ 명령 실행, (WEDGE Enter↵)

▸ 아랫면의 개수를 입력하기 위해 〈S〉 입력 후 진행(Enter↵)

▸ 아랫면의 개수 〈4〉 입력 후 진행(Enter↵)

▸ 아랫면 한변의 길이를 입력하기 위해서 〈E〉 입력 후 진행(Enter↵)

▸ 3D 공간 위의 임의의 점 선택

▸ 한 변의 길이 〈@40〈0〉 입력하고 진행(Enter↵)

▸ 높이 〈70〉 입력 후 진행(Enter↵)

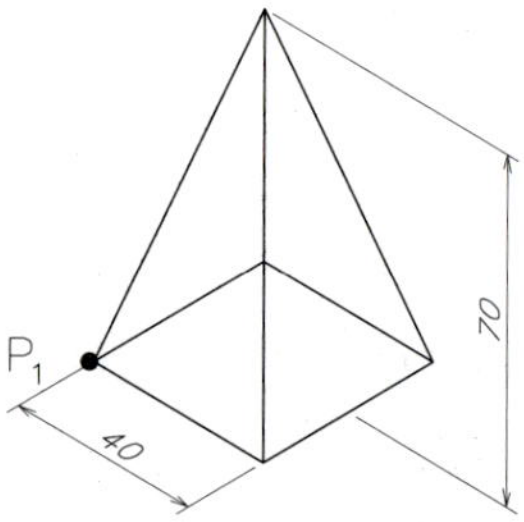

TIP

PYRAMID 명령의 옵션

▸ 모서리(Edge) : 피라미드 밑면의 한 모서리 길이를 입력한다.

▸ 변(Sides) : 피라미드형의 면 수를 입력하다.

▸ 내접(Inscribed) : 피라미드 기준 반지름 안에 피라미드의 밑면이 내접하도록 지정한다.

▸ 2점(2Point) : 피라미드의 높이를 두 점을 이용하여 지정한다.

▸ 축의 끝점(Axis endpoint) : 피라미드의 높이를 축의 끝점을 이용하여 입력한다.

▸ 윗면 반지름(Top radius) : 윗부분이 잘린 피라미드를 만들기 위해 윗면이 내접하는 원의 반지름을 입력한다.

Section 04 블린(Boolean) 연산 명령

1 UNION 명령

선택한 영역 또는 솔리드들을 합치는 명령이다.

1. 명령어의 실행

① (마우스)를 이용한 실행

- 메뉴 표시줄 [Modify] – [Solid Editing] – [Union] 선택
- Modeling 도구모음 [Union] 선택

② (키보드)를 이용한 실행

Command : UNION 또는 UNI Enter↵

2. 명령어의 사용법 따라하기

①
- 명령 실행, (UNI Enter↵)
- 합치기 위한 솔리드를 모두 선택하고 진행(Enter↵)

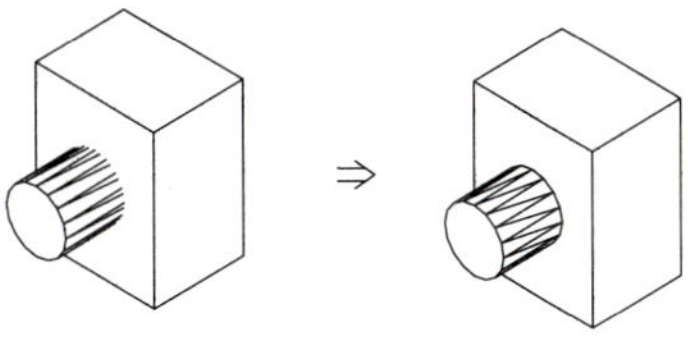

2 SUBTRACT 명령

선택한 영역 또는 솔리드에서 다른 솔리드를 제거하는 명령이다.

1. 명령어의 실행

① (마우스)를 이용한 실행

- 메뉴 표시줄 [Modify] – [Solid Editing] – [Subtract] 선택
- Modeling 도구모음 [Subtract] 선택

② (키보드)를 이용한 실행

Command : SUBTRACT 또는 SU Enter↵

2. 명령어의 사용법 따라하기

①
- 명령 실행, (SU Enter↵)
- 원본 솔리드 객체를 선택하고 진행 (Enter↵)
- 제거할 솔리드 객체를 선택하고 진행 (Enter↵)

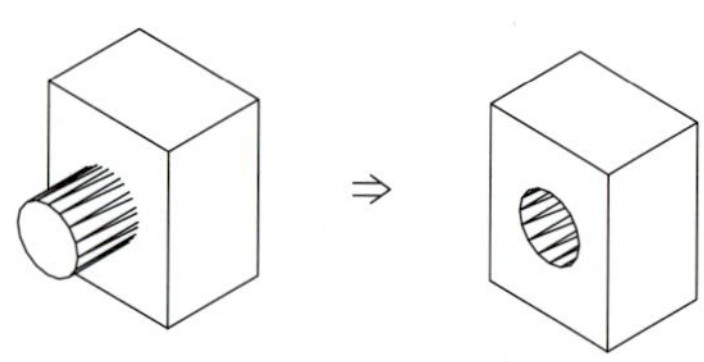

3 INTERSECT 명령

선택한 영역들 또는 솔리드들의 겹쳐진 부분만을 남기고 겹쳐지지 않은 부분을 제거하여 새롭게 만드는 명령이다.

1. 명령어의 실행

① (마우스)를 이용한 실행

- 메뉴 표시줄 [Modify] – [Solid Editing] – [Intersect] 선택
- Modeling 도구모음 [Intersect] 선택

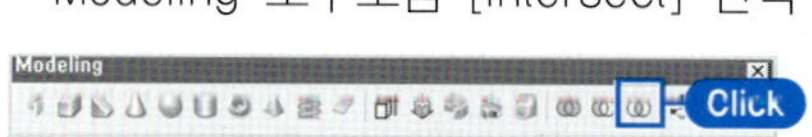

② (키보드)를 이용한 실행

Command : INTERSECT 또는 IN Enter↵

2. 명령어의 사용법 따라하기

① ▸명령 실행, (IN Enter↵)
▸교차부분만 남기기 위한 모델들을 모두 선택하고 진행(Enter↵)

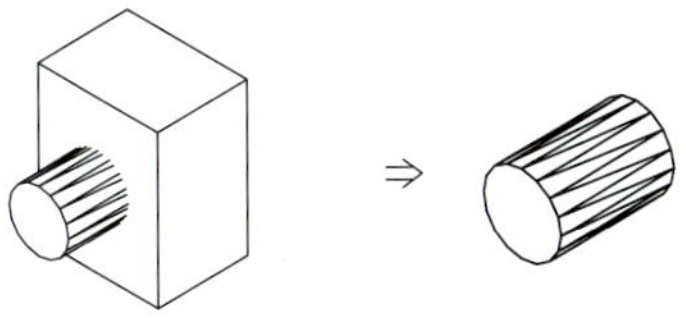

4 INTERFERE 명령

겹쳐진 3D 솔리드들의 간섭부분을 체크하여 간섭부분만 추가로 새롭게 만드는 명령이다.

1. 명령어의 실행

①  (마우스)를 이용한 실행

▸메뉴 표시줄 [Modify] – [3D Operations] – [Interference check] 선택

②  (키보드)를 이용한 실행

Command : INTERFERENCE Enter↵

2. 명령어의 사용법 따라하기

① ▸명령 실행, (INTERFERENCE Enter↵)
▸간섭을 체크할 객체들을 선택하고 진행(Enter↵)

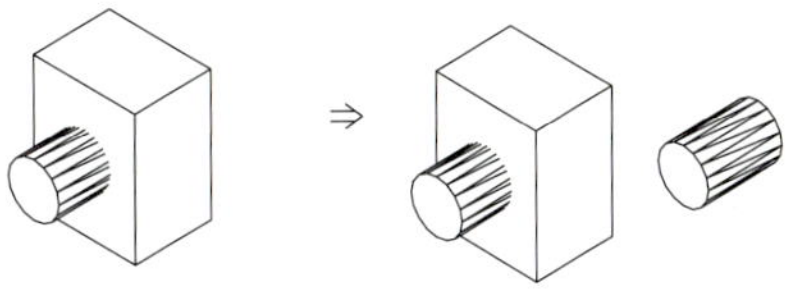

TIP

INTERFERENCE 명령의 옵션

▸**내포된 선택(Nested selection)** : 블록 및 외부 참조에 내포된 개별 솔리드 객체를 선택할 수 있다.
▸**설정(Settings)** : 간섭 객체의 뷰 스타일 및 색상을 지정할 수 있는 간섭(interference) 설정을 위한 대화창을 표시한다.
▸**검사(Check)** : 간섭 검사 대화창이 표시된다.

Section 05 솔리드의 면 속성을 변경하는 명령

1 ISOLINES 명령

솔리드 모델에서 CSG형의 모서리(Edge) 수를 지정한다. 0에서 2047까지 지정할 수 있다.

1. 명령어의 실행

① (키보드)를 이용한 실행

```
Command : ISOLINES Enter↵
```

〈ISOLINES (4)〉 〈ISOLINES (8)〉

2 FACETRES 명령

음영 처리 및 렌더링된 객체의 면 밀도를 조절한다.

1. 명령어의 실행

① (키보드)를 이용한 실행

```
Command : FACETRES Enter↵
```

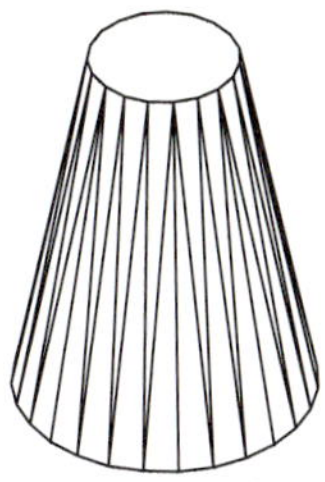

〈FACETRES (0.5000)〉

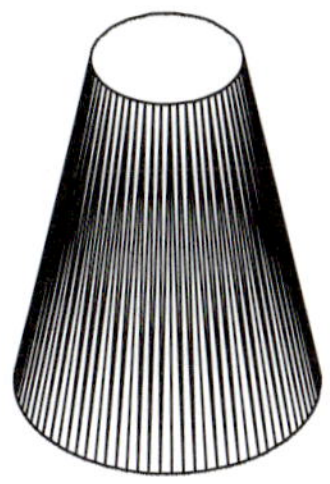

〈FACETRES (5.0000)〉

3 DISPSILH 명령

3D 솔리드 모델의 실루엣 표시를 조정한다.

1. 명령어의 실행

① (키보드)를 이용한 실행

```
Command : DISPSILH Enter↵
```

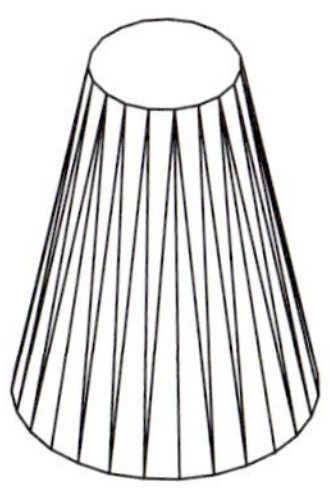

〈DISPSILH (0)〉

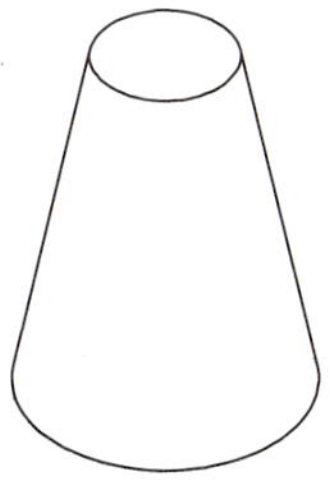

〈DISPSILH (1)〉

TIP

➡ DISPSILH 명령의 옵션

- ▸1 : 실루엣 처리하여 표시한다.
- ▸0 : B-rep형으로 처리하여 표시한다.

Section 06

예제 따라하기

1 예제 따라하기 미리보기

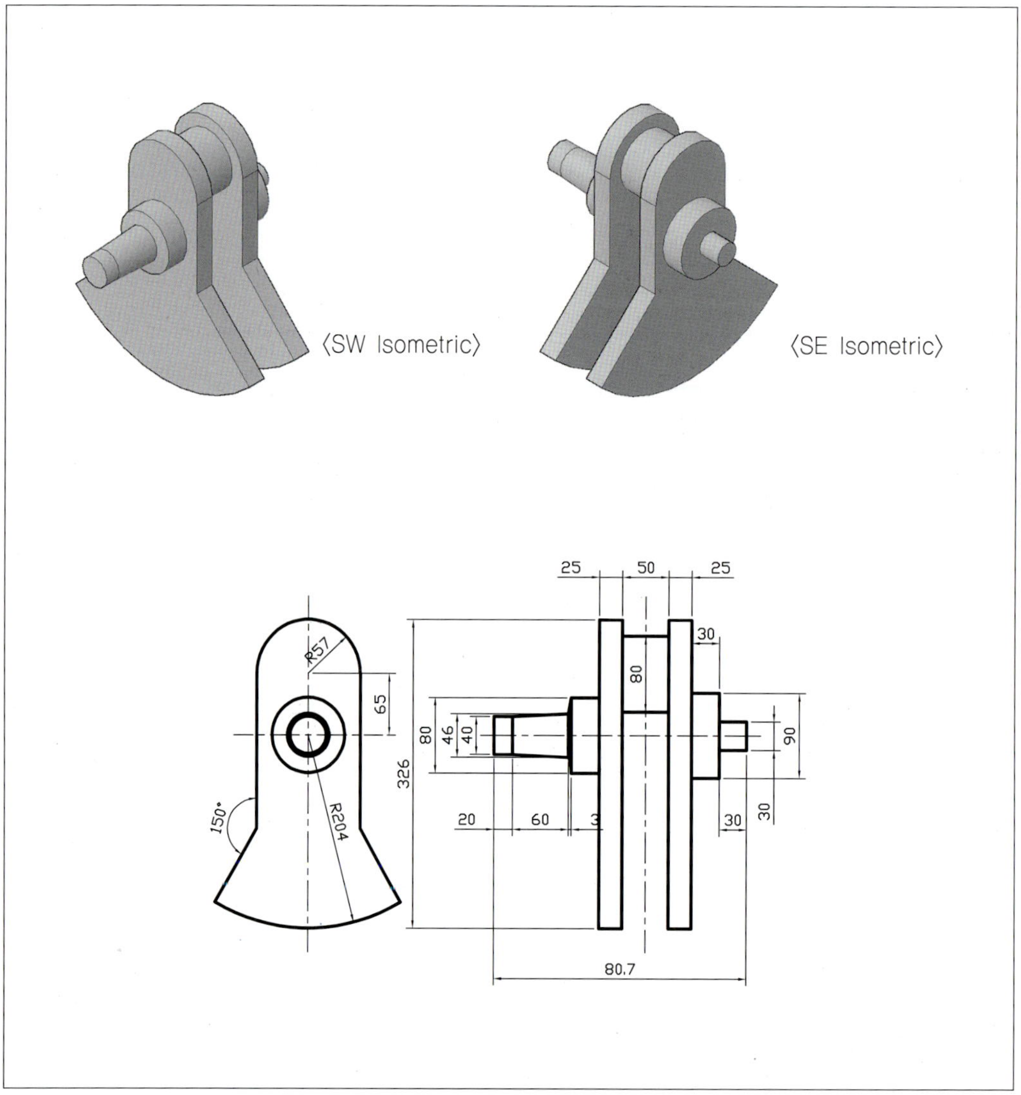

원 실린더 크랭크 축

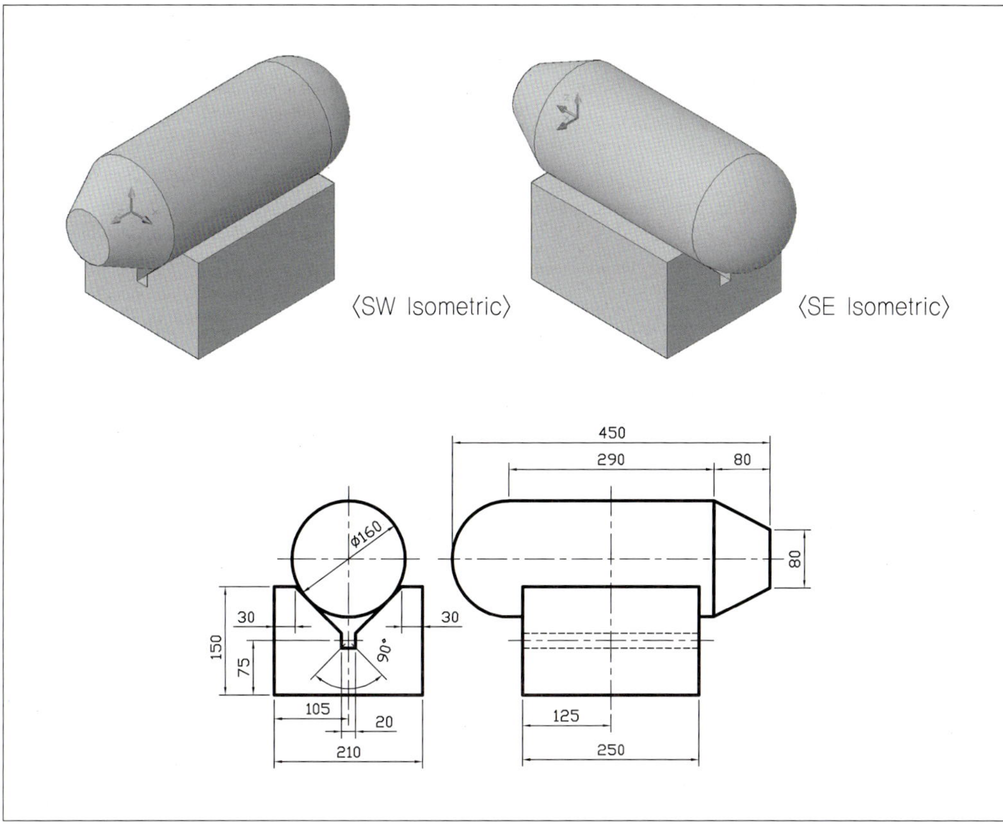

V 블록

2 예제 따라하기 1

기초 모델링 명령을 이용한 예제 따라하기 1을 통해 기초 모델링 명령에 대해 이해한다.

① 사용자 좌표계(UCS) 설정 명령으로 표준 좌표계의 우측(yz평면)을 작업 평면으로 설정한다.

- 명령을 실행, (UCS Enter↵)
- 임의 원점 선택
- x 방향 선택
- y 방향 선택

2 작업 평면의 원점을 중심점으로 반지름 R20, 높이 20의 원기둥을 그린다.

- ▸명령을 실행, (CYLINDER 아이콘)
- ▸원점을 중심 선택
- ▸반지름 20 Enter↵
- ▸높이 20 Enter↵

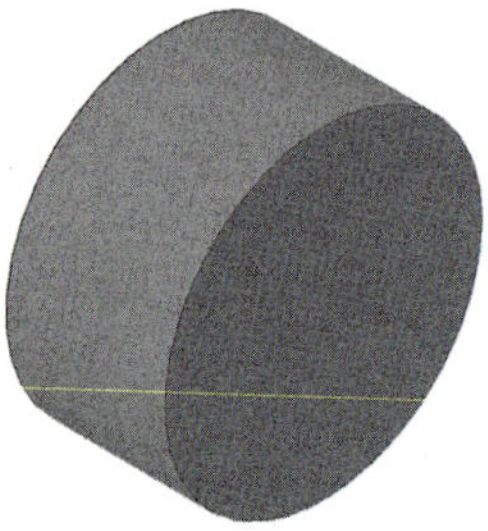

3 원기둥의 오른쪽 면으로 UCS를 옮겨 작업평면으로 설정한다.

- ▸명령을 실행, (UCS Enter↵)
- ▸원기둥의 오른쪽면 원의 중심을 원점으로 선택
- ▸x 방향 선택
- ▸y 방향 선택

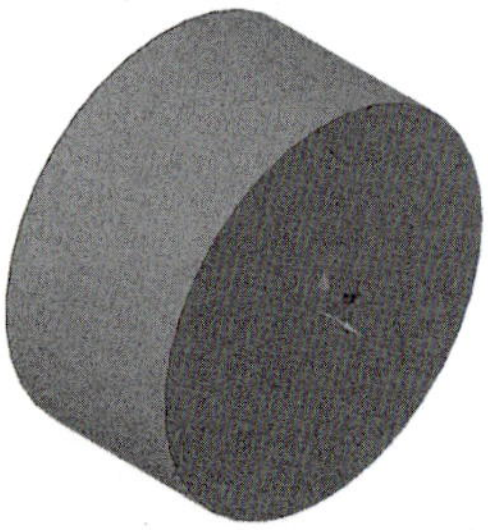

4 원점을 중심점으로 하고 왼쪽 원의 반지름이 R20, 오른쪽 원의 반지름이 R23, 높이 60의 원추형을 그린다.

- ▸명령을 실행, (CONE 아이콘)
- ▸원점을 중심으로 선택
- ▸반지름 20 Enter↵
- ▸T Enter↵
- ▸반지름 23 Enter↵
- ▸높이 60 Enter↵

5 원추의 오른쪽 면으로 UCS를 옮겨 작업평면으로 설정한다.

6 원점을 중심점으로 하고 왼쪽 원의 반지름이 R23, 오른쪽 원의 반지름이 R40, 높이 3의 원추형을 그린다.

- ▸명령을 실행, (CONE 아이콘)
- ▸원점을 중심으로 선택
- ▸반지름 23 Enter↵
- ▸T Enter↵
- ▸반지름 40 Enter↵
- ▸높이 3 Enter↵

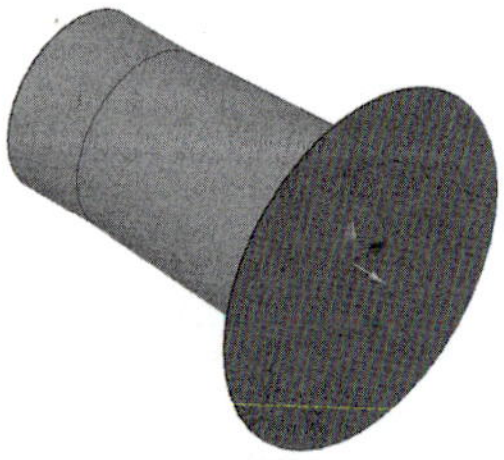

7 원추의 오른쪽 면으로 UCS를 옮겨 작업평면으로 설정한다.

8 원점을 중심점으로 반지름 R40, 높이 30의 원기둥을 그린다.

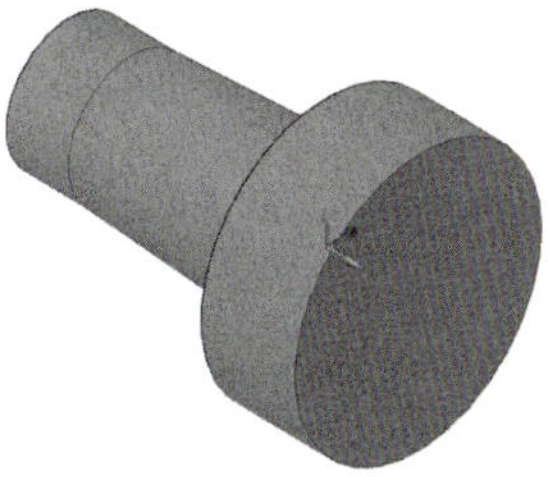

- ▸ 명령을 실행, (CYLINDER 아이콘)
- ▸ 원점을 중심 선택
- ▸ 반지름 40 Enter↵
- ▸ 높이 30 Enter↵

9 원기둥의 오른쪽 면에서 원의 중심과 y 방향으로 65, z 방향으로 30만큼 떨어진 곳을 원점으로 하여 UCS를 옮겨 작업평면으로 설정한다.

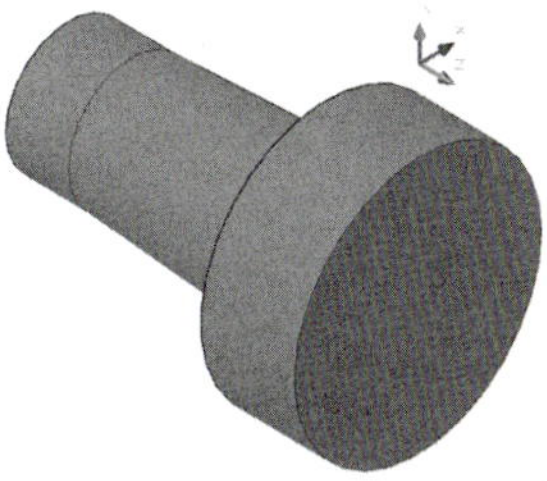

- ▸ 명령을 실행, (UCS Enter↵)
- ▸ 0,65,30 Enter↵
- ▸ x 방향 선택
- ▸ y 방향 선택

10 원점을 중심점으로 반지름 R57, 높이 25의 원기둥을 그린다.

- ▸ 명령을 실행, (CYLINDER 아이콘)
- ▸ 원점을 중심 선택
- ▸ 반지름 57 Enter↵
- ▸ 높이 25 Enter↵

11 현재의 원점에서 y 방향으로 -65만큼 떨어진 곳을 원점으로 하여 시계방향으로 45° 기울어지게 UCS를 옮겨 작업평면으로 설정한다.

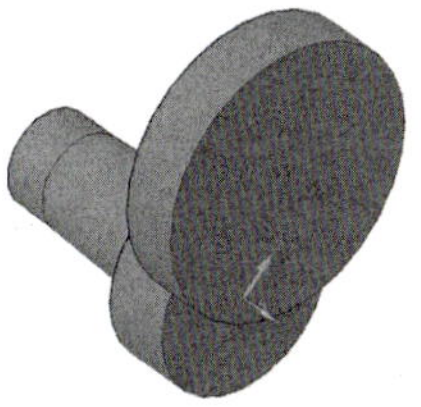

- ▸ 명령을 실행, (UCS Enter↵)
- ▸ 0,-65,0 Enter↵
- ▸ @10<-45
- ▸ y 방향 선택

⑫ 원점을 중심점으로 반지름 R204, 높이 25의 원기둥을 그린다.

- 명령을 실행, (CYLINDER 아이콘)
- 원점을 중심 선택
- 반지름 204 Enter↵
- 높이 25 Enter↵

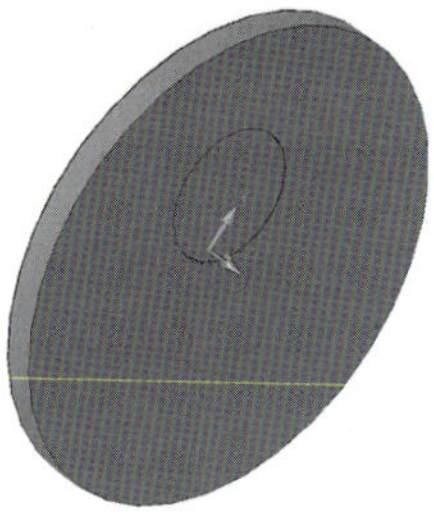

⑬ 원점을 첫 번째 구석점으로 하여 원기둥 보다 큰, 높이 25의 사각기둥을 그린다.

- 명령을 실행, (BOX 아이콘)
- 원점을 첫 번째 구석점으로 선택
- 두 번째 구석점 선택
- 높이 25 Enter↵

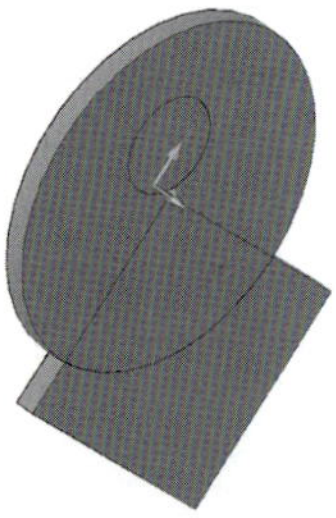

⑭ 원기둥과 사각기둥의 교차부분만을 남기고 제거한다.

- 명령을 실행, (INTERSECT 아이콘)
- 원기둥 선택
- 사각기둥 선택 Enter↵

⑮ 원점의 위치는 고정하고 반시계방향으로 45° 기울어지게 UCS를 바꿔 작업평면으로 설정한다.

- 명령을 실행, (UCS Enter↵)
- 0,0,0 Enter↵
- @10<45
- y 방향 선택

⑯ 원기둥의 지름을 한 변으로 하고 원호 기둥에 포함되도록 높이 25의 사각기둥을 그린다.

- 명령을 실행, (BOX 아이콘)
- 원의 사분점을 첫 번째 구석점으로 선택
- L Enter↵
- 원의 사분점을 두 번째 구석점으로 선택
- 임의의 폭 선택
- 높이 25 Enter↵

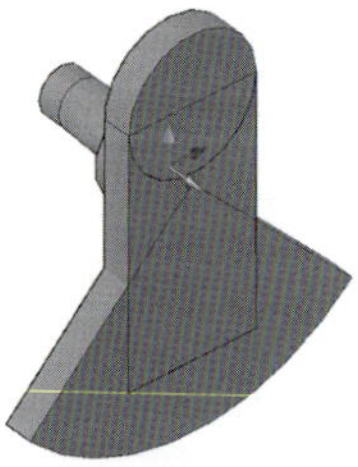

17 원기둥, 사각기둥, 원호기둥을 합친다.

- 명령을 실행, (UNION 아이콘)
- 원기둥 선택
- 사각기둥 선택
- 원호기둥 선택 Enter↵

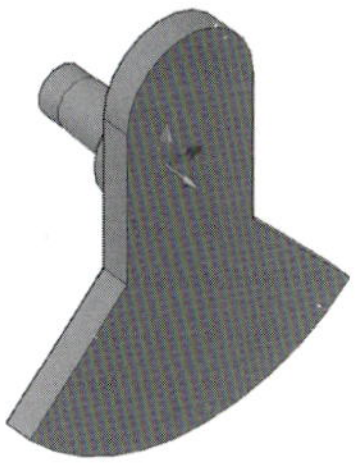

18 현재의 원점에서 y 방향으로 65, z 방향으로 25 만큼 떨어진 곳을 원점으로 UCS를 옮겨 작업평면으로 설정한다.

- 명령을 실행, (UCS Enter↵)
- 0,65,25 Enter↵
- x 방향 선택
- y 방향 선택

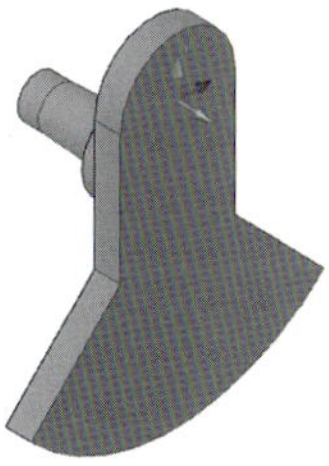

19 원점을 중심점으로 반지름 R40, 높이 50의 원기둥을 그린다.

- 명령을 실행, (CYLINDER 아이콘)
- 원점을 중심점으로 선택
- 반지름 40 Enter↵
- 높이 50 Enter↵

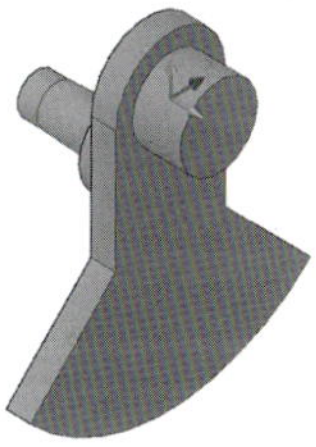

20 현재의 원점에서 z 방향으로 50만큼 떨어진 곳을 원점으로 UCS를 옮겨 작업평면으로 설정한다.

21 원점을 중심점으로 반지름 R57, 높이 25의 원기둥을 그린다.

- 명령을 실행, (CYLINDER 아이콘)
- 원점을 중심으로 선택
- 반지름 57 Enter↵
- 높이 25 Enter↵

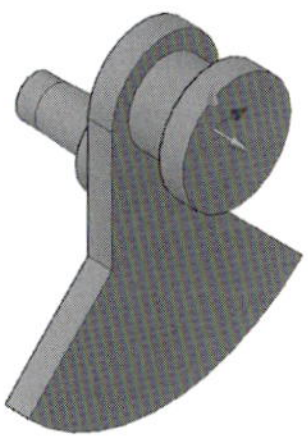

22 현재의 원점에서 y 방향으로 -65만큼 떨어진 곳을 원점으로 하여 시계방향으로 45° 기울어지게 UCS를 옮겨 작업평면으로 설정한다.

(23) 원점을 중심점으로 반지름 R204, 높이 25의 원기둥을 그린다.

- ▸명령을 실행, (CYLINDER 아이콘)
- ▸원점을 중심 선택
- ▸반지름 204 [Enter↵]
- ▸높이 25 [Enter↵]

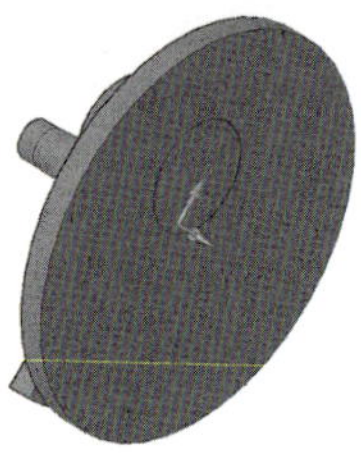

(24) 원점을 첫 번째 구석점으로 하여 원기둥 보다 큰, 높이 25의 사각기둥을 그린다.

- ▸명령을 실행, (BOX 아이콘)
- ▸원점을 첫 번째 구석점으로 선택
- ▸두 번째 구석점 선택
- ▸높이 25 [Enter↵]

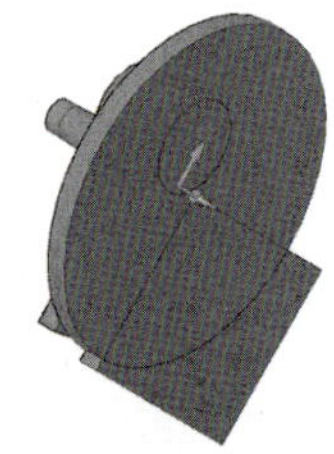

(25) 원기둥과 사각기둥의 교차부분만을 남기고 제거한다.

- ▸명령을 실행, (INTERSECT 아이콘)
- ▸원기둥 선택
- ▸사각기둥 선택 [Enter↵]

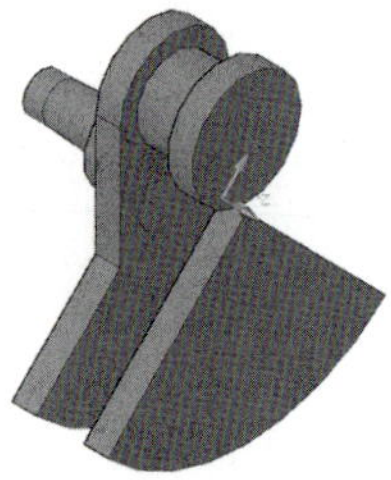

(26) 원점의 위치는 고정하고 반시계방향으로 45° 기울어지게 UCS를 바꿔 작업평면으로 설정한다.

(27) 원기둥의 지름을 한 변으로 하고 원호 기둥에 포함되도록 높이 25의 사각기둥을 그린다.

- ▸명령을 실행, (BOX 아이콘)
- ▸원의 시분점을 첫 번째 구서전으로 선택
- ▸L [Enter↵]
- ▸원의 사분점을 두 번째 구석점으로 선택
- ▸임의의 폭 선택
- ▸높이 25 [Enter↵]

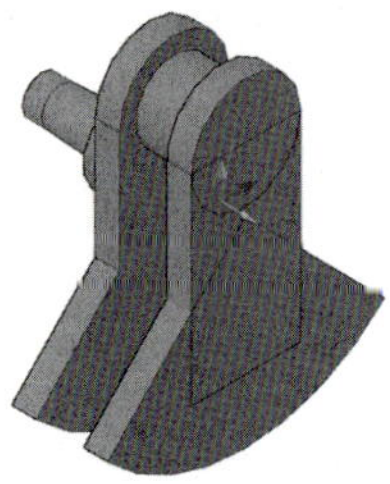

(28) 원기둥, 사각기둥, 원호기둥을 합친다.

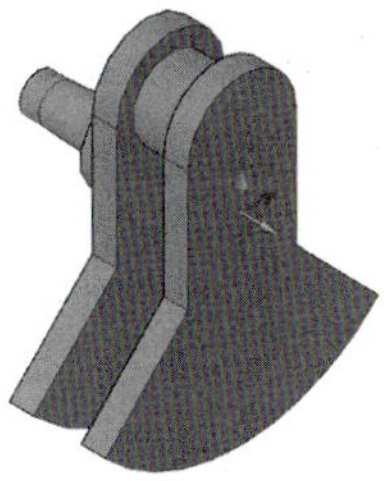

29 현재의 원점에서 z 방향으로 25만큼 떨어진 곳을 원점으로 UCS를 옮겨 작업평면으로 설정한다.
- 명령을 실행, (UCS Enter↵)
- 0,0,25 Enter↵
- x 방향 선택
- y 방향 선택

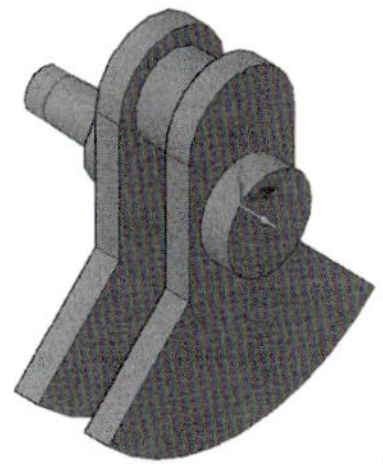

30 원점을 중심점으로 반지름 R45, 높이 30의 원기둥을 그린다.
- 명령을 실행, (CYLINDER 아이콘)
- 원점을 중심점으로 선택
- 반지름 45 Enter↵
- 높이 30 Enter↵

31 현재의 원점에서 z 방향으로 30만큼 떨어진 곳을 원점으로 UCS를 옮겨 작업평면으로 설정한다.

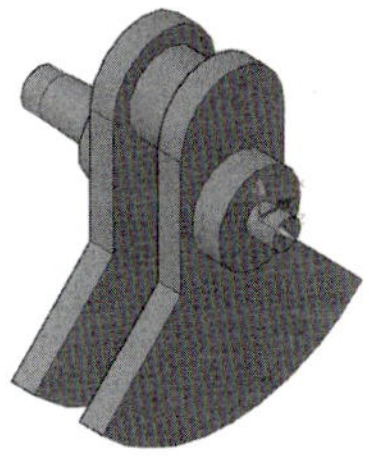

32 원점을 중심점으로 반지름 R30, 높이 30의 원기둥을 그린다.
- 명령을 실행, (CYLINDER 아이콘)
- 원점을 중심점으로 선택
- 반지름 30 Enter↵
- 높이 30 Enter↵

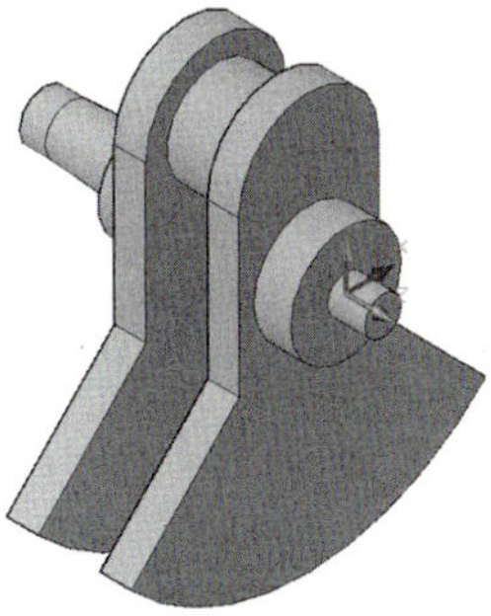

33 모든 솔리드 형상을 합쳐 완성한다.
- 명령을 실행, (UNION 아이콘)

3 예제 따라하기 2

기초 모델링 명령을 이용한 예제 따라하기 2를 통해 기초 모델링 명령에 대해 이해한다.

① 사용자 좌표계(UCS) 설정 명령으로 표준 좌표계의 우측(yz평면)을 작업 평면으로 설정한다.

- 명령을 실행, (UCS Enter↵)
- 임의 원점 선택
- x 방향 선택
- y 방향 선택

② 임의의 한 점을 첫 번째 구석점으로 하고 길이(x 방향) 30, 높이(y 방향) 150, 폭(z 방향) 250의 사각기둥을 그린다.

- 명령을 실행, (BOX 아이콘)
- 임의의 첫 번째 구석점을 선택
- L Enter↵
- x 방향 30 Enter↵
- y 방향 150 Enter↵
- z 방향 250 Enter↵

③ 사각형 오른쪽 면의 우측 하단 점을 원점으로 UCS를 옮겨 작업 평면으로 설정한다.

- 명령을 실행, (UCS Enter↵)
- 사각형 오른쪽 면의 우측 하단점을 원점으로 선택
- x 방향 선택
- y 방향 선택

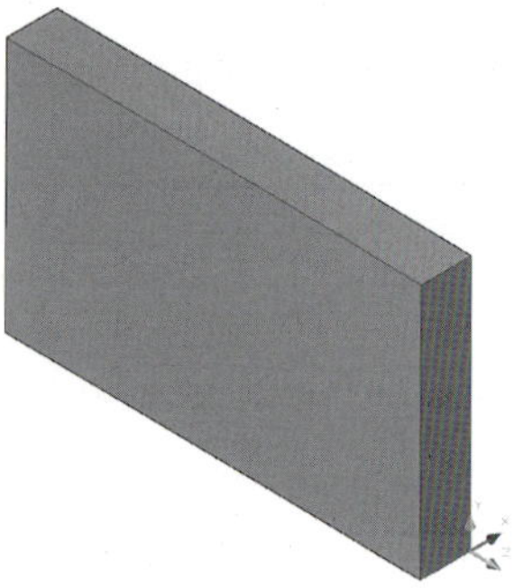

④ 원점을 첫 번째 구석점으로 하고 길이(x 방향) 65, 높이(y 방향) 85, 폭(z 방향) 250의 사각기둥을 그린다.

- 명령을 실행, (BOX 아이콘)
- 원점을 첫 번째 구석점으로 선택
- L Enter↵
- x 방향 65 Enter↵
- y 방향 85 Enter↵
- z 방향 −250 Enter↵

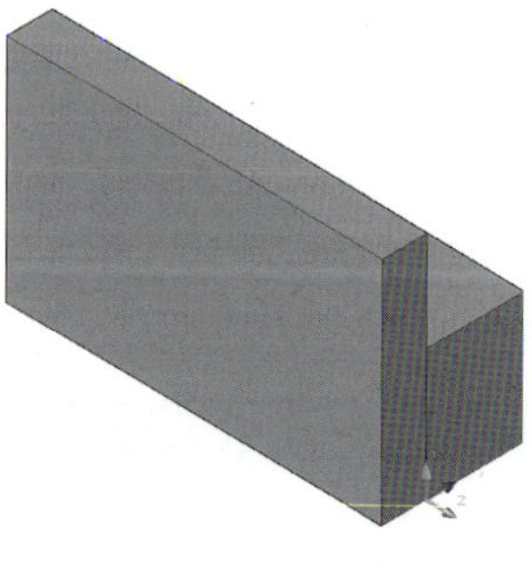

⑤ 사각형 오른쪽 면의 우측 하단 점을 원점으로 UCS를 옮겨 작업 평면으로 설정한다.

- 명령을 실행, (UCS [Enter↵])
- 사각형 오른쪽 면의 우측 하단점을 원점으로 선택
- x 방향 선택
- y 방향 선택

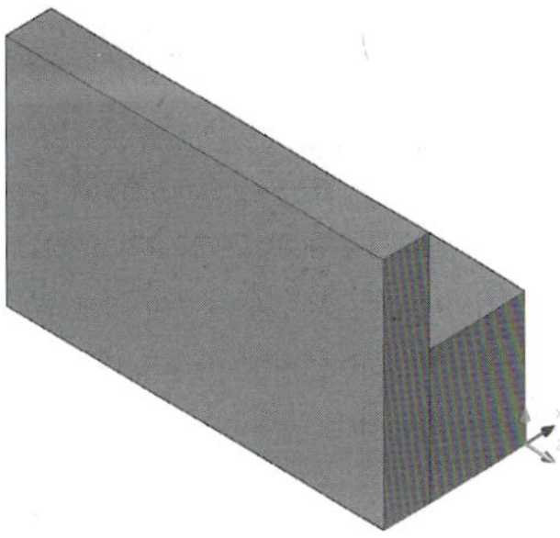

⑥ 원점을 첫 번째 구석점으로 하고 길이(x 방향) 20, 높이(y 방향) 65, 폭(z 방향) 250의 사각기둥을 그린다.

- 명령을 실행, (BOX 아이콘)
- 원점을 첫 번째 구석점으로 선택
- L [Enter↵]
- x 방향 20 [Enter↵]
- y 방향 65 [Enter↵]
- z 방향 -250 [Enter↵]

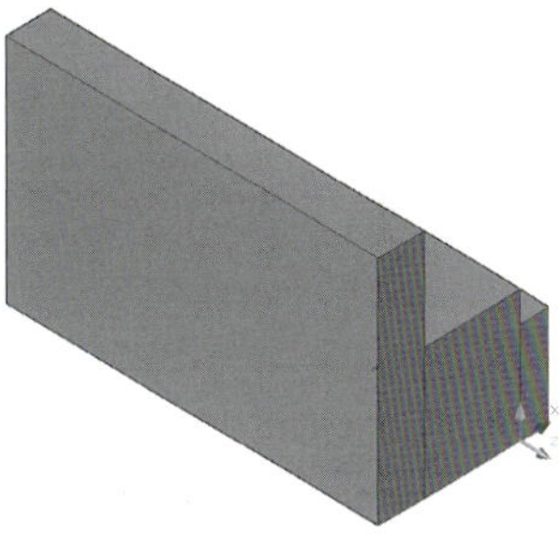

⑦ 사각형 오른쪽 면의 우측 하단 점을 원점으로 UCS를 옮겨 작업 평면으로 설정한다.

- 명령을 실행, (UCS [Enter↵])
- 사각형 오른쪽 면의 우측 하단점을 원점으로 선택
- x 방향 선택
- y 방향 선택

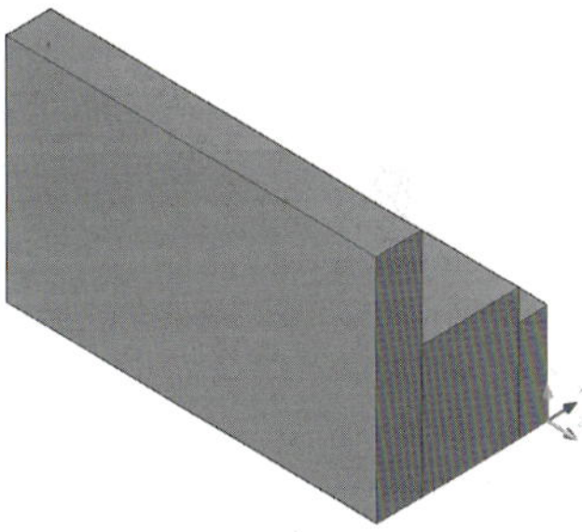

⑧ 원점을 첫 번째 구석점으로 하고 길이(x 방향) 65, 높이(y 방향) 85, 폭(z 방향) 250의 사각기둥을 그린다.

- 명령을 실행, (BOX 아이콘)
- 원점을 첫 번째 구석점으로 선택
- L [Enter↵]
- x 방향 65 [Enter↵]
- y 방향 85 [Enter↵]
- z 방향 -250 [Enter↵]

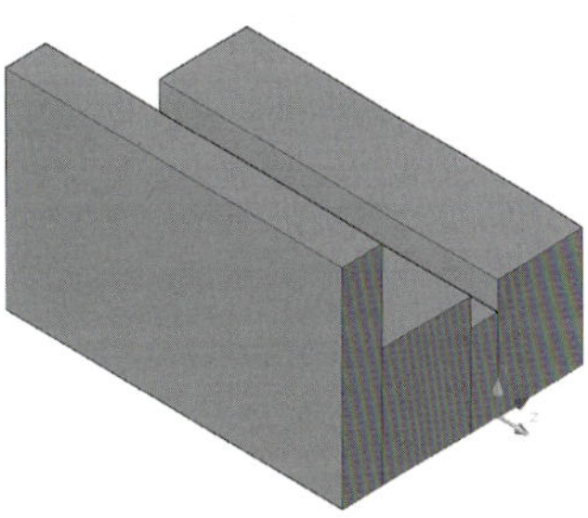

⑨ 사각형 오른쪽 면의 우측 하단 점을 원점으로 UCS를 옮겨 작업 평면으로 설정한다.

⑩ 원점을 첫 번째 구석점으로 하고 길이(x 방향) 30, 높이(y 방향) 150, 폭(z 방향) 250의 사각기둥을 그린다.

- ▸명령을 실행, (BOX 아이콘)
- ▸임의의 첫 번째 구석점을 선택
- ▸L Enter↵
- ▸x 방향 30 Enter↵
- ▸y 방향 150 Enter↵
- ▸z 방향 250 Enter↵

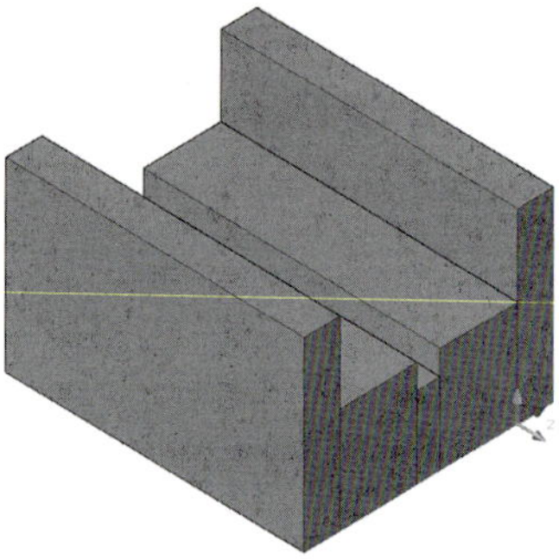

⑪ 오른쪽 그림과 같이 원점을 결정하고 UCS를 옮겨 작업 평면으로 설정한다.

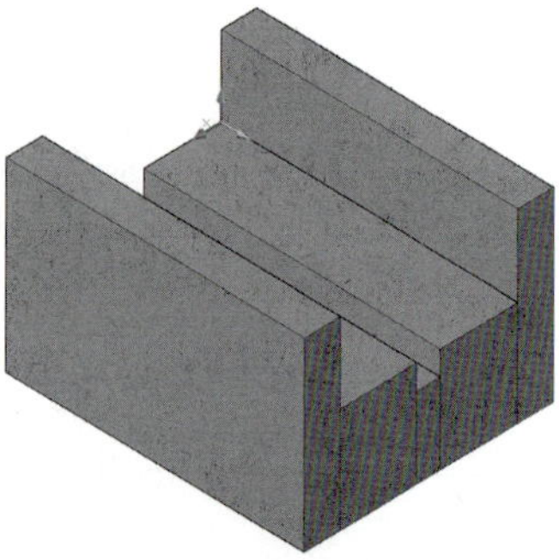

⑫ 원점을 첫 번째 구석점으로 하고 대각선 반대 모서리를 두 번째 점으로 하여 사각형을 정의한 다음 높이를 객체 스냅(endpoint)을 선택하여 삼각기둥을 그린다.

- ▸명령을 실행, (WEDGE 아이콘)
- ▸원점을 첫 번째 구석점으로 선택
- ▸대각선 반대 모서리를 두 번째 구석점으로 선택
- ▸객체 스냅(Endpoint)을 이용하여 가장 긴 사각기둥의 윗 모서리를 선택

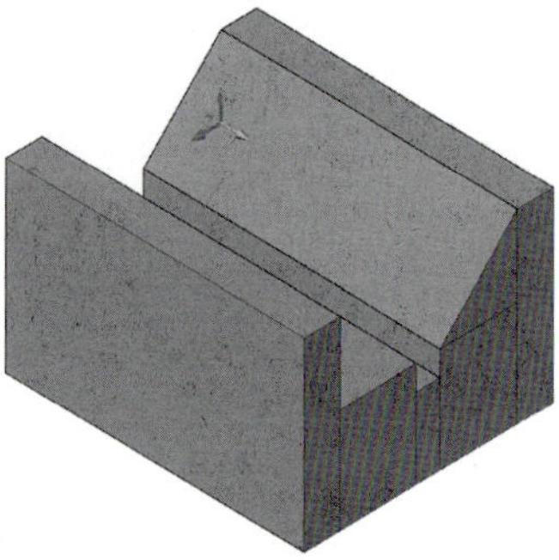

⑬ View 도구모음에서 NE Isometric 방향으로 시점을 변경한다.

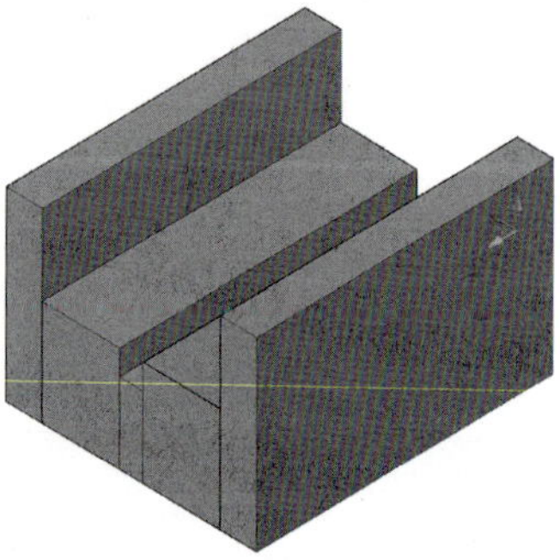

14 오른쪽 그림과 같이 원점을 결정하고 UCS를 옮겨 작업 평면으로 설정한다.

15 원점을 첫 번째 구석점으로 하고 대각선 반대 모서리를 두 번째 점으로 하여 사각형을 정의한 다음 높이를 객체 스냅(endpoint)을 선택하여 삼각기둥을 그린다.

- 명령을 실행, (WEDGE 아이콘)
- 원점을 첫 번째 구석점으로 선택
- 대각선 반대 모서리를 두 번째 구석점으로 선택
- 객체 스냅(Endpoint)을 이용하여 가장 긴 사각기둥의 윗 모서리를 선택

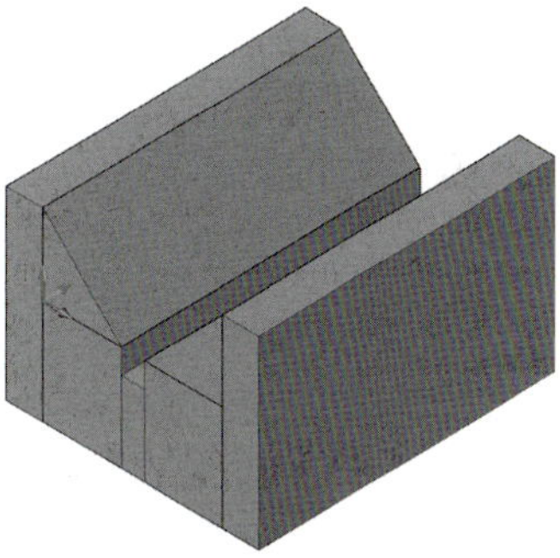

16 모든 사각기둥과 원기둥을 합친다.

- 명령을 실행, (UNION 아이콘)
- 사각기둥들을 선택
- 삼각기둥들을 선택 Enter↵

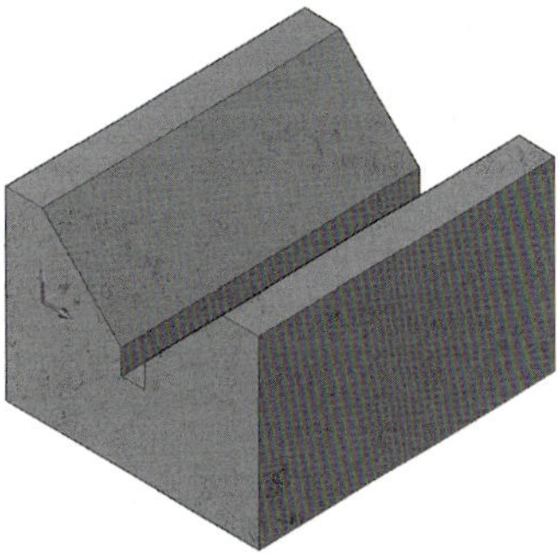

17 오른쪽 그림과 같이 V 블록의 왼쪽 면과 평행하게 UCS를 옮겨 작업 평면으로 설정한다.

- 명령을 실행, (UCS Enter↵)
- V 블록의 왼쪽 면에 속한 모서리를 원점으로 선택
- x 방향 선택
- y 방향 선택

18 현재의 작업 평면에 대하여 접점과 반지름 R80을 이용하여 높이 270인 원기둥을 그린다.

- 명령을 실행, (CYLINDER 아이콘)
- TTR Enter↵
- 한쪽 삼각기둥의 경사선을 선택
- 다른쪽 삼각기둥의 경사선을 선택
- 반지름 80 Enter↵
- 높이 -270 Enter↵

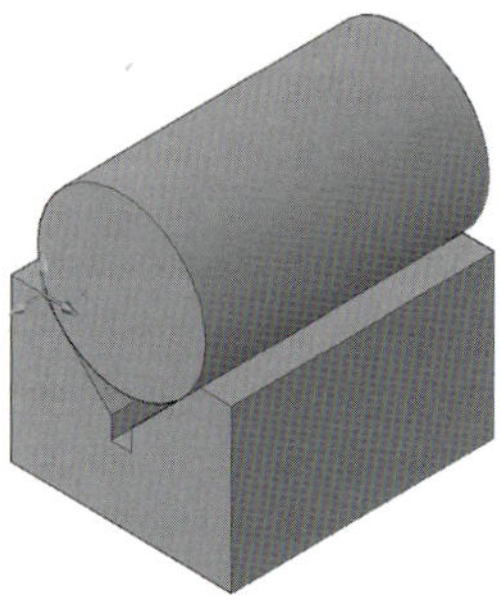

19 현재의 작업 평면에 대하여 접점과 반지름 R80을 이용하여 이전 과정과 반대 방향으로 높이 20인 원기둥을 그린다.

- 명령을 실행, (CYLINDER 아이콘)
- TTR Enter↵
- 한쪽 삼각기둥의 경사선을 선택
- 다른쪽 삼각기둥의 경사선을 선택
- 반지름 80 Enter↵
- 높이 20 Enter↵

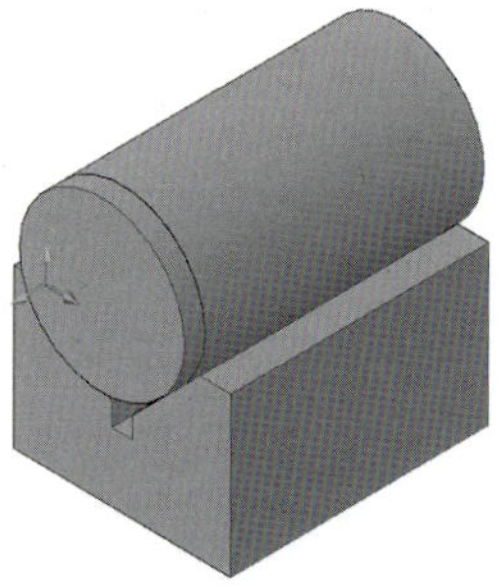

20 오른쪽 그림과 같이 원기둥의 중심점을 원점으로 결정하고 UCS를 옮겨 작업 평면으로 설정한다.

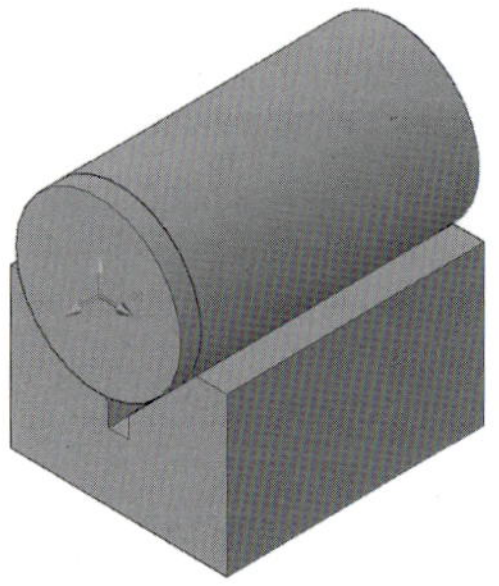

21 현재의 작업 평면에 대하여 원점을 중심점으로 하고 반지름 R80을 갖는 구를 그린다.

- 명령을 실행, (SPHERE 아이콘)
- 원점을 중심점으로 선택
- 반지름 80 Enter↵

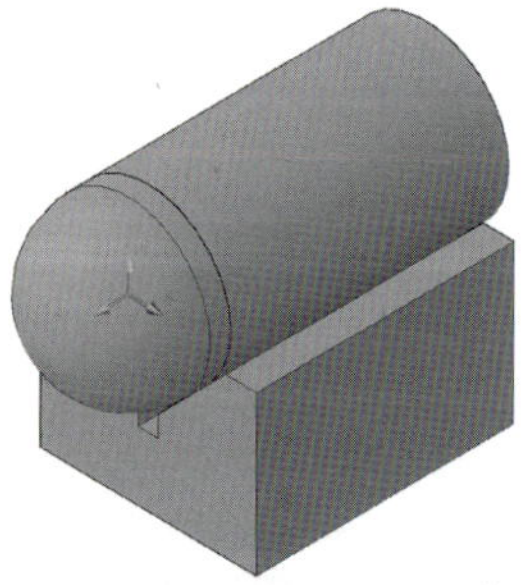

22 View 도구모음에서 SW Isometric 방향으로 시점을 변경한다.

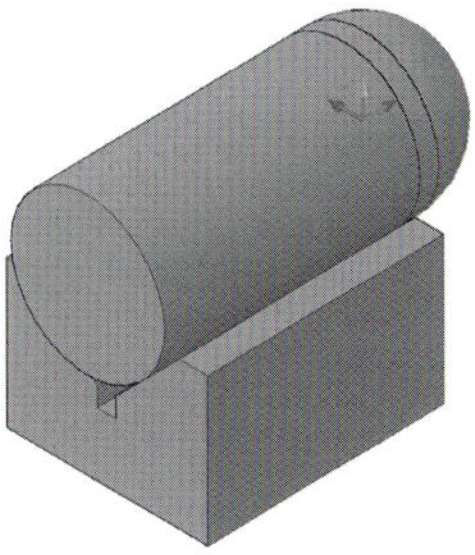

23 원기둥의 중심점을 원점으로 결정하고 UCS를 옮겨 작업 평면으로 설정한다.

24 현재의 작업 평면에 대하여 원점을 중심점으로 하고 밑원의 반지름 R80, 윗원의 반지름 R40인 윗면이 잘린 원추를 그린다.

- 명령을 실행, (CONE 아이콘)
- 원점을 중심점으로 선택
- 밑면 반지름 80 Enter↵
- T Enter↵
- 윗면 반지름 40 Enter↵
- 높이 80 Enter↵

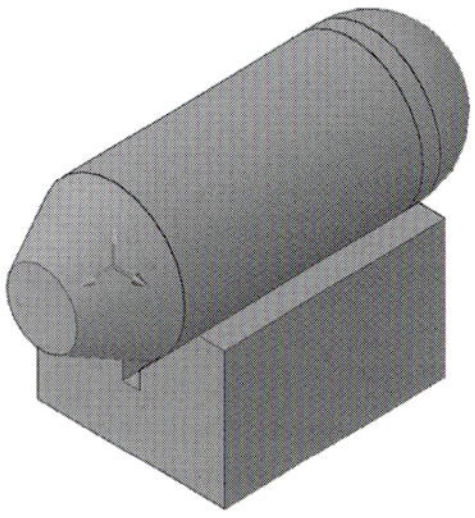

25 원기둥과 구, 원추를 합친다.

- 명령을 실행, (UNION 아이콘)
- 원기둥들을 선택
- 구를 선택
- 원추를 선택 Enter↵

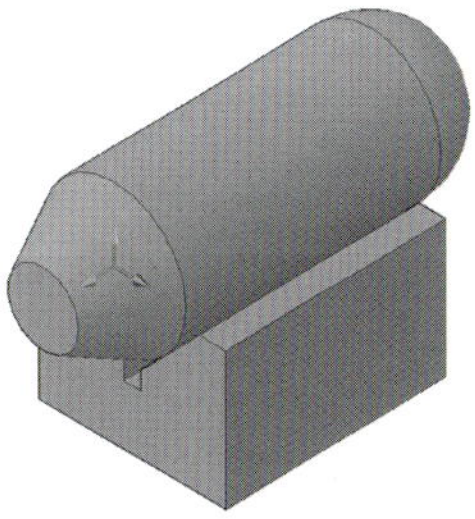

26 View 도구모음에서 SE Isometric 방향으로 시점을 변경하여 완성한다.

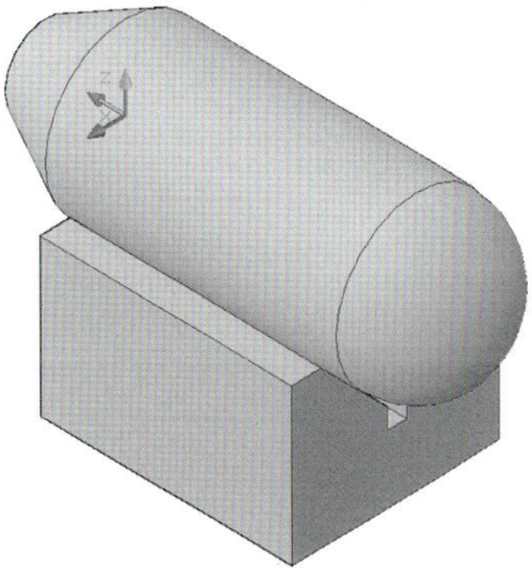

Section 07

연습 과제

1 연습과제 1

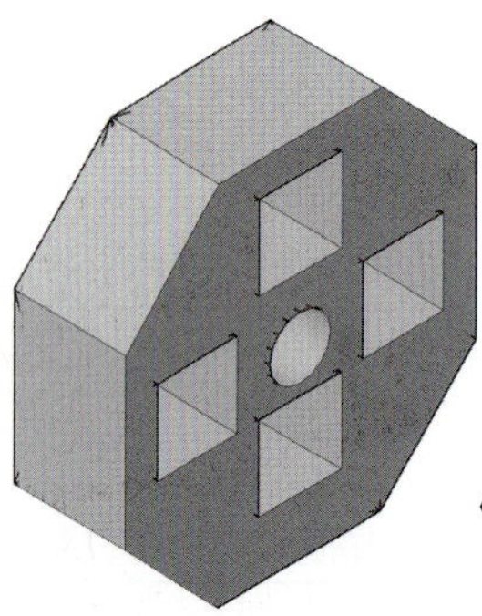

〈SE Isometric〉

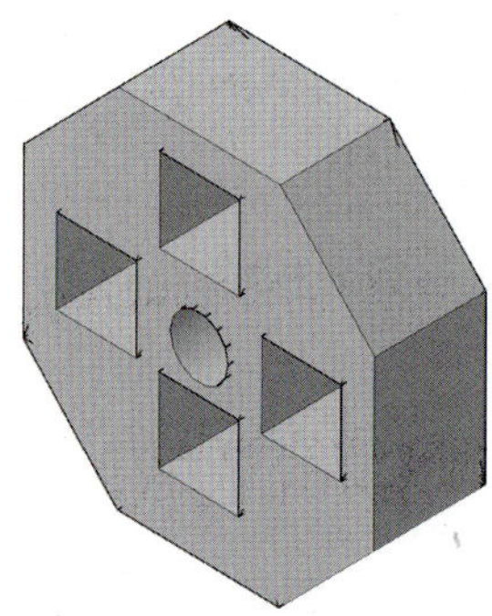

〈NE Isometric〉

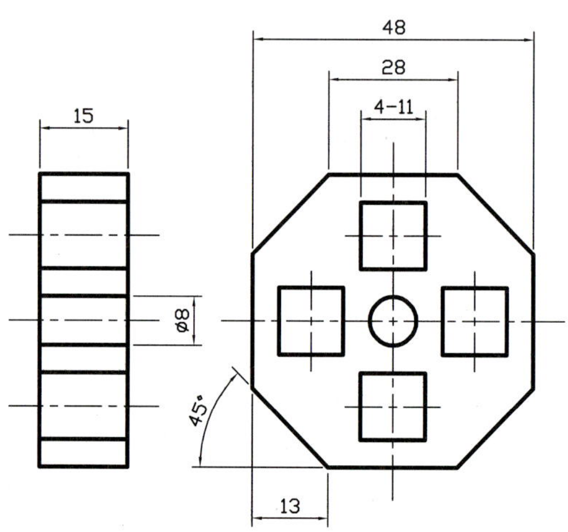

연습문제 1 – 사각 치구의 사각 플레이트

기초 모델링 명령을 이용하여 사각 플레이트를 모델링한다.

2 연습과제 2

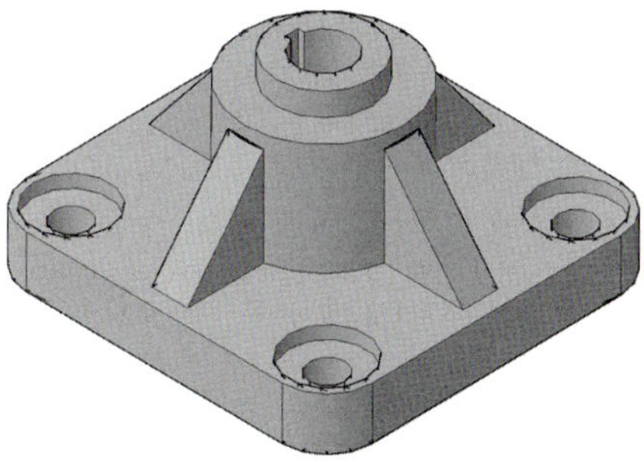

〈SE Isometric〉

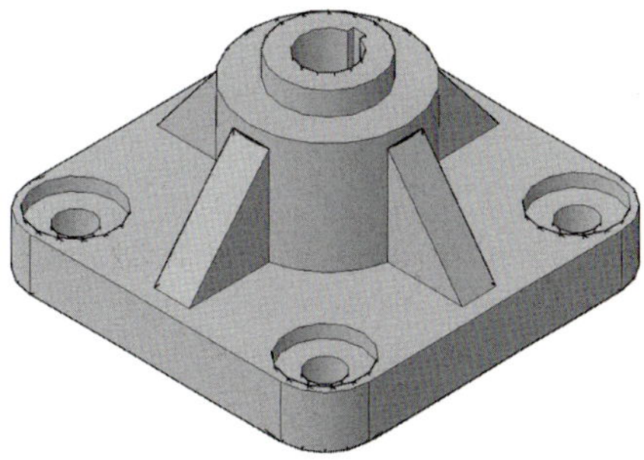

〈NE Isometric〉

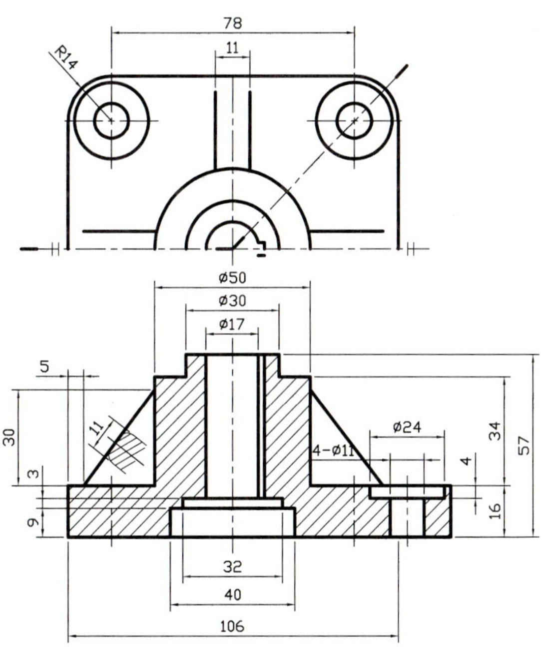

연습문제 2 – V 벨트전동장치의 브라켓

기초 모델링 명령을 이용하여 브라켓을 모델링한다.

3 연습과제 3

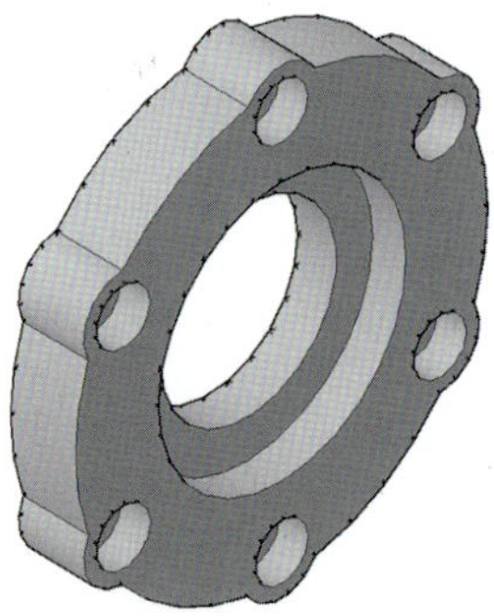

〈SE Isometric〉

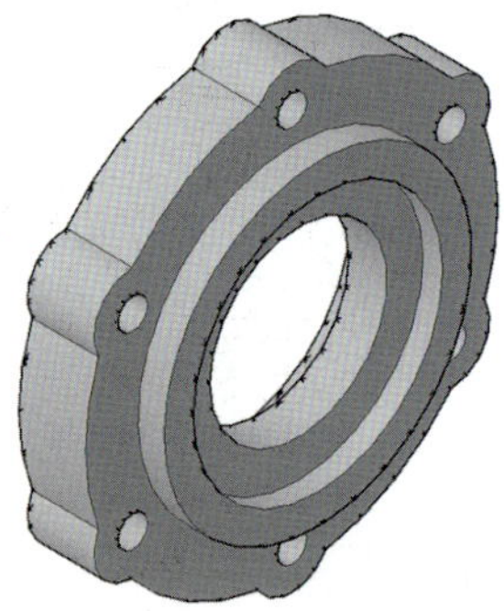

〈NE Isometric〉

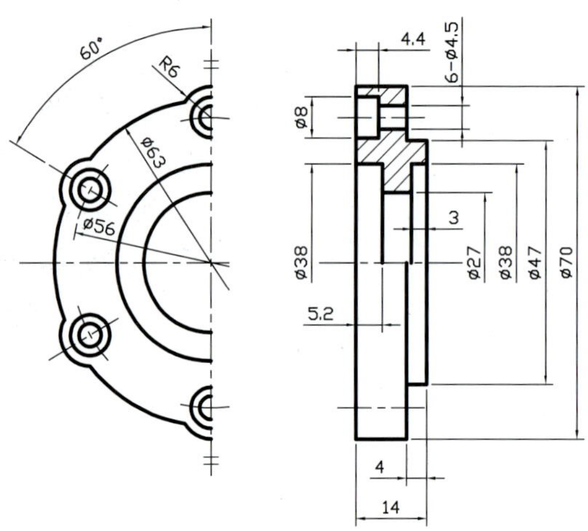

연습문제 3 – 동력 전달 장치의 커버

기초 모델링 명령을 이용하여 커버를 모델링한다.

CHAPTER 14

3D 솔리드로 변환하는 명령

◆실습목적 :	① 2D 객체를 3D 솔리드로 변환하기 위해 여러 단일 객체들을 한 개의 다중 객체로 만드는 명령에 대하여 배운다. ② 2D 객체를 3D 솔리드로 변환하는 명령들에 대하여 대해 배운다.
◆실습시간 :	1.0hr ~ 1.5hr
◆실습내용 :	① 여러 2D 단일 객체를 한 개의 2D 다중 객체로 만들기 ② 2D 객체를 3D 솔리드로 변환하기 ③ 비주얼스타일 설정하기 ④ 3D 솔리드 렌더링
◆참고사항 :	• 간단한 기하학적인 형상의 솔리드 형상을 기초 모델링 명령으로 모델링 할 수 있었던 반면에 복잡한 형상이나 자유 곡선을 갖는 솔리드 형상은 2D 객체를 3D 솔리드로 변환하는 방법이 모델링을 쉽고 편하게 하는 경우가 대부분이다. • 2D 객체를 3D 솔리드로 변화하는 명령들은 적분(Integral) 개념을 이용한 것으로 기준 2D 객체를 직선 또는 곡선을 따라 적층하여 솔리드를 형성하는 명령이다.

실습할 내용 :

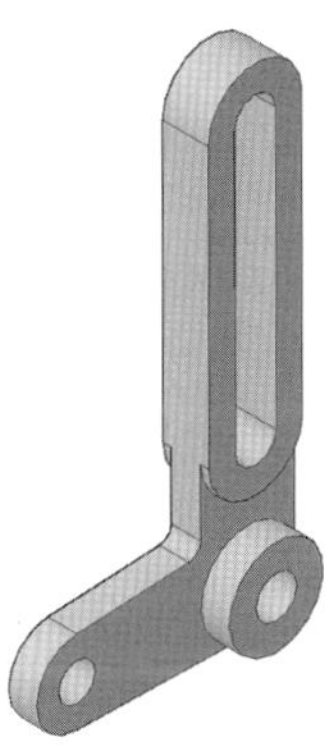

Crank

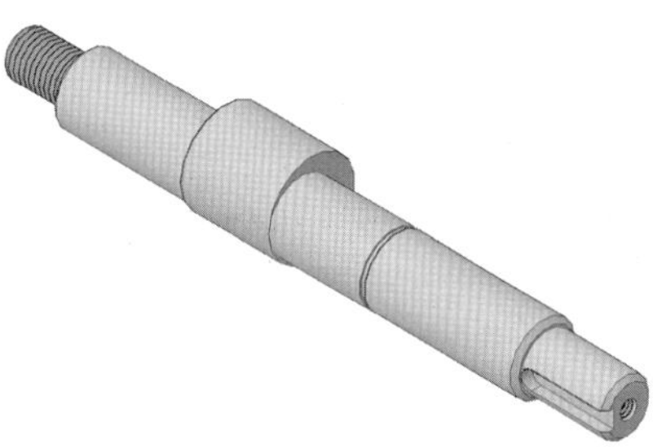

Eccentric Shaft

Section 01

여러 2D 단일 객체들을 한 개의 2D 다중 객체로 만들기

2D 객체를 3D 솔리드 형상으로 변환하기 위해서는 먼저 2D 객체를 한 개의 다중 객체로 만드는 과정이 필요하다. 만약에 한 개의 다중 객체로 변환하지 않은 상태에서 2D 객체들을 3D 솔리드 형상으로 변환 명령을 사용하는 경우 각각의 선에 대해 적층이 되므로 솔리드 모델링이 아닌 서페이스 모델링이 된다.

1 REGION 명령

정점(Vertex)들이 연결된 폐다각 객체를 영역 객체(Region)로 변환하는 명령으로 변환시 객체가 얇은 솔리드 판으로 표시된다.

1. 명령어의 실행

① (마우스)를 이용한 실행

▸ 메뉴 표시줄 [Draw] – [Region] 선택

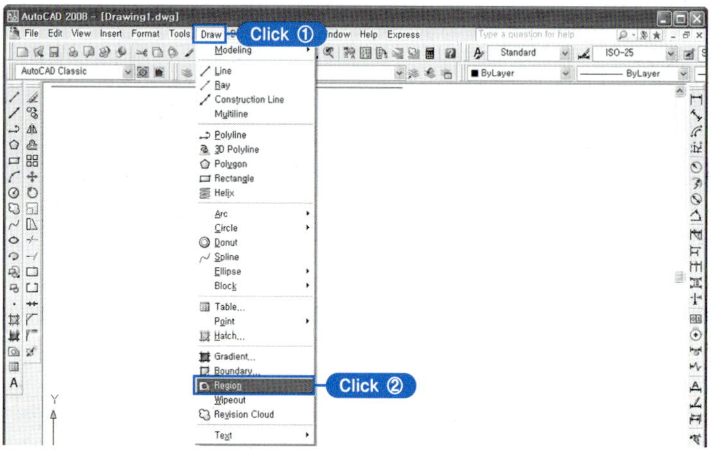

▸ Draw 도구모음 [Region] 선택

② (키보드)를 이용한 실행

Command : REGION 또는 REG Enter↵

2. 명령어의 사용법 따라하기

① ▸ 명령 실행, (REG Enter↵)
▸ 영역 객체(region)로 변환할 2D 객체를 선택하고 진행(Enter↵)

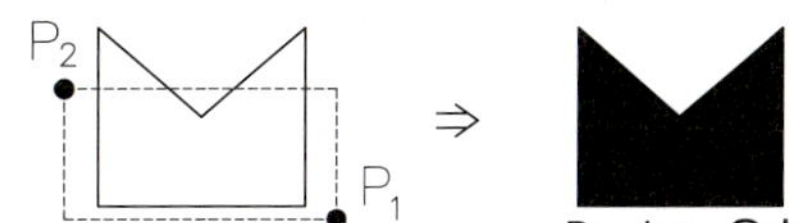

Region 요소

2 PEDIT 명령

정점(Vertex)들이 연결된 폐다각 객체를 다중 객체(Poly line object)로 변환하는 명령으로 변환시 객체가 연결된 폴리선으로 표시된다.

1. 명령어의 실행

① (마우스)를 이용한 실행

▸ 메뉴 표시줄 [Modify] – [Object] – [Polyline] 선택

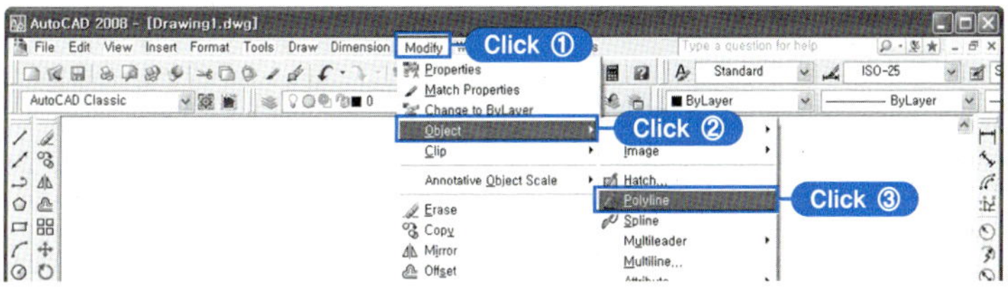

▸ Modify Ⅱ 도구모음 [Edit Polyline] 선택

② (키보드)를 이용한 실행

Command : PEDIT 또는 PE Enter↵

2. 명령어의 사용법 따라하기

① ▸ 명령 실행, (PE Enter↵)
▸ 여러 객체들을 하나의 폴리객체로 연결하기 위하여 〈M〉 입력 후 진행(Enter↵)

- 폴리객체로 연결할 객체들을 모두 선택하고 진행(Enter↵)
- 선택한 객체들을 폴리객체로 변환하기 위해 〈Y〉 선택 후 진행(Enter↵)
- 객체들을 결합하기 위한 옵션 〈J〉를 선택하고 진행(Enter↵)
- 객체간 거리인 퍼지 길이(Fuzzy distance) 거리를 〈0〉으로 입력하고 진행(Enter↵)
- 명령을 종료(Enter↵)

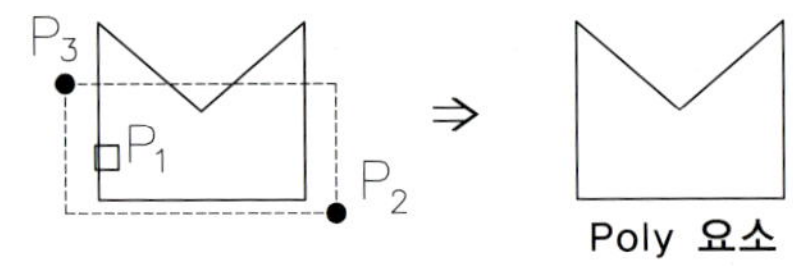

3 BOUNDARY 명령

Pick Point에 의해 선택된 점을 포함하는 경계영역을 찾아내어 영역 객체(Region) 또는 다중 객체(Poly line object)로 변환하는 명령으로 REGION 명령 또는 PEDIT 명령과 다르게 복잡한 경계영역을 쉽게 선택할 수 있다.

1. 명령어의 실행

① (마우스)를 이용한 실행

- 메뉴 표시줄 [Draw] – [Boundary...] 선택

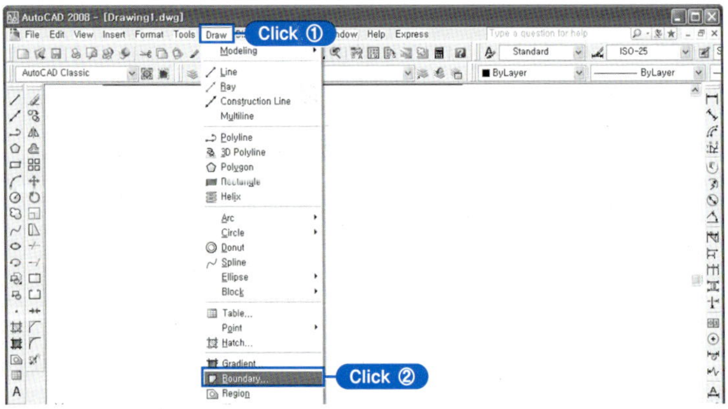

② (키보드)를 이용한 실행

Command : BOUNDARY 또는 BO Enter↵

2. 명령어의 사용법 따라하기

①
- 명령 실행, (BO Enter↵)
- Pick Point 버튼을 선택하여 폴리객체 또는 영역 객체를 만들고자 하는 객체들의 경계 내부를 선택
- 선택한 경계가 점선으로 표시되는 것을 확인하고 명령을 진행(Enter↵)

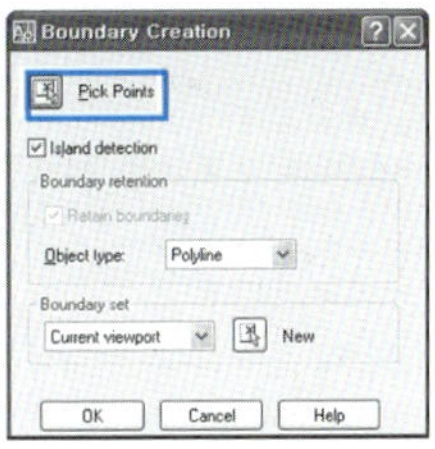

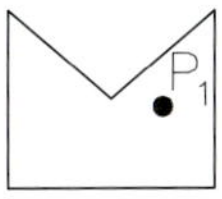

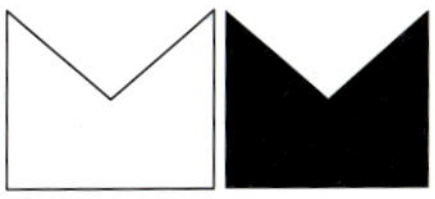

추가하여 생성 됨

TIP

➡ BOUNDARY 명령의 옵션

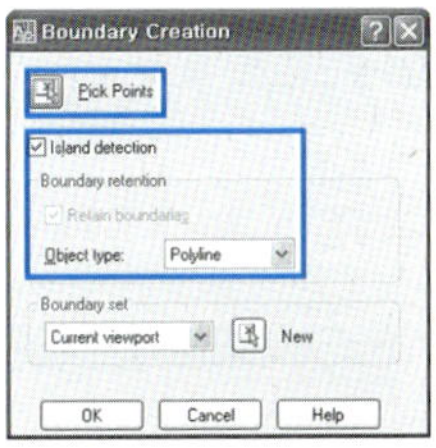

- **선택점(Pick Point)** : 선택된 점을 기준으로 닫힌 영역을 구성하는 기존의 객체들로부터 경계를 결정한다.
- **고립영역 탐지(Island detection)** : 고립영역이라고 하는 선택점으로 선택한 닫힌 영역 내부의 다른 경계영역을 찾을 것인지를 선택한다..
- **객체 유형(Object type)** : BOUNDARY 명령을 이용하여 REGION 객체로 변환할 것인지 POLY 객체로 변환할 것인지를 결정한다.

Section 02

2D 객체를 3D 객체로 변환하기

2차원 도면 작업으로 작성된 2차원의 객체는 높이 방향으로 인출 시키거나, 축을 중심으로 회전시켜 3차원 솔리드 객체로 변환할 수 있다. 이 장에서는 앞서 2차원 명령으로 그려진 부품을 3차원 솔리드로 변환한다.

1 EXTRUDE 명령

Region 객체나 Poly 객체를 선택하여 지정된 직선 거리까지 또는 직선, 곡선을 따라 돌출(Extrude) 시켜 3D 솔리드 형상을 생성하는 명령이다.

1. 명령어의 실행

① (마우스)를 이용한 실행

▸ 메뉴 표시줄 [Draw] – [Modeling] – [Extrude] 선택

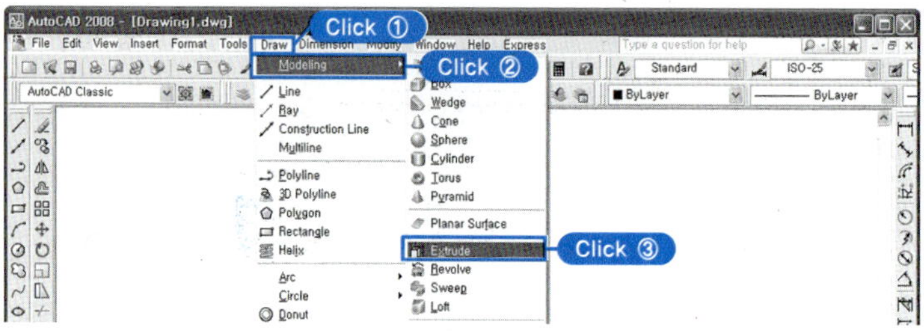

▸ Modeling 도구모음 [Extrude] 선택

② (키보드)를 이용한 실행

Command : EXTRUDE 또는 EXT Enter↲

2. 명령어의 사용법 따라하기

①
- 명령 실행, (EXT Enter↵)
- 2차원의 사각형 객체를 선택하고 진행(Enter↵)
- 솔리드 객체의 높이 〈60〉을 입력하고 진행(Enter↵)

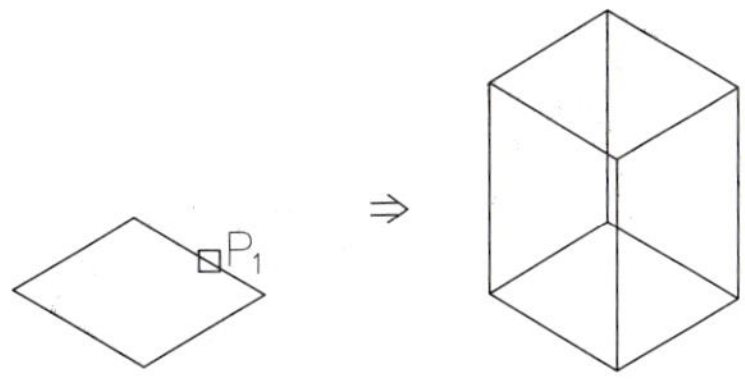

②
- 명령 실행, (EXT Enter↵)
- 2차원의 사각형 객체를 선택하고 진행(Enter↵)
- 경로 객체를 선택하기 위한 옵션 〈P〉를 선택하고 진행(Enter↵)
- 경로 객체를 선택하고 진행(Enter↵)

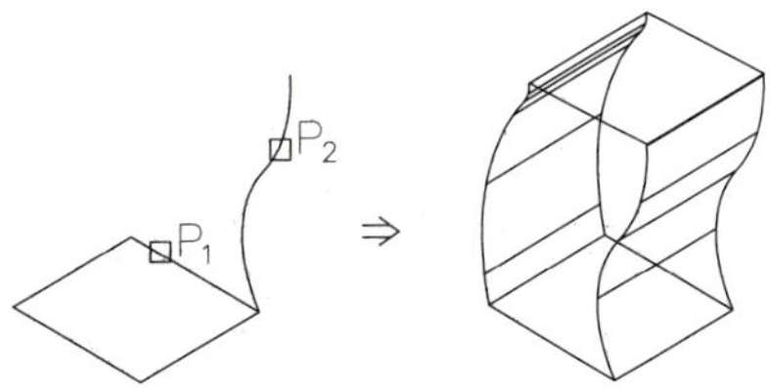

③
- 명령 실행, (EXT Enter↵)
- 2차원의 사각형 객체를 선택하고 진행(Enter↵)
- 테이퍼 옵션 〈T〉를 선택하고 진행(Enter↵)
- 테이퍼 각 〈5〉를 입력하고 진행(Enter↵)
- 돌출높이 〈60〉을 입력하고 진행(Enter↵)

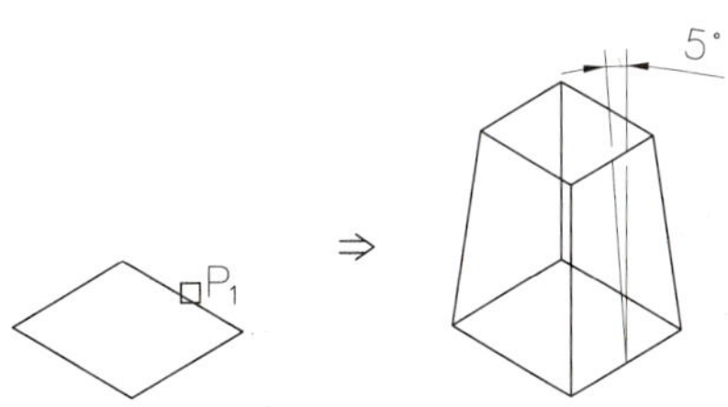

TIP

EXTRUDE 명령의 옵션

- 방향(Direction) : 돌출할 객체의 길이와 방향을 두 점으로 선택한다.
- 경로(Path) : 선택한 직선 또는 곡선 객체를 돌출 경로로 선택한다.
- 테이퍼각(Taper angle) : 각도를 이용하여 테이퍼 형상을 생성한다.

2 REVOLVE 명령

축대칭 형상을 갖는 Region 객체나 Poly 객체를 선택하여 특정한 축을 기준으로 회전(Revolve) 시켜 3D 솔리드 형상을 생성하는 명령이다.

1. 명령어의 실행

① (마우스)를 이용한 실행

▸ 메뉴 표시줄 [Draw] – [Modeling] – [Revolve] 선택

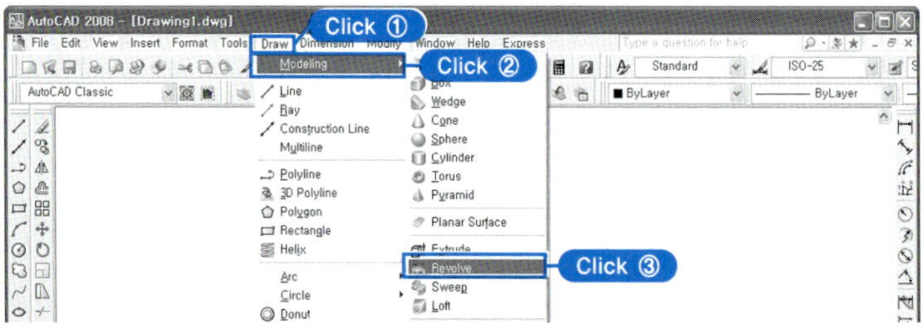

▸ Modeling 도구모음 [Revolve] 선택

② (키보드)를 이용한 실행

Command : REVOLVE 또는 REV [Enter↵]

2. 명령어의 사용법 따라하기

①

▸ 명령 실행, (REV [Enter↵])

▸ 2차원의 객체를 선택하고 진행([Enter↵])

▸ 두 점으로 회전 축을 지정하기 위해서 축의 한 점을 선택

▸ 축의 다른 한 점을 선택

▸ 회전시킬 각도 〈360〉을 입력하고 진행 ([Enter↵])

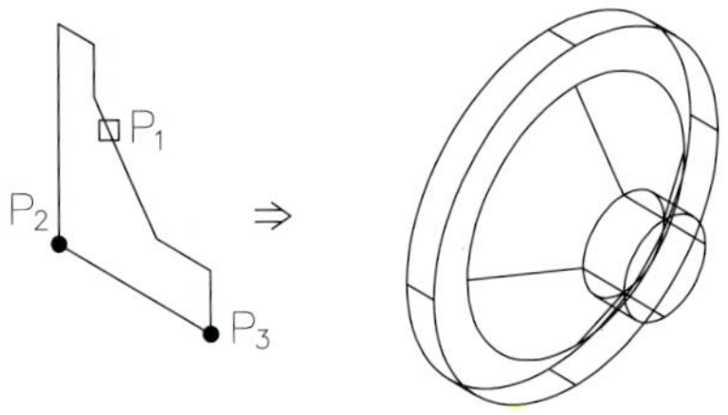

②

▸ 명령 실행, (REV [Enter↵])

▸ 2차원의 객체를 선택하고 진행([Enter↵])

▸ 축으로 이용될 객체를 선택하는 옵션 〈O〉를 선택하고 진행([Enter↵])

▸ 축 객체를 선택하고 진행([Enter↵])

▸ 회전시킬 각도 〈360〉을 입력하고 진행 ([Enter↵])

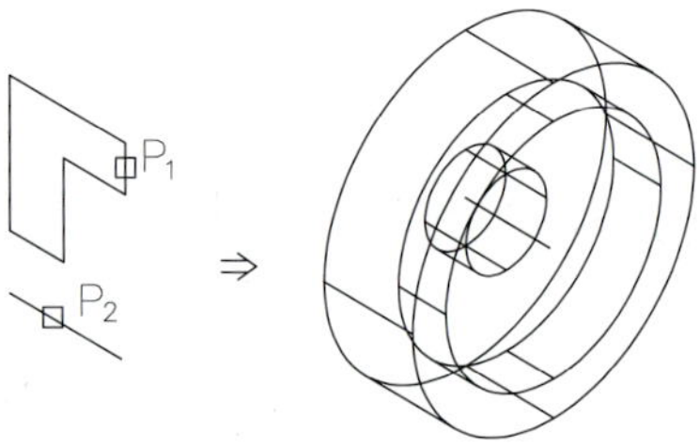

TIP

➡ REVOLVE 명령의 옵션

- 객체(Object) : 선택한 객체를 회전시키기 위한 기준이 되는 축 객체를 선택한다.
- x축, y축, z축(X/Y/Z) : 각각의 x, y, z 축을 기주 축으로 하여 객체를 회전시킨다.

3 SWEEP 명령

Region 객체나 Poly 객체를 선택하여 특정한 경로를 갖는 직선 또는 곡선을 따라 스윕(Sweep)하여 3D 솔리드 형상을 생성하는 명령이다.

1. 명령어의 실행

① (마우스)를 이용한 실행

- 메뉴 표시줄 [Draw] – [Modeling] – [Sweep] 선택

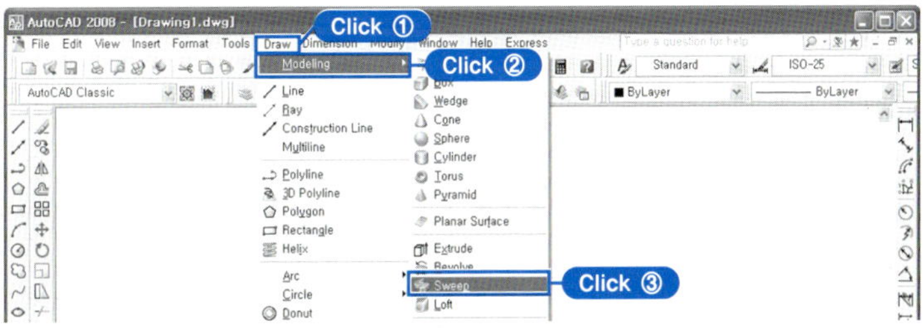

- Modeling 도구모음 [Sweep] 선택

② (키보드)를 이용한 실행

Command : SWEEP Enter↵

2. 명령어의 사용법 따라하기

①
- 명령 실행, (SWEEP Enter↵)
- SWEEP하기 위한 2차원의 단면 객체를 선택하고 진행(Enter↵)
- SWEEP하기 위한 경로 객체를 선태하고 진행(Enter↵)

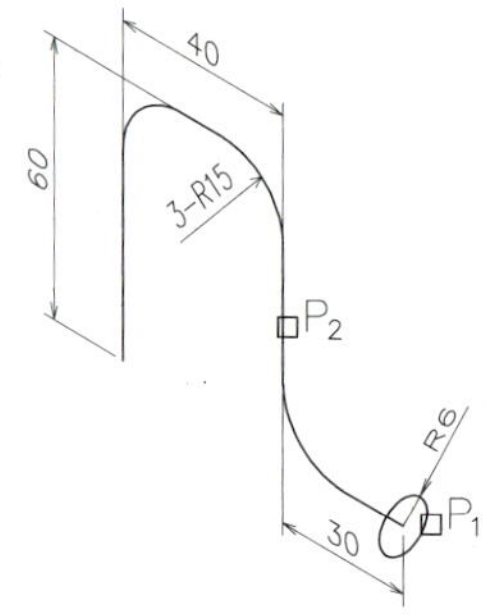

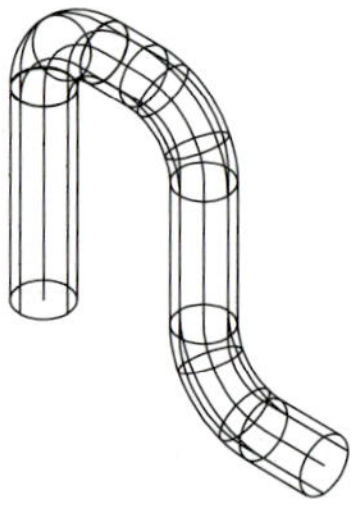

TIP

➡ SWEEP 명령의 옵션

- **정렬**(Alignment) : 윤곽이 SWEEP 경로의 접선 방향에 수직으로 정렬될지 여부를 설정한다. 기본적으로 윤곽이 정렬된다.
- **기준점**(Base point) : SWEEP할 단면 객체의 기준점을 선택한다. 지정한 점이 선택한 객체의 평면에 있지 않은 경우 평면에 투영되어 선택된다.
- **축척**(Scale) : 축척비율을 지정한다.
- **회전**(Twist) : SWEEP 되는 객체에 대한 회전 각도를 설정한다.

4 LOFT 명령

둘 이상의 Region 객체나 Poly 객체를 선택하여 특정한 경로를 갖는 직선 또는 곡선을 따라 로프트(Loft)하여 3D 솔리드 형상을 생성하는 명령이다.

1. 명령어의 실행

① (마우스)를 이용한 실행

▸ 메뉴 표시줄 [Draw] – [Modeling] – [Loft] 선택

▸ Modeling 도구모음 [Loft] 선택

② (키보드)를 이용한 실행

Command : LOFT Enter↵

2. 명령어의 사용법 따라하기

① ▸ 명령 실행, (LOFT Enter↵)

▸ LOFT를 위한 단면 객체를 순서대로 선택하고 진행(Enter↵)

▸ 명령을 종료(Enter↵)

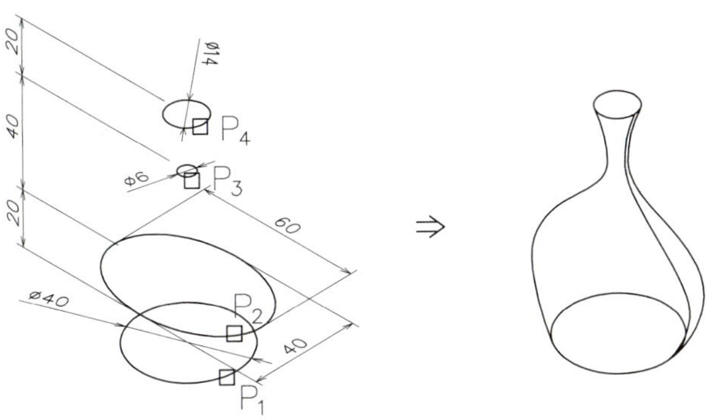

②
- 명령 실행, (LOFT Enter↵)
- LOFT를 위한 단면 객체를 순서대로 선택하고 진행(Enter↵)
- 안내 곡선을 지정하기 위한 옵션 〈G〉를 입력하고 진행(Enter↵)
- 안내 곡선을 순서대로 선택하고 진행(Enter↵)

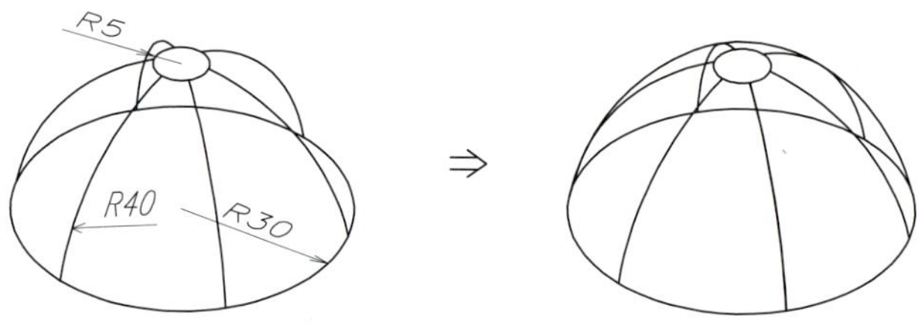

TIP

➡ LOFT 명령의 옵션

- **가이드(Guides)** : LOFT 솔리드 또는 곡면의 형상을 조정하는 안내 곡선을 선택한다.
- **경로(Path)** : LOFT 솔리드 또는 곡면에 대한 단일 경로를 선택한다.
- **횡단면만(Cross-section only)** : LOFT 설정을 위한 대화상자를 표시한다.

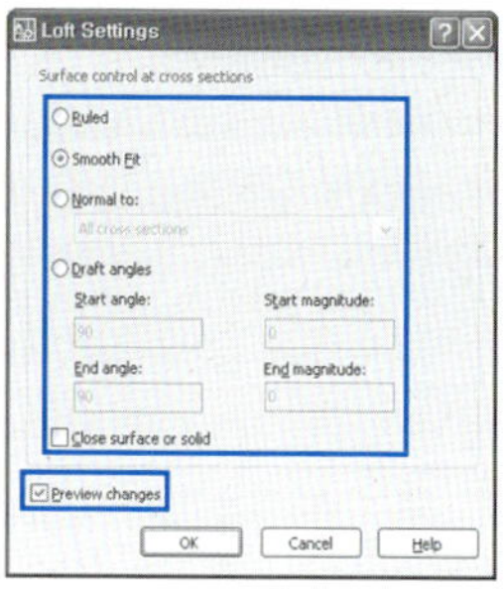

- Ruled : 직선 보간됨
- Smooth Fit : 부드럽게 맞춤
- Normal to : 다음 항목에 수직
- Draft angles : 기울기 각도
- Close surface or solid : 곡면 또는 솔리드 닫기
- Preview changes : 변경사항 미리보기

5 PRESSPULL 명령

Region 객체나 Poly 객체를 선택하지 않고 솔리드 모델의 경계 영역을 선택하여 늘이거나 압축하여 3D 솔리드 형상을 생성하는 명령이다.

1. 명령어의 실행

① (마우스)를 이용한 실행

▸ Modeling 도구모음 [Presspull] 선택

② (키보드)를 이용한 실행

Command : PRESSPULL Enter↵

2. 명령어의 사용법 따라하기

①
▸ 명령 실행, (PRESSPULL Enter↵)
▸ 솔리드 객체의 경계면의 내부 점을 선택하고 진행(Enter↵)
▸ 늘어날 길이 〈20〉을 입력하고 진행 (Enter↵)

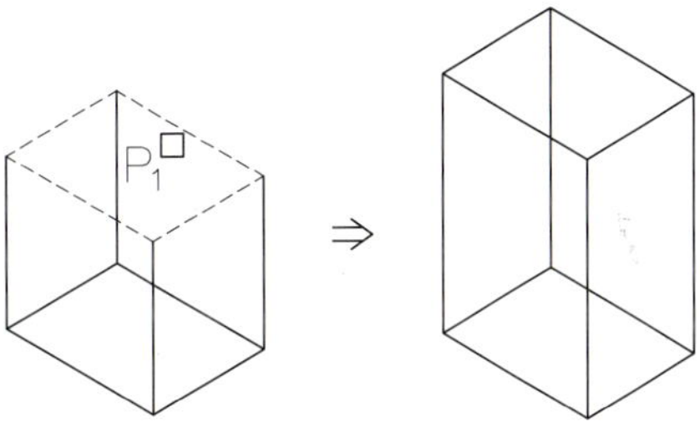

②
▸ 명령 실행, (PRESSPULL Enter↵)
▸ 솔리드 객체의 경계면의 내부 점을 선택하고 진행(Enter↵)
▸ 줄어들 길이 〈-10〉을 입력하고 진행 (Enter↵)

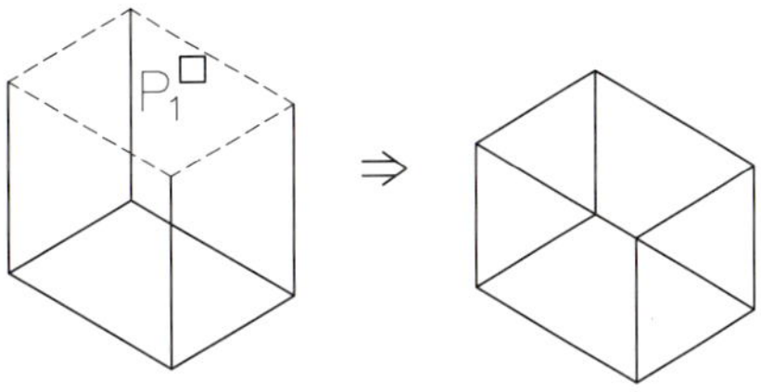

6 POLYSOLID 명령

미리 정의한 높이와 두께 값으로 선 객체들을 선택하여 3D 솔리드 형상을 생성하는 명령이다.

1. 명령어의 실행

① (마우스)를 이용한 실행

▸ 메뉴 표시줄 [Draw] – [Modeling] – [Polysolid] 선택

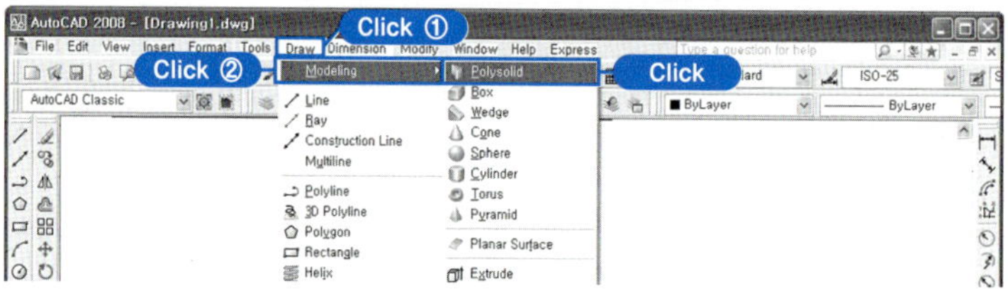

▸ Modeling 도구모음 [Polysolid] 선택

② (키보드)를 이용한 실행

Command : POLYSOLID Enter↵

2. 명령어의 사용법 따라하기

① ▸ 명령 실행, (POLYSOLID Enter↵)

▸ 솔리드 객체의 높이를 입력하기 위해 옵션 〈H〉를 선택하고 진행(Enter↵)

▸ 솔리드 객체의 높이 〈60〉을 입력하고 진행(Enter↵)

▸ 솔리드 객체의 폭을 입력하기 위한 옵션 〈W〉를 입력하고 진행(Enter↵)

▸ 솔리드 객체의 폭 〈5〉를 입력하고 진행(Enter↵)

▸ POLYSOLID로 만들어지는 폴리객체를 선택하고 진행(Enter↵)

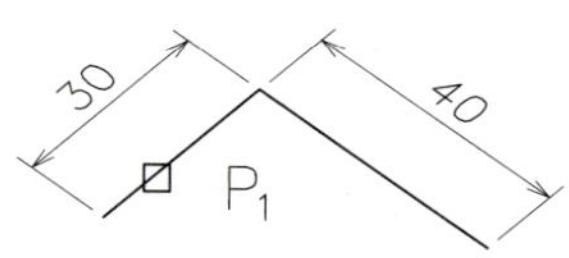

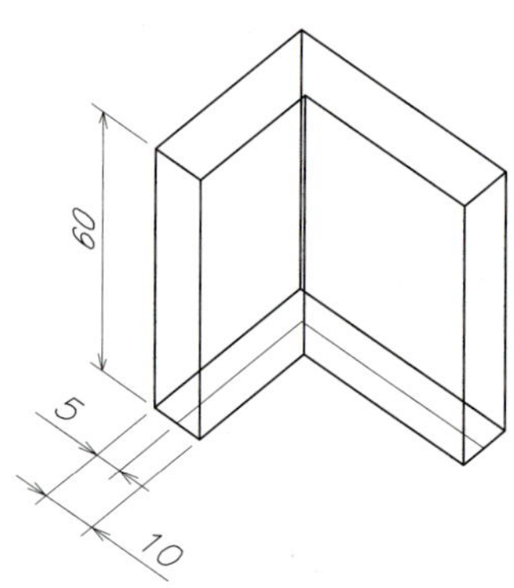

TIP

➡ POLYSOLID 명령의 옵션

▸ 객체(Object) : 솔리드 객체로 변환할 객체를 선택한다.

▸ 높이(Height) : 솔리드 객체의 높이를 입력한다.

▸ 폭(Width) : 솔리드 객체의 폭을 입력한다.

▸ 조정(Justify) : 솔리드의 폭 및 높이를 왼쪽, 오른쪽 또는 중심으로 정렬하여 맞추기를 설정한다.

7 HELIX 명령

2D 나선 객체 또는 3D의 나선 솔리드 형상을 그리는 명령이다.

1. 명령어의 실행

① (마우스)를 이용한 실행

- 메뉴 표시줄 [Draw] – [Helix] 선택

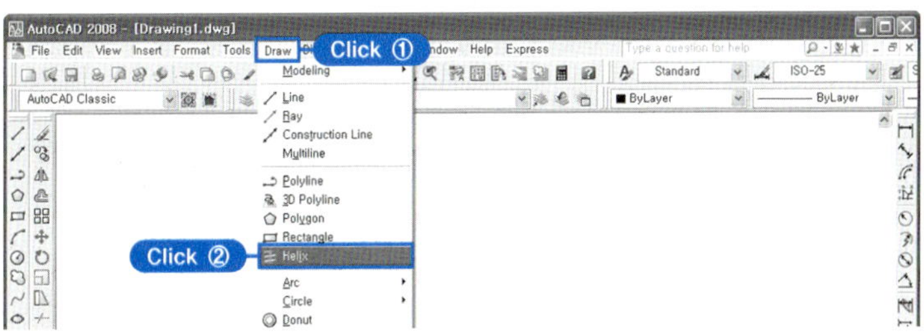

- Modeling 도구모음 [Helix] 선택

② (키보드)를 이용한 실행

Command : HELIX Enter↵

2. 명령어의 사용법 따라하기

①

- 명령 실행, (HELIX Enter↵)
- 나선의 중심점을 선택
- 밑면의 반경 〈20〉을 입력하고 진행(Enter↵)
- 윗면의 반경 〈20〉을 입력하고 진행(Enter↵)
- 회전 방향을 지정하기 위한 옵션 〈W〉를 입력하고 진행(Enter↵)
- 회전 방향으로 시계 방향 〈CW〉를 입력하고 진행(Enter↵)

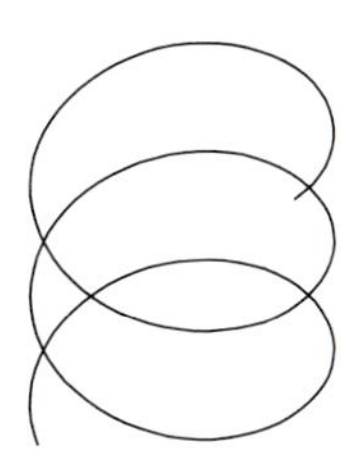

- 회전 수를 입력하기 위한 옵션 〈T〉를 입력하고 진행(Enter↵)
- 회전 수 〈33〉을 입력하고 진행(Enter↵)
- 나선 형상의 높이 〈60〉을 입력하고 진행(Enter↵)

TIP

HELIX 명령의 옵션

- **축의 끝점**(Axis endpoint) : 나선 축의 끝점을 지정한다.
- **회전 수**(Turns) : 나선의 회전(선회) 수를 지정한다.
- **회전 높이**(Turns height) : 나선이 한번 회전하게 될 때의 높이를 입력한다.
- **회전**(Twist) : 나선의 회전 방향을 시계방향(CW) 또는 반시계방향(CCW)으로 지정한다.

Section 03

비주얼 스타일 설정하기

비주얼 스타일 설정을 통해 객체 작성을 하는 경우와 실제 형상처럼 시각화 하는 경우에 편리한 비주얼 스타일을 사용할 수 있게 한다.

1 VSCURRENT 명령

현재 뷰포트의 뷰 스타일을 설정한다.

1. 명령어의 실행

① (마우스)를 이용한 실행

▸ 메뉴 표시줄 [View] – [visual Styles] 선택

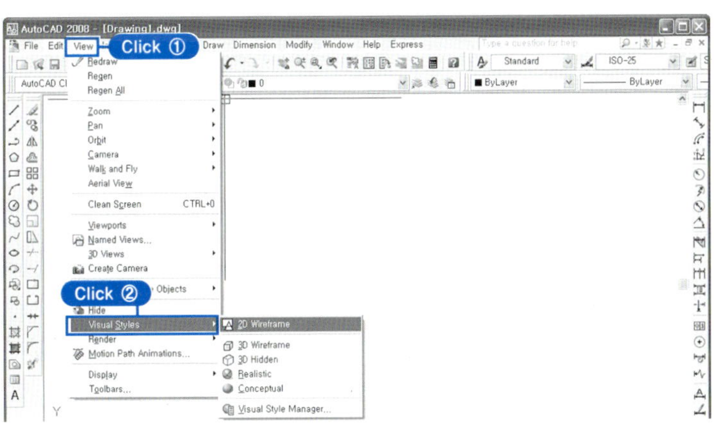

▸ Visual Style 도구모음

② (키보드)를 이용한 실행

Command : VSCURRENT Enter↵

TIP

➡ VSCURRENT 명령의 옵션

2차원와이어프레임(2dwireframe) :

경계를 나타내는 선과 곡선을 사용하여 객체를 표시한다. 래스터와 OLE 객체, 선 종류 및 선 가중치를 볼 수 있다.

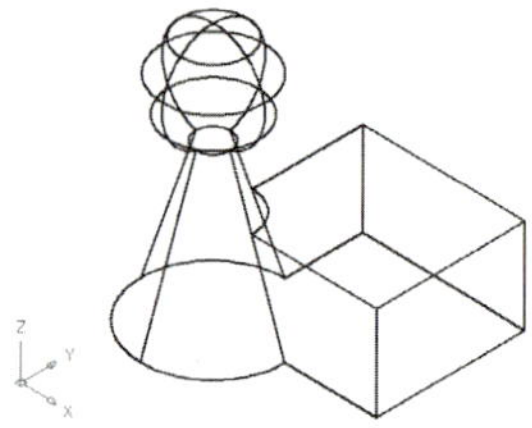

TIP

➡ VSCURRENT 명령의 옵션 계속

3차원와이어프레임(3dwireframe) :

경계를 나타내는 선과 곡선을 사용하여 객체를 표시한다. 음영처리된 3D UCS 아이콘을 표시한다.

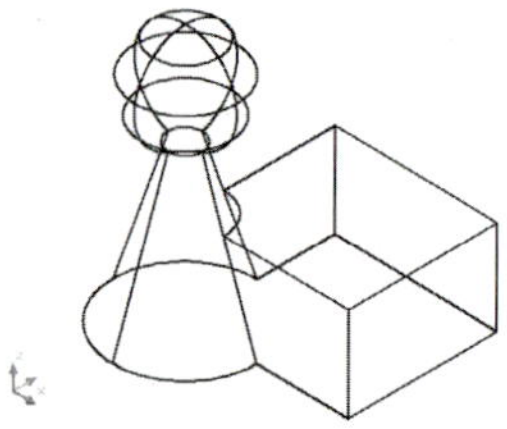

3차원숨김(3dHidden) :

객체를 3차원와이어프레임 표현을 사용하여 표시하고 뒷면을 표현하는 선을 숨긴다.

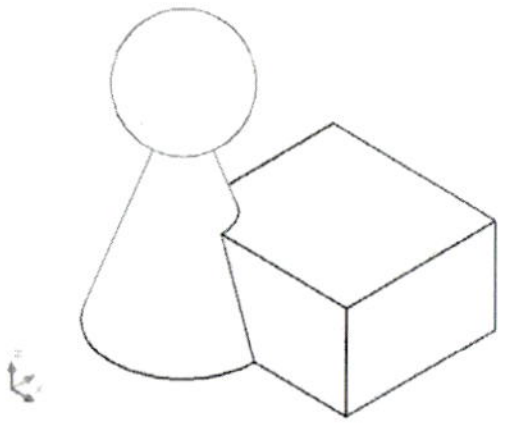

사실(Realistic) :

객체를 음영처리하며 다각형 면 사이의 모서리를 부드럽게 만든다. 객체에 적용된 재료가 표시된다.

개념(Conceptual) :

객체를 음영처리하며 다각형 면 사이의 모서리를 부드럽게 만든다. 음영처리는 차가운 색상과 따뜻한 색상간의 변환을 사용한다.

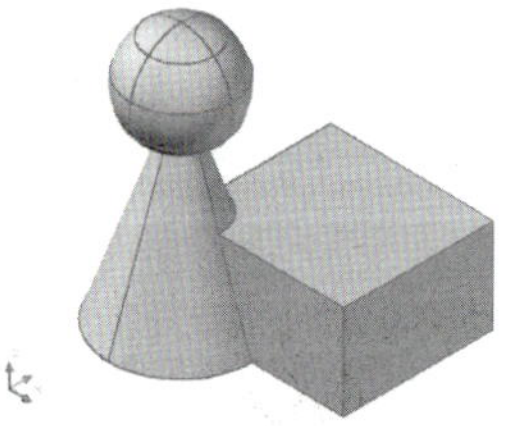

2 VISUALSTYLES 명령

뷰 스타일 관리자를 표시한다.

1. 명령어의 실행

① (마우스)를 이용한 실행

▸ 메뉴 표시줄 [Tools] – [Palettes] – [Visual Styles] 선택

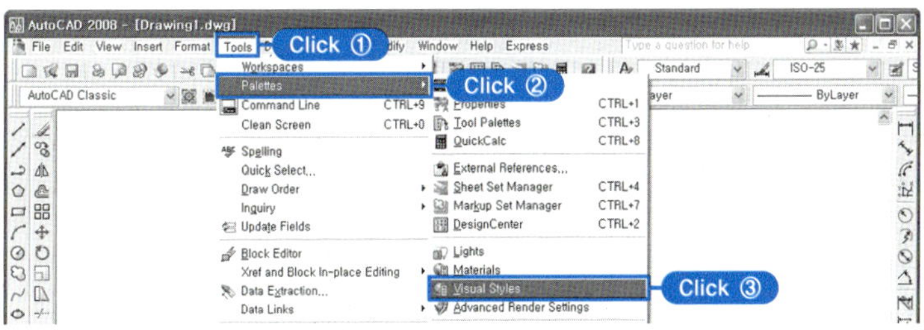

▸ Visual Style 도구모음 [Manage Visual Style] 선택

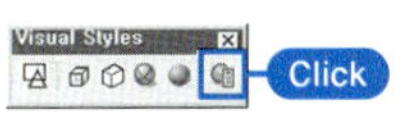

② (키보드)를 이용한 실행

Command : _VISUALSTYLES Enter↵

TIP

➡ VISUALSTYLES 대화창의 항목

- 도면에서 사용가능한 뷰 스타일 : 도면에서 사용 가능한 뷰 스타일의 견본 이미지를 표시한다.
- 새로운 뷰 스타일 : 이름과 설명을 입력할 대화창을 나타내고 새로운 뷰 스타일을 정의한다.
- 선택한 뷰 스타일을 현재 뷰포트에 적용
- 선택한 뷰 스타일을 도구 팔레트로 내보내기
- 선택한 뷰 스타일 삭제
- 각종 설정

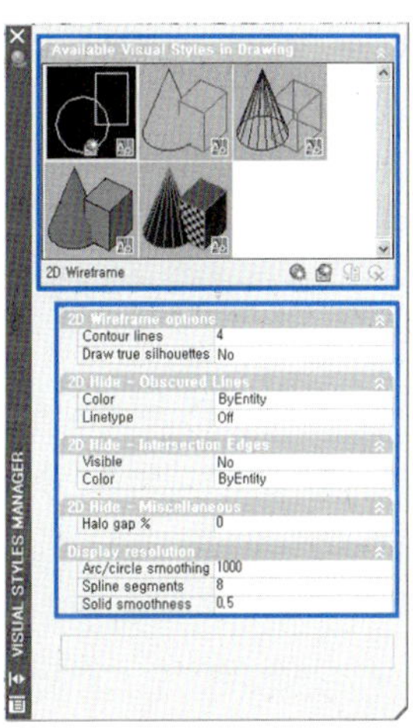

Section 04 3D 솔리드 렌더링

1 RENDER 명령

3차원 와이어 프레임이나 솔리드 모형의 포토 리얼리스틱 또는 사실적으로 음영처리된 이미지를 작성한다.

1. 명령어의 실행

① (마우스)를 이용한 실행

▸메뉴 표시줄 [View] – [Render] 선택

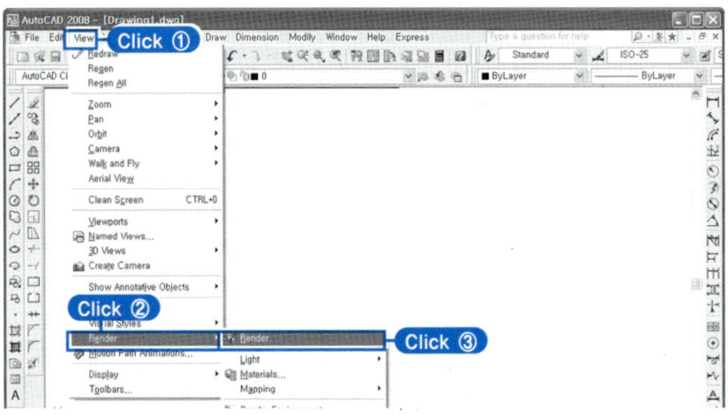

▸Render 도구모음 [Render]

② (키보드)를 이용한 실행

Command : _RENDER Enter↵

TIP

➡ RENDER 대화창의 항목

▸RENDER 대화창은 아래와 같이 세 개의 창으로 나뉘어 있다.

– 이미지 창 : 솔리드 객체의 RENDER 이미지를 표시한다.

– 통계 창 : 렌더링에 사용되는 현재의 설정값들이 표시된다.

– 사용내역 창 : 현재의 솔리드 객체에서 렌더링된 이미지의 최근 사용 내역과 렌더링 진행 사항을 표시하는 진행 상태 표시기가 제공된다.

TIP

➡ RENDER 대화창의 항목 계속

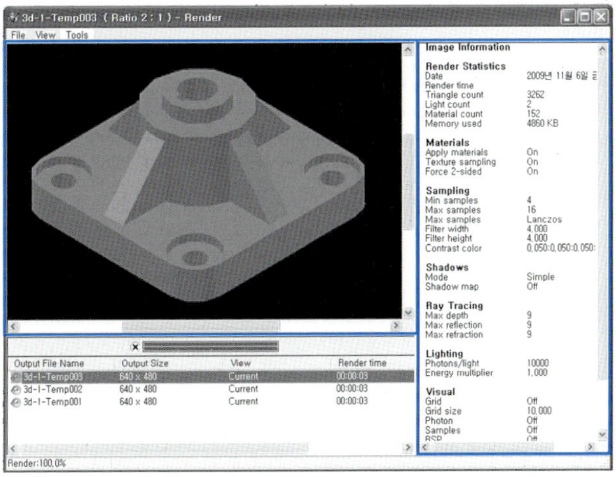

▸ RENDER 대화창에서는 아래와 같은 작업을 수행할 수 있다.

– 렌더링된 이미지를 파일로 저장한다.

– 렌더링된 이미지를 사본 파일로 저장한다.

– 현재 렌더링 이미지에 사용된 설정을 검토한다.

– 솔리드 모형의 렌더링 사용 내역을 추적한다.

– 렌더링 사용 내역으로부터 이미지를 소거, 삭제 또는 소거와 삭제를 동시에 수행한다.

– 렌더링된 이미지의 단면을 줌 확대/축소 및 초점 이동할 수 있다.

▸ File menu : 렌더링된 이미지를 저장한다.

▸ View menu : RENDER 대화창을 구성하는 여러 요소를 표시한다.

▸ Tools menu : 렌더링된 이미지를 줌 확대 또는 축소한다.

▸ Image Pane : RENDER 대화창의 왼쪽 위 부분은 이미지 창 전용으로 기본 출력 대상이다. 렌더링 중에 렌더 배열이 가능하게 되면서 이미지 창에 점진적으로 표시된다.

▸ Progress meter/Status bar : 렌더링 이미지가 완성되기 위하여 변환, 광자 방사, 파이널 렌더링, 렌더의 네 가지 단계를 거치는데 이 진행 상황을 진행 상태 표시기에 나타낸다.

▸ History pane : 현재 솔리드 모형에서 렌더링 된 이미지의 최근 사용내역을 찾아 볼 수 있다.

▸ History pane–Shortcut menu : 옵션이 들어 있는 메뉴가 표시된다.

▸ Statistics pane : 렌더링에 대한 상세 정보 및 이미지 작성 시 적용되는 렌더 설정값을 검사할 수 있다.

2 LIGHTS 명령

조명을 부여한다.

1. 명령어의 실행

① (마우스)를 이용한 실행

▸ 메뉴 표시줄 [View] – [Render] – [Light] – [New Point Lignt] 선택

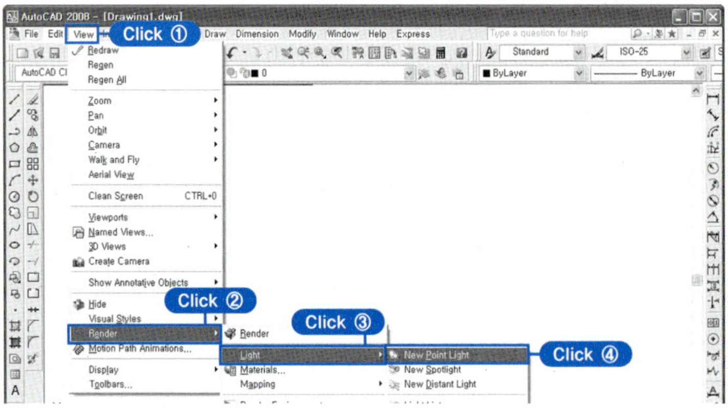

▸ Render 도구모음 [Lights]

② (키보드)를 이용한 실행

Command : POINTLIGHT Enter↵

TIP

➡ LIGHT 명령의 옵션

이름(Name) : 광원의 이름을 지정한다.

조도(Intensity) : 광원의 조도를 설정한다.

상태(Status) : 광원을 켜거나 끈다.

그림자(Shadow) : 광원이 그림자를 만들도록 설정한다.

희석도(Attenuation) : 거리가 멀어짐에 따라 빛이 감소하는 정도를 조절한다.

색상(Color) : 조명의 색상을 조정한다.

3 LIGHTLIST 명령

모형의 조명 설정을 위한 대화창을 열어 조명을 추가 및 수정한다.

1. 명령어의 실행

① (마우스)를 이용한 실행

▸ 메뉴 표시줄 [View] – [Render] – [Light] – [Light List] 선택

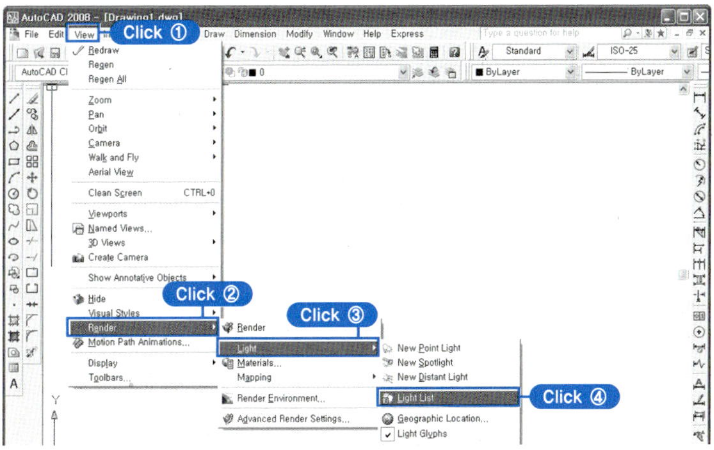

▸ Render 도구모음 [Lights List]

② (키보드)를 이용한 실행

Command : LIGHTLIST Enter↵

4 MATERIALS 명령

재료를 관리, 적용 및 수정한다.

1. 명령어의 실행

① (마우스)를 이용한 실행

▸ Render 도구모음 [Materials...]

▸ 메뉴 표시줄 [View] – [Render] – [Materials...] 선택

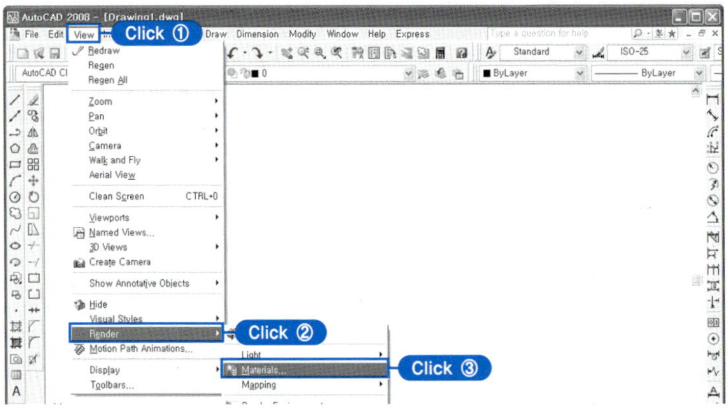

② (키보드)를 이용한 실행

Command : MATERIALS Enter↵

TIP

➡ MATERIALS 대화창의 항목

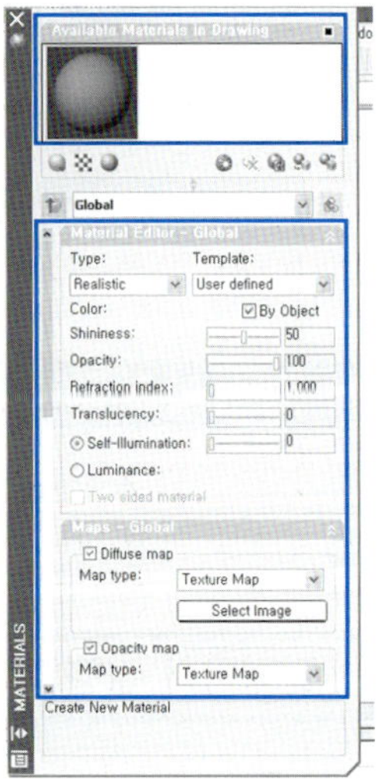

- Swatch Geometry : 선택한 견본에 표시되는 형상의 유형을 조정한다.
- Checkered Underlay Off : 여러 색상의 체크된 밑바탕을 표시하여 재료의 불투명도를 시각화할 수 있다.
- Create New Material : 새 재료를 작성하기 위한 대화창을 표시한다.
- Indicate Materials in Use : 사용 중인 아이콘의 표시를 업데이트 한다.
- Apply material to Objects : 현재 재료를 선택한 개체에 적용한다.
- Remove Materials from Selected Objects : 선택한 객체에서 재료를 분리 한다.
- Template : 재료의 유형을 지정한다.
- Diffuse : 재료의 색상을 지정하는 색상 선택 대화창을 표시한다.
- Shininess : 재료의 광택을 설정한다.
- Refraction index : 재료의 굴절 색인을 설정한다.

TIP

➡ MATERIALS 대화창의 항목 계속

- Translucency : 재료의 투명도를 설정한다.
- Self-Illumination : 객체가 조명 없이 스스로 빛을 발산하도록 설정한다.
- Diffuse map : 재료의 확산 맵이 활성화된다.
- Opacity : 투명해야 되는 재료영역과 투명하면 안 되는 재료영역을 설정한다.
- Bump map : 형상을 변경하지 않고 곡면 특성을 면에 추가한다.

5 PLANAR MAPPING 명령

재료 맵퍼 맞물림 도구를 표시하여 면 또는 객체의 매핑을 조정한다.

1. 명령어의 실행

① (마우스)를 이용한 실행

- 메뉴 표시줄 [View] – [Render] – [Mapping] – [Planar Mapping] 선택

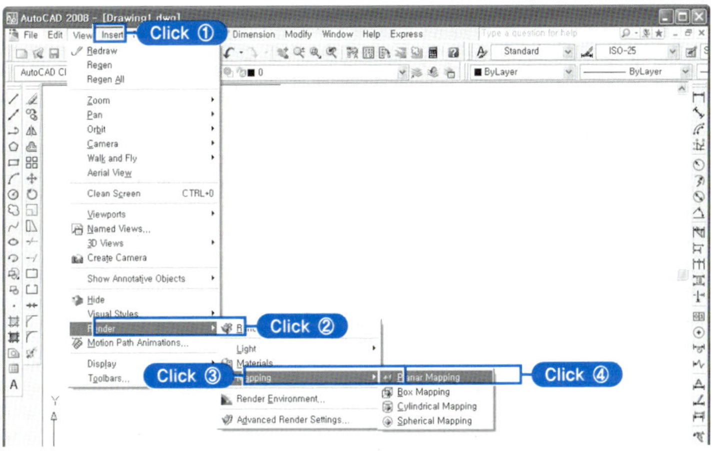

- Render 도구모음 [Planar Mapping]

② (키보드)를 이용한 실행

Command : MATERIALMAP Enter↵

TIP

➡ PLANAR MAPPING 명령의 옵션

- 이동(Move) : 맵을 이동하기 위해 격자 이동 도구를 표시한다.
- 회전(Rotate) : 맵을 회전하기 위해 격자 회전 도구를 표시한다.
- 재설정(Reset) : 맵에 대한 UV 좌표를 기본값으로 재설정한다.
- Switch mapping mode : 주 프롬프트를 다시 표시한다.

6 RENDER ENVIRONMENT 명령

객체가 보이는 거리에 대한 시각적 큐(Cue)를 제공한다.

1. 명령어의 실행

① (마우스)를 이용한 실행

- 메뉴 표시줄 [View] – [Render] – [Render Environment...] 선택

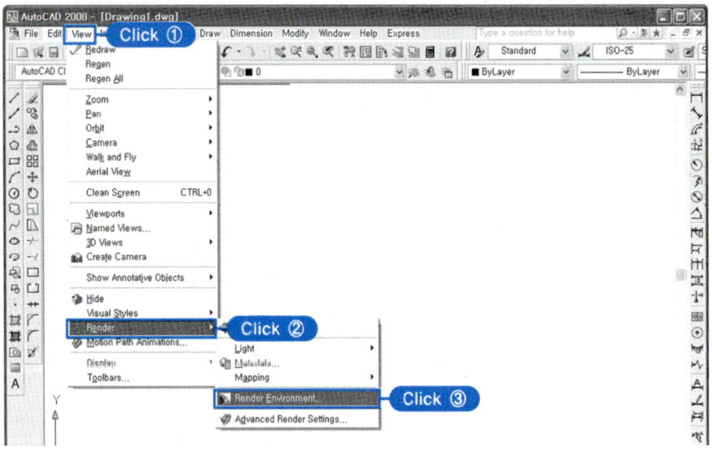

- Render 도구모음 [Render Environment...]

② (키보드)를 이용한 실행

Command : RENDERENVIRONMENT Enter↵

TIP

RENDER ENVIRONMENT 대화창의 항목

- 안개(Enable fog) : 대화창의 다른 설정에는 영향을 주지 않고 안개 기능을 켜거나 끈다.
- 색상(Color) : 안개의 색상을 지정한다.
- 안개 배경(Fog background) : 배경에 안개를 적용한다.
- 근거리(Near distance) : 카메라로부터 안개가 시작하는 거리를 지정한다.
- 원거리(Far distance) : 카메라로부터 안개가 끝나는 거리를 지정한다.
- 근처 안개 백분율(Near fog percentage) : 근거리에서 안개의 불투명도를 지정한다.
- 먼 안개 백분율(Far fog percentage) : 원거리에서 안개의 불투명도를 지정한다.

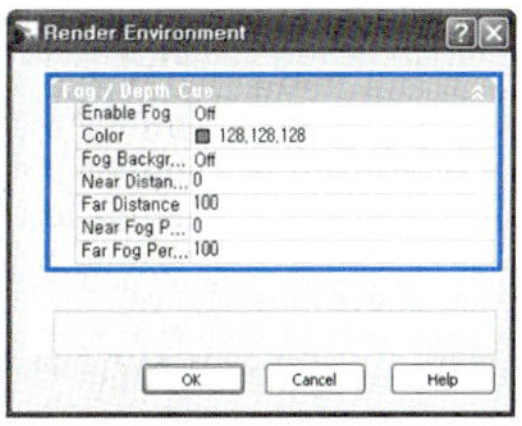

7 ADVANCED RENDER SETTINGS 명령

이미지를 렌더링 하기 위해 재사용 가능한 렌더링 매개변수인 렌더 사전 설정을 지정한다.

1. 명령어의 실행

① (마우스)를 이용한 실행

- 메뉴 표시줄 [View] – [Render] – [Advanced Render Settings...] 선택

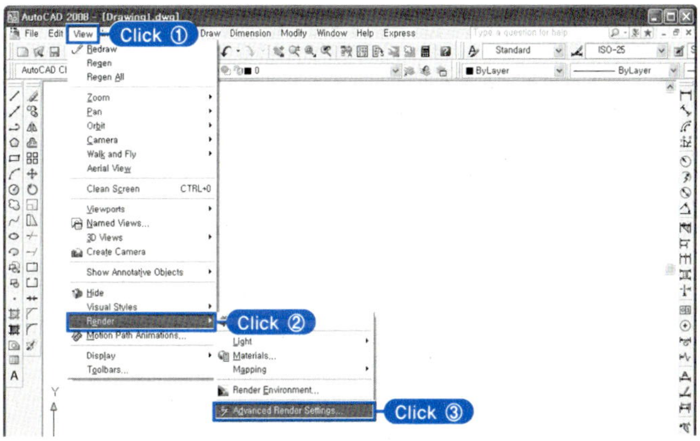

▸ Render 도구모음 [Advanced Render Settings...]

② (키보드)를 이용한 실행

Command : RPREF Enter↵

2. 명령어의 사용법 따라하기

TIP

➡ **ADVANCED RENDER SETTINGS 명령의 옵션**

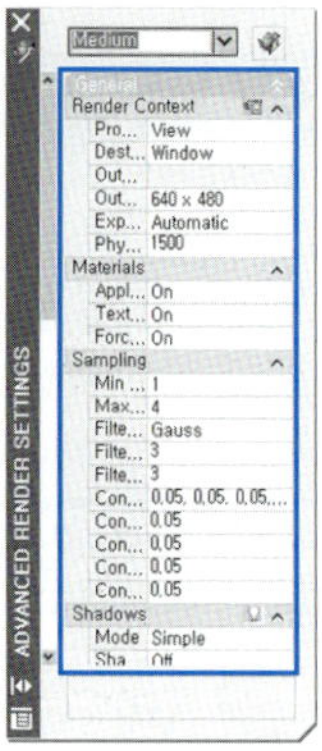

- 렌더 컨텍스트(Render context) : 솔리드 모형이 렌더링 되는 정도에 영향을 주는 설정을 한다.
- 재료(Materials) : 재료가 렌더링에 의해 처리되는 방법에 대한 설정을 한다.
- 견본(Sampling) : 견본을 만드는 방법을 설정한다.
- 그림자(Shadows) : 그림자가 렌더링 이미지에 나타나는 방법에 대한 설정을 한다.
- 광선추적(Ray tracing) : 렌더 이미지의 음영처리에 대한 설정을 한다.
- 전역조명(Indirect illumination) : 장면이 비춰지는 정도에 영향을 준다.
- 최종 게더링(Final gather) : 전역 조명을 계산한다.
- 광원특성(Light properties) : 간접 조명을 계산할 때 조명방식을 설정한다.
- 뷰(Visual) : 렌더링이 특정 방식으로 동작하는 이유를 이해하는데 도움을 준다.

Section 05

예제 따라하기

1 예제 따라하기 미리보기

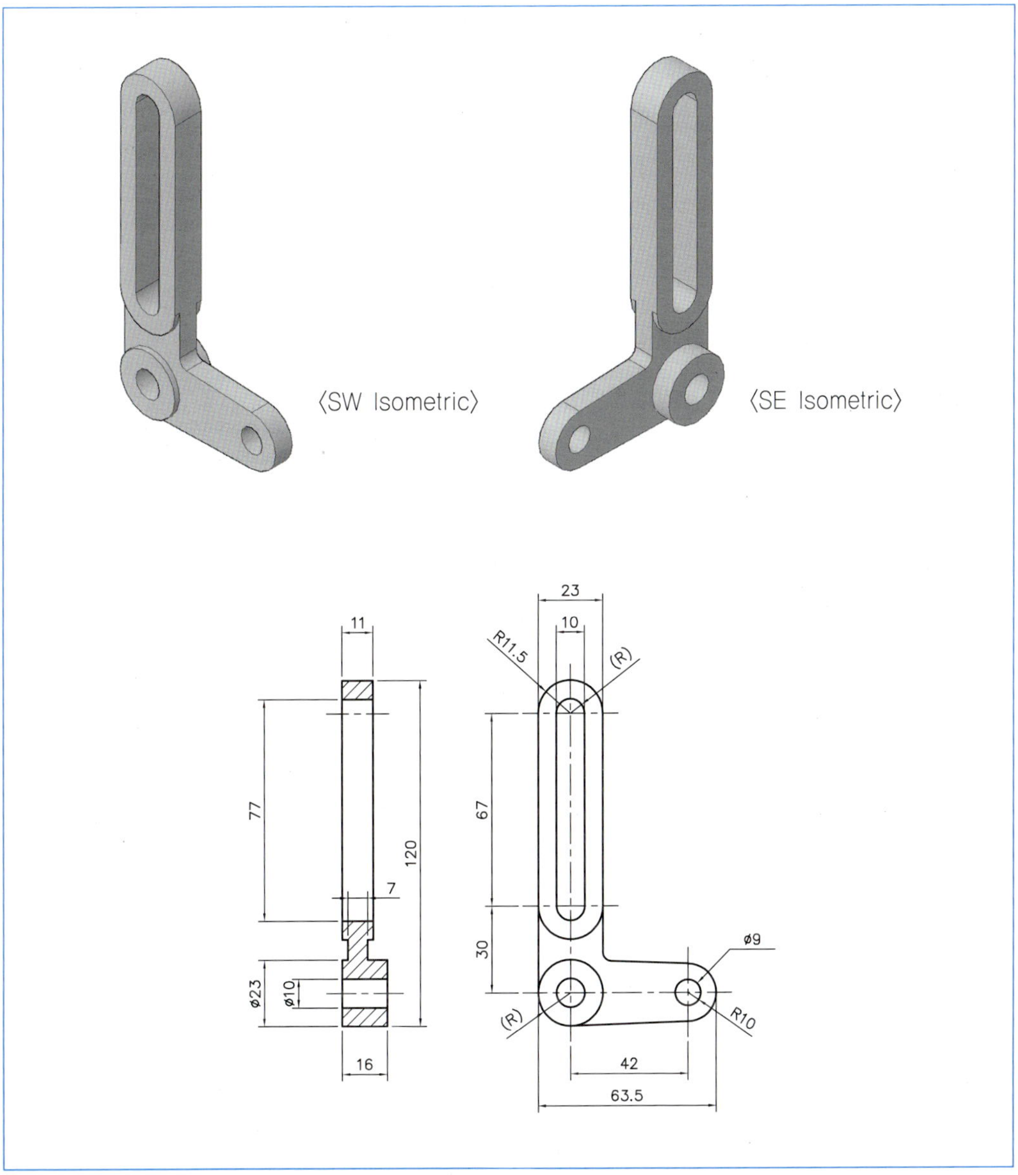

동력 변환 장치의 크랭크

2 예제 따라하기

3차원 솔리드 변환 명령을 이용한 예제 따라하기를 통해 솔리드 변환 명령들에 대해 이해한다.

1. 사용자 좌표계(UCS)를 설정한다.

① 사용자 좌표계(UCS) 설정 명령으로 표준 좌표계의 우측(yz평면)을 작업 평면으로 설정한다.

- ▸명령을 실행, (UCS Enter↵)
- ▸임의 원점 선택
- ▸x 방향 선택
- ▸y 방향 선택

2. 작업 평면에서 제품의 2차원 형상을 그린다.

① 설정한 작업 평면위에서 LINE, CIRCLE, TRIM 명령 등을 이용하여 오른쪽과 같은 형상을 완성한다.
이때 치수와 중심선은 제외한다.

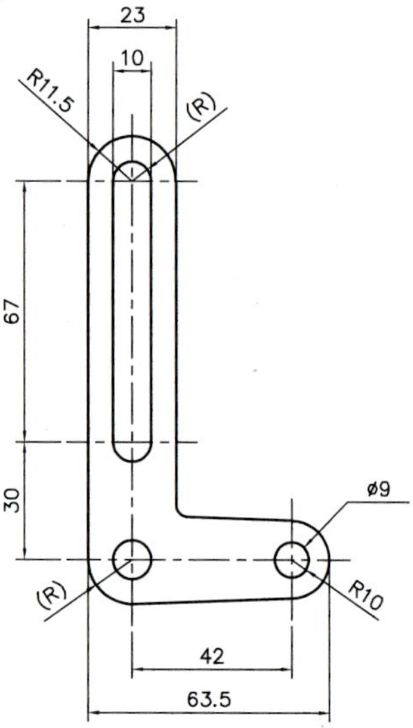

3. 2차원 객체를 영역 객체 또는 폴리 객체로 만든다.

① BOUNDARY 명령을 이용하여 2차원 객체의 내부 점을 선택하여 단일 객체로 작성된 객체들을 영역 객체 또는 폴리 객체로 변환한다.

- 명령을 실행, (BO Enter↵)
- 객체 유형을 〈Polyline〉으로 선택하고 Pick point 버튼을 선택
- 명령을 실행, (BO Enter↵)
- 객체 유형을 〈Polyline〉으로 선택하고 Pick point 버튼을 선택
- 객체의 내부 점을 선택하고 진행(Enter↵)

※ 두 개의 원과 '1'자, 'L'자형 객체가 폴리 객체로 변환되었다.

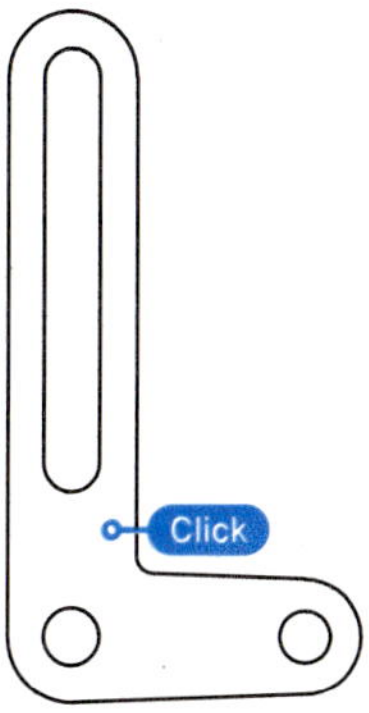

4. 제거(Subtract)할 객체를 솔리드로 만든다.

① 제거(Subtract)를 이용하여 빈 공간을 만들기 위하여 '1'자형 객체와 두 개의 원을 EXTRUDE 명령을 이용하여 돌출한다.

- 명령을 실행, (EXT Enter↵)
- 돌출할 객체로 '1'자 형 객체와 두 원을 선택하고 진행(Enter↵)
- 돌출 높이 20 Enter↵

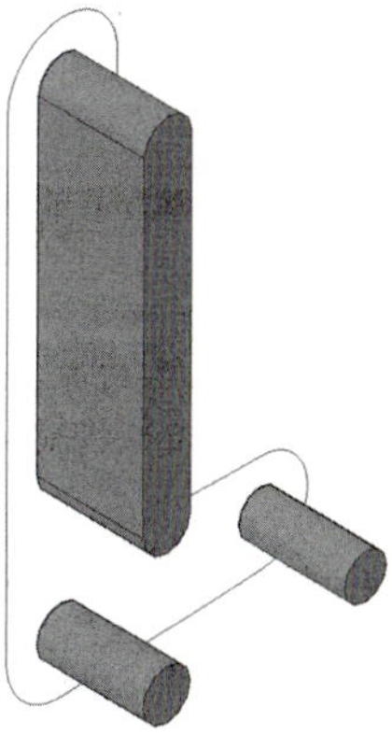

② PRESSPULL 명령을 이용하여 반대 방향으로 '1'자형 객체와 두 개의 원을 돌출한다.

- 명령을 실행, (PRESSPULL Enter↵)
- '1'자 형 객체의 돌출할 면을 경계로 갖는 점을 선택
- 돌출 높이 20 Enter↵

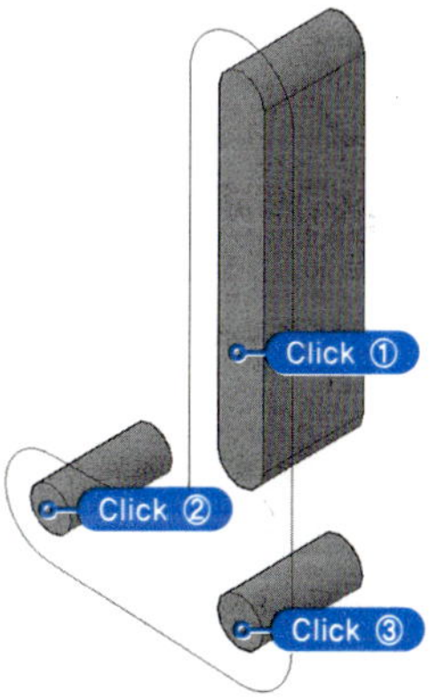

③ 같은 방법으로 PRESSPULL 명령을 이용하여 두 원을 반대 방향으로 높이 〈20〉씩 돌출한다.

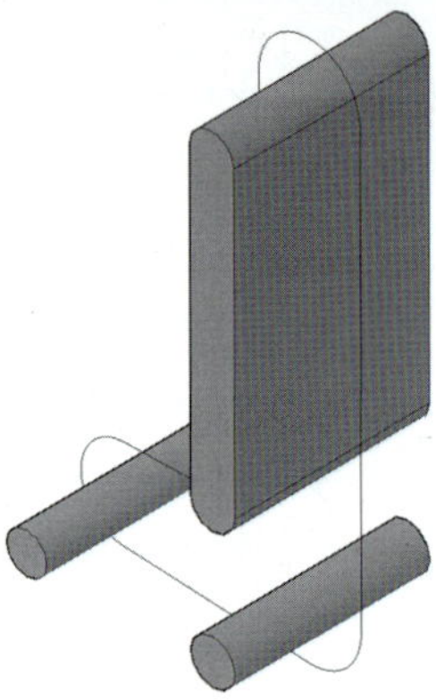

5. 'L'자 형 객체를 솔리드로 만든다.

① EXTRUDE 명령을 이용하여 'L'자 형 객체를 돌출한다.

- 명령을 실행, (EXT Enter↵)
- 돌출할 객체로 'L'자 형 객체를 선택하고 진행 (Enter↵)
- 돌출 높이 7 Enter↵

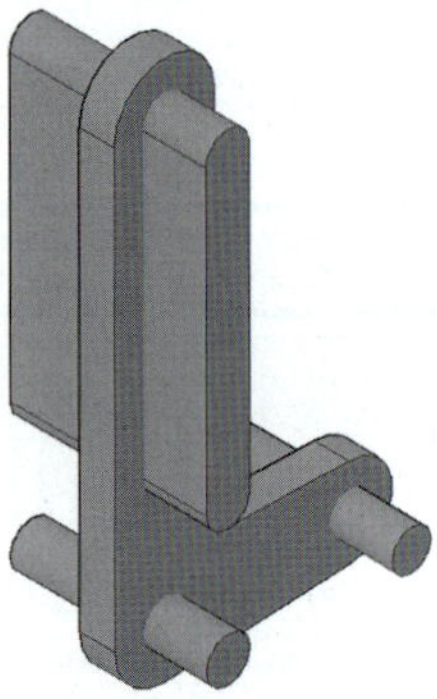

6. 2차원 객체를 그리기 위해 UCS와 시점을 변경한다.

① UCS 명령을 이용하여 'L'자 형 객체의 평면위로 작업 평면을 옮기고 표준 좌표계의 우측에서 바라보는 시점으로 변경한다.

- 명령을 실행(UCS Enter↵)
- 'L'자 형 객체의 평면위에 있는 한 점을 사용자 좌표계의 원점으로 선택
- x 방향 선택
- y 방향 선택

② View 아이콘을 이용하여 우측면도를 선택한다.

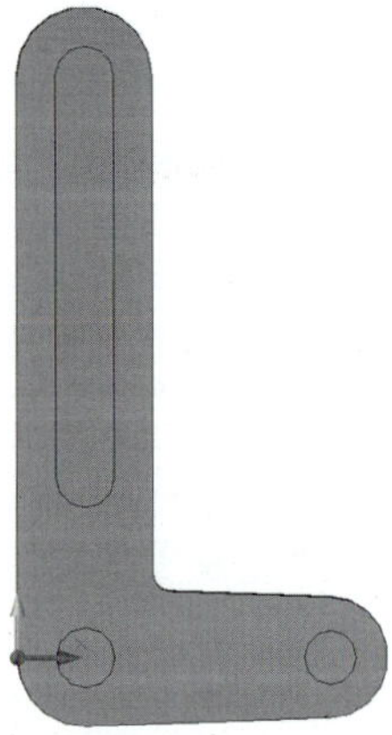

7. 돌출하기 위한 2차원 객체를 그리고 변환한다.

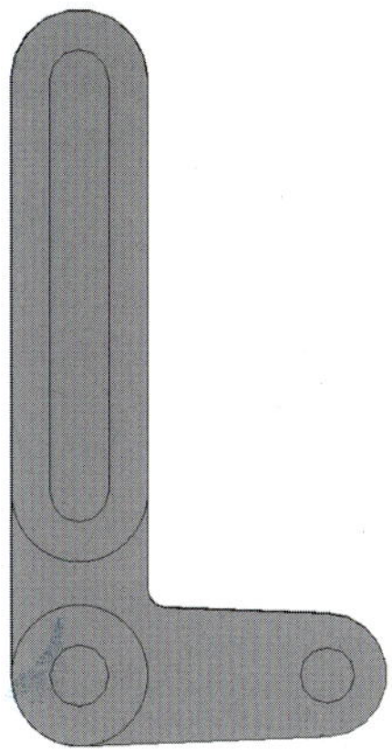

1 LINE, CIRCLE, TRIM 명령을 이용하여 오른쪽과 같은 2차원 객체를 그린다.

2 그려진 2차원 객체를 폴리객체로 변환한다.

8. 2차원 객체를 돌출한다.

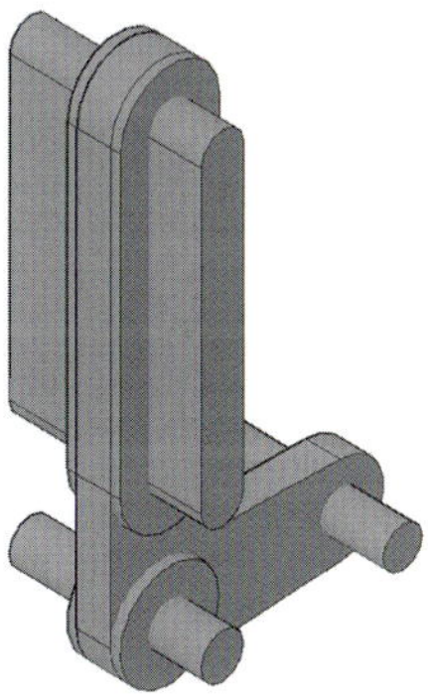

1 2차원 객체를 EXTRUDE 명령을 이용하여 한 방향으로 돌출하고 PRESSPULL 명령을 이용하여 반대 방향으로 돌출한다.

- 명령을 실행, (EXT Enter↵)
- 2차원 객체를 선택하고 진행(Enter↵)
- 돌출 높이 9 Enter↵

2
- 명령을 실행, (PRESSPULL Enter↵)
- 돌출한 반대편 면을 선택
- 돌출 높이 2 Enter↵

9. 블린 연산을 이용하여 제품을 완성한다.

1 블린 연산중에서 UNION 명령을 이용하여 제거(Subtract)할 객체를 제외한 나머지 객체를 모두 결합한다.

- 명령을 실행, (UNI Enter↵)
- 제거할 객체를 제외한 모든 객체를 선택하고 진행 (Enter↵)

② 블린 연산중에서 SUBTRACT 명령을 이용하여 제거할 객체를 삭제한다.

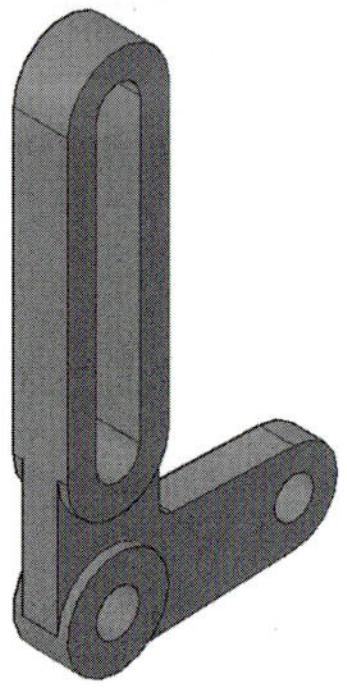

- 명령을 실행, (SU Enter↵)
- 원본 객체를 선택하고 진행(Enter↵)
- 제거할 객체를 선택하고 진행(Enter↵)

- 완성

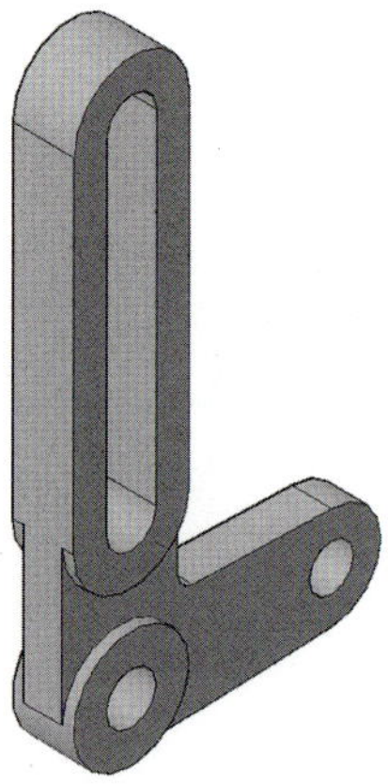

Section 06

연습 과제

1 연습과제 1

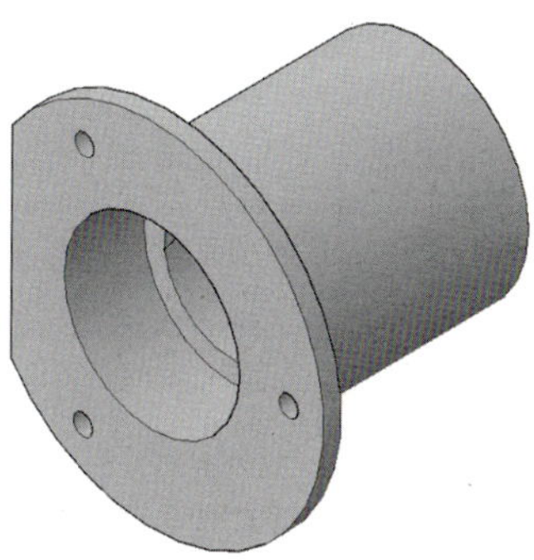

〈SW Isometric〉

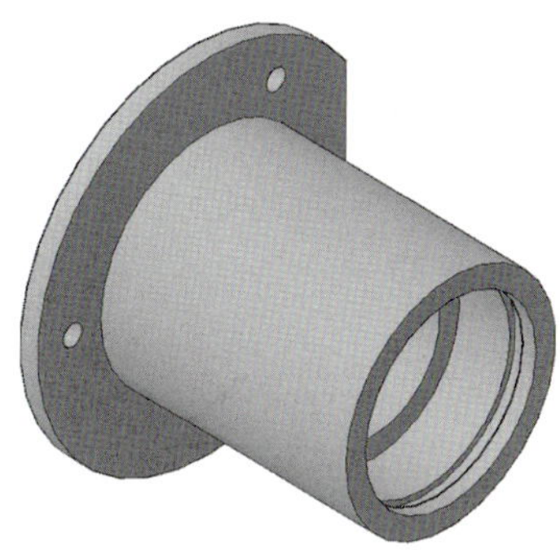

〈SE Isometric〉

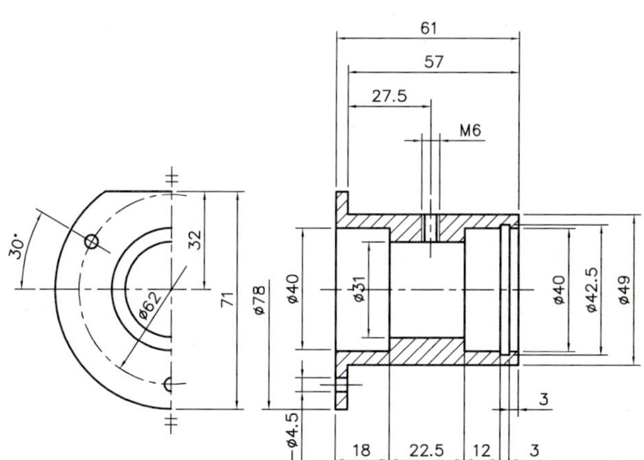

연습문제 1 - 동력 전달 장치의 하우징

솔리드 변환 명령을 이용하여 하우징을 모델링 한다.

2 연습과제 2

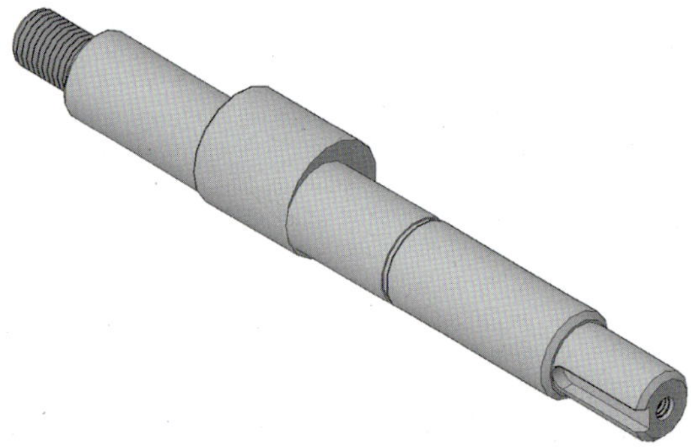

〈SE Isometric〉

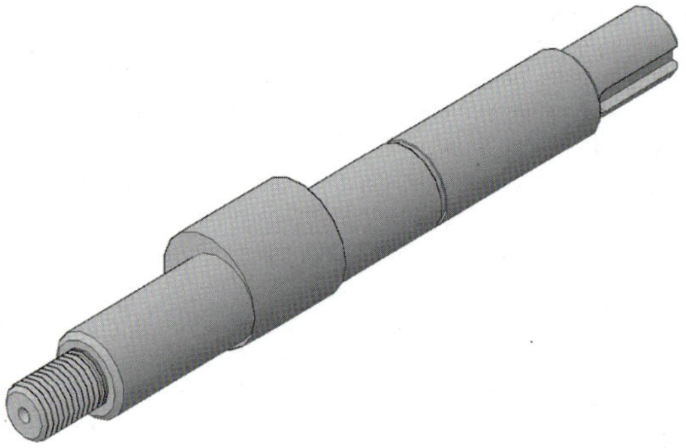

〈SW Isometric〉

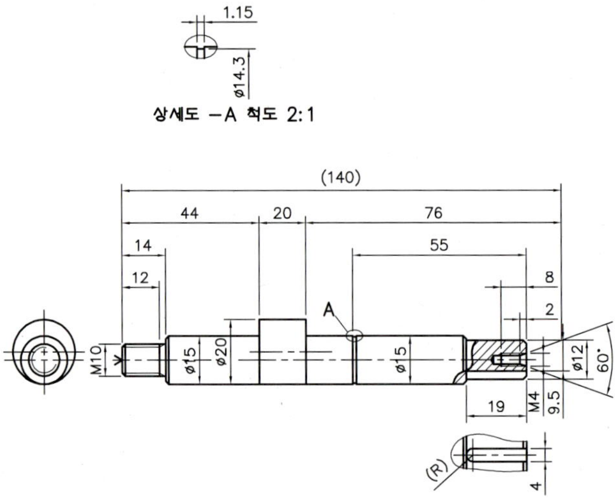

연습문제 2 - 편심 구동 장치의 샤프트

솔리드 변환 명령을 이용하여 샤프트를 모델링 한다.

CHAPTER 15

3D 솔리드 편집 명령

◆실습목적 :	① 3D 솔리드의 형상을 변화시키는 편집 명령에 대하여 이해한다. ② 3D 솔리드의 복사 및 이동에 관한 편집 명령을 이해한다. ③ 3D 솔리드 편집 명령을 활용 예를 배운다.
◆실습시간 :	1.0hr ~ 1.5hr
◆실습내용 :	① 3D 솔리드 형상을 변화시키기 ② 3D 솔리드 절단하기 ③ 3D 솔리드 복사 및 이동하기 ④ 3D 솔리드 형상 도면화하기
◆참고사항 :	• 2D 객체에 적용하는 것과 마찬가지로 3D 솔리드에도 FILLET 과 CHAMFER 명령을 적용하여 모따기 및 모깎기를 할 수 있다. • 3D 솔리드 형상을 절단하여 단면을 확인할 수 있다. • 2D 객체에 적용하는 것과 마찬가지로 객체의 이동, 복사, 배열 명령을 이용하여 객체를 편집할 수 있다.

실습할 내용 :

Spur gear

Section **01**

3D 솔리드 형상을 변화시키기

2D 객체의 모서리를 모따기, 모깎기 할 수 있듯이 3D 솔리드 형상의 모서리도 FILLET 명령과 CHAMFER 명령을 이용하여 모따기, 모깎기 할 수 있다. 3D의 솔리드에 이들 명령을 적용시킬 때는 선택한 모서리와 연결된 모서리를 옵션을 이용하여 함께 모따기 및 모깎기 할 수 있다.

1 FILLET 명령

3D 솔리드 형상의 모서리 부분을 모깎기 하는 명령이다.

1. 명령어의 실행

① (마우스)를 이용한 실행

▸ 메뉴 표시줄 [Modify] – [Fillet] 선택

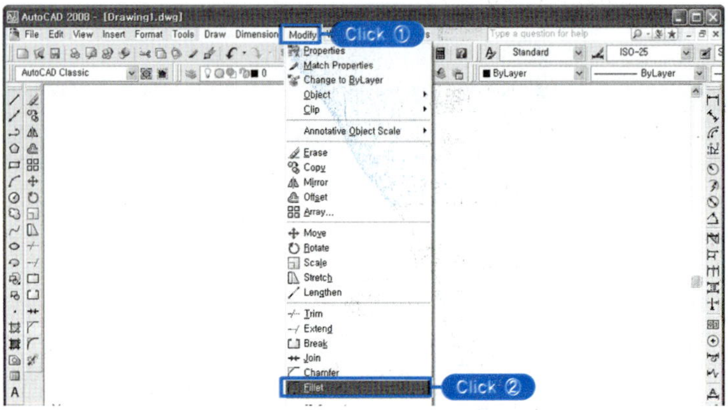

▸ Modify 도구모음 [Fillet] 선택

② (키보드)를 이용한 실행

Command : FILLET 또는 F Enter↵

2. 명령어의 사용법 따라하기

① ▸ 명령 실행, (F Enter↵)
▸ 모깎기 할 모서리를 선택하고 진행(Enter↵)
▸ 모깎기 반지름 〈10〉을 입력하고 진행(Enter↵)
▸ 선택한 모서리와 접한 모서리를 선택하기 위한 옵션 〈C〉를 입력하고 진행(Enter↵)
▸ 모깎기 할 모서리를 다시 선택하고 진행(Enter↵)

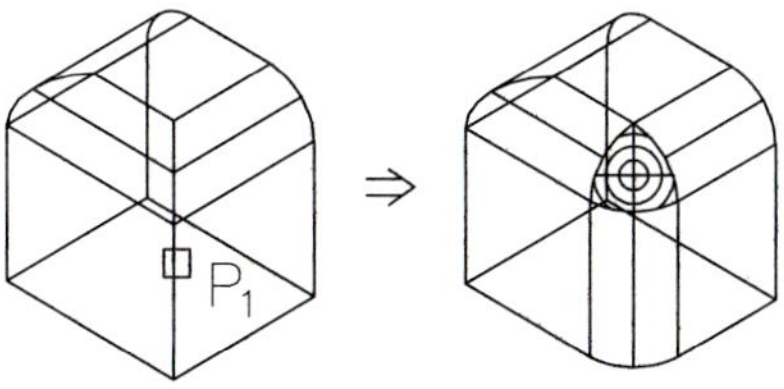

> **TIP**
>
> **➡ FILLET 명령의 옵션**
>
> 2차원 FILLET 명령과 대부분 일치하는 옵션을 갖는다.
>
> ▸ **체인(Chain)** : 단일 모서리를 선택하여 그 모서리와 접해있는 모든 모서리를 한 번에 선택한다.

2 CHAMFER 명령

3D 솔리드 형상의 모서리 부분을 모따기 하는 명령이다.

1. 명령어의 실행

① **(마우스)를 이용한 실행**

▸ 메뉴 표시줄 [Modify] – [Chamfer] 선택

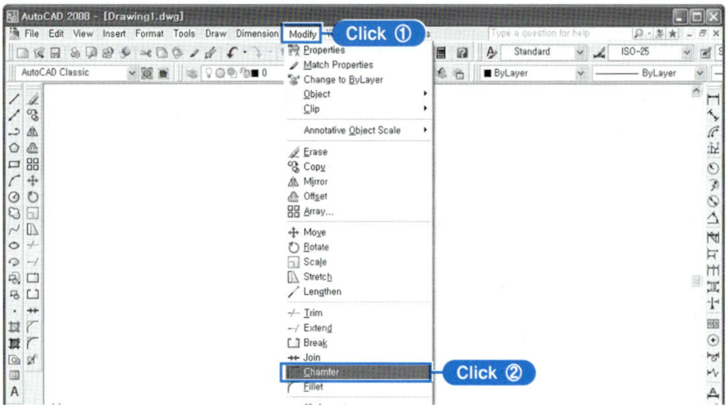

▸ Modify 도구모음 [Chamfer] 선택

②  (키보드)를 이용한 실행

Command : CHAMFER 또는 CHA Enter↵

2. 명령어의 사용법 따라하기

①
- 명령 실행, (CHA Enter↵)
- 모따기 할 모서리를 선택
- 모따기 될 기준면이 점선으로 선택되면 〈N〉을 입력하여 모따기 할 기준면을 선택하고 진행(Enter↵)
- 기준면의 모따기 거리 〈10〉을 입력하고 진행(Enter↵)
- 기준면과 접한 모따기 할 다른 면의 모따기 거리 〈5〉를 입력하고 진행(Enter↵)
- 모따기 할 모서리를 모두 선택하고 진행(Enter↵)

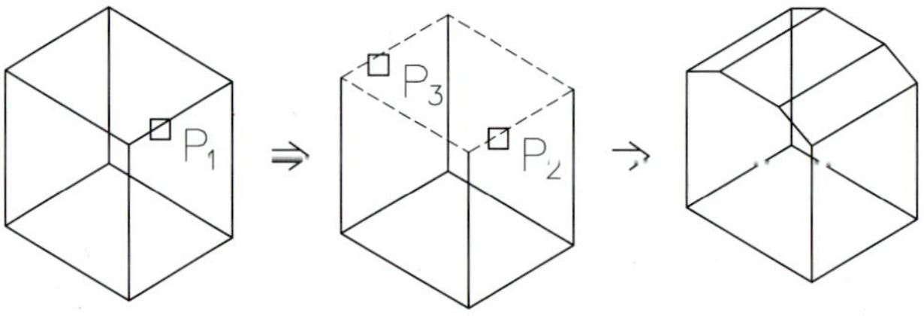

TIP

➡ CHAMFER 명령의 옵션

2차원 CHAMFER 명령과 대부분 일치하는 옵션을 갖는다.

- 루프(loop) : 기준면의 모든 모서리를 선택하여 모따기 한다.

3 SOLIDEDIT 명령

3D 솔리드 형상의 면과 모서리, 바디를 편집하는 명령이다.

1. 명령어의 실행

① (마우스)를 이용한 실행

▸ Solid Editing 도구모음

▸ 메뉴 표시줄 [Modify] – [Solid Editing] – [솔리드 편집 명령] 선택

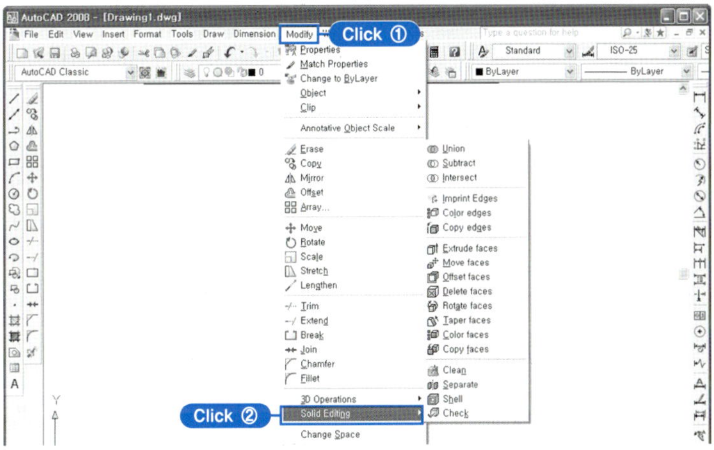

② (키보드)를 이용한 실행

Command : SOLIDEDIT Enter↵

2. 명령어의 사용법 따라하기

①
- 명령 실행, (SOLIDEDIT Enter↵)
- 솔리드 객체의 면을 편집하기 위한 옵션 〈F〉를 입력하고 진행(Enter↵)
- 회전 편집을 위한 옵션 〈R〉을 입력하고 진행(Enter↵)
- 회전 편집할 면을 선택하고 진행(Enter↵)
- 회전 축이 되는 한 점을 선택
- 회전 축이 되는 다른 한 점을 선택
- 회전 각도 〈90〉를 입력하고 진행(Enter↵)

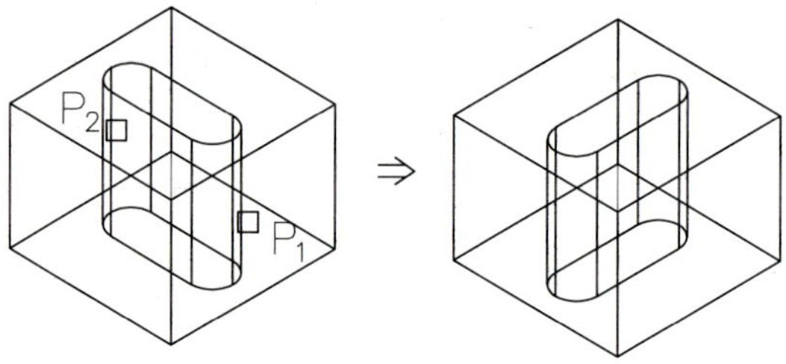

2

- 명령 실행, (SOLIDEDIT Enter↵)
- 솔리드 객체의 면을 편집하기 위한 옵션 〈F〉를 입력하고 진행(Enter↵)
- 테이퍼 편집을 위한 옵션 〈T〉을 입력하고 진행(Enter↵)
- 테치퍼 편집할 면을 선택하고 진행(Enter↵)
- 편집 후 기존 면을 삭제하기 위한 옵션 〈R〉을 입력하고 진행(Enter↵)
- 모서리를 선택하여 제거하고 진행(Enter↵)
- 기준점을 선택
- 테이퍼를 위한 축의 다른 점을 선택
- 테이퍼 각 〈5〉를 입력하고 진행(Enter↵)

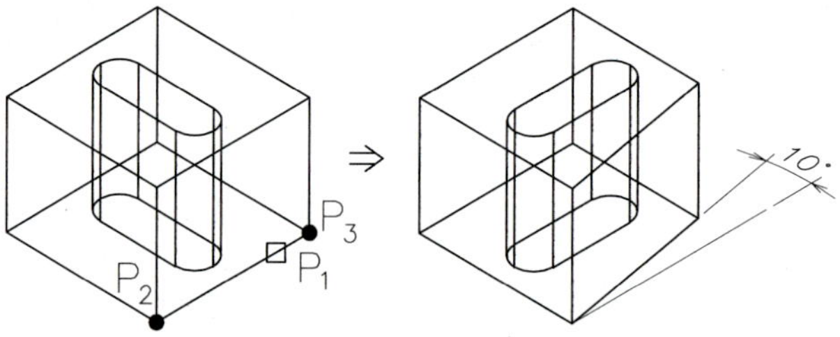

3

- 명령 실행, (SOLIDEDIT Enter↵)
- 솔리드 객체의 바디를 편집하기 위한 옵션 〈B〉를 입력하고 진행(Enter↵)
- 솔리드 객체에 각인하기 위한 옵션 〈I〉을 입력하고 진행(Enter↵)
- 편집할 솔리드 객체를 선택
- 각인할 객체를 선택
- 각인한 객체의 원본을 삭제할 것인지 선택하고 진행
- 각인할 객체를 선택
- 각인한 객체의 원본을 삭제할 것인지 선택하고 진행
- 명령을 종료(Enter↵)

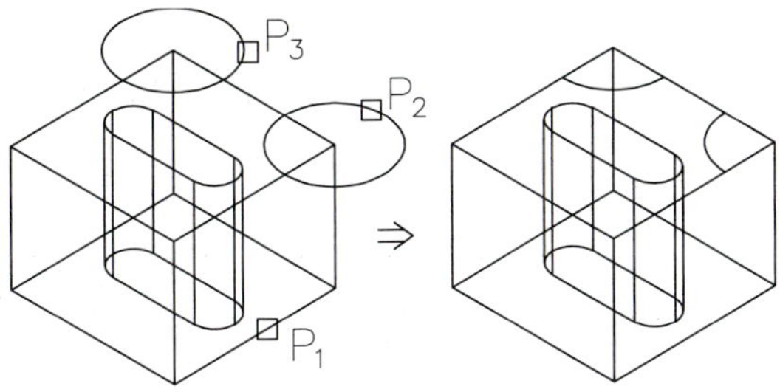

④

- 명령 실행, (SOLIDEDIT Enter↵)
- 솔리드 객체의 바디를 편집하기 위한 옵션 〈B〉를 입력하고 진행(Enter↵)
- 솔리드 객체에 셸(Shell)로 변환하는 옵션 〈S〉을 입력하고 진행(Enter↵)
- 편집할 솔리드 객체를 선택
- 제거할 면 객체를 선택
- 모든 면 객체를 제거하기 위한 옵션 〈A〉를 입력하고 진행(Enter↵)
- 추가할 면 객체를 선택하고 진행(Enter↵)
- 셸의 두께를 입력하고 종료(Enter↵)

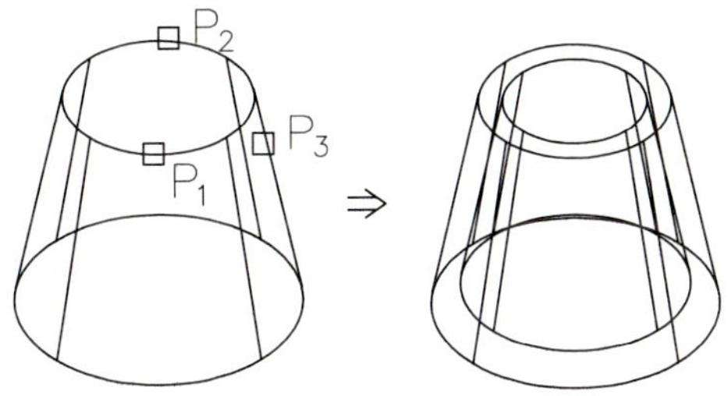

Section 02 3D 솔리드 절단하기

1 SLICE 명령

평면 또는 곡면으로 솔리드를 자르기 하는 명령이다.

1. 명령어의 실행

① (마우스)를 이용한 실행

▸ 메뉴 표시줄 [Modify] – [3D Operations] – [Slice] 선택

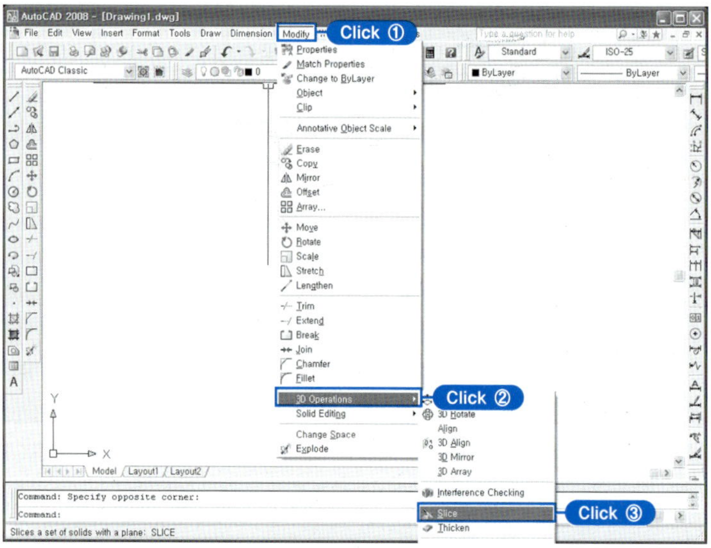

② (키보드)를 이용한 실행

Command : SLICE 또는 SL Enter↵

2. 명령어의 사용법 따라하기

① ▸명령 실행, (SL Enter↵)
▸자르기 할 솔리드 객체를 선택하고 진행
▸자르기 할 기준면의 첫 번째 점을 선택
▸자르기 할 기준면의 두 번째 점을 선택
▸자르기 할 기준면의 세 번째 점을 선택
▸자른 후 남은 객체를 모두 유지하기 위한 옵션 〈B〉를 입력하고 진행

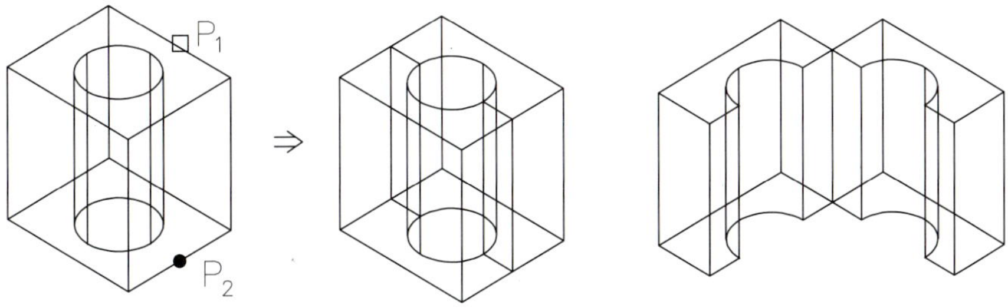

TIP

SLICE 명령의 옵션

▸절단면 선택
평면(Planar Object), 곡면(Surface), z 축(Zaxis), 관측면(View), xy 평면(XY), yz 평면(YZ), zx 평면(ZX), 세 점으로 정의되는 평면(3점)
▸양쪽(Both) : 자르기 후에 양쪽면으로 분리하여 유지한다.

2 SECTION 명령

2D 평면과 3D 솔리드의 교차점을 이용하여 단면 영역을 생성하는 명령이다.

1. 명령어의 실행

① (키보드)를 이용한 실행

Command : SECTION Enter↵

2. 명령어의 사용법 따라하기

①
- 명령 실행, (SECTION Enter↵)
- 자르기 할 솔리드 객체를 선택하고 진행
- 단면으로 생성할 면의 첫 번째 점을 선택
- 단면으로 생성할 면의 두 번째 점을 선택
- 단면으로 생성할 면의 세 번째 점을 선택

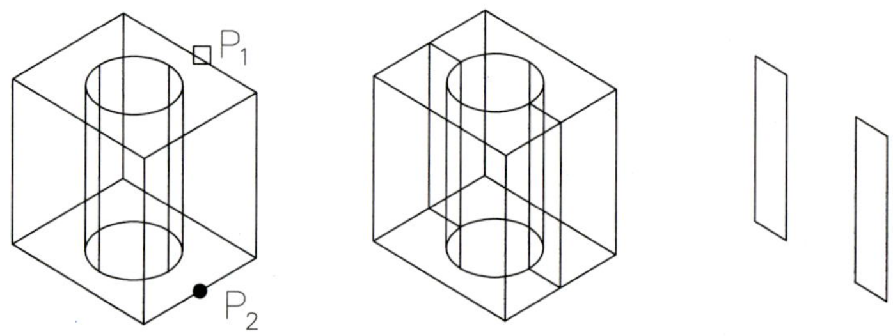

TIP

➡ SECTION 명령의 옵션

- 절단면 선택

평면(Planar Object), 곡면(Surface), z 축(Zaxis), 관측면(View), xy 평면(XY), yz 평면(YZ), zx 평면(ZX), 세 점으로 정의되는 평면(3점)

Section 03

3D 솔리드 복사 및 이동하기

1 ALIGN 명령

객체를 2D 또는 3D 작업공간에서 다른 객체와 이동 또는 회전하여 정렬한다.

1. 명령어의 실행

① (마우스)를 이용한 실행

▸ 메뉴 표시줄 [Modify] – [3D Operations] – [Align] 선택

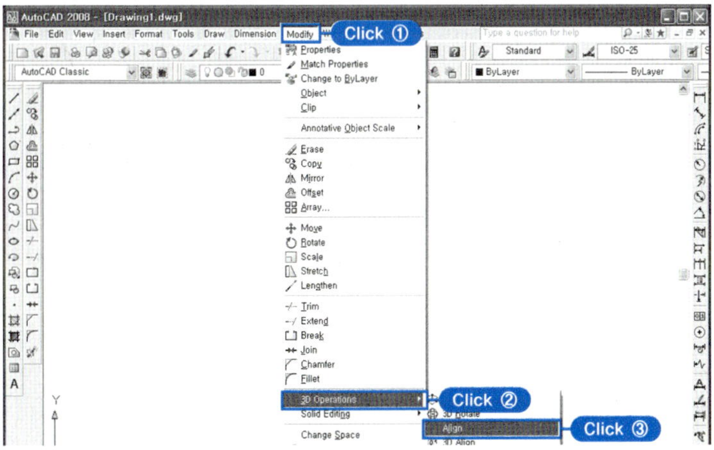

② (키보드)를 이용한 실행

Command : ALIGN 또는 AL Enter↵

2. 명령어의 사용법 따라하기

① ▸명령 실행, (AL Enter↵)
▸정렬할 객체를 선택하고 진행(Enter↵)
▸정렬할 객체의 첫 번째 점을 입력
▸정렬될 객체의 첫 번째 점을 입력
▸정렬할 객체의 두 번째 점을 입력
▸정렬될 객체의 두 번째 점을 입력
▸정렬할 객체의 세 번째 점을 입력
▸정렬될 객체의 세 번째 점을 입력

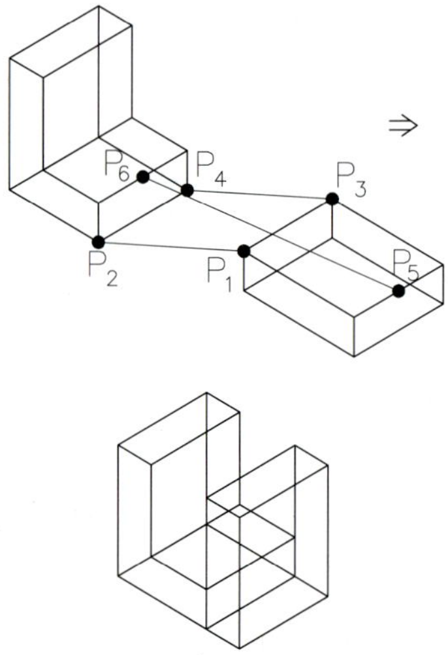

2 3DALIGN 명령

3D 작업공간에서 다른 객체와 이동 또는 회전하여 정렬한다.

1. 명령어의 실행

① (마우스)를 이용한 실행

▸메뉴 표시줄 [Modify] – [3D Operations] – [3D Align] 선택

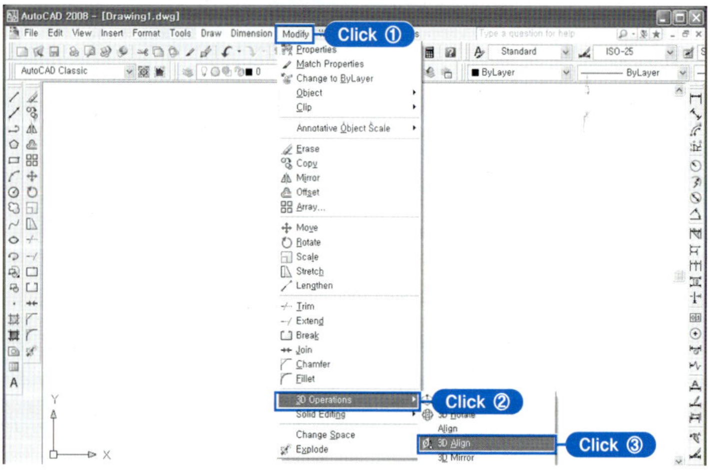

▸ modeling 도구모음 [3D Align] 선택

② (키보드)를 이용한 실행

Command : 3DALIGN [Enter↵]

2. 명령어의 사용법 따라하기

①
- ▸ 명령 실행, (3DALIGN [Enter↵])
- ▸ 정렬할 객체를 선택하고 진행([Enter↵])
- ▸ 정렬할 객체의 첫 번째 점을 입력
- ▸ 정렬할 객체의 두 번째 점을 입력
- ▸ 정렬할 객체의 세 번째 점을 입력
- ▸ 정렬될 객체의 첫 번째 점을 입력
- ▸ 정렬될 객체의 두 번째 점을 입력
- ▸ 정렬될 객체의 세 번째 점을 입력

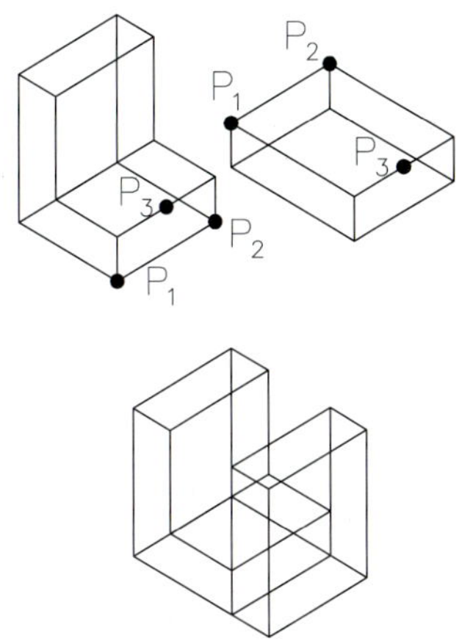

3 3DMOVE 명령

3D 작업공간에서 맞물림 이동 도구를 표시하고 객체를 지정된 방향의 지정된 거리로 이동한다.

1. 명령어의 실행

① (마우스)를 이용한 실행

▸ 메뉴 표시줄 [Modify] – [3D Operations] – [3D Move] 선택

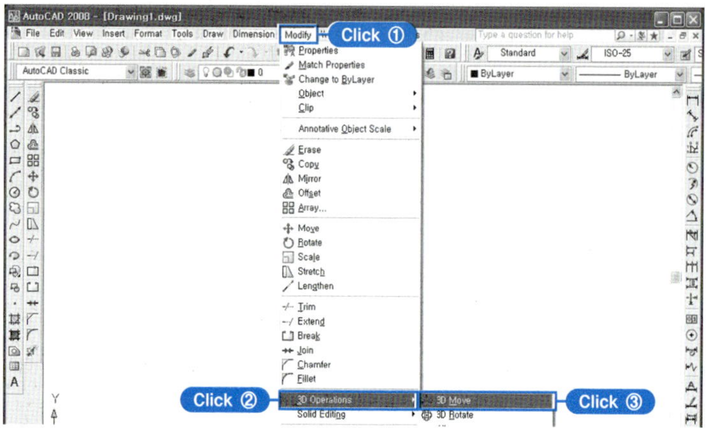

▸ modeling 도구모음 [3D move] 선택

② (키보드)를 이용한 실행

Command : 3DMOVE Enter↵

2. 명령어의 사용법 따라하기

① ▸ 명령 실행, (3DMOVE Enter↵)

▸ 이동할 객체를 선택하고 진행(Enter↵)

▸ 기준점을 선택

▸ 이동할 점을 선택

※ 기준점과 이동할 점을 좌표를 이용하여 입력할 수 있다.

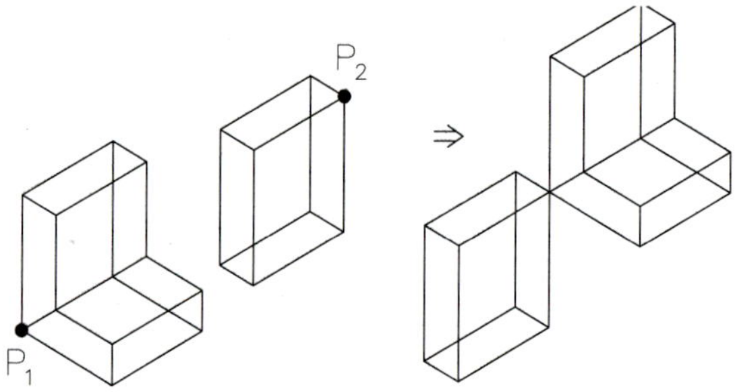

4 3DROTATE 명령

3D 작업공간에서 맞물림 회전 도구를 표시하고 객체를 기준점을 축으로 회전시킨다.

1. 명령어의 실행

① (마우스)를 이용한 실행

▸ 메뉴 표시줄 [Modify] – [3D Operations] – [3D Rotate] 선택

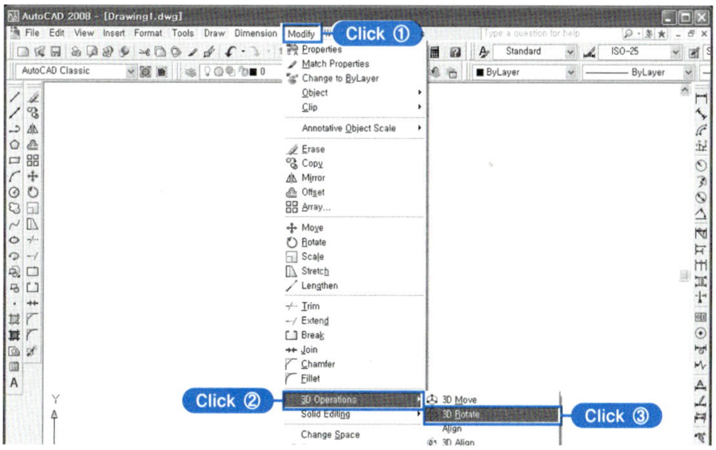

▸ modeling 도구모음 [3D Rotate] 선택

② (키보드)를 이용한 실행

Command : 3DROTATE Enter↵

2. 명령어의 사용법 따라하기

① ▸ 명령 실행, (3DROTATE Enter↵)
▸ 회전할 객체를 선택하고 진행(Enter↵)
▸ 회전도구로 기준점을 선택
▸ 회전하기 위한 기준축을 선택
▸ 회전 각도를 입력하고 진행(Enter↵)

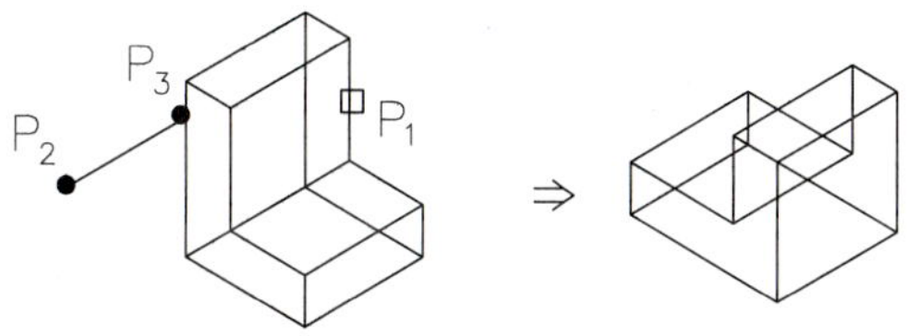

5 MIRROR3D 명령

평면을 중심으로 3D 솔리드 객체를 대칭 복사하거나 대칭 이동한다.

1. 명령어의 실행

① (마우스)를 이용한 실행

▸ 메뉴 표시줄 [Modify] – [3D Operations] – [3D MIRROR] 선택

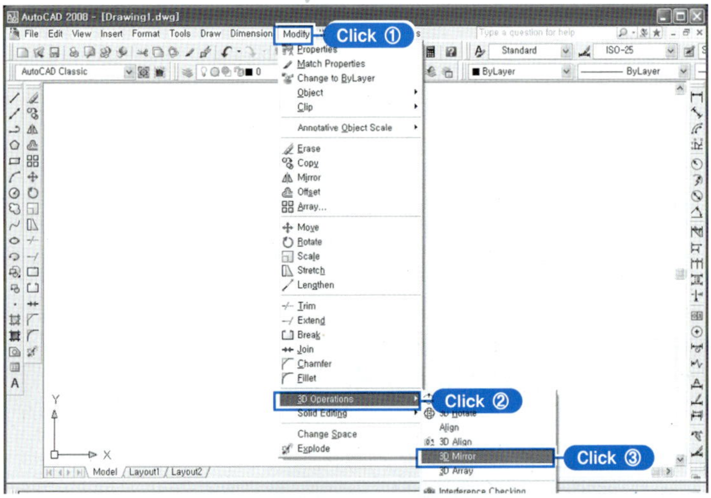

② (키보드)를 이용한 실행

Command : MIRROR3D Enter↵

2. 명령어의 사용법 따라하기

① ▸ 명령 실행, (MIRROR3D Enter↵)

▸ 대칭 복사할 객체를 선택하고 진행(Enter↵)

▸ 세 점을 이용하여 대칭면을 선택

▸ 원본 데이터를 삭제할 것인지 선택하고 진행(Enter↵)

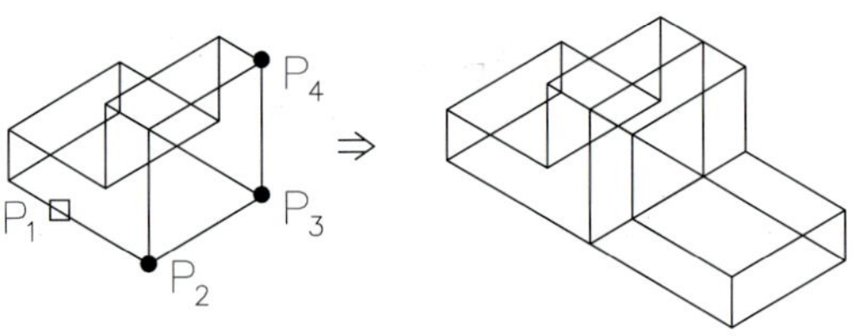

TIP

➡ MIRROR3D 명령의 옵션

▸ 대칭면 선택

객체(Object), 최근 선택(Last), z 축(Zaxis), 관측면(View), xy 평면(XY), yz 평면(YZ), zx 평면(ZX), 세 점으로 정의되는 평면(3점)

6 3DARRAY 명령

3D 작업 공간에서 3D 솔리드 객체를 사각, 원형 배열하는 명령이다.

1. 명령어의 실행

① (마우스)를 이용한 실행

▸ 메뉴 표시줄 [Modify] – [3D Operations] – [3DARRAY] 선택

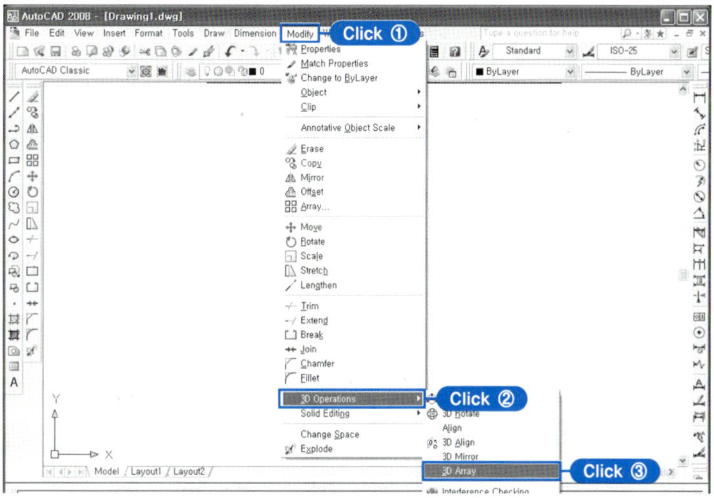

② (키보드)를 이용한 실행

Command : 3DARRAY Enter↵

2. 명령어의 사용법 따라하기

①

- 명령 실행, (3DARRAY Enter↵)
- 배열할 객체를 선택하고 진행(Enter↵)
- 사각 배열을 위해 옵션 〈R〉을 선택하고 진행(Enter↵)
- 행(row)의 수 〈3〉을 입력하고 진행(Enter↵)
- 열(column)의 수 〈4〉를 입력하고 진행(Enter↵)
- 층(level)의 수 〈3〉을 입력하고 진행(Enter↵)
- 행(row)의 간격 〈20〉을 입력하고 진행(Enter↵)
- 열(column)의 간격 〈30〉를 입력하고 진행(Enter↵)
- 층(level)의 간격 〈40〉을 입력하고 진행(Enter↵)

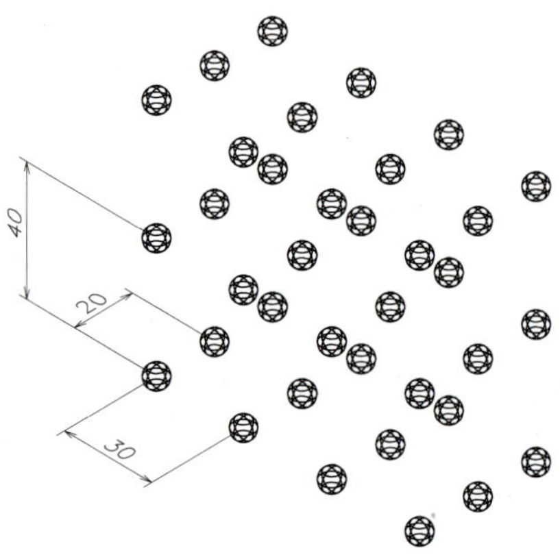

②

- 명령 실행, (3DARRAY Enter↵)
- 배열할 객체를 선택하고 진행(Enter↵)
- 원형 배열을 위해 옵션 〈P〉을 선택하고 진행(Enter↵)
- 원형 배열될 객체 수 〈4〉를 입력하고 진행(Enter↵)
- 원형 배열이 채워질 각도 〈180〉을 입력하고 진행(Enter↵)
- 배열을 회전하며 복사하기 위하여 〈Y〉를 입력하고 종료(Enter↵)

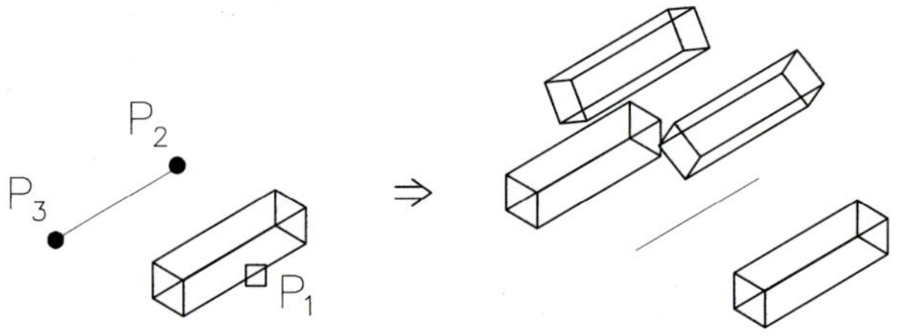

Section 04

3D 솔리드 형상을 도면화 하기

1 TILEMODE 명령

도면 공간 또는 모형 공간으로 설정한다.

1. 명령어의 실행

① (키보드)를 이용한 실행

Command : TILEMODE Enter↵

2. 명령어의 사용법 따라하기

①
- 명령 실행, (TILEMODE Enter↵)
- 도면 공간으로 전환하기 위해 〈0〉을 입력하고 진행(Enter↵)

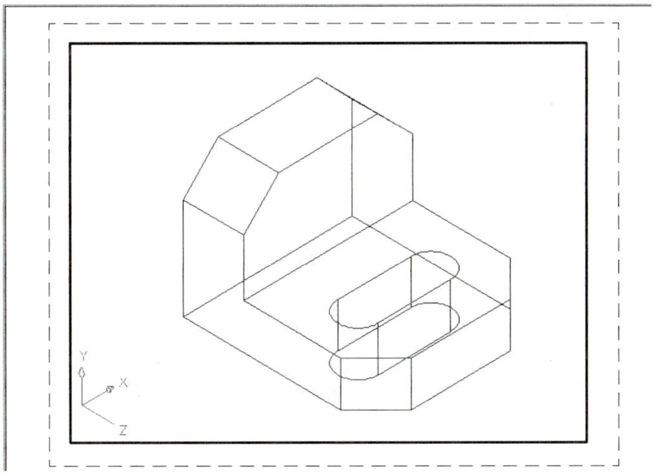

TIP

➡ TILEMODE 명령의 옵션

- 0 : 도면 공간으로 전환한다.
- 1 : 모형 공간으로 전환한다.

2 MVSETUP 명령

도면 공간에서 뷰포트의 표준 배열이나 여러 가지 배열을 설정한다.

1. 명령어의 실행

① (키보드)를 이용한 실행

```
Command : MVSETUP Enter↵
```

TIP

➡ MVSETUP 명령의 옵션

▸ 정렬(Align) : 뷰포트의 뷰를 초점 이동하여 다른 뷰포트의 기준점에 정렬시킨다.
- 각도(Angled) : 뷰포트의 뷰를 지정한 방향으로 이동한다.
- 수평(Horizontal) : 뷰포트의 뷰를 이동하여 다른 뷰포트의 기준점에 수평으로 정렬시킨다.
- 수직(Vertical alignment) : 뷰포트의 뷰를 이도하여 다른 뷰포트의 기준점에 수직으로 정렬시킨다.
- 회전 뷰(Rotate view) : 뷰포트의 뷰를 기준점의 둘레로 회전시킨다.
- 실행취소(Undo) : 현재의 MVSETUP에서 수행한 작업을 취소한다.

▸ 생성(Create) : 뷰포트를 작성한다.
- 객체 삭제(Delete objects) : 기본 뷰포트를 삭제한다.
- 뷰포트 작성(Create viewports) : 뷰포트를 작성하기 위한 옵션을 표시한다.

▸ 뷰포트 축척(Scale viewports) : 뷰포트에 표시되는 객체의 줌 축척 비율을 조정한다.

▸ 옵션(Options) : 도면을 변경하기 전에 MVSETUP의 기본 설정을 한다.
- 도면층(Layer) : 제목 블록을 삽입할 도면층을 지정한다.
- 한계(Limits) : 도면 한계를 다시 설정할지 여부를 결정한다.
- 단위(Units) : 도면 단위 중 어느 것으로 변환 될지를 결정한다.
- 외부참조(Xref) : 제목 블록이 외부 참조될지를 지정한다.

▸ 제목 블록(Title block) : 도면 공간을 준비하고, 원점을 설정, 도면의 방향을 정하며, 도면 경계와 제목 블록을 작성한다.
- 객체삭제(Delete objects) : 도면 공간에서 객체를 삭제한다.
- 원점(Origin) : 이 시트의 원점을 다시 배치한다.
- 삽입(Insert) : 제목 블록 옵션을 표시한다.

3 MVIEW 명령

배치 뷰포트를 작성하고 조정한다.

1. 명령어의 실행

① (마우스)를 이용한 실행

▸ 메뉴 표시줄 [View] – [View Ports] 선택

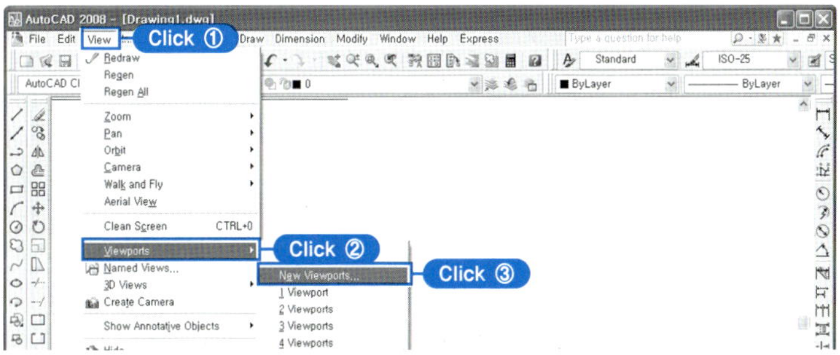

▸ Layouts 도구모음 [Display Viewports Dialog] 선택

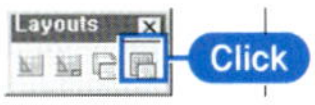

② (키보드)를 이용한 실행

Command : MVIEW Enter↵

TIP

➡ MVIEW 명령의 옵션

- ▸ 뷰포트 구석(Corner of viewport) : 직사각형 뷰포트의 첫 번째 구석을 지정한다.
- ▸ 켜기(On) : 선택한 뷰포트를 활성화 한다.
- ▸ 끄기(Off) : 선택한 뷰포트를 비활성화 한다.
- ▸ 맞춤(Fit) : 인쇄 가능 영역을 가득 배치를 채우는 뷰포트를 작성한다.
- ▸ 음영출력(Shadeplot) : 배치의 뷰포트가 출력되는 방법을 지정한다.
- ▸ 잠금(Lock) : 선택한 뷰포트의 줌 축척 비율이 변경되지 못하도록 한다.
- ▸ 객체(Object) : 닫힌 폴리선, 타원 등을 지정하여 뷰포트로 변환한다.
- ▸ 다각형(Polygonal) : 지정한 점을 이용하여 불규칙한 모양의 뷰포트를 작성한다.
- ▸ 복원(Restore) : Vports 명령으로 저장된 뷰포트를 불러온다.
- ▸ 2 : 지정한 영역을 동일한 크기의 두 개의 뷰포트로 수평 또는 수직 분할 한다.

TIP

➡ MVIEW 명령의 옵션 계속

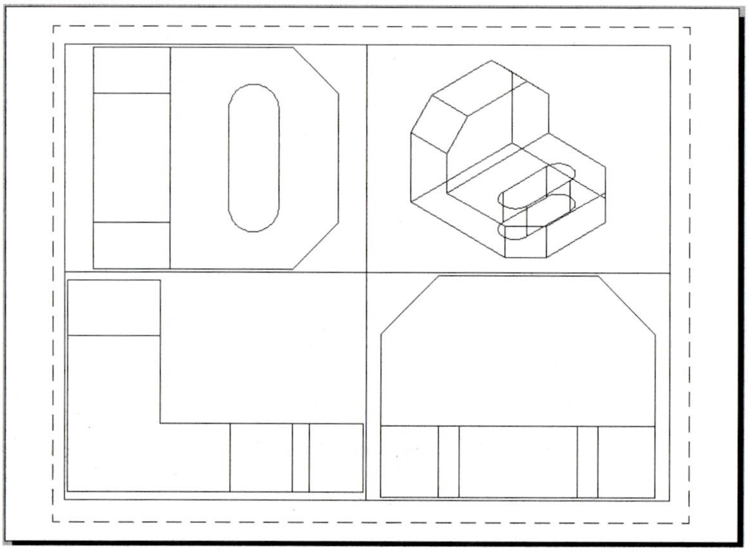

4 MSPACE 명령

도면 공간에서 모형 공간이 뷰포트로 전환한다.

1. 명령어의 실행

① (키보드)를 이용한 실행

Command : MSPACE 또는 MS Enter↵

5 PSPACE 명령

모형 공간에서 도면 공간으로 뷰포트를 전환한다.

1. 명령어의 실행

① (키보드)를 이용한 실행

Command : PSPACE 또는 PS Enter↵

6 SOLPROF 명령

도면 공간에서 3차원 솔리드의 윤곽 이미지를 작성하는 명령이다.

1. 명령어의 실행

① (마우스)를 이용한 실행

▸ 메뉴 표시줄 [Draw] – [modeling] – [Setup] – [Profile] 선택

② (키보드)를 이용한 실행

Command : SOLPROF Enter↵

2. 명령어의 사용법 따라하기

①
- ▸ 배치(layout1) 탭 선택
- ▸ 모형공간 뷰포트로 전환, (MSPACE Enter↵)
- ▸ 명령 실행, (SOLPROF Enter↵)
- ▸ 윤곽 이미지를 작성할 솔리드 객체를 선택하고 진행(Enter↵)
- ▸ 숨겨진 윤곽선을 분리된 도면층에 표시하기 위해 〈Y〉를 입력하고 진행
- ▸ 평면에 윤곽선을 투영하기 위해 〈Y〉를 입력하고 진행
- ▸ 선모서리를 삭제하지 않기 위해 〈N〉을 입력하고 진행
- ▸ 모델(model) 탭으로 전환 후 현재 뷰로 UCS를 설정

TIP

➡ SOLPROF 명령으로 생성되는 도면층

- PH-**** : 숨은선의 이미지를 기록하는 도면층
- PV-**** : 외형선의 이미지를 기록하는 도면층

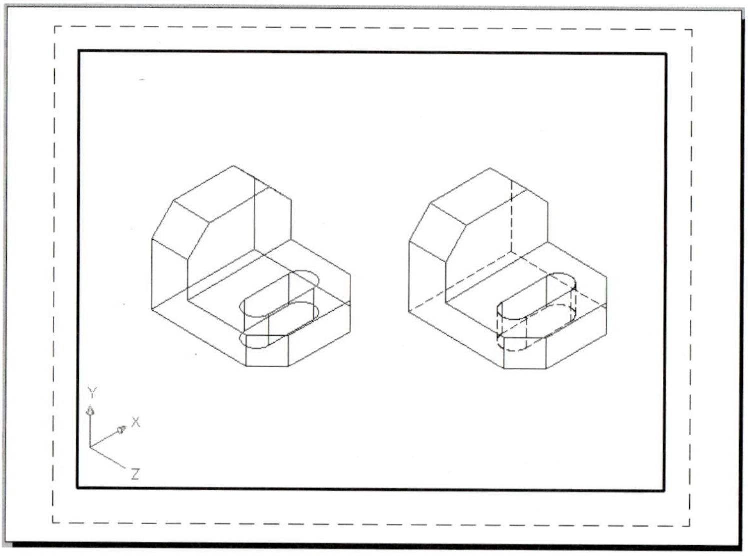

Section 05

예제 따라하기

1 예제 따라하기 미리보기

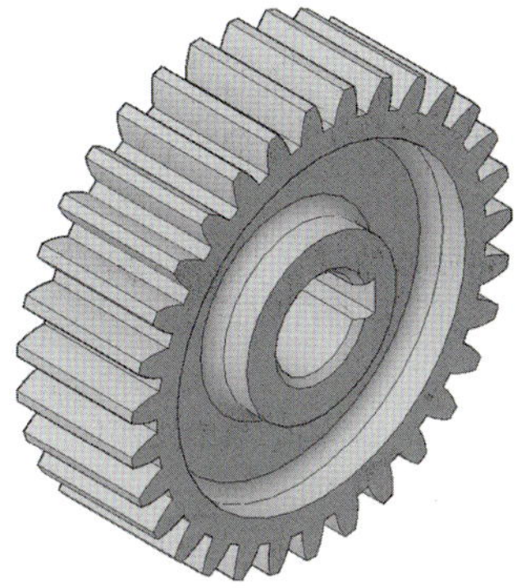

스퍼기어요목표		
기어치형		표준
공구	치형	보통이
	모듈	2
	압력각	20°
잇수		31
피치원경		ø62

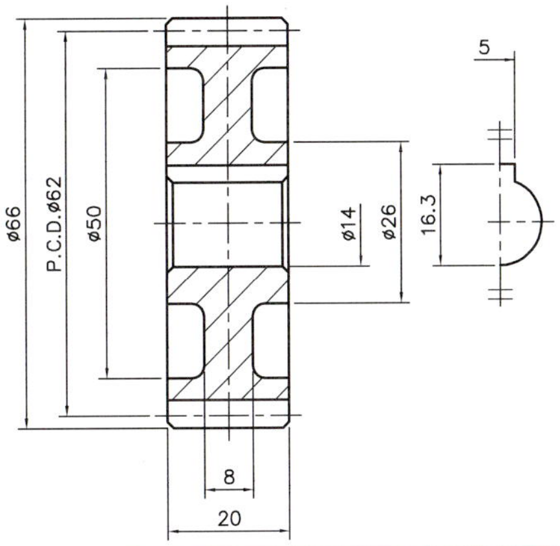

스퍼기어

2 예제 따라하기

3차원 솔리드 편집 명령을 이용한 예제 따라하기를 통해 솔리드 편집 명령들에 대해 이해한다.

1. 2차원의 형상을 그린다.

① LINE, CIRCLE, TRIM 명령 등을 이용하여 오른쪽과 같은 스퍼기어의 형상을 완성한다.
이때 치수와 대칭기호는 제외한다.

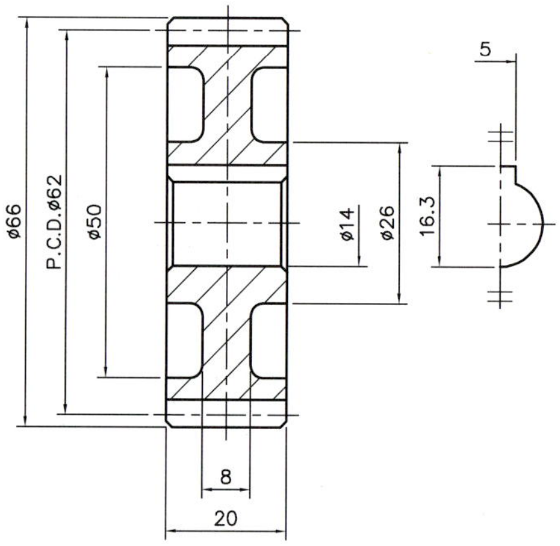

② 스퍼기어의 치형을 그리기 위하여 우측면도의 수평 중심선과 일치하는 수평 중심선과 그 수평선에 수직한 수직 중심선을 그린다.
▸명령 실행, (L Enter↵)

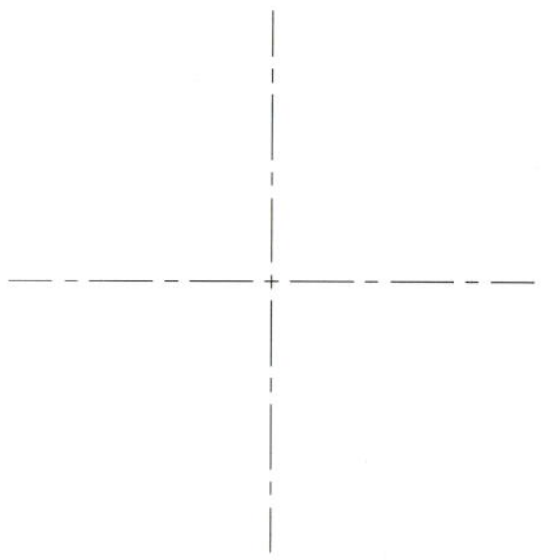

③ 모듈(m)과 기어의 잇수(N)을 이용하여 피지원경에 해당하는 지름 62mm 원과 이끝 높이에 해당하는 지름 66mm 원, 이뿌리 깊이에 해당하는 지름 57mm 원을 그린다.
▸명령 실행, (C Enter↵)

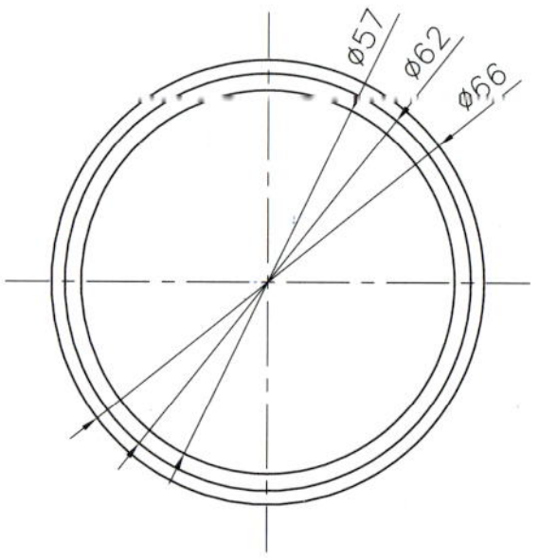

4 계산식, $\angle\alpha$ =360° /잇수/4 으로 각도를 계산하여 수직 중심선에서 반시계 방향으로 기울어진 경사보조선을 그린다.

- 명령 실행, (L Enter↵)
- 원의 중심점 선택
- @40<92.903 Enter↵

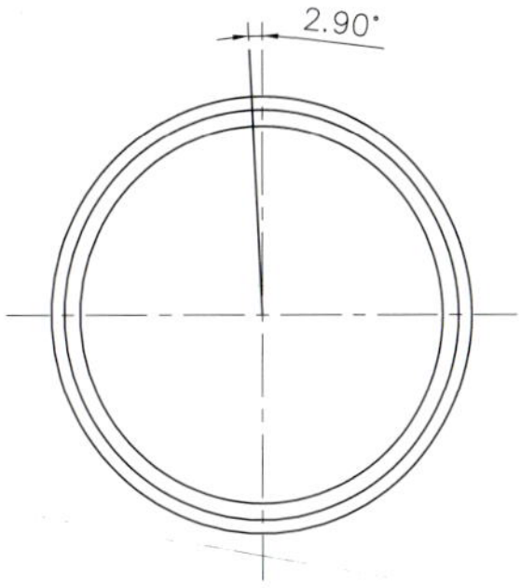

5 스퍼기어의 치형을 그리기 위하여 계산식, D_b=P.C.D./5로 지름을 계산하여 기초원을 그린다.

- 명령 실행, (C Enter↵)
- 원의 중심점 선택
- D Enter↵
- 12.4 Enter↵

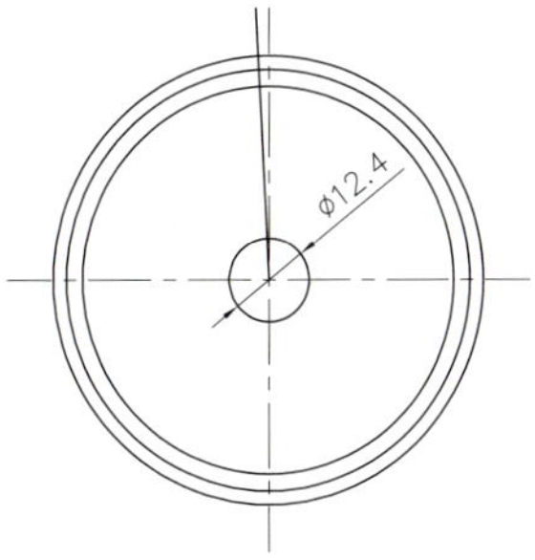

6 수직 중심선과 피치원의 교차점을 시작점으로 하는 수직 중심선과 시계방향으로 20° 기울어진 경사 보조선을 그린다.

- 명령 실행, (L Enter↵)
- 교차점 선택
- @10<70 Enter↵

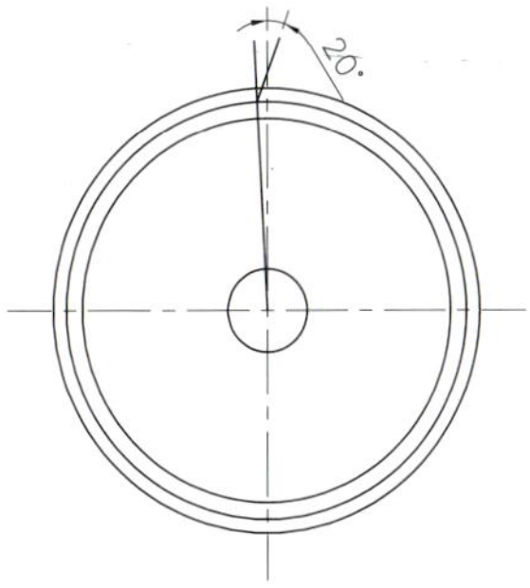

7 수직 중심선과 피치원의 교차점을 시작점으로 하는 기초원에 접하는 직선을 그린다.

- 명령 실행, (L Enter↵)
- 교차점 선택
- tan Enter↵
- 접점 선택

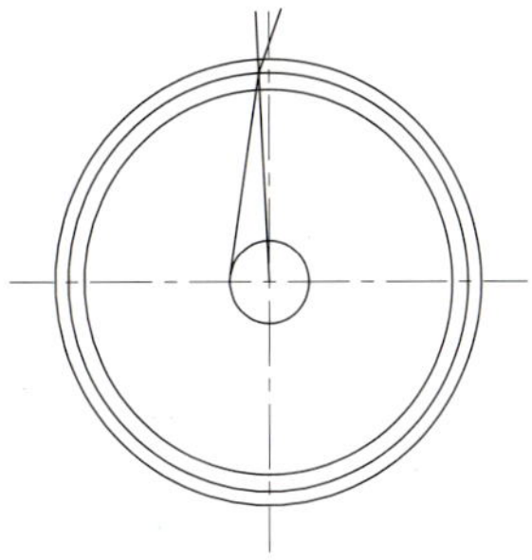

8 경사 보조선들과 피치원, 이끝 보조원, 이뿌리 보조원들의 교차점을 원호로 연결하여 기어의 치형 곡선을 그린다.

▸ 명령 실행, (ARC Enter↵)
▸ 첫 번째점 선택
▸ 두 번째점 선택
▸ 세 번째점 선택

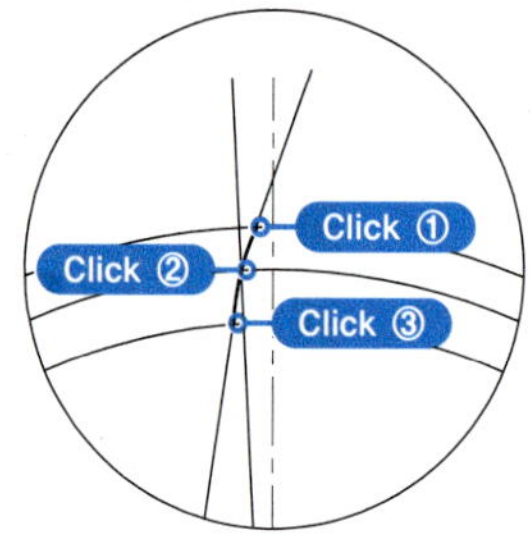

9 기어 치형 곡선를 수직 중심선을 축으로 대칭 복사한다.

▸ 명령 실행, (MI Enter↵)

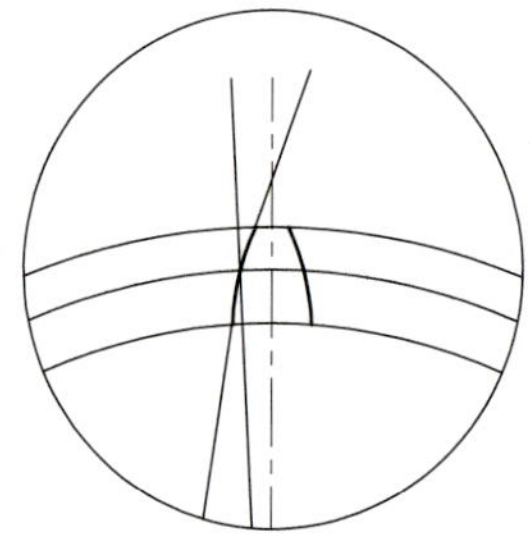

10 기어 치형 곡선과 이뿌리 부분을 나타내는 원을 제외한 필요하지 않은 보조선들을 삭제하고 피치원을 중심선 도면층으로 변경한다.

▸ 명령 실행, (TR Enter↵)
▸ 명령 실행, (E Enter↵)

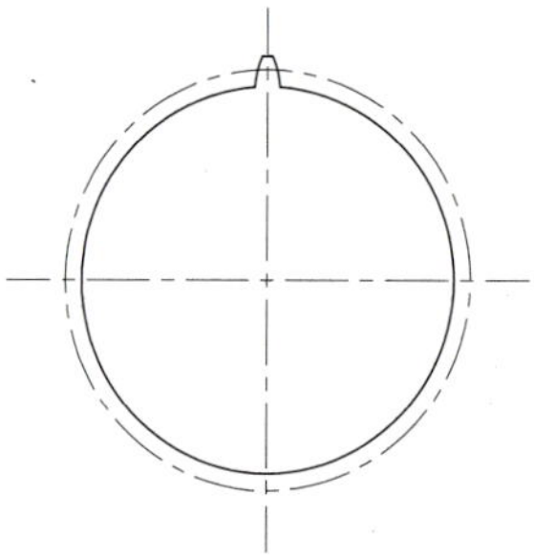

11 기어 치형에 해당하는 선들만 선택하여 피치원의 중심을 기준으로 기어 잇수 만큼 원형 배열한다.

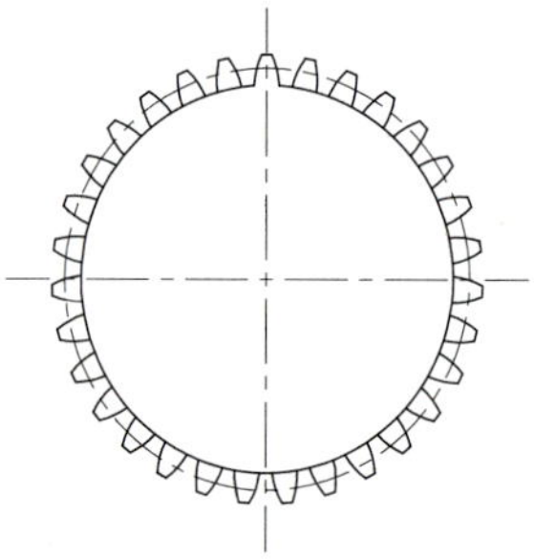

⑫ 나머지 필요 없는 선들을 정리하여 기어 치형을 완성한다.

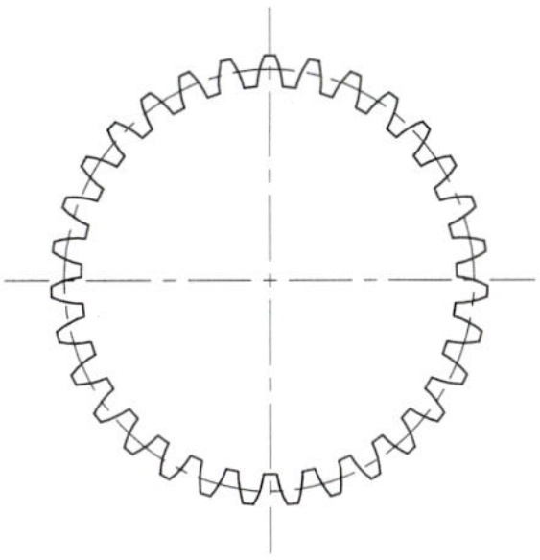

2. 솔리드 변환을 위하여 2차원의 형상을 정리한다.

① 기어 형상의 정면도와 우측면도, 기어 치형을 솔리드 변환을 위한 부분만을 남기고 오른쪽 그림과 같이 대칭복사하고 정리한다.
여기서 수평 중심선들은 일치하여야 한다.

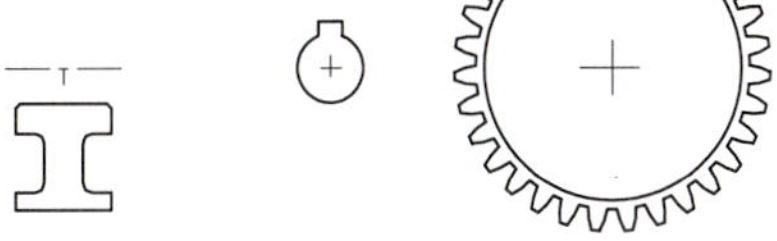

3. 2차원의 객체들을 폴리 객체로 변환한다.

① 솔리드 변환을 위하여 정면도, 우측면도, 기어 치형부를 폴리 객체로 변환한다.
- ▸명령 실행, (BO Enter↵)

4. 기어 치형과 키홈부를 돌출시킨다.

① 기어 치형과 키홈부를 돌출시킨다. 여기서 기어 치형은 정확한 치수로 돌출시키고 키홈부는 제거할 객체이기 때문에 여유있게 돌출시킨다.
- ▸명령 실행, (EXT Enter↵)
- ▸기어 치형을 선택하고 진행(Enter↵)
- ▸돌출 높이 20 Enter↵
- ▸명령 실행, (SU Enter↵)
- ▸기어 치형 선택하고 진행(Enter↵)
- ▸기어 치형의 내부 원기둥 선택하고 진행(Enter↵)

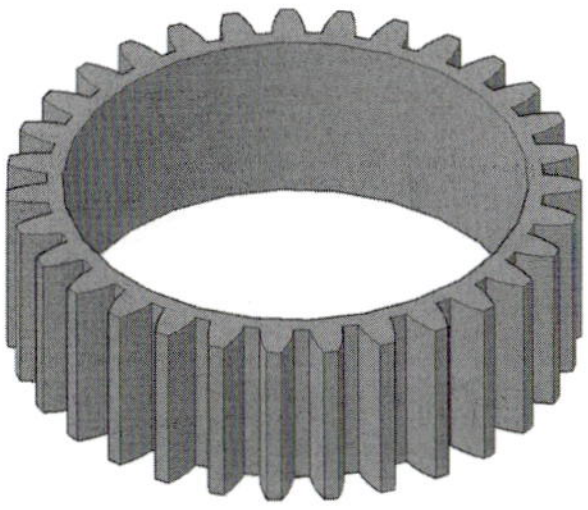

②
- 명령 실행, (EXT Enter↵)
- 키홈부를 선택하고 진행(Enter↵)
- 돌출 높이 100 Enter↵

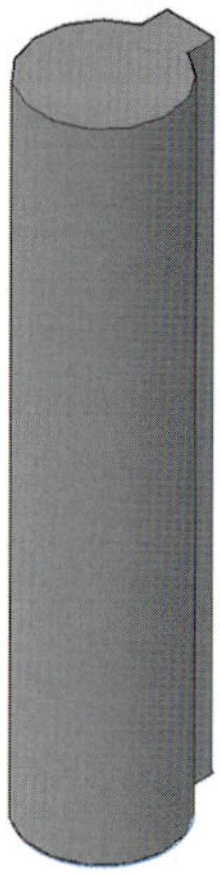

5. 기어 바디부분을 회전시켜 솔리드 객체로 만든다.

① 기어 바디 부분을 360° 회전(Revolve)시켜 솔리드 객체로 만든다.
- 명령 실행, (REV Enter↵)
- 기어 바디를 선택하고 진행(Enter↵)
- 회전 중심축의 한점을 선택
- 회전 중심축의 다른 한점을 선택하고 진행(Enter↵)

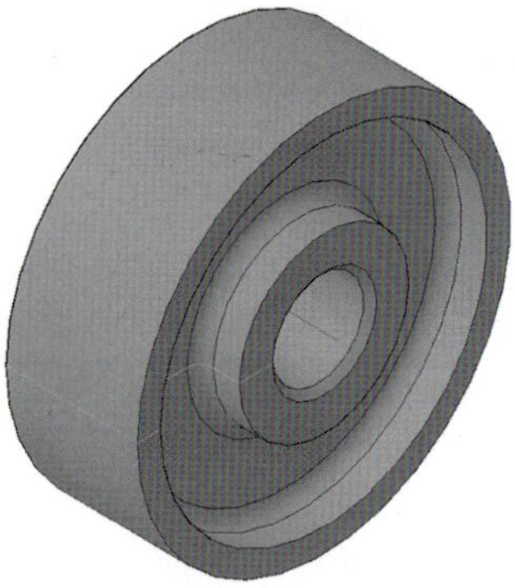

6. 키홈부와 기어 치형을 회전시킨다.

① 기어 치형을 기어 바디의 중심에 정렬하도록 2차원 도면에서 작성하였던 중심선을 기준축으로 하여 키홈부와 기어 치형을 회전시킨다.
- 명령 실행, (3DROTATE Enter↵)
- 기어 치형을 선택하고 진행(Enter↵)
- 회전 중심축의 한점을 선택
- 회전 중심축의 다른 한점을 선택하고 진행(Enter↵)
- 명령 실행, (3DROTATE Enter↵)
- 키홈부를 선택하고 진행(Enter↵)
- 회전 중심축의 한점을 선택
- 회전 중심축의 다른 한점을 선택하고 진행(Enter↵)

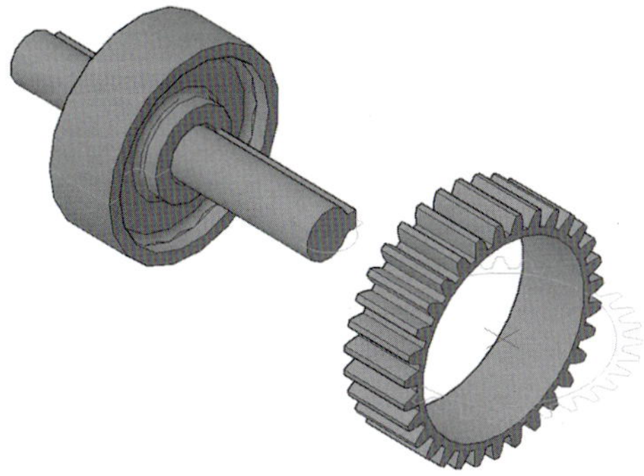

7. 기어 바디에 기어 치형의 중심을 일치 시킨다.

1 3DMOVE 명령을 이용하여 기어 치형을 기어 바디와 중심이 일치하도록 이동 시킨다.

- 명령 실행, (3DMOVE Enter↵)

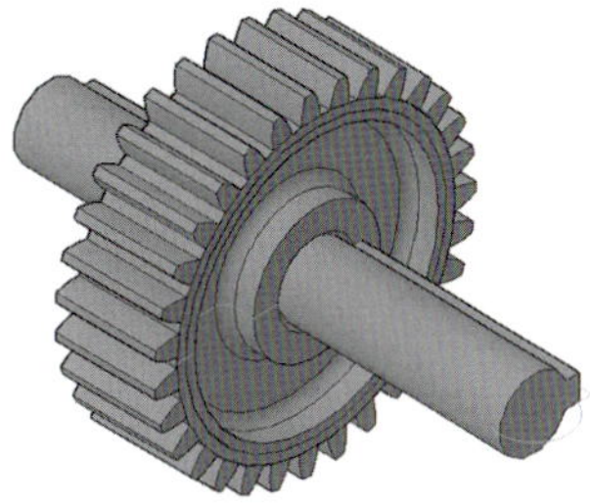

8. 결합(UNION)과 제거(SUBTRACT)로 완성한다.

1 기어 바디와 치형은 결합하고 결합한 솔리드에서 기어의 키홈부를 제거하여 스퍼 기어 형상을 완성한다.

- 명령 실행, (UNI Enter↵)
- 명령 실행, (SU Enter↵)

1 연습과제 1-1

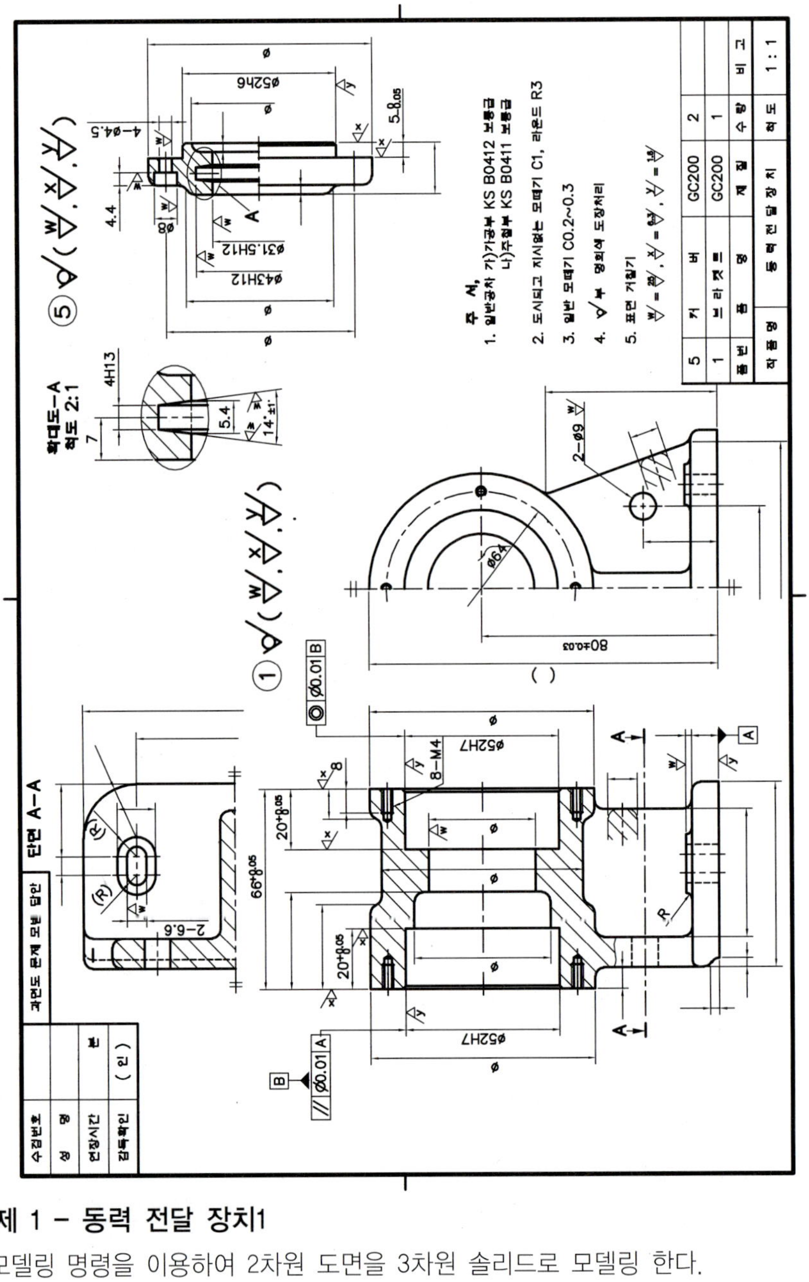

연습문제 1 - 동력 전달 장치1

3차원 모델링 명령을 이용하여 2차원 도면을 3차원 솔리드로 모델링 한다.

1 연습과제 1-2

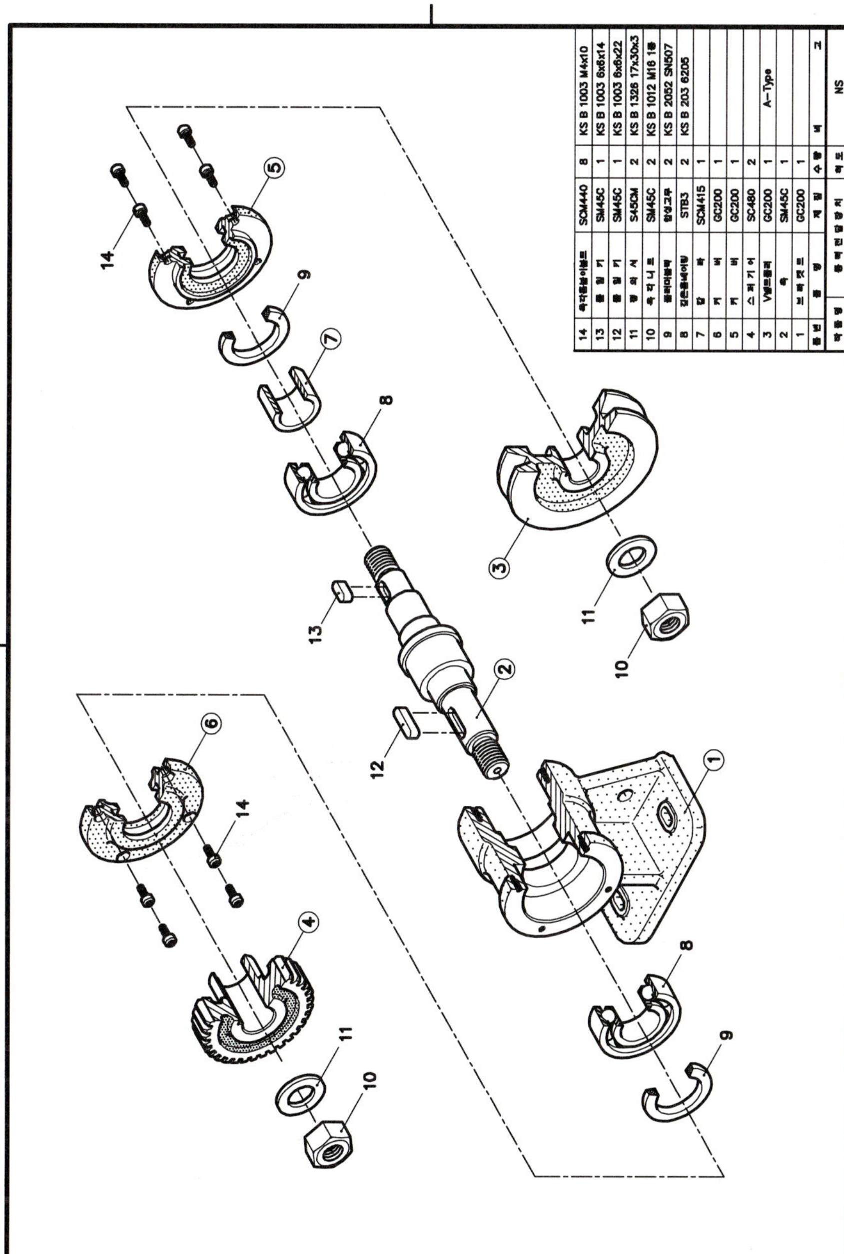

품번	품 명	재 질	수량	비 고
14	육각홈붙이볼트	SCM440	8	KS B 1003 M4x10
13	묻 힘 키	SM45C	1	KS B 1003 6x6x14
12	묻 힘 키	SM45C	1	KS B 1003 6x6x22
11	평 와 셔	S45CM	2	KS B 1326 17x30x3
10	육 각 너 트	SM45C	2	KS B 1012 M18 1종
9	플러머블록	합성고무	2	KS B 2052 SN507
8	깊은홈볼베어링	STB3	2	KS B 203 6205
7	칼 라	SCM415	1	
6	커 버	GC200	1	
5	커 버	GC200	1	
4	스 퍼 기 어	SC480	2	
3	V벨트풀리	GC200	1	A-Type
2	축	SM45C	1	
1	브 라 켓 트	GC200	1	
작품명	동력전달장치	척 도		NS

연습문제 1 – 동력 전달 장치1

3차원 모델링 명령을 이용하여 2차원 도면을 3차원 솔리드로 모델링 한다.

2 연습과제 2-1

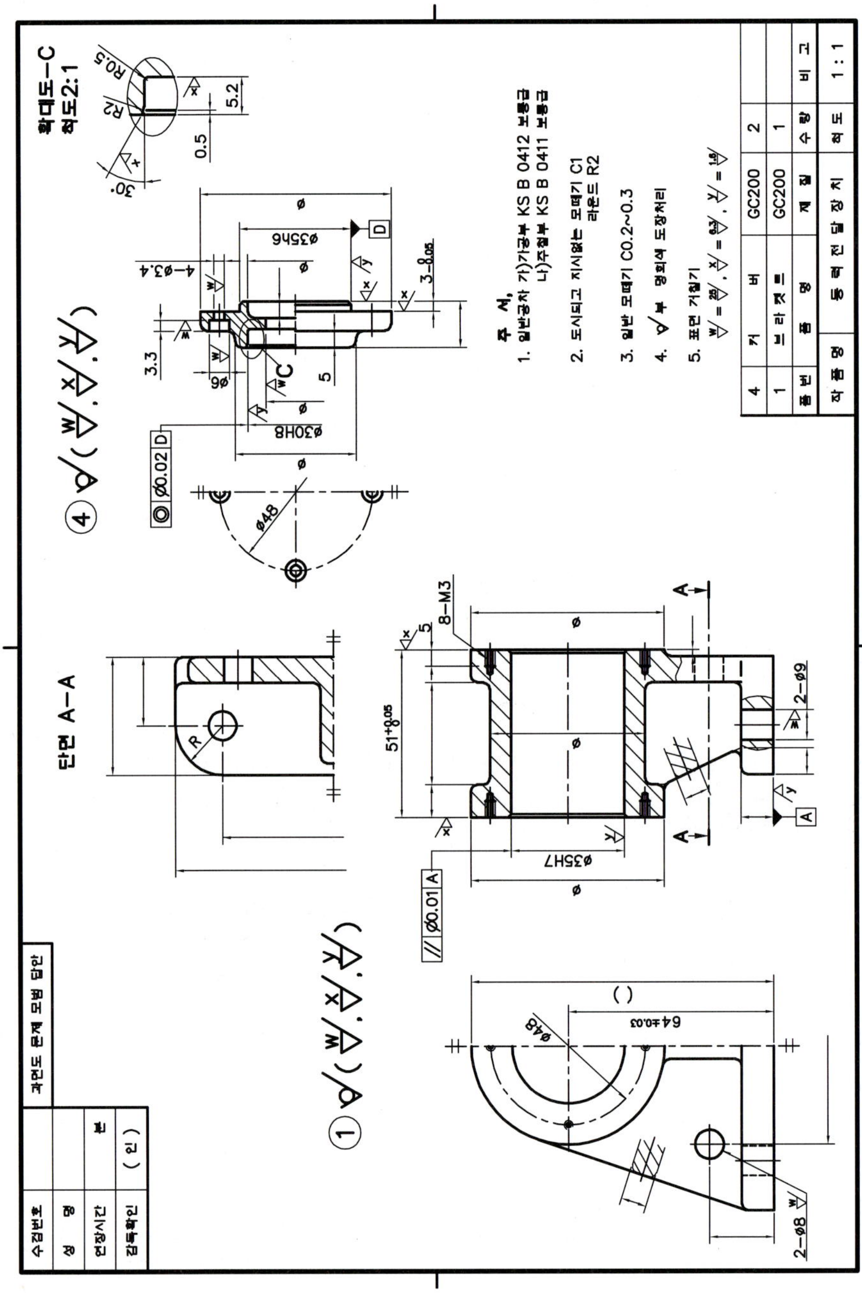

연습문제 2 - 동력 전달 장치2

3차원 모델링 명령을 이용하여 2차원 도면을 3차원 솔리드로 모델링 한다.

2 연습과제 2-2

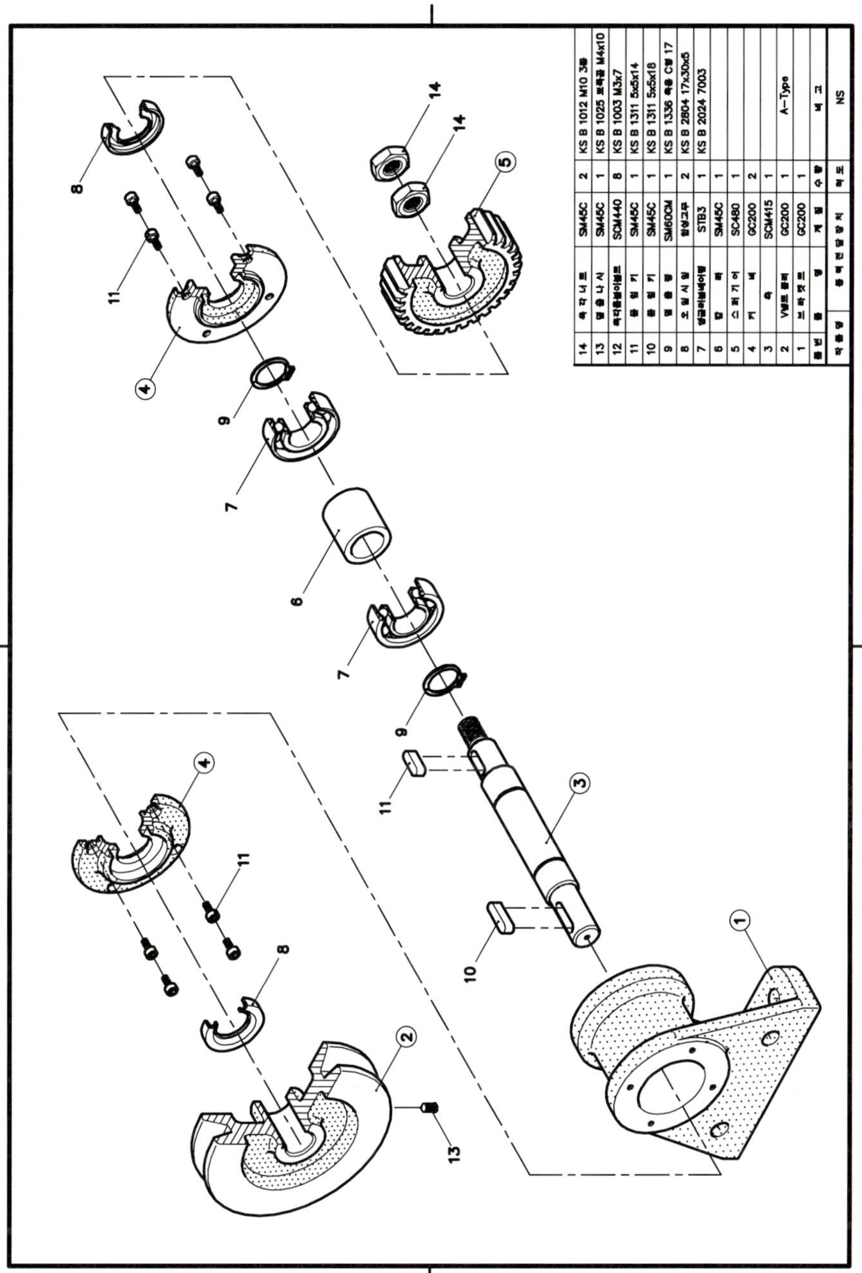

연습문제 2 - 동력 전달 장치2

3차원 모델링 명령을 이용하여 2차원 도면을 3차원 솔리드로 모델링 한다.

APPENDIX

AutoCAD 2008 Command List

Appendix

AutoCAD 2008 Command List

단축 명령,	*풀 명령	명령 설명	페이지
3A,	*3DARRAY	3차원 배열을 작성한다.	
3DMIRROR,	*MIRROR3D	평면을 중심으로 객체의 대칭 이미지를 작성한다.	
3DNavigate,	*3DWALK	3D 도면의 뷰를 대화식으로 변경하여 모형에서 보행시선을 수행하는 것처럼 보이게 한다.	
3DO,	*3DORBIT	3D에서 객체의 대화식 관측을 조정한다.	
3DW,	*3DWALK	3D 도면의 뷰를 대화식으로 변경하여 모형에서 보행시선을 수행하는 것처럼 보이게 한다.	
3F,	*3DFACE	3D 공간 어디에서나 3면 또는 4면의 곡면을 작성한다.	
3M,	*3DMOVE	3D 뷰에서 맞물림 이동 도구를 표시하고 객체를 지정된 방향의 지정된 거리로 이동한다.	
3P,	*3DPOLY	3D 공간에 선 세그먼트들로 구성된 폴리선을 작성한다.	
3R,	*3DROTATE	맞물림 회전 도구를 3D 뷰에 표시하고 기준점 주위에서 객체를 회전시킨다.	
A,	*ARC	호를 그린다.	
AC,	*BACTION	동작을 동적 블록 정의에 추가한다.	
ADC,	*ADCENTER	블록, 외부 참조 및 해치 패턴과 같은 컨텐츠를 관리하거나 삽입한다.	
AECTOACAD	*-ExportToAutoCAD	모든 AEC 객체를 분해하여 새 DWG 파일을 작성한다.	
AA,	*AREA	면적을 알아본다.	
AL,	*ALIGN	객체를 2D 및 3D에서 다른 객체와 정렬한다.	
3AL,	*3DALIGN	객체를 2D 및 3D에서 다른 객체와 정렬한다.	
AP,	*APPLOAD	응용프로그램을 로드하거나 언로드하고 시작할 때 로드할 응용프로그램을 정의한다.	
AR,	*ARRAY	배열 복사한다.	
-AR,	*-ARRAY	ARRAY는 명령행에 프롬프트를 표시한다.	
ATT,	*ATTDEF	속성을 정의한다.	
-ATT,	*-ATTDEF	ATTDEF는 명령행에 프롬프트를 표시한다.	
ATE,	*ATTEDIT	속성 정보를 변경한다.	

단축 명령,	*풀 명령	명령 설명	페이지
ATTE,	*-ATTEDIT	블록과 독립적인 속성 값 및 특성을 편집한다.	
B,	*BLOCK	블럭을 정의한다.	
-B,	*-BLOCK	BLOCK이 명령행에 프롬프트를 표시한다.	
BC,	*BCLOSE	블록 편집기를 닫는다.	
BE,	*BEDIT	블록 편집기를 연다.	
BH,	*BHATCH	해치 패턴 또는 그라데이션 채우기로 채운다.	
BO,	*BOUNDARY	영역 또는 폴리선을 작성한다.	
-BO,	*-BOUNDARY	BOUNDARY가 명령행에 프롬프트를 표시한다.	
BR,	*BREAK	선택된 객체를 두 점 사이에서 끊는다.	
BS,	*BSAVE	현재 블록 정의를 저장한다.	
BVS,	*BVSTATE	동적 블록에서 가시성 상태를 작성, 설정 또는 삭제한다.	
C,	*CIRCLE	원을 생성한다.	
CAM,	*CAMERA	객체의 3D 투시도를 작성하고 저장한다.	
CH,	*PROPERTIES	기존 객체의 특성을 조정한다.	
-CH,	*CHANGE	기존 객체의 특성을 변경한다.	
CHA,	*CHAMFER	객체의 모서리를 비스듬히 깎는다.	
CHK,	*CHECKSTANDARDS	현재 도면이 표준에 맞는지를 검사한다.	
CLI,	*COMMANDLINE	명령행을 표시한다.	
COL,	*COLOR	색상을 설정한다.	
CO,	*COPY	객체를 복사한다.	
CP,	*COPY	객체를 복사한다.	
CT,	*CTABLESTYLE	새 테이블 스타일을 정의한다.	
CYL,	*CYLINDER	상단을 가진 3면 3D 솔리드를 작성한다.	
D,	*DIMSTYLE	치수 스타일을 작성하거나 수정한다.	
DAL,	*DIMALIGNED	정렬된 선형 치수를 작성한다.	
DAN,	*DIMANGULAR	각도 치수를 작성한다.	
DAR,	*DIMARC	호 길이 치수를 작성한다.	
JOG,	*DIMJOGGED	꺽기 반지름 치수를 작성한다.	
DBA,	*DIMBASELINE	선형 치수, 각도 치수 또는 세로좌표 치수를 작성한다.	

단축 명령,	*풀 명령	명령 설명	페이지
DBC,	*DBCONNECT	외부 데이터베이스 테이블에 인터페이스를 제공한다.	
DC,	*ADCENTER	컨텐츠를 관리하거나 삽입한다.	
DCE,	*DIMCENTER	원 및 호의 중심 표식 또는 중심선을 작성한다.	
DCENTER,	*ADCENTER	컨텐츠를 관리하거나 삽입한다.	
DCO,	*DIMCONTINUE	선형 치수, 각도 치수 또는 세로좌표 치수를 작성한다.	
DDA,	*DIMDISASSOCIATE	선택된 치수에서 연관성을 제거한다.	
DDI,	*DIMDIAMETER	원 및 호의 지름 치수를 작성한다.	
DED,	*DIMEDIT	치수 문자 및 치수보조선을 편집한다.	
DI,	*DIST	두 점 사이의 거리와 각도를 측정한다.	
DIV,	*DIVIDE	일정한 간격으로 점 객체 또는 블록을 배치한다.	
DJO,	*DIMJOGGED	세로좌표 점 치수를 작성한다.	
DLI,	*DIMLINEAR	선형 치수를 작성한다.	
DO,	*DONUT	채워진 원 및 환을 그린다.	
DOR,	*DIMORDINATE	종/횡 좌표 치수 기입을 한다.	
DOV,	*DIMOVERRIDE	치수기입 시스템 변수를 재지정한다.	
DR,	*DRAWORDER	그리기 순서를 변경한다.	
DRA,	*DIMRADIUS	반지름 치수를 작성한다.	
DRE,	*DIMREASSOCIATE	선택된 치수를 기하학적 객체에 연관시킨다.	
DRM,	*DRAWINGRECOVERY	오류 발생 후에 복구할 수 있는 도면 파일 리스트를 표시한다.	
DS,	*DSETTINGS	객체 스냅 모드 및 동적 입력을 설정한다.	
DST,	*DIMSTYLE	치수 스타일을 작성하거나 수정한다.	
DT,	*DTEXT	문자 쓰기를 한다.	
DV,	*DVIEW	평행 투영 뷰 또는 투시도를 정의한다.	
E,	*ERASE	선택된 요소를 지운다.	
ED,	*DDEDIT	선택된 문자의 내용을 변경한다.	
EL,	*ELLIPSE	타원 또는 타원형 호를 작성한다.	
ER,	*EXTERNALREFERENCES	외부 참조 팔레트를 표시한다.	
EX,	*EXTEND	객체를 연장하여 다른 객체와 만나도록 한다.	
EXIT,	*QUIT	프로그램을 종료한다.	

단축 명령,	*풀 명령	명령 설명	페이지
EXP,	*EXPORT	다른 파일 형식으로 저장한다.	
EXT,	*EXTRUDE	지정된 거리 및 방향으로 돌출시켜 3D 솔리드 또는 곡면을 작성한다.	
F,	*FILLET	모서리를 둥글게 하거나 모깎기 한다.	
FI,	*FILTER	선택 세트에 포함되기 위해 만족해야 하는 요구사항 리스트를 작성한다.	
FSHOT,	*FLATSHOT	모든 3D 객체의 2D 표현을 작성한다.	
G,	*GROUP	객체 세트를 작성하고 관리한다.	
-G,	*-GROUP	GROUP이 명령행에 프롬프트를 표시한다.	
GD,	*GRADIENT	그라데이션 채우기로 채운다.	
GEO,	*GEOGRAPHICLOCATION	위치의 위도와 경도를 지정한다.	
GR,	*DDGRIPS	그립 기능을 관리한다.	
H,	*HATCH	닫힌 영역이나 선택된 객체를 채운다.	
-H,	*-HATCH	HATCH가 명령행에 프롬프트를 표시한다.	
HE,	*HATCHEDIT	기존 해치 또는 채우기를 수정한다.	
HI,	*HIDE	3차원 와이어프레임 모형을 재생성한다.	
I,	*INSERT	블록 또는 도면을 현재 도면에 배치한다.	
-I,	*-INSERT	INSERT가 명령행에 프롬프트를 표시한다.	
IAD,	*IMAGEADJUST	이미지 표시를 조정한다.	
IAT,	*IMAGEATTACH	새로운 이미지를 부착한다.	
ICL,	*IMAGECLIP	이미지 객체의 하부 영역을 정의한다.	
IM,	*IMAGE	외부 참조 팔레트를 표시한다.	
-IM,	*-IMAGE	IMAGE가 명령행에 프롬프트를 표시한다.	
IMP,	*IMPORT	파일을 다양한 형식으로 가져오기한다.	
IN,	*INTERSECT	복합 솔리드나 영역을 작성하거나 교차점 밖의 영역을 제거한다.	
INF,	*INTERFERE	겹쳐진 3D 솔리드 강조 표시를 한다.	
IO,	*INSERTOBJ	링크된 객체 또는 포함된 객체 삽입을 한다.	
J,	*JOIN	단일 객체를 형성한다.	
L,	*LINE	직선 세그먼트를 작성한다.	

단축 명령,	*풀 명령	명령 설명	페이지
LA,	*LAYER	도면층 및 도면층 특성 관리를 한다.	
-LA,	*-LAYER	LAYER는 명령행에 프롬프트를 표시한다.	
LE,	*QLEADER	빠른 지시선으로 치수기입을 한다.	
LEN,	*LENGTHEN	길이 방향으로 늘리거나 줄인다.	
LI,	*LIST	선택된 요소의 속성을 알아본다.	
LINEWEIGHT	, *LWEIGHT	선 굵기를 설정한다.	
LO,	*-LAYOUT	도면 배치 탭을 작성 및 수정한다.	
LS,	*LIST	선택된 요소의 속성을 알아본다.	
LTYPE,	*LINETYPE	선 모양을 설정한다.	
-LTYPE,	*-LINETYPE	LINETYPE이 명령행에 프롬프트를 표시한다.	
LTS,	*LTSCALE	선 모양을 배율로 조절한다.	
M,	*MOVE	선택된 요소를 이동한다.	
MA,	*MATCHPROP	선택된 요소의 속성으로 갱신한다.	
MAT,	*MATERIALS	재료를 관리, 적용 및 수정한다.	
ME,	*MEASURE	크기만큼 분할한다.	
MI,	*MIRROR	대칭이동/복사를 한다.	
ML,	*MLINE	다중선을 그린다.	
MO,	*PROPERTIES	기존 객체의 특성을 조정한다.	
MS,	*MSPACE	도면 공간에서 모형 공간 뷰포트로 전환한다.	
MSM,	*MARKUP	표식의 상세 정보를 표시하며 사용자가 상태를 변경할 수 있다.	
MT,	*MTEXT	단락문자를 작성한다.	
MV,	*MVIEW	배치 뷰포트를 작성하고 조정한다.	
O,	*OFFSET	나란히 복사한다.	
OP,	*OPTIONS	도면의 환경을 관리한다.	
ORBIT,	*3DORBIT	3D에서 객체의 대화식 관측을 조정한다.	
OS,	*OSNAP	요소의 속성점을 설정한다.	
-OS,	*-OSNAP	OSNAP은 명령행에 옵션을 제공한다.	
P,	*PAN	현재 뷰포트에서 뷰를 이동한다.	
-P,	*-PAN	도면 표시 화면에서 초점 이동할 변위를 지정할 수 있다.	

단축 명령,	*풀 명령	명령 설명	페이지
PA,	*PASTESPEC	클립보드의 데이터를 삽입하고 데이터의 서식을 조정한다.	
PARAM,	*BPARAMETER	맞물림을 가진 매개변수를 동적 블록 정의에 추가한다.	
PE,	*PEDIT	폴리선 및 3차원 다각형 메쉬를 편집한다.	
PL,	*PLINE	폴리선을 그린다.	
PO,	*POINT	점을 나타낸다.	
POL,	*POLYGON	정 다각형을 그린다.	
PR,	*PROPERTIES	기존 객체의 특성을 조정한다.	
PRCLOSE,	*PROPERTIESCLOSE	특성 팔레트를 닫는다.	
PROPS,	*PROPERTIES	기존 객체의 특성을 조정한다.	
PRE,	*PREVIEW	도면이 플롯될 모양을 보여준다.	
PRINT,	*PLOT	현재 도면을 프린트 한다.	
PS,	*PSPACE	모형 공간에서 도면 공간으로 전환한다.	
PSOLID,	*POLYSOLID	3D 폴리솔리드를 작성한다.	
PTW,	*PUBLISHTOWEB	HTML 페이지를 작성한다.	
PU,	*PURGE	현재 도면의 속성을 제거한다.	
-PU,	*-PURGE	PURGE가 명령행에 프롬프트를 표시한다.	
PYR,	*PYRAMID	3D 솔리드 피라미드를 작성한다.	
QC,	*QUICKCALC	QuickCalc 계산기를 연다.	
R,	*REDRAW	현재 뷰포트의 화면표시를 갱신한다.	
RA,	*REDRAWALL	모든 뷰포트의 화면표시를 갱신한다.	
RC,	*RENDERCROP	렌더링할 이미지의 특정 영역(오리기 윈도우)을 선택한다.	
RE,	*REGEN	현재 뷰포트에서 전체 도면을 재생성한다.	
REA,	*REGENALL	도면을 재생성하고 모든 뷰포트를 갱신한다.	
REC,	*RECTANG	직사각형 폴리선을 그린다.	
REG,	*REGION	영역을 둘러싼 객체를 영역 객체로 변환한다.	
REN,	*RENAME	명명된 객체의 이름을 변경한다.	
-OS,	*-OSNAP	OSNAP은 명령행에 옵션을 제공한다.	
-REN,	*-RENAME	RENAME은 명령행에 프롬프트를 표시한다.	

단축 명령,	*풀 명령	명령 설명	페이지
REV,	*REVOLVE	축을 중심으로 회전하여 3D 솔리드 또는 곡면을 작성한다.	
RO,	*ROTATE	기준점을 중심으로 객체를 회전시킨다.	
RP,	*RENDERPRESETS	렌더 사전 설정을 지정한다.	
RPR,	*RPREF	고급 렌더 설정 팔레트를 표시한다.	
RR,	*RENDER	사실적으로 음영처리된 이미지를 작성한다.	
RW,	*RENDERWIN	렌더 윈도우를 표시한다.	
S,	*STRETCH	객체를 이동 또는 신축한다.	
SC,	*SCALE	크기를 일정하게 확대 또는 축소한다.	
SCR,	*SCRIPT	일련의 명령을 실행한다.	
SE,	*DSETTINGS	객체 스냅 모드 및 동적 입력을 설정한다.	
SEC,	*SECTION	평면과 솔리드의 교차점을 사용하여 영역을 작성한다.	
SET,	*SETVAR	시스템 변수의 값을 나열하거나 변경한다.	
SHA,	*SHADEMODE	VSCURRENT 명령을 시작한다.	
SL,	*SLICE	평면 또는 곡면으로 솔리드를 자른다.	
SN,	*SNAP	커서의 움직임을 지정된 간격으로 제한한다.	
SO,	*SOLID	솔리드로 채워진 삼각형과 사변형을 작성한다.	
SP,	*SPELL	도면에서 철자를 검사한다.	
SPL,	*SPLINE	일련의 점에 부드러운 곡선을 맞춘다.	
SPLANE,	*SECTIONPLANE	3D 객체에서 절단 평면 기능을 하는 단면 객체를 작성한다.	
SPE,	*SPLINEDIT	스플라인 또는 스플라인 맞춤 폴리선을 편집한다.	
SSM,	*SHEETSET	시트 세트 관리자를 연다.	
ST,	*STYLE	문자 스타일을 작성, 수정 또는 설정한다.	
STA,	*STANDARDS	표준 파일과 도면의 연관성을 관리한다.	
SU,	*SUBTRACT	선택된 영역 또는 솔리드를 빼기로 결한다.	
T,	*MTEXT	단락 문자를 작성한다.	
–T,	*–MTEXT	내부 문자 편집기를 생략하고 추가 프롬프트를 명령행에 표시한다.	
TA,	*TABLET	부착한 디지타이징 타블렛을 조정하고, 구성하며, 켜고 끈다.	

단축 명령,	*풀 명령	명령 설명	페이지
TB,	*TABLE	도면에 빈 테이블 객체를 작성한다.	
TH,	*THICKNESS	굵기를 지정한다.	
TI,	*TILEMODE	종이 영역과 모델 영역으로 전환한다.	
TO,	*TOOLBAR	도구막대를 표시하고, 숨기며, 사용자화한다.	
TOL,	*TOLERANCE	기하학적 공차를 작성한다.	
TOR,	*TORUS	3D 도넛형 솔리드를 작성한다.	
TP,	*TOOLPALETTES	도구 팔레트 윈도우를 연다.	
TR,	*TRIM	경계선으로 지난 요소를 자르기 한다.	
TS,	*TABLESTYLE	새 테이블 스타일을 정의한다.	
UC,	*UCSMAN	정의된 사용자 좌표계를 관리한다.	
UN,	*UNITS	좌표 및 각도 표시 형식과 정밀도를 조정한다.	
-UN,	*-UNITS	UNITS는 명령행에 프롬프트를 표시한다.	
UNI,	*UNION	선택한 영역 또는 솔리드를 추가로 결합한다.	
V,	*VIEW	명명된 뷰, 카메라 뷰, 배치 뷰 및 사전 설정 뷰를 저장하고 복원한다.	
-V,	*-VIEW	VIEW는 명령행에 프롬프트를 표시한다.	
VP,	*DDVPOINT	3차원 관측 방향을 설정한다.	
-VP,	*VPOINT	도면의 3차원 시각화를 위한 관측 방향을 설정한다.	
VS,	*VSCURRENT	현재 뷰포트의 뷰 스타일을 설정한다.	
VSM,	*VISUALSTYLES	뷰 스타일을 작성하고 수정한 다음 뷰 스타일을 뷰포트에 적용한다.	
-VSM,	*-VISUALSTYLES	VISUALSTYLES는 명령행에 프롬프트를 표시한다.	
W,	*WBLOCK	객체 또는 블록을 새로운 도면 파일에 쓴다.	
-W,	*-WBLOCK	명령행의 프롬프트 다음에 오는 새 도면 파일에 대한 이름을 지정하는 표준 파일 선택 대화상자가 표시된다.	
WE,	*WEDGE	X축을 따라 테이퍼 되는 경사진 면이 있는 5면 3D 솔리드를 작성한다.	
X,	*EXPLODE	복합 객체를 해당 구성요소 객체로 분해한다.	
XA,	*XATTACH	외부 참조를 현재 도면에 부착한다.	
XB,	*XBIND	외부 참조에서 명명된 객체의 하나 이상의 정의를 현재 도면으로 결합한다.	

단축 명령,	*풀 명령	명령 설명	페이지
-XB,	*-XBIND	XBIND는 명령행에 프롬프트를 표시한다.	
XC,	*XCLIP	외부 참조 또는 블록 자르기 경계를 정의하고 앞면 및 뒷면 자르기 평면을 설정한다.	
XL,	*XLINE	무한선을 작성한다.	
XR,	*XREF	EXTERNALREFERENCES 명령을 시작한다.	
-XR,	*-XREF	XREF는 명령행에 프롬프트를 표시한다.	
Z,	*ZOOM	현재 뷰포트에서 객체의 표시되는 크기를 확대 또는 축소한다.	

저자와의
협의에 의해
인지 생략

CAD 실습. 30시간에 끝내기

AutoCAD 2008

1판 3쇄 2012년 9월 5일

저 자 황병복/안영환/박용군/장동환/민경호/노정훈

발행인 송광헌

발행처 복두출판사

주 소 서울특별시 영등포구 문래동 1가 39
센터플러스 807호 (우) 150-091

전 화 (02) 2164-2580

FAX (02) 2164-2584

등 록 1993. 11. 22. 제 10-902 호

정가 : 25,000원

ISBN : 978-89-8000-557-4 92560

한국과학기술출판협회 회원사